Studien zum öffentlichen Recht

Herausgegeben von

Band 26

Alexander Brade

Additive Grundrechtseingriffe

Ein Beitrag zur Grundrechtsdogmatik

Nomos

Gedruckt mit Unterstützung des Förderungsfonds Wissenschaft der VG WORT.

Die Deutsche Nationalbibliothek verzeichnet diese Publikation in der Deutschen Nationalbibliografie; detaillierte bibliografische Daten sind im Internet über http://dnb.d-nb.de abrufbar.

Zugl.: Leipzig, Univ., Diss., 2019

ISBN 978-3-8487-6047-3 (Print)
ISBN 978-3-7489-0175-4 (ePDF)

Onlineversion
Nomos eLibrary

1. Auflage 2020

Vorwort

Die vorliegende Arbeit wurde im Sommersemester 2019 von der Juristenfakultät der Universität Leipzig als Dissertation angenommen. Sie berücksichtigt wesentliche Änderungen der Rechtsprechung und Literatur bis einschließlich Dezember 2019.

Meinem Betreuer, Herrn Prof. Dr. Kurt Faßbender, danke ich für die Begleitung der Arbeit und die vielen wertvollen Hinweise. Ebenso danke ich dem Zweitgutachter, Herrn Prof. Dr. Marc Desens, für die zügige Erstellung des Zweitgutachtens.

Der Förderungsfond Wissenschaft der VG Wort fördert finanziell die Drucklegung dieser Arbeit – dafür vielen Dank.

Der Dr. Feldbausch Stiftung und der Juristenfakultät der Universität Leipzig bin ich für die Auszeichnung dieser Doktorarbeit mit dem Dr.-Feldbausch-Preis für das Jahr 2019 zu Dank verpflichtet.

Herzlicher Dank gilt zudem meiner Partnerin Ulrike Grunewald für das unermüdliche und vor allem zeitnahe Korrekturlesen.

Schließlich danke ich noch meiner Familie für die Unterstützung in den vergangenen Jahren, ohne die meine Dissertation nicht möglich gewesen wäre.

Leipzig, im Dezember 2019 *Alexander Brade*

Inhaltsübersicht

Inhaltsverzeichnis

Abkürzungsverzeichnis

Hinsichtlich der Abkürzungen wird, soweit diese nicht nachfolgend erläutert werden, verwiesen auf *Kirchner, Hildebert*, Abkürzungsverzeichnis der Rechtssprache, 8. Auflage, Berlin/Boston 2015 und *Dudenredaktion (Hrsg.)*, Duden: Deutsches Universalwörterbuch, 8. Auflage, Berlin 2015.

BeckOK	Beck'scher Online Kommentar
BeckRS	Beck-Online Rechtsprechung (elektronische Entscheidungsdatenbank)
Begr.	Begründer
BerlVerfGH	Verfassungsgerichtshof des Landes Berlin
Beschw.	Beschwerde
BT-Drucks.	Drucksachen des Deutschen Bundestages
GrCh	Charta der Grundrechte der Europäischen Union
ders./dies.	derselbe/dieselbe
DStJG	Veröffentlichungen der Deutschen Steuerjuristischen Gesellschaft e.V.
i.Ü.	im Übrigen
insbes.	insbesondere
Lfg.	Lieferung
SachsAnhVerfG	Landesverfassungsgericht Sachsen-Anhalt
Vorb.	Vorbemerkung
ZAU	Zeitschrift für angewandte Umweltforschung
ZEuS	Zeitschrift für Europarechtliche Studien
ZfL	Zeitschrift für Lärmbekämpfung
ZÖR	Zeitschrift für öffentliches Recht

Einleitung

„Nie waren die Lebensbeziehungen so vielgestaltig, die staatlichen Ordnungsvorgaben so zahlreich, der Zugriff des Staates auf den Bürger so dicht und feinmaschig wie im modernen Staat. An die Stelle punktueller, grober, aber zugleich auch greifbarer Akte tritt eine feingestrickte – unter Umständen inkrementelle – Steuerung, die in ihren isolierbaren Bestandteilen eher vernachlässigbar wirkt, in ihren Belastungswirkungen jedoch kumuliert.“[1]

I. Problemaufriss und Ziel der Untersuchung

Ein aktuelles und eindrückliches Beispiel liefert die Regulierung von Spielhallenbetreibern: Sie bedürfen einer gewerberechtlichen Erlaubnis, die an bestimmte Voraussetzungen geknüpft ist.[2] Es fallen Umsatzsteuer, Gewerbesteuer und – je nach Kommune – Vergnügungsteuer an. Neben Beschränkungen bauplanungsrechtlicher Art[3] treten solche des (Landes-)Glücksspielrechts. Danach ist der Verbund mehrerer Spielhallen an einem Standort untersagt. Vorgeschrieben sind ferner Mindestabstände zu anderen Spielhallen und zu Kinder- und Jugendeinrichtungen[4] usw.

Deutlich wird, dass angesichts zunehmender Regulierung nicht mehr nur der vereinzelte Zugriff seitens des Staates, sondern „das dichte Netz ‚kleinerer‘ Pflichten und Einschränkungen zur schleichend-bedrohlichen Freiheitsgefährdung“ gerät.[5] Das Bundesverfassungsgericht hat dieses Phänomen – wohl im Anschluss an *Lücke*[6] – als additiven Grundrechtseingriff

---

1 *Winkler*, JA 2014, 881.

2 Eingehend *Guckelberger*, GewArch 2011, 177, 178.

3 Vgl. *Guckelberger*, GewArch 2011, 231 ff.

4 S. etwa BVerfG, NVwZ 2017, 1111 ff.; *S. Koch*, ZfWG 2015, 325, 326. S. Erster Teil V. 3. b).

5 So bereits *Kloepfer*, VerwArch 74 (1983), 201, 214. Ähnlich *Bronkars*, Kumulative Eigentumseingriffe, 2007, S. 2; *Grimm*, NJW 1989, 1305, 1311; *Heu*, Kulminierende Grundrechtseingriffe, 2018, S. 16; *F. Hufen*, NJW 1994, 2913; *ders.*, in: Grimm (Hrsg.), Wachsende Staatsaufgaben – sinkende Steuerungsfähigkeit des Rechts, 1990, S. 273, 278 f.; *Klement*, AöR 134 (2009), 35, 36; *Kreuter-Kirchhof*, NVwZ 2019, 1791; *Kromrey*, Belastungskumulation – Ein Beitrag zur Erweiterung des grundrechtlichen Eingriffsbegriffs, 2018, S. 2; *Schaks*, DÖV 2015, 817, 818.

6 *Lücke*, DVBl 2001, 1469.

bezeichnet[7] und ergänzt, dass diesem ein „spezifisches Gefährdungspotenzial für grundrechtlich geschützte Freiheiten“ innewohne[8]. Denn grundsätzlich sei es möglich, „dass verschiedene einzelne, für sich betrachtet geringfügige Eingriffe in grundrechtlich geschützte Bereiche in ihrer Gesamtwirkung zu einer schwerwiegenden Beeinträchtigung führen, die das Maß der rechtsstaatlich hinnehmbaren Eingriffsintensität überschreitet.“[9]

Wie aber antwortet das Grundgesetz auf eben diese Bedrohung? Zunächst schließt es, wie Art. 103 Abs. 3 GG und Art. 106 Abs. 3 S. 4 Nr. 2 GG zeigen, Summenbetrachtungen nicht von vornherein aus. Vor allem aber kommt es auf Art. 1 Abs. 3 GG an, der einen effektiven Grundrechtsschutz einfordert. Davon erfasst sind, soviel sei vorweggenommen[10], auch und gerade additive Grundrechtseingriffe – Eingriffe also von anderer Dimension[11] bzw. Qualität[12] – damit die Freiheit des Einzelnen nicht durch mehrere, je für sich verfassungsgemäße Maßnahmen „scheibchenweise“[13] ausgehöhlt wird[14].

Die Herausforderung für die Grundrechtsdogmatik[15] ist offensichtlich: Da die öffentliche Gewalt üblicherweise durch *punktuelle* Rechtsakte tätig wird, folgt dem die Prüfung der Grundrechte.[16] Allerdings unterliegt auch Dogmatik Veränderungen. Beobachten lässt sich dies an der Entwicklung

---

7 BVerfGE 112, 304, 320. Zur Terminologie in der Judikatur s. Zweiter Teil I. 3. b).

8 BVerfG, NJW 2012, 1784, 1786.

9 BVerfG, NJW 2009, 2033, 2045; BVerfG, NJW 2014, 3634, 3638; ähnlich BVerfG, NJW 2012, 1784, 1785.

10 S. näher Zweiter Teil II.

11 *F. Hufen*, VVDStRL 57 (1998), 131 (Diskussionsbeitrag).

12 So *Kluth*, ZHR 162 (1998), 657, 673; *Kreuter-Kirchhof*, NVwZ 2019, 1791; *Puschke*, Die kumulative Anordnung von Informationsbeschaffungsmaßnahmen im Rahmen der Strafverfolgung, 2006, S. 87. An anderer Stelle spricht letzterer von einem „andersartigen“ Eingriff (ebd., S. 79).

13 *Klement*, AöR 134 (2009), 35, 75. Anderweitig ist die Rede von einer „Salami-Taktik“ (s. etwa *Jarass*, Neue Dimensionen der Tabakproduktregulierung und Grundrechte sowie Grundfreiheiten, 2012, S. 49; *Sellmann*, in: Hogenmüller u.a. (Hrsg.), Landwirtschaft im Spektrum der Umweltwissenschaften, 2002, S. 149, 155; aus der Rechtsprechung: BVerfG, NVwZ 2015, 1047, 1053).

14 So auch *Jesse*, Instrumentenverbund als Rechtsproblem am Beispiel effizienter Energienutzung, 2014, S. 166. Vgl. ferner *Heu*, Kulminierende Grundrechtseingriffe, 2018, S. 190 f.; *Lücke*, DVBl 2001, 1469, 1477; *Ruschemeier*, Der additive Grundrechtseingriff, 2019, S. 18; *Schaks*, DÖV 2015, 817, 819.

15 Zum Begriff und zur Funktion von Dogmatik s. nur *Volkmann*, JZ 2005, 261, 262. Zu Abgrenzungsfragen: *G. Kirchhof*, Grundrechte und Wirklichkeit, 2007, S. 1 Fn. 1.

16 Vgl. *Bronkars*, Kumulative Eigentumseingriffe, 2007, S. 1; *G. Kirchhof*, NJW 2006, 732; *ders.*, Die Allgemeinheit des Gesetzes, 2009, S. 348; *Kloepfer*, VerwArch 74

des „klassischen“ hin zu einem „modernen“ (erweiterten) Eingriffsverständnis, das die beeinträchtigende Wirkung in das Zentrum der Betrachtung rückt.[17] Die Gründe liegen auf der Hand: Zum einen hat die Expansion der Leistungsverwaltung den vormals autonomen Bürger abhängig werden lassen. Zum anderen sind Informationsakte und weitere neue staatliche Handlungsformen aufgekommen, die als Beeinflussungs- und Steuerungsmittel eingesetzt werden können.[18] Daher heißt es mit Recht: „Der erweiterte Eingriffsbegriff [...] bildet eine Reaktion auf die neuen Bedrohungen der grundrechtlich geschützten Position.“[19] So liegt es auch hier. Angesichts einer immer weitergehenden Verdichtung staatlichen Handelns zulasten des Bürgers bedarf es einer Grundrechtsdogmatik, die nicht nur auf die Einzelmaßnahmen, sondern auch auf deren Gesamtwirkung schaut.

Damit ist noch nichts darüber gesagt, wie eine solche Dogmatik im Einzelnen aussieht. Vertreten wird etwa, den grundrechtlichen Eingriffsbegriff selbst zu erweitern.[20] Andere halten es indes für eine Frage der (Eingriffs-)Rechtfertigung, wobei zu differenzieren ist zwischen jenen, die den grundrechtlichen Schutzverlust untersuchen[21] und solchen, die auf den verbleibenden Schutzgehalt abstellen[22]. Eng damit verbunden ist die (Vor-)Frage, welche Einzelmaßnahmen einer „Addition“ überhaupt zugänglich sind. Kritik wird jedenfalls laut an einer uneingeschränkten (globalen) Summenbetrachtung[23]; eine „Gesamtfreiheitsbilanz“, heißt es andernorts, sei schwerlich justiziabel[24]. Dass Rationalitätseinbußen drohen,

---

(1983), 201, 213 f.; *Lee*, Umweltrechtlicher Instrumentenmix und kumulative Grundrechtseinwirkungen, 2013, S. 104 u. 108; *Lücke*, DVBl 2001, 1469, 1470; *Michael*, in: Hoffmann-Riem/Schmidt-Aßmann/Voßkuhle (Hrsg.), Grundlagen des Verwaltungsrechts, Bd. II, 2. Aufl. 2012, § 41 Rn. 119; *Rodi*, ZG 2000, 231, 237; *Winkler*, JA 2014, 881 u. 883; *Würsig*, Die Steuerung von Summenbelastungen im öffentlichen Immissionsschutzrecht, 2009, S. 55.

17 S. Zweiter Teil III. 1. a).

18 So *Weber-Dürler*, VVDStRL 57 (1998), 57, 75 m.w.N.

19 Ebd. Vgl. auch *I. Augsberg/S. Augsberg*, AöR 132 (2007), 539, 573.

20 *Lücke*, DVBl 2001, 1469, 1470. S. Dritter Teil II. 1. b).

21 Etwa *Jesse*, Instrumentenverbund als Rechtsproblem am Beispiel effizienter Energienutzung, 2014, S. 172 ff.

22 *Schaks*, DÖV 2015, 817, 820 ff.; *Winkler*, JA 2014, 881, 886. S. Dritter Teil II. 1. c) bb).

23 *Würsig*, Die Steuerung von Summenbelastungen im öffentlichen Immissionsschutzrecht, 2009, S. 64 ff.

24 *Rodi*, ZG 2000, 231, 237 mit Verweis auf *Hoffmann-Riem*, DVBl 1994, 1381, 1384 ff.

leuchtet durchaus ein. Eine Gesamtbetrachtung wird dadurch aber nicht ausgeschlossen, soweit sie gewissen Einschränkungen unterliegt.

Was das Ziel dieser Untersuchung betrifft, additive Grundrechtseingriffe (grundrechts-)dogmatisch zu erfassen, ist mithin zweierlei zu berücksichtigen: die Wahrung hinreichender Handhabbarkeit der Grundrechtsprüfung einerseits und die Effektivität des Grundrechtsschutzes andererseits.[25] Ein Weg könnte sein, den Blick auf das „Ganze" zu richten, ohne die Zuordnungs- und Lenkungsfunktion des Eingriffsbegriffs[26] preiszugeben.[27] Die Punktualität des Eingriffsdenkens mag sich als zu eng erweisen – jede Berechtigung allerdings verliert sie dadurch (noch) nicht.

II. Stand der Forschung

Abgesehen von einem ersten Antasten im Jahr 1961[28] finden sich Erörterungen additiver Grundrechtseingriffe im Schrifttum seit Ende der 1970er Jahre. Den Anfang markierte die Debatte um Mehrfachbelastungen im Steuerrecht.[29] Wenig später – zumal mit einem deutlich weitgreifenderen Ansatz – adressierte auch *Kloepfer* das „Problem der Eingriffsaddition" in einem im Umweltrecht angesiedelten Beitrag.[30] Daraufhin verging beinahe ein Jahrzehnt ehe sich *F. Hufen* des Themas annahm.[31] Dies nahm *Lücke* zu Beginn der 2000er Jahre zum Anlass, die Rechtsfigur des additiven Grundrechtseingriffs zu entwickeln[32], wodurch die Debatte merklich belebt wurde und bis heute anhält. Davon erfasst wird inzwischen auch die Ausbildungsliteratur.[33] Hervorzuheben ist vor allem die Arbeit *G. Kirch-*

---

25 Ähnlich *Ruschemeier*, Der additive Grundrechtseingriff, 2019, S. 106. Näher Zweiter Teil III. 2. b) aa).

26 Dazu u.a. *Würsig*, Die Steuerung von Summenbelastungen im öffentlichen Immissionsschutzrecht, 2009, S. 55 ff.

27 Ähnlich *Klement*, AöR 134 (2009), 35, 39.

28 *Lerche*, DÖV 1961, 486.

29 Vgl. *Friauf*, StuW 1977, 59 ff.; *P. Kirchhof*, VVDStRL 39 (1981), 213, 238 ff.

30 *Kloepfer*, VerwArch 74 (1983), 201, 213 f.

31 *F. Hufen*, in: Grimm (Hrsg.), Wachsende Staatsaufgaben – sinkende Steuerungsfähigkeit des Rechts, 1990, S. 273, 280 f.; *ders.*, NJW 1994, 2913, 2916; *ders.*, VVDStRL 57 (1998), 131 ff. (Diskussionsbeitrag).

32 *Lücke*, DVBl 2001, 1469 ff.

33 Vgl. etwa *Epping/Lenz/Leydecker*, Grundrechte, 8. Aufl. 2019, Rn. 401; *F. Hufen*, Staatsrecht II: Grundrechte, 7. Aufl. 2018, § 8 Rn. 16; *Michael/Morlok*, Grundrechte, 7. Aufl. 2020, § 18 Rn. 519; *Schaks*, JuS 2015, 407, 409; *Voßkuhle/Kaiser*, JuS 2009, 313, 314; *Winkler*, JA 2014, 881 ff.

hofs, der sich in zahlreichen Veröffentlichungen um einen Gegenentwurf zu dem *Lückes* – begrifflich wie in der Sache – bemüht.[34] Andere Autoren begreifen die Problematik zwar ebenso umfassend, stellen sie aber jeweils am Beispiel eines Referenzgebietes wie dem Umwelt-[35], dem Sozial-[36], dem Gesundheits-[37], dem Eigentums-[38] oder dem Strafprozessrecht[39] dar. Eine Ausnahme bildet *Kromreys* Monographie mit dem Titel „Belastungskumulation – Ein Beitrag zur Erweiterung des grundrechtlichen Eingriffsbegriffs“[40]. Einen ähnlichen Ansatz verfolgt auch *Ruschemeier*[41], deren Hochschulschrift aber erst nach Annahme der vorliegenden Dissertation erschienen ist.

Die Rechtsprechung hat sich ebenfalls frühzeitig mit additiven Grundrechtseingriffen befasst; ein Beschluss aus dem Jahr 1967 hat das Nebeneinander von strafrechtlicher und wehrdisziplinarischer Arreststrafe zum Gegenstand[42]. Ungeachtet weiterer Fälle von „Doppelbestrafungen“[43] richtete sich der Blick auf das öffentliche Abgabenrecht: So hat das Bundesverfassungsgericht den sog. Halbteilungsgrundsatz im Jahr 1995 zunächst aufgestellt[44], ihn wenig später aber relativiert[45]. Eine Zäsur bildet die GPS-Entscheidung, in der es erstmals ausdrücklich „das dem ‚additiven‘ Grundrechtseingriff innewohnende Gefährdungspotential“ anerkannt hat[46]. Seit-

---

34 *G. Kirchhof*, Die Erfüllungspflichten des Arbeitgebers im Lohnsteuerverfahren, 2005, insbes. S. 140 ff.; *ders.*, NJW 2006, 732 ff.; *ders.*, in: Dujmovits u.a. (Hrsg.), Recht und Medizin – 46. Assistententagung Öffentliches Recht, 2006, S. 95, 114 ff.; *ders.*, Grundrechte und Wirklichkeit, 2007, S. 27 ff.; *ders.*, Die Allgemeinheit des Gesetzes, 2009, S. 348 ff.; *ders.*, Beihefter zu DStR 49 2009, 135, 137 f.

35 *Jesse*, Instrumentenverbund als Rechtsproblem am Beispiel effizienter Energienutzung, 2014; *Klement*, AöR 134 (2009), 35 ff.; *Lee*, Umweltrechtlicher Instrumentenmix und kumulative Grundrechtseinwirkungen, 2013; *Würsig*, Die Steuerung von Summenbelastungen im öffentlichen Immissionsschutzrecht, 2009.

36 *Bernsdorff*, SGb 2011, 121 ff.; *Kaltenstein*, SGb 2016, 365 ff.; *F. Kirchhof*, NZS 2015, 1, 7.

37 *Heu*, Kulminierende Grundrechtseingriffe, 2018.

38 *Bronkars*, Kumulative Eigentumseingriffe, 2007.

39 *Puschke*, Die kumulative Anordnung von Informationsbeschaffungsmaßnahmen im Rahmen der Strafverfolgung, 2006.

40 *Kromrey*, Belastungskumulation – Ein Beitrag zur Erweiterung des grundrechtlichen Eingriffsbegriffs, 2018.

41 *Ruschemeier*, Der additive Grundrechtseingriff, 2019, insbes. S. 19.

42 BVerfGE 21, 378.

43 Vgl. etwa BVerwG, NJW 1970, 1338; BVerfG, NJW 1970, 1731; BVerfGE 91, 1; BVerfG, NJW 2012, 1784. S. Erster Teil I. 1.

44 BVerfGE 93, 121.

45 BVerfGE 115, 97, 114 ff.

46 BVerfGE 112, 304.

dem greift die Judikatur regelmäßig, wenn auch nicht exklusiv[47], auf diesen Terminus zurück. Soweit ersichtlich erstmalig hat das Bundesverfassungsgericht jüngst auch einen als solchen bezeichneten Eingriff mit dem Verdikt der Verfassungswidrigkeit belegt.[48] Dennoch fehlt es – auch nach 50 Jahren Entwicklung in der Rechtsprechung – an einer grundlegenden Konzeption additiver Grundrechtseingriffe. Unklar ist vor allem, welche Effekte danach bei einer Gesamtbetrachtung überhaupt mitzuberücksichtigen sind[49]; ein Defizit, das die Fachgerichtsbarkeit, die insoweit bereits erste Fortschritte erzielt hat[50], ausdrücklich anerkennt[51]. Selbst die jüngsten Judikate ändern daran kaum etwas. Zwar nimmt das Bundesverfassungsgericht jeweils eine Gesamtabwägung vor, ohne sich dazu aber näher zu verhalten.[52]

Nach all dem fehlt es an einer grundrechtlichen Dogmatik der Eingriffsaddition zwar nicht mehr gänzlich.[53] Hervorzuheben sind namentlich die Bemühungen des Schrifttums, das der Problematik mehr und mehr Raum einräumt[54]. Als weitgehend geklärt dürfte zudem – selbst was die Rechtsprechung betrifft – gelten, dass überhaupt ein grundrechtlicher Schutz gegen additive Grundrechtseingriffe geboten ist.[55] Anders verhält es sich indes bezüglich der Ausgestaltung dieses Schutzes. Gerade die Judikatur belässt es oftmals bei einer bloßen Prüfung der Angemessenheit, oh-

47 Dazu s. Zweiter Teil I. 3. b).

48 BVerfG, NJW 2012, 1784, 1785 ff. Vgl. auch BVerfG, NJW 1999, 935 ff.; BVerfGE 52, 1 ff.

49 Vgl. auch *Schaks*, DÖV 2015, 817, 820.

50 OVG NRW, Beschluss v. 26.11.2013 – 14 A 2401/13 –, juris Rn. 17 f.

51 BSG, NZS 2010, 30, 32.

52 Vgl. BVerfG, NJW 2014, 3634, 3638 f.; BVerfG, NJW 2016, 1781, 1792; BVerfG, NVwZ 2017, 1111, 1120. Kritisch auch *Kromrey*, Belastungskumulation – Ein Beitrag zur Erweiterung des grundrechtlichen Eingriffsbegriffs, 2018, S. 19 m.w.N.

53 Anders noch *Kloepfer*, VerwArch 74 (1983), 201, 214; ähnlich *ders.*, Verfassungsrecht: Bd. II – Grundrechte, 2010, § 54 Rn. 20. *G. Kirchhof*, Grundrechte und Wirklichkeit, 2007, S. 29 spricht von einem „Forschungsauftrag der Rechtswissenschaften“. Ähnlich *F. Hufen*, NJW 1994, 2913, 2916 mit Verweis auf *Zeh*, Wille und Wirkung der Gesetze, 1984, S. 469, der eine Wirkungsforschung von Gesetzen fordert. *Kreuter-Kirchhof*, NVwZ 2019, 1791 zufolge „befindet sich die Dogmatik dieser Rechtsfigur nach wie vor in der Entwicklung.“.

54 Anders *Holoubek*, in: Merten/Papier (Hrsg.), Grundsatzfragen der Grundrechtsdogmatik, 2007, S. 17, 33, der die Thematik eher beiläufig erwähnt. *Kahl*, AöR 131 (2006), 579 ff. kommt dagegen, obgleich er für sich in Anspruch nimmt, „neuere Entwicklungslinien der Grundrechtsdogmatik“ zu verfolgen, gänzlich ohne einen Verweis darauf aus.

55 S. Zweiter Teil II.

ne sich, was logisch vorrangig wäre, zuvor zu den (tatbestandlichen) Voraussetzungen des additiven Grundrechtseingriffs zu äußern. Daran, dass nicht hinreichend zwischen beidem, dem Tatbestand, der die einzubeziehenden Maßnahmen bestimmt, und der Rechtsfolge, betreffend die verfassungsrechtliche Würdigung der als solches erkannten Eingriffsaddition, unterschieden wird, kranken auch weite Teile der Literatur.[56] Ferner steht nicht selten der zweite Aspekt klar im Vordergrund[57] – ein Defizit, welches es auszugleichen gilt. Ungeachtet dessen bedarf es hier wie dort einer grundlegenden Analyse der Ansätze, welche Rechtsprechung und Literatur hervorgebracht haben. Zwar hat es entsprechende Versuche gegeben, diese erweisen sich aber bei näherem Hinsehen als unvollständig und daher als nur in begrenztem Maße verwertbar.[58] So identifiziert *Jesse* drei Ansätze für die grundrechtsdogmatische Verarbeitung „kumulierender Belastun-

56 Vgl. etwa *Heu*, Kulminierende Grundrechtseingriffe, 2018, insbes. S. 225 ff.; *Jesse*, Instrumentenverbund als Rechtsproblem am Beispiel effizienter Energienutzung, 2014, S. 172 ff.; *Lee*, Umweltrechtlicher Instrumentenmix und kumulative Grundrechtseinwirkungen, 2013, S. 135 ff.; *Winkler*, JA 2014, 881 ff. *Ruschemeier*, Der additive Grundrechtseingriff, 2019, S. 130 ff. u. 174 ff. unterscheidet demgegenüber – begrifflich abweichend – zwischen den „Kriterien und Varianten“ einerseits und den „Grenzen“ des additiven Grundrechtseingriffs andererseits. Inhaltlich hält sie die Differenzierung aber nicht vollends durch. So werden „Verfahrensfragen“ auf Tatbestands- statt auf Rechtsfolgenseite erörtert (ebd., S. 167 ff.).

57 Vgl. *Hillgruber*, in: Isensee/P. Kirchhof (Hrsg.), Handbuch des Staatsrechts der Bundesrepublik Deutschland, Bd. IX, 3. Aufl. 2011, § 200 Rn. 97 ff.; *Klement*, AöR 134 (2009), 35, insbes. 62 ff. Den Tatbestand völlig ausklammernd *F. Hufen*, Staatsrecht II: Grundrechte, 7. Aufl. 2018, § 8 Rn. 16; *Voßkuhle/Kaiser*, JuS 2009, 313, 314. Umgekehrt – die Behandlung des Verhältnismäßigkeitsgrundsatzes verknappend: *Kromrey*, Belastungskumulation – Ein Beitrag zur Erweiterung des grundrechtlichen Eingriffsbegriffs, 2018, S. 147 ff. Insgesamt ausgewogener dagegen *Ruschemeier*, Der additive Grundrechtseingriff, 2019, S. 130 ff. u. 174 ff., die allerdings die Gesamtverhältnismäßigkeit nicht näher konturiert, da sie stattdessen (nur) Art. 19 Abs. 2 GG für einschlägig hält.

58 Vgl. zur Rechtsprechung *Lee*, Umweltrechtlicher Instrumentenmix und kumulative Grundrechtseinwirkungen, 2013, S. 109 ff.; *Würsig*, Die Steuerung von Summenbelastungen im öffentlichen Immissionsschutzrecht, 2009, S. 37 ff. Anders verhält es sich bei *Kromrey*, Belastungskumulation – Ein Beitrag zur Erweiterung des grundrechtlichen Eingriffsbegriffs, 2018, die allerdings auf eine zusammenhängende Darstellung der (Lösungs-)Ansätze verzichtet. Wenig Raum nimmt hier überdies die Analyse der Judikatur ein. *Ruschemeier*, Der additive Grundrechtseingriff, 2019, S. 45 ff. stellt die Rechtsprechung insgesamt breiter dar, behandelt einzelne Aspekte aber eher am Rande (vgl. etwa den Schutz der Privatsphäre jenseits der GPS-Entscheidung oder das Feld der „Doppelbestrafungen“) oder lässt diese insoweit außen vor (s. den Bereich des Umweltrechts). Insbesondere benennt sie eingangs lediglich drei mögliche Anwendungsgebiete des additi-

gen“[59], lässt dabei aber die Idee der „Normwirklichkeit“[60] sowie jene außer Acht, die sich auf Art. 19 Abs. 2 GG stützen[61]. Eines aber spricht auch er an: die objektiv-rechtliche Dimension der Grundrechte. Diesen Gedanken, der sich ansonsten nur vereinzelt findet[62], gilt es zu vertiefen und auf seine Tragfähigkeit für die Bewältigung additiver Grundrechtseingriffe zu untersuchen. Ebenso wenig Aufmerksamkeit wird derartigen Eingriffen im prozessualen Kontext zu Teil.[63] Eine Ausnahme bildet lediglich die Frage der Tenorierung[64], wobei es auch dort bislang an einer überzeugenden Lösung mangelt. Beleuchtet werden sollen schließlich die Bezüge zum Unionsrecht. Dafür gibt es zwei Gründe: Zum einen geht die Forschung dem bislang kaum nach[65], zum anderen gewinnt das europäische Recht, auch jenseits dessen, immer stärker an Bedeutung.

III. Präzisierung des Untersuchungsgegenstandes

Zwar bilden additive Grundrechtseingriffe den Gegenstand dieser Untersuchung. Was aber heißt das konkret? Erfasst werden, vorbehaltlich einer näheren Begriffsbestimmung, Konstellationen des irgendwie gearteteten

---

ven Grundrechtseingriffs (ebd., S. 38 ff.) statt das Fallmaterial umfassend zu sammeln.

59 *Jesse*, Instrumentenverbund als Rechtsproblem am Beispiel effizienter Energienutzung, 2014, S. 167 ff.

60 *G. Kirchhof*, NJW 2006, 732, 734 ff.

61 S. Dritter Teil II. 1. c) bb).

62 Vgl. *G. Kirchhof*, Grundrechte und Wirklichkeit, 2007, S. 40 f.; *Ruschemeier*, Der additive Grundrechtseingriff, 2019, S. 125 ff.; *Schaks*, DÖV 2015, 817, 826 f.; *Winkler*, JA 2014, 881. Diesen Aspekt weitgehend ausklammernd *Kromrey*, Belastungskumulation – Ein Beitrag zur Erweiterung des grundrechtlichen Eingriffsbegriffs, 2018, S. 14.

63 Vgl. nur *Bronkars*, Kumulative Eigentumseingriffe, 2007, S. 109 ff.; *Heu*, Kulminierende Grundrechtseingriffe, 2018, S. 270 ff. und – jüngst – *Ruschemeier*, Der additive Grundrechtseingriff, 2019, S. 234 ff.

64 Etwa *G. Kirchhof*, NJW 2006, 732, 733 u. 735; *Klement*, AöR 134 (2009), 35, 80; *Kromrey*, Belastungskumulation – Ein Beitrag zur Erweiterung des grundrechtlichen Eingriffsbegriffs, 2018, S. 185 ff.; *Tanneberger*, Die Sicherheitsverfassung, 2014, S. 261 f. S. Vierter Teil II. 1. u. 2.

65 S. nur *Jesse*, Instrumentenverbund als Rechtsproblem am Beispiel effizienter Energienutzung, 2014, S. 194 ff.; *Ruschemeier*, Der additive Grundrechtseingriff, 2019, S. 224 ff. *Kromrey*, Belastungskumulation – Ein Beitrag zur Erweiterung des grundrechtlichen Eingriffsbegriffs, 2018, S. 8 u. S. 88 Fn. 317 erkennt das Problem, geht dem aber im Folgenden nicht mehr nach.

Zusammenwirkens mehrerer Maßnahmen zu Lasten Einzelner. Im Vordergrund stehen daher Belastungen – nicht Begünstigungen. Anders Gelagertes wird in erster Linie um der Abgrenzung willen aufgegriffen, darunter das Phänomen horizontaler Eingriffsaddition[66] sowie die Lehre der Grundrechtskonkurrenzen[67].

Um den Eingriffsbegriff selbst haben sich bereits andere verdient gemacht; ohnehin sprengte es den Rahmen dieser auf das *Additive* ausgerichteten Untersuchung, ihn neu zu justieren, wie es teils gefordert wird[68]. Auszugehen ist vielmehr mit der überwiegenden Auffassung von einem „modernen", (in begrenzter Form) erweiterten Eingriffsverständnis[69].

Da sich die vorliegende Untersuchung als Beitrag zur Weiterentwicklung der Grundrechtsdogmatik versteht, spielen Fragen des einfachen Rechts – sei es bezüglich des Umgangs mit Summationen bei § 3 Abs. 1 BImSchG[70] – bloß eine untergeordnete Rolle. Generell außen vor bleiben diese, soweit sie zu den Grundrechten nur einen geringen Bezug aufweisen.[71] Allerdings sind, auch was das Verfassungsrecht anbelangt, weitere Einschränkungen vonnöten. So liegt das Hauptaugenmerk wie gesagt auf dem Grundrechtsbereich, konkret der Abwehrdimension der Freiheitsgrundrechte, die additiven Grundrechtseingriffen Grenzen setzt. Weitergehende verfassungsrechtliche Anforderungen bleiben daher größtenteils ausgeklammert.[72] Bloß in Exkursform behandelt werden schließlich additive Effekte im Staatsorganisationsrecht.

---

66 S. Zweiter Teil III. 2. b) bb) (1).

67 Dazu s. Zweiter Teil III. 1. b) bb).

68 S. *Lindner*, DÖV 2004, 765 ff.

69 Vgl. nur *Weber-Dürler*, VVDStRL 57 (1998), 57, 74 ff. Näher s. Zweiter Teil III. 1. a).

70 Dazu umfassend: *Würsig*, Die Steuerung von Summenbelastungen im öffentlichen Immissionsschutzrecht, 2009, S. 71 ff.

71 Kumulationsprüfungen sind besonders im Umweltrecht anzutreffen. Zu nennen sind die FFH-Verträglichkeitsprüfung (s. nur *Lau*, NuR 2016, 149, 151; *Sobotta*, EurUP 2015, 341 ff.) und die Umweltverträglichkeitsprüfung i.S.d. §§ 10 ff. UVPG (zur früheren Rechtslage: *Herrmann/Wagner*, NuR 2005, 20, 22 ff.). Zum Hochwasserschutzrecht: *Faßbender*, DÖV 2016, 965, 970.

72 S. zum Gebot der Rechtsklarheit und zu Fragen des Vertrauensschutzes etwa *Jesse*, Instrumentenverbund als Rechtsproblem am Beispiel effizienter Energienutzung, 2014, S. 207 ff.; *Michael*, in: Hoffmann-Riem/Schmidt-Aßmann/Voßkuhle (Hrsg.), Grundlagen des Verwaltungsrechts, Bd. II, 2. Aufl. 2012, § 41 Rn. 128 ff. Zum Postulat der Widerspruchsfreiheit der Rechtsordnung noch Dritter Teil III. 1. c) aa) (2) (b).

IV. Gang der Untersuchung

Die nachfolgende Untersuchung ist in fünf Teile gegliedert. Zunächst werden Beispielsfälle aus Rechtsprechung und Literatur vorgestellt. Die Spanne reicht von solchen älteren Datums – darunter Doppelbestrafungen im weiteren Sinne – bis hin zu Fällen jüngeren Datums, die nunmehr (explizit) unter dem Vorzeichen des additiven Grundrechtseingriffs stehen. Dabei geht es um zweierlei: Zum einen soll die Dimension additiver Grundrechtseingriffe, ja ihre Allgegenwärtigkeit in der Rechtswirklichkeit abgebildet werden. Zum anderen wird damit der Grundstein für den Fortgang der Untersuchung gelegt, denn auch Dogmatik kommt nicht ohne Rücksicht auf den Einzelfall aus.

Teil zwei widmet sich zuerst der Terminologie. Die Frage lautet etwas vereinfacht: Additiver Grundrechtseingriff oder Belastungskumulation? Sodann geht es um das „Ob" und das „Wie" der Gesamtbetrachtung. Es gilt daher – speziell für den Grundrechtsbereich – ihre Notwendigkeit näher zu begründen. Darauf aufbauend wird der Tatbestand additiver Grundrechtseingriffe entwickelt, der die jeweils einzubeziehenden Maßnahmen festlegt. Dies geschieht auf der Grundlage zweier Leitgedanken, die bereits erwähnt wurden: Rationalitätssicherung einerseits und die Effektivität des Grundrechtsschutzes andererseits.

Im Anschluss daran wird, basierend auf einer Analyse der hierzu in Rechtsprechung wie Schrifttum vertretenen Positionen, dargelegt, auf welche Art und Weise als solche erkannten additiven Grundrechtseingriffen (grundrechts-)dogmatisch zu begegnen ist. Als Anknüpfungspunkte kommen, wie zu zeigen sein wird, vor allem der Grundsatz der Verhältnismäßigkeit und die Wesensgehaltsgarantie in Betracht.

Schließlich stellt sich die Frage der prozessualen Realisierung dessen. Gezeigt wird am Beispiel der Verfassungsbeschwerde, ob und gegebenenfalls inwieweit auch hier Anpassungsbedarf besteht, bevor in Teil fünf die Ergebnisse dieser Untersuchung zusammengefasst werden.

Erster Teil: Phänomenologie additiver Grundrechtseingriffe

Additive Grundrechtseingriffe durchziehen unsere gesamte Rechtsordnung. Besonders deutlich wird dies bei einem Blick in Rechtsprechung und Schrifttum, der den Auftakt dieser Untersuchung bildet. Die Darstellung der Fälle erfolgt dabei getrennt nach Rechts- bzw. Fachgebieten und grundsätzlich wertungsneutral. Versäumnisse hinsichtlich des „Ob“[73] und des „Wie“[74] der Gesamtbetrachtung bleiben daher zunächst außer Betracht.

Zu Beginn geht es um zwei Bereiche, die die Rechtsprechung wesentlich (mit)geprägt hat: das Straf- bzw. Strafvollzugsrecht sowie das Recht zum Schutz der Privatsphäre, soweit es um die Abwehr vornehmlich strafrechtlich motivierter Ermittlungsmaßnahmen geht. Erstmalig fand eine Gesamtschau im hier relevanten Sinne in eben diesem Kontext statt. Dasselbe gilt für die Verwendung des Terminus des additiven Grundrechtseingriffs. Sodann rückt die Literatur in den Fokus, die sich mit Belastungsmehrheiten vor allem im Umwelt- und Abgabenrecht befasst hat. Letztlich werden diejenigen Felder besprochen, die gerade in jüngerer Zeit an Bedeutung gewonnen haben. Dazu zählt zum Beispiel das Sozialrecht, welches von Rechtsprechung und Literatur gleichermaßen aufgegriffen wird.

I. Straf- und Strafvollzugsrecht

Im Straf- und Strafvollzugsrecht ist in der Judikatur zweierlei relevant geworden: „Doppelbestrafungen“ einerseits und die Bedingungen der Haft andererseits.

1. Doppelbestrafungen im engeren und weiteren Sinne

Was zunächst „Doppelbestrafungen“ angeht, sind wiederum verschiedene Konstellationen zu unterscheiden, die sogleich behandelt werden.

---

73 S. Zweiter Teil II.

74 S. Zweiter Teil III. 2. b) u. Dritter Teil III.

a) Disziplinar- und Kriminalstrafen

Bereits im Jahre 1967 hatte das Bundesverfassungsgericht über eine „Kumulation von Kriminal- und Disziplinarstrafen“[75] zu entscheiden. Die Beschwerdeführer waren Wehrdienstleistende. Sie hatten eine 21- bzw. siebentägige Arreststrafe verbüßt. Ihnen wurde unter anderem vorgeworfen, den Nachturlaub überschritten bzw. die Ausgangsbeschränkung gebrochen zu haben und Aufforderungen Vorgesetzter nicht Folge geleistet zu haben. Wegen derselben Tatkomplexe wurden sie – unter Außerachtlassung der Arreststrafe – außerdem kriminalstrafrechtlich verfolgt und unter anderem wegen Gehorsamsverweigerung (§ 20 WStG) zu fünf Wochen bzw. zwei Monaten Gefängnis verurteilt. Die Beschwerdeführer rügten nicht die isolierte Verhängung der Einzelstrafen, sondern ihr Nebeneinander; in der Sache hielten sie Art. 103 Abs. 3 GG für verletzt. Das Bundesverfassungsgericht hielt diese Norm zwar für nicht anwendbar. Stattdessen zog es aber den Grundsatz der Rechtsstaatlichkeit heran, mit dem es nicht vereinbar sei, dass eine strafgerichtliche Verurteilung ohne Berücksichtigung der disziplinaren Arreststrafe erfolgt: „Die im Rechtsstaatsgedanken enthaltene Idee der Gerechtigkeit schließt es aus, einen Soldaten wegen ein und derselben Tat zunächst eine Freiheitsstrafe nach der Wehrdisziplinarordnung und dann noch eine vom Strafgericht für tatangemessen gehaltene weitere Freiheitsstrafe voll verbüßen zu lassen.“ Sie gebietet laut Bundesverfassungsgericht vielmehr, bei der Bemessung der Kriminalstrafe, die, wenn auch aus anderen Gesichtspunkten ausgesprochene, ihrer Wirkung nach aber gleichartige disziplinare Freiheitsstrafe anzurechnen.[76]

Ähnlich liegt der Beschluss des Bundesverfassungsgerichts vom 29. Oktober 1969[77]: Der Beschwerdeführer, ein Arzt, war wegen unterlassener Hilfeleistung zu einer Geldstrafe von 1.000 DM verurteilt worden. Ungeachtet dessen wurde ihm wegen desselben Sachverhalts eine Disziplinarstrafe (hier: berufsgerichtliche Bestrafung) in Höhe von 500 DM auferlegt. Diese „Doppelbestrafung“ hielt der Beschwerdeführer für unzulässig. Das Bundesverfassungsgericht hielt zunächst Art. 103 Abs. 3 GG für nicht einschlägig; die mit der Kumulation verbundene Gesamtbelastung erkannte es gleichwohl. So könne die Verhängung einer Disziplinarmaßnahme nach strafgerichtlicher Verurteilung zu einer Belastung des Betroffenen führen, die mit dem verfassungsrechtlichen Grundsatz der Verhältnismä-

---

75 So BVerfGE 21, 378, 389.
76 Ebd., S. 388.
77 BVerfG, NJW 1970, 507.

ßigkeit nicht mehr vereinbar wäre. Darauf folgt aber eine Einschränkung: Eine Kumulation sei zulässig, soweit „im Einzelfall eine spezifische disziplinare Notwendigkeit besteht“.[78] Es könne nämlich, in Fällen wie dem vorliegenden, in dem der Beschwerdeführer gegen eine grundlegende ärztliche Maxime – den Dienst am Kranken – verstoßen habe, notwendig sein, über die in der Strafe liegende allgemeine Missbilligung der Verletzung des Rechtsgutes hinaus die besondere Missbilligung wegen der Verletzung der Berufspflicht zum Ausdruck zu bringen und mit dieser Reaktion einer Minderung des Ansehens der Ärzteschaft entgegenzuwirken. „Es kann infolgedessen nicht gegen die auf die Gerechtigkeit gegründeten Grundsätze der Rechtsstaatlichkeit verstoßen, wenn zusätzlich zu einer Geldstrafe noch eine Geldbuße, die unter einem anderen Aspekt gerechtfertigt ist, verhängt wird.“ Insoweit gilt – so das Bundesverfassungsgericht in seinem die Entscheidung tragenden Votum – etwas anderes als für das Verhältnis von kriminaler Freiheitsstrafe und disziplinarer Arreststrafe. Immerhin komme dem Freiheitsschutz ein höherer verfassungsrechtlicher Rang als dem Vermögensschutz zu. Zudem entspreche die besondere Behandlung des Verhältnisses von Freiheitsstrafe im Straf- und Wehrdisziplinarbereich einer „rechtsstaatlichen Tradition“, wovon hier nicht die Rede sein könne.[79]

Anders argumentierten die vier nicht die Entscheidung tragenden Richter. Ihres Erachtens lässt es das Rechtsstaatsprinzip in keinem Fall zu, dass die eine Gerichtsbarkeit ohne Rücksicht auf die vorausgegangene Ahndung des sowohl kriminal- als auch dienststrafrechtlich zu würdigenden Sachverhalts durch die andere Gerichtsbarkeit ihre „Strafe” bemisst. „Das würde zu einer reinen Verdoppelung der Sanktionen wegen ein und desselben Fehlverhaltens führen, die auch dann nicht hingenommen werden kann, wenn man die Verschiedenartigkeit von Strafe und Buße und den verschiedenen Zweck hervorkehrt, den die beiden gerichtlichen Verfahren verfolgen; denn ungeachtet dessen bleibt die Wirkung zu berücksichtigen, die die zweifache Reaktion der öffentlichen Hand in der Person des Betroffenen hat, und die Tatsache, daß in beiden Verfahren wenigstens teilweise dieselben Elemente für die Bemessung der ‚Strafe‘ mitbestimmend sind.“[80]

---

78 Ebd., S. 509.
79 Ebd.
80 Ebd., S. 510.

b) Mehrfache Disziplinarstrafen

Zahlreiche gerichtliche Entscheidungen betreffen des Weiteren Konstellationen mehrfacher disziplinarischer „Bestrafung" gegen Wehrpflichtige bzw. Kriegsdienstverweigerer. Diese erfolgten jeweils vor dem Hintergrund wiederholter Dienst- bzw. Gehorsamsverweigerung. Einen Widerspruch zu Art. 103 Abs. 3 GG vermochte bereits das Bundesverwaltungsgericht in seinem Beschluss vom 3. Dezember 1968[81] nicht zu erkennen. Den Grundsatz der Verhältnismäßigkeit erwähnte es, ohne sich aber näher dazu zu verhalten. Dies änderte sich wenig später mit einer Entscheidung aus dem Jahr 1970: Explizit würdigte das Gericht die wiederholte Verhängung von Arrest gegenüber Soldaten anhand des Übermaßverbots. Allerdings sei „die staatliche Reaktion […] selbst dann nicht übermäßig, wenn über einen Soldaten mehrfach innerhalb kurzer Zeit Arrest verhängt wird, der sich auf Grund seines fortwirkenden Entschlusses, aus Unlustgefühlen und Zweckmäßigkeitsüberlegungen […] keinem ihm während des Wehrdienstes erteilten Befehl zu gehorchen, wiederholter Gehorsamsverweigerung schuldig macht."[82]

Kurz darauf hat sich das Bundesverfassungsgericht mit einem ähnlich gelagerten Fall befasst. Danach gebiete es das Rechtsstaatsprinzip unter dem Aspekt der Gerechtigkeit zwar, eine wegen eines Dienstvergehens verhängte Arreststrafe auf die wegen desselben Vorfalls auszusprechende Freiheitsstrafe des Strafrechts anzurechnen. „Dem liegt aber nicht der […] sehr weitgehende Rechtssatz zugrunde, dass aus ein und demselben Vorgang nicht zweimal nachteilige Folgen für den Betroffenen hergeleitet werden dürften." Aus der im Rechtsstaatsprinzip enthaltenen Idee der Gerechtigkeit sei allgemein und als Verfassungssatz nur zu folgern, dass – was hier nicht der Fall gewesen sei – die mehrfache Ahndung desselben Vorgangs mit der gleichen oder einer weitgehend gleichartigen Maßnahme verboten sei.[83] Daneben, und das ist in diesem Zusammenhang neu[84], untersuchte das Bundesverfassungsgericht, ob die wiederholten Arrestmaßnahmen den ebenfalls im Rechtsstaatsprinzip begründeten Grundsatz der Verhältnismäßigkeit verletzten. Zwar sei dieses Prinzip bei jeder zweiten und späteren Ahndung einer wiederholten Waffendienstverweigerung zu beachten. Al-

81 BVerwG, NJW 1969, 629.
82 BVerwG, NJW 1970, 1338, 1339.
83 BVerfG, NJW 1970, 1731.
84 Vgl. auch *Würsig*, Die Steuerung von Summenbelastungen im öffentlichen Immissionsschutzrecht, 2009, S. 40.

lerdings, so schränkte das Gericht ein, ließen sich keine generellen Grenzen für die Anzahl zulässiger Arrestmaßnahmen bestimmen, da die Höchstdauer der gesamten Freiheitsentziehungen immer auch von dem Verhalten des Betroffenen und von anderen besonderen Umständen des Einzelfalles abhängen werde.[85]

c) Freiheitsstrafen neben Maßregeln der Besserung und Sicherung

Mehrfach hat sich das Bundesverfassungsgericht überdies bereits mit dem Nebeneinander von Freiheitsstrafen und Maßregeln der Besserung und Sicherung[86] auseinandergesetzt. Mit Beschluss vom 16. März 1994[87] ging es zunächst um die Maßregel der Unterbringung in einer Erziehungsanstalt (§ 64 StGB). Das Gericht erkannte, ohne von einem additiven Grundrechtseingriff zu sprechen, dass der „kumulative Vollzug" der Freiheitsstrafe und einer derartigen Unterbringung spezifische verfassungsrechtliche Fragen aufwirft.[88] Besondere Aufmerksamkeit widmete es dabei dem Zweck der Maßnahmen: Da die Freiheitsstrafe und die Maßregel der Unterbringung in einer Entziehungsanstalt verschiedene Zwecke verfolgten, könnten sie grundsätzlich auch nebeneinander angeordnet werden. Beide staatlichen Reaktionen auf eine Tat seien indes mit Freiheitsentzug verbunden. „Das Grundrecht des Art. 2 Abs. 2 S. 2 GG erfordert es deshalb, sie einander so zuzuordnen, dass die Zwecke beider möglichst weitgehend erreicht werden, ohne dabei in das Freiheitsrecht des einzelnen Betroffenen mehr als notwendig einzugreifen."[89] Insoweit sei zwar – sofern Freiheitsstrafe und Maßregel der Unterbringung nach rechtfertigendem Grund und Zielrichtung nebeneinander stünden – jedenfalls eine volle Anrechnung der Zeit des Maßregelvollzugs auf die Freiheitsstrafe nicht geboten. „Aller-

85 BVerfG, NJW 1970, 1731, 1732.

86 Während die Strafe der angemessenen Reaktion auf die begangene Tat dient, stellt das Maßregelrecht (s. insbes. §§ 63, 64, 66 StGB) der Sache nach polizeiliches Gefahrenabwehrrecht dar (*Miebach/Maier*, in: Joecks/Miebach (Hrsg.), Münchener Kommentar zum StGB, 3. Aufl. 2016, § 46 Rn. 283). Anknüpfungspunkt für die Anordnung, Ausgestaltung und Dauer der Maßregel ist nicht die Schuld, sondern die Gefährlichkeit des Täters für die Allgemeinheit (*van Gemmeren*, in: Joecks/Miebach (Hrsg.), Münchener Kommentar zum StGB, 3. Aufl. 2016, § 61 Rn. 1).

87 BVerfGE 91, 1.

88 Ebd., S. 26.

89 Ebd., S. 30.

dings müssen die gesetzlichen Regelungen darauf Bedacht nehmen, daß bei der jeweils vorgesehenen Art der Kumulierung die Freiheitsentziehung insgesamt nicht übermäßig wird und Anrechnungsausschlüsse nicht ohne Beziehung zu Grund und Ziel der Unterbringungsmaßregel erfolgen."[90]

Hieran knüpft der Beschluss des Bundesverfassungsgerichts vom 27. März 2012[91] an: Der Beschwerdeführer wurde unter anderem wegen schweren räuberischen Diebstahls zu einer Freiheitsstrafe von drei Jahren und sechs Monaten verurteilt. Eine Vollstreckung fand wegen der fortbestehenden psychischen Erkrankung des Betroffenen zunächst nicht statt. Etwa zehn Jahre später folgte eine weitere Verurteilung zu einer Freiheitsstrafe von sechs Monaten. Außerdem wurde seine Unterbringung in einem psychiatrischen Krankenhaus (§ 63 StGB) angeordnet. Nachdem er dort fast fünf Jahre verbracht hatte, wurde die Vollstreckung der Maßregel unterbrochen und mit der Strafvollstreckung aus dem früheren Urteil wegen schweren räuberischen Diebstahls begonnen. Eine Anrechnung der im Maßregelvollzug verbüßten Unterbringungszeit auf die Gesamtvollstreckungszeit sollte nicht erfolgen. Das Bundesverfassungsgericht erkannte hierin eine „Kumulation von Strafvollstreckung und Maßregelvollzug"[92] und nahm die darin liegende Gesamtbelastung in den Blick. Ausdrücklich, und damit erstmals in diesem Kontext, sprach es insoweit von einem „kumulativen oder ‚additiven' Grundrechtseingriff"[93] – ohne den Begriff oder die Voraussetzungen eines solchen näher zu bestimmen. Es heißt lediglich: „Mehrere für sich betrachtet möglicherweise angemessene oder zumutbare Eingriffe in grundrechtlich geschützte Bereiche können in ihrer Gesamtwirkung zu einer schwerwiegenden Beeinträchtigung führen, die das Maß der rechtsstaatlich hinnehmbaren Eingriffsintensität überschreitet." Ob dies der Fall sei, hänge „von einer Abwägung aller Umstände ab, in die auch gegenläufige Verfassungsbelange einzubeziehen sind."[94]

Insoweit bestätigte das Bundesverfassungsgericht die bereits zuvor getroffene Feststellung, dass Freiheitsstrafen und freiheitsentziehende Maßregeln der Besserung und Sicherung grundsätzlich auch nebeneinander angeordnet werden könnten, sofern dabei in das Freiheitsrecht des Betroffenen aus Art. 2 Abs. 2 S. 2 GG nicht mehr als notwendig eingegriffen werde. Unzulässig sei aber, so heißt es weiter, ein ausnahmsloser – ohne Rück-

---

90 BVerfGE 91, 1 (Leitsatz 2 b).
91 BVerfG, NJW 2012, 1784.
92 So ebd., S. 1786.
93 Ebd., S. 1785. S. auch Erster Teil II. 1. a) aa).
94 BVerfG, NJW 2012, 1784, 1785 f. Ähnlich bereits BVerfG, NJW 2009, 2033, 2045.

sicht auf Härtefälle erfolgender – Ausschluss der Anrechnung von Maßregelvollzugszeiten auch auf Freiheitsstrafen aus einem anderen Urteil als demjenigen, in welchem die Maßregel angeordnet worden ist. Es könne nämlich nicht hingenommen werden, „wenn ein von der Verfassung nicht nur anerkannter, sondern auch geforderter Strafzweck wie der der Resozialisierung durch eine einfachgesetzliche vollstreckungsrechtliche Regelung einseitig zu Lasten eines anderen Strafzwecks marginalisiert oder sogar potenziell vereitelt wird, ohne dass dies durch Gründe von erheblichem Gewicht gerechtfertigt wäre.“[95] Im Fall des Beschwerdeführers ging das Gericht davon aus, dass er durch den Maßregelvollzug und die Anschlussstrafvollstreckung von mehreren sich überlagernden Grundrechtseingriffen betroffen gewesen sei, die jeweils sein durch Art. 2 Abs. 2 S. 2 GG gewährleistetes Freiheitsgrundrecht beeinträchtigten. Dadurch ergebe sich eine Kumulation der Eingriffswirkungen, die ihn angesichts der Umstände über das rechtsstaatlich hinnehmbare Maß hinaus belasteten. Denn zum einen liege hier eine deutliche Überschreitung des von den Fachgerichten für schuldangemessen erachteten Freiheitsentzugs vor. Zum anderen drohe die Nichtanrechnung mit erheblicher Wahrscheinlichkeit die im Maßregelvollzug erreichten Behandlungsfortschritte zunichte zu machen und damit die erfolgreiche Resozialisierung des Beschwerdeführers zu vereiteln.[96]

d) Anrechnung der Auslieferungs- bzw. Untersuchungshaft

Die Rechtsprechung war außerdem mit der Frage befasst, ob und gegebenenfalls inwieweit eine erlittene Auslieferungs- bzw. verfahrensfremde Untersuchungshaft neben einer Kriminalstrafe Bestand haben kann. Ersteres hat der Beschluss des Bundesverfassungsgerichts vom 27. Oktober 1970[97] zum Gegenstand: Der Beschwerdeführer ist durch Urteil des Landgerichts Offenburg zu einer Freiheitsstrafe von einem Jahr verurteilt worden. Nach Verwerfung seiner Revision entzog er sich der Strafvollstreckung durch die Flucht ins Ausland. Im Zuge polizeilicher Fahndungen wurde der Be-

95 BVerfG, NJW 2012, 1784, 1787. Der Gesetzgeber hat hierauf inzwischen mit der Anfügung von § 67 Abs. 6 StGB durch das Gesetz zur Novellierung des Rechts der Unterbringung in einem psychiatrischen Krankenhaus v. 8.7.2016 (BGBl. I, S. 1610) reagiert.

96 BVerfG, NJW 2012, 1784, 1787 f.

97 BVerfG, NJW 1970, 2287.

schwerdeführer im Sommer des Jahres 1960 in Italien verhaftet und in Auslieferungshaft genommen. Die italienischen Gerichte lehnten eine Auslieferung indes ab, mit der Folge, dass er im Frühjahr 1961 auf freien Fuß gesetzt wurde. Nach seiner Rückkehr in die Bundesrepublik Deutschland am 9. Juli 1970 wurde er in Strafhaft genommen. Sein Antrag, die in Italien erlittene Auslieferungshaft auf die erkannte Strafe anzurechnen, wurde durch Beschluss des zuständigen Oberlandesgerichts zurückgewiesen. Hiergegen wendete sich der Beschwerdeführer; er rügte einen Verstoß gegen Art. 103 Abs. 3 GG sowie gegen die Grundsätze der Rechtsstaatlichkeit.

Das Bundesverfassungsgericht hat den Beschluss daran gemessen, ob die Freiheitsentziehung – als Eingriff in Art. 2 Abs. 2 S. 2 GG – in denjenigen Grenzen verbleibt, die der im Rechtsstaatsprinzip wurzelnde Grundsatz der Verhältnismäßigkeit zieht. „Wenn auch zwischen der Auslieferungshaft und der Verbüßung einer rechtskräftigen Strafe Unterschiede bestehen und wenn auch eine schematische Anrechnung der Auslieferungshaft verfassungsrechtlich nicht in jedem Fall geboten erscheint, so kann doch nicht unberücksichtigt bleiben, dass die durch innerstaatliche Behörden veranlasste Auslieferungshaft ebenso eine Behinderung der körperlichen Bewegungsfreiheit bewirkt wie die Strafhaft und damit in einem wesentlichen Umfang die mit einer Freiheitsstrafe verbundenen Zwecke vorwegnimmt.“ Daraus folgerte das Bundesverfassungsgericht, dass der Beschluss den Verhältnismäßigkeitsgrundsatz verletze, da er „die Anrechnung einer erst nach Rechtskraft des Urteils erlittenen Auslieferungshaft schlechthin und selbst dann [ausschließe], wenn dies zu einem Übermaß an Freiheitsentzug führen würde, das in keinem Verhältnis zu der erkannten Strafe stünde.“[98]

Mit Beschluss vom 28. September 1998[99] äußerte sich das Bundesverfassungsgericht ferner zu der zweiten Konstellation – der Anrechnung verfahrensfremder Untersuchungshaft: Gegen den Beschwerdeführer wurde wegen Hehlerei in zwölf Fällen eine Gesamtfreiheitsstrafe von 3 Jahren verhängt. Bereits im Jahre 1989 befand er sich – in anderer Sache – etwa neun Monate in Untersuchungshaft. Dieses Verfahren wurde 1994 im Hinblick auf die bereits verhängte Strafe gem. § 154 StPO eingestellt. Die Anrechnung der erlittenen Untersuchungshaft auf die Strafhaft lehnte das Hanseatische Oberlandesgericht Hamburg ab. Auf seine hiergegen gerichtete Verfassungsbeschwerde hin stellte das Bundesverfassungsgericht fest, dass

98 Ebd., S. 2287 f.

99 BVerfG, BeckRS 1998, 22676 (auszugsweise abgedruckt in: NStZ 1999, 24 f.).

der Beschwerdeführer in Art. 2 Abs. 2 Satz 2 i.V.m. Art. 3 Abs. 1 GG[100] verletzt werde. Das Oberlandesgericht habe bei der Auslegung und Anwendung des insoweit maßgeblichen – eine Anrechnung vorsehenden – § 51 Abs. 1 S. 1 StGB die Tragweite des Freiheitsrechts verkannt. Insoweit verweist es auf die Rechtsprechung des Bundesgerichtshofs, der § 51 StGB stets weit ausgelegt habe. „Gegenstand des Verfahrens" sei demnach nicht zwingend mit einer formalen Verfahrenseinheit gleichzusetzen. Vielmehr genüge, dass zwischen den Strafverfolgungen hinsichtlich der die Untersuchungshaft auslösenden Tat und der Tat, die der Verteilung zugrunde liege, ein irgendwie gearteter sachlicher Bezug vorhanden gewesen sei, etwa wenn – wie hier – die vorläufige Freiheitsentziehung in dem einen Verfahren sich auf den Gang oder den Abschluss des anderen Verfahrens konkret ausgewirkt habe. Dahinter stehe die Erwägung, die Dauer des Freiheitsentzuges für mehrere irgendwie zusammenhängende Taten zu begrenzen und dadurch dem Freiheitsrecht des Art. 2 Abs. 2 S. 2 GG zu einer verstärkten Wirkung zu verhelfen, was das Oberlandesgericht verkannt habe.[101]

e) Rechtsprechung des Europäischen Gerichtshofs

Nunmehr ist der Blick gen Unionsrecht zu richten. Bereits im Jahre 1969 befasste sich der Europäische Gerichtshof mit dem Vorgehen nationaler Behörden gegen ein Kartell während eines bei der Kommission anhängigen Verfahrens. Seines Erachtens folgt die Zulässigkeit einer solchen Verfahrenshäufung aus dem besonderen System der Zuständigkeitsverteilung zwischen der Gemeinschaft und den Mitgliedstaaten auf kartellrechtlichem Gebiet. „Soweit allerdings die hiernach bestehende Möglichkeit, dass gleichzeitig zwei Verfahren betrieben werden, zu einer Doppelsanktion führen könnte, gebietet ein allgemeiner Billigkeitsgedanke [...], die frühere Sanktionsentscheidung bei der Bemessung der später zu verhängenden Sanktion zu berücksichtigen."[102]

Zu nennen ist des Weiteren das Urteil des Gerichtshofs vom 26. Februar 2013[103]. Es ging dabei um eine „Kumulierung von steuerlichen und [steuer]strafrechtlichen Sanktionen". Der Gerichtshof hat diese ausschließlich

---

100 Speziell zu dieser Verbindung: *Meinke*, In Verbindung mit, 2006, S. 108 ff.

101 BVerfG, BeckRS 1998, 22676 Rn. 22 f.

102 EuGH, Rs. 14/68 – Walt Wilhelm u.a., Slg. 1969, 1 Rn. 11. Dem folgend EuG, Rs. T-149/89 – Kommission/Sotralentz, Slg. 1995, II-1127 Rn. 29.

103 EuGH, Rs. C-617/10 – Hans Åkerberg Fransson, ECLI:EU:C:2013:105.

an Art. 50 GrCh, der wie Art. 103 Abs. 3 GG den Grundsatz ne bis in idem verbürgt[104], gemessen. Das Ergebnis lautete, dass dieser Grundsatz einen Mitgliedstaat grundsätzlich nicht daran hindere, zur Ahndung derselben Tat steuerliche und strafrechtliche Sanktionen zu kombinieren.[105] Weiter greift die Argumentation des Generalanwalts in seinen Schlussanträgen. Danach hindere der Verhältnismäßigkeitsgrundsatz und jedenfalls der Grundsatz des Willkürverbots, an der Ausübung einer Strafgerichtsbarkeit, die den Umstand völlig außer Acht lässt, dass der Sachverhalt, über den sie zu entscheiden hat, bereits Gegenstand einer verwaltungsrechtlichen Sanktion – ohne strafrechtlichen Charakter – war. Insoweit verweist er auf verschiedene Praktiken der Mitgliedstaaten, darunter die Bundesrepublik Deutschland, zur Vermeidung einer übermäßigen Bestrafung; sei es in Form einer Anrechnung der verwaltungsrechtlichen Sanktion oder einer Pflicht, das Verfahren bis zu einer abschließenden strafrechtlichen Entscheidung auszusetzen.[106]

Dem Grundsatz der Verhältnismäßigkeit hat der Europäische Gerichtshof aber in seinem Urteil vom 21. Juli 2011[107] Rechnung getragen. Gegenstand war die Gewährung einer Beihilfe, welche an die Erfüllung bestimmter Verpflichtungen gekoppelt gewesen ist, die das begünstigte Unternehmen nicht erfüllte. Folglich wurde die Beihilfe zurückgefordert, eine Geldbuße verhängt und die Zahlung eines darüber hinausgehenden Überschussbetrags verlangt. Der Gerichtshof spricht insoweit von „[...] einer kumulativen Anwendung der in den Art. 26 Abs. 1 und 27 der Verordnung Nr. 968/2006[108] sowie Art. 15 der Verordnung Nr. 318/2006[109] vorgesehenen Maßnahmen [...]“[110]. Diese misst er sodann – ungeachtet des Art. 50 GrCh – am Verhältnismäßigkeitsprinzip. Allerdings sei „angesichts

---

104 S. Dritter Teil III. 1. c) cc) (1).

105 EuGH, Rs. C-617/10 – Hans Åkerberg Fransson, ECLI:EU:C:2013:105 Rn. 34. Ausgenommen sind allerdings verwaltungsrechtliche Sanktionen mit strafrechtlichem Charakter wie der Europäische Gerichtshof kürzlich bestätigt hat (EuGH, Rs. C-524/15 – Luca Menci, ECLI:EU:C:2018:197 Rn. 26 u. 31).

106 Generalanwalt *Cruz Villalón*, Schlussanträge Rs. C-617/10 – Hans Åkerberg Fransson, ECLI:EU:C:2012:340 Rn. 95 u. 83.

107 EuGH, Rs. C-150/10 – Beneo-Orafti, Slg. 2011, I-6843.

108 Verordnung (EG) Nr. 968/2006 der Kommission v. 27.6.2006 mit Durchführungsbestimmungen zur Verordnung (EG) Nr. 320/2006 des Rates mit einer befristeten Umstrukturierungsregelung für die Zuckerindustrie in der Europäischen Gemeinschaft (ABl. L 176, S. 32).

109 Verordnung (EG) Nr. 318/2006 des Rates v. 20.2.2006 über die gemeinsame Marktorganisation für Zucker (ABl. L 58, S. 1).

110 EuGH, Rs. C-150/10 – Beneo-Orafti, Slg. 2011, I-6843 Rn. 68.

der Bedeutung, die der Unionsgesetzgeber sowohl in der Verordnung Nr. 318/2006 als auch in der Verordnung Nr. 320/2006[111] der Beachtung des Quotensystems im Hinblick auf die Stabilisierung der Märkte im Zuckersektor beimisst, [...] nicht zu erkennen, dass er mit der von ihm eingeräumten Möglichkeit, die in den Art. 26 Abs. 1 und 27 der Verordnung Nr. 968/2006 sowie Art. 15 der Verordnung Nr. 318/2006 vorgesehenen Maßnahmen kumulativ anzuwenden, eine Maßnahme getroffen hätte, die im Verhältnis zu dem von ihm verfolgten Ziel offensichtlich ungeeignet wäre." Im Übrigen sei die Rückzahlung der ungerechtfertigten Beihilfe, zu der eine Sanktion nach Art. 27 dieser Verordnung hinzutritt, nicht notwendig allein schon geeignet, die Anhäufung der in Art. 15 Abs. 1 der Verordnung Nr. 318/2006 genannten Mengen zu vermeiden, die durch die in der Erzeugung unter Verstoß gegen die Quotenaufgabeverpflichtung liegende Nichtquotenerzeugung verursacht wird.[112]

2. Haftbedingungen

Schließlich gilt es, das Feld der „Doppelbestrafungen" zu verlassen und die Bedingungen der Haft, sei es im Zuge des Strafverfahrens oder des späteren Strafvollzugs, in den Blick zu nehmen. Bereits mit Beschluss vom 19. Oktober 1993[113] hatte das Bundesverfassungsgericht Gelegenheit sich der „Wechselwirkung von besonderen Sicherungsvorkehrungen und sonstigen Untersuchungshaftbedingungen"[114] anzunehmen. Im Zentrum stand dabei § 119 StPO, der es gestattet, dass inhaftierten Beschuldigten weitere Beschränkungen etwa im Hinblick auf den Empfang von Besuchen oder die Trennung von anderen Inhaftierten auferlegt werden. Das Gericht stellte vorliegend fest, dass die Gesamtheit aller Maßnahmen notwendig gewesen sei, um die Kontaktaufnahme des Beschwerdeführers mit anderen Tatbeteiligten sicher zu unterbinden. Angesichts der Schwere der dem Beschwerdeführer zur Last gelegten Taten, könne derzeit die Unzumutbarkeit der auch unter Berücksichtigung ihres „kumulierenden Zusammenwirkens" mit den anderen Vorkehrungen nicht festgestellt wer-

---

111 Verordnung (EG) Nr. 320/2006 des Rates v. 20.2.2006 mit einer befristeten Umstrukturierungsregelung für die Zuckerindustrie in der Europäischen Gemeinschaft und zur Änderung der Verordnung (EG) Nr. 1290/2005 über die Finanzierung der Gemeinsamen Agrarpolitik (ABl. L 58, S. 42).

112 EuGH, Rs. C-150/10 – Beneo-Orafti, Slg. 2011, I-6843 Rn. 78 f.

113 BVerfG, BeckRS 1993, 08446.

114 So ebd., Rn. 1.

den. Das gelte auch, wenn mitberücksichtigt werde, dass der dem Beschwerdeführer zugewiesene Haftraum relativ klein[115] sei.[116]

Ebenfalls im Jahr 1993 hatte das Bundesverfassungsgericht über die Zulässigkeit der Verhängung von Arrest wegen Alkoholkonsums im Strafvollzug zu entscheiden. Zusätzlich zu einem dreitägigen Arrest gem. §§ 103 Abs. 1 Nr. 9, 104 Abs. 5 StVollzG hatte der Anstaltsleiter gem. § 103 Abs. 1 Nr. 6, Abs. 3 StVollzG a.F.[117] drei Tage Entzug des täglichen Aufenthalts im Freien angeordnet. Im Gegensatz zu der angegriffenen Entscheidung des Oberlandesgerichts Nürnberg[118] schenkte das Bundesverfassungsgericht der Verbindung beider Maßnahmen besondere Aufmerksamkeit. Schließlich wiege diese als „Kumulierung" besonders schwer.[119] „Das Gebot der Schuldangemessenheit von Strafen und strafähnlichen Sanktionen sowie der Verhältnismäßigkeitsgrundsatz verlangen eine an den schuldbestimmenden Umständen des Einzelfalles orientierte Prüfung, ob die tatsächlich verhängten Maßnahmen zum Schuldausgleich, zur gebotenen spezialpräventiven Einwirkung [...] und aus generalpräventiven Erwägungen heraus zwingend erforderlich waren oder ob diese Ziele mit einem milderen Mittel [...] hätten erreicht werden können."[120]

Schließlich ist noch auf einen aktuellen Fall hinzuweisen. Gemeint ist der Beschluss des Bundesverfassungsgerichts vom 18. März 2015[121], der die Unterbringung eines vollständig entkleideten Strafgefangenen in einer durchgängig videoüberwachten Zelle betrifft. Zwar hielt das Gericht be-

---

115 Von Relevanz ist in diesem Zusammenhang auch die Rechtsprechung zur menschenwürdigen Größe von Haftzellen. Insoweit ist eine Gesamtschau sämtlicher Umstände der Unterbringung angezeigt. Hierzu zählen etwa die Größe und Möblierung des Haftraums, die Dauer der Unterbringung, Arbeits- und Aufschlusszeiten sowie die Abtrennung und Belüftung der Toilette (BVerfG, NJW 2016, 1872, 1874 m.w.N.). Zu den Anforderungen an eine menschenwürdige Unterbringung in Gemeinschaftshaft s. BVerfG, NJW 2016, 3228 ff. Dabei nimmt das Bundesverfassungsgericht auch auf die Rechtsprechung des Europäischen Gerichtshofs für Menschenrechte Bezug, der bezogen auf das Verbot der Folter, der unmenschlichen oder erniedrigenden Bestrafungen oder Behandlung nach Art. 3 EMRK entschieden hat, dass bei der Bewertung der Haftbedingungen „die kumulativen Wirkungen dieser Bedingungen [...] in Betracht gezogen werden [müssen]" (EGMR, NVwZ 2005, 303, 304).

116 BVerfG, BeckRS 1993, 08446 Rn. 8 f.

117 § 103 Abs. 1 Nr. 6 StVollzG wurde aufgehoben durch das Vierte Gesetz zur Änderung des Strafvollzugsgesetzes v. 26.8.1998 (BGBl. I, S. 2461).

118 OLG Nürnberg, NStZ 1993, 512.

119 BVerfG, NJW 1994, 1339, 1340.

120 Ebd., S. 1339 f.

121 BVerfG, NJW 2015, 2100.

reits letzteres für sich genommen für unzulässig, da die Anordnung nur auf Basis einer abstrakten Gefahr erfolgt und das Zurverfügungstellen von Ersatzkleidung aus schnell reißendem Material nicht erwogen worden sei. Dennoch sah es gerade in der Verbindung beider einschneidender Maßnahmen die durch Art. 2 Abs. 1 GG i.V.m. Art. 1 Abs. 1 GG geschützte Intimsphäre des Betroffenen berührt. Auch erkannte das Bundesverfassungsgericht, anders als die Vorinstanz, die besonderen Anforderungen, die „bei einer kumulativen Anordnung einzelner Sicherungsmaßnahmen" gälten. Vor allem sei – worauf schon das Oberlandesgericht Frankfurt am Main hingewiesen hat[122] – insoweit die Notwendigkeit jeder einzelnen Maßnahme detailliert zu begründen.[123]

3. Zwischenergebnis

Das Straf- bzw. Strafvollzugsrecht kennt wie gesehen zahlreiche Konstellationen kumulierenden staatlichen Handelns. Dies gilt im Besonderen für die Fälle mehrfacher Sanktionierung irgendwie gearteten Fehlverhaltens – ein Bereich, für den die (deutsche) Rechtsprechung inzwischen auch auf den Begriff des additiven Grundrechtseingriffs zurückgreift.

II. Schutz der Privatsphäre

Eine besondere Rolle spielt zudem – auch und gerade in jüngerer Zeit – der Schutz der Privatsphäre. Zu unterscheiden sind die Konstellationen repressiven und präventiven Handelns des Staates, mit denen sich sowohl Rechtsprechung als auch Literatur befassen.

1. Strafprozessuale Ermittlungsmaßnahmen

Bekannt sind zunächst Fälle, in denen strafprozessuale Ermittlungsmaßnahmen kumulieren.

---

122 OLG Frankfurt am Main, NStZ-RR 2002, 155, 157.
123 BVerfG, NJW 2015, 2100, 2102.

a) Zur Rechtsprechung

aa) GPS-Entscheidung des BVerfG

Dies betrifft zunächst die GPS-Entscheidung des Bundesverfassungsgerichts[124]: Der Beschwerdeführer verübte 1995 als Mitglied der sog. Antiimperialistischen Zelle vier Sprengstoffanschläge. Wegen dieser Taten wurde er u.a. wegen gemeinschaftlichen Mordversuchs in vier Fällen zu einer Gesamtfreiheitsstrafe von 13 Jahren verurteilt. In seiner Beweiswürdigung stützte sich das Oberlandesgericht Düsseldorf maßgeblich auf Erkenntnisse aus zahlreichen gegen den Beschwerdeführer durchgeführten Observationsmaßnahmen. So ist beispielsweise seine Wohnung videotechnisch beobachtet und er selbst durch Mitarbeiter des Verfassungsschutzes des Landes Nordrhein-Westfalen als auch durch Beamte des Bundeskriminalamts visuell observiert worden. Die Ermittlungsbehörden hatten den vom ihm mitgenutzten PKW mit einem Peilsender versehen. Daneben sind sein Telefonanschluss überwacht sowie für ihn bestimmte Postsendungen geöffnet worden. Nachdem er den Peilsender entdeckt und funktionsunfähig gemacht hatte, wurde das Fahrzeug mit einem (technisch ausgereifteren) GPS-Empfänger versehen, mit dessen Hilfe die räumliche Position des Fahrzeugs bis auf fünfzig Meter genau bestimmt werden konnte. Durch die Auswertung der Positionsdaten konnten die Fahrbewegungen, Standorte und Standzeiten des Fahrzeugs lückenlos nachvollzogen werden.[125] Der Betroffene rügte die Verletzung seines allgemeinen Persönlichkeitsrechts gem. Art. 2 Abs. 1 GG i.V.m. Art. 1 Abs. 1 GG. So seien gleichzeitig verschiedene Ermittlungsmaßnahmen – ohne eine richterliche Überprüfung ihrer Gesamtschau – durchgeführt worden. Zudem habe es an einer eigenständigen, den „besonders intensiven Eingriff" gegebenenfalls legitimierenden, gesetzlichen Ermächtigung gefehlt.[126]

Schon das erstinstanzlich mit dem Fall betraute Oberlandesgericht Düsseldorf befasste sich – neben der Rechtmäßigkeit der Maßnahmen für sich genommen – mit dem Kumulationsaspekt. Dabei ging es davon aus, dass „die ‚Kumulation' der verschiedenen Ermittlungsmaßnahmen [...] keinen weiteren eine besondere gesetzliche Ermächtigungsgrundlage erfordernden Eingriff in den Schutzbereich des Rechts auf informationelle Selbstbestimmung dar[stellt]." Allerdings habe – ungeachtet einer gesetzlichen An-

124 BVerfGE 112, 304.
125 Vgl. ebd., S. 306 f.
126 Ebd., S. 308 u. 310 f.

ordnung – bei den Einzelentscheidungen auch jeweils „eine Gesamtwürdigung der Ermittlungslage im Hinblick auf den Verhältnismäßigkeitsgrundsatz stattzufinden“.[127] Der mit der Revision befasste Bundesgerichtshof äußerte sich ebenso zum Gesichtspunkt des Zusammentreffens mehrerer Ermittlungsmaßnahmen. Zunächst sprach er sich – im Einklang mit der Vorinstanz –, ungeachtet des zwischenzeitlichen Inkrafttretens des § 163f StPO[128], gegen eine „übergreifende” ausschließliche richterliche Zuständigkeit aus. Von dem nach der StPO Anordnungsbefugten sei allerdings bei der Anordnung jeder einzelnen Maßnahme zu prüfen, ob ihre Durchführung unter Berücksichtigung bereits angeordneter Überwachungsmethoden insgesamt noch verhältnismäßig sei.[129]

Im Verfahren vor dem Bundesverfassungsgericht äußerte sich unter anderem der Generalbundesanwalt zur „‘Kumulation‘ von Ermittlungsmaßnahmen“. Seines Erachtens erwecke die additive Aufzählung von Maßnahmen den falschen Eindruck, diese Maßnahmen seien gleichzeitig und gebündelt zur Erstellung eines Persönlichkeitsprofils des Beschwerdeführers verwendet worden. Tatsächlich habe man sie aber jeweils situationsangepasst, als Reaktion auf das konspirative und professionelle Vorgehen des Beschwerdeführers, eingesetzt.[130] Im Urteil findet sich sodann erstmals überhaupt der Terminus des additiven Grundrechtseingriffs. Im zweiten Leitsatz heißt es: „Beim Einsatz moderner, insbesondere dem Betroffenen verborgener, Ermittlungsmethoden müssen die Strafverfolgungsbehörden mit Rücksicht auf das dem ‚additiven‘ Grundrechtseingriff innewohnende Gefährdungspotential besondere Anforderungen an das Verfahren beachten.“ Demnach sei sicherzustellen, dass die Staatsanwaltschaft über alle Ermittlungseingriffe informiert ist, die den Grundrechtsträger im Zeitpunkt der Antragstellung und im Zeitpunkt einer zeitlich versetzten Ausführung der Maßnahme jeweils treffen. Darüber hinaus verweist das Gericht auf die

---

127 OLG Düsseldorf, NStZ 1998, 268, 269 f.

128 § 163f StPO bezieht sich von seinem Anwendungsbereich her auch und gerade auf Fälle, in denen eine längerfristige Observation durch kumulierte Ermittlungsmaßnahmen – insbesondere bei Einsatz von technischen Mitteln – erfolgt. Insoweit erkennt die Norm die darin liegende besondere Eingriffsintensität an. Dies gilt umso mehr infolge der Änderung der Vorschrift mit Wirkung vom 1.1.2008 (BGBl. I, S. 3198), die seitdem einen Richtervorbehalt enthält (§ 163f Abs. 3 StPO). Insoweit trägt der Gesetzgeber nach seinem ausdrücklichen Willen der Problematik der Kumulierung von Ermittlungsmaßnahmen Rechnung (vgl. BT-Drucks. 16/5846, S. 65).

129 BGH, NJW 2001, 1658, 1660.

130 BVerfGE 112, 304, 313.

Nutzung des länderübergreifenden staatsanwaltschaftlichen Verfahrensregisters (§§ 492 ff. StPO), um unkoordinierte Ermittlungsmaßnahmen verschiedener Behörden verlässlich zu verhindern. Ferner statuierte es mit Blick hierauf eine Beobachtungspflicht des Gesetzgebers.[131] Abseits verfahrensrechtlicher Sicherungen hat das Bundesverfassungsgericht, wie schon die Vorinstanzen, auf den Verhältnismäßigkeitsgrundsatz verwiesen. Es heißt schlicht: „Die Abwägung der Strafgerichte im Rahmen der Verhältnismäßigkeitsprüfung, bei der maßgeblich berücksichtigt wurde, dass die ohnehin nur bei Benutzung des Personenkraftwagens des Mitangeklagten durchgeführte GPS-Observation durch andere Observationsmaßnahmen im Schwerpunkt nur an den Wochenenden ergänzt worden sei und sich nur in begrenztem Umfang auf das besonders sensible Abhören des gesprochenen Worts bezogen habe, ist von Verfassungs wegen nicht zu beanstanden.“[132]

Letztlich hatte auch der Europäische Gerichtshof für Menschenrechte in diesem Fall Gelegenheit zur Stellungnahme. Der Beschwerdeführer rügte u.a. die Verletzung seines Rechts auf Achtung seines Privatlebens (Art. 8 EMRK). Der Gerichtshof stellte fest, dass die GPS-Überwachung Teil vieler anderer zuvor angeordneter und sich teilweise überschneidender Observierungsmaßnahmen war und damit zu einer sehr umfangreichen Überwachung geführt habe. Von einer gesteigerten Eingriffsintensität ging er aber vor allem deshalb aus, weil gegen den Beschwerdeführer von verschiedenen Behörden die gleichen Überwachungsmaßnahmen durchgeführt worden seien und sich damit der Kreis der Personen, denen Informationen über sein Verhalten zugänglich gemacht worden sei, erweitert habe.[133] Trotzdem macht die Zusammenrechnung der Einzel-Beeinträchtigungen deutlich, dass der Gerichtshof diesem Aspekt rechtliche Bedeutung beigemessen hat.

bb) Folgerechtsprechung

Inzwischen hatte die Fachgerichtsbarkeit Gelegenheit, die Vorgaben der GPS-Entscheidung umzusetzen. Von besonderem Interesse ist dabei das Urteil des Bundesgerichtshofs vom 14. August 2009[134]. Die wegen Unter-

---

131 Ebd., S. 320 f.
132 Ebd., S. 321.
133 EGMR, NJW 2011, 1333, 1338.
134 BGH, NJW 2009, 3448.

stützung einer ausländischen terroristischen Vereinigung Angeklagten machten unter anderem eine unzulässige Rundumüberwachung geltend, woraus sich die Unverwertbarkeit der daraus gewonnenen Erkenntnisse ergebe. Zunächst äußerte der Bundesgerichtshof – im Anschluss an den Generalbundesanwalt – Bedenken hinsichtlich der Zulässigkeit ihrer Rüge. Schließlich hätten die Angeklagten der Verwertung der Erkenntnisse aus einzelnen Ermittlungsmaßnahmen zum Teil nicht widersprochen und im Übrigen nicht geltend gemacht, dass es sich wegen der Kumulation der Maßnahmen um eine unzulässige Rundumüberwachung gehandelt habe.[135] Dennoch befasste er sich hiermit näher. So griff er, unter Bezugnahme auf das Bundesverfassungsgericht, erstmals auf den Begriff des additiven Grundrechtseingriffs zurück.[136] Hierunter fassen ließen sich ausgehend von der Wohnraumüberwachung die im Wesentlichen durch den Ermittlungsrichter des Bundesgerichtshofs angeordneten Maßnahmen der Telefonüberwachung von zwei Mobilfunkanschlüssen der Angeklagten, ihre längerfristige Observation und die Beschlagnahme der an sie gerichteten Postsendungen. Nicht in die Gesamtbetrachtung einzubeziehen seien die Überwachung des Telefonladens und die GPS-Überwachung der Fahrzeuge, da diese Maßnahmen ausgelaufen seien, als im November 2004 mehrere Maßnahmen auf strafprozessualer Basis angeordnet wurden. Daraus ergebe sich, so das Gericht, auch bei einer Gesamtschau dieser Maßnahmen eine unzulässige Rundumüberwachung, mit der ein umfassendes Persönlichkeitsprofil eines Betroffenen erstellt werden könnte, nicht. Mit Blick auf die Rechtsprechung des Bundesverfassungsgerichts sei eine solche wegen der vorhandenen verfahrensrechtlichen Sicherungen, darunter der Richtervorbehalt sowie die sog. Subsidiaritätsklauseln, grundsätzlich ausgeschlossen.[137] Zwar beurteile sich bei der gleichwohl „noch erforderlichen Prüfung der Verhältnismäßigkeit im engeren Sinne [...] die Frage der Zulässigkeit einer Überwachungsmaßnahme auch danach, ob gegebenenfalls mehrere, in die Grundrechte des Betroffenen eingreifende Maßnahmen durchgeführt werden." Letztlich aber seien vorliegend – auch angesichts der Schwere des Tatvorwurfs – sämtliche dieser Vorgaben gewahrt worden.[138]

---

135 Ebd., S. 3458.

136 Ebd.

137 Ebd., S. 3458 f.

138 Ebd., S. 3459. Insoweit fand das Bundesverfassungsgericht keinen Anstoß an den Ausführungen des Bundesgerichtshofs. Es hat die Rüge einer unzulässigen Rundumüberwachung mangels hinreichend substantiierter Darlegung zurückgewiesen (BVerfGE 130, 1, 24).

b) Debatte im Schrifttum

Das Zusammenwirken strafprozessualer Ermittlungsmaßnahmen ist ebenfalls Gegenstand zahlreicher Abhandlungen im Schrifttum.[139] *Comes* sprach bereits 1998 – in Reaktion auf den soeben erwähnten Beschluss des Oberlandesgerichts Düsseldorf – von einem „Fluch der kleinen Schnitte". Seines Erachtens führen eben diese, gemeint sind die vielfältigen Überwachungstechniken in der polizeilichen Praxis, darunter die Videoüberwachung von Haus- und Wohnungseingängen, Ortsbestimmungen über Handy, der Einsatz von V-Leuten und vieles mehr, in ihrer Gesamtheit in eine „Niederlage des liberalen Rechtsstaates".[140] *Kühne* verweist insofern auf die Notwendigkeit, die „rasante Entwicklung zu einem immer vollständiger vom Staat kontrollierten Bürger in die erforderlichen rechtsstaatlichen Grenzen zu verbringen".[141] *Gercke* erkennt, dass die Strafprozessordnung die Kumulation bis dato nicht zum Thema gemacht hat; daraus könne aber nicht der Schluss gezogen werden, dass sie keinen Bedenken rechtlicher Art begegne. Seines Erachtens kann eine gesonderte Beurteilung der einzelnen isoliert betrachteten Maßnahmen zwar zu der Zulässigkeit jeder Überwachungsmaßnahme für sich gelangen. Damit werde man aber dem besonderen Charakter einer solchen kumulierten Überwachung nicht gerecht. Denn diese befähige die Ermittlungsorgane prinzipiell zur Erstellung eines umfassenden Persönlichkeitsprofils, die sowohl den Wesensgehalt des Persönlichkeitsrechtes als auch den Kernbereich der Menschenwürde tangiere.[142] Deutlich zurückhaltender äußert sich *Steinmetz*. Seines Erachtens ergibt sich die Notwendigkeit und grundsätzliche Zulässigkeit einer Kumulierung von Ermittlungsmaßnahmen bereits aus der Überlegung, dass die jeweils einschlägigen Ermächtigungsgrundlagen, mitunter ohne jegliche inhaltliche Überschneidung, auf die Erlangung unterschiedlicher Tatsachen mit Indizwert abzielten. Weiter heißt es: „Die Orwell'schen Szenarien, die hier teilweise aufgebaut wurden, liegen – gerade in Zeiten knapper Ermittlungsressourcen – neben der Sache." Zwar geht auch er davon aus, dass eine Totalausforschung unzulässig sei, nicht aber

---

139 S. abgesehen von den folgenden Nachweisen nur *Gusy*, StV 1998, 526 f.

140 *Comes*, StV 1998, 569.

141 *Kühne*, JZ 2001, 1148.

142 *Gercke*, Bewegungsprofile anhand von Mobilfunkdaten im Strafverfahren, 2002, S. 131 f.

ohne hinzuzufügen, dass im Bereich der Schwerstkriminalität unverhältnismäßige Maßnahmenbündel kaum vorstellbar seien.[143]

Dazu, unter welchen Voraussetzungen Ermittlungsmaßnahmen rechtserheblich kumulieren, finden sich nur wenige Aussagen im Schrifttum. *G. Kirchhof* zufolge verbietet das Grundgesetz „in jedem ihrer einschlägigen Maßstäbe eine ‚Rundumüberwachung', mögen die Maßnahmen einem oder mehreren Ermittlungsverfahren dienen, den Staat [...] allgemein informieren oder besondere Informationsbedürfnisse befriedigen." Verschiedene Zielsetzungen und Schutzbereiche dürften danach den Blick auf die Betroffenheit durch zusammenwirkende Belastungen nicht verengen.[144] *Klar* spricht sich ebenfalls gegen das Kriterium eines gemeinsamen Zwecks aus, denn aus der Sicht des Betroffenen sei unerheblich, welche Zwecke der Staat verfolge.[145] Allerdings müssten die Maßnahmen gleichzeitig wirken: „Zu einer fortwirkenden Beeinträchtigung wie einer Überwachung des Telefonanschlusses tritt entweder eine weitere Maßnahme – wie die Observation des Wohnhauses –, oder beide Maßnahmen ergehen zur gleichen Zeit."[146] Erfolgten die Eingriffe aber aufeinanderfolgend und überschneide sich ihre unmittelbare Wirkung für den Betroffenen zu keinem Zeitpunkt, liege kein additiver Grundrechtseingriff vor. Darüber hinaus kumulierten die Maßnahmen nur, wenn sie den gleichen Adressaten in vergleichbaren Gegenständen beträfen.[147] Gemeint seien, so heißt es andernorts, Maßnahmen der gleichen Normwirklichkeit, hier in Gestalt des Schutzes des privaten Bereichs der Bürger.[148]

Was die Art und Weise des Zusammenwirkens betrifft, wird zumeist davon ausgegangen, dass die Kumulation mehrerer Ermittlungsmethoden nicht bloß die Addition der einzelnen Maßnahmen und folglich eine rein quantitative Steigerung der Überwachung sei. Vielmehr komme ihr unter Umständen eine eigene Qualität zu, die gesondert zu beurteilen sei.[149] Es

---

143 *Steinmetz*, NStZ 2001, 344 f.

144 *G. Kirchhof*, NJW 2006, 732, 734. Ähnlich *Hillgruber*, in: Isensee/P. Kirchhof (Hrsg.), Handbuch des Staatsrechts der Bundesrepublik Deutschland, Bd. IX, 3. Aufl. 2011, § 200 Rn. 97.

145 *Klar*, Datenschutzrecht und die Visualisierung des öffentlichen Raums, 2012, S. 95.

146 *G. Kirchhof*, NJW 2006, 732, 734.

147 *Klar*, Datenschutzrecht und die Visualisierung des öffentlichen Raums, 2012, S. 95.

148 *G. Kirchhof*, NJW 2006, 732, 735. Ähnlich *Klar*, Datenschutzrecht und die Visualisierung des öffentlichen Raums, 2012, S. 96.

149 *Gercke*, Bewegungsprofile anhand von Mobilfunkdaten im Strafverfahren, 2002, S. 131. Ähnlich *Bernsmann*, StV 2001, 382, 385.

könne also die Gesamtheit mehr sein als die bloße Summe einzelner Eingriffe.[150] *Schaks* erläutert dies am Beispiel des Datenschutzrechts näher: Mit jeder zusätzlichen, selbst scheinbar unbedeutenden Information über den Grundrechtsträger werde der Bürger durch die Verknüpfung der Daten transparenter. Insofern könne die Quantität in eine neue Qualität umschlagen.[151] *Würsig* spricht insofern von synergetischen Effekten, die sich einzelnen Überwachungsmaßnahmen gerade nicht isoliert zuordnen ließen.[152]

Damit verbleibt die Frage, wie das Schrifttum mit – als solches erkannten – additiven Grundrechtseingriffen durch Ermittlungsmaßnahmen umgeht. Nicht wenige äußern sich dazu eher allgemein. So müssen etwa laut *Comes* im Falle der Bündelung verschiedener Maßnahmen Staatsanwaltschaften, die Ermittlungsrichter und die erkennenden Gerichte prüfen, ob diese in ihrer Gesamtheit eine den vom Gesetz geregelten und an bestimmte Vorgaben, insbesondere etwa einen Richtervorbehalt geknüpften Tatbeständen vergleichbare Qualität und Intensität erreichten. Gegebenenfalls seien zusätzliche Sicherungen im Wege der richterlichen Rechtsfortbildung einzuziehen.[153] Überwiegend wird zur Bewältigung derartiger Eingriffe – wie in der Judikatur – das (allgemeine) Verhältnismäßigkeitsprinzip herangezogen.[154] Insoweit müssten, um der dann verstärkten Gefahr für die Freiheiten des Einzelnen zu begegnen, der auf Einzelmaßnahmen verengte Blick geweitet und auch andere Umstände umfassend unter Zumutbarkeitskriterien beleuchtet werden.[155] Dabei komme es grundsätzlich auf den Einzelfall an. *Steinmetz* aber betont, dass je erhebli-

---

150 *Comes*, StV 1998, 569, 571. Soweit *Puschke*, Die kumulative Anordnung von Informationsbeschaffungsmaßnahmen im Rahmen der Strafverfolgung, 2006, S. 79 ff. in diesem Zusammenhang das Vorliegen eines „andersartigen" Eingriffs untersucht, greift er dabei auf sphärentheoretische Überlegungen zurück. So sei ein entsprechender Qualitätssprung anzunehmen, wenn eine neue Sphäre erreicht wird.

151 *Schaks*, DÖV 2015, 817, 819. Ähnlich *Warntjen*, Heimliche Zwangsmaßnahmen und der Kernbereich privater Lebensgestaltung, 2007, S. 189.

152 *Würsig*, Die Steuerung von Summenbelastungen im öffentlichen Immissionsschutzrecht, 2009, S. 44.

153 *Comes*, StV 1998, 569, 572.

154 S. nur *Gercke*, Bewegungsprofile anhand von Mobilfunkdaten im Strafverfahren, 2002, S. 136 ff.; *Steinmetz*, NStZ 2001, 344, 345; *Tanneberger*, Die Sicherheitsverfassung, 2014, S. 261; *Warntjen*, Heimliche Zwangsmaßnahmen und der Kernbereich privater Lebensgestaltung, 2007, S. 188 ff.

155 *Klar*, Datenschutzrecht und die Visualisierung des öffentlichen Raums, 2012, S. 93 f.; *Ziekow/Debus/Piesker*, Die Planung und Durchführung von Gesetzesevaluationen: ein Leitfaden unter besonderer Berücksichtigung datenschutzrechtlicher Eingriffe, 2013, S. 113.

cher Tatvorwurf und Rechtsfolgenerwartung und je komplexer die Begehungsweise, umso tiefgreifender und flexibler auch die staatlichen Aufklärungsbemühungen ausfallen dürften.[156] Die Grenze dessen aber bilde, in Anlehnung an die Rechtsprechung, das Verbot der Rundumüberwachung, mag sie auch durch die Kumulation verschiedener Einzelmaßnahmen nicht ohne Weiteres zu erreichen sein.[157] *Hornung* unternimmt hier den Versuch handhabbare Kriterien zu formulieren. So könnten zur Bestimmung der Schwelle zur unzulässigen Kumulation etwa die Anzahl der Maßnahmen, deren Dauer sowie die Anzahl der beteiligten staatlichen Stellen berücksichtigt werden.[158] *Puschke* fügt die von den Maßnahmen voraussichtlich betroffenen Lebensbereiche und -situationen hinzu.[159] Daneben thematisiert *Hornung* den Kernbereichsvorbehalt. Seines Erachtens erhöht die kumulative Anwendung von Überwachungsmaßnahmen die Wahrscheinlichkeit, Informationen dieses absolut geschützten Bereichs – namentlich höchstpersönliche Informationen – aufzuzeichnen.[160] Ähnlich äußert sich auch *Warntjen*.[161]

Freilich könne, so die – soweit ersichtlich – einhellige Erkenntnis im Schrifttum, die anordnende Stelle dem nur gerecht werden, wenn dieser alle Maßnahmen bekannt seien. *Steinmetz* geht beispielsweise davon aus, dass der Ermittlungsrichter „effektiven Rechtsschutz nur dann gewährleisten und der verfahrenslimitierenden Funktion des Verhältnismäßigkeitsgrundsatzes […] allein dann Rechnung tragen [kann], wenn ihm bei jedem (neuen) Antrag der Staatsanwaltschaft das ‚Gesamtpaket' der im jeweiligen Verfahren bereits durchgeführten bzw. parallel laufenden Ermittlungsmaßnahmen unterbreitet wird."[162] Insoweit bestehe also eine umfassende Informationspflicht der Staatsanwaltschaft. Nichts anderes gelte so-

---

156 *Steinmetz*, NStZ 2001, 344, 345. Dem folgend *Lee*, Umweltrechtlicher Instrumentenmix und kumulative Grundrechtseinwirkungen, 2013, S. 156.

157 *Tanneberger*, Die Sicherheitsverfassung, 2014, S. 259.

158 *Hornung*, in: Albers/Weinzierl (Hrsg.), Menschenrechtliche Standards in der Sicherheitspolitik, 2010, S. 65, 74.

159 *Puschke*, Die kumulative Anordnung von Informationsbeschaffungsmaßnahmen im Rahmen der Strafverfolgung, 2006, S. 97.

160 *Hornung*, in: Albers/Weinzierl (Hrsg.), Menschenrechtliche Standards in der Sicherheitspolitik, 2010, S. 65, 72. Dem folgend *Ziekow/Debus/Piesker*, Die Planung und Durchführung von Gesetzesevaluationen: ein Leitfaden unter besonderer Berücksichtigung datenschutzrechtlicher Eingriffe, 2013, S. 113.

161 Vgl. *Warntjen*, Heimliche Zwangsmaßnahmen und der Kernbereich privater Lebensgestaltung, 2007, S. 107 ff.

162 *Steinmetz*, NStZ 2001, 344, 345 mit Verweis auf *Comes*, StV 1998, 569, 570 u. 572. Vgl. auch *Gercke*, Bewegungsprofile anhand von Mobilfunkdaten im Straf-

fern sich die Sachlage nachträglich ändert, etwa wenn zu einer ersten richterlich gestatteten Maßnahme im Laufe der Zeit polizeiliche und staatsanwaltschaftliche Anordnungen hinzutreten.[163] Zahlreiche Autoren plädieren – daneben – für weitere Sicherungen verfahrensrechtlicher Art. Dazu zählt zunächst der bereits angeklungene Richtervorbehalt. Hier gehen die Meinungen allerdings auseinander. *Steinmetz*[164] und *Warntjen*[165] lehnen zunächst einen „übergreifenden" Richtervorbehalt ab. Auch *Gercke* weist darauf hin, dass die Strafprozessordnung eine solche gesonderte Anordnungskompetenz nicht kenne. Dennoch hält er eine solche de lege ferenda für wünschenswert.[166] *Puschke* schließt sich dem im Ergebnis an.[167] *Comes* geht noch einen Schritt weiter: De lege ferenda schlägt er vor, die Entscheidung über die Zulässigkeit derartiger tief eingreifender Maßnahmen nicht den genannten Institutionen sondern einem unabhängigen Gremium zu übertragen, welches unterschiedliche Interessen und Sensibilitäten einzubringen in der Lage sei.[168]

Des Weiteren halten nicht wenige, im Anschluss an das Bundesverfassungsgericht[169], die Ermittlungsbehörden für verpflichtet, ihre Maßnahmen zu koordinieren und zu dokumentieren, um verfassungswidrige kumulative Belastungen zu vermeiden.[170] *G. Kirchhof* geht noch darüber hinaus, soweit er sich für eine Erweiterung dieses Auftrags auf andere staatliche Stellen ausspricht. Seines Erachtens fordert der grundrechtliche Schutz „eine weitreichende Kommunikation zwischen den zuständigen staatlichen Stellen, eine kooperative Verwaltung zur Abstimmung der grundrechtserheblichen Wirkungen, eine vorbeugende Feststellung des Gefährdungspotenzials, Verfahrensvorkehrungen für einen präventiven Grundrechtsschutz, eine Gesamtdokumentation."[171] Deutlich zurückhaltender positionieren sich andere. Zwar könne eine interbehördliche Kooperation

---

verfahren, 2002, S. 137; *Roggan*, in: Roggan (Hrsg.), Festgabe f. Hirsch, 2006, S. 153, 164 f.

163 *Steinmetz*, NStZ 2001, 344, 346 f.

164 Ebd., S. 345.

165 *Warntjen*, Heimliche Zwangsmaßnahmen und der Kernbereich privater Lebensgestaltung, 2007, S. 192.

166 *Gercke*, Bewegungsprofile anhand von Mobilfunkdaten im Strafverfahren, 2002, S. 139.

167 *Puschke*, Die kumulative Anordnung von Informationsbeschaffungsmaßnahmen im Rahmen der Strafverfolgung, 2006, S. 143 f.

168 *Comes*, StV 1998, 569, 573.

169 S. BVerfGE 112, 304, 320.

170 *Vassilaki*, CR 2005, 572, 573 f.

171 *G. Kirchhof*, NJW 2006, 732, 733.

grundrechtsschützend wirken. Geschehe dies aber auf der Grundlage eines zentralen übergreifenden Registers, sei dies mit Blick auf die Persönlichkeitsrechte des Betroffenen nicht unproblematisch.[172]

2. Präventiv-polizeiliche Maßnahmen

Die Möglichkeiten präventiv-polizeilichen Handelns sind vielfältig, wobei auch insoweit Belastungsmehrheiten auftreten können.

a) Polizeirecht der Länder

So hat die Problematik auch die mit dem Polizeirecht der Länder befassten Verwaltungsgerichte erreicht. Vor dem Verwaltungsgerichtshof Baden-Württemberg wehrte sich der Kläger, der wegen seiner strafrechtlichen Vorgeschichte (mehrfache Verurteilungen wegen des sexuellen Missbrauchs von Kindern) und der erneuten ständigen Kontaktaufnahme zu Kindern und Jugendlichen ins Blickfeld geraten war, gegen den ihn betreffenden Einsatz verschiedener Observationsmaßnahmen gem. § 22 Abs. 1 Nr. 1, 2, 3 PolG Baden-Württemberg. Ausdrücklich rügte er die kumulative Anordnung nahezu sämtlicher nach der Norm möglicher Maßnahmen als unverhältnismäßig. Schließlich sei die Norm insbesondere im Fall der vorliegenden Kumulation der Maßnahmen bis hin zur vorgenommenen „polizeilichen Totalüberwachung“ und den damit verbundenen (letztlich irreversiblen) Grundrechtseingriffen ohne Richtervorbehalt mit dem Grundgesetz nicht vereinbar.[173] Der Beklagte verwies demgegenüber darauf, dass die Maßnahmen spezifisch auf den Gefahrenkontext des Klägers zugeschnitten gewesen und erst schrittweise ausgedehnt worden wären und seinen persönlichen Rückzugsraum an Privatheit geachtet hätten. Der Umstand, dass von mehreren polizeilichen Mitteln Gebrauch gemacht worden sei, führe, so heißt es weiter, nicht automatisch zu einer Vertiefung der grundrechtsrelevanten Eingriffsschwelle.[174]

---

172 *Klar*, Datenschutzrecht und die Visualisierung des öffentlichen Raums, 2012, S. 94; ähnlich *Hornung*, in: Albers/Weinzierl (Hrsg.), Menschenrechtliche Standards in der Sicherheitspolitik, 2010, S. 65, 81 f. Vgl. auch *Tanneberger*, Die Sicherheitsverfassung, 2014, S. 260 f.; *Wolff*, ZG 2016, 361, 373 u. 379.

173 VGH Baden-Württemberg, Urt. v. 15.5.2014 – 1 S 815/13 –, juris Rn. 16.

174 Ebd., Rn. 21.

Die Vorinstanz, das Verwaltungsgericht Freiburg, erkannte den kumulativen Einsatz von Ermittlungsmethoden und bezeichnete diesen explizit als additiven Grundrechtseingriff. Nach Auffassung des Gerichts sei es aber abseits der vom Bundesverfassungsgericht postulierten verfahrensrechtlichen Anforderungen „unerheblich […], dass gegen den Kläger gleichzeitig mehrere besondere Mittel der Datenerhebung zum Einsatz gekommen sind.“[175] Dem Argument des Klägers, dass die gegen ihn zum Einsatz gebrachten besonderen Mittel der Datenerhebung überhaupt nur im Bereich der Terrorismusbekämpfung zulässig seien, begegnete das Gericht schließlich mit dem Hinweis, dass sich hierfür keine Stütze im Gesetz finde.[176]

Im Gegensatz zur Vorinstanz führte der Verwaltungsgerichtshof keine nennenswerte Gesamtschau durch. Es bleibt bei einem eher beiläufigen Verweis auf die GPS-Entscheidung des Bundesverfassungsgerichts. Im Ergebnis hält er zwar auch ein Maßnahmengeflecht wie das vorliegende im Rahmen des § 43 Abs. 1 VwGO für angreifbar.[177] Auch erkennt er mit Blick auf das besondere Feststellungsinteresse, dass ein tiefer Eingriff in das allgemeine Persönlichkeitsrecht vorliege. Hierbei hatte er aber wohl eher die einzelnen Maßnahmen für sich genommen, denn ihren Verbund im Blick. Ebenso verhält es sich bei der Begründetheit, etwa soweit es um das Erfordernis eines Richtervorbehalts geht.[178]

b) Befugnisse des Bundeskriminalamtes

Gegenstand des Urteils des Bundesverfassungsgerichts vom 20. April 2016[179] sind zahlreiche Regelungen des Bundeskriminalamtgesetzes (BKAG). Angegriffen wurden etwa die Ermächtigung zum Einsatz von besonderen Mitteln der Datenerhebung außerhalb von Wohnungen gem. § 20g Abs. 1 bis 3 BKAG a.F.[180] und die Befugnis zur Durchführung optischer und akustischer Wohnraumüberwachungen gem. § 20h BKAG a.F. In ihrer Begründung stützten sich die Beschwerdeführer u.a. darauf, dass

175 VG Freiburg, Urt. v. 27.11.2012 – 3 K 1607/11 –, juris Rn. 42.

176 Ebd., Rn. 79.

177 VGH Baden-Württemberg, Urt. v. 15.5.2014 – 1 S 815/13 –, juris Rn. 27. Vgl. auch VGH Baden-Württemberg, Urt. v. 3.5.2018 – 9 S 653/16 –, juris Rn. 28 für den vorbeugenden Rechtsschutz.

178 VGH Baden-Württemberg, Urt. v. 15.5.2014 – 1 S 815/13 –, juris Rn. 32 ff.

179 BVerfG, BeckRS 2016, 44821 (auszugsweise abgedruckt in: NJW 2016, 1781 ff.).

180 Aufgehoben durch Art. 13 Abs. 1 S. 2 des Gesetzes zur Neustrukturierung des Bundeskriminalamtgesetzes v. 1.6.2017 (BGBl. I, S. 1354).

der Gesetzgeber die besondere Gefahr additiver Grundrechtseingriffe nicht berücksichtigt habe, weil neben dem Bundeskriminalamt auch Landespolizeibehörden tätig bleiben könnten. Verfassungswidrig sei das Gesetz auch, weil es auf gebotene verfahrensrechtliche Sicherungen und materiell-eingriffsrechtliche Abstufungen verzichte, um eine von Verfassungs wegen verbotene Rundumüberwachung durch die kumulative Anwendung eingriffsintensiver Maßnahmen zu verhindern.[181] Zwar geht das Bundesverfassungsgericht im Ansatz davon aus, dass die angegriffenen Überwachungs- und Ermittlungsbefugnisse je einzeln grundrechtlich zu würdigen seien.[182] Werden diese Maßnahmen aber gebündelt, könnten sie – mit den Worten des Gerichts – tief in die Privatsphäre eindringen und ein besonders schweres Eingriffsgewicht erlangen. Dementsprechend bedürfe es beispielsweise für die Verbindung von akustischer und optischer Wohnraumüberwachung gem. § 20h Abs. 1 Nr. 1 und 2 BKAG a.F. einer besonderen Rechtfertigung.[183]

Eine spezifische verfassungsrechtliche Grenze hinsichtlich des Zusammenwirkens der verschiedenen Überwachungsmaßnahmen bilde Art. 1 Abs. 1 GG. Insofern greift das Bundesverfassungsgericht seine ständige Rechtsprechung auf, nach der es mit der Menschenwürde unvereinbar sei, wenn eine Überwachung sich über einen längeren Zeitraum erstreckt und derart umfassend ist, dass nahezu lückenlos alle Bewegungen und Lebensäußerungen des Betroffenen registriert werden und zur Grundlage für ein Persönlichkeitsprofil werden könnten.[184] Es gelte also ein Verbot der Rundumüberwachung. Da dieses aber bereits unmittelbar von Verfassungs wegen gelte, unterliege es keinen Bedenken, „dass das [BKA-]Gesetz keine ausdrückliche Regelung enthält, die [es] mit Blick auf das Zusammenwirken der verschiedenen Befugnisse näher ausformt."[185] Im Übrigen müssten die Sicherheitsbehörden mit Rücksicht auf das dem additiven Grundrechtseingriff innewohnende Gefährdungspotenzial koordinierend darauf Bedacht nehmen, dass das Ausmaß der Überwachung insgesamt beschränkt bleibe.[186] Mit Blick auf die Koordination der Befugnisse innerhalb des Bundeskriminalamts selbst durfte der Gesetzgeber, so das Bundesverfassungsgericht, „davon ausgehen, dass diese angesichts der vergleichs-

---

181 BVerfG, BeckRS 2016, 44821 Rn. 15 u. 35.
182 Ebd., Rn. 90.
183 Ebd., Rn. 151 u. 185.
184 Ebd., Rn. 130 m.w.N.
185 Ebd., Rn. 254.
186 Ebd., Rn. 130.

weise übersichtlichen Größe und Strukturen des Bundeskriminalamts im Rahmen der Leitungsverantwortung hinreichend gewährleistet ist." Soweit es demgegenüber um die Abstimmung mit Überwachungsmaßnahmen anderer Behörden gehe, sei zu berücksichtigen, dass Beschränkungen des Informationsflusses zwischen den Sicherheitsbehörden auch eine grundrechtsschützende Dimension hätten.[187]

c) Vorratsdatenspeicherung: Rechtsprechung des BVerfG und des EuGH

In seinem Urteil vom 2. März 2010[188] hatte sich das Bundesverfassungsgericht mit der sog. Vorratsdatenspeicherung[189] auseinanderzusetzen. Es machte dabei mehrere Eingriffe zulasten der Dienstenutzer aus: Dazu zähle zunächst die Pflicht zur Erhebung und Speicherung von Telekommunikationsdaten. Des Weiteren sei der Definition der Verwendungszwecke und der Erlaubnis zur Datenübermittlung gem. § 113b TKG (a.F.) wegen der damit verbundenen Befreiung von der Geheimhaltungspflicht und des engen Zusammenhangs mit der Verwendungsregelung des § 100g StPO (a.F.) Eingriffsqualität beizumessen. Letztere begründe schließlich auch für sich genommen – angesichts der damit verbundenen Zugriffsmöglichkeit auf die gespeicherten Daten – einen eigenen Eingriff.[190] Im Rahmen der Rechtfertigungsprüfung fasste das Bundesverfassungsgericht zwar die Ein-

---

187 Ebd., Rn. 254.

188 BVerfGE 125, 260.

189 Zur Wiedereinführung der Vorratsdatenspeicherung in Deutschland s. nur *Roßnagel*, NJW 2016, 533, 534 ff. Derzeit wird sie allerdings wegen Zweifeln an ihrer Unionsrechtskonformität nicht vollzogen (s. VG Köln, CR 2018, 475 und OVG NRW, ZD 2017, 485 je mit Verweis auf EuGH, verbundene Rs. C-203/15 und C-698/15 – Tele2 Sverige AB u.a., ECLI:EU:C:2016:970; s. aber BVerfG, BeckRS 2017, 106847). Vgl. *Derksen*, NVwZ 2017, 1005 ff. zu den Spielräumen, die das Unionsrecht den Mitgliedstaaten in diesem Kontext lasse. Auf Unionsebene mehren sich ebenfalls die Stimmen, die eine Neuregelung der Vorratsdatenspeicherung fordern (vgl. etwa die Schlussfolgerungen des Rates der Europäischen Union über die Vorratsdatenspeicherung zum Zwecke der Kriminalitätsbekämpfung v. 27.5.2019, Nr. 9663/19).

190 Vgl. BVerfGE 125, 260, 310 ff. Ähnlich stellt sich die Problematik in der Entscheidung zur Online-Durchsuchung dar. Dort unterscheidet das Gericht aber nicht so streng zwischen den einzelnen Eingriffsebenen. Dennoch spricht es angesichts des Umfangs und der Vielfältigkeit des Datenbestands, der durch einen derartigen Zugriff erlangt werden könne, von einem besonders schweren Eingriff (vgl. BVerfGE 120, 274, 322 ff.). Zur Zulässigkeit von Begleitmaßnahmen zu Online-Durchsuchung und Quellen-Telekommunikationsüberwachung un-

zel-Eingriffe zusammen und ordnet den Eingriff insgesamt als besonders schwerwiegend ein[191], es sah hierin für sich genommen aber wohl keinen additiven Grundrechtseingriff. Außer Acht bleibt dabei zunächst, dass es zur Begründung der besonderen Schwere auch auf die Streubreite des Eingriffs, also die Betroffenheit Vieler, verweist.[192] Von Relevanz ist aber, dass das Gericht seine Perspektive weitet und dabei – ohne von einem additiven Grundrechtseingriff zu sprechen[193] – andere bereits vorhandene Daten in den Blick nimmt. Hiermit trug das Gericht auch dem Vorbringen Rechnung, im Hinblick auf die Bedeutung auch anderer personenbezogener Daten für die Strafverfolgung drohe ein Dammbruch.[194] So heißt es in dem Urteil: „Die Einführung der Telekommunikationsverkehrsdatenspeicherung kann […] nicht als Vorbild für die Schaffung weiterer vorsorglich anlassloser Datensammlungen dienen, sondern zwingt den Gesetzgeber bei der Erwägung neuer Speicherungspflichten oder -berechtigungen in Blick auf die Gesamtheit der verschiedenen schon vorhandenen Datensammlungen zu größerer Zurückhaltung."[195]

Dessen ungeachtet hat sich der Europäische Gerichtshof bereits mehrfach mit der Vorratsdatenspeicherung befasst. Einzugehen ist auf sein Urteil vom 8. April 2014[196], die Gültigkeit der EU-Richtlinie 2006/24/EG[197]

---

ter dem Vorzeichen des additiven Grundrechtseingriffs s. *Derin/Golla*, NJW 2019, 1111, 1115 m.w.N.

191 BVerfGE 125, 260, 316 ff. Anders *Schluckebier*, Sondervotum, BVerfGE 125, 364, 365 ff.

192 Dazu s. Zweiter Teil III. 2. b) bb) (1). Näher *Brade*, DÖV 2019, 852, 855.

193 *Roßnagel* spricht stattdessen von dem Erfordernis einer „Überwachungsgesamtrechnung" (*Roßnagel*, NJW 2010, 1238, 1242; *ders.*, NJW 2016, 533, 534; dem folgend *Kroschwald*, Sicherheitsmaßnahmen an Flughäfen im Lichte der Grundrechte, 2012, S. 151). Dazu jüngst: *Braun/Albrecht*, VR 2017, 151 ff.; *Keuthen*, Die abschnittsbezogene Geschwindigkeitsüberwachung und ihre verfassungsrechtliche Bewertung, 2016, S. 337 f. Zweifelhaft ist, ob es einer solchen begrifflichen Neuschöpfung bedurft hätte. Zwischen einer „Überwachungsgesamtrechnung" und dem additiven Grundrechtseingriff differenzierend: *Desoi*, Intelligente Videoüberwachung, 2018, S. 73.

194 BVerfGE 125, 260, 283.

195 Ebd., S. 324.

196 EuGH, verbundene Rs. C-293/12 und C-594/12 – Digital Rights Ireland Ltd u.a., ECLI:EU:C:2014:238.

197 Richtlinie 2006/24/EG des Europäischen Parlaments und des Rates v. 15.3.2006 über die Vorratsspeicherung von Daten, die bei der Bereitstellung öffentlich zugänglicher elektronischer Kommunikationsdienste oder öffentlicher Kommunikationsnetze erzeugt oder verarbeitet werden, und zur Änderung der Richtlinie 2002/58/EG (ABl. Nr. L 105, S. 54).

betreffend. Der Gerichtshof erkannte sowohl in der Verpflichtung zur Vorratsdatenspeicherung gem. Art. 3, 5 Abs. 1 der Richtlinie 2006/24/EG als auch im Zugang der nationalen Behörden auf die Daten (Art. 4 und 8) einen Eingriff in Art. 7, 8 GrCh.[198] Für die weitere Prüfung fasste er diese (Einzel-)Eingriffe zu einem Eingriff von besonders schwerwiegendem Ausmaß zusammen.[199] Daraus auf die (implizite) Anerkennung eines additiven Grundrechtseingriffs zu schließen, erscheint dennoch, zumal vor dem Hintergrund des eben Gesagten, zweifelhaft. Etwas anderes mag bezüglich des Aspekts der Betroffenheit Vieler durch ein und dieselbe staatliche Maßnahme gelten. Nicht umsonst spricht der Gerichtshof von einem „Eingriff in die Grundrechte fast der gesamten europäischen Bevölkerung“[200]. Die über die Richtlinie hinaus bestehende Überwachungssituation hat der Europäische Gerichtshof jedenfalls – anders als das Bundesverfassungsgericht – nicht berücksichtigt.

d) Weitere Beispiele aus der Literatur

Das Schrifttum hat eine Vielzahl weiterer Beispiele ausgemacht. Zu nennen ist zunächst die sog. intelligente Videoüberwachung, die unter Einsatz von Analysesoftware beispielsweise in Form von Tracking oder Gesichtserkennung geschieht[201]. Dabei erfolgt, so *Held*, sowohl durch die Erhebung der Daten als auch durch ihre Analyse anhand von Algorithmen ein Grundrechtseingriff.[202] Auch hält er die automatisierte Alarmierung eines menschlichen Beobachters für den Fall, dass die Analyse zu einem Treffer geführt hat, für einen (weiteren) eigenen Eingriff. Gleichwohl lässt *Held* offen, ob damit ein additiver Grundrechtseingriff vorliege. Im Rahmen der Verhältnismäßigkeit einer „kombinierten Maßnahme“ seien die kumulierten Einzeleingriffe und die sich daraus ergebenden Ingerenzen ohnehin zu

---

198 EuGH, verbundene Rs. C-293/12 und C-594/12 – Digital Rights Ireland Ltd u.a., ECLI:EU:C:2014:238 Rn. 32 ff. *Priebe*, EuZW 2014, 456, 457 spricht von dem Konzept des „doppelten Eingriffs“.

199 EuGH, verbundene Rs. C-293/12 und C-594/12 – Digital Rights Ireland Ltd u.a., ECLI:EU:C:2014:238 Rn. 37.

200 Ebd., Rn. 56.

201 Vgl. nur *Geminn*, Rechtsverträglicher Einsatz von Sicherheitsmaßnahmen im öffentlichen Verkehr, 2014, S. 41 f. m.w.N.

202 *Held*, Intelligente Videoüberwachung, 2014, S. 110.

berücksichtigen.[203] Im Ergebnis hält *Desoi* die intelligente Videoüberwachungstechnik für noch nicht so ausgereift, dass sie einen Menschen in seinen Aktivitäten umfassend registrieren kann und damit dem Beobachter aufgrund der Datenvielfalt eine Rekonstruierbarkeit praktisch aller Aktivitäten der Bürger ermöglicht.[204]

Kroschwald befasst sich mit den Sicherheitsmaßnahmen an Flughäfen im Lichte der Grundrechte. Konkret betrifft dies die soeben bereits thematisierte intelligente Videoüberwachung, die Personenkontrolle insbesondere durch Körperscanner sowie die Übermittlung von Fluggastdaten an Behörden[205]. Er beschränkt sich dabei aber nicht bloß auf eine isolierte Betrachtung, sondern erkennt, dass diese Maßnahmen erst durch ihren massenhaften Einsatz ihre spezifische Eingriffsintensität gewännen. Sowohl die Kumulation der Eingriffe durch die anlasslose Kontrolle großer Menschenmassen als auch der gleichzeitige Einsatz verschiedener Überwachungsmaßnahmen führe dabei zur Sorge vor dem Entstehen eines Überwachungsstaates. Weitere Maßnahmen zur Luftsicherheit seien deshalb kritisch auf ihren Beitrag zur Gesamtbelastung hin zu prüfen. „Es ist dabei stets abzuwägen, ob durch sie auch weiterhin ein angemessenes Verhältnis zwischen Sicherheit und Freiheit in der Gesellschaft gewahrt bleibt."[206]

Auch *Klar* erinnert an die Gefahr der Totalerfassung, speziell mit Blick auf das Überwachungspotenzial moderner Visualisierungstechnologie wie privater und staatlicher Videoüberwachung sowie umfassender Geodatensammlungen (vor allem Satelliten- und Luftaufnahmen) durch eine Vielzahl von Akteuren.[207] Zwar sei dieses Maß noch nicht erreicht, dennoch müsse man sich für die Beurteilung neuer Möglichkeiten, darunter der zunehmende Einsatz von Gesichtserkennungssoftware, in größerer Zurückhaltung üben.[208]

---

203 Ebd., S. 111 f. u. 115. Anders *Desoi*, Intelligente Videoüberwachung, 2018, S. 103.

204 *Desoi*, Intelligente Videoüberwachung, 2018, S. 73.

205 Dazu: *Kroschwald*, Sicherheitsmaßnahmen an Flughäfen im Lichte der Grundrechte, 2012, S. 70 ff., 97 ff. u. 120 ff.

206 Ebd., S. 150 f.

207 Vgl. *Klar*, Datenschutzrecht und die Visualisierung des öffentlichen Raums, 2012, S. 32 f. u. 92. Auf entsprechende Summierungseffekte weist auch *E. Rose*, ZD 2017, 64, 66 hin. Vgl. auch *Ruschemeier*, Der additive Grundrechtseingriff, 2019, S. 126 f.

208 *Klar*, Datenschutzrecht und die Visualisierung des öffentlichen Raums, 2012, S. 97.

3. Zwischenergebnis

Insgesamt zeigt sich, dass die Privatsphäre nicht mehr nur durch vereinzeltes staatliches Handeln, sondern durch ein Geflecht derartiger Maßnahmen bedroht wird. Dies haben sowohl Rechtsprechung als auch Schrifttum grundsätzlich anerkannt, wie die dargestellten Fälle, in denen strafprozessuale bzw. präventiv-polizeiliche Ermittlungsmethoden kumulieren, deutlich machen.

III. Umweltrecht

Mit dem Umweltrecht und seinen Teilbereichen, von denen hier drei herausgegriffen werden, verschiebt sich der Fokus: von der Rechtsprechung hin zum Schrifttum. Die Zahl der entsprechenden Veröffentlichungen[209] ist durchaus stattlich. Immerhin finde gerade im Umweltrecht eine zunehmende Kombination unterschiedlicher Instrumente[210] verschiedenster Akteure statt, um ein Problem möglichst umfassend zu adressieren.[211] So träten die direkten umweltstaatlichen Maßnahmen neben indirekte Instrumente staatlicher Verhaltenslenkung wie etwa Umweltabgaben, Produktinformationen sowie das kooperative Verwaltungshandeln.[212]

1. Abwasserrecht

Zunächst ist auf das Abwasserrecht einzugehen, denn es markierte den Beginn der Debatte im Schrifttum. Bereits im Jahre 1983 publizierte *Kloepfer* zu „Belastungskumulationen durch Normenüberlagerungen im Abwasser-

---

209 S. abgesehen von den folgenden Nachweisen nur *Hermes*, in: Führ/Wahl/von Wilmowsky (Hrsg.), Festschrift f. Rehbinder, 2007, S. 569 ff., insbes. 589 f.; *Kloepfer*, JZ 1991, 737, insbes. 743 f. Zum Instrumentenverbund aus ökonomischer Perspektive: *Gawel*, Umweltpolitik durch gemischten Instrumenteneinsatz, 1991.

210 Häufig ist insofern von einem „Instrumentenverbund“ oder einem „Instrumentenmix“ die Rede. Ausführlich zum Instrumentenmix: *Michael*, in: Hoffmann-Riem/Schmidt-Aßmann/Voßkuhle (Hrsg.), Grundlagen des Verwaltungsrechts, Bd. II, 2. Aufl. 2012, § 41. S. ferner *Kloepfer*, Umweltrecht, 4. Aufl. 2016, § 5 Rn. 60 ff.

211 Vgl. nur *Jesse*, Instrumentenverbund als Rechtsproblem am Beispiel effizienter Energienutzung, 2014, S. 1 f. m.w.N.

212 Vgl. *Calliess*, Rechtsstaat und Umweltstaat, 2001, S. 348 f.

recht"[213]. Besonders hebt er den Fall industrieller Direkteinleiter hervor, die Mitglieder sondergesetzlicher Wasserverbände seien und die zur Einhaltung der wasserrechtlichen Einleitungsbegrenzungen ihre Abwässer selbst klärten. Obwohl diese Unternehmen die Kosten hierfür selbst trügen, müssten sie für die Einleitung der (gereinigten) Abwässer noch Abwasserabgaben zahlen. Des Weiteren würden sie in der Regel durch Wasserverbandsbeiträge noch zu deren Klärkosten herangezogen, obgleich sie die entsprechenden Klärungen gar nicht in Anspruch nähmen.[214] Das Nebeneinander von Abwasserabgaben, Wasserverbandsbeiträgen und wasserrechtlichen Einleitungsbegrenzungen könnte für diese Einleiter zu schwerwiegenden Kumulationen bzw. Eingriffsadditionen entsprechender finanzieller Belastungen führen. Letztlich beruhe dies auf einer Überlagerung nur unvollkommen aufeinander abgestimmter Normen des Bundes und der Länder. Da insoweit eine Derogation ausscheide, sucht *Kloepfer* Wege, die vorliegende Normenüberlagerung rechtlich zu bewältigen. Seines Erachtens wird von zielgleichen oder -verwandten Gesetzen ein Mindestmaß zwischengesetzlicher Abstimmung zu fordern sein. Neben einer „Mindest-Widerspruchsfreiheit" derartiger Regelungen folge daraus, „als ein vor allem auf dem Übermaßverbot ruhender Gedanke", das Gebot, die Betroffenen keinen unzumutbaren Rechtsbeeinträchtigungen durch die Addition von zielähnlichen Gesetzen auszusetzen.[215] Schwierigkeiten ergäben sich insoweit daraus, dass das Übermaßverbot grundsätzlich am hoheitlichen Einzeleingriff ansetze. Abhilfe könne „vor allem auch von einem objektiv-rechtlichen Grundrechtsverständnis kommen". Die Grundrechte könnten so eine „eminente Bedeutung zur Freiheitssicherung in einem fast allzuständigen bürokratischen Vorsorgestaat erlangen mit seiner Unzahl kleiner Gängelungen des Bürgers."[216]

2. Immissionsschutzrecht

Zahlreiche Autoren – vereinzelt aber auch die Rechtsprechung – greifen Summenbelastungen im öffentlichen Immissionsschutzrecht als zweitem

213 *Kloepfer*, VerwArch 74 (1983), 201. Hiermit befassen sich ferner *Lee*, Umweltrechtlicher Instrumentenmix und kumulative Grundrechtseinwirkungen, 2013, S. 66 u. 102; *Lücke*, DVBl 2001, 1469, 1471 f.; *Schendel*, UTR 1989, 189, 202 f.

214 *Kloepfer*, VerwArch 74 (1983), 201, 202.

215 Ebd., S. 210.

216 Ebd., S. 214.

Teilbereich auf. Der Fokus liegt dabei auf der Problematik einer Gesamtlärmbetrachtung.

a) Zum Schrifttum

Würsig zufolge kommt es zu summativen Belastungseffekten, wenn verschiedene Emissionsbeiträge gewollt oder zufällig zusammenwirkten und gegebenenfalls sogar miteinander in Wechselwirkung träten. Insoweit sei zwischen additiven – der Summe der Einzeleffekte entsprechenden – synergetischen, d.h. über diese Summe hinausgehenden, und antagonistischen Wirkungen zu unterscheiden. Antagonistische, also verdrängende oder abschwächende Wirkungsmechanismen seien besonders relevant, da – entsprechend der menschlichen Wahrnehmung – einzelne Immissionsbeiträge unter Umständen durch eine vorherrschende Geräuschkulisse in den Hintergrund gedrängt werden könnten.[217] Neben Simultaneinwirkungen erfasst *Würsig* ferner Belastungssituationen, die auf zeitlich gestaffelte Expositionen zurückzuführen seien. Er führt als Beispiel die Akkumulation von Schadstoffen durch Langzeiteinträge an.[218]

Würsig hält eine Summenbetrachtung für verfassungsrechtlich zulässig und geboten, wenn und soweit die Immissionsbeiträge hoheitlicher Natur[219] eine spezifische Wirkungsidentität der geschilderten Art aufwiesen. Regelmäßig seien daher nur gleichartige Beiträge saldierbar. Eine darüber hinausgehende globale Summenbetrachtung lehnt er indessen jenseits des Art. 19 Abs. 2 GG ab.[220] Schließlich seien die Auswirkungen der Gesamtheit aller hoheitlichen Immissionen auf individuelle Grundrechte abwehrrechtlich nicht erfassbar. Im Falle einer zulässigen Summenbetrachtung sei der jeweils zu beurteilende Immissionsbeitrag vor dem Hintergrund der mitverursachten Gesamtimmissionsbelastung zu bewerten und unterliege aufgrund der summationsbedingten Steigerung der Belastungsintensität einer Erhöhung der verfassungsrechtlichen Rechtfertigungslast.[221]

---

217 *Würsig*, Die Steuerung von Summenbelastungen im öffentlichen Immissionsschutzrecht, 2009, S. 20 f.

218 Ebd., S. 20.

219 Im Hinblick auf Immissionsbeiträge Privater verweist *Würsig*, Die Steuerung von Summenbelastungen im öffentlichen Immissionsschutzrecht, 2009, S. 68 f. u. 70 auf die Lehre grundrechtlicher Schutzpflichten. S. auch Dritter Teil II. 2.

220 *Würsig*, Die Steuerung von Summenbelastungen im öffentlichen Immissionsschutzrecht, 2009, S. 64 ff.

221 Ebd., S. 70.

Auch *Karkaj* entnimmt der Verfassung ein Gebot der Gesamtlärmbetrachtung. Er verweist insoweit insbesondere auf die sich aus Art. 2 Abs. 2 S. 1 GG ergebende Schutzpflicht des Staates.[222] Dabei sei unerheblich, ob eine Gesundheitsschädigung erst allmählich eintrete und unter Umständen auf eine multikausale Verursachung zurückzuführen sei. Über die Art der Erfüllung der Schutzpflicht entscheide der primär berufene Gesetzgeber, der insoweit die grundrechtsrelevanten Beeinträchtigungsvorgänge konkretisieren und typisieren müsse. Dazu zähle auch die Pflicht, die Grenze der grundrechtsrelevanten Beeinträchtigungen durch summierten Lärm festzulegen.[223] Wie auch *Würsig* weist er in diesem Kontext auf das Bundesimmissionsschutzgesetz hin. So habe der Gesetzgeber mit § 3 Abs. 1 BImSchG eine akzeptorbezogene, summative Betrachtungsweise vorgegeben.[224] Demgegenüber biete die TA Lärm nur einen defizitären Schutz vor summiertem Lärm. Die zahlreichen Ausnahmetatbestände und Irrelevanzklauseln im Rahmen der Regelfallprüfung relativierten den akzeptorbezogenen Ansatz.[225] Auch im Übrigen lasse das Regelungssystem zum Schutz vor Lärm Defizite mit Blick auf das Problem der Gesamtlärmbewertung erkennen. Die Ursache hierfür liege vor allem in der im deutschen Lärmschutzrecht vorherrschenden Separierung der Lärmquellen und einer damit einhergehenden Segmentierung der rechtlichen Betrachtung, die im Widerspruch zur Zweckbestimmung des Bundesimmissionsschutzgesetzes und zur Schutzpflicht des Staates stehe.[226]

Hieran knüpft auch *Dolde* an. Seines Erachtens steht diese rechtliche Segmentierung § 3 Abs. 1 BImSchG entgegen, der eine Beurteilung der Gesamtlärmbelastung fordere.[227] Als Beispiel führt er unter anderem die Sportanlagenlärmschutzverordnung an, die eine Summenbewertung nur vorsehe, soweit es um die Immissionen anderer Sportanlagen gehe. Zudem finde eine Gesamtbetrachtung des Verkehrslärms unter Einbeziehung von Straße und Schiene und eine Gesamtbetrachtung von Lärm insgesamt unter Einbeziehung von Gewerbelärm nicht statt.[228] Nach seiner Einschät-

---

222 *Karkaj*, Die Gesamtlärmbewertung im Immissionsschutzrecht, 2008, S. 56.

223 Ebd., S. 75.

224 Ebd., insbes. S. 81; *Würsig*, Die Steuerung von Summenbelastungen im öffentlichen Immissionsschutzrecht, 2009, S. 74.

225 *Karkaj*, Die Gesamtlärmbewertung im Immissionsschutzrecht, 2008, S. 148 f. Zur Sonderfallprüfung als Instrument zur Erfassung der Summationsproblematik vgl. ebd., S. 152 ff. u. 310 ff.

226 Ebd., S. 305.

227 *Dolde*, ZfL 2001, 100.

228 Ebd., S. 103.

zung ist eine Addition von Lärmimmissionen nur insoweit möglich und geboten, als das Zusammenwirken mehrerer Lärmarten gegenüber der Einwirkung nur einzelner Lärmarten zusätzliche Wirkungen beim Rezipienten erzeugte.[229] Er mutmaßt, dass die verstärkende Wirkung von Art und Zahl der weiter einwirkenden Geräuscharten abhängen könnte. Dies zu ermitteln sei indes Aufgabe der Lärmwirkungsforschung.[230]

b) Fälle aus der Rechtsprechung

Immissionsschutzrechtliche Anforderungen beschäftigen auch die Rechtsprechung. Den Anfang macht das Urteil des Bundesgerichtshofs vom 10. Dezember 1987[231] zur Haftung der öffentlichen Hand für Waldschäden eines forst- und landwirtschaftlichen Betriebs. Die Schädigungen, die – so der Kläger – im Jahr 1983 bereits 80 Prozent der Bäume betroffen hätten, beruhten in erster Linie auf den großräumig wirkenden Luftverunreinigungen, vor allem in Gestalt von Schwefeldioxyd sowie Stickoxyden. Dafür verantwortlich seien erstens Emissionen von gewerblichen und industriellen Anlagen, zweitens von privaten Feuerungsanlagen (Ölheizungen) und drittens von Kraftfahrzeugen, Luftverkehrs- und Schienenfahrzeugen.[232] Die gegen die Klageabweisung gerichtete Revision blieb im Ergebnis ohne Erfolg. Zwar zeigt sich der Bundesgerichtshof durchaus offen dafür, die beschriebenen Emissionsbeiträge in ihrer Summe zu betrachten.[233] Diese „summierten Immissionen“ könnten der öffentlichen Hand aber nicht ohne Weiteres zugerechnet werden, zumal ein nicht unerheblicher Teil der waldschädigenden Luftschadstoffe von ausländischen Anlagen herrühre.[234] Vor allem aber sei eine Haftung deshalb zu verneinen, weil es an einer Entschädigungsregelung fehle, deren Schaffung allein Aufgabe des demokratisch legitimierten Gesetzgebers und nicht der Gerichte sei.[235]

Weiter geht es um den Bau einer öffentlichen Straße. Hier kommt es auf das Urteil des Bundesverwaltungsgerichts vom 21. März 1996[236] an. Der

229 Ebd., S. 105 f.
230 Ebd., 106. Dazu näher: *Karkaj*, Die Gesamtlärmbewertung im Immissionsschutzrecht, 2008, S. 41 ff.
231 BGH, NJW 1988, 478.
232 Ebd.
233 Vgl. ebd., S. 478 f.
234 Vgl. ebd., S. 480 u. 481.
235 Ebd., S. 480 f.
236 BVerwG, NVwZ 1996, 1003.

Kläger wendete sich gegen einen Planfeststellungsbeschluss für das Bauvorhaben eines Streckenteilabschnitts der Bundesautobahn A 99. Er ist Eigentümer eines mit einem Wohnhaus bebauten Grundstücks, das im Kreuzungsbereich des projektierten Bauvorhabens mit der Bundesautobahn A 8 im Abstand von beiden Autobahnen von etwa 430 Metern liegt. Der Kläger machte geltend, dass die Planfeststellungsbehörde den Lärmimmissionswert unzutreffend ermittelt habe, da sie dabei den Verkehrslärm außer Acht gelassen habe, der von der bereits vorhandenen Gemeindestraße ausgehe, an der sein Grundstück liegt. Durch die entsprechende Summenwirkung trete ein Immissionswert auf, der die maßgeblichen Grenzwerte deutlich überschreite. Das Bundesverwaltungsgericht hat seine Revision zurückgewiesen. Dabei stützte es sich zunächst auf das einfache Recht. So sehe die einschlägige Verkehrslärmschutzverordnung (16. BImschV) grundsätzlich keine summative Betrachtung vor, sondern beziehe sich nur auf den von der neuen oder zu ändernden Straße ausgehenden Lärm.[237] Zwar gehe § 3 Abs. 2 BImschG von der immissionsschutzrechtlichen Vorstellung einer „Summation" aus. Letztlich sei dies hier aber nicht maßgeblich. Eine Berechnung der Lärmbeeinträchtigung nach Maßgabe eines Summenpegels könne aber geboten sein, „wenn der neue oder der zu ändernde Verkehrsweg in Zusammenwirkung mit vorhandenen Vorbelastungen anderer Verkehrswege insgesamt zu einer Lärmbelastung führt, die mit Gesundheitsgefahren oder einem Eingriff in die Substanz des Eigentums verbunden ist."[238] Dem Staat obliege im Schutzbereich des Art. 2 Abs. 2 S. 1 GG eine grundrechtliche Schutzpflicht gegen die er verstieße, soweit er es zuließe, dass durch den Bau oder durch die wesentliche Änderung eines öffentlichen Verkehrswegs eine die menschliche Gesundheit gefährdende Verkehrslärmbelastung entsteht, und sei es auch nur durch die Erhöhung einer bereits vorhandenen Vorbelastung. Eine solche Lage bestehe hier, so das Bundesverwaltungsgericht, allerdings nicht. Insofern könne offen bleiben, welche Konsequenzen sich anderenfalls ergäben, ob also beispielsweise die Pflicht bestehe, das neue Vorhaben zu unterlassen oder die Vorbelastung durch eine gleichzeitig eingeleitete Lärmsanierung zu verringern.[239]

An diesen Grundsätzen hält das Gericht auch mit Urteil vom 11. Januar 2001[240] fest. Es fügt allerdings hinzu, dass bei der für diesen Maßstab vor-

237 Vgl. ebd., S. 1003 f.
238 Ebd., S. 1005.
239 Ebd.
240 BVerwG, NVwZ 2001, 1154.

zunehmenden Gesamtbewertung eine künftig geringere Verkehrsbelastung auf einer vorhandenen Bundesstraße, zu deren Entlastung eine Autobahn errichtet wird, berücksichtigt werden dürfe. „Das Gebot, die Gesamtbelastung unter bestimmten Voraussetzungen zu beachten, beruht auf der Verpflichtung des Staats, durch sein Verhalten nicht die Gesundheit des Einzelnen zu verletzen. Dieser darf sich seiner Verantwortung nicht entziehen, wenn durch mehrere Verkehrswege insgesamt eine Gesundheitsgefahr entsteht. Dann ist es aber folgerichtig, eine künftig geringere Verkehrsbelastung [...] mitzuberücksichtigen. Denn es kommt nicht darauf an, durch welche Maßnahmen an den betroffenen Verkehrswegen dem Entstehen einer Gesundheitsgefahr vorgebeugt wird; entscheidend ist vielmehr das Gesamtergebnis.“[241]

Ferner spielen die Anforderungen des Immissionsschutzrechts an Windkraftanlagen eine Rolle. So hat sich das Verwaltungsgericht Ansbach im Jahr 2015 mit der Rechtmäßigkeit erteilter Genehmigungen für die Errichtung von vier solcher Anlagen befasst. Der Kläger war der Auffassung, dass er als Eigentümer des Nachbargrundstücks unzumutbar belastet sei. Die geplanten Anlagen verstießen vor allem aufgrund der von ihnen ausgehenden Immissionen, insbesondere dem Lärm, den blinkenden Lichtern sowie dem Schattenwurf gegen das Rücksichtnahmegebot. Es fehle insoweit jedenfalls an einer Berücksichtigung der Belastung, die durch ein zeitgleiches Einwirken der verschiedenen Immissionen auf sein Grundstück verursacht werde.[242] Das Verwaltungsgericht indes weist das Argument, es fehle bereits an einer Feststellung zur Gesamtbelastung des Klägers durch die Kumulation der qualitativ unterschiedlichen Immissionsarten, zurück. Auch eine rechtlich fehlerhafte Beurteilung der in tatsächlicher Hinsicht festgestellten Immissionen vermag das Gericht nicht zu erkennen. „Es sind schon schlichtweg keine Kriterien oder Maßgaben, geschweige denn messbare Faktoren denkbar, aufgrund derer etwa die Belastung mit Lärm in eine Abwägung oder Quantifizierung mit Licht, Gerüchen oder Luftverschmutzung gebracht werden könnten.“ Die Einzelimmissionen überschritten jeweils nicht die Schwelle zur Verursachung von schädlichen Umwelteinwirkungen. Aufgrund dessen erscheine auch keine weitergehende Bewertung der Kumulation geboten.[243]

Ähnliche Fallkonstellationen liegen außerdem einer Reihe von Beschlüssen des Bayerischen Verwaltungsgerichtshofs zugrunde. Wie aus

241 Ebd., S. 1159.

242 VG Ansbach, Urt. v. 28.4.2015 – AN 11 K 14.01907 –, juris Rn. 3.

243 Ebd., Rn. 48.

dem Beschluss vom 10. Februar 2016 hervorgeht, machte die Klägerin geltend, dass unter Berücksichtigung der Vorbelastungen ihre Gesamtbelastung durch Lärm fehlerhaft ermittelt worden sei.[244] Außerdem könne insbesondere das zeitgleiche Zusammenwirken von periodischem Schattenwurf und periodischem Lärm besonders gravierende Effekte haben. Im Hinblick auf ihre Lärmbelastung geht das Gericht grundsätzlich von der Notwendigkeit einer Gesamtbetrachtung aus. Hierzu verweist es auf Nr. 3.2.1 Abs. 2 der TA Lärm.[245] Hinsichtlich des kumulativen Zusammenwirkens einzelner Immissionen heißt es, dass sich das Erfordernis, die Gesamtbelastung eines Schutzguts durch Immissionen zu berücksichtigen, grundsätzlich auf die einzelnen Immissionsarten beschränke. Allerdings lässt der Verwaltungsgerichtshof – in gewisser Nähe zur Rechtsprechung des Bundesverwaltungsgerichts – erkennen, dass aufgrund grundrechtlicher Schutzpflichten im Einzelfall etwas anderes gelten könne.[246] Diese, so heißt es in einem anderen Beschluss, geböten unter Umständen, „Immissionen dann nicht zuzulassen oder sie zu unterbinden, wenn ein Schutzgut bereits durch Immissionen anderer Art über das von Verfassungs wegen hinzunehmende Maß belastet ist, oder diese verfassungsrechtliche Grenze durch das Zusammentreffen unterschiedlicher Arten von Umwelteinwirkungen erstmals überschritten wird.“[247]

Weiter geht das Verwaltungsgericht Düsseldorf mit Urteil vom 7. Juni 2018[248]. Abgesehen davon, dass es – begrifflich – von einem additiven Grundrechtseingriff spricht, ist es auch in der Sache bereit, verschiedene Immissionsarten einer Gesamtbetrachtung zuzuführen.[249] Im Ergebnis geht das Verwaltungsgericht freilich ebenso davon aus, dass die den Windkraftanlagen zuzurechnenden Einwirkungen auf das Grundstück des Klägers in ihrer Summation nicht zu einer Verletzung seiner subjektiven Rechte führten. Im Einzelnen heißt es: „Der Immissionsrichtwert für Lärm wird deutlich unterschritten. […] Die Einwirkungen durch Infra- oder Körperschall überschreiten nicht die Schwelle zur erheblichen Belästigung im Sinne des § 5 Abs. 1 Nr. 1 BImSchG. Der Denkmalwert der Anlage ist nicht beeinträchtigt. […]“.[250]

244 VGH Bayern, Beschluss v. 10.2.2016 – 22 ZB 15.2329 –, juris Rn. 21.
245 Ebd., Rn. 22.
246 Ebd., Rn. 29.
247 VGH Bayern, Beschluss v. 13.10.2015 – 22 ZB 15.1186 –, juris Rn. 70.
248 VG Düsseldorf, Urt. v. 7.6.2018 – 28 K 3438/17 –, juris.
249 Ebd., Rn. 191 ff.
250 Ebd., Rn. 193.

3. Energieumweltrecht

Zahlreiche Stimmen im Schrifttum widmen sich schließlich Belastungsmehrheiten im Bereich der Energieeffizienz.[251] Ein Beispiel ist die Regulierung energieverbrauchsrelevanter Produkte. *Jesse* untersucht im Besonderen die Kombination aus den Anforderungen aufgrund der Ökodesign-Richtlinie[252] und der Produktkennzeichnung aufgrund der Energieverbrauchskennzeichnungs-Richtlinie[253].[254] Erstere enthält zwar auch Instrumente zur Selbstregulierung (Art. 15 Abs. 1 S. 1, Art. 17), in erster Linie aber ordnungsrechtliche Mindestanforderungen für derartige Produkte. Diese Anforderungen werden in Durchführungsmaßnahmen für einzelne Produktgruppen festgelegt (Art. 15 Abs. 6 i.V.m. Anhang I und II), etwa für Haushaltslampen in Gestalt der Verordnung (EG) Nr. 244/2009[255]. Erfüllen Produkte diese Vorgaben nicht – so geschehen mit der herkömmlichen Glühbirne[256] – dürfen sie nicht (mehr) in den Verkehr gebracht wer-

---

251 S. abgesehen von den folgenden Nachweisen *Ekardt*, in: Härtel/Pielow (Hrsg.), Effektiv zu mehr Energieeffizienz?, 2012, S. 73 ff.; *Jesse*, in: Britz/Eifert/Reimer (Hrsg.), Energieeffizienzrecht: Perspektiven und Probleme, 2010, S. 15 ff.; *Kloepfer*, Umweltrecht, 4. Aufl. 2016, § 5 Rn. 61 ff.; *Rengeling*, in: Eberle/Ibler/Lorenz (Hrsg.), Festschrift f. Brohm zum 70. Geburtstag, 2002, S. 509, 519; *Rodi*, in: Rodi (Hrsg.), Emissions Trading in Europe, 2008, S. 49, insbes. 60 ff.; *Schulte*, in: Ipsen/Stüer (Hrsg.), Festschrift f. Rengeling zum 70. Geburtstag, 2008, S. 417 ff. Vornehmlich aus ökonomischer Perspektive: *Grave/Growitsch/Matthes/Tischler*, in: Härtel/Pielow (Hrsg.), Effektiv zu mehr Energieeffizienz?, 2012, S. 65 ff.; *Lehmann*, in: Rodi (Hrsg.), Emissions Trading in Europe, 2008, S. 27 ff.

252 Richtlinie 2009/125/EG des Europäischen Parlaments und des Rates v. 21.10.2009 zur Schaffung eines Rahmens für die Festlegung von Anforderungen an die umweltgerechte Gestaltung energieverbrauchsrelevanter Produkte (ABl. Nr. L 285, S. 10).

253 Richtlinie 2010/30/EU des Europäischen Parlaments und des Rates v. 19.5.2010 über die Angabe des Verbrauchs an Energie und anderen Ressourcen durch energieverbrauchsrelevante Produkte mittels einheitlicher Etiketten und Produktinformationen (ABl. Nr. L 153, S. 1). Aufgehoben durch die Verordnung (EU) 2017/1369 des Europäischen Parlaments und des Rates v. 4.7.2017 zur Festlegung eines Rahmens für die Energieverbrauchskennzeichnung und zur Aufhebung der Richtlinie 2010/30/EU (ABl. Nr. L 198, S. 1).

254 Dazu: *Jesse*, Instrumentenverbund als Rechtsproblem am Beispiel effizienter Energienutzung, 2014, S. 256 ff.

255 Verordnung (EG) Nr. 244/2009 der Kommission v. 18.3.2009 zur Durchführung der Richtlinie 2005/32/EG des Europäischen Parlaments und des Rates im Hinblick auf die Festlegung von Anforderungen an die umweltgerechte Gestaltung von Haushaltslampen mit ungebündeltem Licht (ABl. Nr. L 76, S. 3).

256 Dazu z.B. *Brenncke*, EuZW 2009, 247 ff.

den. Die Energieverbrauchskennzeichnungs-Richtlinie bezweckt die Unterrichtung der Verbraucher über den Energieverbrauch, damit diese effizientere Produkte wählen können (Art. 1 Abs. 1 a.F.). Dazu sieht sie insbesondere die Angabe der Energieeffizienzklassifizierung vor (Art. 10 Abs. 4 lit. d a.F.). Eine solche Vorgabe besteht beispielsweise für elektrische Lampen und Leuchten.[257] *Jesse* zufolge greifen beide Instrumente in die unternehmerische Freiheit der Hersteller nach Art. 16 GrCh ein, sie seien aber jeweils für sich genommen gerechtfertigt.[258] Etwas anderes könne sich indessen hinsichtlich ihres Verbundes ergeben, denn beide Instrumente verfolgten denselben Zweck – die Steigerung der Energieeffizienz der von ihnen gleichsam erfassten Produkte – und wirkten zeitgleich. Letztlich überwiege aber angesichts ihrer gegenseitigen Wirkungsverstärkung das Gewicht des Zwecks die trotz kumulativer Betrachtung eher geringe Intensität der Gesamtbelastung, sodass die Grenze des Zumutbaren nicht überschritten werde.[259]

Lee konzentriert sich demgegenüber auf den Gebäudebereich. Sie macht insofern zahlreiche Instrumente zur Steigerung der Energieeffizienz aus[260]: Zu nennen sind zunächst die Energieeinspargebote des EnEG, die Anforderungen an den Wärmeschutz in Gebäuden stellen. Näheres regelt die EnEV (vgl. § 1 Abs. 2 EnEG). Darüber hinaus greifen die Vorschriften zum Energieausweis (§ 5a EnEG i.V.m. §§ 16 ff. EnEV). Er dokumentiert die energetische Qualität eines Gebäudes und informiert darüber.[261] Für den Eigentümer besteht die Pflicht, einen solchen Ausweis zu besitzen und ihn gegebenenfalls vorzulegen. Daneben statuiert das EEWärmeG die an die Eigentümer gerichtete Pflicht, den Wärmeenergiebedarf durch die anteilige Nutzung von erneuerbaren Energien zu decken (§ 3 Abs. 1 EEWärmeG). Verwiesen wird ferner auf den kommunalrechtlichen Anschluss- und Benutzungszwang, im Besonderen an ein Nah- und Fernwärmenetz

257 Vgl. die delegierte Verordnung (EU) Nr. 874/2012 der Kommission v. 12.7.2012 zur Ergänzung der Richtlinie 2010/30/EU des Europäischen Parlaments und des Rates im Hinblick auf die Energieverbrauchskennzeichnung von elektrischen Lampen und Leuchten (ABl. Nr. L 258, S. 1).

258 Vgl. *Jesse*, Instrumentenverbund als Rechtsproblem am Beispiel effizienter Energienutzung, 2014, S. 262 ff.

259 Ebd., S. 265 f.

260 Dazu: *Lee*, Umweltrechtlicher Instrumentenmix und kumulative Grundrechtseinwirkungen, 2013, S. 172 ff.

261 *Krieger*, NJ 2009, 320, 321.

aus Gründen des globalen Klimaschutzes (vgl. § 16 EEWärmeG)[262]. Jedes dieser Instrumente stelle, so *Lee*, eine Inhalts- und Schrankenbestimmung i.S.d. Art. 14 Abs. 1 S. 2 GG dar, greife also in die Eigentumsfreiheit ein. Auch seien sie für sich genommen verfassungsrechtlich gerechtfertigt.[263] Sodann fragt *Lee*, ob dies auch für die Gesamtheit der Instrumente gelte. Eine Gesamtbetrachtung sei angezeigt, da diese Maßnahmen denselben Grundrechtsträger in demselben Grundrecht beträfen.[264] Auch wirkten sie simultan, da sie sämtlich noch in Kraft seien und ihre Wirkung demnach zeitgleich entfalteten. Schließlich bestehe eine Zweckuberschneidung der Maßnahmen; sie hätten in ihrer Gesamtheit eine Steuerung des Energieverbrauchsverhaltens im Gebäudebereich zum Gegenstand. Sodann misst *Lee* die erkannte Belastungskumulation am Grundsatz der Verhältnismäßigkeit.[265] Insoweit weist sie darauf hin, dass die Kombination der Instrumente eine gesteigerte Einschränkung der Nutzungsmöglichkeit des Eigentums zur Folge habe. Dennoch wiege diese gegenüber dem Schutz des Klimas als einem sensiblen Rechtsgut, das in einem hohen Ausmaß bedroht sei, weniger schwer.[266] *Jesse* weist in diesem Zusammenhang auf § 25 Abs. 2 EnEV a.F.[267] hin. Danach müsse eine Befreiung von den Anforderungen der EnEV auch dann erfolgen, wenn ein Eigentümer zum gleichen Zeitpunkt oder in nahem zeitlichem Zusammenhang mehrere Pflichten nach dieser Verordnung oder zusätzlich nach anderen öffentlich-rechtlichen Vorschriften aus Gründen der Energieeinsparung zu erfüllen habe und ihm dies nicht zuzumuten sei. Insoweit werde jedenfalls im Rahmen

262 Dazu umfassend *Gläß*, Rechtsfragen des kommunalen Anschluss- und Benutzungszwangs in Zeiten von Klimawandel und Energiewende, 2016, insbes. S. 275 ff.

263 *Lee*, Umweltrechtlicher Instrumentenmix und kumulative Grundrechtseinwirkungen, 2013, S. 189 ff.

264 Ebd., S. 202. Insoweit trennt sie klar zwischen diesen, Art. 14 GG betreffenden, und weiteren Instrumenten, die lediglich Art. 2 Abs. 1 GG beschränkten. Gemeint sind u.a. die finanziellen Anreize des EEWärmeG, die Kostenweitergabe des EEG sowie die Energiesteuern (näher ebd., S. 195 ff.). Freilich erkennt sie auch insoweit einen additiven Grundrechtseingriff an (ebd., S. 208 ff.).

265 *Lee*, Umweltrechtlicher Instrumentenmix und kumulative Grundrechtseinwirkungen, 2013, S. 203 ff.

266 Ebd., S. 207 f.

267 Aufgehoben durch die Zweite Verordnung zur Änderung der Energieeinsparverordnung v. 18.11.2013 (BGBl. I, S. 3951).

der EnEV die Angemessenheit der Kumulationen im Einzelfall sichergestellt.[268]

IV. Öffentliches Abgabenrecht

Belastungsmehrheiten treten auch und gerade im (öffentlichen) Abgabenrecht auf. Zwar spielte sich auch diese Debatte zunächst im Schrifttum ab, die Rechtsprechung öffnete sich aber mehr und mehr, wie im Folgenden gezeigt werden soll.

1. Diskussion in der Literatur

P. Kirchhof wies bereits im Jahre 1980 darauf hin, dass in der Belastung des konkreten Steuergegenstandes nur die grundrechtserhebliche Wirkung einer Einzelsteuer sichtbar werde. „Das Maß und eventuelle Übermaß der individuellen Gesamtlast aus allen Steuern lässt sich ausschließlich im Gesamtvermögen erkennen."[269] Insofern trete auch die Häufung unterschiedlicher Steuertypen offen zu Tage. Als Beispiel führt er einen zum Spitzensteuersatz belasteten Gewerbetreibenden an. Verwende dieser seinen gewerblichen Gewinn zur Deckung des privaten Bedarfs, bleibe ihm nach Ertragsteuern – nach damaligem Rechtsstand – noch ca. 36 % seines Gewinns. Verwende er das verbliebene Einkommen zum Erwerb müsse er nochmals ungefähr 15 % bis 20 % indirekte Steuern zahlen und erworbenes Vermögen schließlich der Vermögensteuer unterwerfen.[270] Dem Problem der (unkoordinierten) Steuerhäufung will *P. Kirchhof* mit einer „zweistufigen Verfassungsprüfung" begegnen. Zunächst müsse die gesonderte Belastung des speziellen Steuergegenstandes als angemessen dargetan werden; sodann sei die steuerliche Gesamtbelastung des gesamten Individualvermögens zu rechtfertigen.[271]

P. Kirchhof legte, worauf noch näher einzugehen sein wird[272], mit seiner Arbeit auch den Grundstein für den sogenannten Halbteilungsgrund-

---

268 *Jesse*, Instrumentenverbund als Rechtsproblem am Beispiel effizienter Energienutzung, 2014, S. 276 f.

269 *P. Kirchhof*, VVDStRL 39 (1981), 213, 238.

270 Ebd., S. 239.

271 Ebd., S. 240.

272 S. Dritter Teil II. 1. c) cc) (1).

satz[273], der eine numerische Obergrenze für eben diese steuerliche Gesamtbelastung formuliert. Bis heute wird im Schrifttum um dessen Existenz und Reichweite gerungen. Die Spannweite der geforderten Gesamtsaldierung – und damit der in den additiven Grundrechtseingriff einzubeziehenden (Steuer-)Eingriffe – hängt dabei vom jeweils in Bezug genommenen Vergleichsmaßstab ab. *Jachmann* zum Beispiel stellt auf denselben „sozialen Belastungssinn“ ab. Insoweit trete neben die Einkommensteuer insbesondere die Gewerbeertragsteuer, nicht aber Steuern, die nicht der Ertragserzielung dienten, sondern den privaten Konsum belasteten.[274] Andere widersprechen Letzterem, schließlich sei jeweils dasselbe für den Konsum verwendete Einkommen betroffen.[275] Bei *Arndt/Schumacher* heißt es daher: „Eine allein auf die Ertragbesteuerung bezogene Obergrenze wäre vom Gesetzgeber leicht zu umgehen, indem etwa der Einnahmeverlust aus einer Senkung der Einkommensteuer durch eine Erhöhung der Umsatzsteuer kompensiert wird. Für den Bürger ist ausschlaggebend, welche Güter und Dienstleistungen er durch Verwendung seines Nettoeinkommens erwerben kann und nicht, auf welche Steuerarten die Gesamtsteuerlast, die diese Verwendungsmöglichkeiten einschränkt, im Einzelnen verteilt ist.“[276] Diese Ausweichstrategie könnte, so *Pausenberger*, „in nahezu grenzenloser Beliebigkeit seitens des Fiskus verfolgt werden“.[277] Immerhin definiere sich die steuerliche Belastung des Bürgers stets in einer ihm durch den Fiskus auferlegten Gesamtlast.[278] Dazu passt auch die Erwägung, neben steuerlichen auch Belastungen durch Sozialversicherungsabgaben und durch Sonderabgaben zu berücksichtigen.[279] Denn „alle Abgaben, unabhängig davon, ob sie in den allgemeinen Staatshaushalt fließen oder in den Haushalt

273 Vgl. nur *P. Kirchhof*, VVDStRL 39 (1981), 213, 271 f.

274 *Jachmann*, in: Dörr u.a. (Hrsg.), Festschrift f. Schiedermair, 2001, S. 391, 400 f. Zur Kirchensteuer: *G. Rose*, DB 1997, 494, 496 m.w.N.; *Seer*, FR 1999, 1280, 1288.

275 *G. Kirchhof*, Beihefter zu DStR Heft 49 2009, 135, 137. *G. Rose*, StuW 1999, 12, 19 zufolge sind die vom Steuerpflichtigen als Schuldner zu entrichtenden indirekten Steuern nur einzubeziehen, wenn deren Überwälzung rechtlich oder faktisch unmöglich sei. Die auf den Steuerpflichtigen überwälzten indirekten Steuern hätten (als Teil der entrichteten Leistungspreise) dann dessen Ertrag gemindert, wenn sie im Bereich der Einkunftserzielung als Aufwendungen anfielen; anderenfalls aber seien sie hier als Konsumausgaben irrelevant.

276 *Arndt/Schumacher*, NJW 1995, 2603, 2605.

277 *Pausenberger*, Eigentum und Steuern in der Republik, 2008, S. 390.

278 Ebd. Ähnlich *Tipke*, GmbHR 1996, 8, 13.

279 Dafür *Seer*, FR 1999, 1280, 1289; wohl auch *Lang*, NJW 2000, 457, 460. Kritisch *Jachmann*, in: Dörr u.a. (Hrsg.), Festschrift f. Schiedermair, 2001, S. 391, 402.

des Parafiscus, mindern das Eigentum (Vermögen) des Abgabepflichtigen und damit seinen privaten Nutzen.“[280] Damit verbleiben sonstige nicht in Geld bestehende Belastungen wie steuerliche und außersteuerliche Pflichtdienste der Bürger, deren Einbeziehung ebenfalls in Betracht gezogen wird.[281] Noch weitergehend stellt *Hohmann* (lediglich) darauf ab, ob eine hoheitliche Maßnahme tatsächlich mit nachteiligen Wirkungen für die individuelle berufliche Tätigkeit verbunden ist. Daher sei auch die Kumulation von Steuern mit sonstigen gezielten oder nicht-gezielten Berufswirkungen verfassungsrechtlich zu berücksichtigen.[282] „Würde man die Berücksichtigung der Kumulativwirkung ablehnen, kann man sich sehr leicht vorstellen, wie durch ein Nebeneinander von Erlaubnis-, Verpackungs-, Zweitwohnungs- und Gewerbesteuern, nicht abwälzbaren Umsatzsteuern, einer erhöhten Schwerbehindertenabgabe sowie von entsprechenden Auflagen jegliches gesunde Unternehmen in Konkursgefahr getrieben werden kann.“[283]

Zu einem späteren Zeitpunkt hat *P. Kirchhof* auch ausdrücklich auf den Zusammenhang zwischen der Gesamtsteuerlast und der Rechtsfigur des additiven Grundrechtseingriffs hingewiesen.[284] *Lücke* hat bereits zuvor gezeigt, dass die vielen Einzelsteuergesetze, darunter das Einkommensteuer-, Körperschaftsteuer-, Grundsteuer-, Erbschaftsteuer- und Schenkungsteuer- sowie das Mineralölsteuergesetz etliche auf Zahlung von Geldleistungen gerichtete Steueransprüche begründeten. Insofern stellten sie – mit Blick auf die Voraussetzungen des additiven Grundrechtseingriffs – mehrere zeitgleiche oder zwar zeitlich auseinander fallende, jedoch anhaltende Beeinträchtigungen ein und derselben Personengruppe dar.[285] Auch dienten sie im Wesentlichen denselben Zwecken: der Erzielung von Einnahmen, sofern dies, wie bei Lenkungssteuern nicht bloßer Nebenzweck sei. Daher ließen sich die aus den einzelnen Steuertatbeständen resultierenden Beein-

---

280 *Butzer*, StuW 1999, 227, 230 f.

281 Dazu insgesamt: *Pausenberger*, Eigentum und Steuern in der Republik, 2008, S. 428 ff. Dagegen *Geißler*, Der Unternehmer im Dienste des Steuerstaats, 2001, S. 216 mit dem Argument, dass der Halbteilungsgrundsatz kein über den Steuerbereich hinauswirkendes Prinzip sei. Im Ergebnis ebenso *Jachmann*, in: Dörr u.a. (Hrsg.), Festschrift f. Schiedermair, 2001, S. 391, 403.

282 *Hohmann*, DÖV 2000, 406, 409.

283 Ebd.

284 *P. Kirchhof*, in: Isensee/P. Kirchhof (Hrsg.), Handbuch des Staatsrechts der Bundesrepublik Deutschland, Bd. V, 3. Aufl. 2007, § 118 Rn. 130 u. 132; *ders.*, in: F. Kirchhof (Hrsg.), Festschrift f. Merten, 2007, S. 149, 160. Dem folgend *Ruschemeier*, Der additive Grundrechtseingriff, 2019, S. 212.

285 *Lücke*, DVBl 2001, 1469, 1475.

trächtigungen regelmäßig als additiver Grundrechtseingriff zu einer Gesamtbeeinträchtigung bündeln.[286] Jüngst hat *Musil* – aus Anlass der Diskussion um eine Wiedereinführung der Vermögensteuer – die Frage wiederaufgegriffen, ob die „kumulierte Steuerbelastung“ überhaupt verfassungsrechtlich relevant sei.[287] Er bejaht dies zwar, weist aber zugleich auf die Schwierigkeiten einer solchen Betrachtungsweise hin. So müsse sich hinsichtlich der Vermögensteuer begründen lassen, dass diese im Zusammenspiel mit anderen Steuern für einen klar identifizierbaren Betroffenenkreis regelmäßig zu unzumutbaren Steuerlasten führen würde. Vor diesem Hintergrund sei, so *Musil*, im Falle der Einführung einer Vermögensteuer das neue Erbschaft- und Schenkungsteuerrecht[288] problematisch, da es unter Umständen den Zugriff auf bis zu 50 % des Privatvermögens erlaube. Denn hier „läge eine ganz augenfällige Kumulation der Belastung von ein und demselben Vermögen vor.“[289]

2. Zur Rechtsprechung

Wie gesagt hat sich auch die Judikatur mit Mehrfachbelastungen durch (öffentliche) Abgaben beschäftigt, die Debatte greift aber darüber hinaus.

a) Familienlastenausgleich

Zunächst hat sich das Bundesverfassungsgericht mit Beschlüssen vom 29. Mai 1990[290] und vom 12. Juni 1990[291] nämlich mit den zwei Säulen des dualen Systems des Familienlastenausgleichs[292] befasst. Die Kläger des

---

286 Ebd., S. 1476.

287 *Musil*, DStR 2017, 1903, 1907. Auch *P. Kirchhof* hat die Forderung nach einer „Obergrenze für Steuern“ kürzlich bekräftigt (s. FAZ v. 16.8.2018, Artikel abrufbar unter: https://edition.faz.net/faz-edition/politik/2018-08-16/4f5f65cbfef2ddbaf5cfbd83d0a422ef/?GEPC=s9, Stand: 31.12.2019).

288 S. Gesetz zur Anpassung des Erbschaftsteuer- und Schenkungsteuergesetzes an die Rechtsprechung des Bundesverfassungsgerichts v. 4.11.2016 (BGBl. I, S. 2464).

289 *Musil*, DStR 2017, 1903, 1907.

290 BVerfGE 82, 60.

291 BVerfG, NJW 1990, 2876. Ähnlich gelagert BVerfGE 99, 246; BVerfG, NJW 1999, 565; BVerfG, NJW 1999; 564; BVerfG, NJW 1999, 557.

292 Hierbei werden zum Ausgleich der allgemeinen Belastungen, die mit dem Unterhalt und der Betreuung von Kindern verbunden sind, Kindergeld und Kin-

erstgenannten Beschlusses setzten sich gegen eine Kürzung ihres Kindergeldes in den Jahren 1983 und 1984 zur Wehr. § 10 Abs. 2 BKGG a.F.[293] sah vor, dass es abhängig vom Jahreseinkommen der Berechtigten, vom zweiten Kind an stufenweise bis auf Sockelbeträge von 70 DM für das zweite und 140 DM für das dritte und jedes weitere Kind gekürzt wird, was hier auch geschah. Hierin erblickten sie einen Verstoß gegen Art. 3 Abs. 1, 6 Abs. 1 GG. Dreh- und Angelpunkt des anderen Beschlusses war die steuerliche Berücksichtigung der Kinder im Rahmen der Einkommensteuererklärung. Neben dem nach §§ 10 Abs. 2, 11 Abs. 1 BKGG a.F. gekürzten Kindergeld wurden den Eltern statt den unter anderem geltend gemachten Aufwendungen für Schulgeld, Verpflegung, Unterkunft und Fahrten in fünfstelliger Höhe lediglich Kinderfreibeträge gem. § 32 Abs. 8 EStG a.F.[294] in Höhe von jeweils 432 DM für ihre beiden Töchter gewährt. Sie rügten insofern ebenfalls einen Verstoß gegen Art. 3 Abs. 1, 6 Abs. 1 GG.

Das Bundesverfassungsgericht beanstandete § 10 Abs. 2 BKGG a.F., weil das gekürzte Kindergeld nicht mehr in verfassungsmäßiger Weise seiner Funktion gerecht geworden sei, der Minderung der Leistungsfähigkeit von Steuerpflichtigen, die durch den Unterhalt ihrer Kinder bedingt sei, Rechnung zu tragen und so das Existenzminimum bei der Besteuerung von Steuerpflichtigen mit unterhaltsbedürftigen Kindern außer Acht gelassen habe. Dies ergebe sich zwar nicht allein aus dem Kindergeldrecht, sondern erst aus dessen Zusammenhang mit dem (Einkommen-)Steuerrecht mitsamt der dort geregelten Kinderfreibeträge.[295] „Eine für verfassungswidrig

---

derfreibeträge bei der Einkommensbesteuerung nebeneinander gewährt. Der Gesetzgeber hat dieses System inzwischen zu einem Familien*leistungs*ausgleich weiterentwickelt und unterscheidet zwischen verfassungsmäßiger Besteuerung und Familienförderung (zur Rechtsentwicklung: *Selder*, in: Heuermann/Brandis (Hrsg.), Blümich: EStG, KStG, GewStG, Bd. III, EL 147 Mai 2019, § 31 EStG Rn. 10 ff.). Ausführlich dazu: *Renner*, Familienlasten- oder Familienleistungsausgleich?, 2000.

293 Bundeskindergeldgesetz in der Fassung des Haushaltsbegleitgesetzes 1983 v. 20.12.1982 (BGBl. I, S. 1857).

294 Einkommensteuergesetz in der Fassung des Haushaltsbegleitgesetzes 1983 v. 20.12.1982 (BGBl. I, S. 1857).

295 Streng genommen entschied das Gericht hier über zusammenwirkende Begünstigungen (Gewährung von Kindergeld einerseits und einkommensteuerliche Entlastung andererseits), die der Verfassung in der Summe nicht gerecht würden – diese Rechtsprechung lässt sich aber auf den Fall einer additiven Belastung übertragen (so auch *G. Kirchhof*, NJW 2006, 732, 733). Zudem sind beide Beschlüsse ein Beleg dafür, dass auch in prozessualer Hinsicht „Weitsicht" gefragt ist (s. Vierter Teil).

erachtete Rechtslage, die sich aus dem Zusammenwirken mehrerer Einzelregelungen ergibt und bei der sich deshalb der etwa bestehende verfassungsrechtliche Mangel durch eine Nachbesserung bei der einen oder der anderen Einzelregelung beheben ließe, kann grundsätzlich anhand jeder der betroffenen Normen zur Prüfung gestellt werden."[296] Würde man bei einem solchen Normengeflecht die Feststellung der Verfassungswidrigkeit der Rechtslage, die durch die betroffene Norm mit herbeigeführt wird, mit der Erwägung unterlassen, dass die Einzelnorm Bestand haben könnte, wenn die gesetzliche Nachbesserung an anderer Stelle erfolgte, dann wäre die verfassungsgerichtliche Kontrolle in einem Maße eingeschränkt, die mit dem Grundgedanken des Art. 100 Abs. 1 GG nicht mehr vereinbar wäre. „Die Möglichkeit, dass der Gesetzgeber den verfassungsrechtlichen Mangel auch in einer Weise beheben könnte, dass die beanstandete Norm im Endergebnis bestehen bleibt, hat lediglich zur Folge, daß das Bundesverfassungsgericht die Norm nicht für nichtig erklären, sondern nur ihre Unvereinbarkeit mit dem Grundgesetz feststellen kann."[297]

Eben dieses Schicksal ereilte auch § 32 Abs. 8 EStG a.F. Der gesetzliche Familienlastenausgleich könne nur einheitlich auf seine Vereinbarkeit mit der Verfassung überprüft werden, auch wenn er – wie hier – durch mehrere Vorschriften bewirkt werde, die unterschiedlichen Rechtsgebieten angehörten. „So steht es der verfassungsrechtlichen Beanstandung des § 10 Abs. 2 BKGG nicht entgegen, dass der Gesetzgeber eine unzureichende Kindergeldregelung durch die Gewähr eines Kinderfreibetrags im Einkommensteuerrecht ergänzt hat. Entscheidend ist vielmehr der Gesamtbetrag, der sich durch die Zusammenrechnung beider Vergünstigungen ergibt."[298]

b) Fälle der Altersrentenbesteuerung

Zudem hat sich das Bundesverfassungsgericht mit Beschluss vom 6. März 2002[299] mit der Vereinbarkeit der unterschiedlichen Besteuerung der Versorgungsbezüge von Ruhestandsbeamten einerseits und Renten aus der ge-

296 BVerfGE 82, 60, 84.
297 Ebd.
298 BVerfG, NJW 1990, 2876.
299 BVerfGE 105, 73.

setzlichen Rentenversicherung andererseits mit Art. 3 Abs. 1 GG[300] befasst. Insofern wirft das Gericht die Problematik der Doppelbesteuerung auf[301], da bei Renten neben eine einkommensteuerrechtliche Besteuerung in der Auszahlungsphase eine entsprechende Behandlung bereits in der Erwerbsphase treten kann. Grundsätzlich werden nämlich die Beiträge des (späteren) Rentenbeziehers zur Rentenversicherung aus bereits versteuertem Einkommen erbracht.[302] Das Bundesverfassungsgericht hielt die Vorlage für begründet. Dabei betont es in seinem dritten Leitsatz, und damit an prominenter Stelle, dass der Gesetzgeber „im Rahmen der gebotenen Neuregelung, die Besteuerung von Vorsorgeaufwendungen für die Alterssicherung und die Besteuerung von Bezügen aus dem Ergebnis der Vorsorgeaufwendungen so aufeinander abzustimmen [habe], dass eine doppelte Besteuerung vermieden wird."[303] Zur Begründung stützt sich das Gericht indes nicht auf Art. 14 Abs. 1 GG: „Nicht der grundrechtliche Eigentumsschutz begründet bei den Sozialversicherungsrentnern eine mögliche Sperre für eine Steuerpflicht von Einnahmen, sondern ausschließlich das Verbot, solche Einnahmen einkommensteuerlich doppelt zu belasten."[304]

Eine Gesamtbetrachtung nimmt auch die nachfolgende Rechtsprechung des Bundesfinanzhofs[305] vor; mag danach eine Überprüfung im Einzelfall auch erst bei Eintritt in die Versorgungsphase angezeigt sein[306]. Das Gericht betont allerdings, dass es in künftig zu entscheidenden Fällen dem Verbot der doppelten Besteuerung besondere Aufmerksamkeit widmen

300 Insoweit geht das Gericht im Übrigen von einem allein einkommensteuerrechtlichen Bezugsrahmen aus und lässt daher andere Normen des Besoldungs-, Versorgungs- und Sozialversicherungsrechts, die ebenso Auswirkungen auf die Nettoversorgung des Einzelnen haben, außer Betracht (vgl. ebd., S. 111 f.). Offen ist, ob dies auch für Art. 14 Abs. 1 GG gelten würde.

301 BVerfGE 105, 73, 122 ff. u. 134 f.

302 Dabei ist allerdings die inzwischen ausgedehnte Abzugsfähigkeit der Altersvorsorgebeiträge zu berücksichtigen (vgl. § 10 Abs. 1 Nr. 2, 3 und 3a EStG, dazu s. *Hutter*, in: Heuermann/Brandis (Hrsg.), Blümich: EStG, KStG, GewStG, Bd. II, EL 145 Dezember 2018, § 10 EStG Rn. 150 ff.).

303 BVerfGE 105, 73, 74.

304 Ebd., S. 131. Unklar bleibt, woraus das Bundesverfassungsgericht diesen Grundsatz ableitet (vgl. auch *Liesenfeld*, DStR 2002, 1833, 1836 f.). *Wernsmann*, NJW 2006, 1169, 1173 scheint insofern an Art. 14 GG anknüpfen zu wollen. Zutreffend dürfte es in der Tat sein, hier weniger gleichheits-, denn freiheitsrechtlich zu argumentieren, sodass es auch gerechtfertigt erscheint, von einer additiv verwirklichten Belastung auszugehen.

305 Vgl. nur BFH, DStR 2009, 32, 41 f.; BFH, DStR 2006, 313, 319 f.

306 BFH, BeckRS 2009, 25015819 Rn. 79 f.

werde.[307] Jüngst hat sich das Bundesverfassungsgericht wieder mehrfach mit der Verfassungsmäßigkeit der Altersrentenbesteuerung befasst. Mit dem zum Jahr 2005 erfolgten Übergang zur nachgelagerten Besteuerung der Vorsorgeaufwendungen und Alterseinkünfte gewinnt das Verbot der Doppelbesteuerung erneut an Relevanz.[308] Insoweit verweist das Gericht darauf, dass die Aufbau- und die Auszahlungsphase von Alterseinkünften im Zusammenhang verfassungsrechtlich zu würdigen seien, weil das Verbot doppelter Besteuerung entweder durch eine Steuerfreistellung von Altersvorsorgeaufwendungen (in der Aufbauphase) oder durch Nichtbesteuerung von Alterseinkünften, die aus versteuertem Einkommen stammen, (in der Auszahlungsphase) beachtet werden könne.[309] Um zu ermitteln, ob eine verfassungswidrige Doppelbesteuerung erfolge, stellt das Gericht – ohne Rücksicht auf die zwischenzeitliche Geldentwertung – die Beitragszahlungen dem nicht steuerbaren Rentenzufluss gegenüber. So stünden im Fall des Beschwerdeführers Beitragszahlungen von insgesamt 291.111 DM Renteneinkünften in Höhe von bislang 438.911 DM gegenüber, wobei sich der der Besteuerung unterliegende Teil der Rente auf insgesamt 128.665 DM belaufe, so dass 310.246 DM steuerfrei blieben. Damit übersteige bereits die Summe der steuerfrei bezogenen Renteneinkünfte die Summe der geleisteten Beiträge, mit der Folge, dass eine verfassungswidrige Doppelbesteuerung nicht vorliege.[310] Im Übrigen aber lässt das Gericht offen, welche Faktoren im Einzelnen bei der Prüfung einer Doppelbesteuerung von Verfassungs wegen Berücksichtigung finden dürften und müssten.[311]

c) „Nebeneinander" verschiedener Steuern

Dem „Nebeneinander" von verschiedenen Steuerarten hat sich nicht nur die Literatur – allen voran *P. Kirchhof* –, sondern auch die Rechtsprechung gewidmet.

---

307 Ebd., Rn. 81.
308 Vgl. BVerfG, DStR 2015, 2757, 2760 f. u. 2763 f.
309 Ebd., S. 2761. Vgl. auch BVerfG, BeckRS 2016, 48687 Rn. 57 ff. u. 75; BVerfG, DStR 2016, 1731, 1740.
310 BVerfG, DStR 2015, 2757, 2763.
311 BVerfG, DStR 2016, 1731, 1740.

aa) Vermögensbesteuerung

Dies gilt bereits für den Beschluss des Bundesverfassungsgerichts vom 27. Oktober 1975[312]: Die Beschwerdeführerin, eine steuerpflichtige Aktiengesellschaft, machte geltend, dass sich in den streitigen Veranlagungszeiträumen durch das Zusammentreffen der nicht abzugsfähigen Vermögensteuer mit der Körperschaft- und Gewerbeertragsteuer eine Gesamtbelastung mit laufenden Steuern ergeben hätte, die über 100 % ihres Gewinns hinausgegangen sei. Während sie die Bescheide über Körperschaft- und Gewerbesteuer unanfechtbar werden ließ, wandte sie sich gegen die Veranlagung zur Vermögensteuer mit dem Antrag, den entsprechenden Betrag so zu begrenzen, dass ihr 20 % des Gewinns vor Abzug aller Besitzsteuern verblieben. Der Bundesfinanzhof wies ihre Klage ab, ohne sich in der Sache mit der beanstandeten Überbesteuerung zu befassen: Da der Rechtsstreit „nur die Rechtmäßigkeit der angefochtenen Vermögensteuerbescheide, nicht aber die Rechtmäßigkeit der gegen die Klägerin gerichteten Körperschaftsbescheide zum Gegenstand“ habe, könne er „nicht darüber entscheiden, ob durch die Kumulierung der verschiedenen Besitzsteuern eine verfassungswidrige Wirkung eintritt.“[313] Im Ergebnis hat auch das Bundesverfassungsgericht ihren Antrag zurückgewiesen. So sei es „verfassungsrechtlich nicht zu beanstanden, daß im konkreten Fall durch die Vermögensteuer – unter Berücksichtigung der Körperschaft- und Gewerbesteuer – eine den Gewinn übersteigende gesamtsteuerliche Belastung eintrat.“ Weiter heißt es: „Auch soweit steuerliche Eingriffe an Art. 14 GG zu messen sind, ist aus dem Grundgesetz kein unbedingtes ‚Nein‘ zu Vermögensminderung durch Besteuerung zu entnehmen.“[314] Für die verfassungsrechtliche Beurteilung einer gesetzlichen Regelung im Steuerrecht komme es grundsätzlich auf seine generellen Auswirkungen, nicht auf die im Einzelfall möglicherweise auftretenden Härten an. Im Übrigen bestehe die Möglichkeit – und gegebenenfalls die Notwendigkeit – übermäßigen Auswirkungen durch Härtefallklauseln wie § 131 AO (a.F.) zu begegnen.[315]

Ebenfalls die Vermögensteuer zum Gegenstand hat der vielbeachtete Beschluss des Bundesverfassungsgerichts vom 22. Juni 1995[316]. Es ging dabei – genau genommen – um die unterschiedliche steuerliche Belastung von

312 BVerfG, NJW 1976, 101.
313 BFH, BStBl II 1973, 163, 165.
314 BVerfG, NJW 1976, 101.
315 Ebd.
316 BVerfGE 93, 121.

Grundbesitz und sonstigem Vermögen, die das Gericht im Ergebnis für mit Art. 3 Abs. 1 GG unvereinbar hielt.[317] Gleichzeitig aber nahm es, ungeachtet der Frage, ob hierzu durch die Richtervorlage Veranlassung bestand[318], zur steuerlichen Gesamtbelastung der Steuerpflichtigen Stellung. „Die Gesamtbelastung durch eine Besteuerung des Vermögenserwerbs, des Vermögensbestandes und der Vermögensverwendung ist vom Gesetzgeber so aufeinander abzustimmen, dass [...] eine übermäßige Last vermieden wird. Dabei ist zu beachten, dass auch der Steuergesetzgeber nicht beliebig auf Privatvermögen zugreifen darf, der Berechtigte vielmehr von Verfassungs wegen einen Anspruch darauf hat, daß ihm die Privatnützigkeit des Erworbenen und die Verfügungsbefugnis über geschaffene vermögenswerte Rechtspositionen jedenfalls im Kern erhalten bleiben."[319] Und weiter: „Nach diesen Maßstäben bleibt unter den Bedingungen des gegenwärtigen Steuerrechts, nach denen das Vermögen bereits durch die Steuern auf das Einkommen und den Ertrag, der konkrete Vermögensgegenstand meist auch durch indirekte Steuern vorbelastet ist, für eine ergänzende Besteuerung dieses mehrfach vorbelasteten Vermögens von Verfassungs wegen nur noch ein enger Spielraum." Die Vermögensteuer dürfe also nur so bemessen werden, dass sie in ihrem Zusammenwirken mit den sonstigen Steuerbelastungen die Substanz des Vermögens, den Vermögensstamm, unberührt lässt und aus den üblicherweise zu erwartenden, möglichen Erträgen bezahlt werden kann. „Andernfalls führte eine Vermögensbesteuerung im Ergebnis zu einer schrittweisen Konfiskation, die den Steuerpflichtigen dadurch übermäßig belasten und seine Vermögensverhältnisse grundlegend beeinträchtigen würde."[320] Ungeachtet des Bestandsschutzes für den Vermögensstamm nehme, so das Gericht, auch der Vermögensertrag am Schutz der vermögenswerten Rechtspositionen teil. „Nach Art. 14 Abs. 2 GG diene der Eigentumsgebrauch zugleich dem privaten Nutzen und dem Wohl der Allgemeinheit. Deshalb ist der Vermögensertrag einerseits für die steuerliche Gemeinlast zugänglich, andererseits muß dem Berechtigten ein privater Ertragsnutzen verbleiben. Die Vermögensteuer darf deshalb zu den übrigen Steuern auf den Ertrag nur hinzutreten, soweit die steuerliche Gesamtbelastung des Sollertrages bei typisierender Betrachtung von Einnahmen, abziehbaren Aufwendungen und sonstigen Entlastungen in der Nähe einer hälftigen Teilung zwischen privater und öffentlicher

---

317 Ebd., S. 142 ff.

318 Ablehnend *Böckenförde*, Sondervotum, BVerfGE 93, 149, 150 ff.

319 BVerfGE 93, 121, 135.

320 Ebd., S. 137.

Hand verbleibt und dabei insgesamt auch Belastungsergebnisse vermeidet, die einer vom Gleichheitssatz gebotenen Lastenverteilung nach Maßgabe finanzieller Leistungsfähigkeit zuwiderlaufen."[321]

Hiergegen wendete sich *Böckenförde* in seinem Sondervotum. Seines Erachtens bieten weder Art. 14 Abs. 1 GG noch andere Vorschriften des Grundgesetzes einen Anhaltspunkt für die Maßgabe, nach der den Vermögensinhabern auch rund die Hälfte der Erträge zu belassen sei. Insoweit verlasse das Gericht die bisher geltenden Maßstäbe, nach denen erst eine erdrosselnde Wirkung die Grenze von Geldleistungspflichten bilde. „Stattdessen setzt [es] eigene, durch die Verfassung nicht ausgewiesene Angemessenheitserwägungen. Unabhängig von der Höhe des Einkommens und somit auch als Maßgabe jeglicher Progression soll insoweit die verfassungsrechtliche Obergrenze umstandslos bei etwa 50 % liegen."[322] In einer solchen Vorgabe liege, so *Böckenförde*, eine ungerechtfertigte Begrenzung des Gesetzgebers. „In Zahlen nachrechenbare Maßgaben, die diesem Rechnung tragen, sind weder möglich noch in der Verfassung enthalten. Die Verfassung überlässt es vielmehr einer politisch verantworteten Steuerpolitik, hier in Reaktion auf die jeweilige Situation und unter Rückgriff auf wirtschafts- und sozialpolitische Überzeugungen das zuträgliche Maß zu finden."[323] Dessen ungeachtet erkennt auch *Böckenförde* das Verbot übermäßiger Besteuerung grundsätzlich an. Diese Grenze aber, „die für eine Vermögensteuer nur im Wege der Gesamtbetrachtung, auch unter Berücksichtigung sonstiger Einkommensquellen und deren steuerlicher Belastung, ermittelt werden kann, ist bei einem Vermögensteuersatz von 1 %, bei durchschnittlichen Verhältnissen in der Regel nicht überschritten."[324]

bb) Einkommen- und Gewerbesteuer

Wenig später erreichte die Gerichte die Problematik der Belastung durch Einkommen- und Gewerbesteuer. Die Kläger, die zusammen zur Einkommensteuer veranlagt wurden, machten geltend, ihre Besteuerung verstoße gegen den vom Zweiten Senat des Bundesverfassungsgerichts im Jahr 1995 ausgesprochenen „Halbteilungsgrundsatz", da die Gesamtbelastung des Einkommens mit Steuern über 50 % liege. Nach ihrer Berechnung betrage

321 Ebd., S. 138.
322 *Böckenförde*, Sondervotum, BVerfGE 93, 149, 157.
323 Ebd.
324 Ebd., S. 156 u. 154.

die Gesamtbelastung mit Einkommensteuer (260.262 DM) und Gewerbesteuer (113.170 DM) bezogen auf den Gesamtbetrag der Einkünfte (648.595 DM) nämlich 57,58 % bzw. 59,95 % in Bezug auf das zu versteuernde Einkommen (622.878 DM). Der Bundesfinanzhof hat ihre Revision mit Urteil vom 11. August 1999[325] zurückgewiesen: Eine Bindung an den genannten Beschluss des Bundesverfassungsgerichts bestehe nicht. § 31 Abs. 1 BVerfGG erfasse zwar auch die tragenden Entscheidungsgründe, allerdings nur in Bezug auf den – hier abweichenden – Streitgegenstand.[326] Im Übrigen sei, so das Gericht, eine Belastung mit Einkommen- und Gewerbesteuer von insgesamt rund 60 % des zu versteuernden Einkommens nicht verfassungswidrig. Zunächst berührten Steuertatbestände grundsätzlich nicht die Eigentumsgarantie des Art. 14 GG. Etwas anderes gelte nur, „wenn die Belastung über jedes Maß ansteigt und damit zu einer Existenzgefährdung führen würde (‚Erdrosselung').“[327] Zwar sei die Belastung mit Einkommen- und Gewerbesteuer im Streitjahr erheblich, sie überschreite aber nicht die Grenze zur übermäßigen Belastung. Eine Begrenzung der Belastung folge insbesondere nicht aus Art. 14 Abs. 2 GG. „Der Formulierung ‚zugleich' vermag der Senat dem allgemeinen Sprachgebrauch als auch dem Wortsinn nach lediglich ein finales, nicht hingegen ein arithmetisches Element im Sinne einer Zuordnung zu rechnerisch etwa gleichen Teilen (50 %) zu entnehmen.“[328]

Das Bundesverfassungsgericht folgte dieser Argumentation im Wesentlichen: Den Ausführungen im Beschluss vom 22. Juni 1995 lasse sich keine Belastungsobergrenze entnehmen, die unabhängig von der dort allein streitgegenständlichen Steuerart Geltung beanspruchen könnte und auf andere Steuerarten – wie die Einkommen- und Gewerbesteuer – übertragbar wäre.[329] Die Gesamtbelastung durch Einkommen- und Gewerbesteuer verletze zudem nicht Art. 14 GG. Zwar falle die Steuerbelastung – entgegen der Auffassung des Bundesfinanzhofs – in den Schutzbereich der Eigentumsgarantie.[330] Der Eingriff sei jedoch auch nach dem Maßstab des Art. 14 Abs. 1 S. 2, Abs. 2 GG gerechtfertigt. Daraus lasse sich, so das Gericht, „keine allgemein verbindliche, absolute Belastungsobergrenze in der Nähe einer hälftigen Teilung (‚Halbteilungsgrundsatz') ableiten. Der

325 BFH, DStR 1999, 1845.
326 Ebd., S. 1846 f.
327 Ebd., S. 1847 mit Verweis auf BVerfGE 95, 267, 300 (Erster Senat).
328 BFH, DStR 1999, 1845, 1847.
329 BVerfGE 115, 97, 108.
330 Ebd., S. 110 ff.

Wortlaut des Art. 14 Abs. 2 S. 2 GG (‚zugleich') reicht zur Begründung einer mit Sinn und Zweck des Art. 14 Abs. 2 S. 2 GG sowie seiner Entstehungsgeschichte zu vereinbarenden Herleitung einer Höchstbelastungsgrenze in der Nähe einer hälftigen Teilung nicht aus."[331] Vielmehr werde die Gestaltungsfreiheit des Gesetzgebers auch bei der Schrankenbestimmung durch Auferlegung von Steuerlasten, die an vermögenswerte Rechtspositionen anknüpften, durch die allgemeinen Grundsätze der Verhältnismäßigkeit begrenzt. Zwar würden, „jenseits ‚erdrosselnder', die Steuerquelle selbst vernichtender Belastung, [...] Steuern mit dem Zweck, Einnahmen zur Deckung des staatlichen Finanzbedarfs zu erzielen, gemessen an diesem Zweck grundsätzlich immer geeignet und erforderlich sein." Insofern könnten sich, ungeachtet der auch hiermit verbundenen Schwierigkeiten, „allein aus der Verhältnismäßigkeit im engeren Sinne, im Rahmen einer Gesamtabwägung zur Angemessenheit und Zumutbarkeit der Steuerbelastung, [...] Obergrenzen für eine Steuerbelastung ergeben."[332] Gerade auch die spezielle Norm des Art. 106 Abs. 3 S. 4 Nr. 2 GG, zur Vermeidung einer Überbelastung der Steuerpflichtigen bei der Verteilung der Umsatzsteuer, zeige, dass die Vermeidung einer Überbelastung der Steuerpflichtigen als verfassungsgerechter Grundsatz zu gelten habe. „Die Gewährleistung einklagbarer, auch den Gesetzgeber bindender Grundrechte verbietet es, speziell für das Steuerrecht die Kontrolle verfassungsrechtlicher Mäßigungsgebote dem Bundesverfassungsgericht gänzlich zu entziehen. Dem entspräche weder der völlige Verzicht auf verfassungsgerichtliche Abwägungskontrolle zu übermäßigen Steuerlasten noch ein Rückzug auf mögliche Feststellungen schon ‚erdrosselnder' Wirkungen von Steuerlasten. Trotz mangelnder konkreter Verwaltungszwecke, die in ein Verhältnis zur Steuerbelastung gesetzt und bewertet werden könnten, bleibt die Möglichkeit, in Situationen zunehmender Steuerbelastung der Gesamtheit oder doch einer Mehrheit der Steuerpflichtigen, insbesondere etwa dann, wenn eine solche Belastung auch im internationalen Vergleich als bedrohliche Sonderentwicklung gekennzeichnet werden kann, vom Gesetzgeber die Darlegung besonderer rechtfertigender Gründe zu fordern, nach denen die Steuerlast trotz ungewöhnlicher Höhe noch als zumutbar gelten dürfe."[333] Schließlich heißt es: „Auch wenn dem Übermaßverbot keine zahlenmäßig zu konkretisierende allgemeine Obergrenze der Besteuerung entnommen werden kann, darf allerdings die steuerliche

331 Ebd., S. 114.
332 Ebd., S. 115.
333 Ebd., S. 116.

Belastung auch höherer Einkommen für den Regelfall nicht so weit gehen, dass der wirtschaftliche Erfolg grundlegend beeinträchtigt wird und damit nicht mehr angemessen zum Ausdruck kommt.“[334]

Für den Streitfall sei indessen nicht erkennbar, dass eine verfassungsrechtliche Obergrenze zumutbarer Belastung durch Einkommen- und Gewerbesteuer erreicht wäre, denn es verbleibe „auch nach Abzug der Einkommen- und Gewerbesteuer ein bedeutender Ertrag der erwerbswirtschaftlichen Tätigkeit“.[335] Dies gelte auch, wenn man die obige Berechnung, die von einer Gesamtbelastung von 57,58 bzw. 59,95 % ausgeht, zugrunde lege. Dabei scheint das Bundesverfassungsgericht eher der – abweichenden – Berechnung des vierten Senats des Bundesfinanzhofs, der zu der Verfassungsbeschwerde Stellung genommen hat[336], zuzuneigen.[337] Danach sei der sogenannte Gewerbesteueraufwand zum zu versteuernden Einkommen hinzuzurechnen, soweit dieser, wie hier, bei der Ermittlung der (gewerblichen) Einkünfte abgezogen worden war. Danach ergäbe sich eine Belastung von insgesamt etwa 50 %, was jedenfalls, so das Bundesverfassungsgericht, noch im Toleranzbereich läge.[338]

cc) Erbschaft- und Einkommensteuer

Die kumulative Belastung von Erbschaft- und Einkommensteuer ist Gegenstand des Beschlusses des Bundesverfassungsgerichts vom 7. April 2015[339]. Der Beschwerdeführer ist Alleinerbe seines im Jahr 2001 verstorbenen Bruders. Zum Nachlass gehörten auch bereits aufgelaufene, aber erst im Jahr 2002 fällige Zinsansprüche. Im Jahr 2002 wurde hierfür bei ihm Einkommensteuer auf Kapitalerträge festgesetzt. Bei der Festsetzung der Erbschaftsteuer im Jahr 2004 blieb die auf die Zinsen entfallende Einkommensteuerschuld unberücksichtigt. Die Zinsen unterlagen also zu-

---

334 Ebd., S. 117.
335 Ebd., S. 117 f.
336 Ebd., S. 103 f.
337 Ebd., S. 106. Inzwischen dürfte sich diese Frage erledigt haben. Mit der Einführung von § 4 Abs. 5b EStG entfiel die Abzugsfähigkeit der Gewerbesteuer. Das diente nach dem Willen des Gesetzgebers der Verbesserung der Steuerbelastungstransparenz, da nunmehr die Gesamtsteuerbelastung grundsätzlich durch eine einfache Addition der Teilkomponenten berechnet werden könne (vgl. BT-Drucks. 16/4841, S. 47).
338 BVerfGE 115, 97, 106.
339 BVerfG, Beschluss v. 7.4.2015 – 1 BvR 1432/10 –, juris.

nächst der Einkommensteuer und sodann – ohne Abzug – der Erbschaftsteuer. Hiergegen wendete sich der Beschwerdeführer zunächst im Einspruchsverfahren und später auf dem Rechtsweg. In der Sache hielt er u.a. Art. 3 Abs. 1 und Art. 14 Abs. 1 GG für verletzt.

Bereits der Bundesfinanzhof erkannte einen doppelten Steuerzugriff auf die Zinsforderung, sah hierin aber mit Blick auf Art. 14 Abs. 1 GG keine Übermaßbesteuerung.[340] Dem folgte das Bundesverfassungsgericht: Die Erbrechtsgarantie des Art. 14 Abs. 1 GG werde durch die hier erfolgte „Kumulation von Einkommen- und Erbschaftsteuer" zu Lasten des Beschwerdeführers nicht verletzt. Der Spielraum für den steuerlichen Zugriff auf den Erwerb von Todes wegen finde seine Grenze dort, wo die Steuerpflicht den Erwerber übermäßig belaste und die ihm zugewachsenen Vermögenswerte grundlegend beeinträchtige. „Die Steuerbelastung darf das Vererben vom Standpunkt eines wirtschaftlich denkenden Eigentümers nicht als ökonomisch sinnlos erscheinen lassen."[341] Dabei sei grundsätzlich auf den gesamten Nachlass des jeweiligen Erben und auf die gesamte hierauf ruhende Steuerlast abzustellen: „Bei der hier vorliegenden Gesamtsteuerbelastung von 4.794.240,00 DM beziehungsweise – bei Einbeziehung der Einkommensteuer – von 4.891.637,00 DM und einem Nachlasswert von mindestens 15.022.023,70 DM kann von ökonomischer Sinnlosigkeit des Vererbens keine Rede sein."[342]

3. Zwischenergebnis

Zwar greift namentlich das Bundesverfassungsgericht im Bereich des Abgabenrechts bislang nicht auf den Terminus des additiven Grundrechtseingriffs zurück. Der dahinter stehenden Problematik stellt es sich, wie etwa die Auseinandersetzung um die Vermögensteuer zeigt, aber auch hier. Letzteres gilt genauso für die Literatur, die nach wie vor um Existenz, Begründung und Reichweite des Halbteilungsgrundsatzes ringt.

340 BFH, DStR 2010, 1029, 1031.

341 BVerfG, Beschluss v. 7.4.2015 – 1 BvR 1432/10 –, juris Rn. 8 mit Verweis auf BVerfGE 93, 165, 172.

342 BVerfG, Beschluss v. 7.4.2015 – 1 BvR 1432/10 –, juris Rn. 9.

V. Recht der Wirtschaft und Eigentumsgarantie

Auch im unternehmerischen Bereich, ob mit Blick auf Art. 12 GG oder Art. 14 GG, haben Rechtsprechung und Literatur zahlreiche Fälle kumulierenden staatlichen Handelns ausgemacht, um die es im Folgenden gehen soll. Ausgeklammert bleiben zunächst die vielfältigen Bindungen der Akteure im Gesundheitswesen. Darauf ist im Kontext des Sozialrechts zurückzukommen.

1. Wirtschaftslenkende Maßnahmen im Allgemeinen

Kritik an der Rechtsprechung des Bundesverfassungsgerichts zur Berufsfreiheit findet sich seit langem.[343] In jüngerer Zeit steht vor allem die stetige Zunahme berufsregelnder Gesetzgebung im Fokus, die von Art. 12 GG – auf der Grundlage des Verständnisses des Gerichts – nicht hinreichend erfasst werde. *Hufen* etwa forderte bereits im Jahre 1994 eine „Generalinventur berufsregelnder Gesetze", unter anderem vor dem Hintergrund kumulativ wirkender Grundrechtseingriffe, die dem Einzelnen kaum noch Spielräume wirklich freier beruflicher Betätigung beließen.[344] Die Tücken der Punktualität der juristischen Falllösung zeigten sich nämlich besonders bei der Berufsfreiheit. Deren Betätigung sei von einer Vielzahl direkter und indirekter Interventionen, mittelbarer und unmittelbarer Eingriffe gekennzeichnet, die je für sich genommen durch verfassungsrechtliche Gegenpositionen gerechtfertigt sein mögen. „In ihrer Summierung aber wirken diese Maßnahmen wie eine schleichende Verengung des Freiheitsspielraums: Das Grundrecht wird sozusagen verstopft wie ein Wasserrohr durch schleichende Kalkablagerung."[345] An anderer Stelle heißt es: Überzogene Berufsausübungsregeln könnten je für sich und erst recht kumulativ den Grundrechtsinhaber über ein ganzes langes Berufsleben drangsalieren und in seiner Freiheit förmlich einschnüren, wie die zahllosen durch das Bundesverfassungsgericht abgesegneten Erlaubnisvorbehalte, Verhaltensregeln, Kontingentierungen, Werbeverbote usw. belegten.[346] Es sei daher zu fordern, dass sich die Gerichte bei der Beurteilung von Einzelmaßnahmen nicht allein auf deren Wirkung beschränken. Sie müssten insbe-

---

343 S. nur *Rupp*, NJW 1965, 993 ff.
344 *F. Hufen*, NJW 1994, 2913.
345 Ebd., S. 2916.
346 Ebd., S. 2918.

sondere bei der Verhältnismäßigkeitsprüfung einen Blick für die kumulative Wirkung von Grundrechtseingriffen entwickeln.[347]

Kluth weist darauf hin, dass die tatsächliche Bindungswirkung des wirtschaftslenkenden Gesetzgebers durch das abgestufte Kontrollsystem im Rahmen der Berufsfreiheit[348] erheblich eingeschränkt sei. Eingriffe in die Berufsausübungsfreiheit würden nur durch die Kompetenzordnung und gewisse Mindestanforderungen an die Plausibilität der Begründung der Maßnahme begrenzt. Problematisch werde dieser Zustand, soweit es nicht um einzelne Maßnahmen gehe, sondern die Berufsausübung durch ein ganzes Netz wirtschaftslenkender Maßnahmen beeinflusst werde, die jede für sich unterhalb der Schwelle bleibe, die eine intensivere Kontrolle auslöse.[349] „Wirtschaftslenkende Maßnahmen, die dem Arbeitsschutz, dem Umweltschutz und sozialen Gesichtspunkten dienen, können sich derart überlagern und ergänzen, dass nur noch ein geringer Freiraum bleibt und der Eingriff eine neue Qualität erhält." Deshalb sei bedenkenswert, ob insofern nicht eine summative Betrachtung geboten sei, bei der alle wirtschaftslenkenden Maßnahmen, die sich auf eine bestimmte Betätigung auswirken, gemeinsam betrachtet und bewertet werden. Einen gewissen Anknüpfungspunkt hierfür biete die, wenn auch bislang bloß auf Einzelmaßnahmen bezogene, dynamische – eher auf den Einzelfall, denn auf eine bloß formale Betrachtung abstellende – Handhabung der Stufenlehre durch das Bundesverfassungsgericht.[350]

2. Indienstnahme Privater

Relevant wird, wendet man sich den konkreten Fällen zu, zunächst die sog. Indienstnahme Privater. Gemeint ist, dass der Staat Verwaltungsaufgaben auf Private abwälzt, indem er ihnen bestimmte Handlungs- oder Leistungspflichten auferlegt.[351] Belastungsmehrheiten auf eben diesem Feld haben sowohl Rechtsprechung als auch Literatur identifiziert.

---

347 Ebd., S. 2916.
348 S. BVerfGE 7, 377, 397 ff. zur sog. Drei-Stufen-Lehre.
349 *Kluth*, ZHR 162 (1998), 657, 672 f.
350 Ebd., S. 673.
351 Zum Begriff der Indienstnahme bereits *Ipsen*, AöR 90 (1965), 393, 417 ff.; zur Indienstnahme Privater auch BVerfGE 110, 226, 261; BVerfGE 30, 292, 311 f. Ausführlich dazu im Kontext des Vollzugs von Steuergesetzen: *Drüen*, Die Indienstnahme Privater für den Vollzug von Steuergesetzen, 2012.

a) Schrifttum

Zu deren Stimmen zählt etwa *Lücke*. Als Beispiel führt er die Kreditinstitute an, denen diverse Pflichten in ihrer Eigenschaft als Bank oder als Arbeitgeber aufgebürdet würden. Dabei handele es sich zunächst um die Pflicht, als Bank in den gesetzlich geregelten Fällen die Kapitalertragsteuer einzubehalten und an die Finanzämter abzuführen (§ 44 EStG). Daneben seien noch die Pflicht, die Kosten des Bundesaufsichtsamtes für das Kreditwesen tragen zu müssen (§ 51 KWG) sowie die zahlreichen Pflichten aus dem Geldwäschegesetz, darunter Identifizierungs-, Aufzeichnungs- und Aufbewahrungspflichten (§§ 4 ff. GwG), zu nennen. Als Arbeitgeber müssten sie die Lohnsteuer bei jeder Lohnzahlung vom Arbeitslohn einbehalten (§ 38 Abs. 3 S. 1 EStG), für jeden Arbeitnehmer Lohnkonten führen (§ 41 EStG), die Lohnsteuer periodisch an den Staat abführen (§ 41a EStG) sowie Lohnsteuerbescheinigungen ausstellen (§ 41b EStG) und den Gesamtsozialversicherungsbeitrag an die Krankenkasse zahlen (§ 28e SGB IV).[352] Sämtliche dieser Pflichten griffen in die Berufs- und Eigentumsfreiheit der Kreditinstitute ein und beeinträchtigten damit ein und dieselben Grundrechte. Ferner verfolgten sie denselben Zweck: die Vereinfachung und Entlastung der Verwaltung. Daher erfüllten sie die von ihm für das Vorliegen eines additiven Grundrechtseingriffs aufgestellten Voraussetzungen.[353]

Auch *G. Kirchhof* erinnert daran, dass Arbeitgeber durch den Lohnsteuerabzug und auf Grund von sozial- und arbeitsrechtlichen Verpflichtungen in großem Umfang durch den Staat in Dienst genommen würden. Neben allgemeinen Mitwirkungspflichten, Auskunftsobliegenheiten sowie Nachweis- und Bescheinigungspflichten hätten diese mit den lohnsteuerrechtlichen Pflichten vergleichbare Berechnungs-, Zahlungs- und Aufzeichnungspflichten unentgeltlich zu erfüllen.[354] Diese (Gesamt-)Belastung, die das Ergebnis einer Analyse der „Normwirklichkeit“ sei, könne die Zumutbarkeitsgrenze übersteigen.[355] Die Forderung laute daher Deregulierung, jedenfalls aber „Mäßigung durch Entgelt“ zugunsten der Betroffenen.[356] Schließlich weist *G. Kirchhof* – im vorliegenden Kontext – darauf hin, dass

---

352 *Lücke*, DVBl 2001, 1469, 1475. Hierauf verweist auch *Peine*, in: Merten/Papier (Hrsg.), Handbuch der Grundrechte in Deutschland und Europa, Bd. III, 2009, § 57 Rn. 53.

353 *Lücke*, DVBl 2001, 1469, 1475.

354 Im Einzelnen *G. Kirchhof*, Die Erfüllungspflichten des Arbeitgebers im Lohnsteuerverfahren, 2005, S. 18 ff.

355 Ebd., S. 195 ff.

356 Ebd., S. 201 f.

sich die Diskussion um die Verpflichtung der Unternehmer, Telefon- und Internetdaten länger als drei Monate zu speichern, um diese Daten insbesondere für den Kampf gegen den Terrorismus nutzen zu können[357], auf die verfassungsrechtliche Zulässigkeit dieser einen Maßnahme konzentriere, ohne die Gesamtlast der Dokumentations- und Verwaltungspflichten in den Blick zu nehmen.[358]

b) Rechtsprechung

Am ehesten in diesem Zusammenhang zu sehen ist auch die Heranziehung eines Unternehmens zu statistischen Zwecken. Kürzlich hat sich die Judikatur mit einem solchen Fall – betroffen war eine gemeinnützige Baugenossenschaft, die zur Erteilung von Auskünften für die sog. Dienstleistungsstatistik[359] verpflichtet wurde – näher befasst. Das Oberverwaltungsgericht Rheinland-Pfalz hat die Klage abgewiesen. Auch wenn die Genossenschaft bereits seit 2004 zur Dienstleistungsstatistik herangezogen werde, sei die streitgegenständliche Heranziehung für das Jahr 2012 nicht unzumutbar.[360] Dies gelte auch vor dem Hintergrund, dass die Genossenschaft noch weitere Statistiken zu bedienen habe. „Denn die hieraus folgende Belastung nimmt die Regelung in § 6 Abs. 4 S. 1 BStatG in den Blick, nach welcher ein Unternehmen mit weniger als 50 Beschäftigten im Kalenderjahr in höchstens drei Stichprobenerhebungen für Bundesstatistiken mit Auskunftspflicht einbezogen werden soll.“ Weiter heißt es: „Grundsätzlich ohne Belang ist dabei die Einbeziehung des Klägers in weitere Statistiken, die nicht Bundesstatistiken in Form von Stichprobenerhebungen sind; wegen des dargelegten überschaubaren Arbeitsaufwandes gilt vorliegend auch nicht ausnahmsweise etwas anderes.“[361]

Hiergegen wendete sich das Bundesverwaltungsgericht. Die Rechtsfigur des additiven Grundrechtseingriffs lasse es nämlich nicht zu, „die Gesamtbeeinträchtigung der wirtschaftlichen Betätigungsfreiheit von Dienstleistungsunternehmen allein anhand der Stichprobenerhebungen für Bundesstatistiken zu betrachten, ohne weitere statistische Erhebungen mit Aus-

---

357 Zur sog. Vorratsdatenspeicherung s. bereits Erster Teil II. 2. c).

358 *G. Kirchhof*, NJW 2006, 732.

359 S. Gesetz über Statistiken im Dienstleistungsbereich v. 19.12.2000 (BGBl. I, S. 1765).

360 OVG Rheinland-Pfalz, BeckRS 2016, 41319 Rn. 44.

361 Ebd.

kunftspflicht oder sonstige Berichts- und Dokumentationspflichten in den Blick zu nehmen."[362] Der Kläger habe jedoch nicht, wie geboten, dargelegt, dass alle diese Belastungen zusammen genommen für Unternehmen seiner Art und Größe schlechthin nicht mehr hinnehmbar seien, etwa weil dadurch deren Rentabilität ernsthaft gefährdet werde. Daher habe das Oberverwaltungsgericht „die [...] geltend gemachte Verletzung der Berufsausübungsfreiheit [...] durch ‚additive Grundrechtseingriffe' mit dem Resultat einer unzumutbaren Gesamtbelastung [...] im Ergebnis zu Recht verneint."[363]

3. Glücksspielrecht

Von aktueller Relevanz ist das Glücksspielrecht, das nunmehr in seinen verschiedenen Dimensionen dargestellt wird. Den Anfang macht dabei die Rechtsprechung.

a) Abgabenrechtliche Dimension

Zahlreiche Entscheidungen befassen sich mit Vergnügungsteuern für den Betrieb einer Spielhalle. Betroffen waren zunächst die Gerichte erster Instanz. Oftmals machten die Kläger geltend, dass die Kumulation, der sie betreffenden Regelungen, die Unzumutbarkeit der Steuererhebung bewirkte.[364] So hieß es zum Beispiel: „Die Vorschriften des Hamburgischen Spielvergnügungsteuergesetzes, des Gewerbe-, Ordnungs-, und Baurechts wirkten kumulativ zusammen und verstärkten sich gegenseitig."[365] Zwar erkannten die Gerichte grundsätzlich ein Nebeneinander dieser Regelungen. Gleichzeitig betonten sie – im Anschluss an das Oberverwaltungsgericht für das Land Nordrhein-Westfalen[366] –, dass die Rechtsfigur des additiven Grundrechtseingriffs es nicht erlaube, „alle für sich betrachtet zulässigen Grundrechtseingriffe gegen einen Grundrechtsträger in einer Gesamtbetrachtung unter Verhältnismäßigkeitsgesichtspunkten als unzulässigen

---

362 BVerwG, NJW 2017, 2570, 2572.

363 Ebd.

364 Vgl. nur FG Bremen, Urt. v. 20.2.2014 – 2 K 84/13 (1) –, juris Rn. 9.

365 FG Hamburg, Urt. v. 27.8.2014 – 2 K 257/13 –, juris Rn. 14.

366 OVG NRW, Beschluss v. 26.11.2013 – 14 A 2401/13 –, juris Rn. 17 f. Vgl. auch OVG NRW, Beschluss v. 4.2.2016 – 14 A 3047/15 –, juris Rn. 18 f.

kumulativen Grundrechtseingriff zu qualifizieren."[367] Eine kumulative Gesamtbetrachtung setze zumindest voraus, dass es sich um Eingriffe mit gleichem Regelungsziel in den gleichen Lebensbereich handelt.[368] Das sei hier aber nicht der Fall. So verfolgen laut Finanzgericht Bremen das Bremische Spielhallengesetz (BremSpielhG), die BauNVO, §§ 284 ff. StGB und §§ 144 ff. GewO einerseits und die Erhebung der Vergnügungsteuer andererseits nicht die gleichen Regelungsziele: „Das BremSpielhG und die BauNVO schränken die Errichtung und den Betrieb von Spielhallen ein. Die §§ 284 ff. StGB enthalten Regelungen zur strafrechtlichen Sanktionierung der unerlaubten Veranstaltung eines Glücksspiels und der Beteiligung am unerlaubten Glücksspiel. Die §§ 144 ff. GewO enthalten Regelungen zur ordnungsrechtlichen Sanktionierung von Verstößen gegen gewerberechtliche Vorschriften. Demgegenüber dient die Erhebung der Vergnügungsteuer der Erzielung von Steuereinnahmen."[369] Letztlich lässt das Gericht offen, ob ein additiver Grundrechtseingriff in Betracht zu ziehen wäre, wenn die Einnahmeerzielung bloßer Nebenzweck gegenüber einem Hauptzweck der Lenkung im Sinne der Verminderung des Bestands an Spielautomaten wäre.[370] Ungeachtet dessen verstärkten sich die Beschränkungen des BremSpielhG und die Steuersatzerhöhung nicht: „Die Beschränkungen des BremSpielhG, insbesondere die Regelungen in § 2 BremSpielhG, wonach eine Erlaubnis für die Ausübung eines Spielhallengewerbes zu versagen ist, wenn eine Spielhalle einen Mindestabstand von 250 Metern Luftlinie zu einer Spielhalle unterschreitet [...], bewirken eine Ausdünnung des Spielhallenbestands und damit eine Verknappung des Angebots. Für die verbleibenden Spielhallen erhöht dies deren Auslastung und verbessert die Möglichkeit zu [...] Umsatz- und Gewinnsteigerungen."[371]

Kürzlich hat sich das Oberverwaltungsgericht Lüneburg mit einem ähnlich gelagerten Fall befasst. Die Klägerin machte geltend, dass der mit den Satzungsregelungen betreffend die Spielgerätesteuer, dem Ersten Glücksspieländerungsstaatsvertrag und dem Niedersächsischen Glücksspielgesetz verbundene kumulative Eingriff in die Berufsfreiheit unverhältnismäßig

367 FG Hamburg, Urt. v. 27.8.2014 – 2 K 257/13 –, juris Rn. 55; FG Bremen, Urt. v. 20.2.2014 – 2 K 84/13 (1) –, juris Rn. 128.

368 VG Köln, Urt. v. 9.4.2014 – 24 K 5091/13 –, juris Rn. 112.

369 FG Bremen, Urt. v. 20.2.2014 – 2 K 84/13 (1) –, juris Rn. 129.

370 Ebd., Rn. 130.

371 Ebd. im Anschluss an OVG NRW, Beschluss v. 26.11.2013 – 14 A 2401/13 –, juris Rn. 22. Vgl. auch OVG Lüneburg, Urt. v. 5.12.2017 – 9 KN 208/16 –, juris Rn. 38.

und unzumutbar sei. Die Regelungen führten in ihrer Gesamtwirkung zu einer „quantitativen Berufszulassungsbeschränkung“ eines grundsätzlich erlaubten Berufs.[372] Das Oberverwaltungsgericht bestätigte zwar die Annahme der Klägerin, „dass verschiedene, für sich betrachtet geringfügige Eingriffe in grundrechtlich geschützte Bereiche in ihrer Gesamtwirkung zu einer schwerwiegenden Beeinträchtigung führen können, die das Maß der rechtsstaatlich hinnehmbaren Eingriffsintensität überschreitet.“ Die Regelungen der Vergnügungsteuersatzung hätten hier jedoch innerhalb der maßgeblichen rechtlichen Rahmenbedingungen unter Berücksichtigung der sich daraus ergebenden zusätzlichen Beschränkungen keine gegen Art. 12 Abs. 1 GG verstoßende erdrosselnde Wirkung entfaltet.[373] Dem ist im Ergebnis auch der Verwaltungsgerichtshof Baden-Württemberg gefolgt. In der Begründung stellte er allerdings schlicht auf den zwischenzeitlich ergangenen – sogleich zu besprechenden – Beschluss des Bundesverfassungsgerichts vom 7. März 2017[374] ab, in dem dieses die landesglücksspielrechtlichen Regelungen trotz des auch im Hinblick auf vergnügungssteuerrechtliche Belastungen geltend gemachten additiven Grundrechtseingriffs für mit Art. 12 Abs. 1 GG vereinbar angesehen habe. „Dasselbe muss gelten, wenn wie vorliegend die Primärbelastung aus der Vergnügungssteuer herrührt und weitere Belastungen den glücksspielrechtlichen Vorgaben entstammen.“[375]

b) Glücksspielrechtliche Vorschriften

Mit Fragen des Glücksspielrechts des Landes Berlin hat sich anfangs der Verfassungsgerichtshof des betreffenden Landes auseinandergesetzt. Gerügt wurde, dass der Gesetzgeber die Betreiber gewerblicher Spielhallen mit einer ganzen Reihe von Maßnahmen belastet habe, die sich in ihrer Gesamtheit als erhebliche wirtschaftliche Beeinträchtigung darstellten. Die Vielzahl der Belastungen führe dazu, dass man die Gesamtauswirkungen betrachten müsse. Maßnahmen, die, wie hier, insgesamt der gezielten Eindämmung eines Berufs dienten und „gerade in ihrer Kumulation zur Exis-

---

372 OVG Lüneburg, BeckRS 2016, 55439 Rn. 10.

373 Ebd., Rn. 35. Ähnlich jüngst OVG Lüneburg, Urt. v. 5.12.2017 – 9 KN 208/16 –, juris Rn. 37 ff. Bestätigt durch BVerwG, Beschluss v. 9.8.2018 – 9 BN 5/18 –, juris.

374 BVerfG, NVwZ 2017, 1111.

375 VGH Baden-Württemberg, Urt. v. 20.7.2017 – 2 S 1671/16 –, juris Rn. 45.

tenzgefährdung des Grundrechtsinhabers führen könnten, seien in ihrer Zielsetzung und ihrem Gewicht objektive Berufszulassungsschranken."[376] In der Sache hat sich der Gerichtshof damit aber nicht befasst. Er hielt die Verfassungsbeschwerde in diesem Punkt bereits für unzulässig, da die Frist – angesichts der Einführung eines neuen Streitstoffs in Gestalt des additiven Grundrechtseingriffs – nicht beachtet worden sei. „Im Übrigen bestehen auch erhebliche Zweifel an der Wahrung des Subsidiaritätsgrundsatzes, nachdem der Beschwerdeführer es unterlassen hat, seine diesbezüglichen Einwände im Bußgeldverfahren geltend zu machen."[377]

Weiter reichen die Ausführungen des Staatsgerichtshofs für das Land Baden-Württemberg. Eine Beschwerdeführerin sah sich durch das landesrechtlich geregelte Verbot von Verbundspielhallen – bei einer „additiven Betrachtung" des Eingriffs – in ihrer Berufswahlfreiheit verletzt.[378] Daher bezog das Gericht, ohne auf den Begriff des additiven Grundrechtseingriffs zu verweisen, weitere Beschränkungen des Tätigkeitsfeldes ein, darunter die Vorschriften zur glücksspielrechtlichen Erlaubnispflicht, zur Einhaltung von Mindestabständen und zu weiteren Betreiberpflichten. „In bestimmten Konstellationen könnten diese Einschränkungen in ihrer Gesamtwirkung derart schwerwiegend sein, dass für die Wahl dieses Berufes kein hinreichender Tätigkeitsbereich mehr besteht." Die Spielhallenbetreiber könnten dabei unter Umständen zu einer Berufsaufgabe gezwungen werden, so dass die Einschränkungen der Berufsausübungsfreiheit „einem Eingriff in die Berufswahlfreiheit nahe kommen könnten."[379]

Wenig später hat sich auch das Bundesverwaltungsgericht landesrechtlichen Einschränkungen für Spielhallen – hier des Landes Berlin – gewidmet. Dabei ist es, anders als noch im Jahr 2015[380], näher auf die Rechtsfigur des additiven Grundrechtseingriffs eingegangen. Allerdings griffen die entsprechenden Regelungen „bei der gebotenen Gesamtbetrachtung auch kumulativ nicht unverhältnismäßig in die Berufsfreiheit der Klägerin ein", da eine wirtschaftliche Erdrosselung nicht ersichtlich sei. Bloße Vermutun-

---

376 BerlVerfGH, Beschluss v. 20.6.2014 – 96/13 –, juris Rn. 33.

377 Ebd., Rn. 38.

378 StGH Baden-Württemberg, Urt. v. 17.06.2014 – 1 VB 15/13 –, juris Rn. 103.

379 Ebd., Rn. 324. Ähnlich geht das Gericht im Rahmen der Prüfung des Abstandsgebots nach § 42 Abs. 1 LGlüG Baden-Württemberg vor (ebd., Rn. 359 u. 370).

380 Mit Urteil vom 14.10.2015 erwähnt es zwar bereits den „so genannten additiven Grundrechtseingriff". Im Übrigen findet sich aber nur der Hinweis, dass die zahlreichen – vor allem gewerbe- und glücksspielrechtlichen – Beschränkungen die Möglichkeiten, eine höhere Abgabenbelastung betriebswirtschaftlich auszugleichen, begrenzten (BVerwG, NVwZ 2016, 529, 531).

gen reichten demgegenüber zur Annahme eines „durch Kumulation verschiedener Maßnahmen unverhältnismäßigen ‚additiven' Grundrechtseingriffs" nicht aus.[381] Dem hat sich vor kurzem das Oberverwaltungsgericht des Saarlandes angeschlossen.[382] Denn Anhaltspunkte dafür, dass die mit dem Abstandsgebot und dem Verbundverbot bezweckte Umverteilung der Spielhallenstandorte zu einer Zerschlagung des Spielhallenmarkts führen werde, seien – auch für das Saarland – nicht erkennbar.[383]

Inzwischen hat die Problematik auch das Bundesverfassungsgericht erreicht. Dabei ging es neben den Vorschriften des Landes Bayern erneut um die des Saarlandes und des Landes Berlin. Gerügt wurde, soweit hier relevant, dass die gesamten die Zulassung und den Betrieb von Spielhallen beschränkenden Vorschriften einen additiven Grundrechtseingriff darstellten, der einen wirtschaftlichen Spielhallenbetrieb – gerade in Kombination mit der veränderten Bemessung der Vergnügungsteuer und den strengen Regelungen der Spielverordnung – unmöglich mache.[384] Dem ist das Bundesverfassungsgericht nicht gefolgt, wobei die Begründung knapp ausfällt. Zwar hätten, so das Gericht, Verbundverbot und Abstandsgebote gerade im Zusammenwirken mit bauplanungsrechtlichen Beschränkungen eine deutliche Reduzierung der möglichen Spielhallenstandorte zur Folge. Eine „kumulative Belastung" entstehe namentlich durch die gleichzeitige Geltung von Gerätehöchstzahlen je Spielhalle, während sich weitere – im Einzelnen aufgeführte – Neuregelungen „zusätzlich belastend" auswirkten.[385] Auch lasse es „die Gesamtbelastung [...] möglich erscheinen, dass nicht nur in Einzelfällen Spielhallenbetreiber ihren Beruf aufgeben müssen, zumal die Zahl der attraktiven Standorte durch das Abstandsgebot stark beschränkt wird." Die Prognosen der Beschwerdeführer, ein wirtschaftlicher Betrieb von Spielhallen sei durch die Kumulation der verschiedenen belastenden Vorschriften nicht mehr möglich, würden allerdings, so das Bundesverfassungsgericht, nicht hinreichend substanziiert[386], sodass sich eine übermäßige Belastung der Betroffenen nicht feststellen lasse.[387]

---

381 BVerwG, NVwZ 2017, 791, 801.

382 Vgl. OVG Saarland, Urt. v. 5.7.2017 – 1 A 51/15 –, juris Rn. 242 ff. Ähnlich OVG Hamburg, Urt. v. 7.2.2018 – 4 Bf 217/17 –, juris Rn. 199.

383 OVG Saarland, Urt. v. 5.7.2017 – 1 A 51/15 –, juris Rn. 248.

384 BVerfG, BeckRS 2017, 106567 Rn. 35 u. 51 (auszugsweise abgedruckt in: NVwZ 2017, 1111 ff.).

385 Ebd., Rn. 156.

386 Ebd., Rn. 157.

387 Kritisch *H.-P. Schneider*, NVwZ 2017, 1073, 1076 f. Relativierend *Ruschemeier*, Der additive Grundrechtseingriff, 2019, S. 68 f.

c) Debatte im Schrifttum

Mit den verschiedenen Instrumenten zur Steuerung des Spielhallenangebots hat sich auch das Schrifttum befasst. *Guckelberger* etwa beleuchtet das Gewerberecht, das Steuerrecht[388] sowie – schwerpunktmäßig – das Baurecht[389]. Zu Fragen des Grundrechtsschutzes äußert sie sich aber nur am Rand. Anders verhält es sich bei *S. Koch*, die das „Zusammenwirken bundes-, landes- und kommunalrechtlicher Regelungen“ und die „daraus entstehende Belastungskumulation“ für Spielhallenbetreiber auf ihre Verhältnismäßigkeit hin untersucht.[390] Im Ergebnis hält sie bereits die Neuregelungen im Glücksspielstaatsvertrag und den entsprechenden Landesgesetzen für verfassungswidrig. Allein das Abstandsgebot und das Verbot von Mehrfachkonzessionen würden in ihrem Zusammenspiel dazu führen, dass mindestens 50 % der bestehenden Spielhallen schließen müssten. Eine verfassungswidrige Belastungskumulation ergebe sich umso mehr, wenn man die Regelungen für das gewerbliche Spiel im Bundesrecht und die kommunalen Vergnügungsteuersatzungen hinzunehme. Ein Grund dafür sei, dass die Betreiber kaum (mehr) die Möglichkeit hätten, höhere Einnahmen zu erwirtschaften, um Umsatzeinbußen aus verlängerten Sperrzeiten oder dem Abbau von Geldspielgeräten auszugleichen.[391]

4. Tabakregulierung

Vielfach werden im (jüngeren) Schrifttum[392] die Grenzen der Regulierung von Tabakerzeugnissen ausgelotet, wobei nicht selten ein Schwerpunkt auf ihrer zunehmenden Dichte bzw. sukzessiven Verschärfung und der sich daraus ergebenden Gesamtbelastung insbesondere der Hersteller von Tabakprodukten liegt. *W. Schroeder* weist zum Beispiel mit Blick auf die Novellierung der Tabakproduktrichtlinie[393] auf die bereits bestehende Regulierungsdichte im Unionsrecht hin. So habe der EU-Gesetzgeber bereits

---

388 Zu beidem *Guckelberger*, GewArch 2011, 177, 178 ff.

389 Ebd., S. 180; *dies.*, GewArch 2011, 231 ff.

390 *S. Koch*, ZfWG 2015, 325 ff., insbes. 327 ff.

391 Ebd., S. 328.

392 Zur wenig ergiebigen Rechtsprechung des Europäischen Gerichtshofs s. Dritter Teil III. – Exkurs – b).

393 Richtlinie 2014/40/EU des Europäischen Parlaments und des Rates v. 3.4.2014 zur Angleichung der Rechts- und Verwaltungsvorschriften der Mitgliedstaaten über die Herstellung, die Aufmachung und den Verkauf von Tabakerzeugnissen

durch die in früheren Richtlinien – gemeint sind die Richtlinie 89/622/EWG[394], die Richtlinie 2001/37/EG[395] sowie die Richtlinie 2003/33/EG[396] – enthaltenen Werbeverbote und Anforderungen an die Zusammensetzung, Bezeichnung und Etikettierung von Tabakerzeugnissen in die entsprechenden Grundrechte eingegriffen. Mit der weitergehenden Neufassung der Tabakproduktrichtlinie seien schließlich zusätzliche Eingriffe verbunden.[397] Da diese Maßnahmen während desselben Zeitraums gälten, vergleichbare Zwecke verfolgten und in die gleichen Grundrechte einer bestimmten Personengruppe eingriffen, läge ein additiver Grundrechtseingriff vor. Insofern verbiete sich eine isolierte Bewertung der einzelnen Eingriffe; vielmehr sei auf die Gesamtbelastung abzustellen.[398] *Jarass* weist in diesem Zusammenhang darauf hin, dass – auch wenn sich dieser Ansatz im Unionsrecht bislang nicht niedergeschlagen habe – in der Sache nicht zweifelhaft sein könne, dass dies auch für den Bereich der EU-Grundrechte zu gelten habe. „Andernfalls könnte ein Grundrechtsverpflichteter die Grundrechtsbindung durch zahlreiche kleine Maßnahmen, also im Wege einer Salamitaktik, unterlaufen."[399] Werde im vorliegenden Zusammenhang etwa das Verbot der Markenverpackungen mit dem Verbot der Produktpräsentation in Einzelhandelsverkaufseinrichtungen verbunden, werde das Markenrecht noch stärker beeinträchtigt. Ergehe zudem ein Verbot von Geruchs- und Geschmacksstoffen, behindere dies den

---

und verwandten Erzeugnissen und zur Aufhebung der Richtlinie 2001/37/EG (ABl. Nr. L 127, S. 1).

394 Richtlinie 89/622/EWG des Rates v. 13.11.1989 zur Angleichung der Rechts- und Verwaltungsvorschriften der Mitgliedstaaten über die Etikettierung von Tabakerzeugnissen (ABl. Nr. L 359, S. 1).

395 Richtlinie 2001/37/EG des Europäischen Parlaments und des Rates v. 5.6.2001 zur Angleichung der Rechts- und Verwaltungsvorschriften der Mitgliedstaaten über die Herstellung, die Aufmachung und den Verkauf von Tabakerzeugnissen (ABl. L 194, S. 26).

396 Richtlinie 2003/33/EG des Europäischen Parlaments und des Rates v. 26.5.2003 zur Angleichung der Rechts- und Verwaltungsvorschriften der Mitgliedstaaten über Werbung und Sponsoring zugunsten von Tabakerzeugnissen (ABl. Nr. L 152, S. 16).

397 *W. Schroeder*, Rechtsgutachten zur geplanten Neuregelung der Kennzeichnung und Verpackung von Zigaretten durch die EU, Mai 2013, insbes. S. 26 (abrufbar unter: https://www.zigarettenverband.de/wp-content/uploads/2019/06/Gutachten_Schroeder_2012.pdf: Stand: 31.12.2019).

398 Ebd.

399 *Jarass*, Neue Dimensionen der Tabakproduktregulierung und Grundrechte sowie Grundfreiheiten, 2012, S. 49.

Absatz noch mehr.[400] *Di Fabio* zufolge müssen insofern besondere Rechtfertigungsanforderungen gelten. Es bedürfe „einer empirisch unterfütterten Abwägung unter Zugrundelegung aller bislang im Entwurf [zur Novelle der Tabakproduktrichtlinie[401]] kenntlich gemachten und auch der bereits geltenden Anforderungen im Hinblick auf die Kernfrage, wie viel marktgerechte Betätigungsmöglichkeit und wie viel Substanz an einer Marke oder einem Vertriebsweg oder einer Verkaufsstelle auch eigentumsrechtlich noch verbleibt, wenn man die Gesamtbelastungen additiv in ihrer Summe gemessen am jeweiligen Schutzbereich berücksichtigt."[402] So könnten die bereits bestehenden Werbeverbote in Rundfunk, Zeitungen und Diensten der Informationsgesellschaft sowie des grenzüberschreitenden Sponsoringverbots in Verbindung mit den zusätzlichen Einschränkungen des Produkt- und Werberechts für Tabakerzeugnisse durch die jüngste Novelle der Tabakproduktrichtlinie insgesamt auf ein faktisches Markenverbot hinauslaufen.[403]

5. Landwirtschaft

Auch am Beispiel landwirtschaftlicher Betriebe[404] sind Belastungsmehrheiten diskutiert worden. Von Relevanz sind abermals Rechtsprechung wie Literatur.

---

400 Ebd., S. 49 u. 75 f.

401 Vorschlag für eine Richtlinie des Europäischen Parlaments und des Rates zur Angleichung der Rechts- und Verwaltungsvorschriften der Mitgliedstaaten über die Herstellung, die Aufmachung und den Verkauf von Tabakerzeugnissen und verwandten Erzeugnissen, KOM (2012) 788 final.

402 *Di Fabio/Pitschas/W. Schroeder*, Die Novellierung der europäischen Tabakproduktrichtlinie, 2014, S. 51.

403 *W. Schroeder*, Rechtsgutachten zur geplanten Neuregelung der Kennzeichnung und Verpackung von Zigaretten durch die EU, Mai 2013, S. 36 (abrufbar unter: https://www.zigarettenverband.de/wp-content/uploads/2019/06/Gutachten_Schroeder_2012.pdf: Stand: 31.12.2019).

404 Zu additiven Eingriffen speziell in das Waldeigentum s. jüngst *Kreuter-Kirchhof*, NVwZ 2019, 1791, 1795 ff. und *Ruschemeier*, Der additive Grundrechtseingriff, 2019, S. 40 f.

a) Zum Schrifttum

Sellmann stellt hier als Vertreter des Schrifttums die Frage, ob Einzelmaßnahmen – isoliert betrachtet – zwar verhältnismäßig sein könnten, in ihrer Bündelung aber nur dann als zumutbar angesehen werden könnten, wenn dem Betroffenen zugleich ein Ausgleichsanspruch gem. Art. 14 Abs. 1 S. 2 GG zugestanden werde. Seines Erachtens kumulieren etwa Eingriffe in das Grundeigentum durch naturschutzrechtliche Auflagen sowie durch wasser- und bodenschutzrechtliche Beschränkungen.[405] So möge zwar, so *Bronkars*, ein einzelnes Düngemittelverbot auf dem Grundbesitz eines Land- und Forstwirtes leicht zu rechtfertigen sein. Anders verhalte es sich, wenn das gleiche Grundstück weiteren Beschränkungen im Namen des Pflanzen-, Natur- und Wasserschutzes unterworfen werde.[406] Zu einer solchen Kumulation beitragen können, laut *Sellmann*, ferner Festsetzungen zugunsten des Denkmalschutzes. Ebenso könnten beispielsweise Teile eines Betriebes durch die Fauna-Flora-Habitat-Richtlinie betroffen sein (z.B. Grünlandflächen), andere durch die Vogelschutz-Richtlinie (wie z.B. Ackerflächen) und dadurch insgesamt der Betrieb in seiner Bewegungsfreiheit eingeschränkt werden. Schließlich sei es denkbar, dass eine Enteignung eines Grundstücks im Rahmen eines Planfeststellungsverfahrens für den Straßenbau erfolge, während gleichzeitig andere Grundstücke des Betroffenen in ein Natur- oder Wasserschutzgebiet einbezogen würden.[407]

Sellmann hält das Prinzip der Verhältnismäßigkeit für den geeigneten Prüfungsmaßstab zur Beurteilung von Mehrfachbelastungen. Insoweit sei die Gesamtbelastung der bereits bestehenden Freiheitsbeschränkungen zu bewerten und zusammen mit der neu hinzutretenden Nutzungsbeschränkung dem öffentlichen Nutzen gegenüberzustellen, der mit der neu hinzukommenden Maßnahme verbunden ist.[408] Wie *Smeddinck* aber konzentriert er eine solche Gesamtbetrachtung auf die Belastungsfaktoren, die

405 *Sellmann*, in: Hogenmüller u.a. (Hrsg.), Landwirtschaft im Spektrum der Umweltwissenschaften, 2002, S. 149 f.

406 *Bronkars*, Kumulative Eigentumseingriffe, 2007, S. 58.

407 *Sellmann*, in: Hogenmüller u.a. (Hrsg.), Landwirtschaft im Spektrum der Umweltwissenschaften, 2002, S. 149, 153. Insoweit liege allerdings keine beachtliche Mehrfachbelastung vor. Art. 14 Abs. 3 GG sehe – unabhängig von anderen Belastungen – stets eine Entschädigung vor, wodurch die belastende Wirkung bereits ausgeglichen werde. Sei ein solcher Ausgleich gewährt worden, verbleibe infolge der nun „abgemilderten" Enteignung keine Belastung mehr, die im Rahmen einer Eingriffsaddition zu berücksichtigen wäre (ebd., S. 157).

408 Ebd., S. 154 f.

nicht Teil der Lastengleichheit sind, also in gleicher Weise von allen Adressaten der Regelung getragen werden müssen. Die Grundbelastungen wie zum Beispiel §§ 5, 22 BImSchG seien nämlich in den jeweiligen Fachgesetzen in verfassungsmäßiger Weise entschädigungslos ausgestaltet. Würde man derartige Belastungen dennoch in die Abwägung einbeziehen, gewährte man dem Betroffenen einen Vorteil – gegebenenfalls in Form einer Entschädigung –, der der Allgemeinheit nicht zustehe.[409] Auch würde dadurch der Vollzug mit jeder neuen Aufgabe für die öffentliche Hand immer teurer.[410]

Neben der Pflicht zu einer Gesamtbetrachtung von Mehrfachbelastungen wird im Schrifttum untersucht, ob in diesem Kontext auch Subventionen zu berücksichtigen sind, die einen Anspruch auf Entschädigung nach Art. 14 Abs. 1 S. 2 GG ausschließen könnten. *Ehlers* zufolge darf dieser Gesichtspunkt nicht außer Betracht bleiben: „Wer laufend hohe Subventionen in Anspruch nimmt, unterliegt einer höheren Sozialpflichtigkeit als derjenige, der auf sich selbst angewiesen ist."[411] Auch *Sellmann* geht davon aus, dass im Hinblick auf begleitende begünstigende Maßnahmen die Wirkungen von Nutzungsbeschränkungen zugunsten der Umwelt nicht isoliert betrachtet werden dürften. Allerdings sei nicht jeder begünstigende Faktor einzubeziehen. Anzuknüpfen sei wiederum an das Prinzip der Lastengleichheit: Berücksichtigungsfähig seien danach nur diejenigen Subventionen, die dem betroffenen Eigentümer im Unterschied zu anderen zugesprochen würden und die ihn darüber hinaus bevorteilten.[412] Konkrete Anforderungen mit Blick auf die Kompensation kumulativer Eigentumseingriffe formuliert *Bronkars*. Danach müssten die kompensierenden Maßnahmen, wie auch die belastenden, denselben grundrechtlich geschützten Lebensbereich betreffen und dem Grundrechtsträger individualisierbar zufließen. Diese Voraussetzungen erfüllte beispielsweise eine staatliche Eigenheimzulage.[413]

---

409 Ebd., S. 156.
410 *Smeddinck*, Integrierte Gesetzesproduktion, 2006, S. 124.
411 *Ehlers*, VVDStRL 51 (1992), 211, 232.
412 *Sellmann*, in: Hogenmüller u.a. (Hrsg.), Landwirtschaft im Spektrum der Umweltwissenschaften, 2002, S. 149, 159 f.
413 *Bronkars*, Kumulative Eigentumseingriffe, 2007, S. 103.

b) Beispiel aus der Judikatur

Der Beschluss des Oberverwaltungsgerichts der Freien Hansestadt Bremen vom 29. August 1989[414] betrifft die Rechtmäßigkeit der Festsetzung eines Naturschutzgebietes im Gebiet der Stadtgemeinde Bremen. Die entsprechende Verordnung enthält zahlreiche Nutzungsverbote; danach ist es im Naturschutzgebiet unter anderem untersagt, Gülle und Jauche aufzubringen, zu bestimmten Zeiten zu mähen sowie Düngemittel aufzubringen. Die Antragsteller des Normenkontrollverfahrens waren Landwirte, denen nach ihrer Auffassung hierdurch übermäßige Beschränkungen einer ordnungsgemäßen landwirtschaftlichen Bodennutzung – die Flächen könnten dann nicht mehr sinnvoll zu landwirtschaftlichen Zwecken genutzt werden – ohne Entschädigungsregelung auferlegt werden. Das Oberverwaltungsgericht hingegen hielt die Verordnung über das Naturschutzgebiet für mit höherrangigem Recht, also insbesondere Art. 14 Abs. 1 GG, vereinbar. Dies gelte zunächst für die einzelnen Beschränkungen als solche.[415] Zwar belasteten die Nutzungseinschränkungen die Landwirte erheblich. Diese Einschränkungen seien jedoch einerseits unvermeidlich, wenn der Schutzzweck erreicht werden soll, andererseits hinnehmbar, weil sie durch Entschädigungen und Subventionen ausgeglichen würden, so dass eine (Rest-)Nutzung der Flächen weiterhin wirtschaftlich sinnvoll betrieben werden könne.[416] Es sei im Übrigen „nicht erkennbar, dass die getroffene Regelung in ihrer Gesamtheit zu einer unzumutbaren Belastung der Antragsteller führen könnte." Die Antragsteller hätten sich auf die bloße Behauptung beschränkt, sie seien „wirtschaftlich außerordentlich hart getroffen", ohne dies durch Zahlen zu belegen. Zwar sei eine betriebliche Beeinträchtigung offenkundig. Allerdings sei der finanzielle Ausgleich rechtlich gesichert und werde außerdem durch eine praktikable Pauschalregelung gewährleistet.[417]

6. Weitere Beispielsfälle

Vorgestellt werden sollen noch zwei Beispiele aus der Rechtsprechung, die ebenfalls die Eigentumsgarantie des Grundgesetzes betreffen. Der Bundes-

414 OVG Bremen, Beschluss v. 29.8.1989 – 1 N 2/88 –, juris.
415 Ebd., Rn. 69 ff.
416 Ebd., Rn. 81 u. 91.
417 Ebd., Rn. 95.

gerichtshof hat sich mit Urteil vom 10. November 1977[418] mit dem Anspruch eines Straßenanliegers – dem Betreiber eines Friseursalons – auf Enteignungsentschädigung wegen der Auswirkungen von Baumaßnahmen auf sein Geschäft befasst. Den Rückgang der Einkünfte führte der Kläger hauptsächlich darauf zurück, dass es nach Schließung des Parkplatzes in Höhe seines Geschäfts keine Parkmöglichkeit mehr gegeben habe, dass der Zugang zu der Straße, in der sein Betrieb ansässig sei, sowie der Verkehr auf eben dieser Straße während der gesamten Bauzeit durch große Baufahrzeuge blockiert gewesen sei und dass die Kundschaft sein Geschäft nunmehr nur auf einem Umweg habe erreichen können. Insoweit führte der Bundesgerichtshof aus: „Eine Beurteilung der gesamten Lage, in die die verschiedenen, teilweise gleichzeitig ablaufenden Maßnahmen der Beklagten den Gewerbebetrieb des Klägers gebracht haben, kann nicht daran vorübergehen, dass jede einzelne dieser Maßnahmen sich möglicherweise deshalb stärker als gewöhnlich ausgewirkt hat, weil die Situation des Betriebes durch eine der übrigen Maßnahmen oder diese in ihrer Gesamtheit bereits ‚vorbelastet' war."[419] Es sei „die Möglichkeit zu berücksichtigen, dass auf verschiedenen Ursachen beruhende Umsatz- und Einkommensminderungen, die jede für sich entschädigungslos hingenommen werden müssten, durch ihre Summierung das Maß dessen überschreiten, was dem Kläger entschädigungslos zugemutet werden kann." Auf die gegebenenfalls erwachsenen Nachteile anzurechnen seien aber, so heißt es schließlich, die Vorteile, die der Kläger durch die entsprechenden Maßnahmen der Beklagten womöglich erlangt habe.[420]

Die wirtschaftliche Betätigung von Verpächtern von Kleingärten betraf letztendlich der Beschluss des Bundesverfassungsgerichts vom 12. Juni 1979[421]. Dabei ging es um die Frage, ob das Regelungssystem des Kleingartenrechts, insbesondere mit Blick auf den Fall der Vertragsauflösung mit Art. 14 GG vereinbar ist. Nach dem damals geltenden Kleingartenrecht waren Pachtverträge grundsätzlich unkündbar; sie konnten nur aus – engen – enumerativ festgelegten Gründen und nur mit behördlicher Genehmigung aufgelöst werden. Im Falle der Kündigung hatte der Verpächter grundsätzlich Entschädigung zu leisten und gegebenenfalls Ersatzland zur Verfügung zu stellen. Dessen ungeachtet sah die Kleingartenordnung die behördliche Festsetzung des Pachtzinses sowie die Verlängerung zeitlich

418 BGH, NJW 1978, 373.
419 Ebd., S. 376.
420 Ebd.
421 BVerfGE 52, 1.

befristeter Verträge auf unbestimmte Zeit vor.[422] In eben dieser Kombination der Regelungselemente erblickte das Bundesverfassungsgericht eine übermäßige, mit der verfassungsrechtlichen Garantie des Eigentums nicht zu vereinbarende Belastung des privaten Verpächters. Der abgeschlossene Pachtvertrag genieße danach nämlich einen nahezu unbegrenzten Bestandsschutz, sodass dem privaten Verpächter eines kleingärtnerisch genutzten Grundstücks kaum die Chance verbleibe, wieder einmal über sein Eigentum frei zu verfügen. Eine solche Beschränkung berühre die Substanz des grundrechtlich garantierten Eigentums.[423] Weiter heißt es: „Die Begrenzung der Kündigungsmöglichkeit fällt um so schwerer ins Gewicht, als die Interessen des Verpächters im Rahmen des laufenden Kleingartenpachtverhältnisses eine unzureichende Berücksichtigung finden. Die Pachtpreisregelung verschärft die Bindung des Eigentümers."[424]

VI. Sozialrecht

Auch das Sozialrecht ist geprägt durch ein Geflecht gesetzgeberischen Handelns. Besonders deutlich wird dies, nimmt man die jüngere Rechtsentwicklung, im Renten- und Gesundheitswesen.

1. Arbeitsförderungsrecht

Zuerst ist aber auf eine Entscheidung im Arbeitsförderungsrecht einzugehen. Der Beschluss des Bundesverfassungsgerichts vom 10. November 1998[425] betrifft § 128a AFG a.F.[426], wonach der Arbeitgeber der Bundesanstalt für Arbeit (heute: Bundesagentur für Arbeit) das gesamte Arbeitslo-

---

422 Dazu näher ebd., S. 18 ff.

423 Ebd., S. 30 f.

424 Ebd., S. 32.

425 BVerfG, NJW 1999, 935.

426 § 128a AFG trat mit Ablauf des 31.12.1997 außer Kraft. An seine Stelle ist § 148 SGB III getreten, der im Wesentlichen der Vorgängerregelung entsprach. Diese Norm wurde indes durch das Dritte Gesetz für moderne Dienstleistungen am Arbeitsmarkt v. 23.12.2003 (BGBl. I, S. 2848) ersatzlos aufgehoben, nachdem der Gesetzgeber in Reaktion auf den Beschluss des Bundesverfassungsgerichts die summenmäßige Belastung in Bezug auf das zu erstattende Arbeitslosengeld von 100 % auf 30 % reduziert hatte (Einmalzahlungs-Neuregelungsgesetz v. 21.12.2000, BGBl. I, S. 1971).

sengeld einschließlich der darauf entfallenden Sozialabgaben zu erstatten hatte, wenn mit dem ausgeschiedenen Arbeitnehmer ein nachvertragliches Wettbewerbsverbot (§§ 74 ff. HGB)[427] vereinbart worden war. Das Gericht hat die Regelung vorrangig an Art. 12 Abs. 1 GG gemessen. Die Regelung sei zwar im Hinblick auf das Ziel, die Arbeitgeber an den sozialen Folgekosten zu beteiligen, wenn sie frühere Mitarbeiter durch Wettbewerbsverbote in ihrer beruflichen Tätigkeit beschränken, geeignet und erforderlich, nicht aber verhältnismäßig im engeren Sinne. Dabei weitet das Bundesverfassungsgericht die Perspektive und bezieht auch weitere, die Arbeitgeber belastende gesetzgeberische Maßnahmen ein. Erfasst wird zunächst die bis zum Ende des Beschäftigungsverhältnisses bestehende Pflicht des Arbeitgebers, die Beiträge zur gesetzlichen Arbeitslosenversicherung zur Hälfte zu tragen (§ 346 Abs. 1 S. 1 SGB III): „Der Versicherungsschutz der Arbeitnehmer beruht auch auf den Beiträgen der Arbeitgeber. Es verbietet sich deshalb, die Arbeitgeber zusätzlich in voller Höhe zur Refinanzierung der Versicherungsleistungen heranzuziehen.“[428] Außerdem führe die gem. § 128a AFG a.F. bestehende Erstattungspflicht „auch in ihrem Zusammenwirken mit den Vorschriften des HGB (§§ 74 Abs. 2, 74c Abs. 1 HGB)“, die eine Entschädigungspflicht des Arbeitgebers vorsähen, zu einem übermäßigen Eingriff. Die Zugehörigkeit der Vorschriften zu verschiedenen Rechtsgebieten rechtfertige es nicht, die jeweils durch das Sozialrecht und das Arbeitsrecht ausgelöste Beschwer des Arbeitgebers isoliert zu betrachten. „Beide Regelungen knüpfen an die Wettbewerbsabrede an und stehen durch die Anrechnungsvorschrift des § 128a Abs. 1 S. 3 AFG auch in rechtlichem Zusammenhang.“[429] Die Gesamtbelastung des Arbeitgebers addiere sich durch das Zusammenwirken der Regelungen auf bis zu 138 %[430] der letzten vertragsgemäßen Vergütung. Damit werde die in § 74c Abs. 1

---

427 Als solches gelten die bei Arbeitnehmern verbreiteten Klauseln, nach denen der Angestellte innerhalb eines Zeitraums von bis zu zwei Jahren nach seinem Ausscheiden – gegen eine Entschädigung gem. § 74 Abs. 2 HGB – nicht für ein Wettbewerbsunternehmen tätig werden darf (*Diller/M. Dannecker*, NJW 1999, 897).

428 BVerfG, NJW 1999, 935, 937.

429 Ebd.

430 Das zu erstattende Arbeitslosengeld beträgt gem. § 129 SGB III a.F. (heute: § 149 SGB III) 60 % des letzten Netto-Entgelts. Die Karenzentschädigung beläuft sich auf mindestens 50 % der letzten Bezüge des Arbeitnehmers. Hinzu kämen etwa 28 % für die Erstattung der Sozialversicherungsbeiträge (Renten- und Krankenversicherung). Daraus ergab sich eine mögliche Gesamtbelastung von bis zu 138 % der letzten vertragsmäßigen Vergütung des Arbeitnehmers. Die Anrechnungsvorschrift des § 74c Abs. 1 HGB, die eine Belastungsobergrenze von 110 %

HGB statuierte Belastungsgrenze durch das Arbeitsförderungsrecht deutlich überschritten.

2. Gesundheitssystem

Im Folgenden geht es um das Gesundheitswesen. Beleuchtet werden – anhand von Rechtsprechung und Schrifttum – dessen einzelne Akteure und die Bindungen, denen diese unterliegen.

a) (Vertrags-)Ärzte

aa) Fälle aus der Judikatur

Der Beschluss des Bundesverfassungsgerichts vom 17. August 2004[431] betrifft die Frage des Rechtsschutzes für niedergelassene Vertragsärzte, also solche, die im Rahmen der gesetzlichen Krankenversicherung zur Behandlung von sozialversicherten Patienten zugelassen sind. Der Beschwerdeführer, ein niedergelassener Facharzt für Radiologie, hatte sich letztlich erfolglos vor den Sozialgerichten dagegen gewandt, dass fünf Krankenhausärzten eine vertragsärztliche Ermächtigung erteilt worden war. Die Sozialgerichte hielten ihn bereits für nicht klagebefugt: Die maßgeblichen Vorschriften des § 116 SGB V und des § 31a Zulassungsverordnung für Vertragsärzte schützten allein das Interesse der Versicherten an einer möglichst leistungsfähigen und lückenlosen ambulanten vertragsärztlichen Versorgung. Schutz vor Konkurrenz bzw. wirtschaftlichen Gefährdungen böten sie hingegen nicht.[432] Das Bundesverfassungsgericht gab der hiergegen erhobenen Verfassungsbeschwerde statt. Dem in den genannten Regelungen gesetzlich angeordneten Vorrang der niedergelassenen Vertragsärzte komme vor dem Hintergrund vielfältiger Einschränkungen des Grundrechts des Vertragsarztes aus Art. 12 Abs. 1 GG – namentlich in Gestalt restriktiver Bedarfsplanung und limitierter Gesamtvergütungen – auch dritt-

---

statuiert (dazu: *von Hoyningen-Huene*, in: Schmidt (Hrsg.), Münchener Kommentar zum HGB, 4. Aufl. 2016, § 74c Rn. 18 ff.), greift bezüglich der erstattungspflichtigen Sozialleistungen nicht, da diese dem Arbeitnehmer nicht zufließen (so BVerfG, NJW 1999, 935, 937).

431 BVerfG, NJW 2005, 273.

432 BSG, NZS 2000, 518, 519 f.

schützende Wirkung in dem Sinne zu, dass diese Ärzte befugt seien, Krankenhausärzte begünstigende Ermächtigungsentscheidungen gerichtlich anzufechten.[433] Im Einzelnen führt es aus: „Die Zulassungsbeschränkungen und die Deckelung der Gesamtvergütung haben das System des Vertragsarztrechts spätestens seit dem In-Kraft-Treten des Gesundheitsstrukturgesetzes [...] am 1. Januar 1993 verändert. Für die Leistungserbringer hat sich das Spektrum an Dienst- und Sachleistungen verengt, das mit den Krankenkassen abgerechnet werden kann. Die Vergütungen der Vertragsärzte sind gekürzt und die Zuwächse bei den Vergütungen an die beitragspflichtigen Einnahmen gekoppelt worden (§ 85 SGB V). Die Vertragsärzte werden Wirtschaftlichkeits- und Plausibilitätskontrollen unterzogen (§§ 106, 106a SGB V). Vor allem aber wird der Zustrom der Leistungserbringer durch Mechanismen der Bedarfsplanung gelenkt. Nachdem lange Zeit ein ungehinderter Zugang zur vertragsärztlichen Versorgung bestanden hatte, wurden seit 1986 sukzessive regional wirksame Zulassungssperren eingeführt [...]. Flankiert werden diese Maßnahmen der Verminderung der Zahl der Leistungserbringer im System durch die Einführung von Altersgrenzen für Vertragsärzte."[434]

Näher mit der Limitierung der Gesamtvergütung hat sich das Bundessozialgericht im Jahr 2004 befasst. Dies gilt im Besonderen für die vom Kläger beanstandeten Begrenzungsregelungen des einschlägigen Honorarverteilungsmaßstabs. Explizit untersuchte das Gericht auch die Wechselwirkungen dieser: Zwar könnten sich die verschiedenen Begrenzungen auch „wechselseitig verstärken". Dies treffe aber für den Kläger nicht zu.[435] Im Übrigen verstießen Begrenzungen der Vergütung der an dem Versorgungssystem der gesetzlichen Krankenversicherung beteiligten Ärzte grundsätzlich nicht gegen Art. 12 Abs. 1 GG. „Die Leistungserbringer müssen hinnehmen, in ein relativ dichtes Geflecht von gesetzlichen und untergesetzlichen Regelungen hinsichtlich der Art und Weise ihrer Leistungserbringung und ihrer Vergütung eingebunden zu sein, damit landesweit eine flächendeckende Versorgung auf qualitativ hohem Niveau für alle Versicherten vorgehalten werden kann, ohne dass die Beiträge der Versicherten und der Arbeitgeber unzumutbar ansteigen." Nicht zuletzt profitierten die Leistungserbringer innerhalb der vertragsärztlichen Versorgung auch von den Vorteilen des öffentlich-rechtlichen Systems des Vertragsarztrechts, insbesondere schütze es sie davor, ihre erbrachten Leistungen nicht, nicht

433 BVerfG, NJW 2005, 273.
434 Ebd., S. 274.
435 BSG, NJOZ 2005, 2476, 2496.

vollständig oder nicht in angemessener Zeit honoriert zu bekommen, was ihnen ein hohes Maß an Planungssicherheit biete.[436]

bb) Diskussion im Schrifttum

Die Debatte im Schrifttum verläuft weitgehend in denselben Bahnen. So nimmt sich *Hufen* ebenso des Vertragsarztes an: Seines Erachtens mag zwar die Einführung eines bestimmten Patientenblattes oder die Pflicht zur Einführung einer bestimmten Datei in der Praxis allenfalls eine sehr marginale Berufsausübungsregelung darstellen. Würden solche Maßnahmen aber eingebettet in diverse weitere gesetzliche Maßnahmen, wie etwa die Einführung einer Altersgrenze und einer absoluten Zulassungssperre, sehe das Ganze doch anders aus. Diese Einzeleingriffe erreichten „sicherlich irgendwo die Dimension der Berufswahlregelung, und zwar einer unverhältnismäßigen […], wenn sie kumulieren und zum Beispiel die wirtschaftliche Existenzgrundlage einer ganzen Arztgruppe ruinieren.“[437]

Tiefer greifend analysiert *G. Kirchhof* die kumulierenden Lasten der Ärzte und der Patienten. Hinsichtlich Ersterer weist er auf zahlreiche staatliche Verwaltungslasten hin, die jeweils kleinere Tätigkeiten verlangten und insofern bei isolierter Betrachtung verfassungsrechtlich regelmäßig nicht zu beanstanden seien. In ihrer Summe aber wirkten sie schwer. Ein Arzt etwa im Bereich der inneren Medizin verwende für staatliche Verwaltungslasten, darunter die Dokumentation der Behandlung, die Aufklärung des Patienten sowie die Erteilung von Bescheinigungen und Auskünften, über 25 % seiner Arbeitszeit; jede vierte Stunde könne er nicht heilen oder forschen. Durch die kumulative Belastung, die Bürokratisierung der Arzt-Patienten-Beziehung, könne letztlich auch Art. 2 Abs. 2 S. 1 GG unzumutbar beeinträchtigt werden.[438] Seitens des Patienten bestünden die Obliegenheiten, die Aufklärung über den Eingriff zu dulden und die Einwilligung zu erteilen, wodurch jeweils Art. 2 Abs. 1 GG betroffen sei. Zudem nehme der Patient den ärztlichen Heileingriff hin (Art. 2 Abs. 2 S. 1 GG) und dulde insbesondere bei Forschungseingriffen die Publikation der Ergebnisse

---

436 Ebd., S. 2520.

437 *F. Hufen*, VVDStRL 57 (1998), 131, 132 (Diskussionsbeitrag). *Kreuter-Kirchhof*, NVwZ 2019, 1791: „Einzelne Auflagen mögen die Berufsausübung betreffen. Machen sie insgesamt die Berufstätigkeit unmöglich, betreffen sie die Berufswahl.“.

438 *G. Kirchhof*, in: Dujmovits u.a. (Hrsg.), Recht und Medizin – 46. Assistententagung Öffentliches Recht, 2006, S. 95, 113 f.

(Art. 2 Abs. 1 GG i.V.m. Art. 1 Abs. 1 GG). Verschiedene Grundrechte der Patienten würden dadurch beeinträchtigt, die Gesamtbelastung jedoch bisher kaum erörtert.[439]

Auch *Kluth* zufolge müssen die den Ärzten zusätzlich aufgebürdeten Überwachungsmaßnahmen vor dem Hintergrund der Berufsausübungsfreiheit kritischer beurteilt werden. So übernähmen die Ärzte durch die umfassenden Dokumentationspflichten eine Controllingfunktion der gesetzlichen Krankenversicherung, deren kostenlose Abwälzung nicht unproblematisch sei. Zwar könne ein Verfassungsverstoß in Bezug auf einzelne Regelungen nicht ausgemacht werden, wohl aber in der inzwischen erheblichen Kumulation von Einzelrisiken und -belastungen, die im Laufe der zahlreichen Reformen auf die Ärzte abgewälzt worden seien.[440] *Reimer* schließlich weist – daneben – auf Regelungen zur Qualitätssicherung insbesondere im Gesundheitswesen hin. Diese würden vor allem deshalb als so belastend empfunden, „weil sie kompensationslos zu bestehenden Pflichten hinzukommen und sich auch untereinander summieren, ein Netz von subtilsten Berufsausübungsregelungen bilden.“[441]

b) Apotheker und pharmazeutische Unternehmen

Der Beschluss des Bundesverfassungsgerichts vom 13. September 2005[442] hat die Überprüfung des Beitragssicherungsgesetzes zum Gegenstand. Zu klären war insbesondere, ob die darin enthaltenen Rabattvorschriften, Preissenkungen und Nullrunden für Apotheker, pharmazeutische Großhändler und pharmazeutische Unternehmen mit Art. 12 Abs. 1 GG vereinbar sind. Für sich allein betrachtet seien diese Regelungen, so die Antragstellerinnen, zwar durch eine vernünftige Erwägung des Gemeinwohls gerechtfertigt und schränkten die Berufsausübungsfreiheit nicht übermäßig ein. Bezüglich der Apotheken aber wird geltend gemacht, dass die Verpflichtungen die Gesamtbelastung der Apotheker in der Gesamtschau mit schon bestehenden Verpflichtungen zur Kostendämpfung in ein unverhältnismäßiges Ausmaß gesteigert hätten. Aus der Addition ergebe sich eine neue Qualität der Freiheitsbeschränkung. So seien seit 1989 die Anteile der Apotheker an den Arzneimittelausgaben der Krankenkassen durch

---

439 Ebd., S. 113.
440 *Kluth*, MedR 2005, 65, 70.
441 *Reimer*, Qualitätssicherung, 2010, S. 274.
442 BVerfGE 114, 196.

wiederholte Eingriffe des Gesetzgebers immer wieder deutlich abgesenkt worden. Die Apotheker würden überdies nicht nur durch den selbst zu gewährenden Rabatt und die Verpflichtung zur Abwicklung des Großhändlerrabatts belastet, sie hätten außerdem die Überwälzung der Hersteller- und Großhändlerrabatte zu befürchten.[443] Das Bundesverfassungsgericht griff den Gedanken auf, bestätigte aber die Annahme, es handele sich insgesamt um eine „'additive' Grundrechtsbeeinträchtigung", nicht.[444] „[...] Die Ausführungen der Antragstellerinnen zum ‚additiven' Grundrechtseingriff bei den Apothekern [sind] überwiegend nicht näher belegte Vermutungen." Im Übrigen machten sie nicht hinreichend deutlich, inwieweit die gesetzlichen Regelungen der sog. Hersteller- und Großhändlerrabatte die Apotheken unmittelbar in ihrem Grundrecht aus Art. 12 GG beträfen.[445]

Was das Schrifttum betrifft, stehen Arzneimittel-Zwangsrabatte im Fokus.[446] *Butzer/Soffner* untersuchen zum Beispiel, ob die Ausweitung eben dieser auf die privaten Krankenkassen die Berufsfreiheit der pharmazeutischen Hersteller verletzt. Insoweit berücksichtigen sie auch weitere Belastungen im Zusammenhang mit dem Herstellerabgabepreis: Zunächst intensiviere § 1 AMRabG eine die Hersteller ohnehin schon belastende gesetzgeberische Maßnahme (§ 130a SGB V). Diese sei ferner durch eine (befristete) Anhebung des Zwangsrabatts auf 16 % signifikant verschärft worden (§ 130a Abs. 1a SGB V). Durch das Preismoratorium (§ 130a Abs. 3a SGB V) werde zudem ein zeitnaher Ausgleich der konkret entgangenen Gewinne verhindert.[447] Es trete die Regelung in § 130b SGB V hinzu, die ein neues, auf bestimmte Arzneimittel bezogenes Verhandlungsregime über den Herstellerabgabepreis vorsehe.[448] Dennoch sei die Zumutbarkeit

---

443 Ebd., S. 215.

444 Ebd., S. 242.

445 Ebd., S. 247.

446 Dazu umfassend: *Heu*, Kulminierende Grundrechtseingriffe, 2018, insbes. S. 89 ff. u. – mit Blick auf die Gesamtlast – S. 277 ff. Daneben zählt er eine Vielzahl weiterer Eingriffe in die Grundrechte der Unternehmen der pharmazeutischen Industrie auf, darunter das Zulassungsverfahren zur Erlangung der Verkehrsfähigkeit für Arzneimittel (§ 21 AMG), die Apotheken- bzw. Verschreibungspflichtigkeit von Arzneimitteln (§§ 43, 48 AMG), Kennzeichnungs- und Informationspflichten (§§ 10, 11, 11a AMG) sowie die Gefährdungshaftung der Hersteller (§ 84 AMG) (ebd., S. 190).

447 *Butzer/Soffner*, NZS 2011, 841, 845. Inzwischen wurde dieses bis zum 31.12.2022 verlängert (Art. 1 des Gesetzes zur Stärkung der Arzneimittelversorgung in der GKV v. 4.5.2017, BGBl. I, S. 1050).

448 *Butzer/Soffner*, NZS 2011, 841, 847.

des Eingriffs immer noch zu bejahen.[449] Großflächige Verlustgeschäfte ohne jede Rendite drohten nicht. Schließlich milderten diverse Regelungen die Gesamteingriffstiefe. So reagiere etwa § 130a Abs. 4 SGB V auf mögliche Härtefälle, indem er pharmazeutischen Herstellern, die sich durch die Rabatte zur Aufgabe ihres Geschäftes gezwungen sehen, das Recht gebe, eine Aussetzung oder Herabsetzung der Rabattierungspflichten zu verlangen.[450]

c) Krankenhäuser

Ein Aspekt der Gesundheitsreform des Jahres 2007[451] stand mit Urteil des Bundessozialgerichts vom 29. April 2010[452] auf dem Prüfstand: die Kürzung von Krankenhausvergütungen um den sog. Krankenhaus-Sanierungsbeitrag von 0,5 % gem. § 8 Abs. 9 S. 1 Hs. 1 KHEntgG a.F.[453]. Hierin erblickte die Klägerin, die ein Krankenhaus zur Versorgung von Versicherten der gesetzlichen Krankenversicherung betreibt, unter anderem einen Eingriff in ihre durch Art. 14 GG geschützte Rechtsposition, der in der Gesamtschau mit weiteren Belastungen des Krankenhaussektors das Maß des verfassungsrechtlich Hinnehmbaren überschreite. Das Bundessozialgericht hat den Rechnungsabschlag in erster Linie an Art. 12 Abs. 1 GG gemessen. Insofern liege ein Eingriff in die Freiheit, das Entgelt für berufliche Leistungen selbst festzusetzen oder mit den Interessenten auszuhandeln, vor. Für sich genommen sei dieser aber im Hinblick auf das hiermit verfolgte Ziel der Sicherung der finanziellen Stabilität der gesetzlichen Krankenversicherung gerechtfertigt.[454] Auch begründeten die Rechtsänderungen durch das GKV-Wettbewerbsstärkungsgesetz (GKV-WSG) „keinen mit der

---

449 Skeptisch mit Blick auf die jüngsten Änderungen des Sozialgesetzbuchs: *Gassner*, Verfassungsrechtliche Grenzen der Fortführung des Preismoratoriums für Arzneimittel, Kurzgutachten, 2014, S. 16 ff. (abrufbar unter: https://www.bundestag.de/blob/195298/c0a35c7d026fbacc642fa84f106d20da/18_14_0009_5__bundesverband_der_ arzneimittel-hersteller_e__v___bah_-data.pdf, Stand: 31.12.2019).

450 Ebd.

451 Umfassend dazu: *Richter*, DStR 2007, 810 ff.

452 BSG, BeckRS 2010, 72553. Weitgehend inhaltsgleich: BSG, BeckRS 2010, 72747; BSG, BeckRS 2010, 72707; BSG, BeckRS 2010, 71062; BSG, BeckRS 2010, 70932; BSG, BeckRS 2010, 70890; BSG, BeckRS 2010, 70879.

453 Aufgehoben durch das Krankenhausfinanzierungsreformgesetz v. 17.3.2009 (BGBl. I, S. 534).

454 BSG, BeckRS 2010, 72553 Rn. 16 ff.

Berufsfreiheit der Klägerin unvereinbaren ‚additiven' Grundrechtseingriff."[455] So ergäben die Ausführungen der Klägerin keine hinreichenden Anhaltspunkte dafür, dass der Rechnungsabschlag zusammen mit der Absenkung der Mindererlösquote der Krankenhäuser von bisher 40 % auf 20 % (§ 4 Abs. 9 KHEntgG a.F.) sowie der Streichung der Rückzahlungspflicht der Krankenkassen für nicht verwendete Mittel der Anschubfinanzierung für die integrierte Versorgung (§ 140d Abs. 1 S. 5 SGB V i.d.F. des GKV-WSG) in ihrem kumulativen Zusammenwirken den Krankenhausbetrieb der Klägerin in ihrer Funktionsfähigkeit ernsthaft bedroht hätten. Außerdem nimmt das Gericht eine „Gesamtschau von belastenden und entlastenden Maßnahmen bei Krankenhäusern, Versicherten und anderen Leistungserbringern" vor.[456] Es verweist insoweit darauf, dass der Gesetzgeber mit der Entgeltkürzung zusätzlich in einen ohnehin – bereits im Vorfeld der Gesundheitsreform 2007 – vielfach rechtlich gebundenen (vgl. §§ 3 bis 6 KHEntgG) Preisfindungsprozess eingegriffen habe, der seinem Ansatz nach an sich grundsätzlich auf Vergütungsabsprachen im Vereinbarungswege ausgerichtet sei. Zu bedenken sei allerdings, dass der Krankenhaussektor durch die Regelungen des GKV-WSG nicht nur belastet worden sei. Der Gesetzgeber habe vielmehr den Zugang von Krankenhäusern zur ambulanten Versorgung weiter geöffnet.[457]

d) Private Krankenversicherung

Das Urteil des Bundesverfassungsgerichts vom 10. Juni 2009[458] betrifft ebenso die Gesundheitsreform des Jahres 2007. Die Beschwerdeführer rügten vornehmlich eine Verletzung ihrer Berufsfreiheit: „Wenn nicht bereits die Einzelregelungen, so würden die Normen des GKV-Wettbewerbsstärkungsgesetzes in ihrer Gesamtheit ihre Grundrechte verletzen. Durch die Ausgestaltung des Basistarifs und des Standardtarifs verhindere der Gesetzgeber eine risikoorientierte Kalkulation zugunsten der Einführung sozialer Elemente in die Prämiengestaltung mit der Folge, dass die Prämien ab einem gewissen Alter die Krankheitskosten der jeweiligen Alterskohorten nicht mehr decken würden. [...] Gleichzeitig bürde er den privaten Krankenversicherungsunternehmen zusätzliche finanzielle Belastungen durch

455 Ebd., Rn. 26.
456 Ebd., Rn. 23.
457 Ebd., Rn. 24.
458 BVerfG, BeckRS 2009, 34594 (auszugsweise abgedruckt in: NJW 2009, 2033 ff.).

das Kündigungsverbot und die Verpflichtung zur Notversorgung auf. Weiter hinzu kämen erhebliche finanzielle Belastungen durch die Einführung der Portabilität der Alterungsrückstellungen. [...] In der Summe der Maßnahmen berge das GKV-Wettbewerbsstärkungsgesetz ein Potential, das Geschäftsmodell der privaten Krankenversicherung zu zerstören. Hierin liege ein unzulässiger ‚additiver' Grundrechtseingriff."[459]

Dieser Argumentation schloss sich das Bundesverfassungsgericht im Ergebnis nicht an.[460] Zwar sei es – in Anknüpfung an die vorhergehende Rechtsprechung – grundsätzlich „möglich, dass verschiedene einzelne, für sich betrachtet geringfügige Eingriffe in grundrechtlich geschützte Bereiche in ihrer Gesamtwirkung zu einer schwerwiegenden Beeinträchtigung führen, die das Maß der rechtsstaatlich hinnehmbaren Eingriffsintensität überschreitet."[461] Eine derartige Wirkung der gesetzlichen Neuregelungen lasse sich indes nicht feststellen; auch in ihrem kumulativen Zusammenwirken bedrohten sie das Geschäftsmodell der privaten Krankenversicherungsunternehmen aktuell nicht ernsthaft. „Den Gesetzgeber trifft jedoch eine Beobachtungspflicht. Denn die Vorschriften über den Basistarif, die Portabilität und die erweiterte Versicherungspflicht in der gesetzlichen Krankenversicherung könnten zu Prämiensteigerungen für Versicherte in den Normaltarifen und dadurch zu erheblichen Wechselbewegungen in den Basistarif mit seinen begrenzten Prämien führen. [...] Dies könnte letztlich eine Auszehrung des eigentlichen Hauptgeschäfts der privaten Krankenversicherungen bewirken, sodass die gesetzlichen Regelungen einer erneuten Prüfung bedürften."[462]

e) Zwischenergebnis

Insgesamt zeigt sich, dass zahlreiche Akteure des Gesundheitswesens in ein dichtes Geflecht von Regelungen eingebunden sind. Dementsprechend wird auch die hiermit verbundene Gesamtlast von Rechtsprechung und Schrifttum berücksichtigt.

---

459 BVerfG, BeckRS 2009, 34594 Rn. 83.
460 Dem folgend *Wiemer*, Der Basistarif in der privaten Krankenversicherung, 2018, S. 475 f. m.w.N. zur Gegenansicht.
461 BVerfG, BeckRS 2009, 34594 Rn. 239.
462 Ebd., Rn. 241.

3. Rentenrecht

In letzter Zeit häufen sich Fälle, die Einschnitte in das Rentenniveau betreffen. Dabei ging es zunächst um einzelne gesetzgeberische Maßnahmen. Wenig später bereits erkannten die Gerichte die Notwendigkeit, diese insgesamt zu betrachten. Im Folgenden soll diese Entwicklung in der gebotenen Kürze nachgezeichnet werden, bevor auf das Schrifttum eingegangen wird.

a) Bundessozialgericht

Zunächst hat sich das Bundessozialgericht allenfalls am Rande zu den Wechselwirkungen der Einschränkungen geäußert. Im Jahr 2007 stufte das mit der Aussetzung der Rentenanpassung[463] des Jahres 2004 befasste Gericht – konkret: der 13. Senat – den Hinweis des Revisionsführers auf zukünftig weiterwirkende Belastungen[464] als (noch) irrelevant ein.[465] Zwar erkennt das Gericht die Problematik der ebenfalls im Jahr 2004 eingeführten Belastung der Rentner mit dem vollen Beitrag zur Pflegeversicherung, ohne aber darauf einzugehen, ob insoweit ein Belastungszusammenhang besteht. Deutlicher fällt das Urteil des Zwölften Senats vom 18. Juli 2007[466] aus: Geklagt hatte eine Rentnerin, deren Krankenversicherungsbeitrag ab Juli 2005 wegen § 241a SGB V a.F.[467] von 44,22 € auf 47,12 € an-

---

463 In aller Regel wird offen gelassen, ob und inwieweit die lohn- und gehaltsorientierte Rentenanpassung unter Art. 14 Abs. 1 GG fällt (BVerfG, BeckRS 2014, 54145 Rn. 64 ff.; BSG, BeckRS 2007, 44201 Rn. 15 ff.; vgl. aber BSG, NJW 2003, 1474, 1476 f.). Grundsätzlich erkennt die Rechtsprechung einen Eigentumsschutz für subjektiv-öffentliche Rechte, hier in Gestalt rentenrechtlicher Positionen, aber an (jüngst BVerfG, Beschluss v. 23.5.2018 – 1 BvR 97/14 –, juris Rn. 72). Voraussetzung dafür ist, dass eine vermögenswerte Rechtsposition „nach Art eines Ausschließlichkeitsrechts dem Rechtsträger als privatnützig zugeordnet ist“, ferner „auf nicht unerheblichen Eigenleistungen beruht und zudem der Sicherung seiner Existenz dient“ (BVerfGE 97, 271, 284).

464 BSG, BeckRS 2007, 44201 Rn. 5.

465 Ebd., Rn. 26.

466 BSG, BeckRS 2007, 47797.

467 Aufgehoben durch das GKV-Wettbewerbsstärkungsgesetz v. 26.3.2007 (BGBl. I, S. 378). Der Zusatzbeitragssatz blieb gleichwohl bis Ende 2014 erhalten. Seitdem gilt eine umgestaltete Zusatzbeitragsregelung (§§ 242, 242a SGB V). Dazu insgesamt: *Peters*, in: Körner u.a. (Hrsg.), Kasseler Kommentar zum Sozialversicherungsrecht, EL 103 März 2019, § 249 SGB V Rn. 12 ff.

stieg, was einer Erhöhung von 6,15 % entspricht. Hierin erblickte sie u.a. einen Verstoß gegen Art. 14 Abs. 1 GG. Das Gericht betrachtete die erhöhte Beitragslast zur gesetzlichen Krankenversicherung „im Kontext der Beitragserhöhungen der letzten Jahre". Auch spricht es von einer „auch kumulative Effekte einbeziehenden verfassungsrechtlichen Betrachtungsweise", berücksichtigt aber nur die im Rahmen von Art. 14 Abs. 1 GG für das Rentenniveau „relevanten" Belastungen.[468] Verblieben damit an relevanten Verschlechterungen nur die Überbürdung der zweiten Beitragshälfte in der sozialen Pflegeversicherung und die Einführung eines zusätzlichen Krankenversicherungsbeitrags, so stellten diese zusammen die Legitimation des Systems der gesetzlichen Krankenversicherung verfassungsrechtlich noch nicht in Frage. „Auch in der Summe senken diese beiden Maßnahmen das Rentenniveau typischerweise nicht derart ab, dass die Rente ihre prinzipielle Struktur und ihre Funktion als freiheits- und existenzsichernde Leistung verliert."[469] Ähnlich argumentierte der Zwölfte Senat des Bundessozialgerichts in seinem Urteil vom 21. Januar 2009. Es sprach in diesem Zusammenhang aber zusätzlich das Unterbleiben der Rentenanpassung im Jahr 2005 sowie die ab 2005 schrittweise beginnende Besteuerung von Renten an. Allerdings äußerte es zugleich Zweifel, ob beides in eine „'additive' Betrachtung" miteinzubeziehen wäre. „Kriterien dafür, ob und ggf. welche weiteren Belastungen, die bei Rentnern durch gesetzliche Regelungen eingetreten sind, bei der verfassungsrechtlichen Beurteilung der Zulässigkeit von Beitragslasterhöhungen mitzuberücksichtigen sind, hat der Senat nicht." Solche seien bisher auch nicht ersichtlich.[470] Näheres ergibt sich auch nicht aus jüngeren Entscheidungen des Bundessozialgerichts. Zwar rügten zahlreiche Kläger nach wie vor die Verfassungswidrigkeit eines additiven Grundrechtseingriffs im Rentenrecht. Das Gericht aber verwarf die gegen die Nichtzulassung der Revisionen eingelegten Beschwerden bereits als unzulässig.[471] Insoweit bedurfte es – naturgemäß – keiner Entscheidung in der Sache.

468 BSG, BeckRS 2007, 47797 Rn. 29.
469 Ebd.
470 BSG, BeckRS 2009, 67106 Rn. 46. So auch BSG, NZS 2010, 30, 32.
471 Vgl. nur BSG, BeckRS 2014, 67029; BSG, BeckRS 2013, 71670; BSG, BeckRS 2012, 70807.

b) Bundesverfassungsgericht

Auch das Bundesverfassungsgericht sah sich zunehmend mit dieser Problematik konfrontiert. Anfangs beschränkte es sich auf eine isolierte Betrachtungsweise. Dies betrifft einerseits den Wegfall des Vorteils hälftiger Beitragstragung zur Pflegeversicherung.[472] Lediglich die Beschränkung bzw. Aussetzung der Rentenanpassung zum Gegenstand hat andererseits der Beschluss des Bundesverfassungsgerichts vom 26. Juli 2007[473]. Das Gericht spricht zwar allgemein von einer Grenze des Gestaltungsspielraums des Gesetzgebers bei der Ausgestaltung der Leistungen der gesetzlichen Rentenversicherung damit die Rente ihre Funktion als substantielle Alterssicherung nicht verliere.[474] Dabei hat es aber lediglich zwei Maßnahmen im Blick, die unmittelbar den Rentenwert betreffen – nämlich die Anpassung des aktuellen Rentenwerts (Ost) zum 1. Juli 2000 und die Aussetzung der Anpassung des aktuellen Rentenwerts zum 1. Juli 2004. Dies stellt allenfalls einen erster Schritt dar, hin zu einer Gesamtbetrachtung der auf das Rentenniveau belastend wirkenden Maßnahmen.[475]

Weiter reicht dann aber ein Beschluss des Bundesverfassungsgerichts aus dem Jahre 2014: Die Beschwerdeführer machten geltend, dass ihnen eine erneute „Null-Anpassung" nicht zumutbar sei, zumal ihre Rente eine stetige inflationäre Entwertung erfahren und sich weiterhin aufgrund steigender Beiträge zur Krankenversicherung der Rentner verringert habe.[476] Ausdrücklich unterzieht das Gericht die rentenversicherungsrechtliche Rechtsposition der Beschwerdeführer einer „additiven Betrachtung".[477] Kriterien dafür, welche Maßnahmen einzubeziehen sind, entwickelt es nicht.[478] Es lässt insbesondere offen, ob die Änderungen des Umfangs der Beitragspflicht bzw. der Beitragslast zur Krankenversicherung der Rentner und zur Pflegeversicherung der Rentner zu berücksichtigen sind. Es bleibt bei der Erwägung, „alle Modifikationen der Regelungen zur Rentenanpassung seit ihrer Einführung im Jahre 1957, die auf Grund der jährlichen Fortschreibung der allgemeinen Bemessungsgrundlage bzw. des aktuellen Renten-

472 BVerfG, BeckRS 2008, 40231.
473 BVerfG, BeckRS 2007, 25691.
474 Ebd.
475 Weitergehend *Bernsdorff*, SGb 2011, 121, 124.
476 BVerfG, BeckRS 2014, 54145 Rn. 37 ff. (auszugsweise abgedruckt in: NJW 2014, 3634 ff.).
477 Ebd., Rn. 94.
478 Insoweit bestätigt sich die Hoffnung bzw. Erwartung der Literatur (vgl. *Bernsdorff*, SGb 2011, 121 ff.; *Winkler*, JA 2014, 881, 884) nicht.

werts auch in den Folgejahren weiterwirken", heranzuziehen.[479] Letztlich stellt das Gericht fest, dass die Rentner jedenfalls bis zur Rentenanpassung zum 1. Juli 2005 an der allgemeinen Einkommensentwicklung voll partizipiert hätten, die Beeinträchtigung also nicht derart gravierend sei, um eine Verletzung der verfassungsmäßigen Rechte zu begründen.[480]

c) Debatte in der Literatur

Nun zum Schrifttum: Zunächst knüpft *Ruland* an das Rentenversicherungsrecht an. Seines Erachtens kann zunächst ein und dasselbe Gesetz verschiedene Einzelmaßnahmen enthalten, die zwar nicht allein, aber in ihrer Summe zu einem „problematischen ‚additiven' Grundrechtseingriff" führten. Als Beispiel führt er das RV-Nachhaltigkeitsgesetz an, welches u.a. den Wegfall der rentensteigernden Bewertung der Schul- und Hochschulanrechnungszeiten sowie mit der Einführung des Nachhaltigkeitsfaktors (§ 68 Abs. 4 SGB VI) Maßnahmen vorgesehen habe, die langfristig die Rentenanpassungen und das Rentenniveau erheblich dämpften.[481] Hinzu kämen – gesetzesübergreifend – Maßnahmen, die sukzessive eine Rechtsposition verschlechterten. *Ruland* führt hier den schrittweisen Abbau der Ausbildungsausfall- und -anrechnungszeiten an: während sie von 1957 bis 1991 mit bis zu 13 Jahren bewertet worden seien, könnten seit 2005 nur noch acht Jahre als Ausbildungsanrechnungszeit berücksichtigt werden, wobei die rentensteigernde Bewertung von Schul- und Hochschulzeiten gänzlich entfallen sei.[482]

Auch *F. Kirchhof* – seinerzeit Vizepräsident des Bundesverfassungsgerichts – befasst sich mit dem additiven Grundrechtseingriff im Sozial-, speziell im Rentenrecht. Gerade das Zusammentreffen mehrerer „Sparaktionen" kann seines Erachtens übermäßig und unzumutbar wirken. So verspüre etwa ein Rentner, der – bei in der Folge steigenden Beiträgen – in der Krankenversicherung beitragspflichtig werde, dessen Rentenberechnungszeiten bzw. Rentenhöhe gekürzt und der zudem der Einkommensteuer unterworfen werde, „nicht nur lästige Einzelstiche sondern einen kräftigen, schmerzhaften Gesamtschlag aus mehreren Absenkungsnor-

---

479 BVerfG, BeckRS 2014, 54145 Rn. 95.
480 Ebd.
481 *Ruland*, SGb 2012, 241, 242.
482 Ebd. bei kritischer Würdigung des Urteils des Bundessozialgerichts v. 19.4.2011 (13. Senat), s. BSG, NJOZ 2012, 310.

men."[483] Wenn dann von ihm noch ein Pflegebeitrag gefordert werde, Beiträge auf alle Versorgungsbezüge berechnet und auch die einmalige Kapitalrückzahlung aus einer Direktversicherung des Arbeitnehmers dem Beitrag unterworfen würden, entstehe in der Gesamtschau eine kapitale Zusatzlast. Derartige Einzelmaßnahmen, die alle dasselbe Rechtsverhältnis beträfen und sich an dieselbe Person richteten, müssten künftig in ihrer Gesamtheit näher verfassungsrechtlich erfasst werden; einschließlich des Versuchs „sogar [...] steuerrechtliche und sozialrechtliche Ordnungsziele unter einen Hut zu bringen."[484]

In jüngerer Zeit überwiegt gleichwohl die Skepsis. So sei angesichts der zurückhaltenden höchstrichterlichen Rechtsprechung, auf die soeben eingegangen wurde, nicht sicher ob „der additive Grundrechtseingriff [...] zukünftig eine Rolle spielen werde, wenn es darum geht, dem Gesetzgeber eine Grenze seines sozialpolitischen Gestaltungsspielraums im Rentenrecht aufzuzeigen".[485] Dessen ungeachtet werfe dieser Ansatz schwierige verfassungsrechtliche und prozessuale Probleme auf. „Die Fachgerichte müssen Gesetzesmaßnahmen in ihre Prüfung einbeziehen, die nicht unmittelbar streitgegenständlich sind [...]; sie müssen Belastungen der Rentner durch das Steuerrecht und [...] wohl auch geldwerte Vergünstigungen (steuerrechtliche Vorteile beim Riester-Sparen) in die Gesamtbetrachtung einbeziehen."[486]

VII. Sonstige Beispiele

Abschließend werden einige Beispiele vorgestellt, die zwar ebenfalls kumulierendes staatliches Handeln bzw. Unterlassen zum Gegenstand haben, aber in keine der behandelten Rechtsgebiete fallen. Differenziert wird im Übrigen wie gehabt nach Schrifttum und Rechtsprechung.

483 *F. Kirchhof*, NZS 2015, 1, 7.
484 Ebd.
485 *Oppermann*, in: Masuch u.a. (Hrsg.), Grundlagen und Herausforderungen des Sozialstaats – Denkschrift 60 Jahre Bundessozialgericht, Bd. II, 2015, S. 83, 101.
486 Ebd., S. 102. Ähnlich *Kaltenstein*, WzS 2016, 303, 311.

1. Judikatur

Zu nennen ist zuerst der Beschluss des Bundesverfassungsgerichts vom 26. März 2001[487]: Der Beschwerdeführer, Trägerverein einer Glaubensgemeinschaft, wendete sich dagegen, dass es der Gesetzgeber – entgegen einer ihm obliegenden Schutzpflicht – unterlassen habe, Regelungen zur Einschränkung oder Aberkennung der Rechte einer Körperschaft des öffentlichen Rechts i.S.v. Art. 140 GG i.V.m. Art. 137 Abs. 5 WRV zu schaffen, wenn nicht mehr gewährleistet sei, dass diese sich rechts- und verfassungstreu verhalte. Die betreffende Glaubensgemeinschaft und der Beschwerdeführer seien durch die Schärfe und Häufigkeit kirchlicher Warnungen vor gefährlichen Sekten zu Feinden der Gesellschaft stigmatisiert, fänden für religiöse Veranstaltungen keine Räumlichkeiten mehr, verlören bei ihrer Berufsausübung auf kirchlichen Wink Kunden und Berufsausübungsmöglichkeiten und würden auch im privaten Bereich ausgegrenzt. Das Gericht betonte in seiner Entscheidung zunächst, dass Art. 4 Abs. 1 und Abs. 2 GG dem Staat zwar die Pflicht auferlege, religiöse Gemeinschaften vor Angriffen oder Behinderungen von Anhängern anderer Glaubensrichtungen oder konkurrierender Religionsgruppen zu schützen. Allerdings folgten aus grundrechtlichen Schutzpflichten in der Regel keine bestimmten Handlungsvorgaben. Es sei grundsätzlich Sache des Gesetzgebers, ein Schutzkonzept aufzustellen und normativ umzusetzen. Dabei komme ihm ein weiter Einschätzungsspielraum zu. Die Schutzpflicht sei nur verletzt, wenn die öffentliche Gewalt Schutzvorkehrungen überhaupt nicht getroffen habe oder die getroffenen Maßnahmen offensichtlich gänzlich ungeeignet oder völlig unzulänglich seien.[488] Das aber sei hier nicht der Fall. Gegenüber etwaigen rechtswidrigen Äußerungen korporierter Religionsgemeinschaften böten die bestehenden Regelungen eine ausreichende Grundlage, um den grundrechtlich gebotenen Schutz zu gewährleisten. Offen lässt das Gericht, „ob bei der gebotenen Abwägung […] auch die kumulative Wirkung zu berücksichtigen ist, die eine beanstandete Äußerung im Zusammenwirken mit anderen Äußerungen haben mag.“ Ausreichend sei, dass die bestehenden Rechtsgrundlagen schon deswegen nicht völlig unzureichend seien, weil eine Berücksichtigung dieses Umstands bei der Abwägung im Rahmen der bestehenden Regelungen nicht ausgeschlossen sei.[489]

---

487 BVerfG, NVwZ 2001, 908.
488 Ebd. Dazu näher s. Zweiter Teil III. 3. b) aa).
489 Ebd., S. 909.

Hierhin gehören auch Entscheidungen, die die Vereinbarkeit der Besoldung von Beamtinnen und Beamten mit dem Alimentationsprinzip[490] des Art. 33 Abs. 5 GG – als grundrechtsgleiches Individualrecht[491] – betreffen. Bereits mit Urteil vom 5. Mai 2015 entschied das Bundesverfassungsgericht, dass die Amtsangemessenheit der Alimentation „im Lichte des Niveaus der Beihilfeleistungen zu bewerten [ist]."[492] Art. 33 Abs. 5 GG verlange eine Auszehrung der allgemeinen Gehaltsbestandteile durch krankheitsbezogene Aufwendungen zu verhindern, sodass eine entsprechende Korrektur der Besoldungs- und Versorgungsgesetze, die das Alimentationsprinzip konkretisieren, verfassungsrechtlich geboten sein könne. „Gleiches gilt, wenn eine Vielzahl zeitlich gestaffelter, für sich genommen verfassungsrechtlich nicht zu beanstandender Einschnitte des Gesetzgebers im Beihilfebereich das für den sonstigen Lebensunterhalt des [...] Beamten zur Verfügung stehende Einkommen unangemessen reduzieren (‚Salami-Taktik')."[493] Hieran knüpft das Bundesverfassungsgericht mit Beschluss vom 16. Oktober 2018 an und erinnert den Gesetzgeber daran, „sich die tatsächlichen Auswirkungen der Neuregelung für die von der Vorschrift betroffenen Beamtinnen und Beamten [zu] vergegenwärtigen". Und weiter: „Trifft der Gesetzgeber zur Reduzierung der Staatsausgaben mehrere Maßnahmen in diesen Bereichen [Beihilfe und Versorgung] in engem zeitlichem Zusammenhang, hat er sich mit den hieraus folgenden Gesamtwirkungen für die Beamtinnen und Beamten auseinanderzusetzen."[494]

2. Aus dem Schrifttum

Auch in der Literatur finden sich weitere Fälle, von denen hier eine Auswahl vorgestellt wird.

---

490 Eingehend *Werres*, Beamtenverfassungsrecht, 2011, Rn. 78 ff.
491 Vgl. bereits BVerfGE 8, 1, 11 ff.
492 BVerfG, NVwZ 2015, 1047, 1052.
493 Ebd., S. 1053. Vgl. zur Subsumtion ebd., S. 1056.
494 BVerfG, NVwZ 2019, 152, 155. Vgl. zur Subsumtion ebd., S. 158.

a) Edukatorisches Staatshandeln

Schumann untersucht die verfassungsrechtlichen Grenzen erzieherischen Staatshandelns[495] am Beispiel der Etablierung eines neuen Familienleitbildes, der Zwei-Erwerbstätigen-Familie.[496] Den Maßstab bilde die durch Art. 6 Abs. 1 und 2 GG geschützte Wahlfreiheit der Eltern. Ihres Erachtens fördern die seit dem Jahre 2005 erlassenen Gesetze[497], darunter der subventionierte Ausbau der Kleinkindbetreuung, die Berücksichtigung der Betreuungskosten als Sonderausgaben nach § 10 Abs. 1 Nr. 5 EStG, der Umstieg vom Erziehungsgeld auf das Elterngeld als Einkommensersatzleistung (vgl. § 1 Abs. 1 S. 1 Nr. 4 BEEG) sowie der Anspruch auf frühkindliche Förderung nach § 24 Abs. 2 S. 1 SGB VIII[498] allesamt ausschließlich ein Modell der Vereinbarkeit von Familie und Beruf, nämlich den möglichst frühzeitigen Wiedereinstieg des betreuenden Elternteils in den Beruf nach einer kurzen Babypause verbunden mit einer frühzeitigen Fremdbetreuung des Kleinkindes. Unterstützt werde diese Gesetzgebung durch entsprechende Informations- und Werbekampagnen der Bundesregierung. Insgesamt ließen sich hier drei Effektverstärkungen feststellen: „[E]rstens eine Kumulation von Edukationseffekten durch das Zusammenwirken mehrerer Gesetze, zweitens eine Intensivierung der Wirkung dieser Gesetze durch breit angelegte staatliche Informations- und Werbekampagnen und drittens eine Verstärkung der bezweckten Effekte durch gezielte Desinformation [...] im Rahmen dieser Kampagnen.“[499] Angesichts dieser Effektverstärkung durch das Zusammenwirken zahlreicher staatlicher Maßnahmen, liege es, so *Schumann*, – ungeachtet der damit verbundenen dogmatischen Schwierigkeiten[500] – nahe, bei der verfassungsrechtlichen Bewertung in Anlehnung an die Figur des additiven Grundrechtseingriffs die Maßnahmen nicht nur einzeln zu betrachten, sondern eine Gesamtbetrachtung vorzunehmen. „Aus verfassungsrechtlich noch zulässigen erzieherischen Tendenzen einzelner Gesetze auf einem bestimmten Gebiet kann so in der

495 Dazu im umweltrechtlichen Kontext: *Lüdemann*, Edukatorisches Staatshandeln, Steuerungstheorie und Verfassungsrecht am Beispiel der staatlichen Förderung von Abfallmoral, 2004. Zum Gesundheitswesen: *Kolbe*, Freiheitsschutz vor staatlicher Gesundheitssteuerung, 2017, insbes. S. 215 ff.

496 *Schumann*, in: Schumann (Hrsg.), Das erziehende Gesetz, 2014, S. 1 ff.

497 Eine Übersicht findet sich ebd., S. 25.

498 Vgl. dazu auch *Brade*, DVBl 2017, 621 ff.

499 *Schumann*, in: Schumann (Hrsg.), Das erziehende Gesetz, 2014, S. 1, 49.

500 Vgl. die Diskussionsbeiträge von *Langenfeld*, *Schumann* und *Starck*, in: Schumann (Hrsg.), Das erziehende Gesetz, 2014, S. 1, 251 f.

Summe eine verfassungsrechtlich unzulässige Erziehung des Bürgers durch den Staat werden."[501]

Jestaedt wendet sich indessen erzieherischen Tendenzen im Kindesschutzrecht, genauer der dadurch veranlassten Erziehung der Erziehungsberechtigten, zu. Er stellt zwei Beispiele vor: Zunächst das sog. verbindliche Einladungswesen in Sachen Früherkennungsuntersuchungen, also die sanktionsbewehrte[502] Pflicht der Eltern, ihre Kinder bis zu einem gewissen Alter regelmäßig dem Kinderarzt vorzustellen.[503] Darüber hinaus weist *Jestaedt* auf § 156 Abs. 1 FamFG hin. Insoweit „müssen die Eltern sich [...] auf eine ihnen oktroyierte Beziehung, auf eine von anderen betriebene und organisierte Suche nach der besten Lösung für das Kindeswohl einlassen und an ihr mitwirken."[504] Dem Autor scheint es weniger um diese Beispiele für sich genommen zu gehen, sondern vielmehr darum, dass sie „als Puzzle-Stück[e] in einem größeren Ganzen zur ‚Pädagogisierung' des Kindesschutzrechts" beitragen. Insofern sei das erziehende Gesetz im Kindesschutzrecht „vornehmlich ein Einzelgesetz-übergreifendes Phänomen, welches die Resultante bildet aus Summations- und Synergieeffekten einer Mehrzahl gesetzgeberischer Regelungen".[505] Dabei gehe gerade von diesen die Einzelmaßnahmen verstärkenden Effekten – er spricht in diesem Zusammenhang explizit den additiven Grundrechtseingriff an – eine besondere Gefährdung für das Elternrecht und damit für das zuvörderst den Eltern obliegende Recht, Art und Gestaltung der Kindeserziehung selbst zu bestimmen (Art. 6 Abs. 2 S. 1 GG)[506], aus.[507]

b) Meinungs- und Versammlungsfreiheit

Schaefer befasst sich mit der Frage, ob die verschiedenen in § 130 StGB geregelten Straftatbestände einen additiven Grundrechtseingriff in die Meinungsfreiheit i.S.d. Art. 5 Abs. 1 S. 1 Alt. 1 GG darstellen.[508] § 130 StGB ziele im Schwerpunkt auf eine Beschränkung von Meinungsäußerungen zu-

---

501 *Schumann*, in: Schumann (Hrsg.), Das erziehende Gesetz, 2014, S. 1, 26 f.

502 Vgl. etwa § 2 SächsKiSchG.

503 *Jestaedt*, in: Schumann (Hrsg.), Das erziehende Gesetz, 2014, S. 159, 168.

504 Ebd., S. 169.

505 Ebd., S. 168 u. 170.

506 Dazu näher *Badura*, in: Maunz/Dürig (Begr.), Grundgesetz-Kommentar, Lfg. 86 Januar 2019, Art. 6 Rn. 109 u. 116.

507 *Jestaedt*, in: Schumann (Hrsg.), Das erziehende Gesetz, 2014, S. 159, 174.

508 *Schaefer*, DÖV 2010, 379, 380.

lasten rechtsextremistischer, ausländerfeindlicher oder neonazistischer Rede. Diese werde durch § 130 StGB auf breiter Front strafrechtlich unterbunden, sodass im Ergebnis die Äußerung entsprechender Meinungsinhalte kaum mehr möglich sei. Darin könne ein – unverhältnismäßiger und damit verfassungswidriger – additiver Grundrechtseingriff gesehen werden.[509]

Hufen nimmt dagegen die Versammlungsfreiheit (Art. 8 GG) in den Blick. Werde beispielsweise der Veranstalter einer Demonstration mit so vielen Auflagen und Einschränkungen bedacht, dass, obwohl jede einzelne davon verfassungsgemäß ist, letztlich die Versammlung nicht zustande kommt, liege damit ein besonders schwerwiegender, additiver Grundrechtseingriff vor.[510]

c) Wissenschaftsfreiheit

Hufen ist es auch, der die Wissenschaftsfreiheit angesichts der Gesamtauswirkungen unterschiedlichster staatlicher Maßnahmen für gefährdet hält. Er benennt zunächst die Verpflichtung in umfassender Form Lehrberichte zu verfassen sowie die Einschränkungen des Personalvertretungsrechts – all dies „unter den Bedingungen der Welle von Budgetierungen“. Dabei handele es sich um Eingriffe, die womöglich für sich verhältnismäßig sind, die aber insgesamt die Freiheit mancher Wissenschaftler gegen Null tendieren ließen. Insofern müsse deren Gesamtwirkung erfasst werden.[511]

d) Asylrecht

Jüngst hat die Debatte um kumulative Effekte auch das Asylrecht erfasst. So hält es *Gärditz* – entgegen dem Bundesverwaltungsgericht[512] – „in die-

509 Ebd., S. 380 Fn. 12. Anders *Ruschemeier*, Der additive Grundrechtseingriff, 2019, S. 26 f. m.w.N. mit Blick auf die Konkurrenzregeln der §§ 52, 53 StGB.

510 *F. Hufen*, Staatsrecht II: Grundrechte, 7. Aufl. 2018, § 8 Rn. 16. Vgl. auch BVerfG, NVwZ 2008, 671 ff. – hier jedoch jede Auflage einzeln bewertend.

511 *F. Hufen*, VVDStRL 57 (1998), 131, 132 f. (Diskussionsbeitrag).

512 BVerwG, NVwZ-RR 1995, 607. Streng genommen hat das Gericht eine Gesamtbetrachtung aber nicht von vornherein abgelehnt, sondern nur auf jeweils dasselbe Schutzgut beschränkt. Explizit führt es wie folgt aus: „Dabei versteht es sich von selbst, daß die [für Art. 16a Abs. 1 GG] erforderliche Eingriffsintensität auch erreicht ist, wenn mehrere dasselbe Schutzgut treffende Eingriffe, etwa

ser Pauschalität“ nicht für überzeugend eine Addition von verschiedenen Maßnahmen unterhalb der Verfolgungsintensität (i.S.d. Art. 16a Abs. 1 GG) zu einem Gesamtszenario mit Verfolgungsqualität auszuschließen. Auch die Kumulation mittelschwerer Diskriminierungen könne zu einer systematischen Ausgrenzung führen, die Verfolgungsintensität annimmt, wenn namentlich die allgemeine Lebensführung in schwerwiegender Weise beeinträchtigt werde.[513] *Ruschemeier* verweist in diesem Zusammenhang auf die einfachgesetzliche Regelung des § 3a Nr. 2 AsylG, wonach als Verfolgung gemäß § 3 Abs. 1 AsylG auch Handlungen gelten, die in einer Kumulierung unterschiedlicher Maßnahmen, einschließlich einer Verletzung der Menschenrechte, bestehen, die so gravierend ist, dass eine Person davon in ähnlicher wie der in § 3a Nr. 1 AsylG beschriebenen Weise betroffen ist.[514] Daneben führt sie als Beispiel das verbreitet eingesetzte Mittel der Duldung an, das eine Kumulation von Beeinträchtigungen für die Betroffenen mit sich bringe. So sei etwa die Aufnahme einer Erwerbstätigkeit unter Umständen untersagt (§ 60a Abs. 6 AufenthG). Außerdem bestehe eine räumliche Beschränkung des Aufenthaltsrechts (§ 61a Abs. 1 AufenthG) mit der Möglichkeit weitere Auflagen zu erteilen, § 61 Abs. 1f AufenthG.[515]

– Exkurs: Beispielsfälle aus dem Staatsorganisationsrecht –

Erste Ansätze zur Erfassung kumulierenden Handels der öffentlichen Gewalt sind inzwischen auch im Staatsorganisationsrecht ersichtlich. Begrifflich ist hier zwar, was selbstverständlich ist, nicht von additiven Grundrechtseingriffen die Rede. Ein entsprechendes Gefährdungspotenzial für die mit Rechten ausgestatteten Institutionen des Verfassungsrechts hat vor allem die Rechtsprechung, wie im Folgenden an Beispielen skizziert werden soll, dennoch zumindest implizit anerkannt.

Zerstörung oder Entziehung mehrerer im Eigentum des Opfers stehender Sachgüter, in ihrem Zusammenwirken den Verlust der wirtschaftlichen Existenz herbeiführen. […] Eingriffe, die unterschiedliche Schutzgüter mit einer jeweils nicht asylrelevanten Intensität treffen (Vielzahl diskriminierender ‚Nadelstiche‘), [sind aber] auch in ihrer Gesamtheit keine Verfolgung i.S. des Art. 16a Abs. 1 GG.“ (ebd.).

513 *Gärditz*, in: Maunz/Dürig (Begr.), Grundgesetz-Kommentar, Lfg. 83 April 2018, Art. 16a Rn. 209.

514 *Ruschemeier*, Der additive Grundrechtseingriff, 2019, S. 259.

515 Ebd.

1. Kompetenzen der Länder

Derartige Institutionen bilden zunächst die (Bundes-)Länder[516]. So hat das Bundesverfassungsgericht bereits früh anerkannt, dass sich eine Preisgabe der Eigenstaatlichkeit der Länder mit dem bundesstaatlichen Prinzip, das in Art. 20 Abs. 1 GG niedergelegt und in Art. 79 Abs. 3 GG gegen Aufhebung und Aushöhlung durch verfassungsändernde Gesetze gesichert sei, nicht vereinbaren lasse. Ihnen müsse vielmehr ein Kern eigener Aufgaben als „Hausgut" unentziehbar verbleiben.[517] Zwar hat das Gericht daran bislang, soweit ersichtlich, nur einzelne die Kompetenzen der Länder berührende Regelungen – das Werbeverbot für die Dritten Fernsehprogramme[518] sowie das Besoldungs- und Versorgungsrecht der Landesbeamten[519] je für sich genommen – gemessen. Gleichwohl weist es bereits darauf hin, dass die Länder in ihrer Qualität als Staaten durch Grundgesetzänderungen nach und nach, also durch kumulierendes Handeln des Bundes, ausgehöhlt werden könnten, so dass am Ende nur noch eine leere Hülse von Eigenstaatlichkeit übrig bliebe, was nicht den Anforderungen des Art. 79 Abs. 3 GG entspräche.[520]

2. Kommunale Selbstverwaltungsgarantie

Des Weiteren geht es um die Rechte der Gemeinden. Angesprochen ist damit zunächst der Beschluss des Bundesverfassungsgerichts vom 26. Oktober 1994[521]. Die Kommunalverfassungsbeschwerde betrifft die den schleswig-holsteinischen Gemeinden durch Gesetz auferlegte Verpflichtung, eine Gleichstellungsbeauftragte zu bestellen. Die Beschwerdeführerinnen, in Schleswig-Holstein gelegene Gemeinden, rügten die Verletzung des Kernbereichs der kommunalen Selbstverwaltung gem. Art. 28 Abs. 2 S. 1 GG: „Eine Kommunalverfassung, die anstelle eines [...] zentralen Ausfüh-

---

516 Konfliktpotenzial besteht auch bei der Ausübung der Kompetenzen zwischen Bund und Europäischer Union. Hierbei kommt die sog. Ultra-vires-Kontrolle zum Tragen, auf die unten einzugehen ist (s. Zweiter Teil III. 3. a) cc) (2) (a)).

517 BVerfGE 87, 181, 196; BVerfGE 34, 9, 19. Zur Kompensation von Kompetenzen s. nur *E. Klein*, DVBl 1981, 661, 663 ff. Vgl. auch *Herdegen*, in: Maunz/Dürig (Begr.), Grundgesetz-Kommentar, Lfg. 72 Juli 2014, Art. 79 Rn. 93 ff.

518 BVerfGE 87, 181.

519 BVerfGE 34, 9.

520 Ebd., S. 19 f.

521 BVerfGE 91, 228.

rungsorgans [gemeint: der Gemeinderat] eine Vielzahl jeweils für einzelne Sachbereiche zuständiger Ausführungsorgane vorsehe, weiche von vorgegebenen Organisationsstrukturen ab. Isoliert betrachtet liege eine derartige Zergliederung in voneinander unabhängige Ausführungsorgane zwar noch nicht vor. Jedoch seien die angegriffenen Regelungen Symptom einer neuerdings zu beobachtenden Tendenz zu einer ‚Zersiedelung' der Kommunalverfassung." Weiter heißt es in der Beschwerdebegründung: „Die Eingriffe in die Organisationsbefugnisse [...] führten zu einem erheblichen Substanzverlust. Da die Organisationshoheit der Gemeinden ohnehin durch die Vielzahl von gesetzlichen Vorgaben auf ein Minimum reduziert sei, sei der Gesetzgeber bei weiteren Eingriffen in seiner Einschätzungsprärogative besonders beschränkt und müsse zumindest alle verfügbaren Erkenntnisse über die Notwendigkeit des Eingriffs sorgfältig auswerten", was hier nicht geschehen sei.[522] Das Bundesverfassungsgericht betonte in seiner Entscheidung, dass der Kernbereich der kommunalen Organisationshoheit Regelungen verbiete, die eine eigenständige organisatorische Gestaltungsfähigkeit der Kommunen im Ergebnis ersticken würden, was etwa der Fall wäre bei einer Regelungsdichte, die den Gemeinden die Möglichkeit nähme, eine Hauptsatzung zu erlassen oder ihnen hierbei keinerlei Entscheidungsspielraum mehr beließe.[523] Vorliegend erkannte das Gericht indes keine Verletzung dieses Kernbereichs. Die streitgegenständliche Regelung verpflichte die Gemeinden allein in einem bestimmten Sachbereich in sich begrenzte Organisationsmaßnahmen zu ergreifen, lasse die Befugnis der Gemeinden zur organisatorischen Regelung ihrer Angelegenheiten im Übrigen aber unberührt. „Auch in Verbindung mit den anderen Vorschriften der Gemeindeordnung erstickt die Vorschrift die organisatorischen Handlungsmöglichkeiten der Kommunen nicht. Sie fügt diesen Vorschriften nur eine weitere hinzu, die sich von sonstigen im deutschen Kommunalrecht bekannten Vorgaben wie etwa der Verpflichtung zur Einrichtung [...] eines Ausländerbeirates nicht grundlegend unterscheidet."[524]

Jüngst urteilte das Bundesverfassungsgericht über die Novelle des Kinderförderungsgesetzes Sachsen-Anhalt, wobei es an dem eben Ausgeführten festhielt.[525] Zwar verlören die kreisangehörigen Gemeinden abgesehen

---

522 Ebd., S. 233 f.
523 Ebd., S. 239.
524 Ebd., S. 242.
525 Vgl. BVerfG, BeckRS 2017, 131817 Rn. 74 u. 88 (mit Verweis auf BVerfG, NVwZ 2015, 728, 731).

von der Zuständigkeit zur Erfüllung des Betreuungsanspruchs ihre partielle Verantwortung für die Finanzierung der freien Träger und das Recht, mit diesen Vereinbarungen über den durchzuführenden Defizitausgleich abzuschließen, sowie die örtliche Gesamtverantwortung in Gestalt einer subsidiären Erfüllungsverantwortung, die mit der pflichtigen Wahrnehmung umfassender Planungs- und Koordinierungsaufgaben verbunden war.[526] Dem gegenüber stünden allerdings zahlreiche Zuständigkeiten im Bereich der Kinderbetreuung, die den Gemeinden verblieben seien[527], sodass der Substanzverlust für das kommunale Aufgabenfeld insgesamt gering und daher hinzunehmen sei.[528]

3. Etathoheit des Bundestages

Betroffen sein kann auch der Bundestag. Im Zuge mehrerer Verfassungsbeschwerdeverfahren, die sich unter anderem gegen das Unterlassen der Bundesregierung richteten, gegen den Grundsatzbeschluss des Rates der Europäischen Zentralbank über das OMT-Programm vom 6. September 2012 vorzugehen, hat sich das Bundesverfassungsgericht auch mit dem Budgetrecht des deutschen Bundestages befasst. Die Beschwerdeführer machten geltend, dass das OMT-Programm den im Rahmen der Eurorettungspolitik beschrittenen irreversiblen Weg zur Zerrüttung der gesamtstaatlichen Finanzen fortsetze und damit die innere finanzielle Souveränität der Bundesrepublik Deutschland beseitige. Letztlich drohten eine Überforderung der deutschen Volkswirtschaft, der deutschen Finanzen und schließlich auch die nachhaltige Schwächung der Eurozone.[529] Das Bundesverfassungsgericht betonte daraufhin, dass das Budgetrecht ein zentrales Element der demokratischen Willensbildung darstelle, das auch in einem System intergouvernementalen Regierens Beachtung verlange. Entscheidend sei auch insofern, dass der Bundestag der Ort bleibt, an dem eigenverantwortlich über Einnahmen und Ausgaben entschieden werde. „Der Bundestag darf sich daher keinen finanzwirksamen Mechanismen ausliefern, die – sei es aufgrund ihrer Gesamtkonzeption, sei es aufgrund

526 BVerfG, BeckRS 2017, 131817 Rn. 148. Zum Vortrag der Beschwerdeführerinnen s. Rn. 16 des Urteils.

527 Ebd., Rn. 137 ff.

528 Ebd., Rn. 146 ff.

529 BVerfG, BeckRS 2016, 47387 Rn. 38 (auszugsweise abgedruckt in: NJW 2016, 2473 ff.).

einer Gesamtwürdigung der Einzelmaßnahmen – zu nicht überschaubaren haushaltsbedeutsamen Belastungen ohne vorherige konstitutive Zustimmung führen können, seien es Ausgaben oder Einnahmeausfälle."[530] Mit Blick auf das OMT-Programm zum Ankauf von Staatsanteilen heißt es weiter, dass dieses zwar grundsätzlich geeignet sei, zu haushaltsbedeutsamen Ausgaben oder Einnahmeausfällen zu führen, ohne dass daraus aber gegenwärtig ein verfassungsrechtlich relevantes Risiko für das Budgetrecht des Bundestages folge.[531]

4. Rechte parlamentarischer Gruppen und der Opposition

Das Urteil des Verfassungsgerichts des Landes Brandenburg vom 22. Juli 2016[532] betrifft die Ausgestaltung der Rechte einer parlamentarischen Gruppe – hier: ein auf Dauer angelegter Zusammenschluss von mindestens drei Mitgliedern des Landtages, die keiner Fraktion angehören – nach der Verfassung des entsprechenden Bundeslandes. Die Antragstellerin, eine solche Gruppe, bestehend aus drei Landtagsmitgliedern, wendete sich unter anderem dagegen, dass der parlamentarischen Gruppe nach dem Fraktionsgesetz eine geringere finanzielle Ausstattung als der der Fraktionen zustehe. Zwar habe der Landtag einer Gruppe das Recht eingeräumt, mindestens in einer der Zahl ihrer Mitglieder entsprechenden Anzahl von Ausschüssen vertreten zu sein, nicht aber im Präsidium. Auch blieben große Anfragen einem Fünftel der Mitglieder des Landtags oder Fraktionen vorbehalten. Hinzu komme eine – auch im Vergleich zu den Fraktionen – zu geringe parlamentarische Redezeit. Schließlich heißt es: „Selbst wenn aber einzelne gerügte Regelungen verfassungsgemäß seien, ergebe sich durch die Kumulation der Beeinträchtigungen eine Gesamtbelastung der Antragsteller, die weder mit dem freien Mandat, noch dem Recht der Opposition auf Chancengleichheit vereinbar sei. Insofern lasse sich die Rechtsprechung zum sogenannten additiven Grundrechtseingriff hier sinngemäß fruchtbar machen."[533]

Das Verfassungsgericht hat die geltend gemachten Beeinträchtigungen indes lediglich für sich genommen an dem freien Mandat der Abgeordne-

530 Ebd., Rn. 213.
531 Ebd., Rn. 215 ff.
532 VerfG Brandenburg, Urt. v. 22.7.2016 – 70/15 –, juris.
533 Ebd., Rn. 91.

ten (Art. 56 Verf Bbg) gemessen.[534] Auf die von der Antragstellerin in Bezug genommene Rechtsprechung geht es daher nicht ein. Es findet sich aber der Hinweis, dass die Regelungsbefugnis des Landtages mit Blick auf seine Geschäftsordnung ihre Grenze (erst) dann finde, wenn das Recht aller Abgeordneten bzw. das Recht aller Fraktionen, an Willensbildung und Entscheidungsfindung des Landtages mitzuwirken, in Frage gestellt werde.[535] Stellung bezieht das Gericht auch zu den Rechten der parlamentarischen Opposition: Zwar erkenne Art. 55 Abs. 2 Verf Bbg diese Institution an, eine konkrete Aufgabenzuweisung folge daraus aber nicht. Kritik, Kontrolle und Alternativenbildung zielten, so das Gericht im Anschluss an das Bundesverfassungsgericht[536], auf einen inner- wie außerparlamentarischen offenen Wettbewerb der unterschiedlichen politischen Kräfte, dem die Gewährleistung einer realistischen Chance der parlamentarischen Minderheit, zur Mehrheit zu werden, immanent sei. „Um dies sicherzustellen, darf die Opposition nicht behindert werden und müssen ihr Mitwirkungsrechte offenstehen, die ihr eine wirksame Betätigung ermöglichen."[537] Da die Antragstellerin aber weder vorgetragen habe, noch sonst ersichtlich sei, dass die Rechte der Opposition insgesamt – und damit auch ihre eigenen – unzureichend ausgeprägt sein könnten, sei Art. 55 Abs. 2 Verf Bbg vorliegend nicht verletzt.[538]

5. Politische Parteien

Schließlich hat die Problematik auch das Recht der politischen Parteien erreicht. So hielt die Nationaldemokratische Partei Deutschlands (NPD) den Antragsgegnern – Bundestag, Bundesrat und Bundesregierung – in einem auf die Feststellung ihrer Verfassungsmäßigkeit gerichteten Organstreitverfahren[539] vor, dass diese fortwährend erklärten, sie sei verfassungsfeindlich oder -widrig, und die Einleitung eines Verbotsverfahrens forderten, ohne den entsprechenden Antrag zu stellen. Dies greife massiv in den politischen Wettbewerb ein. Gegen die NPD werde ein öffentliches Klima der

534 Vgl. ebd., Rn. 166 ff.
535 Ebd., Rn. 163.
536 BVerfG, NVwZ 2016, 922, 923 f.
537 VerfG Brandenburg, Urt. v. 22.7.2016 – 70/15 –, juris Rn. 212.
538 Ebd., Rn. 215.
539 BVerfG, BeckRS 2013, 47707 (auszugsweise abgedruckt in: NVwZ 2013, 568 ff.). Inzwischen hat das Bundesverfassungsgericht den Verbotsantrag des Bundesrats zurückgewiesen (s. BVerfG, NJW 2017, 611).

Feindseligkeit erzeugt. Kommunen etwa stellten ihr öffentliche Einrichtungen für die Durchführung von Parteiveranstaltungen nicht zur Verfügung. Des Weiteren würden Konten der NPD und ihrer Mitglieder gekündigt. Ihre Mitglieder würden im Berufsleben faktisch benachteiligt und allein wegen ihrer Parteizugehörigkeit gemaßregelt oder gar entlassen. In zwei Ländern sei ihren Wahlbewerbern schließlich die Teilnahme an Kommunalwahlen wegen der Parteimitgliedschaft verwehrt worden. Hierdurch würden unter Umgehung der hohen rechtlichen Hürden des Verfahrens nach Art. 21 Abs. 2 GG Wirkungen herbeigeführt, die nur nach einem Parteiverbotsverfahren zulässig seien.[540] Solange die Antragsgegner aber den Verbotsantrag nicht einreichten, bestünde für die NPD keine rechtliche Möglichkeit, den Vorwurf der Verfassungswidrigkeit auszuräumen. Nicht zumutbar sei es, in jedem der vielen Einzelfälle zur Wahrung ihrer parteibezogenen Ansprüche die Gerichte anzurufen. Dadurch würden ihre Kräfte gebunden und ihre Parteiarbeit lahmgelegt.

Das Bundesverfassungsgericht vermochte indessen kein verfassungsrechtlich relevantes Rechtsschutzdefizit zu erkennen. Die Rechtsordnung

540 Ein Parteiverbot „durch die Hintertür" wird auch im Schrifttum befürchtet (*Beaucamp*, DÖV 2018, 709, 714; *Wiedemann/Snowadsky*, BayVBl 2011, 102, 106). Anlass dazu gibt die Rechtsprechung des Bundesverwaltungsgerichts, wonach die aus Art. 2 Abs. 2 S. 1 GG herzuleitende staatliche Schutzpflicht für das Leben und die körperliche Unversehrtheit den Gesetzgeber berechtigt, Gründe für eine regelmäßig anzunehmende waffenrechtliche Unzuverlässigkeit auch im Verhältnis zu Mitgliedern und Anhängern politischer Parteien aufzustellen und auszugestalten (BVerwG, NVwZ-RR 2010, 225, 227). Denn das Argument der Gefährlichkeit eines bestimmten Verhaltens und der Notwendigkeit, die Allgemeinheit waffenrechtlich davor zu schützen, „lässt sich auf eine Vielzahl anderer Fälle von Betätigungen übertragen, deren Ausübung durch politisch missliebige Parteien und deren Mitglieder als inopportun erscheinen mag." (so VG Dresden, Urt. v. 23.6.2016 – 4 K 286/16 –, juris Rn. 23). Dem ist das Bundesverwaltungsgericht als Revisionsinstanz kürzlich mit dem Argument entgegengetreten, dass die zum Schutz der Allgemeinheit vor unzuverlässigen Waffenbesitzern getroffenen Regelungen dem einzigartigen Gefahrenpotenzial des Umgangs mit Waffen Rechnung trügen (BVerwG, LKV 2019, 458, 461). Das Bundesverfassungsgericht hat sich hiermit noch nicht näher befasst und es in einem ähnlich gelagerten – ebenfalls den Widerruf der Waffenbesitzkarte eines NPD-Funktionärs betreffenden – Fall mit einem Hinweis darauf bewenden lassen, dass sich der Beschwerdeführer nicht mit der Frage auseinandergesetzt habe, ob Art. 2 Abs. 2 Satz 1 GG den Gesetzgeber grundsätzlich dazu berechtige, Kriterien für eine im Regelfall anzunehmende waffenrechtliche Unzuverlässigkeit auch bei Mitgliedern und Anhängern politischer Parteien aufzustellen, und daher den Substantiierungsanforderungen nicht genüge (BVerfG, Beschluss v. 19.6.2019 – 2 BvR 2299/15 –, juris Rn. 27).

biete politischen Parteien ausreichende Möglichkeiten, die ihnen nach Art. 21 Abs. 1 GG zustehenden Rechte wahrzunehmen und sich gegen Übergriffe mit Hilfe der Gerichte zu verteidigen.[541] Politische Parteien müssten sich im Übrigen auch bezüglich ihrer Einschätzung als verfassungsfeindlich der öffentlichen Auseinandersetzung stellen. Insoweit sei es staatlichen Stellen zwar untersagt „eine nicht verbotene politische Partei in der Öffentlichkeit nachhaltig verfassungswidriger Zielsetzung und Betätigung zu verdächtigen, wenn ein solches Vorgehen bei verständiger Würdigung der das Grundgesetz beherrschenden Gedanken nicht mehr verständlich ist und sich daher der Schluss aufdrängt, dass es auf sachfremden Erwägungen beruht."[542] Dies hindere sie allerdings nicht daran, das Für und Wider dieser schwerwiegenden Maßnahme mit der gebotenen Sachlichkeit zur Debatte zu stellen.[543]

Gegen diese Entscheidung wandte sich die NPD vor dem Europäischen Gerichtshof für Menschenrechte. Sie rügte gestützt auf Art. 13 EMRK i.V.m. Art. 10 und 11 EMRK, dass sie innerstaatlich keine wirksame Rechtsschutzmöglichkeit gegen eine große Anzahl von Rechtsverletzungen im Zusammenhang mit ihrer fortwährenden „Stigmatisierung" als „verfassungswidrige politische Partei" und ihrem „faktischen Verbot" habe.[544] Der Gerichtshof würdigte Art. 13 EMRK zunächst im Kontext staatlicher Rechtsbehelfe gegen jede (einzelne) restriktive oder diskriminierende Maßnahme. Er weist darauf hin, dass ein Beschwerdeführer, der eine Vielzahl von Konventionsverletzungen durch verschiedene Handlungen oder Maßnahmen behaupte, in Bezug auf jede einzelne behauptete Verletzung Rechtsschutz anzustrengen habe, was die jeweiligen Beschwerdemöglichkeiten aber nicht unwirksam mache.[545] Schließlich stellt er fest, dass – wie vorliegend geschehen – durchaus die Möglichkeit bestehe, sich wegen eines geltend gemachten „faktischen Verbots" durch eine Vielzahl von Maßnahmen vor dem Bundesverfassungsgericht im Wege des Organstreits zu erwehren. Folglich scheide eine Verletzung der Konventionsrechte aus.[546]

541 BVerfG, BeckRS 2013, 47707 Rn. 18 f. u. 24.
542 Ebd., Rn. 22. So schon BVerfG, NJW 1976, 38, 39.
543 BVerfG, BeckRS 2013, 47707 Rn. 23.
544 EGMR, EuGRZ 2016, 608, 610.
545 Ebd., S. 611.
546 Ebd.

VIII. Zwischenergebnis

Wie gesehen hat die Rechtsprechung in einer Vielzahl von Fällen Kumulationen mehrerer belastender hoheitlicher Maßnahmen ausgemacht. Das Bundesverfassungsgericht hat sich bereits im Jahre 1967 mit dem Nebeneinander von disziplinarischer Arreststrafe und Kriminalstrafe befasst. Zunehmend relevant wurde die Problematik angesichts des immer dichter werdenden Zugriffs der öffentlichen Gewalt auch in anderen Rechtsgebieten wie dem Abgabenrecht. Erstmals explizit würdigte das Bundesverfassungsgericht das dem „'additiven' Grundrechtseingriff innewohnende Gefährdungspotential" im Jahre 2005. Seither hat sich dieser Terminus durchaus etabliert; so gebrauchen ihn sowohl Fachgerichte, darunter die der Sozialgerichtsbarkeit, als auch das Bundesverfassungsgericht wie in der noch jungen Entscheidung zum Bundeskriminalamtsgesetz. Streit entzündet sich gegenwärtig etwa im Glücksspielrecht. Hier bleibt auch nach der Entscheidung des Bundesverfassungsgerichts aus dem Jahr 2017 noch Vieles im Dunkeln.

Die Diskussion im Schrifttum ist nicht weniger vielfältig als in der Rechtsprechung. Ihren Beginn markierte *Kloepfer*, der sich um ein erstes dogmatisches Konzept bemühte. Eben dieser war es auch, der ein Referenzgebiet additiver Grundrechtseingriffe prägte: das Umweltrecht. Gesondert zu erwähnen ist zudem das Abgabenrecht. So wurde bereits in den 1980er Jahren der Ruf nach einer zahlenmäßigen Begrenzung der (Gesamt-)Abgabenlast laut. Es dauerte allerdings weitere zwei Jahrzehnte ehe der Terminus des additiven Grundrechtseingriffs eingeführt und damit die Debatte „wiederbelebt" wurde. Seither ist das Schrifttum kaum zur Ruhe gekommen. Gestritten wird derzeit zum Beispiel über Fragen der Tabakregulierung und des Rentenwesens, wobei der Ausgang offen ist.

Zweiter Teil: Begriffsbestimmung und Tatbestand

Fest steht bislang, dass es um Fälle eines irgendwie gearteteten Zusammenwirkens mehrerer Maßnahmen zu Lasten Einzelner geht. Deren Reichweite ist, wie Teil eins gezeigt hat, enorm. Nicht zuletzt deshalb ist eine Präzisierung dringend vonnöten. Bevor aber die Voraussetzungen des additiven Grundrechtseingriffs im Einzelnen entwickelt werden, ist auf die (Vor-)Frage zurückzukommen, ob die Grundrechte überhaupt vor kumulativen Lasten schützen. Dessen ungeachtet bedarf es einer begrifflichen Klärung.

I. Terminologie

Gesucht wird ein – möglichst einheitlicher – Terminus, unter dem sich das soeben beschriebene Zusammenwirken und dessen verfassungsrechtliche, insbesondere grundrechtliche, Würdigung fassen lässt. Die Debatte wesentlich geprägt hat der Begriff des additiven Grundrechtseingriffs. Insofern erscheint es sinnvoll, diesen als Ausgangspunkt zu wählen. Gleichwohl wird er sich gegen andere Vorschläge vor allem aus dem Schrifttum zu bewähren haben.

1. Wortherkunft und -bedeutung

Lücke hat den Begriff des additiven Grundrechtseingriffs eingeführt.[547] Stark vereinfacht ausgedrückt beschreibt die Dogmatik belastende Maßnahmen im grundrechtlichen Bereich als (Grundrechts-)Eingriffe.[548] Hieran knüpft *Lücke* terminologisch an. Bei der Verwendung des Attributs „additiv" hat er sich offenbar an dessen fachsprachlicher Bedeutung orientiert. Ursprünglich stammt der Begriff aus dem Lateinischen: „additivum" bedeutet übersetzt „hinzugegeben". Laut Duden steht es für „hinzufügend"

547 *Lücke*, DVBl 2001, 1469.

548 Näher s. Zweiter Teil III. 1. a). Zur Terminologie des Grundrechtseingriffs im Allgemeinen: *Eckhoff*, Der Grundrechtseingriff, 1992, S. 3 ff.

bzw. „auf Addition beruhend".[549] In anderen Teilgebieten der Rechtswissenschaft wird der Begriff bereits entsprechend verwendet.[550]

2. Begriffsverwirrung

Zum Teil wird der Begriff des additiven Grundrechtseingriffs (auch) in einem anderem Sachzusammenhang gebraucht. Gemeint ist zunächst der Fall, in dem eine Maßnahme gleichzeitig in mehrere Grundrechte eingreift und dadurch gegebenenfalls eine Verstärkungswirkung hervor-

---

549 *Dudenredaktion (Hrsg.)*, Duden: Deutsches Universalwörterbuch, 8. Aufl. 2015, S. 110.

550 Zu nennen sind etwa die sog. additive Mittäterschaft i.S.d. § 25 Abs. 2 StGB (dazu ausführlich: *Becker*, Das gemeinschaftliche Begehen und die so genannte additive Mittäterschaft, 2009) sowie Fälle additiver Kausalität im Straf- bzw. Zivilrecht (vgl. nur *Flume*, in: Bamberger u.a. (Hrsg.), BeckOK-BGB, 52. Edition, Stand: 1.11.2019, § 249 Rn. 304).

551 So *A.-K. Bauer*, Kindeswohlgefährdung durch religiös motivierte Erziehung, 2012, S. 114; *C. Hufen*, Der Ausgleich verfassungsrechtlich geschützter Interessen bei der Ausgestaltung des Sonn- und Feiertagsschutzes, 2014, S. 165 mit – inhaltlich unzutreffendem – Bezug auf *G. Kirchhof*, NJW 2006, 732; wohl auch *Sachs*, Verfassungsrecht II: Grundrechte, 3. Aufl. 2017, S. 195. *E. Hofmann*, AöR 133 (2008), 523, 525 Fn. 6 trennt begrifflich nicht klar, obgleich er in der Sache durchaus zutreffend differenziert (vgl. auch *Breckwoldt*, Grundrechtskombinationen, 2015, S. 139 Fn. 32; *Klement*, AöR 134 (2009), 35, 51 Fn. 70; *Lee*, Umweltrechtlicher Instrumentenmix und kumulative Grundrechtseinwirkungen, 2013, S. 96 Fn. 95). So verweist er auf *Lücke*, DVBl 2001, 1469 ff. sowohl bei den Grundrechtskonkurrenzen (*E. Hofmann*, Abwägung im Recht, 2007, S. 409) als auch im Zusammenhang mit dem „Zusammenspiel mehrerer Gesetze und eine[r] dadurch herbeigeführten Belastungskumulation" (ebd., S. 410), obwohl sich *Lücke* dort nur zu letzterer Konstellation geäußert hat. *E. Hofmann*, Jura 2008, 667, 669 nimmt, im Unterschied zu *dems.*, Abwägung im Recht, 2007, S. 410, auf BVerfGE 21, 378 im Zusammenhang mit den Grundrechtskonkurrenzen Bezug, obwohl diese Entscheidung im Zusammenhang mit dem davon zu unterscheidenden additiven Grundrechtseingriff steht (s. bereits Erster Teil I. 1. a)) Offenbar will er (nur) die Problematik der „Schutzbereichsverstärkung" als additiven Grundrechtseingriff verstanden wissen (siehe Beitragstitel in: *E. Hofmann*, AöR 133 (2008), 523). Was den Gegenstand dieser Untersuchung betrifft, ist hier von einer „Belastungskumulation" bzw. einer „Kumulation von Belastungen" die Rede (ebd., S. 525 Fn. 6 u. S. 527). An anderer Stelle beschreibt er eben diese Thematik mit dem Begriff des „'additiven' Grundrechtseingriffs" (*E. Hofmann*, Abwägung im Recht, 2007, S. 411). Auch *Spielmann*, Konkurrenz von Grundrechtsnormen, 2008, S. 26 verweist auf die Figur des additiven Grundrechtseingriffs im Zusammenhang mit der Konkurrenzdogmatik. *Berns-*

ruft.[551] Hier geht es aber, worauf unten zurückzukommen ist[552], um das Zusammenwirken mehrerer Maßnahmen.[553] Angesichts dieser (Wesens-)Verschiedenheit ist auch eine begriffliche Differenzierung angezeigt. An sich spricht zwar nichts dagegen, bei den Grundrechtskonkurrenzen von additiven Grundrechtseingriffen zu sprechen, obgleich andere Termini, darunter Begriffe wie „Schutzbereichskombination“[554] oder „Verstärkungsverbund“[555], treffender erscheinen. Allerdings gilt es, Missverständnissen vorzubeugen.[556] Immerhin verwendet das Bundesverfassungsgericht den Terminus des additiven Grundrechtseingriffs ausschließlich um das Zusammenwirken mehrerer Maßnahmen zu beschreiben.[557] Geradezu irreführend ist es daher, einen Beitrag zur „Schutzbereichsverstärkung“ mit einem Verweis auf die (angebliche) Rechtsprechung des Bundesverfassungsgerichts zum „‘additiven‘ Grundrechtseingriff“ zu untertiteln[558].

Soweit darauf hingewiesen wird, dass der Begriff des additiven Grundrechtseingriffs auch zur Beschreibung mehrerer kleinerer Maßnahmen gebraucht werde, die erst in ihrer Gesamtheit Eingriffsintensität erreichen[559], ist dies – von der Terminologie her – unschädlich. Denn auch dadurch wird das Zusammenwirken mehrerer (belastender) Maßnahmen beschrieben. Eine andere Frage ist, ob es sich hierbei auch in der Sache um einen additiven Grundrechtseingriff handelt.[560]

---

dorff, SGb 2011, 121, 122 schließlich verortet den Terminus des additiven Grundrechtseingriffs offenbar in beiden Sachzusammenhängen.

552 S. Zweiter Teil III. 1. b) bb).

553 Vgl. nur *Klement*, AöR 134 (2009), 35, 51.

554 S. etwa *Breckwoldt*, Grundrechtskombinationen, 2015, S. 47.

555 Vgl. *Spielmann*, Konkurrenz von Grundrechtsnormen, 2008, S. 182.

556 So auch *Klement*, AöR 134 (2009), 35, 51; *Kromrey*, Belastungskumulation – Ein Beitrag zur Erweiterung des grundrechtlichen Eingriffsbegriffs, 2018, S. 15; *Lee*, Umweltrechtlicher Instrumentenmix und kumulative Grundrechtseinwirkungen, 2013, S. 96.

557 Vgl. etwa BVerfG, NJW 2012, 1784, 1785; BVerfG, NJW 2009, 2033, 2045; BVerfGE 114, 196, 247; BVerfGE 112, 304, 320.

558 So aber *E. Hofmann*, AöR 133 (2008), 523.

559 So *A.-K. Bauer*, Kindeswohlgefährdung durch religiös motivierte Erziehung, 2012, S. 114, ohne aber Nachweise anzuführen. Insoweit halten *Klement*, AöR 134 (2009), 35, 42 und *Lee*, Umweltrechtlicher Instrumentenmix und kumulative Grundrechtseinwirkungen, 2013, S. 94 den Begriff des „additiven Grundrechtseingriffs“ für missverständlich. *Kolbe*, Freiheitsschutz vor staatlicher Gesundheitssteuerung, 2017, S. 239 spricht stattdessen – in Abgrenzung von der „Kumulation von Eingriffen“ – von einem „kumulativen Eingriff“.

560 S. Zweiter Teil III. 2. b) bb) (2) u. Dritter Teil III. 1. b).

3. Alternative Terminologie: Addition oder Kumulation?

Auch soweit es um das Zusammenwirken mehrerer Maßnahmen im vorliegenden Sinne geht, fehlt es wie gesagt an einer einheitlichen Terminologie. Bevor dazu Stellung genommen wird, sind die in Schrifttum und Rechtsprechung entwickelten Varianten vorzustellen.

a) Literatur

In der Literatur lassen sich, was den Tatbestand angeht[561], im Wesentlichen drei Strömungen ausmachen. Einige beschreiben das „Zusammenwirken" als Addition, andere als Kumulation, wiederum andere als Summation, wobei Überschneidungen die Regel sind. *Kloepfer* charakterisierte das Phänomen bereits im Jahre 1983 als „Eingriffsadditionen" bzw. „Belastungsadditionen"[562], wobei diese Begriffe später wiederaufgegriffen worden sind[563]. *Lücke* nahm sich ebenfalls ein Vorbild daran. Mit dem Begriff des „additiven Grundrechtseingriffs"[564] sollte – bereits terminologisch – der Besonderheit eines (neuen) „ganzheitlichen" Eingriffstyps, der unter bestimmten Voraussetzungen mehrere Grundrechtseingriffe bündele und zu einer Gesamtbeeinträchtigung addiere, Rechnung getragen werden.[565] Ein Teil des Schrifttums hat sich dieser Terminologie angeschlossen[566],

561 Seitens der – hiervon zu trennenden – Lösungsansätze ist etwa von einem „Verbot der übermäßigen Gesamtbelastung des Bürgers (*Lücke*, DVBl 2001, 1469 u. 1476) oder von der „Verhältnismäßigkeit der Gesamtbelastung" (*Britz/Eifert/Reimer*, in: Britz/Eifert/Reimer (Hrsg.), Energieeffizienzrecht: Perspektiven und Probleme, 2010, S. 63, 105 f.) die Rede (näher s. Dritter Teil II. 1. c) aa)). *Schaks*, DÖV 2015, 817, 819 spricht von einem „Verbot der Belastungskumulation" und trennt damit begrifflich nicht zwischen Phänomen und Rechtsfolge.

562 *Kloepfer*, VerwArch 74 (1983), 201 u. 202.

563 Etwa bei *Jesse*, Instrumentenverbund als Rechtsproblem am Beispiel effizienter Energienutzung, 2014, S. 3; *Sellmann*, in: Hogenmüller u.a. (Hrsg.), Landwirtschaft im Spektrum der Umweltwissenschaften, 2002, S. 149 spricht daneben von „einer Addition von Eingriffen".

564 *Lücke*, DVBl 2001, 1469.

565 Ebd., S. 1470.

566 *Braun/Albrecht*, VR 2017, 151; *Derin/Golla*, NJW 2019, 1111, 1115; *Desoi*, Intelligente Videoüberwachung, 2018, S. 96; *Epping/Lenz/Leydecker*, Grundrechte, 8. Aufl. 2019, Rn. 401; *Hillgruber*, in: Isensee/P. Kirchhof (Hrsg.), Handbuch des Staatsrechts der Bundesrepublik Deutschland, Bd. IX, 3. Aufl. 2011, § 200 Rn. 98; *Jarass*, NVwZ 2017, 273, 275; *Kaltenstein*, WzS 2016, 303, 311; *F. Kirchhof*, NZS 2015, 1, 7; *Klar*, Datenschutzrecht und die Visualisierung des öffentli-

wenn auch mancherorts statt von einem Eingriff von einer „Gesamtbelastung“[567] oder einer „Grundrechtsbeeinträchtigung“[568] die Rede ist. Auffällig ist, dass das Wort „additiv“ nicht selten in Anführungszeichen gesetzt wird; nicht nur von denen, die es ablehnen[569], sondern teils auch von denen, die es befürworten[570] – selbst *Lücke* bildet hier keine Ausnahme[571].

Kloepfer prägte zudem den Begriff der „Belastungskumulation“[572], der in der Folgezeit, zum Teil in der Variante Kumulation von Maßnahmen bzw. Belastungen[573], ebenfalls viele Anhänger fand[574]. Daneben treten die an den Eingriffsbegriff anknüpfenden Termini. Soweit ersichtlich sprach *Hu-*

---

chen Raums, 2012, S. 95; *Peine*, in: Merten/Papier (Hrsg.), Handbuch der Grundrechte in Deutschland und Europa, Bd. III, 2009, § 57 Rn. 53; *Schaefer*, DÖV 2010, 379, 380; *Tanneberger*, Die Sicherheitsverfassung, 2014, S. 257; *Wienbracke*, ZJS 2013, 148, 153 Fn. 54; *Winkler*, Grundrechte in der Fallprüfung, 2. Aufl. 2018, S. 89; *Wolff*, ZG 2016, 361, 372. *Holoubek*, in: Merten/Papier (Hrsg.), Grundsatzfragen der Grundrechtsdogmatik, 2007, S. 17, 33 hält es aber nicht für zwingend auf diesen Begriff zurückzugreifen.

567 Etwa *Butzer/Soffner*, NZS 2011, 841, 847.

568 *Rixen*, Sozialrecht als öffentliches Wirtschaftsrecht, 2005, S. 333.

569 Vgl. etwa *Breckwoldt*, Grundrechtskombinationen, 2015, S. 139; *Michael/Morlok*, Grundrechte, 7. Aufl. 2020, § 18 Rn. 519; *Winkler*, JA 2014, 881.

570 So etwa *Bernsdorff*, SGb 2011, 121; *Gola/Klug/Reif*, NJW 2007, 2599, 2602; *Kaltenstein*, SGb 2016, 365; *Ruland*, SGb 2012, 241, 242; *Tanneberger*, Die Sicherheitsverfassung, 2014, S. 257.

571 Siehe etwa *Lücke*, DVBl 2001, 1469, 1470.

572 *Kloepfer*, VerwArch 74 (1983), 201; *ders.*, JZ 1991, 737, 744; *ders.*, ZAU 1996, 200, 207. Jüngst *ders.*, Umweltrecht, 4. Aufl. 2016, § 5 Rn. 790.

573 *Hermes*, in: Führ/Wahl/von Wilmowsky (Hrsg.), Festschrift f. Rehbinder, 2007, S. 569, 589 („Kumulation belastender Wirkungen“); *E. Hofmann*, AöR 133 (2008), 523, 525 Fn. 6; *F. Hufen*, NJW 1994, 2913, 2916; *Jesse*, Instrumentenverbund als Rechtsproblem am Beispiel effizienter Energienutzung, 2014, S. 3 u. 165; *G. Kirchhof*, Die Allgemeinheit des Gesetzes, 2009, S. 348; *ders.*, Grundrechte und Wirklichkeit, 2007, S. 27; *ders.*, in: Dujmovits u.a. (Hrsg.), Recht und Medizin – 46. Assistententagung Öffentliches Recht, 2006, S. 95, 112; *P. Kirchhof*, in: Isensee/P. Kirchhof (Hrsg.), Handbuch des Staatsrechts der Bundesrepublik Deutschland, Bd. V, 3. Aufl. 2007, § 118 Rn. 10; *Michael*, in: Hoffmann-Riem/Schmidt-Aßmann/Voßkuhle (Hrsg.), Grundlagen des Verwaltungsrechts, Bd. II, 2. Aufl. 2012, § 41 Rn. 119; *Musil*, DStR 2017, 1903, 1907; *Puschke*, Die kumulative Anordnung von Informationsbeschaffungsmaßnahmen im Rahmen der Strafverfolgung, 2006, S. 15; *Steinmetz*, NStZ 2001, 344, 345.

574 *E. Hofmann*, AöR 133 (2008), 523, 527; *G. Kirchhof*, NJW 2006, 732; *Klement*, AöR 134 (2009), 35, 37 u. 42; *Kromrey*, Belastungskumulation – Ein Beitrag zur Erweiterung des grundrechtlichen Eingriffsbegriffs, 2018, S. 11; *Leisner*, in: Isensee/P. Kirchhof (Hrsg.), Handbuch des Staatsrechts der Bundesrepublik Deutschland, Bd. VIII, 3. Aufl. 2010, § 173 Rn. 168; *Schaks*, DÖV 2015, 817; *Sellmann*, in: Hogenmüller u.a. (Hrsg.), Landwirtschaft im Spektrum der Umwelt-

fen als Erster von einem „kumulativen Grundrechtseingriff“[575], nachdem er zuvor lediglich sehr allgemein „Kumulationseffekte“[576] thematisierte. Ein Teil des Schrifttums folgte dem.[577] Allerdings existieren auch hierzu zahlreiche Varianten. So ist beispielsweise von einer „Eingriffskumulation“[578], von „kumulativen Grundrechtseinwirkungen“[579], von einer „Kumulierung von Grundrechtseingriffen“[580] bzw. „kulminierenden Grundrechtseingriffen“[581] oder einer „kumulativen Beeinträchtigung“[582] die Rede.

Außerdem knüpfen Einige wie gesagt an den Begriff der Summation an. Anfangs wurde das Phänomen – wiederum eher allgemein – als „summative Betrachtungsweise“[583] beschrieben. Ferner tauchen die Bezeichnungen „Belastungssummation“[584] bzw. „summationsbedingte Belastung“[585] auf. Viele Autoren verzichten im Übrigen auf eine einheitliche Begriffsbildung. So spricht *Würsig* einerseits von Belastungssummationen, andererseits von Belastungskumulationen.[586] Zudem ist nochmals auf *Kloepfer* hinzuwei-

---

wissenschaften, 2002, S. 149; *Smeddinck*, Integrierte Gesetzesproduktion, 2006, S. 122; *Winkler*, JA 2014, 881, 882.

575 *F. Hufen*, VVDStRL 57 (1998), 131 (Diskussionsbeitrag); *ders.*, Staatsrecht II: Grundrechte, 7. Aufl. 2018, § 8 Rn. 16.

576 *F. Hufen*, in: Grimm (Hrsg.), Wachsende Staatsaufgaben – sinkende Steuerungsfähigkeit des Rechts, 1990, S. 273, 281.

577 *Breckwoldt*, Grundrechtskombinationen, 2015, S. 141; *Bronkars*, Kumulative Eigentumseingriffe, 2007, S. 1 u. 23; *Hillgruber*, in: Isensee/P. Kirchhof (Hrsg.), Handbuch des Staatsrechts der Bundesrepublik Deutschland, Bd. IX, 3. Aufl. 2011, § 200 Rn. 97; *Hornung*, in: Albers/Weinzierl (Hrsg.), Menschenrechtliche Standards in der Sicherheitspolitik, 2010, S. 65, 66 u. 69; *Klement*, AöR 134 (2009), 35, 42; *Kloepfer*, Verfassungsrecht: Bd. II – Grundrechte, 2010, § 54 Rn. 20; *Kluth*, MedR 2005, 65, 70; *Kolbe*, Freiheitsschutz vor staatlicher Gesundheitssteuerung, 2017, S. 234; *Kreuter-Kirchhof*, NVwZ 2019, 1791; *Sachs*, Verfassungsrecht II: Grundrechte, 3. Aufl. 2017, S. 195; *Schaks*, Der Grundsatz der finanziellen Stabilität der gesetzlichen Krankenversicherung, 2007, S. 132.

578 So schon *Ehlers*, VVDStRL 51 (1992), 211, 231.

579 *Lee*, Umweltrechtlicher Instrumentenmix und kumulative Grundrechtseinwirkungen, 2013, S. 79 u. 95.

580 *Huber*, VSSR 2000, 369, 386.

581 *Heu*, Kulminierende Grundrechtseingriffe, 2018, S. 196.

582 *Michael/Morlok*, Grundrechte, 7. Aufl. 2020, § 18 Rn. 519.

583 *Kluth*, ZHR 162 (1998), 657, 659 u. 673.

584 *Reimer*, Qualitätssicherung, 2010, S. 274.

585 *Würsig*, Die Steuerung von Summenbelastungen im öffentlichen Immissionsschutzrecht, 2009, S. 23.

586 Ebd., S. 37. Ähnlich *Kluth*, ZHR 162 (1998), 657, 674, der außerdem von einem „kumulativen Eingriff“ spricht.

sen: Neben den bereits Genannten greift er inzwischen auch auf die Ausdrücke „kumulierender Grundrechtseingriff", „additiver Grundrechtseingriff" bzw. „Grundrechtsgesamteingriff"[587] zurück. Häufig findet sich außerdem die Wortgruppe „additiver oder kumulativer Grundrechtseingriff"[588]. Die Liste lässt sich fortsetzen.

b) Rechtsprechung

Zumindest implizit fand das Phänomen additiver Grundrechtseingriffe bereits 1967 Eingang in die Rechtsprechung des Bundesverfassungsgerichts. Hier sprach das Gericht von einer „Kumulation von Kriminal- und Disziplinarstrafen"[589]. In späteren Entscheidungen beleuchtet es schlicht das „Zusammenwirken mehrerer Einzelregelungen"[590]. So wurde die Vermögensteuer „in ihrem Zusammenwirken mit den sonstigen Steuerbelastungen"[591] gewürdigt und dem Gesetzgeber die „Berücksichtigung der steuerlichen Vorbelastung des Vermögens"[592] aufgegeben. Andere Gerichte greifen auf ähnliche Formulierungen zurück. Das Bundessozialgericht führte zum Beispiel eine „auch kumulative Effekte einbeziehende[n] verfassungsrechtliche[n] Betrachtungsweise"[593] durch. Für den Bereich des Immissionsschutzrechts kann laut Bayerischem Verwaltungsgerichtshof die „Kumulation unterschiedlicher Umwelteinwirkungen"[594] geboten sein. Insoweit verwendete der Gerichtshof ebenfalls die Termini „Kombinationen" und „Summationen".[595] Das Oberlandesgericht Düsseldorf spricht von einer „Kumulation", setzt diesen Begriff aber, anders als der Bundesge-

587 *Kloepfer*, Verfassungsrecht: Bd. II – Grundrechte, 2010, § 54 Rn. 20.

588 S. etwa *F. Hufen*, Staatsrecht II: Grundrechte, 7. Aufl. 2018, § 8 Rn. 16; *Michael*, in: Eifert/Hoffmann-Riem (Hrsg.), Innovationsverantwortung, 2009, S. 357, 359; *Schaks*, Der Grundsatz der finanziellen Stabilität der gesetzlichen Krankenversicherung, 2007, S. 132 f.; *Voßkuhle/Kaiser*, JuS 2009, 313, 314. Ähnlich *Breckwoldt*, Grundrechtskombinationen, 2015, S. 139; *Waldhoff*, GewArch 2018, 133, 137; *Ziekow/Debus/Piesker*, Die Planung und Durchführung von Gesetzesevaluationen: ein Leitfaden unter besonderer Berücksichtigung datenschutzrechtlicher Eingriffe, 2013, S. 135.

589 BVerfGE 21, 378, 389.

590 BVerfGE 82, 60, 84.

591 BVerfGE 93, 121, 137.

592 Ebd., S. 141.

593 BSG, BeckRS 2007, 47797 Rn. 29.

594 VGH Bayern, Beschluss v. 13.10.2015 – 22 ZB 15.1186 –, juris Rn. 71.

595 Ebd., Rn. 70.

richtshof in der Revisionsentscheidung[596], in Anführungszeichen[597]. Auch ist hier von einem „Zusammentreffen von Eingriffsmethoden“ die Rede. Ähnlich vage bleibt der Europäische Gerichtshof für Menschenrechte in demselben Verfahren, in dem er von einer „zusätzlichen Überwachung des Beschwerdeführers“[598] spricht. Allerdings heißt es in der Originalsprache: „[...] the applicant's surveillance by GPS was added to a multitude of further previously ordered, partly overlapping measures of observation“.[599]

Auf den Terminus des additiven Grundrechtseingriffs griff das Bundesverfassungsgericht erst im Jahr 2005 zurück, wobei es ihn in Anführungszeichen setzte.[600] Dabei bediente es sich offenkundig der Begriffsschöpfung *Lückes*[601], ohne dies aber zu kennzeichnen. Zwar ist hier auch von einem „kumulativen Einsatz moderner strafprozessualer Ermittlungsmethoden“ die Rede.[602] Gleichwohl konnte sich der Terminus in der darauffolgenden verfassungsgerichtlichen Rechtsprechung etablieren. Besonders häufig findet er in einem Beschluss des Zweiten Senats vom 13. September 2005 Erwähnung. Dort taucht das in Anführungszeichen gesetzte Adjektiv „additiv“ in Verbindung mit den Begriffen „Grundrechtseingriff“[603], „Gesamtbelastung“[604] und „Grundrechtsbeeinträchtigung“[605] auf. Von einer Kumulation ist hier nicht die Rede. Einen gewissen Einschnitt stellt der Beschluss vom 27. März 2012 dar. Dort spricht das Bundesverfassungsgericht – im Plural – von „kumulativen oder ‚additiven‘ Grundrechtseingriffen“[606] und verwendet im Übrigen nur noch den Begriff der „Kumulation“[607]. Hieraus wird teilweise geschlussfolgert, dass (auch) das Bundesverfassungsgericht inzwischen erstere Formulierung für vorzugswürdig halte.[608] Diese Einschätzung allerdings erscheint inzwischen überholt: So führte es in einer Entscheidung aus dem Jahr 2014 eine „additive Betrach-

596 BGH, NJW 2001, 1658, 1660.
597 OLG Düsseldorf, NStZ 1998, 268, 269.
598 EGMR, NJW 2011, 1333, 1338.
599 EGMR, 2.9.2010, Uzun/Deutschland, Beschw.-Nr. 35623/05 Rn. 79.
600 BVerfGE 112, 304, 320.
601 So auch *Klement*, AöR 134 (2009), 35, 41; *Lee*, Umweltrechtlicher Instrumentenmix und kumulative Grundrechtseinwirkungen, 2013, S. 94.
602 BVerfGE 112, 304, 321.
603 BVerfGE 114, 196, 247.
604 Ebd.
605 Ebd., S. 242.
606 BVerfG, NJW 2012, 1784, 1785.
607 Ebd., S. 1786 u. 1787 u. 1788.
608 So *Breckwoldt*, Grundrechtskombinationen, 2015, S. 141.

tung“[609] durch, ohne von einer „Kumulation“ zu sprechen. Auch war kurz darauf „hinsichtlich des Zusammenwirkens der verschiedenen Überwachungsmaßnahmen“ (wieder) exklusiv von einem „‘additiven‘ Grundrechtseingriff“[610] die Rede. Kürzlich hat das Bundesverfassungsgericht zwar den Begriff der „kumulativen Belastung“ wiederaufgegriffen[611], nicht ohne aber auf den Vortrag der Beschwerdeführerinnen hinzuweisen, die das Vorliegen eines „additiven Grundrechtseingriffs“ rügten[612].

Mit Blick auf die Rechtsprechung des Bundesverfassungsgerichts greifen auch die Fachgerichte zunehmend auf den Terminus des additiven Grundrechtseingriffs zurück. So beleuchtet das Landgericht Ellwangen die „Auswirkungen der verschiedenen Überwachungsmaßnahmen im Sinne eines additiven Grundrechtseingriffes“.[613] Auch der Bundesgerichtshof spricht im Anschluss an das Bundesverfassungsgericht von einem „so genannten additiven Grundrechtseingriff“[614], verzichtet dabei aber auf die Anführungsstriche. Daneben hält er aber an der Formulierung einer „Kumulation der Grundrechtseingriffe“[615] fest. Das Bundessozialgericht spricht ebenfalls nicht mehr nur von einer „kumulative Effekte einbeziehenden verfassungsrechtlichen Betrachtungsweise“, sondern knüpft, unter Verweis auf *Lücke*, an eine „‘additive‘ Betrachtung“[616] an. An anderer Stelle ist ausdrücklich von einem additiven Grundrechtseingriff die Rede.[617] Inzwischen hat dieser Terminus ebenfalls Eingang in die Rechtsprechung des Bundesfinanzhofs[618] und des Bundesverwaltungsgerichts gefunden[619]; dies gilt generell für die im Glücksspielrecht angesiedelte Judikatur[620]. Dort wird die Rechtsfigur – in Anlehnung an den wohl terminologisch überholten Beschluss vom 27. März 2012 – häufig als „sog. kumulativer oder addi-

609 BVerfG, NJW 2014, 3634, 3638.
610 BVerfG, NJW 2016, 1781, 1788.
611 BVerfG, BeckRS 2017, 106567 Rn. 156 (auszugsweise abgedruckt in: NVwZ 2017, 1111 ff.).
612 Ebd., Rn. 35 u. 51.
613 LG Ellwangen, Beschluss v. 28.5.2013 – 1 Qs 130/12 –, juris Rn. 68.
614 BGH, NJW 2009, 3448, 3458.
615 Ebd. Jüngst – exklusiv – „Sanktionskumulation“: BGH, NJW 2017, 2423, 2424.
616 BSG, BeckRS 2009, 67106 Rn. 46.
617 BSG, BeckRS 2010, 72553 Rn. 26.
618 BFH, Urt. v. 25.4.2018 – II R 43/15 –, juris Rn. 34.
619 BVerwG, Beschluss v. 9.8.2018 – 9 BN 5/18 –, juris Rn. 12; BVerwG, BeckRS 2017, 137046 Rn. 5; BVerwG, NVwZ 2016, 529, 531. Anderenorts ist allerdings die Rede von einem „durch Kumulation verschiedener Maßnahmen unverhältnismäßigen ‚additiven‘ Grundrechtseingriff“ (BVerwG, NVwZ 2017, 791, 801).
620 S. bereits Erster Teil V. 3. a) u. b).

tiver Grundrechtseingriff"[621] beschrieben. Demgegenüber beschränkt sich der Verfassungsgerichtshof des Landes Berlin wie schon das Bundesverwaltungsgericht auf den Terminus des „sog. additiven Grundrechtseingriffs"[622].

c) Kritik und Stellungnahme

Der Terminus des additiven Grundrechtseingriffs hat viel Kritik erfahren. Das gilt zunächst für das Attribut „additiv". So habe das Bundesverfassungsgericht den Begriff in Anführungszeichen gesetzt, um vor den falschen Assoziationen zu warnen, die der sprachliche Ausgriff in die Welt der Mathematik wecken könne.[623] Denn er erwecke den (unzutreffenden) Eindruck, dass die Wirkungen der einzelnen Maßnahmen schlicht im mathematischen Sinne addiert werden könnten.[624] Daher sei der Begriff der Kumulation vorzugswürdig.[625] Zudem sei der Singular „Grundrechtseingriff" fragwürdig, da der Betroffene gerade durch verschiedene staatliche Maßnahmen und nicht durch einen Eingriff belastet werde.[626] Insoweit verleite er zu dem Missverständnis, es gehe um ein Bündel von Hoheitsakten, das erst in der Zusammenschau als Grundrechtseingriff beschreibbar werde, oder jedenfalls in der Verfassungsmäßigkeitsprüfung als ein einzel-

---

621 Etwa FG Bremen, Urt. v. 20.2.2014 – 2 K 84/13 (1) –, juris Rn. 128; OVG NRW, Beschluss v. 26.11.2013 – 14 A 2401/13 –, juris Rn. 15. Jüngst OVG Lüneburg, Urt. v. 5.12.2017 – 9 KN 208/16 –, juris Rn. 37; VGH Baden-Württemberg, Urt. v. 20.7.2017 – 2 S 1671/16 –, juris Rn. 45.

622 BerlVerfGH, Beschluss v. 20.6.2014 – 96/13 –, juris Rn. 38.

623 So *Breckwoldt*, Grundrechtskombinationen, 2015, S. 141; *Klement*, AöR 134 (2009), 35, 41; *Lee*, Umweltrechtlicher Instrumentenmix und kumulative Grundrechtseinwirkungen, 2013, S. 94. Ähnlich schon *G. Kirchhof*, Grundrechte und Wirklichkeit, 2007, S. 27 Fn. 84.

624 *Jesse*, Instrumentenverbund als Rechtsproblem am Beispiel effizienter Energienutzung, 2014, S. 182 Fn. 341; *Lee*, Umweltrechtlicher Instrumentenmix und kumulative Grundrechtseinwirkungen, 2013, S. 94. Ähnlich auch *E. Hofmann*, Abwägung im Recht, 2007, S. 409 ohne aber präzise zwischen Grundrechtskombination und additivem Grundrechtseingriff zu unterscheiden.

625 So zum Beispiel *Breckwoldt*, Grundrechtskombinationen, 2015, S. 141; *G. Kirchhof*, Grundrechte und Wirklichkeit, 2007, S. 27 Fn. 84; *Lee*, Umweltrechtlicher Instrumentenmix und kumulative Grundrechtseinwirkungen, 2013, S. 95.

626 *G. Kirchhof*, NJW 2006, 732 Fn. 9; *ders.*, Grundrechte und Wirklichkeit, 2007, S. 27 Fn. 84. Hier knüpft auch *Bernsdorff*, SGb 2011, 121, 122 an, der den Begriff für unscharf hält.

ner Grundrechtseingriff zu behandeln sei.[627] Auch wird kritisiert, dass ein Anknüpfen an den – weniger offenen – Eingriffsbegriff es erschwere, weitere Grundrechtsdimensionen zu erfassen, da er traditionell allein mit der abwehrrechtlichen Dimension der Grundrechte in Verbindung gebracht werde.[628] Darauf zielt wohl auch *G. Kirchhof*, der ausführt, dass – so lautet die von ihm vorgeschlagene Begriffsalternative – eine kumulative Belastung nicht nur durch verschiedene Eingriffe entstehen könne, sondern zum Beispiel auch durch sich ergänzende Begünstigungen von Konkurrenten[629]. Andere verstehen die Bezeichnung der Belastungskumulation nur als Oberbegriff, sprechen ansonsten aber von einer Kumulation von Grundrechtseingriffen.[630]

Die dargestellte Kritik vermag nicht zu überzeugen. Bereits die Suche nach den Beweggründen des Bundesverfassungsgerichts erscheint wenig zielführend.[631] Abgesehen davon, dass der Additiveffekt auf Rechtsfolgenseite sehr wohl den Regelfall darstellt[632], ist das Attribut „additiv“ hier nicht in einem streng mathematischen Sinn zu verstehen. Vielmehr beschreibt es schlicht den Vorgang des Zusammenfassens mehrerer Maßnahmen; die Frage, welches (Gesamt-)Gewicht dieser Zusammenfassung mit Blick auf die konkrete Art der Kombinationswirkung letztlich zukommt, ist hiervon zu trennen.[633] Insoweit scheint weder der Begriff der Summation noch der der Kumulation vorzugswürdig, wenngleich es keine zwingenden Gründe gegen ihre Verwendung gibt. Denn der Duden versteht unter Summation die Bildung einer Summe, also einer Gesamtheit.[634] Dies erfolgt im Grunde genommen – ebenso – durch Addition. Nichts an-

---

627 So *Klement*, AöR 134 (2009), 35, 42; *Lee*, Umweltrechtlicher Instrumentenmix und kumulative Grundrechtseinwirkungen, 2013, S. 94. Vgl. auch *Jesse*, Instrumentenverbund als Rechtsproblem am Beispiel effizienter Energienutzung, 2014, S. 183. S. bereits Zweiter Teil I. 2.

628 *Schaks*, DÖV 2015, 817, 819.

629 *G. Kirchhof*, NJW 2006, 732 Fn. 9.

630 So *Klement*, AöR 134 (2009), 35, 42; dem folgend *Breckwoldt*, Grundrechtskombinationen, 2015, S. 141. *Schaks*, DÖV 2015, 817, 819 knüpft lediglich an den Begriff der Belastungskumulation an.

631 Ähnlich *Kromrey*, Belastungskumulation – Ein Beitrag zur Erweiterung des grundrechtlichen Eingriffsbegriffs, 2018, S. 10 Fn. 45.

632 S. Dritter Teil I. 1. c).

633 Ähnlich für den Begriff „Summation“: *Würsig*, Die Steuerung von Summenbelastungen im öffentlichen Immissionsschutzrecht, 2009, S. 22. Vgl. auch *Ruschemeier*, Der additive Grundrechtseingriff, 2019, S. 20, die den Begriff des additiven Grundrechtseingriffs als zu untersuchende These versteht.

634 *Dudenredaktion (Hrsg.)*, Duden: Deutsches Universalwörterbuch, 8. Aufl. 2015, S. 1726.

deres gilt für die Kumulation – einem Wort, welches seiner lateinischen Herkunft nach schlicht Anhäufung bedeutet.[635]

Dass im Singular von einem additiven Grundrechtseingriff die Rede ist, hängt damit zusammen, dass mit ihm eine „neuartige" Eingriffsqualität angenommen und hervorgehoben wird.[636] Mit einer „Verschmelzung" mehrerer Eingriffe zu einem einheitlichen Eingriff hat das nichts zu tun[637]; terminologisch spricht indes nichts dagegen, den durch das Zusammentreffen von Einzelbelastungen „erzeugten" Eingriff auch als solchen zu bezeichnen. Eine gewisse Berechtigung hat einzig der Einwand hinsichtlich des traditionellen Eingriffsverständnisses. So scheidet der Terminus des (Grundrechts-)Eingriffs außerhalb der abwehrrechtlichen Grundrechtsdimension[638] als Anknüpfungspunkt aus. Das gleiche gilt, wenn nicht die Beeinträchtigung eines Grundrechts, sondern einer anderweitigen Rechtsposition des Verfassungsrechts, wie z.B. des Art. 38 Abs. 1 S. 2 GG oder des Art. 28 Abs. 2 GG[639] in Rede steht. Dies stellt hingegen keinen Grund dafür dar, generell nach einem anderen Begriff als dem des additiven Grundrechtseingriffs – bzw. der (vertikalen) Eingriffsaddition[640] als Synonym – zu suchen[641], zumal die hier zu untersuchende Problematik vornehmlich im Bereich der Dogmatik der Grundrechte als Abwehrrechte angesiedelt ist. Für die genannten (Ausnahme-)Konstellationen ist hingegen eine andere Bezeichnung erforderlich. Insoweit taugt der offenere Begriff der Belastungsaddition.[642]

---

635 *Karkaj*, Die Gesamtlärmbewertung im Immissionsschutzrecht, 2008, S. 47 begreift die Begriffe Summation und Kumulation als Synonyme.

636 Dies verkennt *Lee*, Umweltrechtlicher Instrumentenmix und kumulative Grundrechtseinwirkungen, 2013, S. 94 Fn. 86.

637 So aber *Klement*, AöR 134 (2009), 35, 42. Ähnlich *Lee*, Umweltrechtlicher Instrumentenmix und kumulative Grundrechtseinwirkungen, 2013, S. 94 f.; *Würsig*, Die Steuerung von Summenbelastungen im öffentlichen Immissionsschutzrecht, 2009, S. 52.

638 Allgemein zur objektiv-rechtlichen Dimension der Grundrechte s. Zweiter Teil III. 3. b) aa).

639 S. bereits Erster Teil – Exkurs – 2.

640 Zur sog. horizontalen Eingriffsaddition s. Zweiter Teil III. 2. b) bb) (1).

641 Anders *Schaks*, DÖV 2015, 817, 819.

642 Ähnlich (Belastungskumulation als Oberbegriff): *Klement*, AöR 134 (2009), 35, 42; *Lee*, Umweltrechtlicher Instrumentenmix und kumulative Grundrechtseinwirkungen, 2013, S. 95. Anders *Kromrey*, Belastungskumulation – Ein Beitrag zur Erweiterung des grundrechtlichen Eingriffsbegriffs, 2018, S. 13 f., die den Begriff der Belastung ausschließlich mit der abwehrrechtlichen Grundrechtsdimension in Verbindung setzt und stattdessen vorschlägt, von einer „Beeinträchtigungskumulation" zu sprechen.

II. Gründe für eine Gesamtbetrachtung („ob")

Dass die Grundrechte überhaupt vor kumulativen Belastungen schützen, deutete sich bereits an. Auch sind sich Schrifttum wie Rechtsprechung in diesem Punkt inzwischen weitgehend einig.[643] Blickt man aber zurück, ergibt sich ein anderes Bild. Hinzu kommen vereinzelte Judikate, die eine Gesamtbetrachtung nach wie vor – von vornherein – ausblenden. Daher lohnt eine nähere Betrachtung, bevor auf die Voraussetzungen des additiven Grundrechtseingriffs eingegangen wird.

1. Literatur

Bereits *Kloepfer* erkannte, dass die Grundrechte von eminenter Bedeutung seien in einem „fast allzuständigen bürokratischen Vorsorgestaat [...] mit seiner Unzahl kleiner Gängelungen des Bürgers."[644] Denn die Freiheit eines Adressaten verschiedener Maßnahmen gerate „gerade durch deren kumulative Belastung in Gefahr, wenn der Rechtsstaat lediglich die Grenzen einer einzelnen Maßnahme prüft, die Gesamtbelastung aber nicht wahrnimmt."[645] Daher sei, getragen von dem Gedanken, die wahre Betroffenheit des Bürgers grundrechtlich zu erfassen[646], auch ein „Verbot einer übermäßigen Gesamtbelastung des Bürgers" anzuerkennen. Erst dadurch werde garantiert, dass der Bürger „nicht Stück für Stück [...] vom Staat um seine Freiheit gebracht werden kann."[647] Es lässt sich also sagen: „Nicht nur jeder Grundrechtseingriff für sich genommen, sondern auch die Summe zusammenwirkender Grundrechtseingriffe muß das Prinzip grund-

---

643 So auch *Jesse*, Instrumentenverbund als Rechtsproblem am Beispiel effizienter Energienutzung, 2014, S. 166; *Lee*, Umweltrechtlicher Instrumentenmix und kumulative Grundrechtseinwirkungen, 2013, S. 109.

644 *Kloepfer*, VerwArch 74 (1983), 201, 214.

645 *G. Kirchhof*, NJW 2006, 732. Ähnlich etwa *Bronkars*, Kumulative Eigentumseingriffe, 2007, S. 4; *Winkler*, JA 2014, 881.

646 *Lücke*, DVBl 2001, 1469, 1470.

647 Ebd., S. 1477. Vgl. auch *Heu*, Kulminierende Grundrechtseingriffe, 2018, S. 225; *Jesse*, Instrumentenverbund als Rechtsproblem am Beispiel effizienter Energienutzung, 2014, S. 166; *Klement*, AöR 134 (2009), 35, 75; *Sellmann*, in: Hogenmüller u.a. (Hrsg.), Landwirtschaft im Spektrum der Umweltwissenschaften, 2002, S. 149, 155.

rechtlich geschützter und nur begrenzt einschränkbarer Freiheit wahren."[648]

Normativ knüpft das Schrifttum zunächst an das Verbot der Mehrfachbestrafung wegen derselben Tat (Art. 103 Abs. 3 GG) und an das Gebot, eine Überlastung des Steuerpflichtigen zu vermeiden (Art. 106 Abs. 3 S. 4 Nr. 2 GG), an.[649] Insoweit lasse das Grundgesetz erkennen, „daß es Schutz auch gegen übermäßige Freiheitseinschränkungen und Belastungen bieten will, die sich erst aus mehreren Eingriffsakten in ihrer Verbundenheit ergeben."[650] Vereinzelt findet sich darüber hinaus ein Verweis auf die Wesensgehaltsgarantie (Art. 19 Abs. 2 GG).[651] *Schaks* meint gar, dass das „Verbot der Belastungskumulation" seinen „Ankerplatz" hierin finde.[652] Immerhin erfüllten beide dieselbe Funktion – die Grundrechte vor einem Leerlaufen zu schützen. Eben dies drohe, so heißt es weiter, „nicht nur durch gravierende Einzeleingriffe […], sondern auch durch weniger intensive, aber dafür zahlreiche Eingriffe."[653]

Allerdings finden sich auch kritische Stimmen. So erwägt *Michael* aus Gründen einer noch weiter gehenden Verschärfung verfassungsrechtlicher – besonders (verfassungs-)gerichtlicher – Maßstäbe, eine Gesamtbetrachtung von vornherein auszublenden, was er im Ergebnis aber ablehnt.[654] Auch die Aussage, dass sich „durch das Verfassungsrecht keine Grenzen für die Belastungskumulation ableiten" ließen[655], lässt sich als Kritik an einer (Grundrechts-)Dogmatik verstehen, die lediglich auf das einzelne Instrument gerichtet ist. Lauter werden die Zweifel aber was deren Fortentwicklung anbelangt: Befürchtet wird u.a., dass angesichts der „mögli-

---

648 So *Hillgruber*, in: Isensee/P. Kirchhof (Hrsg.), Handbuch des Staatsrechts der Bundesrepublik Deutschland, Bd. IX, 3. Aufl. 2011, § 200 Rn. 99.

649 S. etwa *Bronkars*, Kumulative Eigentumseingriffe, 2007, S. 74 ff.; *Jesse*, Instrumentenverbund als Rechtsproblem am Beispiel effizienter Energienutzung, 2014, S. 166 (nur Art. 106 Abs. 3 S. 4 Nr. 2 GG); *Kromrey*, Belastungskumulation – Ein Beitrag zur Erweiterung des grundrechtlichen Eingriffsbegriffs, 2018, S. 47 ff.; *Lee*, Umweltrechtlicher Instrumentenmix und kumulative Grundrechtseinwirkungen, 2013, S. 105; *Lücke*, DVBl 2001, 1469, 1477; *Schaks*, DÖV 2015, 817, 818.

650 *Hillgruber*, in: Isensee/P. Kirchhof (Hrsg.), Handbuch des Staatsrechts der Bundesrepublik Deutschland, Bd. IX, 3. Aufl. 2011, § 200 Rn. 99.

651 Namentlich bei *Bronkars*, Kumulative Eigentumseingriffe, 2007, S. 73 f.

652 *Schaks*, DÖV 2015, 817, 818 f.

653 Ebd., S, 821.

654 *Michael*, in: Hoffmann-Riem/Schmidt-Aßmann/Voßkuhle (Hrsg.), Grundlagen des Verwaltungsrechts, Bd. II, 2. Aufl. 2012, § 41 Rn. 122 f.

655 *Wustlich*, Die Atmosphäre als globales Umweltgut, 2003, S. 310.

che[n] Uferlosigkeit der potentiell in eine gemeinsame Betrachtung einzubeziehenden [...] Maßnahmen“ Rationalitätseinbußen drohen.[656] In eine ähnliche Richtung weist der Einwand, eine „Gesamtfreiheitsbilanz“ sei kaum justiziabel.[657]

2. Rechtsprechung

a) Bundesverfassungsgericht

Nimmt man nur die Rechtsprechung des Bundesverfassungsgerichts, zeigt sich, dass es kumulative Belastungen seit langem erkennt und als solchen begegnet. Es entschied wie gesehen bereits 1967, dass es „mit dem Grundsatz der Rechtsstaatlichkeit nicht vereinbar [ist], daß wegen derselben Tat eine strafgerichtliche Verurteilung zu einer Freiheitsstrafe ohne Berücksichtigung einer bereits verhängten disziplinaren Arreststrafe erfolgt.“[658] Dass „‘additiven‘ Grundrechtseingriffen“ – generell – ein „spezifisches Gefährdungspotenzial für grundrechtlich geschützte Freiheiten“ innewohne, blieb lange unausgesprochen[659], wird inzwischen aber ausdrücklich erklärt.[660] Es sei nämlich möglich, „dass verschiedene einzelne, für sich betrachtet geringfügige Eingriffe in grundrechtlich geschützte Bereiche in ihrer Gesamtwirkung zu einer schwerwiegenden Beeinträchtigung führen, die das Maß der rechtsstaatlich hinnehmbaren Eingriffsintensität überschreitet.“[661] Abgesehen davon verweist das Bundesverfassungsgericht wie das Schrifttum auf Art. 106 Abs. 3 S. 4 Nr. 2 GG. Diese Norm mache, so das Gericht, deutlich, dass die Vermeidung einer Überbelastung (hier: der Steuerpflichtigen) als verfassungsgerechter Grundsatz zu gelten habe.[662]

Diese Darstellung soll nicht darüber hinwegtäuschen, dass (auch) die Verfassungsrechtsprechung eine Entwicklung durchgemacht macht. So

---

656 *Jesse*, Instrumentenverbund als Rechtsproblem am Beispiel effizienter Energienutzung, 2014, S. 167 u. 170 ff.

657 *Rodi*, ZG 2000, 231, 237; *Smeddinck*, Integrierte Gesetzesproduktion, 2006, S. 123. S. ferner *Michael*, in: Hoffmann-Riem/Schmidt-Aßmann/Voßkuhle (Hrsg.), Grundlagen des Verwaltungsrechts, Bd. II, 2. Aufl. 2012, § 41 Rn. 122.

658 BVerfGE 21, 378, 388. S. Erster Teil I. 1. a).

659 Vgl. etwa BVerfG, NJW 1999, 935, 937; BVerfGE 93, 121, 137 f.

660 BVerfG, NJW 2012, 1784, 1786. Ähnlich bereits BVerfGE 112, 304, 320.

661 BVerfG, NJW 2009, 2033, 2045; BVerfG, NJW 2014, 3634, 3638; ähnlich BVerfG, NJW 2012, 1784, 1785.

662 BVerfGE 115, 97, 115 f.

verschloss sie sich zunächst einer Gesamtbetrachtung im öffentlichen Abgabenrecht. Nur beiläufig hieß es, dass das Grundgesetz das Nebeneinander von Einkommen- und Realsteuern vorsehe.[663] Dies änderte sich spätestens im Jahr 1995.[664] Später relativierte das Bundesverfassungsgericht zwar den sog. Halbteilungsgrundsatz, hielt aber wie gesagt an der Notwendigkeit einer Gesamtschau fest.[665] Vergleichbares trug sich im Wirtschaftsrecht[666] und im Sozialrecht[667] zu: Anfänglich beschränkte sich das Bundesverfassungsgericht jeweils auf eine isolierte Überprüfung der eingesetzten Instrumente, weitete dann aber den Blick.

b) Sonstige Judikatur

Auch die übrige Rechtsprechung[668] nimmt sich zunehmend der Gesamtlast an. Gewisse Abstriche sind hier allerdings ebenfalls zu machen. So sah sich das Bundesverfassungsgericht im Strafvollzugsrecht hin und wieder zum Einschreiten gezwungen[669]; anders liegt freilich der Beschluss des Oberlandesgerichts Frankfurt am Main vom 26. Februar 2002[670]. Auch der Bundesfinanzhof sah sich zunächst daran gehindert, eine Gesamtbetrachtung der Abgabenlast vorzunehmen und gab dafür prozessuale Gründe an.[671] Im Jahr 1999 widmete er sich sodann der (kumulativen) Belastung mit Einkommen- und Gewerbeertragsteuer, obgleich er den sog. Halbteilungsgrundsatz nicht übernahm.[672] Was das Rentenrecht betrifft, hat sich in der Rechtsprechung des Zwölften Senats des Bundessozialgerichts eine „auch kumulative Effekte einbeziehende verfassungsrechtliche Betrachtungsweise“[673] etabliert. In Zurückhaltung übt sich dagegen der 13. Se-

663 BVerfGE 46, 224, 236.
664 BVerfGE 93, 121.
665 BVerfGE 115, 97, 114 ff. S. Erster Teil IV. 2. c) bb).
666 Vgl. etwa BVerfGE 81, 70, 84 ff. einerseits und BVerfG, NJW 2009, 2033, 2045 andererseits.
667 BVerfG, BeckRS 2008, 40231 zum einen und BVerfG, NJW 2014, 3634, 3638 zum anderen. S. bereits Erster Teil VI. 3. b).
668 Zur Rechtsprechung des EuGH s. Dritter Teil III. – Exkurs –.
669 Vgl. etwa BVerfG, NJW 1994, 1339 zu OLG Nürnberg, NStZ 1993, 512.
670 OLG Frankfurt am Main, NStZ-RR 2002, 155.
671 BFH, BStBl II 1973, 163, 165.
672 BFH, NJW 1999, 3798 f. Näher s. Dritter Teil II. 1. c) cc) (1) (b).
673 BSG, BeckRS 2007, 47797 Rn. 29; BSG, NZS 2010, 30, 32.

nat.[674] Deutliche Unterschiede ergeben sich schließlich im Bereich des Glücksspielwesens: Während der Staatsgerichtshof Baden-Württemberg die Bestimmungen des entsprechenden Landesglücksspielgesetzes explizit in ihrem Zusammenwirken würdigt[675], finden sich in der – parallel gelagerten – Rechtsprechung des Bayerischen Verfassungsgerichtshofs dazu keinerlei Ausführungen[676]. Manche Fachgerichte nehmen zwar formal eine Gesamtbetrachtung vor, wenden zugleich aber ein, die Rechtsfigur des additiven Grundrechtseingriffs erlaube es nicht, „alle für sich betrachtet zulässigen Grundrechtseingriffe gegen einen Grundrechtsträger in einer Gesamtbetrachtung unter Verhältnismäßigkeitsgesichtspunkten als unzulässigen kumulativen Grundrechtseingriff zu qualifizieren.“[677]

3. Stellungnahme

Es gilt das Gebot, (auch) kumulative Lasten zu erfassen. Das ergibt sich zwingend aus den (Einzel-)Grundrechten in Verbindung mit Art. 1 Abs. 3 GG[678]. Ihr gemeinsames Ziel: die Effektivität des Grundrechtsschutzes.[679] Diese würde bei einer bloß punktuellen Betrachtungsweise entscheidend geschwächt. Es droht, wie die zahllosen, eingangs vorgestellten Beispiele veranschaulichen, in der Tat ein Leerlaufen der – umfassend geschützten[680] – Freiheit des Einzelnen; Stück für Stück durch mehrere, je für sich

---

674 Vgl. nur BSG, BeckRS 2007, 44201; BSG, NJOZ 2009, 4948; BSG, NJOZ 2012, 310. S. Erster Teil VI. 3. a).

675 StGH Baden-Württemberg, Urt. v. 17.06.2014 – 1 VB 15/13 –, juris Rn. 103 u. 324.

676 BayVerfGH, NJOZ 2015, 1970, insbes. 1973 ff.

677 So etwa FG Bremen, Urt. v. 20.2.2014 – 2 K 84/13 (1) –, juris Rn. 128; FG Hamburg, Urt. v. 27.8.2014 – 2 K 257/13 –, juris Rn. 55.

678 Auf die Notwendigkeit dieser Verbindung hinweisend *Kromrey*, Belastungskumulation – Ein Beitrag zur Erweiterung des grundrechtlichen Eingriffsbegriffs, 2018, S. 52, da Art. 1 Abs. 3 GG lediglich die Art der Bindung an die Grundrechte, nicht jedoch ihren materiellen Gehalt bestimme.

679 Vgl. auch *Herdegen*, in: Maunz/Dürig (Begr.), Grundgesetz-Kommentar, Lfg. 87 März 2019, Art. 1 Abs. 3 Rn. 3.

680 Zur „Freiheit“ nach der liberalen Grundrechtstheorie: *Bronkars*, Kumulative Eigentumseingriffe, 2007, S. 65 ff. Sie konstatiert: „Wenn aber der die vorstaatliche Freiheit beeinträchtigende Effekt staatlichen Handelns maßgeblich für die Rechtfertigungslast des Staates ist, dann kann man die einmal durch den Staat verursachte Beeinträchtigung eines Grundrechts nicht bei weiteren Eingriffen ignorieren, denn sie besteht weiterhin neben den zu ihr hinzu tretenden Belastungen.“ (ebd., S. 67).

verfassungsgemäße Maßnahmen. Zu bedenken ist, dass das Grundgesetz „den Schutz vor Grundrechtsbeeinträchtigungen nicht an den Begriff des Eingriffs gebunden oder diesen inhaltlich vorgegeben [hat].“[681] Neuartige Gefährdungssituationen erfordern mitunter ein neues Instrumentarium. So war es bei der Abkehr vom „klassischen“ Eingriffsbegriff hin zu einem erweiterten, der ungeachtet seiner Beschaffenheit im Einzelnen[682] die beeinträchtigende Wirkung der Maßnahme in den Mittelpunkt rückt, und so verhält es sich bei additiven Belastungen als „‘neuer‘ Handlungsform des Staates“[683].[684] Jeweils geht es, wie gesagt, darum, einen effektiven – möglichst lückenlosen – Schutz der Grundrechtsgüter zu gewährleisten. Nicht umsonst ließ das Bundesverfassungsgericht bereits im Jahr 1962 verlauten: „Dabei kommt es allein auf die Tatsache der Benachteiligung, nicht darauf an, mit welchen Mitteln der Eingriff erfolgt.“[685] Ins Moderne gewendet, hat es zu heißen: „Dabei kommt es allein auf die Tatsache der Benachteiligung, nicht darauf an, mit welchen Mitteln die Eingriffe erfolgen.“

Tragfähige Argumente, die per se gegen eine Gesamtschau sprechen, sind nicht ersichtlich. Im Gegenteil fordert das Grundgesetz vereinzelt ganz explizit die Vornahme einer Gesamtbetrachtung (Art. 103 Abs. 3 GG, Art. 106 Abs. 3 S. 4 Nr. 2 GG), was nicht als Ausnahmefall gemeint ist[686]. Dasselbe gilt für das einfache Recht[687] in besonders grundrechtssensiblen Bereichen. Zugegeben, die Kritik im Schrifttum hat durchaus ihre Berechtigung. Dabei geht es streng genommen aber nicht um das „Ob“, sondern um das „Wie“, d.h. um die Ausgestaltung eines Schutzes gegen additive Grundrechtseingriffe[688]. Jedenfalls ist, um mit *Klement* zu sprechen, der „‘Blick auf das Ganze‘ […] nicht das Ende von Dogmatik, sondern eine

---

681 So BVerfGE 105, 279, 300.

682 S. allgemein Zweiter Teil III. 1. a).

683 So *Ruschemeier*, Der additive Grundrechtseingriff, 2019, S. 95.

684 Näher zu den Parallelen der Entwicklung des additiven Grundrechtseingriffs zur Entwicklung des modernen Eingriffsbegriffs *Ruschemeier*, Der additive Grundrechtseingriff, 2019, S. 92 ff.

685 BVerfGE 13, 290, 299.

686 Näher *Kromrey*, Belastungskumulation – Ein Beitrag zur Erweiterung des grundrechtlichen Eingriffsbegriffs, 2018, S. 50 f.

687 Anrechnungsregelungen finden sich etwa im Disziplinarrecht (§ 16 Abs. 2 WDO), im Ordnungswidrigkeitenrecht (§ 86 Abs. 2 OWiG), beim Widerruf der Strafaussetzung zur Bewährung (§ 56f Abs. 3 S. 2 StGB) und bei der zu verbüßenden Strafe (§ 51 Abs. 5 S. 1 StGB und § 51 Abs. 3 StGB). Ferner gibt es Bestimmungen, die die Pflicht normieren, bei Verhängung der zweiten Sanktionen deren Notwendigkeit konkret festzustellen (§ 16 Abs. 1 Nr. 2 WDO).

688 Dazu im Einzelnen s. Zweiter Teil III. u. Dritter Teil.

Perspektive, die zu einer adäquaten grundrechtlichen Erfassung“ noch fehlt.[689] Im Übrigen führt eine Gesamtbetrachtung nicht nur zu Verschärfungen, sondern auch zu Entschärfungen verfassungsrechtlicher Maßstäbe. Denn die Realität gerecht abzubilden, bedeutet auch gegenläufige Belange einzubeziehen. Dazu zählen neben Begünstigungen, die Belastungen ausgleichen[690], sämtliche für das „Ganze“ sprechenden Gründe[691].

Was die Rechtsprechung angeht, ist eine positive Entwicklung erkennbar. Besonders hervorzuheben ist die des Bundesverfassungsgerichts in Fragen des Wirtschafts- oder Sozialrechts. Eine gewisse Zurückhaltung herrscht aber noch im (öffentlichen) Abgabenrecht. Ein Grund dafür ist, dass das Bundesverfassungsgericht hierbei vorrangig Art. 3 Abs. 1 GG heranzieht.[692] Selbst das Verbot der Doppelbesteuerung wird nicht freiheitsrechtlich entfaltet.[693] Ob sich daran in Zukunft etwas ändern wird, vor allem ob die Figur des additiven Grundrechtseingriffs auch im Abgabenrecht zum Tragen kommen wird, bleibt abzuwarten. Erst kürzlich hat das Bundesverfassungsgericht eine vielversprechende Gelegenheit verstreichen lassen. Anhängig waren nämlich u.a. Vorlagen des Bundesfinanzhofs betreffend die Verfassungsmäßigkeit der Einheitsbewertung zur Bemessung der Grundsteuer[694], die Parallelen zur Einheitswerte-Entscheidung[695] aufweisen. Bereits im Jahr 2004 wurde geltend gemacht, dass das unter Berücksichtigung der steuerlichen Vorbelastung des Vermögens des Steuerpflichtigen zur Grundlage seiner individuellen Lebensgestaltung bestimmte Vermögen nicht durch weitere Besteuerung, hier in Gestalt der Grundsteuer, gemindert werden dürfe.[696] Dabei spielen auch die Existenz sowie – gegebenenfalls – die Anwendbarkeit des sog. Halbteilungsgrundsatzes auf

---

689 *Klement*, AöR 134 (2009), 35, 39.
690 S. Dritter Teil I. 2.
691 Ausführlich Dritter Teil III. 1. c) aa) (3) (d) (bb).
692 *F. Kirchhof*, in: Merten/Papier (Hrsg.), Grundsatzfragen der Grundrechtsdogmatik, 2007, S. 35, 53 spricht von der „tragenden Rolle“ des allgemeinen Gleichheitssatzes.
693 S. bereits Erster Teil IV. 2. b).
694 BFH, DStR 2014, 2438 ff.; BFH, BeckRS 2015, 94056; BFH, DStRE 2015, 600 ff.
695 BVerfGE 93, 121. S. bereits Erster Teil IV. 2. c) aa).
696 Vgl. *Wernsmann*, NJW 2006, 1169, 1174. Die gegen das Urteil des VG Karlsruhe v. 18.2.2004 (VG Karlsruhe, DStRE 2005, 1221) gerichtete Verfassungsbeschwerde wurde nicht zur Entscheidung angenommen (s. BVerfG, BeckRS 2006, 28148).

die Grundsteuer eine Rolle[697], worauf das Bundesverfassungsgericht aber mit Urteil vom 10. April 2018 nicht eingeht[698].

Schwerer wiegen die Vorbehalte gegenüber Teilen der sonstigen Judikatur. Nach dem Gesagten ist es jedenfalls nicht hinnehmbar, die Gesamtlast von vornherein auszublenden. Eben darauf läuft aber die Vorgehensweise einzelner Gerichte, gerade im Bereich des Glücksspielrechts, hinaus. Zwar handelt es sich bei der Qualifikation als „unzulässiger kumulativer Grundrechtseingriff" um keinen Automatismus. Allerdings ist es gerade die betreffende Rechtsfigur, die es an sich erlaubt, eine Betrachtung im „Verbund" vorzunehmen, der dann – je nach Fallgestaltung – als verfassungsgemäß bzw. verfassungswidrig zu beurteilen sein wird.

III. (Tatbestandliche) Voraussetzungen und Erscheinungsformen („wie")

Im Folgenden sollen der Rechtsfigur des additiven Grundrechtseingriffs inhaltliche Konturen verliehen werden. Gemeint sind die Voraussetzungen, die es erlauben, mehrere Einzelakte gemeinsam zu betrachten. Auf die Frage, wie die sich daraus unter Umständen ergebende Gesamtlast „weiterverarbeitet" wird, ist erst im dritten Teil dieser Untersuchung einzugehen. Denn zuvor wird sich der Blick auf Sonderfälle der Eingriffsaddition richten.

1. Allgemeines

Einige Vorfragen gilt es allerdings noch zu klären. So existieren Phänomene, die, statt bloße Sonderkonstellationen abzubilden, gänzlich anders liegen und daher der Abgrenzung bedürfen. Zudem geht es um das Bild, das die herrschende Meinung von der Figur des Grundrechtseingriffs zeichnet. Zwar ist noch nicht gesagt, dass die zu „addierenden" Einzelakte sämtlich Eingriffsqualität aufweisen müssen. Dennoch sind beide Rechtsfiguren – so viel ist sicher – miteinander verbunden, und zwar nicht nur begrifflich.

---

697 Vgl. auch BVerfG, BeckRS 2009, 32663 Rn. 10.

698 Vgl. BVerfG, NJW 2018, 1451, insbes. 1453 ff. Im Rahmen der Prüfung der Rechtfertigung der Ungleichbehandlung wird zwar festgestellt, dass die Grundsteuer – entgegen dem Vortrag der Bundesregierung – von ihrer Belastungswirkung her „keineswegs unbedeutend" sei, ohne dabei aber die Abgabenlast im Übrigen zu berücksichtigen.

Vielmehr weist ihre Entwicklung nach dem oben Gesagten deutliche Parallelen auf.[699] Insofern liegt nahe anzunehmen, dass die (Weiter-)Entwicklung – konkret die Erweiterung – des Eingriffsbegriffs eine wichtige Voraussetzung für eine sachgerechte grundrechtliche Verarbeitung der Rechtsfigur des additiven Grundrechtseingriffs war und ist.

a) Zum Grundrechtseingriff als solchem

Den Ausgangspunkt bildet der sog. „klassische“ Eingriffsbegriff. Danach liegt ein Eingriff vor, wenn eine staatliche Maßnahme rechtsförmig, imperativ, final und unmittelbar, also mit Rechtsbefehl und formalisiertem Zwang, grundrechtliche Freiheiten verkürzt.[700] Im Laufe der Zeit traten allerdings – vor allem wegen geänderter Gefährdungslagen und neuer staatlicher Handlungsformen[701] – Fälle auf, bei denen grundrechtliche Interessen in ähnlicher Weise gemindert waren, ohne dass die Maßnahme diese vier Kriterien erfüllte. Es bedurfte also einer Erweiterung des „klassischen“ Eingriffsbegriff hin zu einem „modernen“.[702] Streit besteht allerdings dahingehend, wie dieser im Einzelnen beschaffen ist.

Am weitesten geht der Ansatz im Schrifttum, auf begrenzende Kriterien generell zu verzichten.[703] *Meister* etwa beschreibt den Eingriff, abseits einer freien und selbstverantwortlichen Selbstschädigung des Grundrechtsträgers, schlicht als jedes staatliche Verhalten, das kausal zu einer Reduktion grundrechtlicher Freiheiten führt.[704] Gegen dieses Konzept wird geltend gemacht, dass es der Figur des Grundrechtseingriffs „jegliches Profil und

699 S. Zweiter Teil II. 3.

700 *Bethge*, VVDStRL 57 (1998), 7, 38; *Hillgruber*, in: Isensee/P. Kirchhof (Hrsg.), Handbuch des Staatsrechts der Bundesrepublik Deutschland, Bd. IX, 3. Aufl. 2011, § 200 Rn. 89. Dazu und zu der Frage, ob „der klassische Grundrechtseingriff ein additiver Grundrechtseingriff sein kann“: *Ruschemeier*, Der additive Grundrechtseingriff, 2019, S. 84 ff.

701 Vgl. *Weber-Dürler*, VVDStRL 57 (1998), 57, 75. S. bereits Einleitung I.

702 Vgl. *Meister*, Das System des Freiheitsschutzes im Grundgesetz, 2011, S. 129 f. m.w.N.; *Voßkuhle/Kaiser*, JuS 2009, 313.

703 In diese Richtung *Alexy*, Theorie der Grundrechte, 1994, S. 292; *Gallwas*, Faktische Beeinträchtigungen im Bereich der Grundrechte, 1970, insbes. S. 48 f.; *Lindner*, DÖV 2004, 765, 770 ff.; *Roth*, Faktische Eingriffe in Freiheit und Eigentum, 1994, S. 126.

704 *Meister*, Das System des Freiheitsschutzes im Grundgesetz, 2011, S. 144. Dem folgend *Breckwoldt*, Grundrechtskombinationen, 2015, S. 32.

jede Kontur"[705] nehme und dadurch zu Rechtsunsicherheit führe.[706] Im Zusammenspiel mit einem weiten Schutzbereichsverständnis[707] habe es zudem eine „Vergrundrechtlichung des ganzen Rechts"[708] zur Folge, was wiederum eine steigende Zahl von Grundrechtskollisionen und Abwägungen bedinge[709].

Geht man daher von einem nach wie vor begrenzten Eingriffsverständnis aus, stellt sich die Frage, welche Kriterien statt der des „klassischen" Begriffs maßgeblich sein sollen. Vorgeschlagen wird zum Beispiel das Merkmal der Finalität zum Kriterium der Vorhersehbarkeit auszuweiten.[710] Ungeachtet dessen rückt die beeinträchtigende Wirkung der Maßnahme in den Fokus. In einem Standardlehrbuch heißt es: „Eingriff ist jedes staatliche Handeln, das dem Einzelnen ein Verhalten […], das in den Schutzbereich eines Grundrechts fällt, ganz oder teilweise unmöglich macht, gleichgültig ob diese Wirkung final oder unbeabsichtigt, unmittelbar oder mittelbar, rechtlich oder tatsächlich (faktisch, informal), mit oder ohne Befehl und Zwang eintritt."[711] Vorausgesetzt ist damit auch eine gewisse Intensität der Beeinträchtigung. So soll bei „bloßen Bagatellen", „alltäglichen Lästigkeiten" und „subjektiven Empfindlichkeiten" kein Eingriff vorliegen.[712]

---

705 *Bethge*, in: Merten/Papier (Hrsg.), Handbuch der Grundrechte in Deutschland und Europa, Bd. III, 2009, § 58 Rn. 55.

706 In diese Richtung etwa *Ramsauer*, VerwArch 72 (1981), 89, 97; *Weber-Dürler*, VVDStRL 57 (1998), 57, 76.

707 Dazu insgesamt: *Böckenförde*, Der Staat 42 (2003), 165 ff.; *Hillgruber*, in: Isensee/P. Kirchhof (Hrsg.), Handbuch des Staatsrechts der Bundesrepublik Deutschland, Bd. IX, 3. Aufl. 2011, § 200 Rn. 18 ff.

708 *Starck*, JuS 1981, 237, 245.

709 Vgl. *Böckenförde*, Der Staat 42 (2003), 165, 167; *Hoffmann-Riem*, Der Staat 43 (2004), 203, 231.

710 *Epping/Lenz/Leydecker*, Grundrechte, 8. Aufl. 2019, Rn. 395; *Weber-Dürler*, VVDStRL 57 (1998), 57, 90 f. Dagegen *Hillgruber*, in: Isensee/P. Kirchhof (Hrsg.), Handbuch des Staatsrechts der Bundesrepublik Deutschland, Bd. IX, 3. Aufl. 2011, § 200 Rn. 93. Vgl. auch *Ruschemeier*, Der additive Grundrechtseingriff, 2019, S. 87 f.

711 *Kingreen/Poscher*, Grundrechte – Staatsrecht II, 35. Aufl. 2019, Rn. 294.

712 Ebd., Rn. 268. Eine Bagatellgrenze fordern etwa *Eckhoff*, Der Grundrechtseingriff, 1992, S. 255 ff.; *Schmidt-Aßmann*, in: Bender u.a. (Hrsg.), Festschrift f. Redeker zum 70. Geburtstag, 1993, S. 225, 238 f. Offen *Cornils*, in: Isensee/P. Kirchhof (Hrsg.), Handbuch des Staatsrechts der Bundesrepublik Deutschland, Bd. VII, 3. Aufl. 2009, § 168 Rn. 75. *Würsig*, Die Steuerung von Summenbelastungen im öffentlichen Immissionsschutzrecht, 2009, S. 31 ff. zufolge hängt die Eingriffsqualität einer Immissionsbelastung maßgeblich von der Intensität der Beeinträchtigung ab. Gegen eine Bagatellgrenze *von Arnauld*, Die Freiheitsrechte und ihre Schranken, 1999, S. 98; *Hillgruber*, in: Isensee/P. Kirchhof (Hrsg.),

Auch die Rechtsprechung hat sich vom „klassischen“ Eingriffsverständnis gelöst, um mittelbare und faktische Beeinträchtigungen erfassen zu können. Besonders deutlich fällt der „Osho“-Beschluss aus: Die Kennzeichnung der Osho-Bewegung als „destruktiv“ und „pseudoreligiös“ erfülle zwar nicht die Merkmale eines Grundrechtseingriffs im herkömmlichen Sinne. Dies hindere jedoch nicht daran, derartige Äußerungen an Art. 4 Abs. 1 und 2 GG zu messen. Das Grundgesetz habe den Schutz vor Grundrechtsbeeinträchtigungen nämlich nicht an den Begriff des Eingriffs gebunden oder diesen inhaltlich vorgegeben. Auch wenn die staatliche Maßnahme, wie hier, nur eine mittelbar faktische Wirkung habe, könne eine zu rechtfertigende Beeinträchtigung vorliegen.[713] Weitere – begrenzende – Kriterien entwickelt das Gericht hier nicht. Insoweit lässt sich durchaus sagen, dass ein weiter Eingriffsbegriff angeklungen ist.[714] Der Verzicht auf derartige Kriterien bildet allerdings eher die Ausnahme, denn die Regel. So heißt es in der vom selben Tag datierten „Glykol“-Entscheidung: „Insbesondere kann die staatliche Informationstätigkeit eine Beeinträchtigung im Gewährleistungsbereich des Grundrechts sein, wenn sie in der Zielsetzung und ihren Wirkungen Ersatz für eine staatliche Maßnahme ist, die als Grundrechtseingriff zu qualifizieren wäre.“[715]

Abgesehen von einer dem „klassischen“ Eingriff vergleichbaren Zwangswirkung spielt noch ein weiteres Kriterium eine Rolle: die Erheblichkeit der Beeinträchtigung. Nicht anders ist zu erklären, dass es dem Bundesverfassungsgericht im Jahr 1976 darauf ankam, dass der Ausschluss von einer Einrichtung des zweiten Bildungswegs je nach seiner Dauer und den näheren Verhältnissen maßgeblich den weiteren Bildungs- und Lebensweg des Betroffenen und damit seine soziale Rolle beeinflussen könne.[716] Hierhin

---

Handbuch des Staatsrechts der Bundesrepublik Deutschland, Bd. IX, 3. Aufl. 2011, § 200 Rn. 95; *Roth*, Faktische Eingriffe in Freiheit und Eigentum, 1994, S. 278; *Sachs*, in: Stern, Das Staatsrecht der Bundesrepublik Deutschland, Band III/2, 1994, § 79 S. 206. In einem gewissen Gegensatz dazu steht, dass *Hillgruber* den Eingriff als „jedes staatliche Handeln, das ein in den Schutzbereich eines Grundrechts fallendes Verhalten des einzelnen *ganz oder teilweise unmöglich macht* oder *erheblich erschwert*“, versteht (*Hillgruber*, in: Isensee/P. Kirchhof (Hrsg.), Handbuch des Staatsrechts der Bundesrepublik Deutschland, Bd. IX, 3. Aufl. 2011, § 200 Rn. 89 – Hervorhebung nur hier).

713 BVerfGE 105, 279, 299 ff.

714 So *Meister*, Das System des Freiheitsschutzes im Grundgesetz, 2011, S. 140.

715 BVerfGE 105, 252, 273. So auch BVerfGE 113, 63, 76. Wohl noch enger BVerfG, NJW 1976, 38, 39: Erfordernis über faktische Nachteile hinausgehender rechtlicher Auswirkungen.

716 BVerfGE 41, 251, 262.

gehört ferner der „Esra"-Beschluss des Bundesverfassungsgerichts. Neben der Erkennbarkeit einer bestimmten Person als Vorbild für eine Romanfigur sei nämlich für die Bejahung einer Beeinträchtigung des Persönlichkeitsrechts festzustellen, ob nicht die Betroffenheit so geringfügig sei, dass das Persönlichkeitsrecht von vornherein hinter die Kunstfreiheit zurücktreten müsse.[717] Entsprechende Tendenzen finden sich schließlich in der Rechtsprechung des Bundesverwaltungsgerichts. Es führte aus: „Das Kriterium der ‚schwerwiegenden' oder ‚nachhaltigen' Grundrechtsbeeinträchtigung dient dazu, bei bloß faktischen und damit in der Regel unspezifischen Einwirkungen des Staates auf die grundrechtlich geschützte Freiheitssphäre grundrechtsrelevante Beeinträchtigungen von solchen ohne Grundrechtsrelevanz zu unterscheiden."[718] Bloß mittelbare Beeinträchtigungen des Eigentums an einem Grundstück müssten, so das Gericht, grundsätzlich hingenommen werden, es sei denn das Eigentum werde „schwer und unerträglich" getroffen.[719] In einem weiteren nachbarrechtlichen Verfahren gab es zu bedenken, „dass in der heute gegebenen Lebenssituation zahlreiche Vorgänge, die sich zumindest bei einem weiten Begriff der ‚Gesundheit' [i.S.d. Art. 2 Abs. 2 S. 1 GG] als deren Beeinträchtigung deuten lassen mögen, als eine solche Beeinträchtigung deshalb nicht verstanden werden können, weil sie in der Welt, in der wir leben, sozialadäquat sind."[720]

b) Abgrenzungsfragen

Abgrenzungsfragen treten besonders im Verhältnis zur Derogation von Normen und zur Lehre der Grundrechtskonkurrenzen auf.

aa) Normderogation

Von vornherein kein Fall des additiven Grundrechtseingriffs liegt bei Normderogation vor. Hierunter wird – sehr allgemein gefasst – die Beseitigung einer Regelung verstanden, indem ihr die Wirksamkeit genommen

717 BVerfG, NJW 2008, 39, 41. Vgl. auch *Hoffmann-Riem*, Sondervotum, BVerfG NJW 2008, 47.
718 BVerwG, NJW 1992, 2496, 2499.
719 BVerwG, NJW 1976, 1987, 1988.
720 BVerwG, NJW 1978, 554, 556.

wird. Von besonderer Bedeutung ist der lex-specialis Grundsatz („lex specialis derogat legi generali“).[721] Wird auf diese Weise eine Regelung beseitigt, liegt gerade kein Fall der Normenüberlagerung, der vorliegend von Interesse ist, mehr vor. Derogationsregeln taugen also zur Beantwortung der (Vor-)Frage, welche Maßnahmen überhaupt greifen, bevor es um ihr „Zusammenwirken“ geht. Im Übrigen aber helfen sie nicht weiter.[722] Nicht umsonst hat *Kloepfer* bereits frühzeitig darauf hingewiesen, dass von derartigen Regeln keine umfassende rechtliche Bewältigung des rechtsstaatlichen Problems der Normenüberlagerung erwartet werden könne.[723] Daher soll diesen Fragen auch nicht weiter nachgegangen werden.

bb) Grundrechtskonkurrenz

Abzugrenzen ist der additive Grundrechtseingriff auch von dem Phänomen der Grundrechtskonkurrenz.[724] Eine grundrechtliche[725] Konkurrenzlage liegt vor, wenn sich ein Grundrechtsberechtigter für ein und denselben Sachverhalt auf mehrere Grundrechtsnormen berufen kann.[726] Zwar

---

721 Vgl. auch *Klement*, AöR 134 (2009), 35, 60; *Lee*, Umweltrechtlicher Instrumentenmix und kumulative Grundrechtseinwirkungen, 2013, S. 81.

722 So auch *Lee*, Umweltrechtlicher Instrumentenmix und kumulative Grundrechtseinwirkungen, 2013, S. 95.

723 *Kloepfer*, VerwArch 74 (1983), 201, 209.

724 Zur (teils missverständlichen) Terminologie s. bereits Zweiter Teil I. 2.

725 Zu Kumulationen von Grundrechten mit anderen Bestimmungen des Grundgesetzes *I. Augsberg/S. Augsberg*, AöR 132 (2007), 539, 556 ff.; *Breckwoldt*, Grundrechtskombinationen, 2015, S. 115 ff. Umfassend zur Rechtsprechung: *Meinke*, In Verbindung mit, 2006.

726 S. nur *Stern*, in: ders., Das Staatsrecht der Bundesrepublik Deutschland, Band III/2, 1994, § 92 S. 1368. Die Grundrechtskonkurrenz ist ihrerseits von der Grundrechtskollision zu unterscheiden. Hierbei geht es nicht um ein „Miteinander“ der Grundrechte eines Grundrechtsträgers, sondern um ein „Gegeneinander“ der Grundrechte verschiedener Grundrechtsträger, sodass das Grundrecht des einen nur auf Kosten des anderen realisiert werden kann (*Spielmann*, Konkurrenz von Grundrechtsnormen, 2008, S. 24; ähnlich *Pischel*, JA 2006, 357, 358). Zu denken ist ferner an den Fall der Grundrechtsparallelität, der sich von der Kollision dahingehend unterscheidet, dass die Grundrechte statt miteinander in Konflikt zu geraten, gleichgerichtet sind („Nebeneinander“ der Grundrechte) (*Spielmann*, Konkurrenz von Grundrechtsnormen, 2008, S. 24 f.). Letzteres wird, sofern verschiedene Grundrechte betroffen sind, bei der horizontalen Eingriffsaddition relevant, auf die noch einzugehen sein wird (s. Zweiter Teil III. 2. b) bb) (1)). Parallel dazu liegt die Problematik der Rügefähigkeit der Verletzung von Grundrechten Dritter mittels der „Elfes-Konstruktion“ (dazu aus-

zielen beide Figuren – ganz im Sinne von Art. 1 Abs. 3 GG – darauf ab, kumulative Belastungen im Rahmen einer Gesamtbetrachtung sachgerecht zu erfassen.[727] Dennoch überwiegen die Unterschiede: Tatbestandlich geht es hier nämlich statt einer um mehrere (belastende) Maßnahmen. Es trifft also zu, die Figur des Eingriffs zur Abgrenzung heranzuziehen[728], wenn es auch der Überschreitung ihrer Schwelle nicht zwingend bedarf[729]. Ob auch die Anzahl der betroffenen Grundrechte eine Rolle spielt[730], hängt davon ab, ob die Grundrechtsidentität zur Voraussetzung additiver Grundrechtseingriffe erhoben wird, worauf unten zurückzukommen ist[731]. Was schließlich die Lösungsansätze, also die Orte, an denen die Gesamtlast zum Tragen kommt, betrifft, bestehen – wie zu zeigen sein wird – durchaus Parallelen auf Schutzbereichs- bzw. Rechtfertigungsebene. Hinzu kommt aber die Eingriffsebene zur Bewältigung additiver Grundrechtseingriffe.[732]

Bei der Grundrechtskonkurrenz ist, sofern sich der Sachverhalt tatsächlich als einheitlicher Lebensvorgang bewerten lässt[733], zu entscheiden, ob das eine Grundrecht das andere als Prüfungsmaßstab verdrängt („normverdrängende Lösung“[734]), ob beide unmodifiziert nebeneinander stehen („normkumulierende Lösung“[735]) oder ob sich aus ihrem Verbund ein neuer Maßstab ergibt („normkombinierende Lösung“[736]). Ersteres wird für

---

führlich: *E. Hofmann*, Abwägung im Recht, 2007, S. 411 ff.; *Kube*, DVBl 2005, 721 ff.; vgl. auch *Brade*, Jura 2016, 923, 928).

727 Vgl. *Breckwoldt*, Grundrechtskombinationen, 2015, S. 142.

728 So *Klement*, AöR 134 (2009), 35, 52. Dem folgend *Heu*, Kulminierende Grundrechtseingriffe, 2018, S. 197; *Lee*, Umweltrechtlicher Instrumentenmix und kumulative Grundrechtseinwirkungen, 2013, S. 96 und *Breckwoldt*, Grundrechtskombinationen, 2015, S. 143, die die „Eingriffskumulation“ der „Grundrechtskumulation“ gegenüberstellt. Der Begriff der „Grundrechtskumulation“ findet sich auch bei *Stern*, in: ders., Das Staatsrecht der Bundesrepublik Deutschland, Band III/2, 1994, § 92 S. 1387.

729 S. Dritter Teil III. 1. b).

730 Dagegen z.B. *Klement*, AöR 134 (2009), 35, 51 f. *I. Augsberg/S. Augsberg*, AöR 132 (2007), 539, 566 bezeichnen das Zusammentreffen von Grundrechtskonkurrenz und additivem Grundrechtseingriff als „doppelte Kombination“.

731 S. Zweiter Teil III. 2. a) cc) u. b) bb) (4).

732 S. Dritter Teil III. 1. b).

733 Sachverhaltszerlegung und Tatbestandsabgrenzung gehen der Konkurrenzlehre vor (vgl. nur *E. Hofmann*, AöR 133 (2008), 523, 528 f.).

734 So *Heß*, Grundrechtskonkurrenzen, 2000, S. 58. Überwiegend ist die Rede von unechter Grundrechtskonkurrenz (etwa bei *Klement*, AöR 134 (2009), 35, 52).

735 *Heß*, Grundrechtskonkurrenzen, 2000, S. 68. Hier findet sich auch der Begriff der Idealkonkurrenz, der als Synonym taugt.

736 Ebd., S. 82.

den Fall relevant, dass zwischen den einschlägigen Grundrechten ein Spezialitätsverhältnis besteht; dies gilt vor allem im Verhältnis der speziellen Freiheitsgrundrechte und der allgemeinen Handlungsfreiheit (Art. 2 Abs. 1 GG).[737] Bedenklich ist demgegenüber der Ansatz, nur diejenige Grundrechtsnorm zu prüfen, gegen welche sich der „Schwerpunkt des Eingriffs" richtet („Meistbetroffenheitstheorie"[738])[739], da die Gefahr besteht, dass dadurch Grundrechtsnormen vorschnell ausgeblendet werden[740]. Verdrängen sie sich daher nicht, ist grundsätzlich Idealkonkurrenz anzunehmen. Dabei stellt sich zunächst das Problem, die konkret heranzuziehenden Grundrechtsschranken im Falle unterschiedlich ausgestalteter Schranken zu bestimmen.[741] Vieles spricht zwar dafür, das am stärksten geschützte Grundrecht heranzuziehen.[742] Das eigentliche Problem kumulierender Belastungen aber wird dadurch nicht gelöst. Insofern kommen Grundrechtskombinationen zum Tragen – entsprechende Ansätze gibt es sowohl auf Schutzbereichs-[743] als auch auf Rechtfertigungsebene[744], für die sich auch Belege in der Rechtsprechung des Bundesverfassungsgerichts finden lassen[745]. Die dagegen vorgebrachte Kritik ist vielfältig.[746] Dennoch finden

737 *Stern*, in: ders., Das Staatsrecht der Bundesrepublik Deutschland, Band III/2, 1994, § 92 S. 1386 u. 1401 f. je m.w.N. Vgl. aber auch *Kahl*, Die Schutzergänzungsfunktion von Art. 2 Abs. 1 Grundgesetz, 2000, insbes. S. 12 ff., der der allgemeinen Handlungsfreiheit eine darüber hinausgehende Wirkung zuschreibt.

738 Ein Begriff von *H. Schneider*, Die Güterabwägung des Bundesverfassungsgerichts bei Grundrechtskonflikten, 1979, S. 112.

739 S. etwa BVerfGE 121, 317, 344 f.

740 *Stern*, in: ders., Das Staatsrecht der Bundesrepublik Deutschland, Band III/2, 1994, § 92 S. 1407.

741 Dazu insgesamt *Spielmann*, Konkurrenz von Grundrechtsnormen, 2008, S. 111 ff.

742 So auch *E. Hofmann*, AöR 133 (2008), 523, 533 m.w.N. A.A. *Bleckmann/Wiethoff*, DÖV 1991, 722, 724. Vgl. auch *Spielmann*, JuS 2004, 371, 373.

743 Dazu allgemein *Breckwoldt*, Grundrechtskombinationen, 2015, S. 47 ff. Das allgemeine Persönlichkeitsrecht gem. Art. 2 Abs. 1 GG i.V.m. Art. 1 Abs. 1 GG bildet zwar die „'Urform' der Kombinationsmethodik", stellt aber – streng genommen – keinen Fall der Grundrechtskonkurrenz dar (*I. Augsberg/S. Augsberg*, AöR 132 (2007), 539, 569 f.; dem folgend *Breckwoldt*, Grundrechtskombinationen, 2015, S. 21 f.).

744 S. *Breckwoldt*, Grundrechtskombinationen, 2015, S. 132 ff.; ferner *E. Hofmann*, AöR 133 (2008), 523, 538 ff.

745 Vgl. etwa BVerfGE 104, 337, 345 f. u. 356 („Schächt-Urteil"). Nachweise zum Schrifttum, welches die methodische Vorgehensweise des Gerichts wohl überwiegend ablehnt, bei *I. Augsberg/S. Augsberg*, AöR 132 (2007), 539, 544.

746 S. nur *Spielmann*, Konkurrenz von Grundrechtsnormen, 2008, S. 192 ff. m.w.N.

sich Argumente für die Begründung einer Verstärkungswirkung[747], auf die hier nicht im Einzelnen eingegangen werden kann. Folgt man dem, hätte dies – so viel sei gesagt – jedenfalls kein lineares Anwachsen des Grundrechtsschutzes zur Folge.[748] Die Rede ist von einer „subadditiven Aggregation" der Schutzwirkung[749], um deutlich zu machen, dass das Niveau regelmäßig irgendwo zwischen dem der Einzelgrundrechte für sich genommen und dem ihrer Summe läge.

2. Voraussetzungen

Zentral sind die (tatbestandlichen) Voraussetzungen des additiven Grundrechtseingriffs. Dabei geht es um nicht weniger als ein Instrumentarium, um diejenigen Maßnahmen herauszufiltern, die – eher zufällig[750] – nebeneinander stehen, statt zusammenzuwirken. Es heißt also additiver Grundrechtseingriff „versus" einfache Mehrfachbelastung.[751]

Bevor hierzu Stellung bezogen wird, sind die in Rechtsprechung und Schrifttum vertretenen Positionen herauszuarbeiten. Einbezogen werden auch jene, die die Figur des additiven Grundrechtseingriffs – vornehmlich als Lösungsansatz[752] – ablehnen, denn Abgrenzungskriterien finden sich auch dort.[753]

---

747 Näher *Breckwoldt*, Grundrechtskombinationen, 2015, S. 147 ff.

748 S. nur *Kahl*, Die Schutzergänzungsfunktion von Art. 2 Abs. 1 Grundgesetz, 2000, S. 25. Anders verhält es sich bei additiven Grundrechtseingriffen (s. Dritter Teil I. 1.).

749 So *E. Hofmann*, AöR 133 (2008), 523, 545.

750 Vgl. auch *Lee*, Umweltrechtlicher Instrumentenmix und kumulative Grundrechtseinwirkungen, 2013, S. 99.

751 Vgl. *Bernsdorff*, SGb 2011, 121, 122 f.; *Hillgruber*, in: Isensee/P. Kirchhof (Hrsg.), Handbuch des Staatsrechts der Bundesrepublik Deutschland, Bd. IX, 3. Aufl. 2011, § 200 Rn. 97; *Kaltenstein*, SGb 2016, 365, 369; *G. Kirchhof*, in: Dujmovits u.a. (Hrsg.), Recht und Medizin – 46. Assistententagung Öffentliches Recht, 2006, S. 95, 115; *ders.*, NJW 2006, 732; *Kromrey*, Belastungskumulation – Ein Beitrag zur Erweiterung des grundrechtlichen Eingriffsbegriffs, 2018, S. 11; *Lücke*, DVBl 2001, 1469, 1470. *Ruschemeier*, Der additive Grundrechtseingriff, 2019, S. 260 zufolge unterscheidet sich der „additive Grundrechtseingriff von Belastungskumulationen, die allgemein den faktischen Zustand von Mehrfachbelastungen beschreiben.".

752 S. Dritter Teil II. 1. b).

753 Vgl. etwa *Würsig*, Die Steuerung von Summenbelastungen im öffentlichen Immissionsschutzrecht, 2009, S. 58 ff.; *Klement*, AöR 134 (2009), 35, 64 ff.

a) Literatur und Rechtsprechung

aa) Adressatenidentität

Zunächst geht es um das Kriterium der Adressatenidentität, wobei der Sonderfall der horizontalen Eingriffsaddition zunächst außen vor bleibt[754].

(1) Schrifttum

Zunächst besteht im Schrifttum Einigkeit darüber, dass nur Maßnahmen erfasst werden können, die – zumindest auch[755] – denselben Adressaten betreffen[756]. Für den einzelnen Grundrechtsträger sei es in seiner Individualrechtsposition zunächst irrelevant, wie viele andere mit ihm durch die staatliche Maßnahme betroffen sind.[757] Insoweit stellt also der einzelne Grundrechtsträger den Bezugspunkt dar. Teilweise wird darüber hinaus mit Blick auf die praktische Handhabbarkeit der Gesamtbetrachtung erwogen, dass die Maßnahmen auch generell auf denselben Adressatenkreis (z.B. dieselbe Berufsgruppe) zielen müssten.[758] Hiergegen wendet sich *Jesse*, der den Aspekt der Einzelfallgerechtigkeit ins Feld führt. Die Fokussierung auf den Adressatenkreis habe nämlich zur Folge, dass die gesteigerte

---

754 Zur sog. horizontalen Eingriffsaddition s. Zweiter Teil III. 2. b) bb) (1).

755 *Winkler*, JA 2014, 881, 882 stellt klar, dass eine Kumulation von Eingriffen zugleich auch auf verschiedene Grundrechtsträger „streuen“ kann.

756 *Hillgruber*, in: Isensee/P. Kirchhof (Hrsg.), Handbuch des Staatsrechts der Bundesrepublik Deutschland, Bd. IX, 3. Aufl. 2011, § 200 Rn. 97; *F. Hufen*, Staatsrecht II: Grundrechte, 7. Aufl. 2018, § 8 Rn. 16; *Jarass*, NVwZ 2017, 273, 275; *Kaltenstein*, SGb 2016, 365, 369; *Keuthen*, Die abschnittsbezogene Geschwindigkeitsüberwachung und ihre verfassungsrechtliche Bewertung, 2016, S. 335; *G. Kirchhof*, Die Allgemeinheit des Gesetzes, 2009, S. 350; *ders.*, Grundrechte und Wirklichkeit, 2007, S. 28; *ders.*, in: Dujmovits u.a. (Hrsg.), Recht und Medizin – 46. Assistententagung Öffentliches Recht, 2006, S. 95, 115; *ders.*, NJW 2006, 732, 734; *F. Kirchhof*, NZS 2015, 1, 7; *P. Kirchhof*, VVDStRL 39 (1981), 213, 240; *Kromrey*, Belastungskumulation – Ein Beitrag zur Erweiterung des grundrechtlichen Eingriffsbegriffs, 2018, S. 106; *Lee*, Umweltrechtlicher Instrumentenmix und kumulative Grundrechtseinwirkungen, 2013, S. 143 u. 157; *Michael*, in: Hoffmann-Riem/Schmidt-Aßmann/Voßkuhle (Hrsg.), Grundlagen des Verwaltungsrechts, Bd. II, 2. Aufl. 2012, § 41 Rn. 119; *Michael/Morlok*, Grundrechte, 7. Aufl. 2020, § 18 Rn. 519; *Reimer*, Qualitätssicherung, 2010, S. 275; *Ruschemeier*, Der additive Grundrechtseingriff, 2019, S. 140 f.; *Schaks*, DÖV 2015, 817, 819.

757 *Ruschemeier*, Der additive Grundrechtseingriff, 2019, S. 141.

758 Vgl. *Kluth*, ZHR 162 (1998), 657, 674.

Belastung eines Adressaten innerhalb einer Schnittmenge zweier Regelungsmaterien, die an sich unterschiedliche Personenkreise adressieren, von vornherein unberücksichtigt bliebe.[759]

(2) Rechtsprechung

Letzterem hat wohl auch die Judikatur eine Absage erteilt. *Jesse* weist zu Recht darauf hin, dass Einkommen- und Gewerbesteuer, deren „Zusammenwirken" das Bundesverfassungsgericht mit Beschluss vom 18. Januar 2006 untersucht hat[760], Adressatenkreise betreffen, die nicht deckungsgleich sind.[761] Auch was die Betroffenheit derselben Adressaten anbelangt, verhält es sich wie im Schrifttum, obgleich es bislang – das Oberverwaltungsgericht für das Land Nordrhein-Westfalen ausgenommen[762] – an einer ausdrücklichen Klarstellung fehlt. Zwar hat das Bundessozialgericht eine „Gesamtschau von [...] Maßnahmen bei Krankenhäusern, Versicherten und anderen Leistungserbringern" durchgeführt, ohne diese aber seinen Ausführungen zum additiven Grundrechtseingriff zuzuordnen.[763] Das Bundesverfassungsgericht wiederum nahm in einer Entscheidung zur „Kumulation von Kriminal- und Disziplinarstrafe" die Verfolgung derselben Person, eines Soldaten, in den Blick.[764] Außerdem würdigte es den Einsatz verschiedener Ermittlungsmethoden gegenüber ein und demselben Betroffenen.[765] Hieraus den Schluss zu ziehen, dass Adressatenidentität vorausgesetzt werde, erscheint allerdings vorschnell, da insoweit jeweils nur ein Antragsteller Verfassungsbeschwerde erhob. Hinzu kommt, dass in dem zuletzt genannten Verfahren ausdrücklich auch die GPS-Observation gegenüber einer anderen Person, dem Mitangeklagten, einbezogen wurde. Allerdings, und dies ist entscheidend, nur soweit der Angeklagte selbst betrof-

759 *Jesse*, Instrumentenverbund als Rechtsproblem am Beispiel effizienter Energienutzung, 2014, S. 187.

760 BVerfGE 115, 97. S. bereits Erster Teil IV. 2. c) bb).

761 *Jesse*, Instrumentenverbund als Rechtsproblem am Beispiel effizienter Energienutzung, 2014, S. 187 f.

762 OVG NRW, Beschluss v. 26.11.2013 – 14 A 2401/13 –, juris Rn. 17. Dem folgend FG Bremen, Urt. v. 20.2.2014 – 2 K 84/13 (1) –, juris Rn. 128.

763 BSG, BeckRS 2010, 72553 Rn. 23 ff.

764 BVerfGE 21, 378, 388.

765 Vgl. BVerfGE 112, 304, 319 f.

fen war, nämlich wenn er sich als Beifahrer in dem PKW befand.[766] Aufschlussreich ist zudem der bereits erwähnte Beschluss zur (Gesamt-)Belastung mit Einkommen- und Gewerbesteuer. Hier erhoben beide Ehepartner Verfassungsbeschwerde. Das Gericht hielt die Beschwerde der Ehefrau für unzulässig, da sie „lediglich mit der ihr gegenüber festgesetzten Einkommensteuer im Verhältnis zum zu versteuernden Einkommen [...] belastet [ist].“ Mit der Gewerbesteuer sei sie nicht belastet, weil nicht sie, sondern allein der Beschwerdeführer Schuldner der Gewerbesteuer sei.[767] In einem Normenkontrollverfahren, welches u.a. die Zulässigkeit von Rabattverpflichtungen der Apotheker, pharmazeutischen Hersteller und Großhändler, die neben zahlreiche schon bestehende Maßnahmen zur Kostendämpfung traten, zum Gegenstand hatte, unterschied das Bundesverfassungsgericht schließlich zwischen eben diesen Personengruppen. Konkret rückte die Gesamtbelastung der Apotheker/innen, also derselben Adressaten, in den Fokus.[768]

bb) Zweckidentität

Vermehrter Klärungsbedarf besteht seitens der verfolgten Zwecke.

(1) Schrifttum

Ein Teil des Schrifttums verlangt, dass die zu addierenden Maßnahmen den gleichen[769] bzw. im Wesentlichen den gleichen Zweck[770] verfolgen

---

766 BGH, NJW 2001, 1658, 1660; ähnlich BVerfGE 112, 304, 321. Ebenso klar trennt der Bundesgerichtshof in einer späteren Entscheidung zwischen der Überwachung der Angeklagten K und YA (BGH, NJW 2009, 3448, 3458). Die gemeinsame Abhandlung ist lediglich der Vergleichbarkeit beider Sachverhalte geschuldet.

767 BVerfGE 115, 97, 107. In einem gewissen Widerspruch hierzu steht, dass sich das Gericht sodann mit der „Steuerbelastung der Gesamtheit oder doch einer Mehrheit der Steuerpflichtigen“ befasst (ebd., S. 116).

768 Vgl. BVerfGE 114, 196, 246 ff.

769 *Kluth*, ZHR 162 (1998), 657, 673; *Kolbe*, Freiheitsschutz vor staatlicher Gesundheitssteuerung, 2017, S. 238; *Peine*, in: Merten/Papier (Hrsg.), Handbuch der Grundrechte in Deutschland und Europa, Bd. III, 2009, § 57 Rn. 53; wohl auch *Michael*, in: Hoffmann-Riem/Schmidt-Aßmann/Voßkuhle (Hrsg.), Grundlagen des Verwaltungsrechts, Bd. II, 2. Aufl. 2012, § 41 Rn. 123.

müssen. Teilweise ist auch von „demselben sozialen Belastungssinn“[771] oder einer „Zielverflechtung“[772] die Rede. Laut *Lücke* wird das Zusammentreffen mehrerer Grundrechtseingriffe – in Abgrenzung zur bloß zufälligen Koinzidenz – erst dadurch rechtlich bedeutsam.[773] Oder um mit *Kaltenstein* zu sprechen, liege es eher fern, dort wo die Eingriffe verschiedene Zwecke verfolgen, „nach einem diese Eingriffe verklammernden verfassungsrechtlichen Maßstab zu suchen, diese also als zwei Seiten eines einheitlichen Vorgangs zu sehen.“[774] Auch greife, so *Jesse*, das Kriterium des Zwecks „das regulatorische Vorgehen des Gesetzgebers [auf], der im Rahmen moderner Regulierung parallel wirkende Maßnahmen gerade im Hinblick auf einen gemeinsamen Zweck implementiert und es [so] oft überhaupt erst zur Mehrfachbelastung kommt.“[775]

Andere verzichten mit unterschiedlichen Begründungen auf das Erfordernis der Zweckidentität bzw. -ähnlichkeit. Teilweise wird darauf abgestellt, dass zielverschiedene Maßnahmen aus Sicht des Betroffenen genauso belasteten.[776] Die Gesamtbelastung könne so also nicht vollständig ermittelt werden[777] bzw. nicht realitätsgerecht erfasst werden[778]. Dies erkennt letzten Endes auch *Jesse*; er verweist insoweit auf andere grundrechtliche Sicherungen als den Verhältnismäßigkeitsgrundsatz.[779] *Würsig* geht demge-

---

770 *Hillgruber*, in: Isensee/P. Kirchhof (Hrsg.), Handbuch des Staatsrechts der Bundesrepublik Deutschland, Bd. IX, 3. Aufl. 2011, § 200 Rn. 97; *Jarass*, NVwZ 2017, 273, 275; *Lücke*, DVBl 2001, 1469, 1470.

771 *Jachmann*, in: P. Kirchhof/Nieskens (Hrsg.), Festschrift f. Reiß, 2008, S. 339, 354; *dies.*, in: Dörr u.a. (Hrsg.), Festschrift f. Schiedermair, 2001, S. 391, 399 jeweils im Hinblick auf die Addition steuerlicher Belastungswirkungen. Demgegenüber betrachtet *Geißler*, Der Unternehmer im Dienste des Steuerstaats, 2001, S. 184 ff. die gesetzgeberische Intention lediglich als Indiz für die Vergleichbarkeit der einzelnen Belastungen und stellt zusätzlich auf die Gleichartigkeit der jeweiligen Belastungswirkungen ab. Ähnlich *Hey*, StuW 2002, 91, 94.

772 *Steuck*, NVwZ 2002, 51, 52.

773 *Lücke*, DVBl 2001, 1469, 1470. Dem folgend *Waldhoff*, GewArch 2018, 133, 137.

774 *Kaltenstein*, SGb 2016, 365, 369.

775 *Jesse*, Instrumentenverbund als Rechtsproblem am Beispiel effizienter Energienutzung, 2014, S. 182.

776 *Bronkars*, Kumulative Eigentumseingriffe, 2007, S. 96; *Klar*, Datenschutzrecht und die Visualisierung des öffentlichen Raums, 2012, S. 95.

777 *Schaks*, DÖV 2015, 817, 823. Ähnlich wohl *F. Kirchhof*, NZS 2015, 1, 7, der erwägt, in einer Art Gesamtbilanz steuerrechtliche und sozialrechtliche Ordnungsziele unter einen Hut zu bringen.

778 *G. Kirchhof*, NJW 2006, 732, 734.

779 *Jesse*, Instrumentenverbund als Rechtsproblem am Beispiel effizienter Energienutzung, 2014, S. 192 f. u. 351.

genüber davon aus, dass das Abstellen auf die Gleichrichtung von Eingriffszwecken zur Folge hätte, dass, in gewissem Widerspruch zu dem Beeinträchtigungsspektrum des „modernen“ Eingriffsbegriffs, nicht-finale Grundrechtsbeeinträchtigungen per se nicht erfasst werden könnten, rein faktische Belastungen insoweit also unberücksichtigt blieben.[780] Daher schlägt er vor, stattdessen danach zu fragen, ob und inwieweit zwischen den Teilbelastungen ein spezifischer Wirkungszusammenhang bestehe[781]; im Übrigen aber hält er am Gedanken der Zweckähnlichkeit fest.[782] *Klement* hält das Kriterium – noch weitergehender – für systemfremd.[783] Zudem sei unklar, wie mit Zweckbündeln und „gestuften“ Zwecken umzugehen sei.[784] Letztlich weist er auf die Unsicherheiten hin, die mit der Bestimmung des Zwecks verbunden seien.[785] So hänge es allein von der Abstraktionshöhe, auf der der Zweck beschrieben werde, ab, wie viele Maßnahmen letztlich zusammengefasst werden dürften.[786] Hieran knüpft *Lee* an und schlägt einen Mittelweg vor. Statt einer vollkommenen Zweckidentität sei eine partielle Zwecküberschneidung dergestalt zu fordern, dass die in ihrer Kumulation zu betrachtenden Maßnahmen zumindest

---

780 *Würsig*, Die Steuerung von Summenbelastungen im öffentlichen Immissionsschutzrecht, 2009, S. 52. Vgl. auch *Kromrey*, Belastungskumulation – Ein Beitrag zur Erweiterung des grundrechtlichen Eingriffsbegriffs, 2018, S. 119, die das Merkmal der Zweckidentität als einen „Schritt zurück zum eigentlich überwundenen Finalitätskriterium“ bezeichnet.

781 Ähnlich *G. Kirchhof*, Grundrechte und Wirklichkeit, 2007, S. 28. Dazu s. Zweiter Teil III. 2. a) dd).

782 *Würsig*, Die Steuerung von Summenbelastungen im öffentlichen Immissionsschutzrecht, 2009, S. 62.

783 *Klement*, AöR 134 (2009), 35, 64. Ähnlich *Ruschemeier*, Der additive Grundrechtseingriff, 2019, S. 142 (mit Blick auf den erweiterten Eingriffsbegriff) und *Schaks*, DÖV 2015, 817, 823.

784 *Klement*, AöR 134 (2009), 35, 65.

785 Ebd., S. 64. Ähnlich auch *Kromrey*, Belastungskumulation – Ein Beitrag zur Erweiterung des grundrechtlichen Eingriffsbegriffs, 2018, S. 117; *Ruschemeier*, Der additive Grundrechtseingriff, 2019, S. 143 f.; *Schaks*, DÖV 2015, 817, 823; *Winkler*, JA 2014, 881, 884. Anders *Jesse*, Instrumentenverbund als Rechtsproblem am Beispiel effizienter Energienutzung, 2014, S. 184.

786 *Klement*, AöR 134 (2009), 35, 64. Für ihn reicht also das Spektrum der vertikalen Belastungskumulation von zweckidentischen Eingriffen in ein und dasselbe Grundrecht bis zur Kumulation zweckverschiedener Eingriffe in verschiedene Grundrechte (ebd., S. 43). Dieses Spektrum versucht er mit der Bestimmung des „Eingriffsumfeldes“ darzustellen (ebd., S. 66 ff.), ohne hierfür aber klare – tatbestandliche – Voraussetzungen zu entwickeln (vgl. auch *Jesse*, Instrumentenverbund als Rechtsproblem am Beispiel effizienter Energienutzung, 2014, S. 184 f.).

einzelne sich deckende – nicht bloß allgemein formulierte – Zwecke verfolgten.[787]

(2) Rechtsprechung

Klarstellend hat sich wiederum „lediglich" das Oberverwaltungsgericht für das Land Nordrhein-Westfalen geäußert. Danach sei – im Anschluss an *Lücke* – für eine kumulative Gesamtbetrachtung erforderlich, dass es sich um Eingriffe mit gleichem Regelungsziel handelt.[788] Was die übrige Judikatur anbelangt, ist das Bild weit weniger eindeutig – auch im Vergleich zu dem Kriterium der Adressatenidentität. Zwar betrafen zahlreiche Entscheidungen Einzelakte, die den gleichen Zweck verfolgten. So dienten etwa die Maßnahmen im Verfahren zur Überprüfung des Beitragssatzsicherungsgesetzes allesamt der Finanzierbarkeit der gesetzlichen Krankenversicherung.[789] Die Gewerbe- und Einkommensteuer verfolgen jeweils den Zweck, den staatlichen Haushalt mit Finanzmitteln auszustatten etc. Auf den ersten Blick gehört auch das bereits angesprochene Verfahren zur Kumulation von Ermittlungsmethoden hierhin. Die, die Verurteilung stützenden Maßnahmen, dienten nämlich, soweit ersichtlich, jeweils der Aufklärung und Verfolgung von Straftaten.[790] Zweifel nährt aber der Umstand, dass daneben mehrere Verfassungsschutzämter nachrichtendienstliche Operationen unter Verwendung entsprechender Mittel durchführten; Maßnahmen, die erkennbar nicht aus repressiven, sondern aus präventiven Gründen erfolgten. Nicht umsonst sprach der Bundesgerichtshof von einer „Kumulation von Ermittlungsmethoden, die unterschiedliche Zielrichtungen verfolgten".[791] Anlässlich des Verfassungsbeschwerdeverfahrens wies der Erste Strafsenat des Bundesgerichtshofs dann auch darauf hin, dass es bei der durchgeführten GPS-Überwachung „eine Gemengelage von repres-

787 *Lee*, Umweltrechtlicher Instrumentenmix und kumulative Grundrechtseinwirkungen, 2013, S. 145.

788 OVG NRW, Beschluss v. 26.11.2013 – 14 A 2401/13 –, juris Rn. 17. Dem folgend VG Saarlouis, Urt. v. 12.12.2014 – 1 K 354/13 –, juris Rn. 134; FG Bremen, Urt. v. 20.2.2014 – 2 K 84/13 (1) –, juris Rn. 128. Das Bundesverwaltungsgericht hat sich hierzu nicht ausdrücklich positioniert. Es deutet sich aber zumindest eine offenere Sichtweise an (vgl. BVerwG, NVwZ 2016, 529, 530; BVerwG, NVwZ 2017, 791, 801 f.).

789 BVerfGE 114, 196, 248.

790 Vgl. BGH, NJW 2001, 1658, 1660.

791 Ebd.

siven und präventiven Observationszwecken gegeben“ habe.[792] Ohne daran Anstoß zu nehmen, erkannte das Bundesverfassungsgericht einen additiven Grundrechtseingriff.[793] Diese Sichtweise spiegelt sich auch in der darauffolgenden Entscheidungspraxis des Bundesgerichtshofs wieder, in der das Gericht verschiedene Maßnahmen auf präventiv-polizeilicher Grundlage und solche des Strafprozessrechts in ihrer Gesamtschau überprüfte.[794]

Tatsächlich würdigte das Bundesverfassungsgericht zweckverschiedene Maßnahmen und ihr „Zusammenwirken“ bereits zu einem frühen Zeitpunkt. Dabei ging es jeweils um „Doppelbestrafungen“[795]. So betonte es in seinem Beschluss vom 2. Mai 1967, dass sich Straf- und Disziplinarrecht nach Rechtsgrund und Zweckbestimmung unterschieden: Die Kriminalstrafe diene neben der Abschreckung und Besserung der Vergeltung; die Disziplinarstrafe sei demgegenüber ihrem Wesen nach Zucht- und Erziehungsmittel.[796] Anders als das Bundesverfassungsgericht spricht *Lücke* jedenfalls für den vorliegenden Fall eines schweren Dienstvergehens der Disziplinarstrafe auch einen Vergeltungszweck zu. Insoweit lägen im Wesentlichen dieselben Zwecke vor.[797] Das Bundesverfassungsgericht erhob unterdessen die Identität der Zwecke nicht zur Voraussetzung einer Gesamtbetrachtung. Vielmehr knüpfte es an die Wirkungsidentität der Maßnahmen an. In dem Beschluss heißt es: „Die Entziehung dieses für die Entfaltung der Persönlichkeit grundlegenden Rechtsguts [gemeint: die Freiheit der Person] kann nicht als ein bloß dienstinterner disziplinarrechtlicher Vorgang gewertet werden, auch dann nicht, wenn sie wegen eines Dienstvergehens und um innerdienstlicher Zwecke willen angeordnet wird. Die Freiheitsentziehung ist vielmehr von solchem Gewicht, dass es nicht darauf ankommt, ob sie mehr zur Vergeltung oder mehr zur Prävention, mehr um des allgemeinen Rechtsfriedens oder mehr um der Dienstzucht willen verhängt wird.“[798]

In einer jüngeren Entscheidung des Bundesverfassungsgerichts zum kumulativen Vollzug der Freiheitsstrafe und einer Maßregel der Unterbringung in einer Entziehungsanstalt treten die verschiedenen Zwecke dieser Maßnahmen offen zu Tage. Angesprochen werden, was die Strafe betrifft, die Prävention sowie die Resozialisierung des Täters in dem durch den

---

792 BVerfGE 112, 304, 312.
793 Ebd., S. 320.
794 Vgl. BGH, NJW 2009, 3448, 3458.
795 S. bereits Erster Teil I. 1.
796 BVerfGE 21, 378, 384.
797 Vgl. *Lücke*, DVBl 2001, 1469, 1474.
798 BVerfGE 21, 378, 385.

Schuldausgleich vorgegebenen Rahmen. Die Maßregel der Unterbringung diene dagegen dem Schutz der Allgemeinheit vor weiteren erheblichen rechtswidrigen Taten, für die die Freiheitsstrafe nicht ausreiche.[799] Insoweit lässt sich wegen des Zwecks der Prävention allenfalls eine gewisse Zwecküberschneidung feststellen. Darauf stellt das Gericht aber gerade nicht ab. Eine Gesamtbetrachtung finde ihre Rechtfertigung vielmehr darin, dass „beide staatlichen Reaktionen auf eine Tat [...] mit Freiheitsentzug verbunden [sind]".[800] Lediglich das Gewicht der (Gesamt-)Belastung, und damit der notwendige Umfang der Anrechnung, hänge davon ab, inwieweit sich rechtfertigender Grund und Zielrichtung der Maßnahmen gleichen.[801] In ähnlicher Art und Weise argumentiert das Bundesverfassungsgericht in einem Beschluss, der verfahrensfremde Freiheitsstrafen neben freiheitsentziehenden Maßregeln der Besserung und Sicherung zum Gegenstand hatte. Auch insoweit würdigte es die daraus folgende Gesamtbelastung – mehr noch: ausdrücklich spricht das Gericht von „kumulativen oder ‚additiven' Grundrechtseingriffen"[802] –, obwohl diese Maßnahmen „unterschiedliche Zwecke" verfolgten.[803] Spätestens hierdurch wird, worauf *Winkler* mit Recht hinweist[804], die Voraussetzung der Zweckidentität in der Rechtsprechung des Bundesverfassungsgerichts fraglich.

cc) Grundrechtsidentität

Uneinigkeit besteht auch dahingehend, ob es sich um Maßnahmen handeln muss, die ein und dasselbe Grundrecht betreffen.

(1) Schrifttum

Ein Teil der Literatur hält dies für erforderlich.[805] Bei *Ruschemeier* heißt es zur Begründung: „Durch die Normierung unterschiedlicher spezieller

---

799 Vgl. BVerfGE 91, 1, 30.
800 Ebd.
801 Ebd., S. 31 f.
802 BVerfG, NJW 2012, 1784, 1785.
803 Ebd., S. 1786.
804 *Winkler*, JA 2014, 881, 884. Dem folgend *Desoi*, Intelligente Videoüberwachung, 2018, S. 102 f.
805 *Bernsdorff*, SGb 2011, 121, 122; *Lücke*, DVBl 2001, 1469, 1470 u. 1474; *Kolbe*, Freiheitsschutz vor staatlicher Gesundheitssteuerung, 2017, S. 238; *Ruschemeier*,

Freiheitsrechte neben Art. 2 Abs. 1 GG sollte ja keine „Gesamtbilanz“ aller Freiheitsbeeinträchtigungen des Bürgers an einem Maßstab wie der allgemeinen Handlungsfreiheit gemessen werden, sondern anhand des differenziert gestalteten Systems der unterschiedlichen grundrechtlichen Gewährleistungen.“[806] Weiter wird darauf verwiesen, dass das Abstellen auf den Schutzbereich eines einzelnen Grundrechts, der über klare Konturen verfüge, den Vorzug der Rechtssicherheit und -klarheit habe. Schutzbereichsübergreifende Kategorien müssten demgegenüber erst handhabbar gemacht werden.[807] Ohnehin brächten diese, sofern diese Frage hier überhaupt von Relevanz sei, kaum eine schärfere Konturierung des grundrechtlich geschützten Verhaltens.[808] Andere lehnen die Voraussetzung der Grundrechtsidentität ab.[809] So würde die Trennung in unterschiedliche Schutzbereiche – wie schon das Erfordernis der Zweckidentität – einer rea-

---

Der additive Grundrechtseingriff, 2019, S. 136 ff.; *Würsig*, Die Steuerung von Summenbelastungen im öffentlichen Immissionsschutzrecht, 2009, S. 63; wohl auch *P. Kirchhof*, VVDStRL 39 (1981), 213, 240; *Michael*, in: Hoffmann-Riem/Schmidt-Aßmann/Voßkuhle (Hrsg.), Grundlagen des Verwaltungsrechts, Bd. II, 2. Aufl. 2012, § 41 Rn. 123. Offen gelassen von *Reimer*, Qualitätssicherung, 2010, S. 275.

806 *Ruschemeier*, Der additive Grundrechtseingriff, 2019, S. 136.

807 *Schaks*, DÖV 2015, 817, 822. *Kromrey*, Belastungskumulation – Ein Beitrag zur Erweiterung des grundrechtlichen Eingriffsbegriffs, 2018, S. 129 zeigt dies an einigen Beispielen, darunter: „Ist die Religionsfreiheit nach Art. 4 Abs. 1, 2 GG als eigenes Grundrechtsgut zu qualifizieren oder gehört sie zum Bereich der kommunikativen Freiheiten?“.

808 *Lee*, Umweltrechtlicher Instrumentenmix und kumulative Grundrechtseinwirkungen, 2013, S. 138 rechnet die Frage der Problematik der „Verkoppelung von Grundrechtstatbeständen“ zu.

809 *Heu*, Kulminierende Grundrechtseingriffe, 2018, S. 234 f.; *Klar*, Datenschutzrecht und die Visualisierung des öffentlichen Raums, 2012, S. 96; *Klement*, AöR 134 (2009), 35, 44; *Kreuter-Kirchhof*, NVwZ 2019, 1791, 1793; *Kromrey*, Belastungskumulation – Ein Beitrag zur Erweiterung des grundrechtlichen Eingriffsbegriffs, 2018, S. 124 ff.; *Michael/Morlok*, Grundrechte, 7. Aufl. 2020, § 18 Rn. 519; *Winkler*, JA 2014, 881 u. 885. In diese Richtung auch *Calliess*, Rechtsstaat und Umweltstaat, 2001, S. 348 f. Für das Steuerrecht: *Jachmann*, in: Dörr u.a. (Hrsg.), Festschrift f. Schiedermair, 2001, S. 391, 399 f. Vgl. zudem *Arndt/Schumacher*, NJW 1995, 2603, 2605, die es für widersinnig hielten, in einer Gesellschaft, in der der überwiegende Teil der Bevölkerung seinen Lebensunterhalt nicht durch Vermögenserträge, sondern durch geistige oder körperliche Arbeit verdient, bei der Auslegung der betroffenen, „einander verwandten Freiheitsrechte“ – gemeint sind Art. 12 und Art. 14 GG – zweierlei Maß anzulegen. Insoweit heißt es: „Es könnte kaum angehen, Erträge aus Arbeit für weniger schützenswert zu halten als Erträge aus Vermögen, sondern es wäre im Gegenteil sogar nachvollziehbar, die umgekehrte Überlegung anzustellen.“.

litätsgerechten Erfassung der Gesamtbelastung entgegenstehen.[810] Dieser Sichtweise ließe sich auch weder der Einwand eines Rationalitätsverlustes noch der einer Verwischung der Schranken der Grundrechte entgegenhalten.[811]

Zur Erfassung der Gesamtbelastung schlagen einige Autoren vor, schutzbereichsübergreifende Kategorien zu bilden. *G. Kirchhof* möchte die „Normwirklichkeit"[812], *Winkler* „Freiheitsräume"[813] in den Blick zu nehmen. In eine ähnliche Richtung geht der Ansatz, dass die Maßnahmen zumindest den gleichen Lebensbereich bzw. -sachverhalt[814] tangieren müssten. Auch *Jesse*[815] und *Klement*[816] erkennen die Kumulation verschiedener Eingriffe in verschiedene Grundrechte ausdrücklich an; Ersterer will eine „grundrechtsübergreifende" Prüfung durchführen[817], Zweiterer hält

810 *G. Kirchhof*, NJW 2006, 732, 734.

811 Vgl. *Jesse*, Instrumentenverbund als Rechtsproblem am Beispiel effizienter Energienutzung, 2014, S. 188. Anders zur Frage der Eingriffsschranken *Lee*, Umweltrechtlicher Instrumentenmix und kumulative Grundrechtseinwirkungen, 2013, S. 138 f. *Kromrey*, Belastungskumulation – Ein Beitrag zur Erweiterung des grundrechtlichen Eingriffsbegriffs, 2018, S. 144 ff. bemüht sich, was wegen des von ihr gewählten Ansatzes konsequent ist, um eine Lösung des Problems der Schrankenkumulation.

812 *G. Kirchhof*, NJW 2006, 732, 734 f. Dem folgend *Klar*, Datenschutzrecht und die Visualisierung des öffentlichen Raums, 2012, S. 96. S. auch Dritter Teil II. 1. a) aa).

813 *Winkler*, JA 2014, 881, 884 ff.

814 *Bronkars*, Kumulative Eigentumseingriffe, 2007, S. 89; *Hillgruber*, in: Isensee/P. Kirchhof (Hrsg.), Handbuch des Staatsrechts der Bundesrepublik Deutschland, Bd. IX, 3. Aufl. 2011, § 200 Rn. 97; *Kaltenstein*, SGb 2016, 365, 369 f.; *Klar*, Datenschutzrecht und die Visualisierung des öffentlichen Raums, 2012, S. 96; *Kromrey*, Belastungskumulation – Ein Beitrag zur Erweiterung des grundrechtlichen Eingriffsbegriffs, 2018, S. 130 ff.

815 *Jesse*, Instrumentenverbund als Rechtsproblem am Beispiel effizienter Energienutzung, 2014, S. 188.

816 *Klement*, AöR 134 (2009), 35, 44.

817 *Jesse*, Instrumentenverbund als Rechtsproblem am Beispiel effizienter Energienutzung, 2014, S. 188.

818 *Klement*, AöR 134 (2009), 35, 66 charakterisiert das für ihn maßgebliche „Eingriffsumfeld" als den Kausalkontext, also die Summe der Merkmale, von deren Vorliegen die Wirkungen des Grundrechtseingriffs sowie die verfassungsrechtliche Bewertung dieser Wirkungen abhingen. An anderer Stelle beschreibt er diesen Kontext, in gewisser Nähe zu *G. Kirchhof*, als Wirklichkeit, an die der Verhältnismäßigkeitsgrundsatz anknüpfe (*Klement*, AöR 134 (2009), 35, 71).

schlicht das „Eingriffsumfeld“ für maßgeblich[818] – ob und inwieweit sich daraus ein schutzbereichsübergreifender Ansatz ergibt, ist fraglich[819].

(2) Rechtsprechung

Dasselbe gilt für die Judikatur. Denn an einer Klarstellung durch das Bundesverfassungsgericht fehlt es bislang; eine solche enthält selbst das Urteil zum GKV-Wettbewerbsstärkungsgesetz nicht. Hier heißt es: „Grundsätzlich ist es möglich, dass verschiedene [...] Eingriffe *in grundrechtlich geschützte Bereiche* in ihrer Gesamtwirkung zu einer schwerwiegenden Beeinträchtigung führen, die das Maß der rechtsstaatlich hinnehmbaren Eingriffsintensität überschreitet.“[820] Damit steht fest, dass überhaupt ein grundrechtlicher Bezug gegeben sein müsse. Warum das Gericht allerdings den Plural gewählt hat, bleibt offen. Vieles spricht dafür anzunehmen, dass es insoweit nur um die Formulierung einer verallgemeinerungsfähigen Aussage ging.[821] Offenkundig sah sich das Gericht zu keiner weitergehenden Klärung veranlasst, zumal die Rechtsänderungen zulasten der Versicherungsunternehmen jeweils an Art. 12 Abs. 1 GG[822], und damit an dem gleichen Grundrecht, zu messen waren.

Anhaltspunkte für eine schutzbereichsübergreifende Sichtweise liefert indes das Recht zum Schutz der Privatsphäre. So betonte das Bundesverfassungsgericht im Hinblick auf die Kumulation von Ermittlungsmaßnahmen die verfassungsrechtliche Unzulässigkeit einer „Rundumüberwachung“, mit der ein umfassendes Persönlichkeitsprofil eines Beteiligten erstellt werden könnte. Insoweit müsse das Ausmaß der Überwachung insgesamt beschränkt bleiben.[823] Obgleich der Beschwerdeführer „nur“ in seinem allgemeinen Persönlichkeitsrecht gem. Art. 2 Abs. 1 GG i.V.m. Art. 1 Abs. 1 GG betroffen war, dürfte diese Aussage eine über dessen Schutzbereich hinausreichende Bedeutung haben. Nicht selten heißt es gar, dass

---

819 *Lee*, Umweltrechtlicher Instrumentenmix und kumulative Grundrechtseinwirkungen, 2013, S. 138 geht davon aus, dass *Klement* die Schutzbereiche der einzelnen Grundrechte beibehält.

820 BVerfG, NJW 2009, 2033, 2045. So auch BVerfG, NJW 2014, 3634, 3638 (Hervorhebung jeweils nur hier). Ähnlich BVerfG, NJW 2012, 1784, 1785.

821 *Heu*, Kulminierende Grundrechtseingriffe, 2018, S. 234 zieht daraus hingegen den Schluss, dass das Bundesverfassungsgericht zu einer schutzbereichsübergreifenden Sichtweise tendiere.

822 Vgl. BVerfG, NJW 2009, 2033, 2038 ff.

823 Vgl. BVerfGE 112, 304, 319 f. Ähnlich BVerfG, NJW 2016, 1781, 1787 f.

nach der Rechtsprechung eine verfassungswidrige Kumulation von Ermittlungsmethoden zu verhindern sei, unabhängig davon welches Grundrecht im Einzelfall Anwendung finde.[824] Nicht anders lässt sich jedenfalls die Vorgehensweise des Bundesgerichtshofs erklären, der in seine Gesamtbetrachtung u.a. die erfolgte Überwachung von Fahrzeugen mittels eines GPS-Senders, die Art. 2 Abs. 1 GG i.V.m. Art. 1 Abs. 1 GG berührt, die in Art. 13 GG eingreifende Wohnraumüberwachung und die Beschlagnahme von Postsendungen der Angeklagten (Art. 10 GG) einbezog.[825]

Wirft man einen Blick in die übrige, namentlich fachgerichtliche Rechtsprechung, ergibt sich ein uneinheitliches Bild. Das Oberverwaltungsgericht für das Land Nordrhein-Westfalen hält für eine „kumulative Gesamtbetrachtung" Eingriffe in den gleichen Lebensbereich für erforderlich.[826] Es greift dabei auf die Formulierung von *Hillgruber* zurück, der diesen Begriff schutzbereichsübergreifend versteht[827]. Der Staatsgerichtshof Baden-Württemberg scheint ebenfalls einer solchen Sichtweise zuzuneigen, da er in die Verhältnismäßigkeitsprüfung neben Art. 12 Abs. 1 GG – unter Hervorhebung der Kumulation verschiedener Maßnahmen zulasten der Spielhallenbetreiber – auch Art. 14 Abs. 1 GG einbezieht. Schließlich diene die Eigentumsgarantie ebenfalls der Sicherung der persönlichen Freiheit.[828] Das Bundessozialgericht hingegen vertritt die Auffassung, dass die jeweiligen Maßnahmen dasselbe Grundrecht berühren müssten. So dürfe bei der Summierung auf den monatlichen Rentenzahlbetrag einwirkender Verschlechterungen und einer Bewertung dieses Ergebnisses am Maßstab des Art. 14 GG nicht unberücksichtigt bleiben, ob und inwieweit der jeweilige „Einschnitt" in das Rentenniveau selbst (überhaupt) von Bedeutung für das Eigentumsrecht sei. Sei er eigentumsrechtlich irrelevant, müsse er als zu berücksichtigender kumulativer Effekt außer Betracht bleiben.[829] „Besonders offen" sei – so heißt es in einer anderen Entscheidung –, ob der Umstand, dass Rentner ab dem Jahr 2005 verstärkt zur Einkommensteuer herangezogen werden, in die Gesamtschau miteinbezogen werden könne[830]; dies wohl vor dem Hintergrund, dass diese Belastung „nur" als Eingriff in Art. 2 Abs. 1 GG bewertet wird.

---

824 So *G. Kirchhof*, NJW 2006, 732, 734; *Winkler*, JA 2014, 881, 884.

825 Vgl. BGH, NJW 2009, 3448, 3458.

826 OVG NRW, Beschluss v. 26.11.2013 – 14 A 2401/13 –, juris Rn. 17.

827 *Hillgruber*, in: Isensee/P. Kirchhof (Hrsg.), Handbuch des Staatsrechts der Bundesrepublik Deutschland, Bd. IX, 3. Aufl. 2011, § 200 Rn. 97.

828 StGH Baden-Württemberg, Urt. v. 17.06.2014 – 1 VB 15/13 –, juris Rn. 370.

829 BSG, BeckRS 2007, 47797 Rn. 29.

830 BSG, NZS 2010, 30, 32; BSG, BeckRS 2009, 67106 Rn. 46.

dd) Sach- bzw. Wirkungszusammenhang

Nunmehr geht es um das Erfordernis eines Sach- bzw. Wirkungszusammenhangs. Auch insoweit geben Literatur und Rechtsprechung jeweils kein einheitliches Bild ab.

(1) Schrifttum

Auffällig ist, dass insbesondere diejenigen, die eine grundrechtsübergreifende Sichtweise vertreten, für eine solche Einschränkung bzw. Konkretisierung eintreten. So führt zunächst *G. Kirchhof* aus, dass der differenzierte Grundrechtsschutz nicht gleichsam zu seinem „Supergrundrecht" zusammengefasst werden könne.[831] Insoweit nehme also die „Normwirklichkeit" zunächst eine schutzbereichsübergreifende Perspektive ein; erwiesen sich die Grundrechte aber als nicht verwandt, die Gegenstände als verschieden, scheide eine Addition aus.[832] In ähnlicher Art und Weise konstituiert *Winkler* wie gesagt „Freiheitsräume", um sodann zu betonen, dass die Gesamtbetrachtung jeweils ein grundrechtliches Schutzgut zum Gegenstand haben müsse.[833] In der Sache folgt dem *Kromrey*, zieht es aber begrifflich vor, nach der Betroffenheit desselben Lebenssachverhalts zu fragen.[834] *Klement* schließlich untersucht den Kontext des Grundrechtseingriffs und damit auch die Wirkungszusammenhänge mit anderen Maßnahmen.[835] Einzig *Jesse* lehnt das Erfordernis „vergleichbarer Gegenstände" – mitunter ist auch von der „gleichen tatsächlichen Position"[836] oder „demselben Rechtsverhältnis"[837] die Rede – explizit ab.[838] Auch hält er es offenbar nicht für angezeigt, Grenzen für eine grundrechtsübergreifende Prüfung zu ziehen.[839]

---

831 *G. Kirchhof*, Die Allgemeinheit des Gesetzes, 2009, S. 350.

832 *G. Kirchhof*, NJW 2006, 732, 734.

833 *Winkler*, JA 2014, 881, 885.

834 *Kromrey*, Belastungskumulation – Ein Beitrag zur Erweiterung des grundrechtlichen Eingriffsbegriffs, 2018, S. 130 ff.

835 Vgl. *Klement*, AöR 134 (2009), 35, 66.

836 Dafür *Reimer*, Qualitätssicherung, 2010, S. 275 f.

837 So *F. Kirchhof*, NZS 2015, 1, 7.

838 *Jesse*, Instrumentenverbund als Rechtsproblem am Beispiel effizienter Energienutzung, 2014, S. 187.

839 Ebd., S. 188.

Von denen, die für eine Trennung der Schutzbereiche plädieren, äußern sich nur wenige zu dieser Problematik, obwohl diese dadurch nicht völlig obsolet wird. Dies gilt vor allem für *Lücke*, der nur von der Berührung desselben Grundrechts spricht.[840] Anders verhält es sich bei *Reimer*. Er hält auch bei Betroffenheit des gleichen Schutzbereichs, konkreter die Berührung der gleichen tatsächlichen Position und des gleichen Interesses für erforderlich.[841] *Würsig* fordert demgegenüber einen „spezifischen Wirkungszusammenhang" – von ihm auch Konnexität genannt –, der bestehe wenn entweder zwischen den sich summierenden Beiträgen schädliche Wechselwirkungen bestünden oder aber durch die Addition mehrerer gleichartiger Teilbelastungen der tatsächliche Belastungsgrad intensiviert werde. Hierfür genüge nicht die Betroffenheit desselben Schutzguts. Ein sachlicher Zusammenhang setze vielmehr das Bestehen einer spezifischen Wirkungsidentität voraus.[842] Anderenfalls drohe eine uneingeschränkte, globale Berücksichtigung aller auf ein Grundrecht einwirkender Belastungen.[843]

(2) Rechtsprechung

Das Bundesverfassungsgericht hat die Kumulation von Kriminal- und Disziplinarstrafe nur für verfassungsrechtlich bedenklich gehalten, soweit sie dieselbe Tat betrifft.[844] Daneben stellte der Senat auf die Gleichartigkeit der Wirkungen beider Maßnahmen ab.[845] In ähnlicher Art und Weise argumentierte das Bundesverfassungsgericht zum Nebeneinander von Freiheitsstrafe und Maßregel der Unterbringung in einer Entziehungsanstalt. In dem Beschluss heißt es: „Beide staatlichen Reaktionen *auf eine Tat* sind indes mit Freiheitsentzug verbunden. Das Grundrecht des Art. 2 Abs. 2 S. 2 GG erfordert es deshalb, sie einander so zuzuordnen, dass die Zwecke bei-

---

840 *Lücke*, DVBl 2001, 1469, 1470. Bei *Ruschemeier*, Der additive Grundrechtseingriff, 2019, S. 130 ff. findet sich neben der Grundrechtsidentität (sowie der Adressatenidentität und der Gleichzeitigkeit) kein weiteres einengendes Kriterium, obwohl sie anders als *Lücke* Zweckidentität gerade nicht fordert.

841 *Reimer*, Qualitätssicherung, 2010, S. 275 f.

842 *Würsig*, Die Steuerung von Summenbelastungen im öffentlichen Immissionsschutzrecht, 2009, S. 63. Dagegen *Kromrey*, Belastungskumulation – Ein Beitrag zur Erweiterung des grundrechtlichen Eingriffsbegriffs, 2018, S. 122 f.

843 *Würsig*, Die Steuerung von Summenbelastungen im öffentlichen Immissionsschutzrecht, 2009, S. 63 Fn. 178.

844 BVerfGE 21, 378, 388.

845 Ebd.

der möglichst weitgehend erreicht werden, ohne dabei in das Freiheitsrecht des einzelnen Betroffenen mehr als notwendig einzugreifen.“[846] Der Bezug zur „Tat“ ist hier aber bereits weitaus lockerer, die Formulierung fast schon beiläufig. Inzwischen hat das Gericht – so scheint es – das Erfordernis „derselben Tat“ ganz aufgegeben. Danach könne eine Anrechnung freiheitsentziehender Maßregeln der Besserung und Sicherung auch auf verfahrensfremde Freiheitsstrafen geboten sein.[847] Stattdessen betont das Bundesverfassungsgericht die weitgehende Gleichwertigkeit der Freiheitsentziehung durch Unterbringung und der Freiheitsstrafe. Außerdem könne das Ziel des Maßregelvollzugs gerade durch den nachfolgenden Strafvollzug konterkariert werden.[848]

Von Relevanz ist außerdem eine Entscheidung des Bundesverfassungsgerichts, die das Zusammenwirken einzelner Regelungen aus dem Kindergeld- bzw. Einkommensteuerrecht zum Gegenstand hat. Auch hier war es ihr Wirkungszusammenhang, der eine Gesamtbetrachtung rechtfertigte. Denn die Reduzierung des Kindergeldes bewirkte, da es insofern seine steuerliche Entlastungsfunktion verlor[849], eine, wenn auch indirekte, Erhöhung der Steuerlast. In einer anderen Entscheidung begründet das Bundesverfassungsgericht die Gesamtbetrachtung zweier gesetzlicher Regelungen ausdrücklich mit ihrem Zusammenhang. Hier heißt es: „Die Zugehörigkeit der Vorschriften zu verschiedenen Rechtsgebieten rechtfertigt es nicht, die jeweils durch das Sozialrecht und das Arbeitsrecht ausgelöste Beschwer des Arbeitgebers isoliert zu betrachten. Beide Regelungen knüpfen an die Wettbewerbsabrede an und stehen […] auch in rechtlichem Zusammenhang.“[850]

Das Oberverwaltungsgericht für das Land Nordrhein-Westfalen verzichtet zunächst auf einen Wirkungszusammenhang. Der Frage, ob sich die verschiedenen Maßnahmen verstärken, geht es erst auf Rechtsfolgenseite nach.[851] Es hält aber daran fest, dass es sich um Eingriffe in den gleichen Lebensbereich handeln muss.[852] Insofern sollen offenbar (nur) der schutzbereichsübergreifenden Sichtweise Grenzen gesetzt werden. Ähnlich argu-

846 BVerfGE 91, 1, 30 (Hervorhebung nur hier).
847 BVerfG, NJW 2012, 1784 ff.
848 Ebd., S. 1786 u. 1787.
849 BVerfGE 82, 60, 89.
850 BVerfG, NJW 1999, 935, 937. *Würsig*, Die Steuerung von Summenbelastungen im öffentlichen Immissionsschutzrecht, 2009, S. 62 erkennt hierin eher das Erfordernis eines gemeinsamen Zwecks.
851 Vgl. OVG NRW, Beschluss v. 26.11.2013 – 14 A 2401/13 –, juris Rn. 22.
852 Ebd., Rn. 17.

mentiert der Bundesgerichtshof zur Kumulation von Ermittlungsmaßnahmen.[853] Soweit das Bundesverfassungsgericht schließlich eine Beschränkung des Ausmaßes der Überwachung insgesamt fordert[854], erscheint es nur plausibel, alle derartigen Maßnahmen einzubeziehen, unabhängig davon, ob sie etwa dasselbe Ermittlungsverfahren betreffen.

ee) Gleichzeitigkeit

Klärungsbedürftig ist weiter, ob die Maßnahmen den Betroffenen gleichzeitig betreffen müssen.

(1) Schrifttum

Die herrschende Auffassung im Schrifttum bejaht dies[855], wobei teils – etwas abgeschwächt – von weitgehender Gleichzeitigkeit[856] bzw. zeitweiser Parallelität[857] die Rede ist. Hervorzuheben sind besonders die Bemühungen *Lückes*: Er greift zunächst die Konstellation auf, in der ein erstmaliger

---

853 Vgl. BGH, NJW 2009, 3448, 3458.

854 BVerfGE 112, 304, 319 f.

855 *Bronkars*, Kumulative Eigentumseingriffe, 2007, S. 90; *Heu*, Kulminierende Grundrechtseingriffe, 2018, S. 236 f.; *Hillgruber*, in: Isensee/P. Kirchhof (Hrsg.), Handbuch des Staatsrechts der Bundesrepublik Deutschland, Bd. IX, 3. Aufl. 2011, § 200 Rn. 97; *Jarass*, NVwZ 2017, 273, 275; *G. Kirchhof*, NJW 2006, 732, 734; *ders.*, Die Allgemeinheit des Gesetzes, 2009, S. 350; *ders.*, Grundrechte und Wirklichkeit, 2007, S. 28; *Klar*, Datenschutzrecht und die Visualisierung des öffentlichen Raums, 2012, S. 95; *Kolbe*, Freiheitsschutz vor staatlicher Gesundheitssteuerung, 2017, S. 238; *Kromrey*, Belastungskumulation – Ein Beitrag zur Erweiterung des grundrechtlichen Eingriffsbegriffs, 2018, S. 111 ff.; *Reimer*, Qualitätssicherung, 2010, S. 275; *Ruschemeier*, Der additive Grundrechtseingriff, 2019, S. 148 f.; *Schaks*, DÖV 2015, 817, 818; wohl auch *Kaltenstein*, SGb 2016, 365, 369; *Michael/Morlok*, Grundrechte, 7. Aufl. 2020, § 18 Rn. 519.

856 *Lücke*, DVBl 2001, 1469, 1470 f.; *Peine*, in: Merten/Papier (Hrsg.), Handbuch der Grundrechte in Deutschland und Europa, Bd. III, 2009, § 57 Rn. 53.

857 *Klement*, AöR 134 (2009), 35, 42. Ähnlich *Jesse*, Instrumentenverbund als Rechtsproblem am Beispiel effizienter Energienutzung, 2014, S. 186; *Lee*, Umweltrechtlicher Instrumentenmix und kumulative Grundrechtseinwirkungen, 2013, S. 143. Bei Normen sei der Zeitraum zwischen Beginn und Ende der inneren Wirksamkeit der statuierten Regelungen maßgeblich; bei faktischen Eingriffen komme es auf den Zeitpunkt oder Zeitraum der Einwirkung auf das grundrechtlich geschützte Interesse an (*Klement*, AöR 134 (2009), 35, 42).

Grundrechtseingriff zeitgleich mit anderen erstmaligen Grundrechtseingriffen denselben Bürger belaste. Insoweit spricht er von einem „schlichten additiven Grundrechtseingriff“.[858] Daneben sei aber auch ein „fortgesetzter additiver Grundrechtseingriff“ anzuerkennen, für den Fall, dass die Eingriffe den Betroffenen nicht alle zeitgleich zum ersten Mal beeinträchtigen, sondern auf ihn teilweise schon früher eingewirkt haben.[859] Abgeschlossene Beeinträchtigungen könnten hingegen anders als noch bis in die Gegenwart fortwirkende nicht in einen additiven Grundrechtseingriff aufgenommen werden. Das gleiche gelte für zukünftige Beeinträchtigungen.[860] Zur Begründung verweist er auf das herkömmliche Verständnis des Grundrechtseingriffs, das Aktualität voraussetze. Überdies solle insoweit nur den durch das punktuelle Verständnis des Eingriffs bedingten Mängeln abgeholfen werden. Letztlich wäre, so *Lücke*, die Einbeziehung sämtlicher – auch vergangener – Belastungen angesichts ihrer Grenzenlosigkeit für die Grundrechtsdogmatik auch nicht mehr praktikabel.[861]

Überwiegend wird diese Sichtweise geteilt[862], wenn sich auch die vorgeschlagene begriffliche Trennung zwischen schlichtem und fortgesetztem additiven Grundrechtseingriff, von Ausnahmen abgesehen[863], nicht durchsetzen konnte. Klärungsbedarf besteht aber in Detailfragen. So wirft *Schaks* die Frage auf, in welchen Fällen von einer Fortwirkung im Sinne einer aktuellen Belastung ausgegangen werden könne. Er erwägt, insofern auf die „Gegenwärtigkeit“ beim Feststellungsinteresse im Rahmen der Feststel-

858 *Lücke*, DVBl 2001, 1469, 1470. Dem folgend *Kaltenstein*, SGb 2016, 365, 370.

859 *Lücke*, DVBl 2001, 1469, 1470 f.

860 Ebd., S. 1471.

861 Ebd., S. 1470 f. Ähnlich *Jesse*, Instrumentenverbund als Rechtsproblem am Beispiel effizienter Energienutzung, 2014, S. 186 und *Ruschemeier*, Der additive Grundrechtseingriff, 2019, S. 148: „Das Ziel eines effektiven Grundrechtsschutzes, unabhängig von Handlungsform und Handlungsanzahl staatlicher Maßnahmen, wird nicht dadurch verwirklicht, dass nicht mehr oder noch nicht wirkende potenzielle Eingriffe in die Grundrechtsprüfung mit aufgenommen werden.“ Weiterführend *Kromrey*, Belastungskumulation – Ein Beitrag zur Erweiterung des grundrechtlichen Eingriffsbegriffs, 2018, S. 113 ff., die nur bei einem „engen zeitlichen, räumlichen und/oder sachlichen Zusammenhang“ eine Ausnahme machen will.

862 S. etwa *Bronkars*, Kumulative Eigentumseingriffe, 2007, S. 90; *G. Kirchhof*, NJW 2006, 732, 734; *Peine*, in: Merten/Papier (Hrsg.), Handbuch der Grundrechte in Deutschland und Europa, Bd. III, 2009, § 57 Rn. 53.

863 Hieran anknüpfend nur *Kaltenstein*, SGb 2016, 365, 370 f.; *Kromrey*, Belastungskumulation – Ein Beitrag zur Erweiterung des grundrechtlichen Eingriffsbegriffs, 2018, S. 112; *Lee*, Umweltrechtlicher Instrumentenmix und kumulative Grundrechtseinwirkungen, 2013, S. 99.

lungs- sowie der Fortsetzungsfeststellungsklage zu rekurrieren.[864] *Bernsdorff* greift, wie auch *Ruland*[865], den Fall einer sich sukzessive, also Schritt für Schritt, verschlechternden Rechtsposition auf. Insoweit erinnert er an das – auch unter grundrechtsdogmatischen Aspekten – bestehende Erfordernis der Handhabbarkeit, wollte man etwa berücksichtigen, dass ein Bürger im Anschluss an ältere Grundrechtseingriffe disponieren und deren Belastungen abmildern kann.[866]

Eine gänzlich abweichende Sichtweise findet sich nur selten, etwa bei *Winkler*. Ihres Erachtens ist kein Grund ersichtlich, die Wirkung zeitlich gestaffelter Eingriffe nicht einer Gesamtbetrachtung zu unterziehen.[867] Der von ihr konstituierte „Freiheitsraum" sei somit auch in zeitlicher Hinsicht zu entfalten.[868] Dabei verweist sie darauf, dass die zeitliche Dimension zugleich immer auch Auswirkungen auf den Schutzgegenstand haben könne. Dies bedeute aber nicht unbedingt eine Beschränkung des grundrechtlichen Freiheitsraums. In der Zeitdimension komme stattdessen das Element des Vertrauensschutzes zum Tragen.[869] *Hufen* zeigt sich ebenfalls offen, auch vergangene und künftige Belastungen einzubeziehen[870], nachdem er bereits zuvor – allgemein – für ein weitergehendes Verständnis des Elements der „Gegenwärtigkeit" des Eingriffs eingetreten ist, um einen wirksamen Grundrechtsschutz zu gewährleisten. Denn Eingriffe könnten, so der Autor, durch „Entwicklungen in der Zeit" auch allmählich entstehen, virulent werden oder ihre Rechtfertigung verlieren.[871] *F. Kirchhof* spricht letztlich generell von der Notwendigkeit, die Zeitspanne für die Gesamtbetrachtung festzulegen.[872] Er scheint also durchaus bereit, flexibel auf die Umstände des Einzelfalls zu reagieren, anstatt seinen Blick schlicht auf die (formale) Gleichzeitigkeit der Maßnahmen zu richten.

---

864 *Schaks*, DÖV 2015, 817, 820 Fn. 23.

865 *Ruland*, SGb 2012, 241, 242 f.

866 *Bernsdorff*, SGb 2011, 121, 123. Vgl. auch *Lücke*, DVBl 2001, 1469, 1471.

867 *Winkler*, JA 2014, 881, 884. Vgl. auch *dies.*, Grundrechte in der Fallprüfung, 2. Aufl. 2018, S. 107. Ähnlich *Kreuter-Kirchhof*, NVwZ 2019, 1791, 1793 mit Blick auf die in Art. 1 Abs. 3 GG und Art. 20 Abs. 3 GG verankerte umfassende Grundrechtsbindung.

868 Vgl. *Winkler*, JA 2014, 881, 884 f.

869 Ebd., S. 885 u. 886.

870 *F. Hufen*, VVDStRL 57 (1998), 131, 132 (Diskussionsbeitrag).

871 Vgl. *F. Hufen*, in: Grimm (Hrsg.), Wachsende Staatsaufgaben – sinkende Steuerungsfähigkeit des Rechts, 1990, S. 273, 280 u. 284.

872 *F. Kirchhof*, NZS 2015, 1, 7.

(2) Rechtsprechung

Dafür, dass die Gerichte mit zeitgleich wirkenden Maßnahmen befasst waren, existieren zahlreiche Belege. So hat das Bundesverfassungsgericht die Gesamtbelastung durch Einkommen- und Gewerbesteuer für denselben Veranlagungszeitraum, das Jahr 1994[873], bestimmt. Sonstige Vorbelastungen ließ es außen vor. Das Gericht würdigte weiter gleichzeitig bestehende besondere Sicherungsvorkehrungen und sonstige Untersuchungshaftbedingungen.[874] In dem Beschluss zur Verfassungsmäßigkeit des Beitragssatzsicherungsgesetzes nimmt das Gericht die additive Gesamtbelastung der Apotheken durch alle, wie es heißt, „derzeit wirkenden Grundrechtseingriffe“ in den Blick.[875] Jüngst urteilte das Bundesverfassungsgericht zur Regulierung des Spielhallensektors, die ebenso Art. 12 GG betrifft. Hier führt es aus: „Eine kumulative Belastung entsteht insbesondere durch die gleichzeitige Geltung von Gerätehöchstzahlen je Spielhalle.“[876] Im Kontext des Art. 33 Abs. 5 GG ist – sogar zum Leitsatz erhoben – von einem „engen zeitlichen Zusammenhang“ der Maßnahmen die Rede.[877] Auch im Zusammenhang mit dem Einsatz verschiedener Ermittlungsmaßnahmen wirft das Bundesverfassungsgericht die Frage nach den verfassungsrechtlichen Grenzen ihrer zeitgleichen Durchführung auf.[878] Es betonte, mit Rücksicht auf das dem „‘additiven‘ Grundrechtseingriff“ innewohnende Gefährdungspotential, dass die eine Ermittlungsmaßnahme beantragende oder anordnende Staatsanwaltschaft über alle Ermittlungseingriffe informiert sein müsse, die den Grundrechtsträger im Zeitpunkt der Antragstellung und im Zeitpunkt einer zeitlich versetzten Ausführung der Maßnahme jeweils treffen.[879] Recht deutlich hat sich schließlich der Bundesgerichtshof positioniert: In dem zu entscheidenden Fall sei es durch die zeitgleiche Durchführung mehrerer Überwachungsmaßnahmen nicht zu einer verfas-

873 BVerfGE 115, 97, 98.
874 BVerfG, BeckRS 1993, 08446.
875 BVerfGE 114, 196, 246.
876 BVerfG, NVwZ 2017, 1111, 1120.
877 BVerfG, NVwZ 2019, 152.
878 BVerfGE 112, 304, 315. Der Europäische Gerichtshof für Menschenrechte geht von einer besonderen Eingriffsintensität mit der Begründung aus, dass die GPS-Überwachung Teil vieler anderer zuvor angeordneter und sich teilweise überschneidender Observierungsmaßnahmen war. Nicht Teil der Gesamtschau ist der zu Beginn der GPS-Überwachung bereits beendete Einsatz zweier Peilsender (vgl. EGMR, NJW 2011, 1333, 1338).
879 BVerfGE 112, 304, 320.

sungsrechtlich unzulässigen, zeitlichen und räumlichen Rundumüberwachung gekommen.[880] So hätte beispielsweise die Überwachung von Fahrzeugen eines Angeklagten mittels eines GPS-Senders nur drei Tage gedauert und wäre im Zeitpunkt der strafprozessualen Maßnahmen bereits beendet gewesen. Dementsprechend bezog das Gericht die GPS-gestützte Überwachung auch nicht in die Gesamtschau ein.[881]

Allerdings finden sich auch gegenläufige Anhaltspunkte. Bereits früh hat das Bundesverfassungsgericht eine „Kumulation von Kriminal- und Disziplinarstrafe" erkannt[882], obwohl beide Sanktionen nicht zeitgleich – die erste war bei Eingreifen der zweiten schon vollständig verbüßt – sondern sukzessive verhängt wurden. Von Relevanz sind zudem zwei Entscheidungen, die den kumulativen Vollzug von Freiheitsstrafen und Maßregeln der Unterbringung in einer Entziehungsanstalt[883] bzw. verfahrensfremden Freiheitsstrafen und (freiheitsentziehenden) Maßregeln der Besserung und Sicherung[884] zum Gegenstand haben. Mögen sie hier auch zum gleichen Zeitpunkt angeordnet worden sein, so erfolgte der Vollzug dennoch losgelöst voneinander. Selbst kleinste zeitliche Überschneidungen sind insoweit von vornherein ausgeschlossen. Angesichts dessen werden Zweifel laut, ob es sich dabei überhaupt um additive Grundrechtseingriffe handelte.[885] Allerdings spricht das Bundesverfassungsgericht inzwischen selbst in diesem Zusammenhang von „kumulativen oder ‚additiven' Grundrechtseingriffen".[886] Belege finden sich auch jenseits der Materie der „Doppelbestrafungen": Das Bundesverfassungsgericht hat beispielsweise im Kontext der Pflicht des Arbeitgebers zur Erstattung des gesamten Arbeitslosengeldes auch seine Verpflichtung gewürdigt, die Beiträge zur gesetzlichen Arbeitslosenversicherung zur Hälfte zu tragen.[887] Dies geschah ungeachtet des Umstandes, dass erstere erst nach Beendigung des Arbeitsverhältnisses greift, während letztere nur bis zu diesem Zeitpunkt besteht. Kürzlich hat sich das Bundesverfassungsgericht zudem dafür ausgesprochen, die Aufbau- und die Auszahlungsphase von Alterseinkünften im Zusammenhang verfassungsrechtlich zu würdigen[888], obgleich der jeweilige

---

880 BGH, NJW 2009, 3448, 3458.
881 Ebd.
882 BVerfGE 21, 378.
883 BVerfGE 91, 1.
884 BVerfG, NJW 2012, 1784.
885 So *Schaks*, DÖV 2015, 817, 819 f. (zu BVerfGE 21, 378).
886 BVerfG, NJW 2012, 1784, 1785 f.
887 Vgl. BVerfG, NJW 1999, 935, 937.
888 BVerfG, DStR 2015, 2757, 2761.

(einkommen-)steuerrechtliche Zugriff verschiedene Veranlagungszeiträume betrifft. Nicht zuletzt hält das Bundesverfassungsgericht eine Berücksichtigung aller Modifikationen der Regelungen zur Rentenanpassung seit ihrer Einführung im Jahre 1957 für denkbar, lässt dies letztlich aber offen.[889]

ff) Sonstige Anforderungen

Schließlich werden, wenn auch eher am Rande, weitere Anforderungen an das Vorliegen eines additiven Grundrechtseingriffs diskutiert, auf die im Folgenden eingegangen werden soll.[890]

(1) Eingriffsqualität der Einzelakte

Klärungsbedarf besteht zunächst dahingehend, ob nur solche Maßnahmen zu einem derartigen Eingriff zusammengefasst werden dürfen, die selbst Eingriffsqualität aufweisen.

(a) Schrifttum

Die wohl überwiegende Auffassung im Schrifttum scheint dies zu bejahen. Nur selten wird diese Problematik aber explizit aufgegriffen, was nicht zuletzt dem vermehrten Blick auf „klassische“ Grundrechtseingriffe geschuldet sein dürfte. *Lücke* spricht etwa nur allgemein von einer Bündelung mehrerer punktueller Grundrechtseingriffe.[891] Auch bei *Kloepfer* ist schlicht die Rede vom Problem der Eingriffsaddition, bei dem mehrere, für sich genommen zulässige *Eingriffe* nur durch ihre Gesamtwirkung problematisch würden.[892] Ausnahmen bilden *Kaltenstein* und *Lee*, die sich dieser Sichtweise ausdrücklich anschließen und zur Begründung auf die

---

889 BVerfG, NJW 2014, 3634, 3638. S. bereits Erster Teil VI. 3. b).

890 Zu den „Sonderfällen“ s. Zweiter Teil III. 3.

891 Vgl. *Lücke*, DVBl 2001, 1469, 1470.

892 *Kloepfer*, VerwArch 74 (1983), 201, 214. Ähnlich *Peine*, in: Merten/Papier (Hrsg.), Handbuch der Grundrechte in Deutschland und Europa, Bd. III, 2009, § 57 Rn. 53. *Schaks*, DÖV 2015, 817, 819 betont darüber hinaus die Eigenständigkeit dieser Grundrechtseingriffe.

Rechtsprechung des Bundesverfassungsgerichts verweisen[893], auf die sogleich einzugehen sein wird.

Anders positioniert sich *Würsig*, indem er sich für eine Erfassung „inkrementale[r] Summationsbeiträge“, die bei isolierter Betrachtung aufgrund ihrer geringen Intensität keine Berücksichtigung fänden, ausspricht.[894] Ähnlich verhält es sich bei *Ruschemeier*, die diesen Fall – unter Zugrundelegung des erweiterten Eingriffsbegriffs – aber kaum für relevant hält und ihn auch nicht als additiven Grundrechtseingriff verstanden wissen will.[895] Daneben erkennt *Klement* – mit Blick auf die faktischen Eingriffe – den Fall der Konstitution eines (singulären) Eingriffs aus mehreren, je für sich genommen die Eingriffsschwelle nicht überschreitenden Einzelbelastungen, als „kumulativen Grundrechtseingriff“ an.[896] Insofern verweist er darauf, dass nicht nur die Art, sondern auch die Schwere einer tatsächlichen Wirkung im Schutzbereich eines Grundrechts den entscheidenden Grund für die Bejahung eines Eingriffs abgeben könne.[897] Offen für diesen Ansatz ist – so scheint es – auch *Hufen*, soweit er ausführt, dass die Summe unterschiedlicher Maßnahmen an irgendeinem Punkt in einen echten Grundrechtseingriff umschlagen könne.[898] Dies gilt wohl auch für *G. Kirchhof*, der den Begriff des Eingriffs weitestgehend meidet und stattdessen etwa von Maßnahmen mit belastender Wirkung spricht.[899] *Lee* zufolge hat dieser Gedanke durchaus Charme, werfe hinsichtlich seiner Praktikabilität aber eine Vielzahl von Problemen auf. Insbesondere wäre zu klären, wie weit der Belastungsbegriff zu verstehen sei.[900]

---

893 *Kaltenstein*, SGb 2016, 365, 369; *Lee*, Umweltrechtlicher Instrumentenmix und kumulative Grundrechtseinwirkungen, 2013, S. 140 f.

894 Vgl. *Würsig*, Die Steuerung von Summenbelastungen im öffentlichen Immissionsschutzrecht, 2009, S. 61 f.

895 Vgl. *Ruschemeier*, Der additive Grundrechtseingriff, 2019, S. 135 f.

896 *Klement*, AöR 134 (2009), 35, 62. Dem folgend *Kolbe*, Freiheitsschutz vor staatlicher Gesundheitssteuerung, 2017, S. 239; *Kromrey*, Belastungskumulation – Ein Beitrag zur Erweiterung des grundrechtlichen Eingriffsbegriffs, 2018, S. 81 ff.

897 *Klement*, AöR 134 (2009), 35, 62.

898 Vgl. *F. Hufen*, VVDStRL 57 (1998), 131, 132 (Diskussionsbeitrag). Anders wohl aber *ders.*, Staatsrecht II: Grundrechte, 7. Aufl. 2018, § 8 Rn. 16.

899 Vgl. etwa *G. Kirchhof*, NJW 2006, 732, 735.

900 Vgl. *Lee*, Umweltrechtlicher Instrumentenmix und kumulative Grundrechtseinwirkungen, 2013, S. 140.

(b) Rechtsprechung

Das Bundesverfassungsgericht fasst unter den Begriff des additiven Grundrechtseingriffs die Gesamtwirkung „verschiedene[r] einzelne[r], für sich betrachtet geringfügige[r] Eingriffe".[901] Dies deutet darauf hin, dass die Maßnahmen selbst Eingriffsqualität aufweisen müssen, mögen sie an sich auch von nur geringer Schwere sein[902]. Im Verfahren zur Verfassungsmäßigkeit des Beitragssatzsicherungsgesetzes machten die Antragstellerinnen geltend, dass in die Gesamtbetrachtung auch der Umstand Eingang finden müsse, dass die den Herstellern und Großhändlern gesetzlich auferlegten Rabatte zu einem Großteil bei den Apotheken „abgelastet" würden. Dies lehnte das Bundesverfassungsgericht mit der Begründung ab, dass es sich dabei lediglich um mittelbare Auswirkungen auf die Rechtsposition der Apotheker – und folglich wohl nicht um einen Eingriff in Art. 12 GG – handele.[903]

Ein Grund dafür, nicht jede irgendwie geartete Belastung einzubeziehen, mag in der schwierigen Handhabbarkeit eines solchen Ansatzes liegen. Daher heißt es in der Judikatur des Bundessozialgerichts: „Kriterien dafür, ob und ggf. welche weiteren Belastungen, die bei Rentnern durch gesetzliche Regelungen eingetreten sind, bei der verfassungsrechtlichen Beurteilung der Zulässigkeit von Beitragslasterhöhungen mitzuberücksichtigen sind, hat der Senat nicht. Solche sind bisher auch nicht ersichtlich."[904] Gleichwohl nimmt das Gericht alle auf den Rentenbetrag einwirkenden „Verschlechterungen" in den Blick, die im Hinblick auf das Grundrecht (Art. 14 GG) „relevant" seien.[905] Danach reiche also auch eine, wohl unterhalb der Eingriffsschwelle anzusiedelnde, marginale Grundrechtsberührung aus.[906]

---

901 BVerfG, NJW 2014, 3634, 3638; BVerfG, NJW 2009, 2033, 2045.

902 Es ist davon auszugehen, dass das Bundesverfassungsgericht – entgegen der Formulierung – nicht bloß „geringfügige" Eingriffe im Blick hatte. An anderer Stelle spricht es daher, weitgehender, von „mehrere[n] für sich betrachtet möglicherweise angemessene[n] oder zumutbare[n] Eingriffe[n]" (BVerfG, NJW 2012, 1784, 1785).

903 BVerfGE 114, 196, 247. Ablehnend gegenüber der Figur der berufsregelnden Tendenz etwa *Ruffert*, in: Epping/Hillgruber (Hrsg.), BeckOK-Grundgesetz, 41. Edition Stand: 15.5.2019, Art. 12 Rn. 57. Kritik an der Erfassung lediglich klassischer Eingriffe ferner bei *Lindner*, DÖV 2004, 765, 768 ff.

904 BSG, NZS 2010, 30, 32. Hierauf weist auch *Lee*, Umweltrechtlicher Instrumentenmix und kumulative Grundrechtseinwirkungen, 2013, S. 140 hin.

905 Vgl. BSG, NZS 2010, 30, 32.

906 Vgl. *Bernsdorff*, SGb 2011, 121, 123.

Zwar betreffen die vorliegend relevanten Entscheidungen überwiegend finale, also „klassische“ Eingriffe, darunter das Aufeinandertreffen verschiedener Ermittlungsmaßnahmen[907] oder die Verhängung einer Disziplinarstrafe neben einer Freiheitsstrafe[908]. Die Rechtsprechung bleibt dabei aber nicht stehen. *Würsig*[909] verweist in diesem Zusammenhang auf einen Beschluss des Bundesverfassungsgerichts[910], in dem es zu den hoheitlich angeordneten Tätigkeits- und Kontaktbeschränkungen die mit der Zellengröße verbundene Beeinträchtigung hinzuaddiert hat. Hierhin gehört auch eine Entscheidung des Bundesverwaltungsgerichts zur Berücksichtigung von Vorbelastungen bei der durch den Bau einer öffentlichen Straße entstehenden (zusätzlichen) Lärmbeeinträchtigung[911]; jeweils handelte es sich um „lediglich“ faktische Beeinträchtigungen.

(2) Maßnahmen verschiedener Gewalten

Unerheblich ist nach der Rechtsprechung des Bundesverfassungsgerichts, ob die Maßnahmen derselben oder verschiedenen staatlichen Gewalten zugeordnet werden können. Das Gericht hat beispielsweise Maßnahmen der Legislative[912], zum Teil auch in gesetzesübergreifender Form[913], in ihrem Zusammenwirken gewürdigt. Ersichtlich sind auch „Mischformen“, insbesondere von Exekutive und Judikative[914].

Dieser Sichtweise folgt der weit überwiegende Teil der Literatur.[915] *Lücke* unterscheidet insoweit zwischen Eingriffen singulären Ursprungs,

907 BVerfGE 112, 304.
908 BVerfGE 21, 378.
909 *Würsig*, Die Steuerung von Summenbelastungen im öffentlichen Immissionsschutzrecht, 2009, S. 41.
910 BVerfG, BeckRS 1993, 08446.
911 Vgl. BVerwG, NVwZ 1996, 1003, insbes. 1005.
912 BVerfG, NJW 2009, 2033; BVerfGE 114, 196.
913 Vgl. etwa BVerfG, NJW 2014, 3634; BVerfG, NJW 1999, 935; BVerfGE 80, 82.
914 S. z.B. BVerfGE 112, 304; BVerfGE 21, 378.
915 *Kromrey*, Belastungskumulation – Ein Beitrag zur Erweiterung des grundrechtlichen Eingriffsbegriffs, 2018, S. 3 ff.; *Lee*, Umweltrechtlicher Instrumentenmix und kumulative Grundrechtseinwirkungen, 2013, S. 100; *Peine*, in: Merten/Papier (Hrsg.), Handbuch der Grundrechte in Deutschland und Europa, Bd. III, 2009, § 57 Rn. 53; *Ruschemeier*, Der additive Grundrechtseingriff, 2019, S. 164 f.; *Schaks*, DÖV 2015, 817, 821; *Winkler*, JA 2014, 881, 882; *Wolff*, ZG 2016, 361, 373.

etwa durch ein oder mehrere[916] Akte der Legislative, und solchen gemeinschaftlicher Herkunft[917]. Manche differenzieren für den ersten Fall weiter zwischen Eingriffsadditionen durch Gesetz und aufgrund Gesetzes.[918] Zur Begründung heißt es bei *Schaks*, dass nur diese Sichtweise der in Art. 1 Abs. 3 GG festgelegten Grundrechtsbindung aller Gewalten gerecht werde und potenzielle Umgehungsversuche verhindern könne.[919] Eine Ausnahme wird – in den Grenzen von Art. 79 Abs. 3 GG – nur für den verfassungsändernden Gesetzgeber gemacht.[920] Eine gänzlich abweichende Auffassung vertritt, soweit ersichtlich, nur *Bronkars*, die nur Gesetze und Rechtsverordnungen, also Maßnahmen der Legislative und der Exekutive, berücksichtigt. Zwar könnten Grundrechtseingriffe von jeder der drei Staatsgewalten ausgehen, die Ermächtigungs- oder Entscheidungsgrundlage bilde jedoch immer ein Gesetz, auf das allein der jeweilige Normgeber Einfluss nehmen könne und daher allein gebunden sei.[921]

gg) Zwischenergebnis

Insgesamt ergibt sich im Schrifttum ein uneinheitliches Bild. Streit besteht, wie dargelegt, bei so gut wie jeder einzelnen Anforderung. Das Spektrum reicht von denen, die insbesondere mit Blick auf die methodische Handhabbarkeit eher enge tatbestandliche Voraussetzungen bestimmen[922], bis zu denen, die sich zum Zwecke einer umfassenden Erfassung der Belastungssituation für eine großzügige Sichtweise aussprechen[923]. Zudem lehnen manche die Figur des additiven Grundrechtseingriffs als – vermeintlich – zu eng[924] oder aus anderen Gründen von vornherein ab, entwickeln jedoch eigene Kriterien zur Bewältigung der Problematik.

---

916 *Lücke*, DVBl 2001, 1469, 1474. So auch *Bernsdorff*, SGb 2011, 121, 122.
917 *Lücke*, DVBl 2001, 1469, 1471 ff. mit zahlreichen Beispielen.
918 *Lee*, Umweltrechtlicher Instrumentenmix und kumulative Grundrechtseinwirkungen, 2013, S. 101 f.; *Klement*, AöR 134 (2009), 35, 53 f. (jeweils mit Beispielen).
919 *Schaks*, DÖV 2015, 817, 821.
920 Ebd.
921 Vgl. *Bronkars*, Kumulative Eigentumseingriffe, 2007, S. 91 f. Dagegen *Ruschemeier*, Der additive Grundrechtseingriff, 2019, S. 165.
922 S. *Lücke*, DVBl 2001, 1469 ff.
923 Vgl. nur *G. Kirchhof*, NJW 2006, 732, 734 ff.
924 S. etwa *Klement*, AöR 134 (2009), 35, 63 ff.; *Winkler*, JA 2014, 881, 884 ff.

Wie gesehen erkennt die Rechtsprechung inzwischen überwiegend die Notwendigkeit, die Gesamtbelastung des Betroffenen zu erfassen. Meist verhält sie sich aber nicht näher zu den (tatbestandlichen) Voraussetzungen des additiven Grundrechtseingriffs. Es heißt lediglich: „Grundsätzlich ist es möglich, dass verschiedene einzelne, für sich betrachtet geringfügige Eingriffe in grundrechtlich geschützte Bereiche in ihrer Gesamtwirkung zu einer schwerwiegenden Beeinträchtigung führen, die das Maß der rechtsstaatlich hinnehmbaren Eingriffsintensität überschreitet.“[925] Im Übrigen erweist sich die Judikatur als wenig konsistent. So finden sich zum Beispiel sowohl Belege für als auch gegen das Erfordernis einer Zweckidentität. Entsprechendes gilt für die weiteren soeben dargestellten Voraussetzungen. Insofern besteht also noch grundsätzlicher Klärungsbedarf. Das Bundessozialgericht hat dieses Defizit nunmehr – zumindest für das Rentenrecht – ausdrücklich erkannt.[926] Dennoch sah sich das Bundesverfassungsgericht zu keiner näheren Konturierung veranlasst und hat diese Frage offen gelassen.[927]

b) Stellungnahme

Nunmehr ist zu den tatbestandlichen Voraussetzungen des additiven Grundrechtseingriffs Stellung zu beziehen. Am Anfang stehen dabei die Zwecke einer solchen Untersuchung und ihre Leitlinien.

aa) Leitlinien: Rationalität „versus“ Effektivität des Grundrechtsschutzes

Die juristische Tätigkeit ist darauf ausgerichtet, die Komplexität der Wirklichkeit (juristisch) zu reduzieren[928], um sie rational beherrschen zu können. So liegt es auch bei den Grundrechten: Der Grundrechtsschutz setzt die Handhabbarkeit seiner Instrumente voraus. Daher bedarf es, wie schon bei der Figur des Grundrechtseingriffs als solchem, einer tatbestandlichen Struktur. In der Sache wird dies auch kaum bestritten. Zwar kritisiert *Winkler* den „Versuch mit klar definierten Tatbestandsmerkmalen einen

925 BVerfG, NJW 2009, 2033, 2045.
926 BSG, NZS 2010, 30, 32.
927 BVerfG, NJW 2014, 3634, 3638.
928 Vgl. auch *Klement*, AöR 134 (2009), 35, 39.

‚Formalisierungsrest‘“ zu erhalten.[929] Soweit sie aber vorschlägt, „Freiheitsräume“ zu bilden, um „Belastungskumulationen“ zu erfassen, liegt darin keine völlige Ablehnung gewisser Anforderungen; sie beschreibt diese lediglich anders. Ähnlich verhält es sich bei *Klement.* Statt auf die Figur des additiven Grundrechtseingriffs, stellt er, nur anders gefasst, auf das „Eingriffsumfeld“ ab[930], wobei zweifelhaft ist, ob sich daraus – ohne Hinzuziehung weiterer Kriterien – eine wirksame Begrenzung des Tatbestands ergibt[931].

Damit ist bereits ein zentraler Gedanke angeklungen. Denn eine große Zahl von Personen sind Adressaten einer nahezu unüberschaubaren Vielzahl vor allem staatlicher Maßnahmen. Unternähme man den Versuch, diese sämtlichst – in welcher Form auch immer – zusammen zu betrachten, stellte dies den Rechtsanwender vor kaum lösbare Schwierigkeiten. Dies betrifft einerseits die Sachverhaltsermittlung und andererseits die rechtliche Bewertung. Folgerichtig wird ein derartiger Ansatz auch nicht vertreten.

Anders verhält es sich hinsichtlich einzelner Grundrechte. So hat *Hufen* erwogen, alle in die Berufsfreiheit zulasten eines Einzelnen eingreifenden Maßnahmen, wohl einschließlich vergangener und erst zukünftiger, einer Gesamtschau zu unterziehen.[932] Auch *Kluth* erkennt, dass wirtschaftslenkende Maßnahmen, die dem Arbeitsschutz, dem Umweltschutz und sozialen Gesichtspunkten dienen, sich derart überlagern und ergänzen können, dass nur noch ein geringer Freiraum bleibt. Anders als *Hohmann*, der gedenkt die Kumulation von Steuern mit anderen gezielten oder nicht gezielten Berufswirkungen zu berücksichtigen[933], bleibt er dabei aber nicht stehen, sondern unternimmt den Versuch, begrenzende Kriterien zu entwickeln.[934]

---

929 *Winkler*, JA 2014, 881, 884.

930 *Klement*, AöR 134 (2009), 35, 66. Vgl. auch *Ruschemeier*, Der additive Grundrechtseingriff, 2019, S. 108: *Klement* gehe es „letztlich nicht um die Ablehnung von Belastungskumulationen [...], sondern um die Ausgestaltung des additiven [...] Grundrechtseingriffs“.

931 Vgl. auch *Jesse*, Instrumentenverbund als Rechtsproblem am Beispiel effizienter Energienutzung, 2014, S. 184 f.; *Ruschemeier*, Der additive Grundrechtseingriff, 2019, S. 109.

932 Vgl. *F. Hufen*, VVDStRL 57 (1998), 131, 132 (Diskussionsbeitrag); *ders.*, NJW 1994, 2913, 2916.

933 *Hohmann*, DÖV 2000, 406, 409.

934 *Kluth*, ZHR 162 (1998), 657, 673 f.

Allerdings ist an den effektiven Schutz der Grundrechtsgüter zu erinnern. Denn die grundrechtlichen Freiheiten eines Adressaten verschiedener Maßnahmen geraten – zunehmend – auch und gerade durch deren kumulative Belastung in Gefahr.[935] Insofern fordern die Grundrechte, die die staatliche Gewalt gem. Art. 1 Abs. 3 GG umfassend binden, eine ganzheitliche, die Wirklichkeit dementsprechend abbildende Sicht. Dies wiederum kann nur gelingen, soweit der Tatbestand großzügig verstanden wird. Nimmt man nun den Aspekt der Rationalitätssicherung hinzu, folgt daraus: Der Tatbestand ist so weit wie möglich und zugleich so eng wie nötig zu fassen.

bb) Voraussetzungen im Einzelnen

Hierauf baut die folgende Darstellung auf. Zur Veranschaulichung dienen zahlreiche, überwiegend der obigen Fallsammlung entnommene Beispiele, die auch kritisch hinterfragt werden.

(1) Adressatenidentität

Zunächst müssen die Einzelmaßnahmen, im Einklang mit der ganz herrschenden Meinung[936] jeweils ein und denselben Adressaten betreffen. Unschädlich ist es, soweit dies – daneben – auch auf andere zutrifft. Eine weitergehende Sichtweise aber wäre rational nicht mehr beherrschbar. Im Übrigen gibt die Ausgestaltung der Grundrechte als Individualrechte nichts anderes vor. Zu Recht hat auch das Bundesverfassungsgericht, abseits der hiervon zu trennenden Konstellation der horizontalen Eingriffsaddition[937], stets der Versuchung widerstanden, eine personenübergreifende

---

935 S. bereits Zweiter Teil II. 3.

936 S. Zweiter Teil III. 2. a) aa).

937 Dazu umfassend: *Brade*, DÖV 2019, 852 ff. Die horizontale Eingriffsaddition bildet das Gegenstück zur vertikalen Eingriffsaddition – anders ausgedrückt dem additiven Grundrechtseingriff. Während letzterer mehrere Belastungen gegenüber einzelnen Personen „bündelt", greift im Fall der horizontalen Eingriffsaddition ein einzelnes staatliches Verhalten in Grundrechte mehrerer Personen ein, was besonders im Bereich der elektronischen Datenverarbeitung bedeutsam ist. Jüngst hob das Bundesverfassungsgericht nochmals hervor, dass „gerade bei Ermittlungsmaßnahmen mit großer Streubreite wie hier der im öffentlichen Raum stattfindenden seriellen Kontrolle von Personen in großer Zahl zu Fahn-

Sichtweise anzulegen.[938] Dabei hätte durchaus die Gelegenheit dazu bestanden, etwa bei Entscheidungen zur Erbschaftsteuer[939]. Diese ist wie die Vermögensteuer als Substanzsteuer ausgestaltet und greift in der Regel ebenso auf bereits besteuertes Vermögen zu. Dennoch hat das Bundesverfassungsgericht den „Halbteilungsgrundsatz“ mit Beschluss vom 22. Juni 1995[940] „lediglich“ mit Blick auf die Vermögensteuer statuiert. Mit Be-

---

dungszwecken […] ein Gefühl des Überwachtwerdens entstehen [kann].“ Darin liege „eine Beeinträchtigung der individuellen Freiheit, die zugleich die Freiheitlichkeit der Gesellschaft insgesamt betrifft.“ (BVerfG, NJW 2019, 827, 834; zur älteren Rechtsprechung s. *Brade*, DÖV 2019, 852, 854 ff. m.w.N.; zu „Abschreckungskumulationen“: *Staben*, Der Abschreckungseffekt auf die Grundrechtsausübung, 2016, S. 74). Im Schrifttum – erstmals findet sich der Begriff der horizontalen Eingriffsaddition bei *Kloepfer*, VerwArch 74 (1983), 201, 214 – findet diese Rechtsfigur indes nicht nur Befürworter (dagegen etwa *Welsing*, Das Recht auf informationelle Selbstbestimmung im Rahmen der Terrorabwehr, 2009, S. 421 im Anschluss an *Haas*, Sondervotum, BVerfGE 115, 371, 373). Richtigerweise muss sich die Dogmatik auch „breitenwirksamen Grundrechtsgefährdungspotenzialen“ (BVerfG, NJW 2016, 1781, 1784) ein Stück weit öffnen. Anzuknüpfen ist an die objektiv-rechtliche Grundrechtsdimension (so etwa auch *Breckwoldt*, Grundrechtskombinationen, 2015, S. 196 ff.; *Held*, Intelligente Videoüberwachung, 2014, S. 98 f.; allgemein zu dieser Dimension der Grundrechte s. Zweiter Teil III. 3. b) aa)), was Zweifel daran nährt, ob ein „Verbund“ aus horizontaler und vertikaler Eingriffsaddition anzuerkennen ist. Gewährleistet ist also die Verwirklichung eines (gesamt-)gesellschaftlichen Wertes, die umso eher gefährdet ist, je mehr Grundrechtsträger eine (einzelne) staatliche Maßnahme trifft (*Klement*, AöR 134 (2009), 35, 47). Doch damit hat es nicht sein Bewenden. Auf Tatbestandsebene setzt die horizontale Eingriffsaddition – hier tut sich eine Parallele zu ihrem Gegenstück auf – weiter voraus, dass die genannte Maßnahme sämtliche Personen zur gleichen Zeit in demselben Grundrecht betrifft (näher *Brade*, DÖV 2019, 852, 857). Zum Tragen kommt die als solche erkannte horizontale Eingriffsaddition aber erst auf der Ebene der verfassungsrechtlichen Rechtfertigung. Sie kann sich nämlich auf sämtliche Teilelemente des Verhältnismäßigkeitsgrundsatzes, sprich Geeignetheit, Erforderlichkeit und Angemessenheit auswirken. Der Fokus liegt freilich auf der Angemessenheit: Dabei ist die Streubreite der Maßnahme neben der individuellen Belastung auf der Seite des Freiheitsinteresses zu berücksichtigen. Hinsichtlich des Eingriffsinteresses ist – folgerichtig – nicht bloß der hinter der Einzelmaßnahme stehende Zweck relevant. Hier ist, wie bei der Erforderlichkeit, dem Umstand Rechnung zu tragen, dass der Zweck womöglich nur durch eine breitenwirksame Maßnahme erreicht werden kann bzw. hiermit zumindest ein Präzisionsgewinn verbunden sein kann (*Brade*, DÖV 2019, 852, 858).

938 Zur Differenzierung ruft auch *Kromrey*, Belastungskumulation – Ein Beitrag zur Erweiterung des grundrechtlichen Eingriffsbegriffs, 2018, S. 108 f. auf.

939 Vgl. etwa BVerfGE 138, 136; BVerfGE 117, 1; BVerfGE 97, 1; BVerfGE 93, 165.

940 BVerfGE 93, 121.

schluss vom selben Tag entschied es zwar, dass der Spielraum für den steuerlichen Zugriff auf den Erwerb von Todes wegen dort seine Grenze findet, wo die Steuerpflicht den Erwerber übermäßig belastet und die ihm zugewachsenen Vermögenswerte grundlegend beeinträchtigt.[941] Auf die seitens des Erblassers bestehende Vorbelastung der Vermögenswerte kommt es danach aber gerade nicht an.

(2) Eigenständige Belastungswirkung der (Einzel-)Maßnahmen

(a) Erfordernis und Formen des Grundrechtseingriffs

Zu einem additiven Grundrechtseingriff „verbinden" lassen sich die Maßnahmen nur, soweit sie jeweils den(selben) Adressaten in einem Freiheitsgrundrecht tatsächlich belasten. Darauf, ob diese für sich genommen bereits die Qualität eines Grundrechtseingriffs im „modernen" Sinne – also unter Einbeziehung „bloß" faktischer Eingriffe – aufweisen, kommt es entgegen der überwiegenden Auffassung[942] nicht an. Daher ist es auch unerheblich, welche Belastungsintensität die Einzelmaßnahmen aufweisen, sofern sie in ihrem Verbund, also von ihrem Gesamtgewicht her, die Wirkung eines Grundrechtseingriffs aufweisen. Besonderer Kriterien für die Erfassung der Einzelbelastungen bedarf es nicht. Entscheidend ist allein die Wirkung für den Betroffenen. Im Übrigen sind dieselben Voraussetzungen an eine Gesamtbetrachtung anzulegen wie bei Grundrechtseingriffen. Hierin liegt nicht weniger als eine Chance, den Grundrechtsschutz zu effektivieren. Dieser gibt nämlich eine möglichst realitätsnahe Erfassung der (Gesamt-)Belastungssituation vor, ohne dass dies – von vornherein – auf den Begriff des Eingriffs beschränkt wäre[943].

(b) „Zusammenwirken" der Maßnahmen?

Hinzuweisen ist auf Folgendes: *Ob* die Maßnahmen zusammenwirken, hängt einzig von der Verwirklichung des hier zu entwickelnden Tatbestands ab. Erst auf der Rechtsfolgenseite ist zu untersuchen, *wie* die Maß-

---

941 BVerfGE 93, 165 (Leitsatz 2).

942 S. bereits Zweiter Teil III. 2. a) ff) (1).

943 Vgl. auch *Calliess*, Rechtsstaat und Umweltstaat, 2001, S. 309; *Lindner*, DÖV 2004, 765, 770.

nahmen zusammenwirken.[944] Im Ansatz erkennt dies auch das Oberverwaltungsgericht für das Land Nordrhein-Westfalen. Zunächst untersucht es die gewerberechtlichen Beschränkungen für den Betrieb von Spielhallen und die Erhebung einer Vergnügungsteuer für Geldspielgeräte darauf hin, ob sie rechtserheblich kumulieren.[945] Erst im Anschluss daran widmet es sich der Frage, ob sie sich auch gegenseitig verstärken.[946] Die Grenzen indessen verwischen in der Rechtsprechung des Bundesgerichtshofs. Er hat es nämlich von vornherein abgelehnt, die Überwachung des Wohnraums und des Hauseingangs zusammen zu betrachten, da letzterer insofern keine die Eingriffsintensität steigernde Wirkung zukomme.[947]

(c) Eigenständigkeit der Belastungen

„Zusammenführen“ lassen sich nur „verschiedene einzelne“[948], eigenständige[949] belastende Maßnahmen. Anderenfalls drohte eine nahezu uferlose Weite dieser Rechtsfigur. Die Maßnahmen dürfen also nicht lediglich als Bestandteil einer Entscheidungskette aufeinander aufbauend aus einer vorangegangenen resultieren.[950] Zudem geht es um Fälle, in denen ein und dieselbe Maßnahme „lediglich“ über einen längeren Zeitraum durchgeführt wird. Kriterien für eine „Zusammenrechnung“ bedarf es insoweit nicht. Vor diesem Hintergrund wirft das bereits eben erwähnte Urteil des Bundesgerichtshofs vom 14. August 2009 weitere Fragen auf. Zwar wurde die Wohnraumüberwachung hier über einen längeren Zeitraum durchgeführt und war engmaschig strukturiert. Das bedingt – für sich genommen – eine erhöhte Rechtfertigungslast; immerhin wird nach ständiger Rechtsprechung mit zunehmender Dauer einer Observationsmaßnahme der Eingriff in das allgemeine Persönlichkeitsrecht immer intensiver.[951] Mit dem

---

944 Dazu s. Dritter Teil I. 1.

945 OVG NRW, Beschluss v. 26.11.2013 – 14 A 2401/13 –, juris Rn. 15 ff.

946 Ebd., Rn. 22.

947 BGH, NJW 2009, 3448, 3458.

948 S. nur BVerfG, NJW 2014, 3634, 3638; BVerfG, NJW 2009, 2033, 2045.

949 *Hillgruber*, in: Isensee/P. Kirchhof (Hrsg.), Handbuch des Staatsrechts der Bundesrepublik Deutschland, Bd. IX, 3. Aufl. 2011, § 200 Rn. 97.

950 So zu Recht *Kromrey*, Belastungskumulation – Ein Beitrag zur Erweiterung des grundrechtlichen Eingriffsbegriffs, 2018, S. 109 f., die als Beispiel die Bestätigung einer Verwaltungsmaßnahme durch ein gerichtliches Urteil anführt.

951 S. etwa BVerfG, BeckRS 2016, 44821 Rn. 171 (auszugsweise abgedruckt in: NJW 2016, 1781 ff.).

Tatbestand des additiven Grundrechtseingriffs hat dies aber, anders als das Gericht suggeriert[952], nichts zu tun. Unschädlich ist es demgegenüber, soweit – inhaltlich verschiedene – Maßnahmen auf derselben Norm beruhen. Insofern wäre es etwa angezeigt gewesen, dass sich der Verwaltungsgerichtshofs Baden-Württemberg mit Urteil vom 15. April 2014[953] näher mit der gegen den Kläger gerichteten Häufung von Observationsmaßnahmen gem. § 22 Abs. 1 Nr. 1, 2, 3 PolG Baden-Württemberg befasst. Nicht umsonst hat das Bundesverfassungsgericht erkannt, dass es für die Verbindung von akustischer und optischer Wohnraumüberwachung einer besonderen Rechtfertigung bedarf.[954]

Weit schwieriger zu beurteilen sind Fälle, in denen – an sich zu trennende – Eingriffe in einer Art Stufenverhältnis stehen. So verhält es sich zum Beispiel bei der Vorratsdatenspeicherung. Die Rechtsprechung erkannte hier jeweils mehrere Eingriffe zulasten der Dienstenutzer, namentlich in Gestalt der Erhebung der Daten (1. Stufe), ihrer Speicherung (2. Stufe) und ihrer späteren Verwendung bzw. Übermittlung (3. Stufe).[955] Dabei setzen die Stufen zwei bzw. drei jeweils einen Eingriff auf der bzw. den davorliegenden Stufen notwendigerweise voraus. Insofern spricht einiges dafür, sie von vornherein als eine natürliche und nicht „bloß" als eine rechtliche Einheit, für die hier gewisse Voraussetzungen entwickelt werden, zu betrachten. Daran, dass ihr Gesamtgewicht in jedem Fall erfasst werden muss, so wie es letztlich auch das Bundesverfassungsgericht getan hat[956], ändert dies freilich nichts.[957] Besteht ein solcher „Bedingungszusammenhang" nicht – zu denken ist an den Fall, dass die Erhebung ein „Mehr" an Daten als der (spätere) Zugriff erfasst – kommt eine „Zusammenfassung" dieser Eingriffe zu einem additiven Grundrechtseingriff allerdings durchaus in Betracht.

---

952 Vgl. BGH, NJW 2009, 3448, 3458.
953 VGH Baden-Württemberg, Urt. v. 15.5.2014 – 1 S 815/13 –, juris.
954 BVerfG, BeckRS 2016, 44821 Rn. 185 zu § 20h Abs. 1 Nr. 1 und 2 BKAG a.F.
955 S. bereits Erster Teil II. 2. c).
956 Vgl. BVerfGE 125, 260, 316 ff.
957 Vgl. auch *Ruschemeier*, Der additive Grundrechtseingriff, 2019, S. 132 ff., die zwischen additiven Eingriffen und bloß iterativen (Einzel-)Eingriffen unterscheidet und diese Differenzierung anhand presserechtlicher Auskunftsansprüche gegenüber Behörden veranschaulicht.

(3) Gleichzeitigkeit

Im Folgenden geht es um das Kriterium der Gleichzeitigkeit.

(a) Grundsatz: Zeitliche Parallelität

Grundsätzlich besteht das Erfordernis zeitlicher Parallelität, wobei hinreichend ist, dass die einzelnen Maßnahmen allesamt irgendeinen gemeinsamen Zeitpunkt teilen. Ausnahmen sind, wie zu zeigen sein wird, – in engen Grenzen – denkbar. Denn bei aller Rücksicht auf den Einzelfall gilt es, einer zunehmenden Verengung des Gestaltungsspielraums des Gesetzgebers entgegenzutreten. Restriktiv zu handhaben sind vor allem abgabenrechtliche Fälle. Hier erscheint es sachgerecht, darauf abzustellen, ob die Erhebung verschiedener Abgaben in ein und denselben Veranlagungszeitraum fällt. Dies trifft beispielsweise auf die für das gleiche Kalenderjahr festgesetzte Einkommen- und Gewerbesteuer zu. Auch sonstige finanzielle Belastungen müssen grundsätzlich zeitlich zusammentreffen. So lag der Fall eines Arbeitgebers, der mit seinem Arbeitnehmer ein nachvertragliches Wettbewerbsverbot vereinbart hatte und dadurch sowohl dazu verpflichtet war, unmittelbar nach Beendigung des Arbeitsverhältnisses für einen gewissen – gemeinsamen – Zeitraum das Arbeitslosengeld zu erstatten, als auch den Arbeitnehmer zu entschädigen.[958] Aus der Reihe fällt die Altersrentenbesteuerung: Da das Verbot doppelter Besteuerung entweder durch eine Steuerfreistellung von Altersvorsorgeaufwendungen oder durch Nichtbesteuerung von Alterseinkünften, die aus versteuertem Einkommen stammen, beachtet werden kann, ist es zwingend, die Aufbau- und die Auszahlungsphase von Alterseinkünften mit dem Bundesverfassungsgericht im Zusammenhang zu würdigen.[959]

(b) Vergangene Belastungen

Klärungsbedürftig ist, ob und gegebenenfalls inwieweit Belastungen, die in der Vergangenheit liegen, zu erfassen sind. Dabei sind zwei Konstellationen zu unterscheiden.

958 S. BVerfG, NJW 1999, 935 ff.

959 So mit Recht BVerfG, DStR 2015, 2757, 2761. S. bereits Zweiter Teil III. 2. a) ee) (2).

(aa) „Fortgesetzter" additiver Grundrechtseingriff

Die Idee eines „fortgesetzten" additiven Grundrechtseingriffs[960] hat etwas für sich, wenn es auch dieser Begriffsschöpfung nicht bedarf. Es geht zunächst um Fälle, in denen Grundrechtseingriffe zwar nicht zu gleicher Zeit ergangen sind, sie zu irgendeinem späteren Zeitpunkt aber zusammentreffen. Tritt also eine neue gesetzliche Verpflichtung zu einer anderen hinzu, ohne dass sich dadurch etwas am „Bestand" der älteren ändert, sind beide, vorbehaltlich der weiteren Voraussetzungen, in ihrem „Verbund" zu würdigen. Ein Beispiel liefert die Tabakproduktregulierung. Insoweit treffen – wie im Schrifttum zutreffend angemerkt[961] – das Verbot von Geruchs- und Geschmacksstoffen in Tabakprodukten und das Verbot, in der Presse und dem Rundfunk für entsprechende Produkte zu werben, zusammen. Zu erfassen sind überdies Maßnahmen, die nicht unmittelbar neben, sondern an die Stelle der bisherigen treten. Wird auf diese Weise die Rechtslage verschärft, führt das zu einer (erneuten) Verschlechterung der Rechtsposition des Betroffenen. Auch dies lässt sich am Beispiel der Tabakproduktregulierung zeigen. Gemeint ist die zunehmende Verschärfung der Vorschriften über die Aufmachung von Tabakerzeugnissen: Statt „bloßer" Warnhinweise aus Text – wie noch in der Richtlinie 2001/37/EG – sind inzwischen solche aus Text und Bild vorgesehen, die 65 % der gesamten Packung einnehmen (Art. 10 Abs. 1 der Richtlinie 2014/40/EU). Bei Einzeleingriffen ist seit langem anerkannt, dass ihre Intensität auch und gerade mit ihrer Geltungsdauer korreliert.[962] Daher gilt grundsätzlich auch bei suksessiv „durchgeführten" Grundrechtseingriffen, dass mit jedem weiteren Eingriff in eine bestimmte Rechtsposition die Intensität ihres verfassungsrechtlichen Schutzes zunimmt.[963] Entgegen mancher Stimmen in der Literatur[964] ist dabei die Rechtsentwicklung seit der Erstimplementation der entsprechenden Maßnahme lückenlos zu erfassen. Es wäre willkürlich, einzelne (ältere) Modifikationen von vornherein auszublenden. Dies gilt ungeachtet des Umstands, dass die Handhabbarkeit dieses Ansatzes desto stärker auf die Probe gestellt wird, je größer der zeitliche Rahmen und die

960 So *Lücke*, DVBl 2001, 1469, 1470 f. S. dazu Zweiter Teil III. 2. a) ee) (1).

961 S. Erster Teil V. 4.

962 So bereits BVerfGE 36, 264, 270 (Dauer der Untersuchungshaft); BVerfGE 109, 279, 362 (andauernde Observationsmaßnahmen); jüngst BVerfG, NJW 2018, 2109, 2113 f. (Dauer der Verbreitung amtlicher Information über Verstöße gegen lebens- und futtermittelrechtliche Vorschriften).

963 *Kaltenstein*, SGb 2016, 365, 371.

964 Ebd. Offen bei *F. Kirchhof*, NZS 2015, 1, 7.

Zahl entsprechender Maßnahmen ausfallen. Zwar zählt weiterhin auch der legislative Gestaltungsspielraum. Allerdings soll und darf sich eine „Salami-Taktik“ für den Gesetzgeber nicht auszahlen.[965] Zu berücksichtigen ist ferner, dass es auf der Zeitschiene regelmäßig nicht zu einer linearen Steigerung der Eingriffsschwere[966] kommen wird. Insofern werden auch die verfassungsrechtlichen Maßstäbe für den Gesetzgeber nicht über Gebühr verschärft.

Vor diesem Hintergrund kritikwürdig ist der Beschluss des Bundesverfassungsgerichts vom 13. September 2005. Die Antragstellerinnen rügten, dass die Anteile der Apotheker an den Arzneimittelausgaben der Krankenkassen durch wiederholte Eingriffe des Gesetzgebers seit 1989 immer wieder deutlich abgesenkt worden seien.[967] Dies aber berücksichtigt das Gericht neben dem aktuellen Regelungsbestand kaum, wodurch die (zunehmende) Eingriffsintensität auf der Zeitschiene aus dem Blick gerät. Ähnlich verhält es sich mit dem Urteil vom 10. Juni 2009. Das Bundesverfassungsgericht bezieht sich im Rahmen der Prüfung des additiven Grundrechtseingriffs nur auf die „Rechtsänderungen durch das GKV-Wettbewerbsstärkungsgesetz“, ohne die bisherigen bestehenden Belastungen (explizit) mit einzubeziehen.[968]

Auch das Bundessozialgericht sieht sich Kritik ausgesetzt. Mit Urteil vom 19. April 2011[969] hat es den Wegfall der unmittelbar rentensteigernden Bewertung der Anrechnungszeiten wegen Schul- oder Hochschulausbildung lediglich isoliert gewürdigt. Außer Acht gelassen hat es dabei, wie *Ruland* zutreffend erkannt hat, dass dies lediglich den Schlusspunkt einer ganzen Reihe von Maßnahmen darstellt, die die Berücksichtigung von Ausbildungsausfall- bzw. -anrechnungszeiten sukzessive abgebaut haben.[970]

Die Bereitschaft, derartige Effekte zu berücksichtigen, ist indes in anderen Zusammenhängen erkennbar. Zwar untersucht das Bundessozialgericht das Vorliegen eines additiven Grundrechtseingriffs lediglich mit

---

965 So *Ruland*, SGb 2012, 241, 242.

966 Dazu insgesamt s. Dritter Teil I. 1.

967 BVerfGE 114, 196, 215. Die gesetzliche Rabattverpflichtung der Apotheker gem. § 130 SGB V besitzt trotz zahlreicher Änderungen im Einzelnen eine lange Tradition (dazu: *Schnapp*, VSSR 2003, 343 ff.).

968 BVerfG, NJW 2009, 2033, 2045. Die Kritik abschwächend *Ruschemeier*, Der additive Grundrechtseingriff, 2019, S. 61.

969 BSG, NJOZ 2012, 310.

970 Dazu näher: *Ruland*, SGb 2012, 241, 242.

Blick auf die Rechtsänderungen durch das GKV-WSG[971], nicht ohne aber – an anderer Stelle – zu betonen, dass der Gesetzgeber durch die pauschale Entgeltkürzung zusätzlich in einen ohnehin vielfach rechtlich gebundenen Preisfindungsprozess eingegriffen habe.[972] Deutlicher noch fällt das Urteil des Bundessozialgerichts vom 21. Januar 2009 aus. Ausdrücklich betrachtet es die im Revisionsverfahren überprüften „Verschlechterungen" im Beitragsrecht der gesetzlichen Kranken- und der sozialen Pflegeversicherung im Kontext anderer Beitragserhöhungen der letzten Jahre, der „Einschnitte" im Leistungsrecht der gesetzlichen Rentenversicherung wie dem Unterbleiben von Rentenanpassungen in den Jahren 2004 und 2005 sowie der ab 2005 schrittweise beginnenden Besteuerung von Renten.[973]

Aber selbst dies dürfte noch nicht weit genug gehen. Nicht umsonst hat das Bundesverfassungsgericht seine additive Betrachtung der die rentenversicherungsrechtliche Rechtsposition der Beschwerdeführer betreffenden gesetzgeberischen Maßnahmen auf einen Zeitraum von 1957 bis 2005 ausgedehnt. Zwar hat es im Ergebnis offen gelassen, ob dies verfassungsrechtlich angezeigt war. Den entscheidenden Grund, dieser Sichtweise zuzustimmen, aber liefert es selbst: Alle Modifikationen der Regelungen zur Rentenanpassung seit ihrer Einführung im Jahre 1957 wirken nämlich auf Grund der jährlichen Fortschreibung der allgemeinen Bemessungsgrundlage bzw. des aktuellen Rentenwerts auch in den Folgejahren weiter.[974]

(bb) Erledigte Maßnahmen

Erledigt sich eine Maßnahme[975], verliert sie also ihre (ursprüngliche) Belastungswirkung, steht dies ihrer „Aufnahme" in einen additiven Grundrechtseingriff entgegen. Davon sind zwei Ausnahmen zu machen: Erstens für den Fall, dass die an sich gegenstandslos gewordene Maßnahme für den Betroffenen noch andauernde nachteilige Neben- oder Folgewirkungen hat. Von besonderer Relevanz ist dabei – ähnlich wie im Prozessrecht – das Rehabilitationsinteresse. Ein solches besteht insbesondere, sofern die

---

971 BSG, BeckRS 2010, 72553 Rn. 26.

972 Ebd., Rn. 24.

973 BSG, NZS 2010, 30, 32.

974 BVerfG, NJW 2014, 3634, 3638.

975 Vgl. allgemein zur Erledigung im Verwaltungsrecht: *Lascho*, Die Erledigung des Verwaltungsaktes als materiellrechtliches und verwaltungsprozessuales Problem, 2001. Zum Verfassungsprozessrecht: *Basty*, Die sachliche Erledigung der Verfassungsbeschwerde, 2010.

Maßnahme bei objektiver Betrachtungsweise, auch aufgrund der Begleitumstände, eine fortdauernde diskriminierende Wirkung aufweist.[976] Zu erfassen sind ferner ungünstige Nachwirkungen im beruflichen oder gesellschaftlichen Leben.[977]

Einzubeziehen sind zweitens, an sich erledigte, besonders tiefgreifende Grundrechtseingriffe und zwar unabhängig davon, ob die Dauer des Eingriffs eine gerichtliche Überprüfung erlaubt. Darauf, dass letzteres mit Blick auf das Rechtsschutzbedürfnis überwiegend anders beurteilt wird[978], kommt es hier nicht an. Dessen ungeachtet hat das Bundesverfassungsgericht zumindest bei Eingriffen in das Grundrecht der Freiheit der Person (Art. 2 Abs. 2 S. 2 GG) bereits von diesem Erfordernis Abstand genommen. Es betont zutreffend, dass dieses Recht unter den grundrechtlich verbürgten Rechten einen besonders hohen Rang hat, in das durch jede Inhaftierung in schwerwiegender Weise eingegriffen wird. Von daher ist in der Regel auch nach Erledigung des Eingriffs ein Interesse des Betroffenen an – auch nachträglicher – Feststellung der Rechtswidrigkeit als schutzwürdig anzusehen.[979] Erweisen sich Freiheitsentziehungen demnach als besonders schwerwiegende Grundrechtseingriffe, steht ihre Erledigung einer Einbeziehung in einen entsprechenden „Eingriffsverbund" grundsätzlich nicht entgegen.[980] Entsprechendes lässt sich für die Betroffenheit anderer (objektiv) „besonders bedeutender Grundrechte"[981] – darunter die Versammlungsfreiheit (Art. 8 GG)[982], die Unverletzlichkeit der Wohnung (Art. 13

---

976 Vgl. nur *Decker*, in: Posser/Wolff (Hrsg.), BeckOK-VwGO, 51. Edition Stand: 1.10.2019, § 113 Rn. 87.1 m.w.N.

977 Vgl. auch mit Beispielen *Gerhardt*, in: Schoch/J.-P. Schneider/Bier (Hrsg.), Verwaltungsgerichtsordnung, Grundwerk, § 113 Rn. 92.

978 *Bethge*, in: Maunz/Schmidt-Bleibtreu/F. Klein/Bethge (Begr./Hrsg.), Bundesverfassungsgerichtsgesetz, Lfg. 53 Februar 2018, § 90 Rn. 269a; BVerfGE 96, 27, 40; jüngst BVerfG, Urt. v. 24.7.2018 – 2 BvR 309/15 –, juris Rn. 59. Für das Verwaltungsprozessrecht: BVerwG, BeckRS 2013, 54138 Rn. 21 ff.

979 BVerfGE 104, 220, 234.

980 Ähnlich mit Blick auf Art. 103 Abs. 3 GG *Kromrey*, Belastungskumulation – Ein Beitrag zur Erweiterung des grundrechtlichen Eingriffsbegriffs, 2018, S. 115.

981 Die Problematik, die grundrechtlich geschützten Güter zu gewichten, stellt sich auch im Rahmen der Abwägung. Nicht wenige sprechen sich insoweit gegen ein absolutes Rangverhältnis der Grundrechte aus (vgl. nur *Schlink*, Abwägung im Verfassungsrecht, 1976, S. 43). Hierauf ist unten zurückzukommen (s. Dritter Teil III. 1. c) aa) (2) (d)).

982 BVerfGE 69, 315, 341.

GG)[983] sowie die Religionsfreiheit (Art. 4 GG)[984] – erwägen. Im Übrigen aber ist Zurückhaltung angezeigt.

Im Hinblick hierauf verwundert es kaum, dass die Rechtsprechung „Doppelbestrafungen“[985] regelmäßig in ihrem Verbund gewürdigt hat. Insoweit handelt es sich also durchaus um additive Grundrechtseingriffe[986] und nicht bloß um eine damit eng verwandte Fallgestaltung[987]. Freilich ist in der Begründung zu differenzieren: Kumulieren Freiheitsentziehungen, sei es in Gestalt von Disziplinar- und/oder Kriminalstrafen, von Maßregeln der Besserung und Sicherung oder der Auslieferungs- bzw. Untersuchungshaft, kommt es auf die „Zeitschiene“ wegen der Betroffenheit des Art. 2 Abs. 2 S. 2 GG von vornherein nicht an. Im Übrigen ist an ein Rehabilitationsinteresse zu denken. Vor allem strafrechtliche Verurteilungen – auch in Form von Geldstrafen[988] – berühren die davon Betroffenen wegen der damit verbundenen Unwerterklärung nachhaltig in ihrer Persönlichkeit. Auf die Erledigung kommt es daher insoweit nicht an. Etwas anderes gilt nur, wenn und soweit eine diskriminierende Wirkung nicht mehr besteht.

(c) Auch Zukünftiges?

Was künftige Eingriffe angeht, bedarf es größter Vorsicht – mehr noch als bei erledigten Eingriffen. Abgesehen von dem Aspekt der Praktikabilität bestehen bei ihrer Gewichtung nämlich erhebliche Unwägbarkeiten. Es muss also zumindest klar abzusehen sein, dass und wie diejenige Person in der Zukunft von der fraglichen Maßnahme betroffen sein wird. Und selbst das dürfte nicht genügen, sofern die Möglichkeit besteht, zu einem späteren Zeitpunkt gegen eben diese – gegebenenfalls unter Einbeziehung auch bereits in der Vergangenheit liegender Belastungen – vorzugehen. Anderes

---

983 BVerfGE 75, 318, 326.
984 BVerfGE 52, 223, 235.
985 S. bereits Erster Teil I. 1. mit zahlreichen Beispielen.
986 So auch, aber ohne nähere Begründung: *Breckwoldt*, Grundrechtskombinationen, 2015, S. 140; *Jesse*, Instrumentenverbund als Rechtsproblem am Beispiel effizienter Energienutzung, 2014, S. 165 Fn. 270; *Lee*, Umweltrechtlicher Instrumentenmix und kumulative Grundrechtseinwirkungen, 2013, S. 103; *Lücke*, DVBl 2001, 1469, 1473; *Peine*, in: Merten/Papier (Hrsg.), Handbuch der Grundrechte in Deutschland und Europa, Bd. III, 2009, § 57 Rn. 53; wohl auch *Bronkars*, Kumulative Eigentumseingriffe, 2007, S. 78 f.; *Michael/Morlok*, Grundrechte, 7. Aufl. 2020, § 18 Rn. 519.
987 Offen *Schaks*, DÖV 2015, 817, 820.
988 S. BVerfG, NJW 1970, 507.

gilt, hier tut sich eine weitere Parallele zum Prozessrecht auf[989], für den Fall, dass die Maßnahme mit Blick auf ihre künftig eintretende Wirkung zu später nicht mehr korrigierbaren Entscheidungen zwingt.[990] Im „Verbund" mit anderen (gegenwärtigen) Maßnahmen kann daraus eine durchaus stattliche Gesamtbelastung erwachsen, die es zu erfassen gilt. Letztlich stellt dies nur die Kehrseite derjenigen Maßnahmen dar, die noch andauernde nachteilige Neben- oder Folgewirkungen aufweisen.

Hufens Ansatz[991] ist also durchaus beizupflichten. Zu den von ihm gebildeten Beispielen ist allerdings folgendes zu bemerken: Angesprochen werden – neben zahlreichen Verpflichtungen praktizierender Vertragsärzte – die damals geltende Altersgrenze sowie ein Verbot, die Praxis am Ende des Berufslebens einem Familienmitglied zu überlassen.[992] Beide Maßnahmen zwingen bereits im Zuge der Berufsausübung zu Dispositionen, die sich nicht kurzfristig ändern lassen; während Ersterem mit einem Abbau der vertragsärztlichen Tätigkeit zugunsten des Ausbaus der privatärztlichen Tätigkeit, bei der eine Altersgrenze auch nach damaliger Rechtslage nicht bestand, zu begegnen wäre, gilt es bei Zweiterem, andere Varianten der Abgabe zu erwägen. Sicher ist dies nicht schon bei Berufsanfängern der Fall, sodass es insoweit verfehlt wäre, von einem additiven Grundrechtseingriff zu sprechen. Mit zunehmendem „Dienstalter" aber erscheint dies durchaus plausibel. Dessen ungeachtet dürfte der Belastungseffekt umso schwerer wiegen, je näher der Zeitpunkt rückt, in dem die Maßnahme materielle Rechtswirkungen entfaltet.

Hinzuweisen ist noch auf das Urteil des Bundessozialgerichts vom 27. März 2007. Der Kläger, der sich gegen die Aussetzung der Rentenanpassung im Jahr 2004 zur Wehr gesetzt hatte, verwies unter anderem darauf, dass sich die Aussetzung auch bei künftigen positiven Anpassungen auswirke, weil sie für einen niedrigeren Anstiegswinkel sorge. Zu berücksichtigen seien ferner die kommenden weiteren Einschränkungen der Rentenanpassungen durch den Nachhaltigkeitsfaktor.[993] Das Gericht begegnete letzterem schlicht mit dem Hinweis darauf, dass dies bei der Rentenanpassung zum 1. Juli 2004 noch keine Rolle gespielt habe.[994] Im Ergebnis

989 Allgemein zur Gegenwärtigkeit der Beschwer: *Bethge*, in: Maunz/Schmidt-Bleibtreu/F. Klein/Bethge (Begr./Hrsg.), Bundesverfassungsgerichtsgesetz, Lfg. 53 Februar 2018, § 90 Rn. 366 ff. m.w.N.

990 Ähnlich jüngst *Heu*, Kulminierende Grundrechtseingriffe, 2018, S. 237.

991 S. Zweiter Teil III. 2. a) ee) (1).

992 *F. Hufen*, VVDStRL 57 (1998), 131, 132 (Diskussionsbeitrag).

993 BSG, BeckRS 2007, 44201 Rn. 5.

994 Ebd., Rn. 26.

dürfte dies zutreffen. Zwar war diese Rechtsentwicklung absehbar. Der Kläger aber durfte darauf verwiesen werden, erst zu einem späteren Zeitpunkt – mit Inkrafttreten des Nachhaltigkeitsfaktors – Rechtsschutz zu suchen. Denn insoweit sind wie gesagt sämtliche Modifikationen der Regelungen zur Rentenanpassung, die Aussetzung im Jahr 2004 eingeschlossen, einer additiven Betrachtung zu unterziehen.

(4) Grundrechtsidentität

Der additive Grundrechtseingriff setzt Grundrechtsidentität voraus. Zugegeben, die Grundrechtsgrenzen sagen nicht zwingend etwas über die Eingriffsintensität aus.[995] Sie aber zu überschreiten, stellte die Rechtsanwender vor kaum lösbare Schwierigkeiten. Abgesehen davon, dass sich das Grundgesetz für einen ausdifferenzierten Grundrechtskatalog entschieden hat, fehlt es schlicht an einer überzeugenden schutzbereichsübergreifenden Kategorie, um den Tatbestand greifbar zu machen. Zwar kann auch die Rechtsanwendung die Realität nicht ausblenden. Dennoch ist mit dem Begriff der „Normwirklichkeit" noch nichts gewonnen.[996] Ebenso wenig hilft es, von „vergleichbaren Gegenständen" zu sprechen[997], ohne den Vergleichsmaßstab offenzulegen. „Grundrechtliche Schutzgüter" – um schließlich *Winklers* Ansatz aufzugreifen[998] – werden durch die einzelnen Schutzbereiche bestimmt, nicht in ihrem Verbund. Woran sollte man dies auch festmachen, an einer inhaltlichen „Verwandtschaft" der betroffenen Grundrechte, ihrer Schutzzwecke?

Damit ist ein wesentlicher Unterschied zu den Grundrechtskonkurrenzen offengelegt. Gerade die flexiblere Handhabung des Zeitelements fordert hier ein entschiedenes Einschreiten zum Zwecke der Rationalitätssicherung. Kombinationen beider – an sich wesensverschiedener[999] – Phänomene sind zwar denkbar, aber auf den Fall beschränkt, dass einzelne Maßnahmen innerhalb des „Verbundes" neben ein und demselben Grundrecht auch andere Schutzbereiche berühren.

---

995 So die Kritik in Teilen des Schrifttums, s. bereits Zweiter Teil III. 2. a) cc) (1).

996 Kritisch auch *Lee*, Umweltrechtlicher Instrumentenmix und kumulative Grundrechtseinwirkungen, 2013, S. 138; *Ruschemeier*, Der additive Grundrechtseingriff, 2019, S. 137 f.; *Schaks*, DÖV 2015, 817, 822. Zu diesem Begriff bereits Zweiter Teil III. 2. a) cc) (1) u. dd) (1).

997 So aber *G. Kirchhof*, NJW 2006, 732, 734.

998 *Winkler*, JA 2014, 881, 884 ff.

999 S. bereits Zweiter Teil III. 1. b) bb).

Insgesamt agiert die Judikatur mit Recht zurückhaltend, allen voran das Bundessozialgericht. Dies gilt ungeachtet des Umstands, dass die Auferlegung öffentlich-rechtlicher Geldleistungspflichten sehr wohl Art. 14 GG und nicht „lediglich" Art. 2 Abs. 1 GG tangiert.[1000] Abzulehnen ist der Versuch, „Eingriffe in den gleichen Lebensbereich" miteinander zu „verbinden". So bilden Art. 12 GG und Art. 14 GG[1001] jeweils verschiedene Aspekte der Freiheit im ökonomischen Bereich ab. Gewerberechtliche Beschränkungen für den Betrieb von Spielhallen einerseits und die Erhebung einer Vergnügungsteuer für Geldspielgeräte andererseits liegen daher – angenommen die Berufsfreiheit setzt der Besteuerung keine (spezifischen) Grenzen – von vornherein außerhalb des Tatbestands additiver Grundrechtseingriffe.

Einen Sonderfall bildet die Privatsphäre. Zwar existiert kein „Freiheitsraum", der sich aus Art. 2 Abs. 1 GG i.V.m. Art. 1 Abs. 1 GG, Art. 13 GG und Art. 10 GG speist.[1002] Allerdings lässt sich ihr Schutz auf dasselbe Grundrecht – die Würde des Menschen (Art. 1 Abs. 1 GG) – zurückführen. Daher muss das Ausmaß der Überwachung insgesamt zumindest diese Grenze wahren, unabhängig davon welches Grundrecht im Einzelfall Anwendung findet.

1000 Anders BVerfGE 95, 267, 300. Vgl. aber auch BVerfGE 115, 97, 110 ff. mit Anmerkung von *Sacksofsky*, NVwZ 2006, 661, 662. Zum Eigentumsschutz gegenüber Besteuerung allgemein *F. Kirchhof*, in: Merten/Papier (Hrsg.), Handbuch der Grundrechte in Deutschland und Europa, Bd. III, 2009, § 59 Rn. 41 ff.; *ders.*, in: Merten/Papier (Hrsg.), Grundsatzfragen der Grundrechtsdogmatik, 2007, S. 35, 44 ff.; *Pausenberger*, Eigentum und Steuern in der Republik, 2008, S. 295 ff.; *Seer*, DStJG 23 (2000), 87, 98 ff.

1001 Das Bundesverfassungsgericht hat bislang offen gelassen, ob das Recht am eingerichteten und ausgeübten Gewerbebetrieb unter Art. 14 Abs. 1 GG fällt (s. etwa BVerfGE 96, 375, 397; zuletzt BVerfG, NJW 2017, 217, 223 f.). Dazu insgesamt: *Engel*, AöR 118 (1993), 169, 188 ff. m.w.N.

1002 *Ruschemeier*, Der additive Grundrechtseingriff, 2019, S. 138 verweist – ohne auf Art. 1 Abs. 1 GG einzugehen – darauf, dass „die ‚Normwirklichkeit' des privaten Bereichs [...] im Gegensatz zum Schutzbereich der genannten Grundrechte keine verfassungsrechtliche Kategorie [ist]." Anders etwa *Hillgruber*, in: Isensee/P. Kirchhof (Hrsg.), Handbuch des Staatsrechts der Bundesrepublik Deutschland, Bd. IX, 3. Aufl. 2011, § 200 Rn. 97. S. bereits Zweiter Teil III. 2. a) cc).

(5) Konnexität

Zu fordern ist schließlich Konnexität, wonach die (Einzel-)Maßnahmen auch innerlich verknüpft sein müssen.

(a) Allgemeines

Die Voraussetzungen der Adressaten- und Grundrechtsidentität allein genügen nicht, um den Tatbestand wirksam zu begrenzen.[1003] Auch im Schrifttum wird diese Vorstellung geteilt. Nicht anders sind die Stimmen zu erklären, die auf die verfolgten Zwecke abstellen[1004], während andere einen Sach- bzw. Wirkungszusammenhang[1005] verlangen. Wenig hilfreich ist es freilich, nur zu behaupten, dass das Zusammentreffen mehrerer Grundrechtseingriffe erst dadurch rechtlich bedeutsam werde.[1006] Demgegenüber erkennt vor allem *Würsig*, der eine uneingeschränkte, globale Berücksichtigung aller auf ein Grundrecht einwirkender Belastungen ablehnt, den dahinter liegenden Sinn, die Grundrechtsprüfung nicht ausufern zu lassen.[1007]

Erforderlich ist nach hier vertretener Auffassung eine innere Verknüpfung der zu addierenden Einzelmaßnahmen. Als Oberbegriff hierfür taugt der Terminus der Konnexität, der seinem Wortsinn nach schlicht für eine(n) zwischen Dingen bestehende(n) Verbindung oder Zusammenhang steht[1008] und der auch im Übrigen in der Rechtswissenschaft anerkannt ist[1009]. Was aber macht diese spezifische Verknüpfung aus? Sich dem anzu-

---

1003 So auch *Kromrey*, Belastungskumulation – Ein Beitrag zur Erweiterung des grundrechtlichen Eingriffsbegriffs, 2018, S. 129 zur Betroffenheit desselben Grundrechts. Anders wohl *Ruschemeier*, Der additive Grundrechtseingriff, 2019, S. 130 ff., die zusätzlich „lediglich" Gleichzeitigkeit fordert.

1004 S. Zweiter Teil III. 2. a) bb) (1).

1005 S. bereits Zweiter Teil III. 2. a) dd) (1).

1006 So aber *Lücke*, DVBl 2001, 1469, 1470 mit Blick auf die Zweckidentität.

1007 Vgl. *Würsig*, Die Steuerung von Summenbelastungen im öffentlichen Immissionsschutzrecht, 2009, S. 63.

1008 *Dudenredaktion (Hrsg.)*, Duden: Deutsches Universalwörterbuch, 8. Aufl. 2015, S. 1038.

1009 Dies gilt zunächst für das Staatsrecht. Nach Art. 104a Abs. 1 GG folgt die Ausgabenlast grundsätzlich der Aufgabenverwaltungskompetenz (sog. Konnexitätsgrundsatz) (dazu: *Heitsch*, Die Ausführung der Bundesgesetze durch die Länder, 2001, S. 331 ff.). Ferner ist ein kommunales Konnexitätsprinzip anerkannt, das dem Schutz der Finanzkraft der Kommunen als Kernstück der kom-

nähern, einem Kriterium, das offen für Wertungen, für den Einzelfall ist, darum geht es im Folgenden.

(b) Zweckidentität?

Anzuknüpfen ist zunächst an die Zwecke. Hiergegen lässt sich manches einwenden[1010]; zum Teil aber ist die Kritik zu relativieren. So bestehen zunächst gewisse Unsicherheiten bei der Bestimmung des Zwecks. Dies allein rechtfertigt es aber nicht, davon Abstand zu nehmen. Immerhin hängt auch und gerade die Prüfung der Verhältnismäßigkeit von seiner – präzisen – Ermittlung ab. Zwar hat die Rechtswissenschaft im Zuge der Entwicklung des „klassischen“ hin zum „modernen“ Eingriffsbegriff zunehmend Abstand vom Kriterium der Finalität genommen; ohne jede Relevanz ist es aber nach wie vor nicht[1011]. Richtig ist schließlich, dass zielverschiedene Maßnahmen den Betroffenen unter Umständen genauso belasten. Dies auszublenden, ist ein Stück weit hinzunehmen; anderes aber gilt, wenn Maßnahmen tief in die persönliche Freiheitssphäre eindringen. Zu Recht hat sich das Bundesverfassungsgericht daher in Fällen der „Doppelbestrafung“, in denen sich die Sanktionen nicht selten in Rechtsgrund und Zweckbestimmung unterscheiden, von diesem Kriterium distanziert.[1012]

Vorgeschlagen wird daher ein vermittelnder Ansatz, der dem Merkmal Relevanz verleiht, dabei aber auch seine Grenzen benennt.[1013] Das bedeu-

---

munalen Selbstverwaltungsgarantie dient. Es soll verhindern, dass der Staat beliebig Aufgaben zulasten der Kommunen verschiebt, ohne für deren Finanzierung zu sorgen (SachsAnhVerfG, LKV 2016, 125; dazu insgesamt: *Mückl*, in: Henneke/Pünder/Waldhoff (Hrsg.), Recht der Kommunalfinanzen, 2006, S. 33 ff.; *Engelken*, Das Konnexitätsprinzip im Landesverfassungsrecht, 2012). Der Begriff Konnexität findet auch im Privatrecht Verwendung bei der Regelung des § 273 BGB. Konnexität bedeutet hier, dass sich Anspruch und Gegenanspruch „aus demselben rechtlichen Verhältnis“ ergeben müssen (*Keller*, JuS 1982, 665), wobei dies denkbar weit verstanden wird (BGHZ 115, 99, 103).

1010 Zur Kritik im Schrifttum s. Zweiter Teil III. 2. a) bb) (1).

1011 Dazu: *Weber-Dürler*, VVDStRL 57 (1998), 57, 88 ff. m.w.N.

1012 Vgl. nur BVerfGE 91, 1, 30; BVerfGE 21, 378, 388.

1013 Ähnlich *Würsig*, Die Steuerung von Summenbelastungen im öffentlichen Immissionsschutzrecht, 2009, S. 62 mit Blick auf mittelbar-faktische Beeinträchtigungen. Zurückhaltender *Kromrey*, Belastungskumulation – Ein Beitrag zur Erweiterung des grundrechtlichen Eingriffsbegriffs, 2018, S. 121, die einen gemeinsamen Zweck als erstes Indiz für eine Kumulation mehrerer Maßnahmen deutet. *Heu*, Kulminierende Grundrechtseingriffe, 2018, S. 262 f. will sämtlichen Kriterien, darunter die Zweckidentität, nur Indizwirkung für das Vorlie-

tet konkret: Überschneiden sich die Zwecke der Maßnahmen zumindest teilweise, liegt Konnexität ohne Weiteres vor. Anderenfalls entscheidet, wie sogleich zu zeigen sein wird, das Bestehen eines Sach- bzw. Wirkungszusammenhangs. Ausschlaggebend ist jedenfalls, schon um der Beherrschbarkeit des Tatbestands willen, die Zwecke nicht bloß allgemein zu fassen. Vor allem solche der höchsten Abstraktionsstufe scheiden also aus. Zwar wird der Zweck von einem objektiven Standpunkt aus bestimmt. Von Bedeutung ist dabei aber auch und gerade der Wille des Gesetzgebers.[1014]

(c) Sach- bzw. Wirkungszusammenhang

Der erforderliche Sachzusammenhang besteht zunächst in den Fällen, in denen der Gesetzgeber, abseits der Zwecksetzungen, den Bezug zwischen den Maßnahmen selbst herstellt, sei es kraft ausdrücklicher gesetzlicher Anordnung oder nach Maßgabe der Gesetzesbegründung. Zu Recht hat daher das Bundesverfassungsgericht einzelne Regelungen aus dem Kindergeld- und Einkommensteuerrecht im Zusammenhang gewürdigt. Denn nach dem ausdrücklichen Willen des Gesetzgebers diente das Kindergeld als Kompensation für eine – an sich unverhältnismäßige – Steuerlast.[1015] Entsprechendes gilt für den Beschluss des Bundesverfassungsgerichts vom 10. November 1998[1016]. Hier ergibt sich der Sachzusammenhang zwischen § 128a AFG a.F. und §§ 74 Abs. 2, 74c Abs. 1 HGB bereits aus der Anrechnungsvorschrift des § 128a Abs. 1 S. 3 AFG a.F.

Im Übrigen zählt das Bestehen eines Wirkungszusammenhangs. Der Blick ist dabei auf die Wirkungen der Einzelmaßnahmen zu richten; anzuknüpfen ist an die Gleichgerichtetheit[1017] bzw. Gleichartigkeit der grund-

---

gen eines additiven Grundrechtseingriffs beimessen und setzt im Übrigen auf eine „wertende Gesamtbetrachtung", was wie er selbst erkennt – und ungeachtet des anzuerkennenden Bemühens um Einzelfallgerechtigkeit – reichlich unbestimmt erscheint. S. auch Dritter Teil III. 1. c).

1014 Streitig ist im Kontext des Verhältnismäßigkeitsgrundsatzes, ob sämtliche – objektiv denkbaren – Gesetzeszwecke berücksichtigungsfähig sind (BVerfG, NVwZ-RR 2012, 257, 259 m.w.N.) oder ob allein die – subjektiv – vom Gesetzgeber verfolgten beachtlich sind (BVerfG, NVwZ 2003, 715, 717 m.w.N.).

1015 Vgl. BT-Drucks. 9/2140, S. 66.

1016 BVerfG, NJW 1999, 935.

1017 So *Hillgruber*, in: Isensee/P. Kirchhof (Hrsg.), Handbuch des Staatsrechts der Bundesrepublik Deutschland, Bd. IX, 3. Aufl. 2011, § 200 Rn. 97.

rechtsbeschränkenden Wirkungen, also – mit *Würsig*[1018] – an das Bestehen einer spezifischen Wirkungsidentität. Freilich bedarf es dafür, was häufig verkannt wird, eines (Vergleichs-)Maßstabs, von dem letztlich die Weite des Tatbestands additiver Grundrechtseingriffe abhängt. Was die Vorschläge betrifft, auf die „Normwirklichkeit" bzw. das „Eingriffsumfeld"[1019] abzustellen, in der sich diese Wirkung entfaltet, bleibt Vieles im Unklaren. Zwar ist die Tendenz zu erkennen, dies eher weit zu verstehen. Genannt werden etwa die (Gesamt-)Bereiche der Erwerbstätigkeit oder der Privatsphäre.[1020] Die angezeigte – wirksame – Begrenzung des Tatbestands lässt sich damit jedenfalls nicht erzielen.

Maßgeblich ist, dass die Maßnahmen den Betroffenen in dem – mit Blick auf die belastende Wirkung – gleichen Gegenstand bzw. in der gleichen tatsächlichen Position betreffen. Diese Perspektive lässt sich zunächst negativ beschreiben. Die „bloße" Betroffenheit desselben Schutzguts genügt nämlich nicht. Es gilt den Gegenstand möglichst eng und unter Ausschluss anderer zu definieren. Ins Positive gewendet, liefert eine Ausdifferenzierung durch das Element der Schutzrichtung einen ersten Anhaltspunkt.[1021] Zu fragen ist also danach, ob die zu addierenden Maßnahmen denselben Ausschnitt eines Grundrechts tangieren. Von Relevanz ist ferner, ob diese – auch generell – denselben Adressatenkreis belasten. Hinzunehmen sind die damit unter Umständen verbundenen Einbußen an individueller Freiheit. Im Übrigen hat eine Annäherung, ungeachtet der damit verbundenen Schwierigkeiten, fallspezifisch zu erfolgen. Insbesondere der Gefahr einer Konturenlosigkeit kann mit der Bildung von Fallgruppen entgegengewirkt werden, die eine ausreichende Rechtssicherheit vermitteln.

(d) Fallgruppen

Im Folgenden werden einige dieser Fallgruppen vorgestellt.

1018 *Würsig*, Die Steuerung von Summenbelastungen im öffentlichen Immissionsschutzrecht, 2009, S. 63.

1019 *Klement*, AöR 134 (2009), 35, 66.

1020 *G. Kirchhof*, NJW 2006, 732, 735 betreffend die „Normwirklichkeit".

1021 *Winkler*, JA 2014, 881, 885.

(aa) Schutz der Privatsphäre

Als erstes geht es um Kumulationen mehrerer Überwachungsmaßnahmen. Nach dem bisher Gesagten liegt zunächst eine Differenzierung nach den verfolgten Zwecken nahe. Indes fällt die Abgrenzung zwischen präventiven und repressiven Maßnahmen besonders schwer[1022], zumal diese oft fließend ineinander übergehen. Man wird daher die Betrachtung zumindest auf sämtliche Maßnahmen ausdehnen müssen, die denselben Anlass – als gemeinsamen Gegenstand – haben. Mit Recht hat daher der Bundesgerichtshof verschiedene Maßnahmen, denen sämtlichst der Vorwurf der Mitgliedschaft in einer ausländischen terroristischen Vereinigung zugrunde lag, ungeachtet ihrer Zwecke in der Gesamtschau überprüft.[1023]

Offen ist, ob auch weitere, einen anderen Gefahren- bzw. Verdachtsmoment betreffende Maßnahmen einzubeziehen sind. Dafür spricht bereits die Effektivität des Grundrechtsschutzes. Auch weisen sämtliche anlassbezogene Überwachungsmaßnahmen strukturelle Ähnlichkeiten auf. Etwas anderes gilt für vorsorgliche Datenerfassungen, die nicht spezifisch diejenigen erfassen, die in das Blickfeld polizeilicher Ermittlungen geraten.[1024] Insoweit bildet also nicht der gesamte „Raum" der Privatsphäre den Bezugspunkt.[1025] Zu differenzieren ist vielmehr zwischen (sämtlichen) anlassbezogenen und (sämtlichen) nicht anlassbezogenen Maßnahmen. Implizit liegt auch der Rechtsprechung diese Annahme zugrunde. So hat sich der Bundesgerichtshof in der soeben erwähnten Entscheidung „lediglich" zu der im Einzelfall stattgefundenen Anhäufung von Ermittlungsmaßnahmen verhalten. Das Bundesverfassungsgericht betont in seinem Urteil vom 2.3.2010 zur Vorratsdatenspeicherung zwar, dass die Freiheitswahrnehmung der Bürger nicht total erfasst und registriert werden dürfe. Dabei hat es aber nicht anlassbezogene Maßnahmen, sondern die Schaffung weiterer vorsorglich anlassloser Datensammlungen im Blick.[1026]

1022 Zu doppelfunktionalen Polizeimaßnahmen im Kontext der Rechtswegfrage: *Ehlers/J.-P. Schneider*, in: Schoch/J.-P. Schneider/Bier (Hrsg.), Verwaltungsgerichtsordnung, EL 28 März 2015, § 40 Rn. 606 f. m.w.N. Zu den Gesetzgebungskompetenzen vgl. jüngst BVerfG, NJW 2019, 827, 831 ff.

1023 Vgl. BGH, NJW 2009, 3448, 3458.

1024 Im Ergebnis unterscheidet auch *Winkler*, JA 2014, 881, 885 zwischen einzelnen und großflächig angelegten Datenerfassungen.

1025 So wohl aber *G. Kirchhof*, NJW 2006, 732, 735.

1026 Vgl. BVerfGE 125, 260, 324.

(bb) „Doppelbestrafungen“

Bei „Doppelbestrafungen“ hilft das Merkmal der Zweckidentität nicht weiter. Wird es eng verstanden, läge trotz des schwerwiegenden Gewichts der Freiheitsentziehungen kein additiver Grundrechtseingriff vor, sofern, wie regelmäßig, Unterschiede nach Rechtsgrund und Zweckbestimmung bestehen[1027]. Bei weitem Verständnis („bloße“ partielle Zwecküberschneidung) hingegen taugte es angesichts der mannigfaltigen Strafzwecke[1028] kaum zur Begrenzung des Tatbestands. Relevanz gewinnen die Zwecke dagegen auf der Rechtsfolgenseite, worauf unten zurückzukommen ist[1029].

Was den Tatbestand angeht, genügt es ebenso wenig, allein auf die „Gleichartigkeit“ der Wirkungen betreffend Art. 2 Abs. 2 S. 2 GG abzustellen. Herzustellen ist ein – enger zu fassender – Sachzusammenhang, der die Maßnahmen miteinander verknüpft; maßgeblich ist die Betroffenheit ein und derselben Tat. Nichts anderes ergibt sich auch aus Art. 103 Abs. 3 GG. Dabei bleibt die Rechtsprechung aber zu Recht nicht stehen. So kann ein sachlicher Bezug zwischen Strafverfolgungen etwa dann bestehen, wenn sich die vorläufige Freiheitsentziehung in dem einen Verfahren auf den Gang oder den Abschluss des anderen Verfahrens konkret ausgewirkt hat.[1030] Im Übrigen aber ist Zurückhaltung angezeigt. Zwar hebt das Bundesverfassungsgericht zunächst zutreffend darauf ab, dass nach dem Rechtsstaatsprinzip „lediglich“ die mehrfache Ahndung desselben Vorgangs mit der gleichen oder einer weitgehend gleichartigen Maßnahme verboten ist. Soweit es im Anschluss allerdings die Verhängung wiederholter, an als solche selbständige, wenn auch „inhaltsgleiche“ Pflichtverletzungen anknüpfende, Arrestmaßnahmen ebenso daran misst[1031], fehlt es an dem erforderlichen Sachzusammenhang.

Der Bezug zur Tat ist danach grundsätzlich hochzuhalten. Etwas anderes gilt allenfalls, wenn im Einzelfall ein anderweitig zu bestimmender Wirkungszusammenhang besteht. In diesen Kontext fällt vor allem ein Be-

---

1027 So etwa bei BVerfGE 91, 1, 26 ff. (Kriminalstrafe und Maßregel der Besserung und Sicherung); BVerfGE 21, 378, 383 ff. (Disziplinar- und Kriminalstrafe).

1028 Schuldausgleich, Prävention, Resozialisierung des Täters, Sühne und Vergeltung für begangenes Unrecht werden als Aspekte einer angemessenen Strafsanktion bezeichnet (BVerfGE 45, 187, 253 f.; ähnlich BVerfGE 109, 133, 173 ff.). Zu den Strafzwecken insgesamt s. *Holling*, Internationaler Strafgerichtshof und Verbrechensprävention, 2016, S. 125 ff. m.w.N.

1029 S. Dritter Teil III. 1. c) cc) (1).

1030 BVerfG, BeckRS 1998, 22676 Rn. 22.

1031 BVerfG, NJW 1970, 1731, 1732.

schluss des Bundesverfassungsgerichts aus dem Jahr 2012; das Gericht hat sich hier mit der Kumulation von Zeiten des Vollzugs einer freiheitsentziehenden Maßregel der Besserung und Sicherung und verfahrensfremden Freiheitsstrafen befasst. Im Ergebnis sprach es zu Recht von einem additiven Grundrechtseingriff. Immerhin drohte der Vollzug der Freiheitsstrafe – bei Nichtanrechnung der Maßregelvollzugszeiten – die im Maßregelvollzug erreichten Behandlungsfortschritte zunichte zu machen und damit die erfolgreiche Resozialisierung des Betroffenen zu vereiteln.[1032]

(cc) Öffentliches Abgabenrecht

Auch was öffentliche Abgaben betrifft, ist der (Fiskal-)Zweck als solcher oftmals keine große Hilfe. Denn damit würde, ohne, dass die Möglichkeit einer Differenzierung bestünde, letztlich jedes staatliche Handeln erfasst, das gleichsam der Erzielung von Einnahmen dient. Dies träfe – auf der Grundlage einer „bloßen" Zwecküberschneidung – sogar auf „bloße" Lenkungssteuern (§ 3 Abs. 1 Hs. 2 AO) zu. Zweifellos summieren sich sämtliche Abgaben zu einer Gesamtlast. Indes lässt sich dies, angesichts seiner Weite, nicht unter den Tatbestand des additiven Grundrechtseingriffs fassen. Daher ist auch der Ansatz abzulehnen, bloß auf den Effekt der Vermögensminderung abzustellen und daher alle steuerlichen und nichtsteuerlichen Abgaben einzubeziehen.[1033] Maßgeblich ist auch hier das Bestehen eines Sach- bzw. Wirkungszusammenhangs. Die gemeinsame „Position" ist allerdings enger als das Vermögen insgesamt zu fassen. Einen ersten Anhaltspunkt liefert die Ausgestaltung der Steuertatbestände, insbesondere die der Steuergegenstände, die jeweils bestimmte Ausschnitte des Vermögens abbilden.[1034]

Danach kumulieren zunächst Einkommen- und Gewerbesteuer in rechtserheblicher Weise, da sie denselben am Markt erzielten Ertrag belas-

---

1032 Vgl. BVerfG, NJW 2012, 1784, 1788.

1033 So aber *Butzer*, StuW 1999, 227, 230 f.

1034 Zu einem ähnlichem Ergebnis gelangt man, wenn man den Fiskalzweck weiter anhand des Belastungsgrundes konkretisiert. So gesehen können Steuern an den Vermögenserwerb, den Vermögensbestand oder die Vermögensverwendung als Indikatoren von Leistungsfähigkeit anknüpfen (näher zum Steuersystem *Birk/Desens/Tappe*, Steuerrecht, 22. Aufl. 2019, Rn. 60 ff.).

ten.[1035] Bestätigt wird dies durch die Rechtsprechung des Bundesverfassungsgerichts.[1036] Einzubeziehen ist zudem die – gegenwärtig nicht erhobene – Vermögensteuer. Zwar ist sie als Substanzsteuer ausgestaltet, wird aber üblicherweise ebenfalls aus dem Ertrag erbracht.[1037] Nimmt man das kraft eigener Leistung erworbene, zu versteuernde Einkommen, dessen Schutz die Verfassung fordert, in den Blick, tritt neben die Belastung durch die Einkommensteuer auch die durch indirekte Steuern wie die Mehrwertsteuer.[1038] Etwas anderes gilt, sofern auf Bereicherungen zurückgegriffen wird, welche der Begünstigte unabhängig von einer eigenen zu versteuernden Leistung erhält. Regelmäßig außerhalb dieser Betrachtung liegen deshalb die Erbschaft- und Schenkungsteuer.[1039] Nimmt man statt des kraft eigener Leistung erworbenen Einkommens das Ererbte – als weiterem Ausschnitt des Vermögens – in den Blick, kumulieren sämtliche Steuern, die dieses belasten. Vor diesem Hintergrund kann auch die (Gesamt-)Belastung mit Erbschaft- und Einkommensteuer verfassungsrechtlich relevant werden.[1040] Was deren Intensität angeht, kommt es allerdings – so viel sei bereits gesagt – auf den Nachlass insgesamt an. Denn der gemeinsame Gegenstand bestimmt sowohl den Tatbestand als auch die Bezugsgröße bei der quantitativen und qualitativen Ermittlung der Gesamtbelastung auf Rechtsfolgenseite[1041].

1035 *G. Kirchhof*, Beihefter zu DStR 49 2009, 135, 137. Ähnlich *Jachmann*, in: Dörr u.a. (Hrsg.), Festschrift f. Schiedermair, 2001, S. 391, 400; *Seer*, FR 1999, 1280, 1286 f.

1036 BVerfGE 115, 97, 108 ff.

1037 Vgl. auch *Seer*, FR 1999, 1280, 1288.

1038 So im Ergebnis auch *Arndt/Schumacher*, NJW 1995, 2603, 2605; *Geißler*, Der Unternehmer im Dienste des Steuerstaats, 2001, S. 184 ff. Anders *Jachmann*, in: Dörr u.a. (Hrsg.), Festschrift f. Schiedermair, 2001, S. 391, 401.

1039 Ebenso *G. Kirchhof*, Beihefter zu DStR 49 2009, 135, 137. Vgl. aber auch *Seer*, FR 1999, 1280, 1288; *ders.*, DStJG 23 (2000), 87, 115.

1040 S. BVerfG, Beschluss v. 7.4.2015 – 1 BvR 1432/10 –, juris Rn. 7 ff. Konkretisiert man den Fiskalzweck – wie eben erwähnt – anhand des Belastungsgrundes kumuliert die Erbschaftsteuer im Falle einer Doppelerfassung bereits deswegen mit der Einkommensteuer, weil beide Steuern jeweils an den Vermögenserwerb anknüpfen.

1041 Allgemein dazu s. Dritter Teil I.

(dd) Recht der Wirtschaft

Auch und gerade im erwerbswirtschaftlichen Bereich stellt sich die Frage, was unter Konnexität zu verstehen ist. Immerhin gilt es, einen Weg zu finden, der der „schleichenden Verengung des Freiheitsraumes“[1042] Rechnung trägt, dabei aber die Handhabbarkeit des Tatbestands nicht außer Acht lässt. Zu weit geht der Ansatz, sämtliche – finanziellen wie nicht monetären – Beschränkungen der Erwerbstätigkeit zu erfassen.[1043] Vorgeschlagen wird stattdessen, auf die Betroffenheit desselben spezifischen Freiheitsaspekts abzustellen.[1044] Die Bestandteile der wirtschaftlichen Betätigungsfreiheit werden andernorts näher durch das Element der Schutzrichtung bestimmt. Genannt werden die Freiheit zur unternehmerischen Ausrichtung innerhalb des Marktes, die Freiheit zur Tätigkeit innerhalb des Marktes sowie die Freiheit zur selbstverantwortlichen Unternehmensführung.[1045]

Nach hier vertretener Auffassung kommt es zunächst auf das Kriterium der Zwecküberschneidung an. Im Übrigen zählt erneut der Wirkungszusammenhang, wobei der gemeinsame Gegenstand vergleichsweise eng zu fassen ist. Maßgeblich ist nämlich die Betroffenheit ein und derselben spezifischen berufsmäßigen Tätigkeit[1046]. Übt jemand mehrere Tätigkeiten aus, lassen sich diese also nicht zusammen betrachten. Auszuklammern sind ferner Belastungen, die sich „lediglich“ an einen allgemeinen Adressatenkreis richten, den Betroffenen also nicht im Besonderen treffen. Diese Grundsätze sollen an zwei Beispielen veranschaulicht werden.

Da sind zuerst die Betreiber von Spielhallen, in deren gewerbliche Tätigkeit vielfach eingegriffen wird. Allerdings verfolgt die überwiegende Zahl dieser Maßnahmen im Wesentlichen denselben Zweck, die Bekämpfung der Spielsucht. Das gilt, ohne dass dies hier vertieft werden soll, auch für die baurechtlichen und landesglücksspielrechtlichen Anforderungen an Spielhallen sowie für die Regelungen zur strafrechtlichen bzw. gewerbe-

1042 *F. Hufen*, NJW 1994, 2913, 2916.

1043 In diese Richtung aber ebd.; *Hohmann*, DÖV 2000, 406, 409.

1044 *Würsig*, Die Steuerung von Summenbelastungen im öffentlichen Immissionsschutzrecht, 2009, S. 63.

1045 *Winkler*, JA 2014, 881, 885.

1046 Zum „Beruf“ i.S.d. Art. 12 GG: *Scholz*, in: Maunz/Dürig (Begr.), Grundgesetz-Kommentar, Lfg. 47 Juni 2006, Art. 12 Rn. 268 ff.

rechtlichen Sanktionierung, etwa für den Fall des Fehlens einer glücksspielrechtlichen Konzession.[1047]

Hinsichtlich der Abgabenlast ist zu differenzieren. Verfolgt eine eventuell anfallende Vergnügungsteuer ebenfalls diesen (Haupt-)Zweck, ist auch sie in den „Maßnahmenverbund“ aufzunehmen, da eine bloße Zwecküberschneidung genügt.[1048] Letztlich kommt es auf den Lenkungscharakter aber gar nicht an. Denn einzubeziehen sind sämtliche Maßnahmen, ungeachtet ihrer Zwecke, die spezifisch die Betreiber von Spielhallen treffen, wozu auch die Vergnügungsteuer zählt. Außerhalb dessen liegt aber beispielsweise die (allgemeine) Belastung durch die Umsatzsteuer. Zwar kann sich der Betreiber nach dem oben Gesagten auch gegen die ihn treffende Gesamtabgabenlast wenden. Nicht berücksichtigt werden dabei indes – spiegelbildlich zu dem hier Ausgeführten – die gerade in seiner spezifischen Betätigung wurzelnden finanziellen Belastungen.

Was zweitens die Betätigung der Vertragsärzte anbelangt, helfen zunächst ebenso die Zwecke weiter. Denn zahlreiche Regelungen zielen jeweils darauf, die Funktionsfähigkeit der gesetzlichen Krankenversicherung zu erhalten. Insoweit besteht also Konnexität. Einzubeziehen sind ferner Maßnahmen, die dies zumindest zum Nebenzweck haben. Beispielsweise nehmen Ärzte durch zahlreiche Dokumentationspflichten auch eine Controllingfunktion der gesetzlichen Krankenversicherung wahr.[1049] Wird dieser „Rahmen“ verlassen, kommt es, wie schon oben, darauf an, ob die Maßnahmen gerade die Betätigung als Vertragsarzt beschränken. Insofern steht jedenfalls einer Gesamtbetrachtung der Regelungen zu Vergütungen, Dokumentationspflichten und zur Qualitätssicherung nichts mehr im Weg.

(ee) Rentenrecht

Das Rentenrecht bildet die letzte hier vorzustellende Fallgruppe. Gemeint sind zunächst diejenigen Maßnahmen, die sämtlich darauf zielen, die Funktionsfähigkeit des Systems der gesetzlichen Rentenversicherung zu erhalten, darunter Kürzungen der Rentenberechnungszeiten, Aussetzungen

---

1047 *Ruschemeier*, Der additive Grundrechtseingriff, 2019, S. 144 kritisiert ebenfalls die enge Sichtweise der Rechtsprechung.

1048 Offen gelassen bei OVG NRW, Beschluss v. 26.11.2013 – 14 A 2401/13 –, juris Rn. 19 ff.

1049 *Kluth*, MedR 2005, 65, 70.

der Anpassung des Rentenwerts sowie die Heranziehung der Rentner mit dem vollen Beitrag zur sozialen Pflegeversicherung. Da es nicht auf eine Identität, sondern auf eine „bloße" Überschneidung der Zwecke ankommt, ist außerdem die Erhöhung der Krankenkassenbeiträge der Rentner zu berücksichtigen. Diese dient zwar auch dazu, die gesetzliche Krankenversicherung finanziell zu entlasten. Gleichzeitig sollen dadurch aber das Beitragssatzniveau und damit auch die Lohnnebenkosten der Arbeitgeber und auch der Rentenversicherungsträger gesenkt werden.[1050] Lediglich auf die Zwecke abzustellen, bedeutete, die schrittweise beginnende Besteuerung der Renten, die nach hier vertretener Auffassung ebenfalls Art. 14 Abs. 1 GG berührt, außen vor zu lassen. Dies erscheint nicht sachgerecht. Vielmehr sind sämtliche auf das Rentenniveau einwirkende Maßnahmen einer Gesamtbetrachtung zu unterziehen. Dadurch ist gewährleistet, dass die Gesamtlast des Betroffenen möglichst realitätsgerecht erfasst wird. Auch ufert der Tatbestand angesichts seiner Beschränkung auf die „rentenversicherungsrechtliche Rechtsposition"[1051] als Ausschnitt des Vermögensschutzes nicht aus.

cc) Irrelevante Kriterien

Schließlich verbleiben eine Reihe von Kriterien, die – von vornherein – außerhalb des Tatbestands additiver Grundrechtseingriffe liegen. Zunächst spielt es keine Rolle, ob die einzelnen Maßnahmen gewollt oder ungewollt zusammentreffen.[1052] Unter Umständen schaffen zwar Normkollisionsregeln Abhilfe. Ist das aber nicht der Fall, bedarf es einer Gesamtbetrachtung der (verbliebenen) Maßnahmen. Einzubeziehen sind dabei auch bloß unbeabsichtigte Effekte. Ansonsten hätte es der Gesetzgeber tatsächlich in der Hand, dem Vorwurf eines verfassungswidrigen additiven Grundrechtseingriffs vor allem bei komplexen Maßnahmenbündeln durch eine sehr begrenzte Folgenabschätzung aus dem Weg zu gehen.[1053] Bedenkt man, dass die grundrechtlichen Abwehrrechte individuelle Rechte sind, ist ohne Belang, ob es sich um einen typischen oder atypischen Fall handelt. Überdies verträgt sich das Merkmal der Vorhersehbarkeit schwerlich mit dem „mo-

---

1050 Vgl. BVerfG, NJW 2014, 3634, 3637 f.

1051 So ebd., S. 3638.

1052 Näher *Ruschemeier*, Der additive Grundrechtseingriff, 2019, S. 146 ff.

1053 *Lee*, Umweltrechtlicher Instrumentenmix und kumulative Grundrechtseinwirkungen, 2013, S. 146. Offen bei *Kaltenstein*, SGb 2016, 365, 369 Fn. 49.

dernen“ Eingriffsbegriff[1054], der maßgeblich auf die Wirkung für den Betroffenen abstellt. Das Risiko Einzelne – ob vorhersehbar oder nicht – über Gebühr zu belasten, trägt grundsätzlich der Staat.[1055] Anzuerkennen ist eine gewisse Typisierungsbefugnis, jenseits des allgemeinen Gleichheitssatzes[1056], allenfalls im Steuerrecht.[1057]

Unerheblich ist schließlich welcher staatlichen Gewalt[1058] sich die Einzelmaßnahmen zuordnen lassen. Gemäß Art. 1 Abs. 3 GG binden die Grundrechte Gesetzgebung, vollziehende Gewalt und Rechtsprechung gleichermaßen. Von vornherein abzulehnen ist daher die Auffassung, die sich hier auf die Überprüfung von (materiellen) Gesetzen beschränkt[1059].[1060] Vielmehr trifft es zu, dass ein additiver Grundrechtseingriff entweder von „nur“ ein oder von mehreren staatlichen Gewalten herrühren kann. Dies hat auch die Rechtsprechung anerkannt. Einer weiteren Begriffsschöpfung – *Lücke* spricht wie gesagt von Eingriffen singulären bzw. gemeinschaftlichen Ursprungs[1061] – bedarf es dafür freilich nicht.

dd) Zwischenergebnis

Mit Blick auf die Handhabbarkeit der Grundrechtsprüfung ist der Tatbestand additiver Grundrechtseingriffe eher eng zu fassen. Danach müssen die zu „bündelnden“ Maßnahmen grundsätzlich denselben Adressaten treffen, zeitgleich wirken, in das gleiche Grundrecht eingreifen und – etwa wegen ihres gemeinsamen Gegenstands – auch eine innere Verknüpfung aufweisen. Nicht aus dem Blick geraten darf dabei aber der Einzelfall. So

---

1054 *Sachs*, in: Stern, Das Staatsrecht der Bundesrepublik Deutschland, Band III/2, 1994, § 79 S. 182 f.

1055 So auch *Klement*, AöR 134 (2009), 35, 78 f. Ähnlich *Kromrey*, Belastungskumulation – Ein Beitrag zur Erweiterung des grundrechtlichen Eingriffsbegriffs, 2018, S. 136.

1056 Dazu nur BVerfGE 84, 348, 359 f.

1057 Vgl. auch *G. Kirchhof*, Beihefter zu DStR 49 2009, 135, 137.

1058 Zur Gewaltenteilung allgemein: *Di Fabio*, in: Isensee/P. Kirchhof (Hrsg.), Handbuch des Staatsrechts der Bundesrepublik Deutschland, Bd. II, 3. Aufl. 2004, § 27.

1059 S. bereits Zweiter Teil III. 2. a) ff) (2).

1060 So auch *Kromrey*, Belastungskumulation – Ein Beitrag zur Erweiterung des grundrechtlichen Eingriffsbegriffs, 2018, S. 4, die zur Begründung darauf verweist, dass Verwaltungs- und Gerichtsentscheidungen nicht immer zu 100 Prozent das Ergebnis bloßer Gesetzesanwendungen seien.

1061 *Lücke*, DVBl 2001, 1469, 1471 ff.

werden mitunter auch vergangene wie zukünftige Belastungen erfasst. Dem geschuldet ist zudem eine flexible Handhabung des Kriteriums der Konnexität, wobei die entwickelten Fallgruppen eine gewisse Orientierung geben.

3. Sonderfälle

Abschließend wird auf einige Sonderfälle eingegangen. Zunächst betrifft dies den Umgang mit additiven Grundrechtseingriffen, an denen mehrere Grundrechtsverpflichtete beteiligt sind. Ferner werden die Besonderheiten jenseits der Abwehrdimension der Grundrechte beleuchtet. Dabei geht es vor allem um die Einbeziehung (auch) privater Maßnahmen in den Tatbestand.

a) Eingriffsaddition im Mehrebenensystem

Fraglich ist, ob Maßnahmen verschiedener Rechtsetzungsebenen zu einem additiven Grundrechtseingriff zusammengefasst werden können.

aa) Diskussion im Schrifttum

Soweit diese Frage überhaupt angesprochen wird, wird sie überwiegend bejaht.[1062] Denn für die tatsächliche Intensität der Belastung des Grundrechtsträgers komme es nicht darauf an, ob seine Belastungssituation auf denselben Hoheitsträger zurückgeht oder ob mehrere daran beteiligt

---

1062 *Bronkars*, Kumulative Eigentumseingriffe, 2007, S. 94 f.; *G. Kirchhof*, in: Dujmovits u.a. (Hrsg.), Recht und Medizin – 46. Assistententagung Öffentliches Recht, 2006, S. 95, 116; *Kreuter-Kirchhof*, NVwZ 2019, 1791 f. u. 1796; *Kromrey*, Belastungskumulation – Ein Beitrag zur Erweiterung des grundrechtlichen Eingriffsbegriffs, 2018, S. 89 ff.; *Michael*, in: Hoffmann-Riem/Schmidt-Aßmann/Voßkuhle (Hrsg.), Grundlagen des Verwaltungsrechts, Bd. II, 2. Aufl. 2012, § 41 Rn. 119; *Reimer*, Qualitätssicherung, 2010, S. 275; *Ruschemeier*, Der additive Grundrechtseingriff, 2019, S. 151 ff.; *Schaks*, DÖV 2015, 817, 821. Offen gelassen von *Voßkuhle/Kaiser*, JuS 2009, 313, 314.

sind.[1063] Sorge bereitet manchen, dass dadurch die Gewaltenteilung – konkret die Kompetenzordnung zwischen Bund und Ländern – empfindlich berührt werde. Dabei geht es nicht nur um die Frage, welche Regelung gegebenenfalls weichen muss; etwa die des zuletzt tätig gewordenen Hoheitsträgers[1064]. Betroffen ist auch der Tatbestand. Daher wird teils gefordert, dass die Einzelakte ein und demselben Hoheitsträger zurechenbar sind.[1065] Zum Zweck einer solchen Zurechnung wird zum Teil auf die grundrechtlichen Schutzpflichten verwiesen.[1066] *Bronkars* hingegen erwägt den Grundsatz des bundesfreundlichen Verhaltens in seiner Funktion als Kompetenzausübungsschranke heranzuziehen, lehnt dies aber mit Blick auf die Rechtsprechung des Bundesverfassungsgerichts ab.[1067] Letztlich verzichtet sie, wie wohl auch *Jesse*[1068], zur Gewährleistung eines effektiven Grundrechtsschutzes gänzlich auf das Erfordernis der Zurechenbarkeit.[1069] Anders verhält es sich bei *Kromrey*, die allerdings eine wechselseitige Zurechnung mit dem Schutzzweck der Abwehrrechte begründet.[1070] Hierhin gehört auch *Ruschemeier*, die eine zweistufige Zurechnungsprüfung vorschlägt. Danach sei zuerst zu prüfen, ob der jeweilige Hoheitsträger einen Grundrechtseingriff zu verantworten hat, bevor – zweitens – festgestellt werden könne, ob dieser Grundrechtseingriff zusammen mit anderen zu

---

1063 *Jesse*, Instrumentenverbund als Rechtsproblem am Beispiel effizienter Energienutzung, 2014, S. 195. Ähnlich *Ruschemeier*, Der additive Grundrechtseingriff, 2019, S. 152.

1064 Erwogen bei *Jesse*, Instrumentenverbund als Rechtsproblem am Beispiel effizienter Energienutzung, 2014, S. 198; *Kluth*, ZHR 162 (1998), 657, 673 f.

1065 *Kluth*, ZHR 162 (1998), 657, 674; *Kolbe*, Freiheitsschutz vor staatlicher Gesundheitssteuerung, 2017, S. 242.

1066 *Michael/Morlok*, Grundrechte, 7. Aufl. 2020, § 18 Rn. 519. S. auch Dritter Teil II. 2. a) aa). Zu Recht dagegen wegen der abweichenden Grundrechtsdimension *Kromrey*, Belastungskumulation – Ein Beitrag zur Erweiterung des grundrechtlichen Eingriffsbegriffs, 2018, S. 98 f.

1067 *Bronkars*, Kumulative Eigentumseingriffe, 2007, S. 93 f. So auch *Kromrey*, Belastungskumulation – Ein Beitrag zur Erweiterung des grundrechtlichen Eingriffsbegriffs, 2018, S. 95 f., die zudem argumentiert, dass die Bundestreuepflicht dazu diene, die staatlichen Interesse untereinander zu schützen. Private Freiheitsinteressen spielten hingegen keine Rolle, sondern würden nur reflexartig geschützt. Anders *Heu*, Kulminierende Grundrechtseingriffe, 2018, S. 213 f.

1068 Vgl. *Jesse*, Instrumentenverbund als Rechtsproblem am Beispiel effizienter Energienutzung, 2014, S. 197.

1069 *Bronkars*, Kumulative Eigentumseingriffe, 2007, S. 94 f.

1070 *Kromrey*, Belastungskumulation – Ein Beitrag zur Erweiterung des grundrechtlichen Eingriffsbegriffs, 2018, S. 99 ff.

einem additiven Grundrechtseingriff kumuliert. „Der eigene Beitrag zur Gesamtbelastung ist der Anknüpfungspunkt [der Zurechnung], die Kriterien des additiven Grundrechtseingriffs begrenzen die Verantwortlichkeit für die Gesamtbelastung.“[1071]

Mit dem Zusammenfallen unionaler und mitgliedstaatlicher Maßnahmen haben sich, soweit ersichtlich, bislang nur *Jesse* – und jüngst *Heu* – näher befasst.[1072] Grundsätzlich halten beide es aus den bereits dargelegten Gründen für erforderlich, die Beiträge gemeinsam zu betrachten. Dabei sei, so *Heu*, zuerst zu klären, welche Grundrechtsordnung überhaupt als gemeinsamer Maßstab tauge.[1073] Als problematisch erweise sich, dass die Mitgliedstaaten nicht in allen Fällen an die Unionsgrundrechte gebunden seien. Darüber hinaus stelle sich erneut die Frage, ob eine Zurechnung erforderlich und möglich sei.[1074] *Jesse* schlägt vor, im Ausgangspunkt die unionsrechtlichen Regelungen – gegebenenfalls in ihrem Zusammenwirken – auf ihre Vereinbarkeit mit den Unionsgrundrechten zu untersuchen, und dabei auch die europarechtlich determinierten mitgliedstaatlichen Regelungen zu berücksichtigen.[1075] Im Übrigen sei aus deutscher Sicht das Grundgesetz maßgeblich. Insofern könnten auch die europarechtlichen Maßnahmen und die den Mitgliedstaaten zwingend vorgeschriebenen Belastungsbeiträge einfließen. In der Rechtsfolge könne ein Verstoß gegen die Grundrechte des Grundgesetzes aber nur zur Verfassungswidrigkeit der mitgliedstaatlichen Maßnahme führen. Damit bestünde eine auch grundrechtlich fundierte Verpflichtung des nationalen Gesetzgebers, auf die europarechtlichen Regelungen Rücksicht zu nehmen.[1076]

1071 *Ruschemeier*, Der additive Grundrechtseingriff, 2019, S. 156.

1072 *Jesse*, Instrumentenverbund als Rechtsproblem am Beispiel effizienter Energienutzung, 2014, S. 194 ff.; *Heu*, Kulminierende Grundrechtseingriffe, 2018, S. 267 f. Vgl. aber auch *G. Kirchhof*, Beihefter zu DStR 49 2009, 135, 136. *Lee*, Umweltrechtlicher Instrumentenmix und kumulative Grundrechtseinwirkungen, 2013 geht darauf nicht ein, obwohl sich diese Problematik für das unionsrechtlich determinierte Energieumweltrecht als überaus relevant erweist.

1073 *Heu*, Kulminierende Grundrechtseingriffe, 2018, S. 267.

1074 *Jesse*, Instrumentenverbund als Rechtsproblem am Beispiel effizienter Energienutzung, 2014, S. 195.

1075 Ebd., S. 196.

1076 Ebd., S. 197 f. Dem folgend *Heu*, Kulminierende Grundrechtseingriffe, 2018, S. 268.

bb) Rechtsprechung

Das Bundesverfassungsgericht fand bei der Anhäufung verschiedener Observationsmaßnahmen keinen Anstoß daran, dass diese sowohl durch Behörden des Bundes als auch der Länder (Bundeskriminalamt, Verfassungsschutzämter des Bundes und der Länder Nordrhein-Westfalen und Hamburg) durchgeführt wurden.[1077] Diesen Umstand hat der Europäische Gerichtshof für Menschenrechte wiederaufgegriffen und damit die besondere Schwere des Eingriffs begründet.[1078] Was schließlich das Verhältnis zwischen der Union und der Bundesrepublik Deutschland anbelangt, hat sich das Bundesverfassungsgericht nur am Rande geäußert. Es heißt: „Dass die Freiheitswahrnehmung der Bürger nicht total erfasst und registriert werden darf, gehört zur verfassungsrechtlichen Identität der Bundesrepublik Deutschland, für deren Wahrung sich die Bundesrepublik in europäischen und internationalen Zusammenhängen einsetzen muss. Durch eine vorsorgliche Speicherung der Telekommunikationsverkehrsdaten wird der Spielraum für weitere anlasslose Datensammlungen auch über den Weg der Europäischen Union erheblich geringer.“[1079] Das Gericht hält also – zur Gewährleistung eines möglichst effizienten Grundrechtsschutzes – eine Gesamtbetrachtung auch insoweit für angezeigt, wobei wohl das Instrument der Identitätskontrolle den Maßstab der Prüfung bilde.

cc) Stellungnahme

Bevor zu Letzterem Stellung bezogen wird, geht es um das Bund-Länder-Verhältnis.

(1) Bund und Länder

In eben diesem Verhältnis ist eine Gesamtschau ungeachtet der damit verbundenen Komplexität der verfassungsrechtlichen Prüfung zwingend. Dies zeigt bereits die spezielle Regelung des Art. 106 Abs. 3 S. 4 Nr. 2 GG. Denn womöglich tritt die zu vermeidende Überbelastung gerade durch

1077 Vgl. BVerfGE 112, 304, insbes. 320. Vgl. auch *Bronkars*, Kumulative Eigentumseingriffe, 2007, S. 95.
1078 Vgl. EGMR, NJW 2011, 1333, 1338.
1079 BVerfGE 125, 260, 324.

das Zusammenwirken von Bundes- und Landesmaßnahmen auf.[1080] Einer gegenseitigen Zurechnung der Einzelakte bedarf es insoweit nicht.[1081] Folglich kann dahinstehen, worauf sich eine solche gegebenenfalls stützen ließe. Den Prüfungsmaßstab bilden die Grundrechte des Grundgesetzes, da sowohl der Bund als auch die Länder hieran gebunden sind. Was den Konflikt mit der Kompetenzordnung betrifft, hilft Art. 31 GG kaum weiter. Diese Norm setzt tatbestandlich eine Kollision von Bundes- und Landesrecht voraus[1082], an der es hier regelmäßig fehlen wird.[1083] Anzuknüpfen ist vielmehr an den (ungeschriebenen) Grundsatz der Bundestreue[1084].[1085] Nach der Rechtsprechung des Bundesverfassungsgerichts wirkt die Bundestreue vor allem als Schranke bei der Ausübung der Kompetenzen[1086], indem sie Pflichten zur Rücksichtnahme[1087], zur Abstimmung und zur Verständigung[1088] statuiert. Insoweit entfaltet sie neben Unterlassungspflichten[1089] gegebenenfalls auch Hilfs- und Mitwirkungspflichten[1090]. Zwar ist die Reichweite dieses Grundsatzes begrenzt. So besteht weder eine Pflicht eines Landes zu allgemeiner Vorabstimmung bei Einführung neuer Regelungen[1091] noch kann hieraus eine generelle Pflicht der Länder zur Anpassung ihrer Gesetzgebung an entsprechende Regelungen des Bundes abgeleitet werden[1092]. Hier aber gilt ein strengerer Maßstab. Denn Art. 1 Abs. 3 GG ordnet die unmittelbare Rechtsgeltung der

---

1080 So auch *Schaks*, DÖV 2015, 817, 821. Ähnlich *Jesse*, Instrumentenverbund als Rechtsproblem am Beispiel effizienter Energienutzung, 2014, S. 198.

1081 Dies ist eine Ausnahme von der Regel getrennter Verantwortungsbereiche (zu diesem Grundsatz: *Kromrey*, Belastungskumulation – Ein Beitrag zur Erweiterung des grundrechtlichen Eingriffsbegriffs, 2018, S. 89 f.). Die betroffenen Hoheitsträger müssen sich daher nicht nur für die Belastungswirkungen ihres eigenen Handelns, sondern auch für die kumulierenden Freiheitsbeeinträchtigungen anderer Hoheitsträger verfassungsrechtlich rechtfertigen.

1082 *Hellermann*, in: Epping/Hillgruber (Hrsg.), BeckOK-Grundgesetz, 41. Edition Stand: 15.5.2019, Art. 31 Rn. 13.

1083 Näher *Ruschemeier*, Der additive Grundrechtseingriff, 2019, S. 154 f. Vgl. auch *Heu*, Kulminierende Grundrechtseingriffe, 2018, S. 269.

1084 Dazu allgemein: *H. Bauer*, Die Bundestreue, 1992.

1085 In diese Richtung jüngst *Heu*, Kulminierende Grundrechtseingriffe, 2018, S. 213 f. (aber eher als Zurechnungsnorm).

1086 BVerfGE 104, 249, 269 f.

1087 BVerfGE 32, 199, 218.

1088 BVerfGE 12, 205, 254.

1089 Vgl. BVerfGE 1, 299, 315 f.

1090 BVerfGE 84, 25, 33; BVerfGE 73, 118, 197.

1091 Vgl. BVerfGE 45, 400, 421.

1092 BVerfGE 26, 116, 137.

Grundrechte an, und zwar ohne Differenzierung zwischen den drei Staatsgewalten des Bundes und den ihnen entsprechenden Staatsgewalten der Länder.[1093] Danach besteht jedenfalls für den Fall einer schwerwiegenden Gesamtlast, die weiter vertieft werden soll, die Pflicht zur Kooperation der beteiligten Akteure. Im Zweifel hat sich derjenige, der zuletzt tätig geworden ist, mit Eingriffen zurückzuhalten. Erforderlichenfalls ist dieser auch dazu verpflichtet, entsprechende Anpassungen vorzunehmen. Entscheidend ist also neben dem Rang vor allem die Zeitenfolge der Einzelakte. Dementsprechend hat das Bundesverfassungsgericht auch zum Grundsatz der Widerspruchsfreiheit der Rechtsordnung geurteilt.[1094] Nicht zuletzt spricht für diese Sichtweise, dass gerade der zuletzt Tätige „das Fass zum Überlaufen bringt“, wodurch die Grundrechtsbindung nochmals aktualisiert wird.

(2) Europäische Union und Bundesrepublik Deutschland

Es entspricht dem Gebot effektiven Grundrechtsschutzes, Rechtsakte der Europäischen Union mit solchen der Mitgliedstaaten, hier der Bundesrepublik Deutschland, im „Verbund“ zu betrachten, ohne, dass es einer gegenseitigen Zurechnung der Beiträge bedarf. Gesucht wird aber ein gemeinsamer grundrechtlicher Maßstab. In Betracht kommen einerseits das Unionsrecht, namentlich die Charta der Grundrechte der Europäischen Union, und andererseits das Grundgesetz, was die Frage nach dem Verhältnis beider Rechtsordnungen aufwirft.

(a) Vorbemerkung: Zum Verhältnis der Rechtsordnungen

Das Verhältnis zwischen dem Recht der Europäischen Union und dem Grundgesetz ist nach wie vor nicht abschließend geklärt. Der Europäische Gerichtshof nahm schon frühzeitig an, dass sowohl primäres als auch abge-

---

1093 Vgl. auch *Kromrey*, Belastungskumulation – Ein Beitrag zur Erweiterung des grundrechtlichen Eingriffsbegriffs, 2018, S. 99 ff. Davon zu unterscheiden ist die Frage, ob die Ausübung von Länderkompetenzen dadurch übermäßig beschränkt wird, dass durch das unabgestimmte divergierende Vorgehen der Länder bundesgrundrechtliche Freiheiten erheblich beeinträchtigt werden (dazu: *Grzeszick*, in: Maunz/Dürig (Begr.), Grundgesetz-Kommentar, Lfg. 46 März 2006, Art. 20 IV Rn. 134).

1094 BVerfGE 98, 106, 119. S. auch Vierter Teil II. 3.

leitetes Gemeinschaftsrecht im Fall des Konflikts mit mitgliedstaatlichem Recht – ausnahmslos[1095], d.h. auch vor den in der Verfassung des jeweiligen Mitgliedstaats garantierten Grundrechten[1096] – Anwendungsvorrang vor diesem genieße.[1097] Anders positioniert sich das Bundesverfassungsgericht. Im Jahr 1974 stellte es sich bekanntlich dem Anwendungsvorrang unter Verweis auf das Fehlen eines dem des Grundgesetzes adäquaten Grundrechtsschutzes entgegen („Solange I").[1098] Zwar revidierte es diese Aussage mit dem „Solange II"-Beschluss[1099]. Darin heißt es: „[...] Das Bundesverfassungsgericht [übt] seine Gerichtsbarkeit über die Anwendbarkeit von abgeleitetem Gemeinschaftsrecht in Deutschland in einem ‚Kooperationsverhältnis' zum Europäischen Gerichtshof aus, in dem der Europäische Gerichtshof den Grundrechtsschutz in jedem Einzelfall für das gesamte Gebiet der Europäischen Gemeinschaften garantiert, das Bundesverfassungsgericht sich deshalb auf eine generelle Gewährleistung der unabdingbaren Grundrechtsstandards beschränken kann."[1100] Allerdings deutete das Bundesverfassungsgericht zugleich Grenzen des Anwendungsvorrangs an. So ermächtige Art. 24 Abs. 1 GG a.F. (heute: Art. 23 Abs. 1 GG) nicht dazu, „im Wege der Einräumung von Hoheitsrechten für zwischenstaatliche Einrichtungen die *Identität* der geltenden Verfassungsordnung der Bundesrepublik Deutschland durch Einbruch in ihr Grundgefüge [...] aufzugeben."[1101]

1095 EuGH, Rs. 11/70 – Int. Handelsgesellschaft, Slg. 1970, 1125 Rn. 3.

1096 EuGH, Rs. C-399/11 – Melloni, ECLI:EU:C:2013:107 Rn. 58 ff. Daran hat er implizit auch vor dem Hintergrund des Beschlusses des Bundesverfassungsgerichts vom 15.12.2015, auf den noch einzugehen sein wird, festgehalten (vgl. nur EuGH, verbundene Rs. C-404/15 und C-659/15 PPU – Aranyosi u.a., ECLI:EU:C:2016:198 Rn. 74 ff.). Ohne Zweifel stärkt insoweit auch der Europäische Gerichtshof den Grund- und Menschenrechtsschutz unter Verweis auf die Würde des Menschen. Den Grund dafür liefert aber nicht das nationale (Verfassungs-)Recht, sondern das Europarecht (*Satzger*, NStZ 2016, 514, 521). Jüngst hat der Europäische Gerichtshof zwar – anders als der Generalanwalt – versöhnlichere Töne angeschlagen (EuGH, Rs. C-42/17 – M.A.S. u.a., ECLI:EU:C:2017:936; dazu näher *M. Klein*, DÖV 2018, 605 ff.). Ob sich daraus aber ein echtes Kooperationsverhältnis zwischen den obersten Gerichten der Mitgliedstaaten und dem Europäischen Gerichtshof entwickeln wird, bleibt abzuwarten.

1097 So bereits EuGH, Rs. 6/64 – Costa, Slg. 1964, 1251, 1269 f.

1098 BVerfGE 37, 271, 280 f.

1099 BVerfGE 73, 339.

1100 BVerfGE 89, 155, 174.

1101 BVerfGE 73, 339, 375 f. (Hervorhebung nur hier).

Inzwischen hat das Bundesverfassungsgericht eben diese Grenzen näher ausgeformt. Gemeint ist vor allem der – auch ausdrücklich so bezeichnete – Kontrollmechanismus der Identitätskontrolle. Danach ist zu prüfen, ob infolge des Handelns europäischer Organe die in Art. 23 Abs. 1 S. 3 GG i.V.m. Art. 79 Abs. 3 GG für unantastbar erklärten Grundsätze der Art. 1 und Art. 20 GG verletzt werden. Damit werde sichergestellt, dass der Anwendungsvorrang des Unionsrechts nur kraft und im Rahmen der fortbestehenden verfassungsrechtlichen Ermächtigung gilt.[1102] Relevanz hat zunächst die Souveränitätsdimension der Identitätskontrolle erlangt. So müssten die Mitgliedstaaten weiterhin „Herren der Verträge" sein, was den Verbleib der sogenannten Kompetenz-Kompetenz – die Kompetenz über Kompetenzen zu disponieren[1103] – bei ihnen erfordere.[1104] Auch hat das Bundesverfassungsgericht das Demokratieprinzip (Art. 20 Abs. 1, 2 GG)[1105] zur Geltung gebracht. Mehrmals geurteilt hat es zur Budgethoheit des Bundestages als zentralem Element der demokratischen Selbstgestaltungsfähigkeit im Verfassungsstaat.[1106] In diesen Kontext gehört, das sei am Rande bemerkt, auch das durch das Bundesverfassungsgericht etablierte Instrument der Ultra-vires-Kontrolle[1107]. Danach können Maßnahmen der europäischen Organe im deutschen Hoheitsbereich für nicht anwendbar erklärt werden, sofern sie (offensichtlich[1108]) nicht vom Primärrecht und damit nicht vom Zustimmungsgesetz gedeckt sind. Zwar stellt die Ultra-vires-Kontrolle „lediglich" einen besonderen Anwendungsfall des allgemeinen Schutzes der Verfassungsidentität durch das Bundesverfassungs-

---

1102 BVerfGE 123, 267, 354. Zum „Brückenmodell": *P. Kirchhof*, in: Isensee/P. Kirchhof (Hrsg.), Handbuch des Staatsrechts der Bundesrepublik Deutschland, Bd. X, 3. Aufl. 2012, § 214 Rn. 158 ff.

1103 BVerfGE 123, 267, 352.

1104 Ebd., S. 349 f.; BVerfGE 132, 195, 238 f.; jüngst BVerfG, NJW 2019, 3204, 3206.

1105 Ausführlich zu den Voraussetzungen und Grenzen, die aus dem Demokratieprinzip für die europäische Integration folgen: *Grzeszick*, in: Maunz/Dürig (Begr.), Grundgesetz-Kommentar, Lfg. 57 Januar 2010, Art. 20 II Rn. 266 ff. m.w.N.

1106 BVerfG, NJW 2016, 2473, 2488 f.; BVerfGE 135, 317, 399 ff.; BVerfGE 132, 195, 239 ff.; BVerfGE 129, 124, 177 ff.

1107 Vgl. bereits BVerfGE 75, 223, 242; ferner BVerfGE 89, 155, 188 und – jüngst – BVerfG, NJW 2019, 3204, 3209 ff. Näher dazu mit Augenmerk auf der (subjektiven) Rechtstellung eines Beschwerdeführers: *Gentzsch/Brade*, EuR 2019, 602, 608 ff.

1108 BVerfGE 126, 286, 304 f. Das sei der Fall, wenn sich die Kompetenz – bei Anwendung allgemeiner methodischer Standards – unter keinem rechtlichen Gesichtspunkt begründen lässt (BVerfG, NJW 2016, 2473, 2479).

gericht dar.[1109] Beide Instrumente stünden indes, so das Bundesverfassungsgericht, wegen ihres unterschiedlichen Prüfungsansatzes nebeneinander.[1110] Anders als die Ultra-vires-Kontrolle betreffe die Identitätskontrolle nicht die Einhaltung der Reichweite einer – an sich zulässigerweise – übertragenen Zuständigkeit. Sie sei vielmehr Maßstab für die Übertragbarkeit von Kompetenzen gem. Art. 23 Abs. 1 S. 3 GG i.V.m Art. 79 Abs. 3 GG.[1111]

Für den Bereich des Grundrechtsschutzes gegenüber Rechtsakten der Union bzw. solchen der Mitgliedstaaten, die, wie Art. 51 Abs. 1 S. 1 GrCh es nennt, Unionsrecht durchführen, hat sich das Bundesverfassungsgericht lange in Zurückhaltung geübt. Es hat dies zunächst nur mit der Einschränkung versehen, dass dies nur gelte, wenn und soweit das Unionsrecht zwingende Vorgaben macht[1112]; eine Position, die die Mitgliedstaaten in weitaus geringerem Maße an die Unionsgrundrechte bindet, als es der Europäische Gerichtshof tut[1113]. Durchaus auf dieser Linie liegt der Beschluss vom 6. November 2019. Danach prüft das Bundesverfassungsgericht unionsrechtlich nicht vollständig determiniertes innerstaatliches Recht primär am Maßstab der Grundrechte des Grundgesetzes, auch wenn das innerstaatliche Recht der Durchführung des Unionsrechts dient.[1114] Neu ist, dass das Bundesverfassungsgericht sich selbst unter Umständen gehalten sieht, innerstaatliches Recht, das der Durchführung des Unionsrechts

---

1109 Zum Verhältnis von Identitäts- und Ultra-Vires-Kontrolle und den dazu vertretenen mannigfaltigen Ansätzen s. nur *Burchardt*, ZaöRV 76 (2016), 527, 544 f. m.w.N. *Dederer*, JZ 2014, 313, 315 ff. unternimmt ferner den Versuch, Identitäts-, Ultra-vires- und Grundrechtskontrolle zu vereinheitlichen.

1110 BVerfG, NJW 2016, 2473, 2479.

1111 Ebd.

1112 S. nur BVerfG, NJW 2016, 3648, 3649 m.w.N. Hingegen sind Normen des deutschen Rechts, durch die der Gesetzgeber die Vorgaben einer Richtlinie in eigener Regelungskompetenz konkretisiert hat oder über solche Vorgaben hinausgegangen ist, der verfassungsgerichtlichen Kontrolle (am Maßstab des Grundgesetzes) zugänglich (BVerfGE 121, 1, 15).

1113 EuGH, Rs. C-617/10 – Hans Åkerberg Fransson, ECLI:EU:C:2013:105 Rn. 24 ff. Strenger inzwischen aber EuGH, Rs. C-206/13 – Siragusa, ECLI:EU:C:2014:126 Rn. 24 („hinreichender Zusammenhang von einem gewissen Grad"). Laut Bundesverfassungsgericht darf Art. 51 Abs. 1 S. 1 GrCh nicht so verstanden werden, dass „jeder sachliche Bezug einer Regelung zum bloß abstrakten Anwendungsbereich des Unionsrechts oder rein tatsächliche Auswirkungen auf dieses" ausreichten (BVerfGE 133, 267, 316). Dazu insgesamt: *Kingreen*, in: Calliess/Ruffert (Hrsg.), EUV/AEUV, 5. Aufl. 2016, Art. 51 GrCh Rn. 8 ff.; *Ludwigs/Sikora*, EWS 2016, 121, 124 ff.; jüngst *Starke*, DVBl 2017, 721 ff.

1114 BVerfG, Beschluss v. 6.11.2019 – 1 BvR 16/13 –, juris Rn. 42 u. 45.

dient, (neben den Grundrechten des Grundgesetzes) unmittelbar an den Grundrechten der Charta zu messen.[1115] Daran knüpft das Gericht mit Beschluss vom selben Tag an und formuliert wie folgt: „Soweit die Grundrechte des Grundgesetzes durch den Anwendungsvorrang des Unionsrechts verdrängt werden, kontrolliert das Bundesverfassungsgericht dessen Anwendung durch deutsche Stellen am Maßstab der Unionsgrundrechte.“[1116] Bei der Anwendung unionsrechtlich vollständig vereinheitlichter Regelungen sind also in aller Regel nicht die Grundrechte des Grundgesetzes, sondern allein die Unionsgrundrechte maßgeblich, wobei für deren Prüfung – neben dem Europäischen Gerichtshof – nunmehr auch das Bundesverfassungsgericht zuständig sei. Dabei hält das Gericht ausdrücklich daran fest, dass der Anwendungsvorrang unter den oben beschriebenen Vorbehalten (Solange-Vorbehalt, Ultra-vires-Kontrolle und Wahrung der Verfassungsidentität) stehe[1117], die der Europäische Gerichtshof so bislang nicht anerkennt. Daher hat der Beschluss vom 15. Dezember 2015 nichts an Aktualität verloren: Danach gewährleiste das Bundesverfassungsgericht im Wege der Identitätskontrolle den gem. Art. 23 Abs. 1 S. 3 GG i.V.m. Art. 79 Abs. 3 GG und Art. 1 Abs. 1 GG[1118] unabdingbar gebotenen Grundrechtsschutz uneingeschränkt und im Einzelfall.[1119]

(b) Prüfungsmaßstab der Eingriffsaddition

Nach all dem sind unionale (Einzel-)Akte grundsätzlich nur an den Unionsgrundrechten zu messen. Dasselbe gilt daher für ihren „Verbund“. Was

1115 Vgl. ebd., Rn. 63 ff. Hiermit relativiert das Bundesverfassungsgericht die sog. Trennungsthese. Zur Trennungsthese und der abweichenden Rechtsprechung des Europäischen Gerichtshofs vgl. nur *Ludwigs/Sikora*, JuS 2017, 385, 390 f.

1116 BVerfG, Beschluss v. 6.11.2019 – 1 BvR 276/17 –, juris Rn. 50.

1117 Vgl. ebd., Rn. 47 ff.

1118 Erfasst werden auch die übrigen Grundrechte, je nachdem, ob sie einen mehr oder minder intensiven Bezug zur Menschenwürde aufweisen (BVerfG, NJW 2016, 2473, 2477; zum Menschenwürdekern der Grundrechte: *Herdegen*, in: Maunz/Dürig (Begr.), Grundgesetz-Kommentar, Lfg. 72 Juli 2014, Art. 79 Rn. 116).

1119 BVerfG, NJW 2016, 1149, 1150 ff. Der Solange-Vorbehalt wird dabei nicht völlig aufgegeben, wohl aber ein Stück weit relativiert (vgl. auch *Reinbacher/Wendel*, EuGRZ 2016, 333, 335; *Sauer*, NJW 2016, 1134, 1135). Anlass dazu, die Identitätskontrolle in diesem Fall zu aktivieren, gab es nicht (so auch *Burchardt*, ZaöRV 76 (2016), 527, 547 ff.; *Sachs*, JuS 2016, 373, 375; *Schönberger*, JZ 2016, 422, 423).

mitgliedstaatliche Rechtsakte und ihr „Zusammenwirken“ betrifft, ist Art. 51 Abs. 1 S. 1 GrCh ausschlaggebend. Danach bildet das Unionsrecht den alleinigen Prüfungsmaßstab, soweit diese, dem Bundesverfassungsgericht folgend, (vollständig) europarechtlich determiniert sind; dabei kann die Zuständigkeit im Einzelfall – so die jüngere Judikatur – auch dem Bundesverfassungsgericht obliegen. Erst wenn dieser Rahmen verlassen wird – zu denken ist an bundesdeutsches Recht, das einen den Mitgliedstaaten gewährten Spielraum ausfüllt oder aber über die Vorgaben des Unionsrechts hinausgeht – greifen (jedenfalls primär) die Grundrechte des Grundgesetzes zu deren Prüfung selbstredend nicht der Europäische Gerichtshof, sondern das Bundesverfassungsgericht berufen ist. Selbst für den Fall, dass eine Gesamtbetrachtung im konkreten Einzelfall nicht stattfindet, ändert sich an diesen Grundsätzen zunächst nichts. Denn nach dem Solange-Vorbehalt kommt es „lediglich“ darauf an, dass das Unionsrecht einen wirksamen Schutz der Grundrechte gegenüber der Hoheitsgewalt der Union generell gewährleistet, wovon spätestens seit dem Inkrafttreten der Grundrechtecharta der Union auszugehen ist. Zwar erfasst das Unionsrecht additive Grundrechtseingriffe bislang nur unzureichend, wohl aber sind erste Ansätze erkennbar, die die Problematik adressieren.[1120]

Damit verbleibt als Einfallstor für die Grundrechte des Grundgesetzes „bloß“ das mit dem Beschluss vom 15. Dezember 2015 für den Grundrechtsbereich (wieder-)entdeckte Instrument der Identitätskontrolle. Dabei geht es nicht nur um Einzelakte. Auch und gerade der „Verbund“ mehrerer Rechtsakte der Union bzw. solcher, die auf Unionsrecht beruhen, kann – insgesamt – zu einem Einbruch in das Grundgefüge der Verfassungsordnung der Bundesrepublik Deutschland führen, der es rechtfertigt, das entsprechende Unionsrecht innerstaatlich nicht anzuwenden und es dem Bundesverfassungsgericht erlaubt, auf die Grundrechte des Grundgesetzes zurückzugreifen. Maßstab dafür ist, wie bereits skizziert, Art. 23 Abs. 1 S. 3 GG i.V.m. Art. 79 Abs. 3 GG und Art. 1 Abs. 1 GG. Es bedarf also einer hinreichend substantiierten Darlegung dahingehend, dass die Würde des Menschen im konkreten Fall tatsächlich verletzt wird.

Etwas anderes gilt, wenn Bestimmungen des Unionsrechts, die als solche die Identitätskontrolle nicht auslösen, mit – originär – mitgliedstaatlichen Belastungsbeiträgen zusammentreffen. Hier kommt von vornherein nur die Verfassungswidrigkeit der „rangniedrigeren“ mitgliedstaatlichen Maß-

1120 S. Dritter Teil III. – Exkurs –.

nahme in Betracht.[1121] Den Prüfungsmaßstab dafür bilden die (in die Kompetenz des Bundesverfassungsgerichts fallenden) Grundrechte des Grundgesetzes, obgleich diese streng genommen nur die bundesdeutschen Rechtsakte und die daraus gegebenenfalls resultierende Gesamtlast erfassen.

b) Objektiv-rechtliche Grundrechtsdimension

Dass die vorliegende Untersuchung vornehmlich im Bereich der Grundrechte als Abwehrrechte angesiedelt ist, verdeutlicht nicht zuletzt ihre Bezeichnung – der additive Grundrechts*eingriff*. Indes ist das Konzept, wie zu zeigen sein wird, darauf nicht beschränkt. Angesprochen ist damit die sog. objektiv-rechtliche Dimension der Grundrechte, die es zunächst – in gebotener Kürze – zu beleuchten gilt.

aa) Vorbemerkungen

Die Grundrechte werden in erster Linie als Abwehrrechte des Bürgers gegen den Staat verstanden. Insoweit begründen sie subjektive Rechte gegenüber der öffentlichen Gewalt.[1122] Das ergebe sich, so das Bundesverfassungsgericht, „aus der geistesgeschichtlichen Entwicklung der Grundrechtsidee wie aus den geschichtlichen Vorgängen, die zur Aufnahme von Grundrechten in die Verfassungen der einzelnen Staaten geführt haben.“[1123] Daneben aber erkennt die Rechtswissenschaft objektive Grundrechtsgehalte an.[1124] Bereits in der „Lüth“-Entscheidung schreibt das Bundesverfassungsgericht den Grundrechten einen solchen doppelten Charakter zu. Dazu heißt es: „[…] Richtig ist […], dass das Grundgesetz […] in seinem Grundrechtsabschnitt auch eine objektive Wertordnung aufgerichtet hat und dass gerade hierin eine prinzipielle Verstärkung der Geltungs-

---

1121 So auch *Jesse*, Instrumentenverbund als Rechtsproblem am Beispiel effizienter Energienutzung, 2014, S. 197. Ähnlich *Klement*, EuR 2017, 532, 541 Fn. 39.

1122 *Herdegen*, in: Maunz/Dürig (Begr.), Grundgesetz-Kommentar, Lfg. 87 März 2019, Art. 1 Abs. 3 Rn. 14.

1123 BVerfGE 7, 198, 204 f. Dazu: *Dreier*, Dimensionen der Grundrechte, 1993, S. 27 ff.

1124 Vgl. etwa *Alexy*, Der Staat 29 (1990), 49 ff.; *Dolderer*, Objektive Grundrechtsgehalte, 2000; *Ladeur*, DÖV 2007, 1 ff.; *Wahl*, in: Merten/Papier (Hrsg.), Handbuch der Grundrechte in Deutschland und Europa, Bd. I, 2004, § 19.

kraft der Grundrechte zum Ausdruck kommt.“[1125] Damit ist zunächst die Ausstrahlungswirkung der Grundrechte, namentlich auf das Privatrecht, gemeint. Grundrechte wirken hier nicht direkt und unmittelbar.[1126] Als „Schleusen“ für die steuernde und regulierende Wirkung der Grundrechte dienen vielmehr die unbestimmten Rechtsbegriffe.[1127] Weitere Fallgruppen der objektiv-rechtlichen Grundrechtsgehalte bilden Teilhabe- und Leistungsrechte[1128], also die Förderung des grundrechtlichen Verhaltens durch Teilhabe an staatlichen Einrichtungen bzw. durch staatliche Leistungen[1129]. Der Grundrechtsschutz durch Organisation und Verfahren[1130] weist hierzu zwar enge Bezüge auf. Bedenkt man aber, dass er sowohl in der objektiv-rechtlichen als auch in der abwehrrechtlichen Grundrechtsdimension Wirksamkeit entfaltet[1131], erscheint es zweifelhaft ihn an dieser Stelle als eigene Kategorie zu nennen.[1132]

Im Mittelpunkt steht letztlich die Lehre der Schutzpflichten[1133]; darunter wird die Pflicht des Staates zum Schutz der Grundrechtssubstanz gegenüber Dritten verstanden[1134]. Das Bundesverfassungsgericht hat das insbesondere für Art. 2 Abs. 2 S. 1 GG herausgearbeitet: „Art. 2 Abs. 2 Satz 1

1125 BVerfGE 7, 198, 205.

1126 Vgl. *Jarass*, in: Badura/Dreier (Hrsg.), Festschrift 50 Jahre Bundesverfassungsgericht, Bd. II, 2001, S. 35, 41.

1127 *Dreier*, Dimensionen der Grundrechte, 1993, S. 43.

1128 Vgl. BVerfGE 35, 79, 114 ff.; BVerfGE 33, 303, 330 ff.

1129 *Jarass*, in: Badura/Dreier (Hrsg.), Festschrift 50 Jahre Bundesverfassungsgericht, Bd. II, 2001, S. 35, 44.

1130 Vgl. dazu *Bethge*, NJW 1982, 1 ff.; *Goerlich*, Grundrechte als Verfahrensgarantien, 1981; *Grimm*, NVwZ 1985, 865 ff.; *Häberle*, VVDStRL 30 (1972), 43, 86 ff.; *Kahl*, VerwArch 95 (2004), 1 ff. Speziell für das Grundrecht auf informationelle Selbstbestimmung *Held*, Intelligente Videoüberwachung, 2014, S. 118 ff.

1131 Vgl. *Krebs*, in: Isensee/P. Kirchhof (Hrsg.), Handbuch des Staatsrechts der Bundesrepublik Deutschland, Bd. V, 3. Aufl. 2007, § 108 Rn. 78 ff. Vgl. auch BVerfGE 84, 34, 45 f.

1132 So auch *Jarass*, in: Badura/Dreier (Hrsg.), Festschrift 50 Jahre Bundesverfassungsgericht, Bd. II, 2001, S. 35, 46. Anders *Dreier*, Dimensionen der Grundrechte, 1993, S. 42 ff.

1133 S. etwa *Dietlein*, Die Lehre von den grundrechtlichen Schutzpflichten, 1992; *Hermes*, Das Grundrecht auf Schutz von Leben und Gesundheit, 1987; *M. Mayer*, Untermaß, Übermaß und Wesensgehaltsgarantie, 2005. Manche ordnen die Schutzpflichten in das abwehrrechtliche Modell der Grundrechte ein (*Szczekalla*, Die sogenannten grundrechtlichen Schutzpflichten im deutschen und europäischen Recht, 2002, S. 404 ff.).

1134 *Herdegen*, in: Maunz/Dürig (Begr.), Grundgesetz-Kommentar, Lfg. 87 März 2019, Art. 1 Abs. 3 Rn. 20. Nicht zwingend erforderlich ist, dass ein Privater das grundrechtliche Schutzgut des Opfers – gegebenenfalls in Ausübung seiner

in Verbindung mit Art. 1 Abs. 1 Satz 2 GG verpflichtet den Staat, jedes menschliche Leben zu schützen. Diese Schutzpflicht ist umfassend. Sie gebietet dem Staat, sich schützend und fördernd vor dieses Leben zu stellen; das heißt vor allem, es auch vor rechtswidrigen Eingriffen von Seiten anderer zu bewahren.“[1135] Adressat dessen ist zuvörderst der Gesetzgeber, dem bei der Realisierung des Schutzauftrages regelmäßig ein weiter Gestaltungsspielraum zusteht.[1136] „Der mit einer solchen Schutzpflicht verbundene grundrechtliche Anspruch ist im Blick auf diese Gestaltungsfreiheit nur darauf gerichtet, dass die öffentliche Gewalt Vorkehrungen zum Schutze des Grundrechts trifft, die nicht gänzlich ungeeignet oder völlig unzulänglich sind. Nur unter ganz besonderen Umständen kann sich diese Gestaltungsfreiheit in der Weise verengen, dass allein durch eine bestimmte Maßnahme der Schutzpflicht Genüge getan werden kann.“[1137] In jüngerer Zeit spricht das Bundesverfassungsgericht davon, dass der Gesetzgeber bei der Ausgestaltung des Schutzes der verfassungsgerichtlichen Kontrolle dahingehend unterliege, ob er das Untermaßverbot beachtet hat.[1138] Im Schrifttum findet sich der Versuch, das damit definierte Schutzminimum in „spiegelbildlicher“ Anwendung der Terminologie des Übermaßverbots zu ermitteln. Das Untermaßverbot sei danach verletzt, wenn bislang keine geeigneten Maßnahmen zum Schutz gegen Gefährdungen durch Dritte getroffen wurden, es ebenso milde aber besseren Schutz gewährleistende Mittel gibt oder die Hinnahme der verbleibenden Gefährdung bei Abwägung mit entgegenstehenden Interessen nicht zumutbar ist.[1139]

bb) Belastungsaddition durch Private

Hier stellt sich zunächst die Frage, ob auch kumulative Belastungen durch Private einen besonderen Grundrechtsschutz auslösen können.

Grundrechte – gefährdet (so *Brade/Tänzer*, NVwZ 2017, 1435, 1437 mit Verweis auf BVerfG, NJW 2017, 53, 56).

1135 BVerfGE 46, 160, 164. Ähnlich BVerfGE 88, 203, 251; BVerfGE 85, 191, 212. Zur Rechtsprechung des Bundesverfassungsgerichts: *E. Klein*, NJW 1989, 1633, 1634 ff.; *M. Mayer*, Untermaß, Übermaß und Wesensgehaltsgarantie, 2005, S. 20 ff.

1136 *Dreier*, Dimensionen der Grundrechte, 1993, S. 46 f.

1137 BVerfGE 77, 170, 215. Ähnlich jüngst BVerfG, Beschluss v. 2.7.2018 – 1 BvR 612/12 –, juris Rn. 41.

1138 BVerfGE 88, 203, 254.

1139 *Möstl*, DÖV 1998, 1029, 1038 f.

(1) Schrifttum

Die wohl überwiegende Auffassung im Schrifttum bejaht dies.[1140] Dabei rückt zunächst die mittelbare Drittwirkung der Grundrechte in den Fokus.[1141] Hierfür findet sich im Schrifttum das Beispiel eines Arbeitsgebers, der droht, den Arbeitsplatz, aber auch die Wohnung, die er dem Arbeitnehmer vermietet, zu kündigen, falls dieser der Änderungskündigung nicht zustimmt.[1142] Ferner richtet sich der Blick auf die grundrechtlichen Schutzpflichten.[1143] *G. Kirchhof* greift beispielhaft die Gefährdung der Gesundheit durch die Anhäufung belastender Emissionen am Arbeitsplatz und am Wohnort auf.[1144] Geht man mit ihm davon aus, dass die von einer kumulativen Belastung betroffenen Rechtsmaßstäbe regelmäßig eine einheitliche Rechtsfolge fordern, die Grundrechte also nicht in verschiedenen Funktionen betroffen sein dürfen[1145], scheidet eine Addition privater und hoheitlicher Beiträge[1146] aus. In eine ähnliche Richtung geht die Erwägung *Klars*, eine „Zusammenfassung" daran zu knüpfen, dass die Maßnahmen gänzlich dem Staat oder Privaten zugerechnet werden können. Zur Gewährleistung eines effektiven Grundrechtsschutzes verwirft er diesen Ansatz aber sogleich und hält den Staat auch insoweit für verpflichtet.[1147]

1140 Vgl. etwa *G. Kirchhof*, Grundrechte und Wirklichkeit, 2007, S. 40; *Ruschemeier*, Der additive Grundrechtseingriff, 2019, S. 125 ff.; *Winkler*, JA 2014, 881. Dem folgend *Desoi*, Intelligente Videoüberwachung, 2018, S. 97.

1141 *G. Kirchhof*, Grundrechte und Wirklichkeit, 2007, S. 44; *Schaks*, DÖV 2015, 817, 826 f.

1142 So *G. Kirchhof*, Grundrechte und Wirklichkeit, 2007, S. 44.

1143 *Klar*, Datenschutzrecht und die Visualisierung des öffentlichen Raums, 2012, S. 96; *Würsig*, Die Steuerung von Summenbelastungen im öffentlichen Immissionsschutzrecht, 2009, S. 68. Zum Perspektivenwandel von einem bipolaren Eingriffsverhältnis zu einem multipolaren kollisionslösenden Ausgleichstatbestand im vorliegenden Zusammenhang: *Lee*, Umweltrechtlicher Instrumentenmix und kumulative Grundrechtseinwirkungen, 2013, S. 106 ff.

1144 *G. Kirchhof*, Grundrechte und Wirklichkeit, 2007, S. 40.

1145 *G. Kirchhof*, NJW 2006, 732, 734.

1146 *Kromrey*, Belastungskumulation – Ein Beitrag zur Erweiterung des grundrechtlichen Eingriffsbegriffs, 2018, S. 8 f. hält ein Zusammentreffen staatlicher Maßnahmen mit privatem Handeln für denkbar.

1147 Vgl. *Klar*, Datenschutzrecht und die Visualisierung des öffentlichen Raums, 2012, S. 97.

(2) Rechtsprechung

Die Rechtsprechung hat die Schutzpflichtdimension bisher nur gestreift. So wurde offen gelassen, ob eine auch kumulative Effekte einbeziehende Betrachtungsweise bei Art. 4 GG geboten sei.[1148] Demgegenüber erkannte das Bundesverwaltungsgericht einen Zusammenhang zwischen der Gesamtlärmbeeinträchtigung und der sich aus Art. 2 Abs. 2 S. 1 GG ergebenden Schutzpflicht des Staates.[1149] Noch darüber hinaus ging – wie gesagt – der Bayerische Verwaltungsgerichtshof, der auf die Pflicht verwies, Immissionen dann nicht zuzulassen oder sie zu unterbinden, wenn ein Schutzgut bereits durch Immissionen anderer Art über das von Verfassungs wegen hinzunehmende Maß belastet sei, oder diese verfassungsrechtliche Grenze durch das Zusammentreffen unterschiedlicher Arten von Umwelteinwirkungen erstmals überschritten werde.[1150]

cc) Kumulierende Leistungen

Auch die Erfassung der Teilhabe- und Leistungsdimension wird grundsätzlich für denkbar gehalten. Daher könne eine Belastungsaddition durch verschiedene (staatliche) Leistungen eintreten.[1151] *G. Kirchhof* knüpft hier wiederum an die Erfassung der „Normwirklichkeit“ an, in der eine Belastung oder Leistung wirksam werde.[1152] Als Beispiel führt er sich ergänzende Begünstigungen von Konkurrenten[1153] bzw. die Begünstigung eines einzelnen Konkurrenzunternehmens durch verschiedene kleinere Subventionen[1154] an.

1148 BVerfG, NVwZ 2001, 908, 909. S. bereits Erster Teil VII. 1.

1149 Vgl. BVerwG, NVwZ 1996, 1003, 1005.

1150 VGH Bayern, Beschluss v. 13.10.2015 – 22 ZB 15.1186 –, juris Rn. 70.

1151 *G. Kirchhof*, NJW 2006, 732, 734; *Winkler*, JA 2014, 881. *Ruschemeier*, Der additive Grundrechtseingriff, 2019, S. 127 f. hält hingegen die Grundsätze des additiven Grundrechtseingriffs nicht für auf Leistungspflichten übertragbar.

1152 Vgl. *G. Kirchhof*, NJW 2006, 732, 734.

1153 Ebd., S. 732 Fn. 9.

1154 *G. Kirchhof*, Grundrechte und Wirklichkeit, 2007, S. 41.

dd) Stellungnahme

Die Grundrechte dienen der Verwirklichung realer Freiheit.[1155] Gefahren für die Freiheit drohen nicht nur von staatlicher Seite, sondern auch und gerade durch das Handeln Privater. Dies gilt, wie die erwähnten Beispiele zeigen, erst recht sofern dies im „Verbund“ geschieht und sei es dadurch, dass staatliches und privates Handeln zusammenfallen. Unter dem – offeneren – Terminus der Belastungsaddition[1156] zu erfassen ist daher auch die objektiv-rechtliche Dimension der Grundrechte. Hiervon zu trennen ist die Frage, ob ein als solches erkannter additiver Grundrechtseingriff mittels eines abwehrrechtlichen oder eines objektiv-rechtlichen Verständnisses zu verarbeiten ist. Eines aber lässt sich bereits sagen: Soweit vom Tatbestand der Belastungsaddition her die objektiv-rechtliche Dimension der Grundrechte einschlägig ist, hat das Auswirkungen auf Rechtsfolgenseite. So wird sich etwa ein „Verbund“ aus mehreren Beeinträchtigungen durch Private an demselben Maßstab – gemeint ist die Beachtung des Untermaßverbots – messen lassen müssen wie die Einzelbeeinträchtigungen für sich genommen.[1157]

Was die (Tatbestands-)Voraussetzungen im Einzelnen betrifft, gilt das oben Ausgeführte entsprechend. Das lässt sich anhand der mittelbaren Drittwirkung, bei der die Grundrechte ihre Schutzwirkung im Verhältnis zwischen Privaten entfalten, veranschaulichen. Zu denken ist beispielsweise an Konflikte um die Rechte von Mietern und Vermietern. Art. 14 Abs. 1 S. 1 GG[1158], jedenfalls aber Art. 2 Abs. 1 GG, sichert auf verfassungsrechtlicher Ebene das Recht des Mieters, die Mietsache vertragsgemäß zu gebrauchen. Nicht selten wird dieses Recht in vielfältiger Weise beschränkt, sei es bezüglich des Mitgebrauchsrechts an Gemeinschaftseinrichtungen oder des Zugangs für Dritte. Hinzu tritt unter Umständen das Verbot, Tiere zu halten. Für sich genommen mögen einzelne dieser Belastungen zulässig sein; anders verhält es sich gegebenenfalls in ihrer Gesamtschau. Eine solche ist vorzunehmen, wenn die Voraussetzungen der Belastungsaddition vorliegen, wenn also im Beispielsfall ein und derselbe Mieter (Adressatenidentität) zur im Wesentlichen gleichen Zeit (Gleichzeitigkeit) mehrfach

---

1155 Zu diesem Ansatz: *Krebs*, in: Merten/Papier (Hrsg.), Handbuch der Grundrechte in Deutschland und Europa, Bd. II, 2006, § 31 Rn. 1 ff. u. 97 ff.

1156 S. bereits Zweiter Teil I. 3. c).

1157 Näher s. Dritter Teil III. 2.

1158 Zum Besitzrecht des Mieters i.S.v. Art. 14 GG, s. nur BVerfGE 89, 1, 6 ff.

in seinem Besitzrecht (Grundrechtsidentität) hinsichtlich desselben Mietgegenstands (Konnexität) tangiert wird.

Insgesamt ist somit die Tendenz in Rechtsprechung und Schrifttum zu begrüßen, den Blick zu weiten. Nur vereinzelt besteht Anlass zur Kritik. So erscheint zweifelhaft, die Betrachtung der Belastung eines Schutzgutes auf die einzelnen Immissionsarten zu beschränken, statt auf die Gesamtbelastung durch sämtliche Immissionen abzustellen. Immerhin erkennt der Bayerische Verwaltungsgerichtshof, dass sich aus der dem Staat obliegenden Schutzpflicht im Einzelfall etwas anderes ergeben kann. Darauf, ob es sich hierbei um (Immissions-)Beiträge hoheitlicher und/oder privater Natur handelt, kommt es im Übrigen nicht an. Zwar lässt sich ein solcher Fall nicht insgesamt abwehrrechtlich fassen, wohl aber greift das Konzept der Schutzpflichten weiter.[1159] Mit Recht führt das Bundesverwaltungsgericht daher aus: „Der zum Schutz verpflichtete Staat darf sich [seiner] Verpflichtung [...] nicht dadurch entziehen, dass er summierte Immissionen [...] unbeachtet lässt. Vielmehr gebietet die grundrechtliche Schutzpflicht dem Staat, sich durch geeignete Maßnahmen schützend vor den Einzelnen zu stellen, wenn für diesen die Gefahr einer Schädigung der körperlichen Unversehrtheit besteht. Diese Verpflichtung trifft ihn erst recht, wenn der Eingriff auf seinem eigenen Verhalten beruht.“[1160] Unterstützend lässt sich Art. 20a GG anführen. Obgleich diese Norm keine subjektiven Schutzansprüche einräumt[1161], verpflichtet sie doch den Staat – umfassend[1162] – dazu, die natürlichen Lebensgrundlagen zu bewahren[1163].

1159 *Ruschemeier*, Der additive Grundrechtseingriff, 2019, S. 126 greift anhand der Videoüberwachung im öffentlichen Raum ebenfalls das Bündel aus staatlichen und privaten Maßnahmen auf. S. auch Zweiter Teil III. 3. b) aa).

1160 BVerwG, NVwZ 1996, 1003, 1005.

1161 Vgl. nur *Epiney*, in: von Mangoldt/F. Klein/Starck (Begr./Hrsg.), Kommentar zum Grundgesetz, Bd. II, 7. Aufl. 2018, Art. 20a Rn. 37 f.

1162 Dabei stellt der Umweltschutz nicht ein absolutes bzw. prioritäres, sondern ein relatives, im Verhältnis zu anderen Schutzgütern ausbalancierendes und auszugleichendes Schutzgut dar (*Scholz*, in: Maunz/Dürig (Begr.), Grundgesetz-Kommentar, Lfg. 40 Juni 2002, Art. 20a Rn. 41).

1163 Zu den Schutzpflichten im Lichte des Art. 20a GG: *Gärditz*, in: Landmann/Rohmer (Hrsg.), Umweltrecht, 68. EL Februar 2013, Art. 20a GG Rn. 80.

Dritter Teil: Lösungskonzepte

Nachdem dargestellt worden ist, welche tatbestandlichen Voraussetzungen an den additiven Grundrechtseingriff zu stellen sind, widmet sich das folgende Kapitel der Frage, wie damit weiter zu verfahren, insbesondere auf welcher grundrechtsdogmatischen Ebene dieser zu würdigen ist. Dabei wird auch zu ermitteln sein, ob neben einer Addition der Belastungsfolgen auch gegenläufige Wirkungen einzubeziehen sind, um das Maß der Belastungsintensität sichtbar zu machen.

I. Vorbemerkungen: (Quantitative und qualitative) Ermittlung der Gesamtbelastung

Damit ist die Art und Weise des „Zusammenwirkens"[1164] der den additiven Grundrechtseingriff „konstituierenden" (Einzel-)Maßnahmen angesprochen. Denn erst daraus ergibt sich das Gesamtgewicht dieses Eingriffs, das sodann auf seine Relevanz für die weitere, je nach vertretenem Lösungsansatz unterschiedliche, Prüfung zu untersuchen ist.

1. Addition der Belastungen

Beleuchtet werden zuerst die Wechselwirkungen zwischen als solche belastenden Maßnahmen, bevor auf den Gedanken der (Grundrechts-)Kompensation eingegangen wird.

a) Schrifttum

Unbestritten ist, soweit ersichtlich, dass die Anhäufung mehrerer Maßnahmen über eine höhere Eingriffsintensität als – bei isolierter Betrachtung – jede dieser (Einzel-)Maßnahmen verfügen kann. Klärungsbedürftig ist

---

1164 Zum „Ob" des Zusammenwirkens s. bereits Zweiter Teil III. 2. b) bb) (2) (b).

aber, ob dies stets der Fall ist und nach welchen Kriterien sich gegebenenfalls die Steigerung der grundrechtlichen Schutzwirkung bestimmt.

Lücke zufolge nimmt der additive Grundrechtseingriff eine Vielzahl punktueller Grundrechtseingriffe in sich auf und summiert diese zu einer Gesamtlast. Er verkörpere demnach das Gewicht aller grundrechtlichen Einzelbeeinträchtigungen, aus denen er sich zusammensetze.[1165] *Bernsdorff* folgt dem: Seines Erachtens verfügt der additive Grundrechtseingriff naturgemäß über eine größere Eingriffsintensität als seine einzelnen Teile.[1166] Auszugehen sei – im Regelfall – von einer Addition im mathematischen Sinn eines linearen Anwachsens des Grundrechtsschutzes; eine subadditive Verstärkung wie sie für die Problematik der Grundrechtskombination vorgeschlagen wird[1167], lehnt er ab.[1168]

Manche gehen noch einen Schritt weiter: So könne die „Belastungskumulation" auch mehr sein als die Summe der Einzelbelastungen.[1169] *Schaks* führt dazu ein Beispiel aus dem Datenschutzrecht an: Mit jeder zusätzlichen, selbst scheinbar unbedeutenden, Information über den Grundrechtsträger werde der Bürger durch die Verknüpfungen der Daten transparenter. *Würsig* spricht insoweit von synergetischen[1170] Belastungseffekten, die mitbestimmend für den Intensitätsgrad eines Grundrechtseingriffes seien und zu einer Erhöhung der Rechtfertigungslast führten.[1171] *Schaks* zufolge stellt dies keine lineare Steigerung dar, vielmehr könne die Quantität in eine neue Qualität umschlagen.[1172] Diesen Gedanken greift auch *Puschke* auf, der – für den Bereich kumulierender strafprozessualer Ermittlungsmaßnahmen – einen solchen Qualitätssprung jedenfalls dann annimmt, wenn eine neue Sphäre i.S.d. Sphärentheorie erreicht wird.[1173]

1165 *Lücke*, DVBl 2001, 1469, 1476.

1166 *Bernsdorff*, SGb 2011, 121, 123.

1167 S. *E. Hofmann*, AöR 133 (2008), 523, 545 f.

1168 *Bernsdorff*, SGb 2011, 121, 123.

1169 *Schaks*, DÖV 2015, 817, 819; *Würsig*, Die Steuerung von Summenbelastungen im öffentlichen Immissionsschutzrecht, 2009, S. 44. Vgl. auch *I. Augsberg/ S. Augsberg*, AöR 132 (2007), 539, 569; *Desoi*, Intelligente Videoüberwachung, 2018, S. 105 f.

1170 Zur begrifflichen Unterscheidung zwischen additiven, synergetischen und antagonistischen Summationseffekten *Würsig*, Die Steuerung von Summenbelastungen im öffentlichen Immissionsschutzrecht, 2009, S. 20 f.

1171 Ebd., S. 45.

1172 *Schaks*, DÖV 2015, 817, 819.

1173 Vgl. *Puschke*, Die kumulative Anordnung von Informationsbeschaffungsmaßnahmen im Rahmen der Strafverfolgung, 2006, S. 79.

Allerdings finden sich auch kritische Stimmen. *Lee* etwa warnt vor einer rein mathematischen Denkweise dergestalt, dass eine höhere Anzahl von Maßnahmen automatisch auch zu einer erhöhten Eingriffsintensität führe. Eine solche Sichtweise werde der Komplexität der Wirkungsweisen und Interaktionen der Instrumente nicht gerecht.[1174] Auch *Reimer* hält andere Wirkungen als die einfache Summation für denkbar. So könnten sich die Maßnahmen wechselseitig neutralisieren, relativieren oder auch aufschaukeln.[1175] Angesprochen sind damit sowohl synergetische als auch antagonistische Effekte, die auch *Bernsdorff* nebst womöglich nachlassenden Belastungsfolgen in die Betrachtung einstellen will[1176].

b) Rechtsprechung

Auch die Rechtsprechung verbindet additive Grundrechtseingriffe mit einer Steigerung der Eingriffsintensität. Konkret heißt es, dass einzelne Eingriffe „in ihrer Gesamtwirkung zu einer schwerwiegenden Beeinträchtigung führen [könnten], die das Maß der rechtsstaatlich hinnehmbaren Eingriffsintensität überschreitet."[1177] In diesem Sinne äußert sich auch der Europäische Gerichtshof für Menschenrechte: „Dass gegen den Beschwerdeführer von verschiedenen Behörden die gleichen Überwachungsmaßnahmen durchgeführt worden sind, führte zu einem tiefergehenden Eingriff in sein Privatleben […]."[1178] Anzuführen sind schließlich Entscheidungen, die die Berufsfreiheit tangieren. In ständiger Rechtsprechung misst das Bundesverfassungsgericht die Eingriffsschwere hier mittels der Drei-Stufen-Lehre[1179], also je nachdem, ob lediglich die Berufsausübung

---

1174 *Lee*, Umweltrechtlicher Instrumentenmix und kumulative Grundrechtseinwirkungen, 2013, S. 153.

1175 *Reimer*, Qualitätssicherung, 2010, S. 276. Ähnlich *Kromrey*, Belastungskumulation – Ein Beitrag zur Erweiterung des grundrechtlichen Eingriffsbegriffs, 2018, S. 154, die dies an Beispielen veranschaulicht.

1176 *Bernsdorff*, SGb 2011, 121, 123.

1177 BVerfG, NJW 2009, 2033, 2045.

1178 EGMR, NJW 2011, 1333, 1338.

1179 BVerfGE 7, 377, 397 ff. Eine bloß formale Betrachtung relativierend – Berufsausübungsregelungen, die Eingriffen in die Berufswahlfreiheit nahekommen, an den (gesteigerten) Rechtfertigungsanforderungen letzterer messend – bereits BVerfGE 11, 30, 44 f. Abweichend zudem für „an sich unerwünschte Tätigkeiten": BVerfGE 102, 197, 214 f. Jüngst übt sich das Bundesverfassungsgericht in Zurückhaltung, ohne die Theorie aber explizit abzulehnen (vgl. nur BVerfG, NVwZ 2017, 1111, 1116 ff.; anders aber BVerfG, BeckRS 2017, 131423

oder bereits die Berufswahl betroffen ist. War dies bislang, soweit ersichtlich, auf Einzeleingriffe bezogen, nimmt die Judikatur zunehmend auch Belastungsmehrheiten in den Blick: In bestimmten Konstellationen könnten etwa die Einschränkungen des Spielhallenbetreibers in ihrer Gesamtwirkung derart schwerwiegend sein, dass für die Wahl dieses Berufes kein hinreichender Tätigkeitsbereich mehr bestehe. „Die Spielhallenbetreiber könnten dabei möglicherweise nicht nur in Einzelfällen zu einer Berufsaufgabe gezwungen werden, so dass die Einschränkungen der Berufsausübungsfreiheit einem Eingriff in die Berufswahlfreiheit nahe kommen könnten."[1180] So sei das Abstandsgebot zwar – für sich genommen – als Berufsausübungsregelung zu qualifizieren, die jedoch aufgrund ihrer „Kumulation" mit dem Verbundverbot, sowie bauplanungsrechtlichen Vorgaben den Betrieb von Spielhallen im Ergebnis kontingentierten. „Daher kann dem Abstandsgebot [...] das Gewicht einer objektiven Berufswahlschranke beigemessen werden."[1181]

Dazu, wie sich die Steigerung der Belastungsintensität vollzieht, gibt die Judikatur kein einheitliches Bild ab. Einerseits gibt es Hinweise auf eine einfache Addition der Einzeleingriffe. So hat das Bundessozialgericht von einer „Summierung" der im Hinblick auf das Eigentumsrecht relevanten Verschlechterungen im Beitragsrecht für Rentner gesprochen.[1182] Zurückhaltender positioniert sich der Bundesgerichtshof, der auf die Wirkungen im Einzelfall abstellt: Zwar fand nebst zahlreicher Überwachungsmaßnahmen eine Videoüberwachung des Hauseingangs statt, dieser komme aber „keine die Eingriffsintensität steigernde Wirkung zu". Sie habe, so heißt es weiter, im Gegenteil vorrangig dazu gedient, den in der Wohnung verkehrenden Personenkreis zu überprüfen. „Dadurch wurde überhaupt erst eine Prognoseentscheidung im Hinblick auf mögliche Kernbereichsverletzungen ermöglicht, und es konnte so [...] die Intensität der – wesentlich

---

Rn. 20). *Ruschemeier*, Der additive Grundrechtseingriff, 2019, S. 69 f. sieht eine Abkehr von der Drei-Stufen-Lehre jedenfalls bei Gesamtbelastungen. Ausführlich zur Kritik an der Stufentheorie: *Dietlein*, in: Stern, Das Staatsrecht der Bundesrepublik Deutschland, Band IV/1, 2006, § 111 S. 1898 ff. m.w.N. Vgl. auch *Heu*, Kulminierende Grundrechtseingriffe, 2018, S. 112 ff.; *Waldhoff*, GewArch 2018, 133, 134 m.w.N.

1180 StGH Baden-Württemberg, Urt. v. 17.06.2014 – 1 VB 15/13 –, juris Rn. 324. Ähnlich BVerfG, NVwZ 2017, 1111, 1120 aber ohne Bezug zur Drei-Stufen-Lehre.

1181 StGH Baden-Württemberg, Urt. v. 17.06.2014 – 1 VB 15/13 –, juris Rn. 370.

1182 BSG, NZS 2010, 30, 32.

grundrechtsrelevanteren – Abhörmaßnahme verringert werden."[1183] In eine ähnliche Richtung geht die Argumentation des Oberverwaltungsgerichts für das Land Nordrhein-Westfalen: Auch wenn die gewerberechtlichen Beschränkungen für den Betrieb von Spielhallen und die Erhebung einer Vergnügungsteuer in ihrem Verbund einen additiven Grundrechtseingriff darstellten, läge keine rechtswidrige, unverhältnismäßige Belastung vor. Die Regelungen „verstärken sich nämlich nicht."[1184]

c) Stellungnahme

Da der additive Grundrechtseingriff mehrere belastende Maßnahmen in sich „aufnimmt", liegt es nahe, ihm ein im Vergleich zu seinen einzelnen Teilen größeres Gewicht beizumessen; nicht umsonst wird insoweit von einer grundrechtlichen „Verstärkungswirkung"[1185] gesprochen. Damit ist freilich noch nichts über das Maß dessen und damit der Eingriffsschwere insgesamt gesagt. Dessen ungeachtet sind gegenläufige Effekte denkbar. Zumindest insofern ist der Einwand, dass eine höhere Anzahl von Maßnahmen nicht automatisch auch zu einer erhöhten Eingriffsintensität führe, berechtigt.

Im Einzelnen gilt Folgendes: Grundsätzlich ist von einer Verstärkungswirkung im Sinne einer linearen Steigerung des Grundrechtsschutzes auszugehen (*Additiv*effekt). Der additive Grundrechtseingriff verkörpert danach – exakt – das Gewicht sämtlicher belastender Maßnahmen, aus denen er sich „zusammensetzt".[1186] Abgesehen von der Verwirklichung des Tatbestands bedarf es hierfür keiner näheren Begründung. Indes kann sich im Einzelfall – eine nähere Begründung vorausgesetzt – etwas anderes ergeben. Bekanntlich kann das Ganze mehr sein als die Summe seiner Teile; das gilt auch im vorliegenden Kontext. Die Rede ist von *Synergie*effekten, die sich besonders deutlich im Immissionsschutzrecht manifestieren. Derartige, über die Summe der Einzeleffekte hinausgehende, Effekte treten beispielsweise infolge physikalischer, chemischer und/oder biologischer Interaktion der beteiligten Stoffe auf. Daher lässt sich, wie *Würsig* zutref-

---

1183 BGH, NJW 2009, 3448, 3458.

1184 OVG NRW, Beschluss v. 26.11.2013 – 14 A 2401/13 –, juris Rn. 22. Ähnlich FG Bremen, Urt. v. 20.2.2014 – 2 K 84/13 (1) –, juris Rn. 130.

1185 So *Bernsdorff*, SGb 2011, 121, 123.

1186 Ebd. Anders verhält es sich bei der Grundrechtskombination, s. bereits Zweiter Teil III. 1. b) bb).

fend ausführt, die hieraus resultierende Gesamtbelastung nicht (allein) durch rechnerische Addition bestimmen. In Betracht kommen zunächst exponentielle oder sonstige Rechenmodelle[1187]; insoweit ist vor allem die Naturwissenschaft, namentlich die Lärmwirkungsforschung gefragt. Im Übrigen lässt sich der „überschießende" Teil nur über Wertungen abbilden. Letzteres gilt abseits des Zusammenwirkens verschiedener Immissionsarten auch für den Bereich des Rechts zum Schutz der Privatsphäre. Mit Recht wird insofern von einem „Umschlagen" der Quantität in eine neue Qualität gesprochen, die allein die hier untersuchte Rechtsfigur aufzunehmen in der Lage ist.

Schließlich kann das Ganze auch weniger als die Summe der Teile sein. Auch Maßnahmen, die den Betroffenen für sich genommen jeweils belasten, können sich gegenseitig relativieren, unter Umständen gar neutralisieren (*Antagonie*effekt). Derartige Wirkungsmechanismen spielen wiederum bei der Beurteilung summativer Lärmbelastungen eine Rolle, da – ausgehend von der menschlichen Wahrnehmung – einzelne Immissionsbeiträge unter Umständen durch eine dominierende Geräuschkulisse überlagert und in den Hintergrund gedrängt werden können.[1188] Freilich ist die Problematik nicht hierauf beschränkt. Dies zeigt bereits ein Blick in die Rechtsprechung. Zwar gelingt es ihr nicht immer, sauber zwischen Tatbestand und Rechtsfolge zu trennen, in der Sache aber entbehren die Ausführungen nicht einer gewissen Plausibilität. In der Tat hat eine Ausdünnung des Spielhallenbestands für die verbleibenden Betreiber auch positive Seiten. Anders stellt es sich dar, sofern gerade diese einen weiteren Standort in dem betreffenden – etwa von einer Abstandsregelung erfassten – Gebiet planen. Zurückhaltung ist demgegenüber angezeigt was den Schutz der Privatsphäre anbelangt. Die Videoüberwachung eines Hauseingangs erleichtert zwar eine Prognoseentscheidung wegen möglicher Kernbereichsverletzungen durch weitreichendere, die Wohnung betreffende, Abhörmaßnahmen. Um deren (dadurch verringerte) potenzielle Reichweite geht es hier aber nicht. Maßgeblich ist allein das tatsächliche Ausmaß der Überwachung, das durch die Beobachtung des Eingangs nicht ab-, sondern zunimmt.

1187 *Würsig*, Die Steuerung von Summenbelastungen im öffentlichen Immissionsschutzrecht, 2009, S. 21.

1188 Ebd.

2. Kompensation durch Begünstigungen

Treffen belastende und begünstigende Maßnahmen zusammen, stellt sich die Frage ihrer Saldierbarkeit. Hierzu werden in Rechtsprechung und Schrifttum verschiedene Ansätze vertreten.

a) Schrifttum

Der Kompensationsgedanke[1189] hat auch abseits der Gleichheitsrechte[1190], konkret im – freiheitsgrundrechtlichen – Kontext additiver Grundrechtseingriffe[1191], viele Anhänger. Nicht selten findet sich der Versuch, seine Voraussetzungen und Grenzen insoweit parallel zu bestimmen. *Michael* etwa knüpft an *Hey* an[1192], die bei Art. 3 Abs. 1 GG davon ausgeht, dass die Vor- und Nachteile, die dieselben Personen und Sachverhalte betreffen, gleichartig sein und in einem rechtssystematischen Zusammenhang stehen müssten.[1193] Soweit sodann Belastungen durch Begünstigungen ausgegli-

---

1189 Zu dieser Rechtsfigur allgemein: *E. Klein*, DVBl 1981, 661 ff. (auch zur Kompetenzkompensation); *Voßkuhle*, Das Kompensationsprinzip, 1999. *Hey*, AöR 128 (2003), 226, 230 versteht den Begriff der Kompensation als Oberbegriff, der ganz allgemein für Ausgleich stehe. Saldierung beschreibe hingegen den mathematischen Vorgang der Verrechnung von – kommensurablen und quantifizierbaren – Vor- und Nachteilen. Dem folgend *Kromrey*, Belastungskumulation – Ein Beitrag zur Erweiterung des grundrechtlichen Eingriffsbegriffs, 2018, S. 163.

1190 *Bleckmann*, Die Struktur des allgemeinen Gleichheitssatzes, 1995, S. 63 f.; *Haller*, Die Verrechnung von Vor- und Nachteilen im Rahmen von Art. 3 Abs. 1 GG, 2007; *Hey*, AöR 128 (2003), 226 ff.; *Voßkuhle*, Das Kompensationsprinzip, 1999, S. 22 ff.

1191 S. abgesehen von den folgenden Nachweisen *Hillgruber*, in: Isensee/P. Kirchhof (Hrsg.), Handbuch des Staatsrechts der Bundesrepublik Deutschland, Bd. IX, 3. Aufl. 2011, § 200 Rn. 101; *Kloepfer*, Umweltrecht, 4. Aufl. 2016, § 5 Rn. 794; *Michael*, in: Eifert/Hoffmann-Riem (Hrsg.), Innovationsverantwortung, 2009, S. 357, 359 f.; wohl auch *Bernsdorff*, SGb 2011, 121, 123; *G. Kirchhof*, NJW 2006, 732, 733; *Lee*, Umweltrechtlicher Instrumentenmix und kumulative Grundrechtseinwirkungen, 2013, S. 141 f., 150 u. 153; *Lücke*, DVBl 2001, 1469, 1478; *Smeddinck*, Integrierte Gesetzesproduktion, 2006, S. 123 f.; offen gelassen bei *Hoffmann-Riem*, DVBl 1994, 1381, 1386.

1192 *Michael*, in: Hoffmann-Riem/Schmidt-Aßmann/Voßkuhle (Hrsg.), Grundlagen des Verwaltungsrechts, Bd. II, 2. Aufl. 2012, § 41 Rn. 121.

1193 *Hey*, AöR 128 (2003), 226, 242 ff. Ähnliche Voraussetzungen bei *Haller*, Die Verrechnung von Vor- und Nachteilen im Rahmen von Art. 3 Abs. 1 GG, 2007, S. 319 ff. Die – allgemeinen – Voraussetzungen einer Kompensation

chen würden, entschärften sich, so *Michael*, die verfassungsrechtlichen Maßstäbe durch eine Gesamtbetrachtung, wobei auch Einschätzungsprärogativen des Gesetzgebers und der Verwaltung zu berücksichtigen seien[1194]. Auch *Jesse* sieht Parallelen zu den Gleichheitsrechten. Freiheitseinbußen und staatliche Geldleistungen ließen sich zwar nicht saldieren, eine finanzielle Kompensation reduziere aber die Schwere des Eingriffs, was im Rahmen der Verhältnismäßigkeit zu berücksichtigen sei.[1195] Ob eine bestimmte Belastung durch eine bestimmte Vergünstigung aber tatsächlich gemindert werde, hänge dabei von bestimmten Voraussetzungen ab, zu denen – in Anlehnung an *Hey* – mindestens die Personenidentität des Adressaten und die Gleichwertigkeit des Vorteils gehörten. Insbesondere müsse bei mehreren gleichzeitig wirkenden Belastungen auch zugeordnet werden, welche davon durch eine Vergünstigung gemindert werde, damit diese nicht bei der Prüfung mehrerer Belastungen berücksichtigt werde.[1196] Auch *Kromrey* formuliert entsprechende Anforderungen: Vonnöten sei das Vorliegen eines inneren Zusammenhangs zwischen freiheitsrechtli-

---

zieht *Voßkuhle*, Das Kompensationsprinzip, 1999, S. 49 f., nicht zuletzt um die Kompensation von einer wertenden Vorrangentscheidung im Rahmen der Abwägung abzugrenzen, deutlich enger.

1194 *Michael*, in: Hoffmann-Riem/Schmidt-Aßmann/Voßkuhle (Hrsg.), Grundlagen des Verwaltungsrechts, Bd. II, 2. Aufl. 2012, § 41 Rn. 126.

1195 *Jesse*, Instrumentenverbund als Rechtsproblem am Beispiel effizienter Energienutzung, 2014, S. 176. *Bronkars*, Kumulative Eigentumseingriffe, 2007, S. 102 schlägt – mit Rücksicht auf die vom Grundgesetz vorgesehene Schrankensystematik – ebenfalls die Verhältnismäßigkeit als Prüfungsstandort vor. Näher: *Kromrey*, Belastungskumulation – Ein Beitrag zur Erweiterung des grundrechtlichen Eingriffsbegriffs, 2018, S. 168 ff., die drei Spielarten dieses Ansatzes erkennt. *Lee*, Umweltrechtlicher Instrumentenmix und kumulative Grundrechtseinwirkungen, 2013, S. 142 spricht – daneben – zumindest die Möglichkeit an, die Problematik im Rahmen des Eingriffs zu verorten. Dagegen *Ruschemeier*, Der additive Grundrechtseingriff, 2019, S. 118 f. („Die Freiheitsbeeinträchtigung wird nicht ungeschehen, sondern kann höchstens aufgewogen werden."). Letztlich überwiegt bei ihr aber auch auf Rechtfertigungsebene – sie thematisiert die Kompensation nur bei Art. 19 Abs. 2 GG (ebd., S. 216 ff.) – die Skepsis. Bei Art. 3 Abs. 1 GG könne die Kompensation hingegen schon den Tatbestand der Ungleichbehandlung entfallen lassen (vgl. *Bronkars*, Kumulative Eigentumseingriffe, 2007, S. 101 f.; *Hey*, AöR 128 (2003), 226, 236 ff.; *Ruschemeier*, Der additive Grundrechtseingriff, 2019, S. 217). *Haller*, Die Verrechnung von Vor- und Nachteilen im Rahmen von Art. 3 Abs. 1 GG, 2007, S. 91 ff. spricht sich insoweit gegen eine Berücksichtigung der Kompensation im Rahmen der Verhältnismäßigkeitsprüfung aus.

1196 *Jesse*, Instrumentenverbund als Rechtsproblem am Beispiel effizienter Energienutzung, 2014, S. 178.

cher Belastung und Ausgleichsleistung, wobei sie sich stark an den Voraussetzungen der von ihr als solches bezeichneten „Belastungskumulation“ orientiert, sowie Äquivalenz zwischen beiden Maßnahmen. Das Einverständnis des Grundrechtsbetroffenen sei hingegen nicht erforderlich.[1197]

Oftmals rückt die Eigentumsgarantie (Art. 14 GG) in den Fokus. Konkret geht es darum, ob und inwieweit Nutzungsbeschränkungen des Eigentums begleitende Subventionen in die Gesamtschau einzubeziehen sind. *Sellmann* spricht sich im Anschluss an *Ehlers*[1198] dafür aus, hält aber nicht jede Subvention für geeignet, eine Ausgleichspflicht nach Art. 14 Abs. 1 S. 2 GG auszuschließen. Wirksames Abgrenzungskriterium sei das Prinzip der Lastengleichheit. Berücksichtigungsfähig seien daher nur diejenigen Subventionen, die dem betroffenen Eigentümer im Unterschied zu anderen Eigentümern zugesprochen werden und die ihn darüber hinaus bevorteilen.[1199] *Bronkars* widmet sich ebenfalls kumulativen Beschränkungen des Eigentums unter Berücksichtigung staatlich gewährter Begünstigungen. Sie betont, dass die Enteignungsentschädigung gem. Art. 14 Abs. 3 S. 2 GG auf dem Gedanken der Kompensation einer ohne den Ausgleich unverhältnismäßigen Sonderlast fuße.[1200] Grundsätzlich aber teilt sie die Kritik von *Klein*[1201] was die Übertragbarkeit des Gedankens vom Bereich der Gleichheits- auf den der Freiheitsrechte angeht, denn letztere entzögen sich quantitativen Vorstellungen.[1202] Dennoch gebe es bei der Verhältnismäßigkeitsprüfung Möglichkeiten, staatlich gewährte Begünstigungen einzubeziehen. Kompensierende Faktoren könnten in die Abwägung hineinspielen und diese zugunsten der Verhältnismäßigkeit des „kumulati-

---

1197 *Kromrey*, Belastungskumulation – Ein Beitrag zur Erweiterung des grundrechtlichen Eingriffsbegriffs, 2018, S. 170 ff. Auch *Heu*, Kulminierende Grundrechtseingriffe, 2018, S. 282 plädiert für ein paralleles Verständnis. So sei – wie bei der Belastungskumulation – danach zu fragen, „ob etwaige Entlastungen den selben Grundrechtsträger im selben Grundrecht zu Entlastungszwecken bzw. in der selben Normwirklichkeit betreffen, wobei den genannten Kriterien ebenfalls nur indizielle Bedeutung zukommt.“.

1198 *Ehlers*, VVDStRL 51 (1992), 211, 232.

1199 *Sellmann*, in: Hogenmüller u.a. (Hrsg.), Landwirtschaft im Spektrum der Umweltwissenschaften, 2002, S. 149, 159 f. Dem folgend *Smeddinck*, Integrierte Gesetzesproduktion, 2006, S. 124.

1200 *Bronkars*, Kumulative Eigentumseingriffe, 2007, S. 98. Ähnlich *Ruschemeier*, Der additive Grundrechtseingriff, 2019, S. 117.

1201 S. *E. Klein*, DVBl 1981, 661, 663. Seines Erachtens kann Freiheit allenfalls grundrechtsintern und mit Blick auf das jeweilige Individuum kompensiert werden (ebd., S. 666 f.).

1202 *Bronkars*, Kumulative Eigentumseingriffe, 2007, S. 100.

ven Grundrechtseingriffs" beeinflussen.[1203] Dafür stellt sie gewisse Voraussetzungen auf: Zunächst müssten die kompensierenden Maßnahmen – wie auch die belastenden – denselben grundrechtlich geschützten Lebensbereich betreffen.[1204] Des Weiteren sei vonnöten, dass sie dem Betroffenen individualisierbar zufließen und nicht bloß an die Allgemeinheit gerichtet sind.[1205]

b) Rechtsprechung

Zahlreiche Belege finden sich auch in der Rechtsprechung. Dabei ging es zunächst um die Kompensation einer Belastung durch eine Entlastung. Hierhin gehören neben Art. 14 Abs. 3 GG die Fälle ausgleichspflichtiger Inhalts- und Schrankenbestimmungen[1206]. Ferner entschied das Bundesverfassungsgericht über das Zusammenwirken von Kindergeld- (Begünstigung) und Einkommensteuerrecht (Belastung).[1207] Den Bezug zu Belastungsmehrheiten stellte spätestens der Einheitswerte-Beschluss her. Hier heißt es: „Die Vermögensteuer darf deshalb zu den übrigen Steuern auf den Ertrag nur hinzutreten, soweit die steuerliche Gesamtbelastung des Sollertrages bei typisierender Betrachtung von Einnahmen, *abziehbaren Aufwendungen und sonstigen Entlastungen* in der Nähe einer hälftigen Teilung zwischen privater und öffentlicher Hand verbleibt [...]."[1208] In jüngerer Zeit äußerte sich, soweit ersichtlich, nur das Bundessozialgericht hier-

---

1203 Ebd., S. 102.

1204 Ebd., S. 103.

1205 Ebd. Vorteile, die bei der Verwendung des Steueraufkommens nahezu jedem Steuerpflichtigen zugutekommen (wie z.B. Infrastrukturleistungen), „rechtfertigen vielmehr lediglich den Steuerstaat als solchen und überhaupt dessen Teilhabe am Ergebnis der erwerbswirtschaftlichen Betätigung der Steuerpflichtigen in Gestalt einer Steuer." (*Seer*, FR 1999, 1280, 1289). Vgl. auch *Pausenberger*, Eigentum und Steuern in der Republik, 2008, S. 396 f.

1206 S. BVerfG, NVwZ 2012, 429, 430 f.; BVerfGE 100, 226, 244 ff.; BVerfGE 58, 137, 149 f. Vgl. auch *Bronkars*, Kumulative Eigentumseingriffe, 2007, S. 98 u. 105; *Hey*, AöR 128 (2003), 226, 230.

1207 BVerfGE 82, 60. Dazu s. bereits Erster Teil IV. 2. a) und *Würsig*, Die Steuerung von Summenbelastungen im öffentlichen Immissionsschutzrecht, 2009, S. 42. Rechnet man das Kindergeld ähnlich wie das Bundesverfassungsgericht (vgl. BVerfGE 82, 60, 92 ff.) in (fiktive) Steuerfreibeträge um, lässt sich die Kürzung des Kindergelds als Kürzung des Kinderfreibetrags begreifen. Damit verstärkt sich der in der – um den festgelegten Kinderfreibetrag reduzierten – Einkommensteuerverpflichtung liegende Eingriff.

1208 BVerfGE 93, 121, 138 (Hervorhebung nur hier).

zu. Dabei ging es zunächst um das Vergütungssystem der Vertragsärzte. Dieses unterliege, so das Gericht, zwar verschiedenen Begrenzungen. Allerdings profitierten die Leistungserbringer innerhalb der vertragsärztlichen Versorgung auch von den Vorteilen des öffentlich-rechtlichen Systems des Vertragsarztrechts.[1209] Wenig später stand die Kürzung von Krankenhausvergütungen zur Debatte. Insoweit nahm das Bundessozialgericht eine „Gesamtschau von belastenden und entlastenden Maßnahmen bei Krankenhäusern, Versicherten und anderen Leistungserbringern"[1210] vor. Das Vorliegen eines additiven Grundrechtseingriffs erörtert das Gericht erst im Anschluss und, scheinbar, hiervon losgelöst.[1211] Für den geeigneten dogmatischen Anknüpfungspunkt hält es hingegen jeweils die „angemessene Relation von Eingriffszweck und Eingriffsintensität"[1212], also die im Rahmen der Angemessenheit erforderliche Abwägung.

Damit scheint zumindest der Prüfungsstandort gesichert. Anders verhält es sich hinsichtlich der Voraussetzungen der Kompensation. Implizit fordert das Bundesverfassungsgericht wohl Personenidentität. So sei zu beachten, ob die Regelung „für die Betroffenen Vorteile mit sich bringt, die die Nachteile [derselben] zumindest teilweise kompensieren."[1213] Dabei ging es um die Vorteile, die gerade aufgrund derselben – eigentlich nachteiligen – Regelung, hier die Aufhebung der Jahresarbeitsverdienstgrenze in der Rentenversicherung, eintraten.[1214] Später weitete die Rechtsprechung den Blick wie die Entscheidungen des Bundessozialgerichts belegen. Enger fiel dagegen der Beschluss zum Familienexistenzminimum aus, der auf einen rechtssystematischen Zusammenhang der einschlägigen Normen abstellt.

Was die Gleichartigkeit der Vor- und Nachteile betrifft, ergibt sich ein ähnlich differenziertes Bild. Zum Teil lag diese vor. So beschränkte das Bundesverwaltungsgericht die Betrachtung auf ein und dieselbe Immissionsart.[1215] Bei Art. 14 Abs. 3 GG sind bereits Abstriche zu machen. Da die Entschädigung aber an die Stelle des gerade durch den Eigentumseingriff entstandenen Vermögensverlustes tritt und sich in ihrer Höhe an der ent-

1209 BSG, NJOZ 2005, 2476, 2520.
1210 BSG, BeckRS 2010, 72553 Rn. 23.
1211 Vgl. ebd., Rn. 23 ff., insbes. 26.
1212 Ebd., Rn. 22.
1213 BVerfGE 29, 221, 237 mit Verweis auf BVerfGE 12, 151, 167 f.
1214 BVerfGE 29, 221, 237. Kritisch zu dieser Entscheidung: *E. Klein*, DVBl 1981, 661, 667.
1215 Vgl. BVerwG, NVwZ 2001, 1154, 1159.

zogenen Substanz orientiert[1216], erweisen sich Be- und Entlastung zumindest als kommensurabel.[1217] Zweifelhaft ist, ob das auch für das Zusammenwirken der mit der Aufhebung der Jahresarbeitsverdienstgrenze verbundenen Pflicht, Sozialversicherungsbeiträge zu entrichten, und den sonstigen Vorteilen der Einbeziehung in die Rentenversicherung gilt. Jedenfalls fehlte es insoweit an der Gleichwertigkeit von Vor- und Nachteil.

– Exkurs: Verrechnung von Vor- und Nachteilen bei den Gleichheitsgrundrechten –

Der Kompensationsgedanke bei den Gleichheitsgrundrechten ist fest in der Rechtsprechung des Bundesverfassungsgerichts verankert.[1218] Bereits frühzeitig entschied es, dass eine gesetzliche Benachteiligung hinzunehmen sei, „wenn die allgemeine Tendenz des Gesetzes auf Gleichbehandlung ausgeht und Eheleute teilweise begünstigt, teilweise benachteiligt, die gesetzliche Regelung im ganzen also ‚ehe-neutral‘ ist.“[1219] Zumindest müssten andere Vorschriften „im wirtschaftlichen Ergebnis“ die Gleichbehandlung sicherstellen.[1220] Voraussetzung hierfür sei jedoch, dass die gesetzlichen Vorteile denen zugutekommen, die zu den von der Benachteiligung konkret Betroffenen gehören.[1221] „Hingegen dürften nicht Begünstigungen von Personen als ‚Kompensation‘ herangezogen werden, die von der Benachteiligung nicht berührt sind.“[1222]

1216 *Axer*, in: Epping/Hillgruber (Hrsg.), BeckOK-Grundgesetz, 41. Edition Stand: 15.2.2019, Art. 14 Rn. 128.

1217 Vgl. auch BGH, NJW 1978, 373, 376.

1218 S. abgesehen von den folgenden Nachweisen etwa BVerfG, NZA 2016, 939, 940; BVerfG, NJW 2016, 469, 471; BVerfG, NVwZ-RR 2012, 825, 830; BVerfG, NJW 2012, 214, 215 f.; BVerfG, NJW 2011, 2867, 2869; BVerfG, NJW 2008, 1868, 1870 f.; BVerfGE 120, 1, 41 ff.; BVerfG, LKV 2003, 421; BVerfGE 105, 73, 113 ff.; BVerfGE 84, 348, 363 f.; BVerfGE 82, 126, 148; BVerfGE 79, 87, 99; BVerfGE 61, 319, 355; BVerfGE 46, 224, 239; BVerfGE 34, 118, 128 ff.; BVerfGE 23, 327, 343; BVerfGE 18, 97, 108 f. Zu Art. 3 Abs. 3 S. 2 GG jüngst: BVerfG, NJW 2019, 1201, 1205 m.w.N.

1219 BVerfGE 32, 260, 269; BVerfGE 15, 328, 333 f.; BVerfGE 12, 151, 167; BVerfGE 11, 50, 59.

1220 BVerfGE 67, 186, 196.

1221 BVerfGE 32, 260, 269.

1222 BVerfGE 15, 328, 334; BVerfGE 12, 151, 168. Später heißt es: „Die Verfassungswidrigkeit einer Vorschrift, die ihrer Struktur und tatsächlichen Wirkung nach einen bestimmten Personenkreis benachteiligt, kann nicht mit dem Hinweis

Für das Steuerrecht hat das Bundesverfassungsgericht anerkannt, dass „das Gewicht eines Steuernachteils sich nicht aus der einzelnen Norm selbst zu ergeben braucht, sondern möglicherweise erst im Zusammenhang des ganzen Gesetzes oder sogar einer Gruppe von Gesetzen richtig ermessen werden kann."[1223] Daher sei zu prüfen, ob die „Erhöhung der Gewerbesteuer […] durch korrespondierende Steuerersparnisse an anderer Stelle [oder] durch anderweitige Steuervergünstigungen ausgeglichen" werde.[1224] Insoweit komme es nicht darauf an, „dass sich in jedem Einzelfall ein Ausgleich einer nachteiligen steuerlichen Behandlung ergibt."[1225] Anderenorts heißt es: „Ein dem Art. 3 Abs. 1 GG genügender Vergleich darf sich nicht auf die Prüfung eines mit dem Lohnsteuererhebungsverfahren verbundenen Liquiditätsnachteils beschränken, sondern muss in einem Gesamtvergleich die steuererheblichen Unterschiede zwischen den Lohneinkünften und den übrigen Einkunftsarten analysieren und bewerten und dabei die typischerweise zusammentreffenden Vor- und Nachteile für die Belastung der Einkünfte aus nichtselbständiger Arbeit beachten."[1226] Gleichheitserheblich sei insoweit der durch die Gesamtregelung hergestellte Belastungserfolg. Allerdings dürften in dem geforderten Gesamtvergleich nur Bestimmungen einbezogen werden, die ihrerseits der Verfassung entsprechen.[1227]

Im Jahr 2006 hatte das Bundesverfassungsgericht schließlich darüber zu entscheiden, ob die Anwendung eines ermäßigten Einkommensteuerspitzensatzes auf gewerbliche Einkünfte als Ausgleich der gewerbesteuerrechtlichen Zusatzbelastung gerechtfertigt[1228] werden kann. Grundsätzlich dürfe, so das Gericht, der Gesetzgeber die Zusatzbelastung der Gewerbetreibenden bei der Einkommensteuer zur Erreichung einer möglichst eigentumsschonenden Besteuerung nach Maßgabe des Art. 14 GG berücksichtigen, wenn ihm eine Gesamtbelastung durch die Einkommen- und Gewer-

---

darauf widerlegt werden, dass diese Vorschrift einen anderen Kreis von Personen begünstigt." (BVerfGE 63, 119, 128).

1223 BVerfGE 13, 331, 341.

1224 Ebd., S. 342.

1225 BVerfGE 40, 109, 119.

1226 BVerfGE 96, 1, 8.

1227 Ebd., S. 9.

1228 Überwiegend verortet das Gericht die Kompensation bei der verfassungsrechtlichen Rechtfertigung (vgl. etwa BVerfGE 116, 164, 184; BVerfGE 37, 154, 166; BVerfGE 18, 97, 108 f.; BVerfGE 13, 331, 341). Entscheidungen, in denen davon die Rede ist, dass infolge des Nachteilsausgleichs (bereits) die Ungleichbehandlung entfalle (so BVerfGE 15, 328, 333 f.), bilden eher die Ausnahme.

besteuer bei Gewerbetreibenden gegenüber Nicht-Gewerbetreibenden zu hoch erscheint.[1229] Zwar bestünden erhebliche steuersystematische Unterschiede zwischen Einkommen- und Gewerbesteuer. Darauf komme es aber nicht an. Maßgeblich sei vielmehr ihre Belastungswirkung für die betroffenen Gewerbetreibenden: „Entscheidend ist, dass Einkommen- und Gewerbesteuer gleichermaßen an das ertragswirksame Betreiben eines Gewerbebetriebs anknüpfen und damit ein und derselbe wirtschaftliche Lebenssachverhalt durch zwei Steuern – doppelt – belastet wird."[1230] Im Übrigen erfordere eine vom Gesetzgeber erkennbar gewollte Kompensation steuerrechtlicher Vor- und Nachteile eine folgerichtige Ausgestaltung des Vergünstigungstatbestands im Sinne hinreichender gegenseitiger Abstimmung, wofür die allgemeinen Prüfungs- und Kontrollmaßstäbe des Art. 3 Abs. 1 GG gälten.[1231]

c) Stellungnahme

Grundsätzlich überzeugt die Idee der Grundrechtskompensation. Die Grundrechte fordern die Erfassung der tatsächlichen (Gesamt)Belastungssituation, die unter Umständen durch gegenläufige Effekte beeinflusst, ja abgemildert wird. Insofern liegt es nahe, dem Gesetzgeber wieder mehr Gestaltungsmöglichkeiten einzuräumen. Auch erkennt die Verfassung, wie Art. 14 Abs. 3 S. 2 GG zeigt, den Gedanken der Kompensation für die Freiheitsrechte prinzipiell an[1232] – und das obwohl es dabei gerade nicht um gleichartige Vor- und Nachteile geht. Freilich verbleiben Einwände. Diese sprechen aber nicht per se gegen den hier vertretenen Ansatz. Abhilfe schafft eine entsprechende Fassung des Tatbestands und der Rechtsfolgen. Damit ist bereits angesprochen, dass auch hier zwischen eben diesen beiden Ebenen zu unterscheiden ist. Während Erstere die Voraussetzungen der Grundrechtskompensation zum Gegenstand hat, entscheidet sich auf Rechtsfolgenseite, auf welcher grundrechtsdogmatischen Ebene diese zu würdigen ist.

1229 BVerfGE 116, 164, 185.
1230 Ebd., S. 186.
1231 Ebd., S. 187.
1232 Vgl. *Hey*, AöR 128 (2003), 226, 230 m.w.N.

aa) (Tatbestands-)Voraussetzungen

Weithin etabliert hat sich der Gedanke der Kompensation bei den Gleichheitsrechten. Insoweit ist der Versuch nachvollziehbar, sich für den Bereich der Freiheitsrechte daran anzulehnen. Dabei ist aber Vorsicht geboten. Denn Freiheits- und Gleichheitsrechte unterscheiden sich strukturell. Zudem erregen einzelne der bei Art. 3 Abs. 1 GG vertretenen Kriterien auch in der Sache Widerspruch. Dies gilt vor allem für das – angebliche – Erfordernis der Gleichartigkeit von Vor- und Nachteil. Zur Begründung wird darauf verwiesen, dass sich ihre Gleichwertigkeit anderenfalls kaum feststellen lasse.[1233] Darauf kommt es allerdings gar nicht an. Und selbst für den Fall, dass ein gemeinsames Maß[1234] nicht ersichtlich ist, kann auf Wertungen zurückgegriffen werden, die vom Einzelfall abhängen.

Überzeugender erscheint es, an die Ergebnisse dieser Untersuchung zum Tatbestand additiver Grundrechtseingriffe anzuknüpfen. Denn Belastungen und Begünstigungen sind, stellt man eine Art „Gesamtfreiheitsbilanz" auf, lediglich zwei Seiten derselben Medaille.[1235] Grundsätzlich lassen sich also auch derartige Maßnahmen nur dann in ihrem „Verbund" würdigen, sofern sie denselben Adressaten treffen, zeitgleich wirken, in das gleiche Grundrecht eingreifen und – etwa wegen eines gemeinsamen Zwecks[1236] bzw. Gegenstands – auch eine innere Verknüpfung aufweisen. Keiner weiteren Erläuterung bedarf das Merkmal der Adressatenidentität, das in besonderem Maße zur Begrenzung des Tatbestands beiträgt. Einen großen Stellenwert hat zudem das Kriterium der Konnexität. Nicht ausreichend ist es insoweit, bloß auf denselben grundrechtlich geschützten Lebensbereich

1233 Ebd., S. 245. Vgl. auch *Jesse*, Instrumentenverbund als Rechtsproblem am Beispiel effizienter Energienutzung, 2014, S. 178.

1234 Auch insoweit verfängt der Vorschlag von *Reimer*, Qualitätssicherung, 2010, S. 276, erforderlichenfalls nicht-finanzielle Belastungen in finanzielle zu „übersetzen".

1235 *G. Kirchhof*, Grundrechte und Wirklichkeit, 2007, S. 28 erkennt ebenso die Vergleichbarkeit beider Fragen. Vgl. auch *Kromrey*, Belastungskumulation – Ein Beitrag zur Erweiterung des grundrechtlichen Eingriffsbegriffs, 2018, S. 164.

1236 In diese Richtung wohl *Jesse*, Instrumentenverbund als Rechtsproblem am Beispiel effizienter Energienutzung, 2014, S. 179. Eine zweckgerichtete Kompensation ist indes – entgegen der wohl h.M. – nicht zwingend erforderlich (anders *Kromrey*, Belastungskumulation – Ein Beitrag zur Erweiterung des grundrechtlichen Eingriffsbegriffs, 2018, S. 174 m.w.N.).

abzustellen.[1237] Über das Ziel hinaus schießt demgegenüber die Forderung nach einem rechtssystematischen, funktionellen Zusammenhang zwischen dem Vorteil einerseits und dem Nachteil andererseits.

Ohne Bedeutung für den Tatbestand ist wie gesagt die Gleichartigkeit von Be- und Entlastung. Auch ist ohne Belang, ob die zu saldierenden Maßnahmen unterschiedlichen Gesetzen entstammen. Mit Recht stellt *Hey* heraus, dass der Kompensationsgedanke den materiellen Belastungserfolg statt der formalen Gesetzestechnik in den Vordergrund stellt.[1238] Zu berücksichtigen sind zudem sämtliche Begünstigungen, ohne Rücksicht darauf, ob sie dem Betroffenen im Unterschied zu anderen zufließen. Das gilt auch bei Art. 14 GG. Wird dadurch wesentlich Gleiches ungleich behandelt, bedarf es dafür freilich einer verfassungsrechtlichen Rechtfertigung.

bb) Lösungsansatz

Die Kompensation reduziert zwar die Schwere des Eingriffs, vermag es aber nicht, ihn ungeschehen zu machen.[1239] Es ist daran zu erinnern, dass der Einzelne seine Freiheit zunächst selbst definiert. Zieht der Staat diese Macht an sich, sind es gerade die Schranken, die ihn disziplinieren. Dem entzöge man sich, sofern Freiheitseinbußen von vornherein als kompensiert gelten würden.[1240] Daher scheidet die Eingriffsebene – selbst für den Fall, dass sich Vor- und Nachteil als gleichwertig erweisen – als dogmatischer Anknüpfungspunkt der Grundrechtskompensation aus. Zum Tragen kommt die verringerte Eingriffsintensität vielmehr im Zuge der verfassungsrechtlichen Rechtfertigung. Gemeint ist zunächst der Grundsatz der Verhältnismäßigkeit. Es trifft zu, dass der kompensierende Faktor in die Abwägung hineinspielen und diese zugunsten der Verhältnismäßigkeit des additiven Grundrechtseingriffs beeinflussen kann. Von Relevanz ist zudem das Teilelement der Erforderlichkeit, worauf unten zurückzukommen ist.[1241] Dasselbe gilt für die Wesensgehaltsgarantie (Art. 19 Abs. 2 GG).

1237 Anders wegen des abweichenden Tatbestands der „Belastungskumulation" *Kromrey*, Belastungskumulation – Ein Beitrag zur Erweiterung des grundrechtlichen Eingriffsbegriffs, 2018, S. 173.

1238 *Hey*, AöR 128 (2003), 226, 230 u. 244.

1239 Ebd., S. 230 u. 238. Dem folgend *Bronkars*, Kumulative Eigentumseingriffe, 2007, S. 102.

1240 *E. Klein*, DVBl 1981, 661, 667.

1241 S. Dritter Teil III. 1. c) aa) (2) (c).

Denn von der Eingriffsschwere, für die die Kompensation mitbestimmend ist, hängt ab, ob die „Substanz" des einschlägigen Grundrechts noch gewahrt bleibt.[1242]

II. Ansätze in Literatur und Rechtsprechung

Schrifttum und Judikatur halten verschiedene Vorschläge zur Verarbeitung additiver Grundrechtseingriffe bereit. Den zentralen Anknüpfungspunkt dabei bildet die abwehrrechtliche Dimension der Grundrechte, die folglich auch hier im Mittelpunkt stehen wird. Zudem ist – abgesehen von verfahrensrechtlichen Ansätzen – auf Versuche einzugehen, ein objektivrechtliches Grundrechtsverständnis zur Lösung der Problematik heranzuziehen.

1. Abwehrrechtliche Grundrechtsdimension

Die Lösungsansätze lassen sich danach unterscheiden, in welchem Bereich des klassischen grundrechtlichen Prüfungsschemas – bestehend aus Schutzbereich, Eingriff und verfassungsrechtlicher Rechtfertigung – Anpassungen für erforderlich gehalten werden.[1243] Insoweit treten freilich Überschneidungen auf; nicht wenige sehen auf jeder der Ebenen Nachsteuerungsbedarf.

a) Grundrechtlicher Schutzbereich

Als Schutzbereich bezeichnet die Grundrechtsdogmatik das Anwendungsfeld von Freiheitsgrundrechten.[1244] Dabei weist er ein spezifisches Bürgerverhalten einem bestimmten Grundrecht zu. Ist ein grundrechtlicher

---

1242 Vgl. auch *Ruschemeier*, Der additive Grundrechtseingriff, 2019, S. 217.

1243 In Anlehnung an *Lee*, Umweltrechtlicher Instrumentenmix und kumulative Grundrechtseinwirkungen, 2013, S. 118 ff., die aber nicht zwischen den Grundrechtsdimensionen unterscheidet und im Folgenden auch nicht so stark ausdifferenziert. Mit abweichender – bloß aufzählender – Gliederung *Heu*, Kulminierende Grundrechtseingriffe, 2018, S. 225 ff.

1244 *Hillgruber*, in: Isensee/P. Kirchhof (Hrsg.), Handbuch des Staatsrechts der Bundesrepublik Deutschland, Bd. IX, 3. Aufl. 2011, § 200 Rn. 1. Streit besteht darüber, ob die Schutzbereiche tendenziell weit oder eher eng auszulegen sind

Schutzbereich eröffnet, ermöglicht dies den Zugang zu den nachfolgenden Stationen der Grundrechtsprüfung[1245] und wirft dabei die Frage auf, ob ein etwaiger staatlicher Eingriff gerechtfertigt werden kann.

aa) Schrifttum

Zunächst zum Schrifttum: *G. Kirchhof* greift die Idee einer Trennung zwischen Sach- und Lebensbereich und grundrechtlichem Gewährleistungsgehalt[1246] auf[1247], entwickelt aber einen eigenständigen Ansatz, um „kumulative Belastungen" eines Grundrechtsträgers realitätsgerecht zu erfassen[1248]. Er schlägt vor, „Normwirklichkeit" und „Norminhalt" der Grundrechte zu trennen: In einem ersten Schritt sei – unter Berücksichtigung anderer wissenschaftlicher Disziplinen[1249] – die „Normwirklichkeit" eines Grundrechts zu analysieren, der Teil der Realität zu entfalten, der von dem Grundrecht vorgefunden und aufgenommen werde, auf den sich das Grundrecht beziehe, der aber über den zu lösenden Fall hinausgreife.[1250] Auf Grundlage, aber in Abgrenzung dazu sei der „Norminhalt", der Schutzbereich des Grundrechts, zu entfalten.[1251] Verschiedene staatliche Maßnahmen seien bei der Analyse der „Normwirklichkeit" zu erfassen, soweit sie grundrechtserheblich kumulieren, also insbesondere – schutzbereichsübergreifend – in der gleichen „Normwirklichkeit" wirken.[1252] Anschließend seien die (eingreifende) staatliche Maßnahme und der „Norminhalt"[1253] zu erörtern. Letztlich müsse der Frage nachgegangen werden,

---

(dazu insgesamt: *Meister*, Das System des Freiheitsschutzes im Grundgesetz, 2011, S. 58 ff. m.w.N.).

1245 Vgl. *Volkmann*, JZ 2005, 261, 265.

1246 Vgl. nur *Böckenförde*, Der Staat 42 (2003), 165, 174, der damit für ein enges Schutzbereichsverständnis plädiert. Diese Idee hilft – für sich genommen – bei der Erfassung additiver Grundrechtseingriffe nicht weiter. Zutreffend führt *Heu*, Kulminierende Grundrechtseingriffe, 2018, S. 229 wie folgt aus: „In Abhängigkeit von der Weite des Schutzbereiches [...] träten Belastungskumulationen bestenfalls seltener auf.".

1247 *G. Kirchhof*, Grundrechte und Wirklichkeit, 2007, S. 14 f.

1248 Ebd., S. 27 ff.; *ders.*, NJW 2006, 732, 734 f.

1249 *G. Kirchhof*, Grundrechte und Wirklichkeit, 2007, S. 11 ff. u. 16.

1250 Ebd., S. 9 f.

1251 Ebd., S. 11.

1252 *G. Kirchhof*, NJW 2006, 732, 735.

1253 *G. Kirchhof*, Grundrechte und Wirklichkeit, 2007, S. 37 u. 39 ff. hält es angesichts der verschiedenen Funktionen der Grundrechte, der freiheitssichernden

ob die Kumulation das Maß des Zumutbaren überschreitet.[1254] Damit rückt die Verhältnismäßigkeitsprüfung in den Fokus, die (ebenfalls) auf eine Analyse der Wirklichkeit baue[1255].

Jüngst hat *Winkler* vorgeschlagen, die Frage, welche Grenzen das Grundgesetz „Belastungskumulationen" zieht, auf der Ebene grundrechtlicher Schutzgüter zu bewältigen. Die Beschreibung eines „Freiheitsraumes", welcher jenseits seiner drei räumlichen Dimensionen über eine vierte zeitliche Dimension verfüge, biete die notwendige Grundlage und eine Richtungsweisung für die weitere Prüfung.[1256] Anstelle eines punktuellen Verständnisses müsse der Versuch unternommen werden, ein Freiheitsniveau fassbar zu machen. Der Umfang der „Freiheitsräume" könne dabei nur fallspezifisch erarbeitet werden: Die Gesamtbetrachtung müsse jeweils ein grundrechtliches Schutzgut zum Gegenstand haben. Unbeachtlich sei, ob sich dieses aus verschiedenen Grundrechten speise.[1257] Ein solcher, wohl außerhalb der Prüfungsebene der verfassungsrechtlichen Rechtfertigung zu strukturierender „Freiheitsraum" erleichtere sodann die Bewältigung der Angemessenheitsprüfung. Dort biete sich neuer Raum für die Betonung eines flexiblen (nämlich mit Blick auf den Einzelfall zu bestimmenden) Wesensgehaltes, der einerseits die in Anspruch genommenen Schutzebenen, andererseits die Zeitebene nach dem verbleibendem Schutzgehalt – statt des grundrechtlichen Schutzverlustes – untersuche und am Maßstab der betroffenen Gemeinwohlbelange messe.[1258]

Beide Ansätze haben Widerspruch erfahren. So würden ungeachtet der Wichtigkeit der Analyse des Realbereichs die genauen Auswirkungen einer vorangestellten Prüfung der „Normwirklichkeit" auf die Grundrechtsprüfung nicht recht deutlich.[1259] Auch werde durch die neugefassten Kategorien kaum eine schärfere Konturierung des grundrechtlich verbürgten Ver-

---

Rolle des modernen Rechtsstaates für angezeigt, nicht mehr allein den grundrechtlichen „Schutzbereich" und den „Eingriff" in ein Grundrecht zu erörtern. Zur Prüfungsreihenfolge: ebd., S. 61.

1254 Ebd., S. 28.

1255 Ebd., S. 17 ff.

1256 *Winkler*, JA 2014, 881, 884 f.

1257 Ebd., S. 885.

1258 Vgl. ebd., S. 886.

1259 *Jesse*, Instrumentenverbund als Rechtsproblem am Beispiel effizienter Energienutzung, 2014, S. 168 Fn. 285. Dem folgend *Heu*, Kulminierende Grundrechtseingriffe, 2018, S. 231. Offen hingegen bei *I. Augsberg/S. Augsberg*, AöR 132 (2007), 539, 568 f.; *Breckwoldt*, Grundrechtskombinationen, 2015, S. 136. *Ruschemeier*, Der additive Grundrechtseingriff, 2019, S. 79 zufolge bietet die Schutzbereichsebene für eine Gesamtbetrachtung keine Anhaltspunkte, da

haltens erreicht; vielmehr bedinge die Auflösung der bisher bewährten Schutzbereiche der einzelnen Grundrechte größere Rechtsunsicherheit.[1260]

bb) Rechtsprechung

Was die Rechtsprechung anbelangt, bleibt die Schutzbereichsebene außen vor. Zwar unterfällt nach verbreiteter Ansicht der Schutz des Vermögens nur Art. 14 GG, soweit eine bestimmte Belastungsschwelle, etwa infolge einer Anhäufung von Steuerlasten, überschritten wird.[1261] Allerdings handelt es sich hierbei nicht um eine der Erfassung von Summationseffekten eigene Problematik.[1262] Vielmehr tritt sie auch bei (Einzel-)Maßnahmen auf, die für sich betrachtet diese Schwelle nicht übertreffen.

b) Grundrechtseingriff

Die Grundrechte entfalten ihren abwehrrechtlichen Schutz erst dann, wenn staatliches Verhalten nicht nur deren Schutzbereich tangiert, sondern auch in diesen eingreift. Erst der Eingriff löst also die rechtsstaatliche Rechtfertigungsprozedur aus.[1263]

aa) Schrifttum

Zunächst richtet sich der Blick auf das Schrifttum. Gestritten wird sowohl um das „Ob" als auch um das „Wie" einer Modifikation der Eingriffsdogmatik.

Kombinationsgrundrechte eine Kumulation von Schutzgehalten und nicht von Belastungen beträfen.

1260 *Lee*, Umweltrechtlicher Instrumentenmix und kumulative Grundrechtseinwirkungen, 2013, S. 138 (nur zu *G. Kirchhof*); *Schaks*, DÖV 2015, 817, 822. S. bereits Zweiter Teil III. 2. a) cc) (1).

1261 Vgl. nur BVerfGE 95, 267, 300.

1262 Vgl. *Würsig*, Die Steuerung von Summenbelastungen im öffentlichen Immissionsschutzrecht, 2009, S. 43.

1263 *Hillgruber*, in: Isensee/P. Kirchhof (Hrsg.), Handbuch des Staatsrechts der Bundesrepublik Deutschland, Bd. IX, 3. Aufl. 2011, § 200 Rn. 76. Zum Eingriffsbegriff s. bereits Zweiter Teil III. 1. a).

(1) Punktualität des Eingriffsbegriffs

Ganz überwiegend wird die Punktualität des Eingriffsbegriffs kritisiert[1264], es ist gar von einer sichtlich überforderten[1265], überkommenen Rechtsdogmatik[1266] die Rede. Bereits *Kloepfer* machte als Ursache für den schwierigen Umgang mit Eingriffsadditionen den Umstand aus, dass das Übermaßverbot grundsätzlich am hoheitlichen Einzeleingriff ansetze.[1267] So wies auch *Hufen* im Rahmen der Tagung der Vereinigung der Deutschen Staatsrechtslehrer im Jahre 1997 darauf hin, dass das Tagungsthema („Der Grundrechtseingriff") im Singular stehe, obgleich es womöglich durch eine Mehrzahl zu einer „Kumulation von Eingriffen" kommen könne, die im Vergleich zum „klassischen" Eingriff eine ganz andere Dimension habe im Hinblick auf das, was von dem Grundrecht schließlich noch übrig bleibe.[1268]

Terminologisch knüpfen dann auch viele an den Eingriffsbegriff an. Gesprochen wird wie gesehen zum Beispiel von additiven bzw. kumulativen Grundrechtseingriffen.[1269] Mit einer derartigen begrifflichen Bezugnahme ist es nicht selten verbunden, dass die Thematik im Kontext der Grundrechtseingriffe aufgeworfen wird.[1270] Das geschieht zwar auch bei *Epping/Lenz/Leydecker*, nicht aber ohne klarzustellen, dass es sich dabei streng ge-

---

1264 S. abgesehen von den folgenden Nachweisen *Bronkars*, Kumulative Eigentumseingriffe, 2007, S. 1 f.; *F. Hufen*, NJW 1994, 2913, 2916; *ders.*, in: Grimm (Hrsg.), Wachsende Staatsaufgaben – sinkende Steuerungsfähigkeit des Rechts, 1990, S. 273, 278 f.; *G. Kirchhof*, Beihefter zu DStR 49 2009, 135, 136; *ders.*, Die Allgemeinheit des Gesetzes, 2009, S. 348; *Kloepfer*, ZAU 1996, 200, 208; *Kreuter-Kirchhof*, NVwZ 2019, 1791; *Lee*, Umweltrechtlicher Instrumentenmix und kumulative Grundrechtseinwirkungen, 2013, S. 108 f.; *Lücke*, DVBl 2001, 1469 f.; *Rodi*, ZG 2000, 231, 237; *Sellmann*, in: Hogenmüller u.a. (Hrsg.), Landwirtschaft im Spektrum der Umweltwissenschaften, 2002, S. 149, 151; *Winkler*, JA 2014, 881 u. 883.

1265 *Hoffmann-Riem*, in: Hoffmann-Riem/Schmidt-Aßmann (Hrsg.), Innovation und Flexibilität des Verwaltungshandelns, 1994, S. 9, 57.

1266 *Michael*, in: Hoffmann-Riem/Schmidt-Aßmann/Voßkuhle (Hrsg.), Grundlagen des Verwaltungsrechts, Bd. II, 2. Aufl. 2012, § 41 Rn. 123.

1267 *Kloepfer*, VerwArch 74 (1983), 201, 213 f.

1268 *F. Hufen*, VVDStRL 57 (1998), 131 (Diskussionsbeitrag).

1269 S. Zweiter Teil I. 3. a).

1270 Etwa bei *Hillgruber*, in: Isensee/P. Kirchhof (Hrsg.), Handbuch des Staatsrechts der Bundesrepublik Deutschland, Bd. IX, 3. Aufl. 2011, § 200 Rn. 97 ff.; *F. Hufen*, Staatsrecht II: Grundrechte, 7. Aufl. 2018, § 8 Rn. 16; *Peine*, in: Merten/Papier (Hrsg.), Handbuch der Grundrechte in Deutschland und Europa, Bd. III, 2009, § 57 Rn. 53 f.; *Voßkuhle/Kaiser*, JuS 2009, 313, 314.

nommen nicht um eine besondere Form des Eingriffs, sondern vielmehr um eine Frage der Eingriffsrechtfertigung handele.[1271] In der Tat dürfte dies der herrschenden Auffassung im Schrifttum entsprechen.[1272] Selbst *Hufen* weist darauf hin, dass jeder einzelne Eingriff getrennt geprüft und gegebenenfalls auf den Aspekt der „Kumulation" bei der Verhältnismäßigkeit (insbesondere bei der Zumutbarkeit) eingegangen werden müsse.[1273]

(2) Anerkennung eines neuartigen Gesamteingriffs

Einige beschränken sich nicht auf eine Kritik an einer punktuellen, auf den Einzelfall bezogenen, Konzeption des Grundrechtseingriffs, sondern gehen noch einen Schritt weiter. Vor allem *Lücke* spricht sich für die Anerkennung eines neuartigen „ganzheitlich" gearteten Eingriffstyps – den sog. „'additiven' Grundrechtseingriff" – aus, der unter bestimmten Voraussetzungen mehrere Grundrechtseingriffe bündele und zu einer aus eben diesen Eingriffen bestehenden Gesamtbeeinträchtigung addiere.[1274] Dem hat sich kürzlich *Kromrey* angeschlossen; sie ordnet die „Belastungskumulation" als Grundrechtseingriff ein.[1275] Zur Begründung verweist *Ruschemeier* – eine weitere Verfechterin dieses Ansatzes – auf die Parallelen der Entwicklung der verfassungsrechtlichen Erfassung von staatlichen Maßnahmen außerhalb des klassischen Eingriffsschemas und der zur grundrechtli-

1271 *Epping/Lenz/Leydecker*, Grundrechte, 8. Aufl. 2019, Rn. 401.

1272 Vgl. nur *Jesse*, Instrumentenverbund als Rechtsproblem am Beispiel effizienter Energienutzung, 2014, S. 172 ff.; *Klar*, Datenschutzrecht und die Visualisierung des öffentlichen Raums, 2012, S. 93 f.; *Lee*, Umweltrechtlicher Instrumentenmix und kumulative Grundrechtseinwirkungen, 2013, S. 146 ff.; *Schaks*, Der Grundsatz der finanziellen Stabilität der gesetzlichen Krankenversicherung, 2007, S. 133; *Smeddinck*, Integrierte Gesetzesproduktion, 2006, S. 122 ff.; *Voßkuhle/Kaiser*, JuS 2009, 313, 314.

1273 *F. Hufen*, Staatsrecht II: Grundrechte, 7. Aufl. 2018, § 8 Rn. 16.

1274 *Lücke*, DVBl 2001, 1469, 1470. Vgl. auch *Peine*, in: Merten/Papier (Hrsg.), Handbuch der Grundrechte in Deutschland und Europa, Bd. III, 2009, § 57 Rn. 54.

1275 *Kromrey*, Belastungskumulation – Ein Beitrag zur Erweiterung des grundrechtlichen Eingriffsbegriffs, 2018, S. 69 ff. Abschließend heißt es aber, dass die Belastungskumulation „lediglich eine Spielart des Grundrechtseingriffs und damit keine eigenständige neue, daneben stehende Form staatlichen Handelns" sei (ebd., S. 104). *Ruschemeier*, Der additive Grundrechtseingriff, 2019, S. 111 hält es demgegenüber für eine bloße begriffliche Streitigkeit, „ob der additive Grundrechtseingriff damit eine eigene ‚Eingriffsart' oder einen Unterfall des modernen Eingriffsbegriffs darstellt".

chen Berücksichtigung von Gesamtbelastungen.[1276] Ähnlich argumentiert *Puschke*, der annimmt, dass durch die Bündelung verschiedener Überwachungsmaßnahmen ein qualitativ „andersartiger“ Eingriff entstehen könne.[1277] Eben dieser wird allerdings erst auf der Ebene der verfassungsrechtlichen Rechtfertigung zur Geltung gebracht.[1278] *Lücke* nennt es das „Verbot der übermäßigen Gesamtbelastung des Bürgers“[1279]. Die Einzelbeeinträchtigungen unterlägen dann einer doppelten Prüfung: zum einen der gewohnten isolierten Kontrolle als ein punktueller Grundrechtseingriff und zum anderen einer neuartigen „ganzheitlichen“ als Teil eines additiven Grundrechtseingriffs.[1280] Dessen einzelne Bestandteile seien nämlich zwangsläufig derart miteinander verknüpft, dass an jeder dieser Komponenten zugleich die anderen hingen.[1281] Unklarheit herrscht lediglich über den Anknüpfungspunkt dieser neuartigen – zweiten – Prüfungsebene: Während *Lücke* insoweit auf den Grundsatz der Verhältnismäßigkeit verweist[1282], lehnt *Ruschemeier* dies vehement ab und will stattdessen (allein) Art. 19 Abs. 2 GG zur Geltung bringen[1283].

Hiergegen formiert sich Widerstand: *Würsig* zufolge beraubt die mit der – tatbestandlichen – Bildung einer eigenständigen summationsspezifischen Eingriffsform verbundene Aufweitung des Eingriffsbegriffs das Eingriffskriterium im Ergebnis seiner tragenden Zuordnungs- und Kanalisierungsfunktion.[1284] Er könnte unter Berücksichtigung eben dieser Funktion nämlich bloß in seiner Gesamtheit abgewehrt werden, obwohl die Verfassung „nur“ die Absenkung der Gesamtbelastung auf ein noch zu rechtfertigendes Niveau fordere. Nähme man aber eine entsprechende Auswahl der

---

1276 Ebd., S. 96, 99 u. 130. Weiter heißt es: „Durch die Verortung der Mehrfachbelastung auf Eingriffsebene besteht mit der Schutzbereichsbezogenheit der jeweiligen Maßnahmen ein Kriterium, welches sich rechtssicher in der Grundrechtsdogmatik verorten lässt.“ (ebd., S. 260 u. – im Einzelnen – S. 110 f.).

1277 Vgl. *Puschke*, Die kumulative Anordnung von Informationsbeschaffungsmaßnahmen im Rahmen der Strafverfolgung, 2006, S. 79 ff, insbes. 86 ff.

1278 Vgl. nur *Kromrey*, Belastungskumulation – Ein Beitrag zur Erweiterung des grundrechtlichen Eingriffsbegriffs, 2018, S. 77 f. u. 147. Beides – die Eingriffs- und die Rechtfertigungsebene – klar zu trennen, mache die Prüfung von Kumulationssachverhalten übersichtlicher und damit weniger fehleranfällig (ebd., S. 79 ff.).

1279 *Lücke*, DVBl 2001, 1469, 1476 ff.

1280 S. auch Dritter Teil II. 1. c) aa) (2) (a) (bb).

1281 So *Lücke*, DVBl 2001, 1469, 1476.

1282 Vgl. *Lücke*, DVBl 2001, 1469, 1476 ff.

1283 S. Dritter Teil II. 1. c) aa) (1) (a) u. bb) (1) (a).

1284 *Würsig*, Die Steuerung von Summenbelastungen im öffentlichen Immissionsschutzrecht, 2009, S. 56.

(überschießenden) Teileingriffe vor, bildete der „Gesamteingriff" gerade nicht mehr „das dirigierende Bezugsobjekt der abwehrrechtlichen Stoßrichtung".[1285] Im Übrigen ergäbe sich in Abhängigkeit von Inhalt und Umfang der in einer konkreten Gesamtbetrachtung zusammengefassten Teilbeeinträchtigungen ein nicht unerhebliches Spektrum an denkbaren Handlungsalternativen zur Erreichung eines verfassungskonformen Gesamtbelastungsniveaus.[1286]

Klement kritisiert die Figur des additiven bzw. kumulativen Grundrechtseingriffs insgesamt – mit Blick auf deren Tatbestand und Rechtsfolgen.[1287] Zwar sei die juristische Reduktion der Komplexität der Wirklichkeit, der eigentliche Grund für die Punktualität des Eingriffsbegriffs, unter Umständen ein Stück weit zurückzudrehen, ohne aber die Bündelungs- und Koordinierungsfunktion des Grundrechtseingriffs zugunsten einer Gesamtbetrachtung aufzugeben.[1288] Er schlägt dafür das klassische Modell einer getrennten Prüfung der einzelnen Eingriffe vor, während bei der Verhältnismäßigkeitsprüfung das relevante „Eingriffsumfeld" zu berücksichtigen sei.[1289] Auf die Notwendigkeit einer Komplexitätsreduktion verweist auch *Winkler*.[1290] Allerdings könne eine Perspektive, die Belastungsmehrheiten in den Blick nimmt, dem Freiheitsgedanken nicht mit einem punktuellen Verständnis begegnen, sondern müsse versuchen, ein Freiheitsniveau fassbar zu machen.[1291] Damit relativiert sie ebenso die Punktualität des Eingriffsbegriffs, ohne aber auf die Figur des additiven Grundrechtseingriffs, die sie vor allem hinsichtlich ihres Tatbestands deutlich kritisiert[1292], zurückzugreifen.

(3) Weitere Modifikationen der Eingriffsdogmatik

Zu guter Letzt soll auf einen weiteren, die Eingriffsdogmatik modifizierenden, Ansatz hingewiesen werden: *Klement* hält zwar bei der Prüfung, ob ein „klassischer" Eingriff vorliegt, eine Gesamtbetrachtung nicht für erforderlich. Anders verhalte es sich aber bei den faktischen Eingriffen. Inso-

1285 Ebd.
1286 Ebd., S. 58.
1287 *Klement*, AöR 134 (2009), 35, 63 ff.
1288 Ebd., S. 39.
1289 Ebd., S. 66. Dazu näher s. Dritter Teil II. 1. c) aa) (2) (a).
1290 *Winkler*, JA 2014, 881, 883.
1291 Ebd., S. 885.
1292 Ebd., S. 884.

weit ergebe, wie auch *Ruschemeier*, die Belastungskumulationen anders als *Klement* (generell) auf der Ebene des Eingriffs verortet, zu erkennen gibt[1293], unter Umständen erst die Bündelung einzelner für sich genommen nicht eingreifender Maßnahmen einen Grundrechtseingriff. Dies hänge vor allem damit zusammen, dass auch die Schwere einer tatsächlichen Wirkung – damit ist das Kriterium der Intensität der Beeinträchtigung angesprochen – den entscheidenden Grund für die Bejahung eines Eingriffs abgeben könne.[1294] Sei eine Einzelbelastung zu schwach, könne immer noch die Gesamtbelastung die Schwelle der Erheblichkeit überschreiten. Der Eingriffsbegriff könne also ein tatsächlich heterogenes Geschehen zu einem rechtlich einheitlichen, in seiner Gesamtheit verfassungsrechtlich zu rechtfertigenden „kumulativen Grundrechtseingriff" bündeln.[1295]

bb) Rechtsprechung

Die Rechtsprechung trägt dem Phänomen additiver Grundrechtseingriffe ebenfalls Rechnung. Damit wird die Punktualität des Eingriffsbegriffs, um mehrere Maßnahmen in ihrem „Zusammenwirken" erfassen zu können, jedenfalls ein Stück weit relativiert. Konsequenzen daraus zieht die Judikatur indessen nicht auf der Ebene des Eingriffs, sondern auf der der verfassungsrechtlichen Rechtfertigung. Insoweit ermöglicht es die Öffnung des Eingriffsbegriffs im Rahmen der Verhältnismäßigkeit, die Maßnahmenwirkung in ihrer Gesamtschau zu erfassen.[1296]

Nicht endgültig sagen lässt sich, ob die Rechtsprechung damit auch einen neuen selbständigen Eingriffstyp, wie ihn etwa *Lücke* vertritt, anerkannt hat.[1297] Dafür spricht zwar die Bezeichnung als „additiver Grund-

---

1293 Vgl. *Ruschemeier*, Der additive Grundrechtseingriff, 2019, S. 97 f.

1294 *Klement*, AöR 134 (2009), 35, 62. Dem folgend *Kolbe*, Freiheitsschutz vor staatlicher Gesundheitssteuerung, 2017, S. 239 ff. *Kromrey*, Belastungskumulation – Ein Beitrag zur Erweiterung des grundrechtlichen Eingriffsbegriffs, 2018, S. 81 ff. hält dies für einen entscheidenden Grund, die „Belastungskumulation" als Grundrechtseingriff einzuordnen, statt lediglich auf die Prüfung der Verhältnismäßigkeit zu verweisen.

1295 *Klement*, AöR 134 (2009), 35, 62.

1296 Vgl. nur BVerfG, NJW 2012, 1784, 1785 ff.; BVerfGE 112, 304, 321. S. auch *Lee*, Umweltrechtlicher Instrumentenmix und kumulative Grundrechtseinwirkungen, 2013, S. 117; *Winkler*, JA 2014, 881, 884.

1297 Dagegen *Würsig*, Die Steuerung von Summenbelastungen im öffentlichen Immissionsschutzrecht, 2009, S. 47. Laut *Ruschemeier*, Der additive Grundrechts-

rechtseingriff". Auch nannte das Bundesverfassungsgericht die „Gesamtbelastung durch Einkommen- und Gewerbesteuer" – im Singular stehend – einen „Eingriff" bzw. „Zugriff"[1298]. Allein die Terminologie gibt aber zu wenig her, zumal sie Schwankungen unterliegt[1299]. Jüngst etwa beschäftigte sich das Gericht schlicht mit der „Kumulation der verschiedenen belastenden Vorschriften".[1300] Nicht dazu passt es auch, dass bislang nur Maßnahmen in die Gesamtbetrachtung einbezogen wurden, soweit sie bereits für sich genommen Eingriffsqualität aufwiesen. Lediglich das Bundessozialgericht hat anderes anklingen lassen, wohl aber ohne Maßnahmen zu adressieren, denen „jegliche Affinität" in grundrechtlicher Hinsicht fehlt.[1301]

c) Verfassungsrechtliche Rechtfertigung

Auf der dritten und letzten Stufe der Grundrechtsprüfung ist die Frage zu beantworten, ob ein etwaiger Eingriff in den Schutzbereich eines Grundrechts gerechtfertigt werden kann. Das Grundgesetz sieht für die meisten Grundrechte die Möglichkeit der Beschränkung durch einen mehr oder weniger weit reichenden – einfachen bzw. qualifizierten – Gesetzesvorbehalt ausdrücklich vor. Hinsichtlich der auf den ersten Blick vorbehaltlos gewährleisteten Grundrechte ist anerkannt, dass sie durch kollidierendes Verfassungsrecht, durch sog. verfassungsimmanente Schranken eingeschränkt werden können.[1302] Denn auch für sie gilt, dass der „wildwüchsige Freiheitsgebrauch" die Gefahr von Konflikten in sich birgt.[1303] Die Schrankenziehung ist schließlich ihrerseits Beschränkungen unterworfen

---

eingriff, 2019, S. 71 ist „eine klare Absage an die Berücksichtigung von Gesamtbelastungen auf der Ebene des Grundrechtseingriffs [nicht ersichtlich]".

1298 BVerfGE 115, 97, 110 u. 113.

1299 S. bereits Zweiter Teil I. 3. b).

1300 BVerfG, NVwZ 2017, 1111, 1120.

1301 *Bernsdorff*, SGb 2011, 121, 123 im Hinblick auf BSG, BeckRS 2007, 47797 Rn. 29.

1302 Vgl. *Dreier*, in: ders. (Hrsg.), Grundgesetz-Kommentar, Bd. I, 3. Aufl. 2013, Vorb. vor Art. 1 Rn. 139 m.w.N. Gewarnt wird aber vor einem pauschalen Rückgriff auf eben diese Schranken, um nicht die geschlossene Konzeption des abgestuften Schrankensystems der Grundrechte zu unterlaufen (vgl. *Hillgruber*, in: Isensee/P. Kirchhof (Hrsg.), Handbuch des Staatsrechts der Bundesrepublik Deutschland, Bd. IX, 3. Aufl. 2011, § 201 Rn. 9 u. 13 ff.).

1303 *Kingreen/Poscher*, Grundrechte – Staatsrecht II, 35. Aufl. 2019, Rn. 311.

(sog. Schranken-Schranken[1304]).[1305] Hierzu zählen sowohl die Wesensgehaltsgarantie des Art. 19 Abs. 2 GG[1306] als auch der Grundsatz der Verhältnismäßigkeit, der die Geeignetheit des eingesetzten Mittels für einen bestimmten (legitimen) Zweck, dessen Erforderlichkeit und die Angemessenheit des Mittels in Relation zu dem betroffenen Rechtsgut verlangt[1307].

aa) Verhältnismäßigkeit

Gestritten wird zunächst über die Heranziehung des Verhältnismäßigkeitsgrundsatzes.

(1) Allgemeines

Was das „Ob" anbelangt, sind sich Literatur und Rechtsprechung weitgehend einig. Dennoch kommen auch kritische Stimmen zu Wort, die sich in letzter Zeit zu häufen scheinen.

1304 Zu diesem Begriff: *Stern*, in: ders., Das Staatsrecht der Bundesrepublik Deutschland, Band III/2, 1994, § 83 S. 711.

1305 Vgl. nur *Kingreen/Poscher*, Grundrechte – Staatsrecht II, 35. Aufl. 2019, Rn. 326 ff. zu den generellen und speziellen (d.h. für das jeweilige Grundrecht geltenden) Schranken-Schranken.

1306 *Sodan/Ziekow*, Grundkurs Öffentliches Recht, 8. Aufl. 2018, § 24 Rn. 47; *Stern*, in: ders., Das Staatsrecht der Bundesrepublik Deutschland, Band III/2, 1994, § 85 S. 865.

1307 *Stern*, in: ders., Das Staatsrecht der Bundesrepublik Deutschland, Band III/2, 1994, § 84 S. 775. Vgl. *Lerche*, Übermaß und Verfassungsrecht, 1961, S. 29 ff. zu der Frage, ob man nicht besser vom Übermaßverbot als Oberbegriff sprechen solle. Keine Einigkeit besteht auch hinsichtlich der (Teil-)Elemente der Verhältnismäßigkeitsprüfung: Die Geeignetheit wird auch als Tauglichkeit bezeichnet, die Erforderlichkeit als Notwendigkeit. Statt von Angemessenheit ist wahlweise von Verhältnismäßigkeit im engeren Sinne, Proportionalität oder Zumutbarkeit die Rede (vgl. *Hirschberg*, Der Grundsatz der Verhältnismäßigkeit, 1981, S. 19 ff. m.w.N).

(a) Schrifttum

Der Ansatz, den Verhältnismäßigkeitsgrundsatz heranzuziehen, findet wie gesagt breite Unterstützung im Schrifttum.[1308] Es gelte, die Dogmatik, nach der das Gebot der Verhältnismäßigkeit auf das einzelne Instrument statt auf die Gesamtwirkung von Maßnahmen gerichtet sei, zu bedenken.[1309] Insoweit findet die Kritik an einem punktuellen Eingriffsverständnis ihre Fortsetzung. Terminologisch gibt es aber durchaus Unterschiede. Die Rede ist von der „Gesamtverhältnismäßigkeit"[1310], der „Verhältnismä-

---

1308 *Calliess*, Rechtsstaat und Umweltstaat, 2001, S. 408 ff.; *Epping/Lenz/Leydecker*, Grundrechte, 8. Aufl. 2019, Rn. 401; *Hillgruber*, in: Isensee/P. Kirchhof (Hrsg.), Handbuch des Staatsrechts der Bundesrepublik Deutschland, Bd. IX, 3. Aufl. 2011, § 200 Rn. 100; *Hoffmann-Riem*, DVBl 1994, 1381, 1385 f.; *Hohmann*, DÖV 2000, 406, 409; *F. Hufen*, Staatsrecht II: Grundrechte, 7. Aufl. 2018, § 8 Rn. 16; *ders.*, NJW 1994, 2913, 2916; *Jarass*, NVwZ 2017, 273, 275; *Jesse*, Instrumentenverbund als Rechtsproblem am Beispiel effizienter Energienutzung, 2014, S. 172 ff.; *Kaltenstein*, SGb 2016, 365, 370; *Keuthen*, Die abschnittsbezogene Geschwindigkeitsüberwachung und ihre verfassungsrechtliche Bewertung, 2016, S. 336; *G. Kirchhof*, NJW 2006, 732, 734 f.; *Klar*, Datenschutzrecht und die Visualisierung des öffentlichen Raums, 2012, S. 93 f.; *Klement*, AöR 134 (2009), 35, 66 ff.; *Kolbe*, Freiheitsschutz vor staatlicher Gesundheitssteuerung, 2017, S. 238; *Kreuter-Kirchhof*, NVwZ 2019, 1791 f.; *Lee*, Umweltrechtlicher Instrumentenmix und kumulative Grundrechtseinwirkungen, 2013, S. 128 ff.; *Lücke*, DVBl 2001, 1469, 1476 ff.; *Michael*, in: Hoffmann-Riem/Schmidt-Aßmann/Voßkuhle (Hrsg.), Grundlagen des Verwaltungsrechts, Bd. II, 2. Aufl. 2012, § 41 Rn. 119 f.; *Reimer*, Qualitätssicherung, 2010, S. 276; *Schaks*, Der Grundsatz der finanziellen Stabilität der gesetzlichen Krankenversicherung, 2007, S. 133; *Sellmann*, in: Hogenmüller u.a. (Hrsg.), Landwirtschaft im Spektrum der Umweltwissenschaften, 2002, S. 149, 153 ff.; *Smeddinck*, Integrierte Gesetzesproduktion, 2006, S. 122 ff.; *Voßkuhle/Kaiser*, JuS 2009, 313, 314; *Würsig*, Die Steuerung von Summenbelastungen im öffentlichen Immissionsschutzrecht, 2009, S. 53 ff.

1309 *Hoffmann-Riem*, in: Hoffmann-Riem/Schmidt-Aßmann/Schuppert (Hrsg.), Reform des allgemeinen Verwaltungsrechts – Grundfragen, 1993, S. 115, 143; *Kloepfer*, ZAU 1996, 200, 208; *Michael*, in: Hoffmann-Riem/Schmidt-Aßmann/Voßkuhle (Hrsg.), Grundlagen des Verwaltungsrechts, Bd. II, 2. Aufl. 2012, § 41 Rn. 123.

1310 *Hoffmann-Riem*, DVBl 1994, 1381, 1384; *Kaltenstein*, SGb 2016, 365, 370; *Michael*, in: Hoffmann-Riem/Schmidt-Aßmann/Voßkuhle (Hrsg.), Grundlagen des Verwaltungsrechts, Bd. II, 2. Aufl. 2012, § 41 Rn. 119.

ßigkeit der Gesamtbelastung“[1311] oder dem „Verbot einer übermäßigen Gesamtbelastung“[1312].

Kritik findet sich nur vereinzelt. Zwar wird der Grundsatz der Verhältnismäßigkeit nicht stets erwähnt.[1313] Bloß daraus auf seine Ablehnung als Lösungsansatz zu schließen, erscheint aber zweifelhaft. Ebenso verhält es sich bei denen, die die herkömmliche Grundrechtsdogmatik auch in anderer Hinsicht modifizieren wollen. So bildet der von *G. Kirchhof* formulierte Ansatz der „Normwirklichkeit“ (erst) die Basis einer erweiterten Verhältnismäßigkeitsprüfung.[1314] Selbst mit einem objektiv-rechtlichen Grundrechtsverständnis[1315] ist nicht zwingend eine Abkehr vom Grundsatz der Verhältnismäßigkeit verbunden. Welche inhaltlichen Modifikationen damit verbunden wären – *Kloepfer* schlägt etwa für den Bereich des Umweltrechts vor, entindividualisierte Varianten des Übermaßverbots zu entwickeln[1316] – kann an dieser Stelle dahinstehen.

Anders liegt es bei *Schaks* – dem wohl prominentesten Kritiker. Seines Erachtens wurzelt das „Verbot der Belastungskumulation“ in der Wesensgehaltsgarantie[1317], worauf unten zurückzukommen sein wird[1318]. Eine relative – aus dem Gebot der Verhältnismäßigkeit abgeleitete – Grenze kumulativer Belastungen, wie sie beispielsweise *Klement*[1319] und *Würsig*[1320] neben einer absoluten anerkennen, bestehe danach nicht. Anhand des Verhältnismäßigkeitsprinzips erfolge (lediglich) die bekannte Überprüfung von einzelnen Grundrechtsbeeinträchtigungen.[1321] *Schaks* hält also an seiner punktuellen Konzeption fest, ohne dies näher zu begründen.

Ebenfalls für eine Verortung bei Art. 19 Abs. 2 GG und gegen die Heranziehung des Verhältnismäßigkeitsgrundsatzes bei additiven Grundrechtseingriffen spricht sich *Ruschemeier* aus.[1322] Sie formuliert drei Hauptkritik-

---

1311 *Britz/Eifert/Reimer*, in: Britz/Eifert/Reimer (Hrsg.), Energieeffizienzrecht: Perspektiven und Probleme, 2010, S. 63, 105 f.

1312 *Lücke*, DVBl 2001, 1469, 1477.

1313 S. etwa *Huber*, VSSR 2000, 369, 386 ff.; *Peine*, in: Merten/Papier (Hrsg.), Handbuch der Grundrechte in Deutschland und Europa, Bd. III, 2009, § 57 Rn. 54.

1314 Vgl. *G. Kirchhof*, Grundrechte und Wirklichkeit, 2007, S. 28.

1315 S. dazu Dritter Teil II. 2.

1316 *Kloepfer*, JZ 1991, 737, 744; *ders.*, Umweltrecht, 4. Aufl. 2016, § 5 Rn. 794.

1317 *Schaks*, DÖV 2015, 817, 819.

1318 S. Dritter Teil II. 1. c) bb) (1) (a).

1319 Vgl. *Klement*, AöR 134 (2009), 35, 70 ff.

1320 Vgl. *Würsig*, Die Steuerung von Summenbelastungen im öffentlichen Immissionsschutzrecht, 2009, S. 66 f.

1321 *Schaks*, DÖV 2015, 817, 827.

1322 S. Dritter Teil II. 1. c) bb) (1) (a).

punkte: Erstens sei es „inkonsequent und unbillig“, einen additiven Grundrechtseingriff anzuerkennen, ihn selbst aber – für den Fall, dass sich der Grundrechtsträger ausschließlich gegen die Gesamtbelastung richte – nicht für überprüfbar zu halten. Bei der Gesamtverhältnismäßigkeitsprüfung sei die Prüfung einer Gesamtlast nämlich nur als nachfolgende Konsequenz der Prüfung eines Einzeleingriffs möglich.[1323] Zweitens verorte die Gesamtverhältnismäßigkeit die Rechtsfigur des additiven Grundrechtseingriffs fälschlicherweise auf der Ebene der Rechtfertigung statt auf Eingriffsebene, so dass für Fragen der wechselseitigen Zurechnung mehrerer Handlungsverantwortlicher kein Raum mehr sei.[1324] Drittens würden bei der Prüfung von Gesamtbelastungen im Rahmen der Verhältnismäßigkeit wegen des Erfordernisses der Zweckidentität – einem Merkmal, das für sich genommen kritikwürdig sei – Nebenzwecke nicht berücksichtigt und könnten daher die verfassungsrechtlichen Implikationen der Gesamtbelastung nicht umfassen.[1325]

Heu hält hingegen weder die Wesensgehaltsgarantie noch den Grundsatz der Verhältnismäßigkeit für einschlägig; er sucht die Lösung stattdessen in einer eigenständigen dogmatischen Kategorie – dem kulminierenden, also additiven Grundrechtseingriff als Schranken-Schranke[1326]. Dabei entzündet sich die Kritik erneut an dem (Tatbestands-)Merkmal der Zweckidentität bzw. -überschneidung, dem nur indizielle Wirkung zukomme.[1327] Auch leuchte nicht ein, eine komplette viergliedrige Gesamtverhältnismäßigkeitsprüfung durchzuführen. Es sei „im Interesse einer möglichst realitätsgerechten Abbildung der Belastungssituation [...] vielmehr wünschenswert, eine isolierte Zumutbarkeitsprüfung – dann allerdings ohne das Erfordernis der [...] Zweckidentität – durchzuführen.“[1328] Das Bestreben, die herkömmliche Verhältnismäßigkeitsprüfung nur „minimal invasiv“ ändern zu wollen, sei zwar anerkennenswert, aber im Falle des additiven Grundrechtseingriffs zum Scheitern verurteilt. „Die sich aus dem Zusammenspiel von mehreren, für sich genommen gerechtfertigten, punktuellen Eingriffen ergebenden Belastungswirkungen, vermag [die Verhältnismäßigkeitsprüfung] nicht zu erfassen. Sie kommt dabei zwangs-

1323 *Ruschemeier*, Der additive Grundrechtseingriff, 2019, S. 189. Anders verhalte es sich bei der Verortung auf Eingriffsebene (ebd., S. 111).

1324 Ebd., S. 189 f. u. 193. S. bereits Dritter Teil II. 1. b) aa) (2).

1325 Ebd., S. 190 f. u. 261. Zum Merkmal der Zweckidentität ferner ebd., S. 111.

1326 S. Dritter Teil II. 1. c) dd).

1327 *Heu*, Kulminierende Grundrechtseingriffe, 2018, S. 259.

1328 Ebd., S. 243 f.

läufig an die Grenzen ihrer Leistungsfähigkeit und wird genau genommen zweckentfremdet."[1329]

(b) Rechtsprechung

Am Anfang stand in der Judikatur die „im Rechtsstaatsgedanken enthaltene[n] Idee der Gerechtigkeit"[1330]. Hieraus folgerte das Bundesverfassungsgericht, dass die mehrfache Ahndung desselben Vorgangs mit der gleichen oder einer weitgehend gleichartigen Maßnahme verboten sei.[1331] Wenig später trat an die Stelle der beschriebenen Idee der Grundsatz der Verhältnismäßigkeit.[1332] Diese Linie setzte sich fort – und zwar sowohl bei „Doppelbestrafungen"[1333], als auch jenseits dessen[1334]. Daran änderte auch die ausdrückliche Anerkennung additiver Grundrechtseingriffe nichts. Zunächst betonte das Bundesverfassungsgericht zwar vor allem „besondere Anforderungen an das Verfahren"[1335], worauf unten zurückzukommen ist[1336]. Weiter heißt es allerdings, dass „die Abwägung der Strafgerichte im Rahmen der Verhältnismäßigkeitsprüfung, bei der maßgeblich berücksichtigt wurde, dass die [...] durchgeführte GPS-Observation durch andere Observationsmaßnahmen [...] ergänzt worden sei [...] von Verfassungs wegen nicht zu beanstanden [ist]."[1337] Das hat der Bundesgerichtshof dahingehend verstanden, dass sich bei der erforderlichen Prüfung der Verhältnismäßigkeit im engeren Sinne die Frage der Zulässigkeit einer Überwachungsmaßnahme auch danach bestimme, ob gegebenenfalls mehrere, in die Grundrechte des Betroffenen eingreifende Maßnahmen durchgeführt

1329 Ebd., S. 246.
1330 BVerfGE 21, 378, 388. S. bereits Erster Teil I. 1. a).
1331 BVerfG, NJW 1970, 1731.
1332 S. bereits BVerfG, NJW 1970, 2287 f.; BVerfG, NJW 1970, 1731, 1732.
1333 Vgl. BVerfGE 91, 1, 26 ff.; BVerfG, NJW 2012, 1784, 1785 f.; jüngst BGH, NJW 2017, 2423, 2424.
1334 S. etwa BVerfG, NJW 1999, 935, 937; BVerfG, NJW 1994, 1339 f.; BVerfG, BeckRS 1993, 08446 Rn. 9. Aus der fachgerichtlichen Rechtsprechung: BVerwG, NVwZ 2017, 791, 801; BGH, NJW 2001, 1658, 1660; BFH, NJW 1999, 3798, 3799; OVG NRW, Beschluss v. 26.11.2013 – 14 A 2401/13 –, juris Rn. 17. Vgl. auch EGMR, NJW 2011, 1333, 1337 f. Zur Judikatur des Europäischen Gerichtshofs s. Dritter Teil III. – Exkurs –.
1335 BVerfGE 112, 304, 320.
1336 S. Dritter Teil II. 3.
1337 BVerfGE 112, 304, 321.

werden.[1338] Das Bundesverfassungsgericht selbst äußerte sich im Fortgang eher allgemein, ordnete das Folgende aber jeweils in die Prüfung der Verhältnismäßigkeit ein. Dort heißt es: „Grundsätzlich ist es möglich, dass verschiedene einzelne, für sich betrachtet geringfügige [‚möglicherweise angemessene oder zumutbare'[1339]] Eingriffe in grundrechtlich geschützte Bereiche in ihrer Gesamtwirkung zu einer schwerwiegenden Beeinträchtigung führen, die das Maß der rechtsstaatlich hinnehmbaren Eingriffsintensität überschreitet."[1340] Und weiter: „Ob eine Kumulation von Grundrechtseingriffen das Maß der rechtsstaatlich hinnehmbaren Eingriffsintensität noch wahrt, hängt von einer Abwägung aller Umstände ab, in die auch gegenläufige Verfassungsbelange einzubeziehen sind."[1341] Eben diese „Gesamtabwägung" rückte jüngst in den Fokus, denn diese entscheide darüber, ob „insgesamt die Grenze der Zumutbarkeit" – als Teilelement der Verhältnismäßigkeit, welche die Rechtsprechung ebenfalls im Rechtsstaatsprinzip verortet[1342] – gewahrt bleibt.[1343]

(2) Aufbau der (Gesamt-)Verhältnismäßigkeitsprüfung

Fraglich ist, wie die (Gesamt-)Verhältnismäßigkeitsprüfung im Einzelnen aussieht. Dabei geht es zunächst um Aufbaufragen. Vertreten werden nämlich eine einstufige und eine zweistufige Prüfung. Während Erstere grundsätzlich an einer getrennten Prüfung jedes einzelnen Eingriffs festhalten und die Wirkungen weiterer belastender Maßnahmen innerhalb dieser Prüfungen berücksichtigen, nehmen Zweitere – zusätzlich – eine gesonderte Prüfung eines additiven Grundrechtseingriffs bzw. der Verhältnismäßigkeit der Gesamtbelastung als solcher vor. Dessen ungeachtet bestehen zwischen beiden Ansätzen zahlreiche Überschneidungen, auf die im Zuge ihrer jeweiligen Darstellung einzugehen ist. Außerdem gibt es Stimmen, die sich weder der einen noch der anderen Sichtweise (sicher) zuordnen lassen.[1344]

1338 BGH, NJW 2009, 3448, 3459.

1339 BVerfG, NJW 2012, 1784, 1785.

1340 BVerfG, NJW 2014, 3634, 3638; BVerfG, NJW 2009, 2033, 2045. Dem folgend BSG, BeckRS 2010, 72553 Rn. 26.

1341 BVerfG, NJW 2012, 1784, 1786.

1342 Vgl. nur BVerfGE 90, 145, 173; BVerfGE 23, 127, 133.

1343 BVerfG, NVwZ 2017, 1111, 1120. Vgl. auch BVerfGE 115, 97, 114 ff.

1344 Insoweit weicht die Einteilung geringfügig von der bei *Jesse*, Instrumentenverbund als Rechtsproblem am Beispiel effizienter Energienutzung, 2014,

(a) Schrifttum

Zu unterscheiden ist wiederum zwischen Rechtsprechung und Schrifttum, wobei Letzteres den Anfang macht.

(aa) Einstufige Prüfung

Zu den Vertretern einer einstufigen (Gesamt-)Verhältnismäßigkeitsprüfung[1345] zählt vor allem *Klement*. Er hält wie gesagt das klassische Modell einer getrennten Prüfung der einzelnen Eingriffe für vorzugswürdig. Bei der Verhältnismäßigkeitsprüfung des Einzeleingriffs sei sodann das relevante „Eingriffsumfeld" zu berücksichtigen.[1346] Eine gesonderte Prüfung der Verhältnismäßigkeit eines additiven Grundrechtseingriffs findet also – so scheint es – nicht statt. Gleichwohl untersucht er die Erforderlichkeit einer Kumulation von Eingriffen in Relation zu einem „Eingriffsarrangement" anderer Art[1347], was an sich voraussetzt, dass die „Kumulation" selbst Gegenstand der Prüfung ist. Auch die Erwägung *Klements*, einzelne staatliche Maßnahmen zu einem Eingriff zusammenzufassen, die als solche noch keine Eingriffsqualität aufweisen, fügt sich nicht stimmig in das „System" einer einstufigen Verhältnismäßigkeitsprüfung ein. Denn es bedürfte mangels Überschreitung der Eingriffsschwelle von vornherein keiner Prüfung der verfassungsrechtlichen Rechtfertigung.[1348]

Würsig hält grundsätzlich ebenfalls an einer punktuellen Ausrichtung des Eingriffsbegriffs fest. Daher verbleibe lediglich die Möglichkeit, die

---

S. 167 ff. ab. Auch die von *Lee*, Umweltrechtlicher Instrumentenmix und kumulative Grundrechtseinwirkungen, 2013, S. 146 f. vorgestellten Prüfungsmodelle sind kaum tragfähig für eine grundlegende Systematisierung. Die Modelle 1 und 3 entsprechen zwar weitgehend der zweistufigen bzw. einstufigen Prüfung. Dabei bleiben allerdings – wie schon bei *Jesse* – Überschneidungen außen vor. Hinzu kommt, dass Modell 2, soweit ersichtlich, keine Anhänger hat.

1345 S. abgesehen von den folgenden Nachweisen nur *Hillgruber*, in: Isensee/P. Kirchhof (Hrsg.), Handbuch des Staatsrechts der Bundesrepublik Deutschland, Bd. IX, 3. Aufl. 2011, § 200 Rn. 100; *F. Hufen*, NJW 1994, 2913, 2916; *Voßkuhle/Kaiser*, JuS 2009, 313, 314.

1346 *Klement*, AöR 134 (2009), 35, 66.

1347 Ebd., S. 68. Ähnlich *Lee*, Umweltrechtlicher Instrumentenmix und kumulative Grundrechtseinwirkungen, 2013, S. 149 f.

1348 So auch *Jesse*, Instrumentenverbund als Rechtsproblem am Beispiel effizienter Energienutzung, 2014, S. 180 Fn. 335.

Rechtmäßigkeit eines einzelnen Eingriffs unter Berücksichtigung der sich im Zusammenwirken mit anderen Belastungen ergebenden Summationseffekte, etwa im Rahmen des Übermaßverbotes[1349], zu beurteilen.[1350] Eine gesonderte Prüfung der Gesamtbelastung lehnt auch *Hufen* ab. Er schlägt vor, auf die „Kumulation" innerhalb der Verhältnismäßigkeitsprüfung – des Einzeleingriffs –, insbesondere bei der Zumutbarkeit, einzugehen.[1351] *G. Kirchhof* sieht das ähnlich. Er betont, dass auch die modifizierte Grundrechtsdogmatik grundsätzlich einen Eingriff am Maßstab der Verfassung prüfe, dabei aber die Perspektive weite, um eine kumulative Belastung erörtern zu können.[1352]

(bb) Zweistufige Prüfung

Lücke zufolge unterliegen die Einzelbeeinträchtigungen einer doppelten Prüfung: „Zum einen der gewohnten (isolierten) Kontrolle als ein punktueller Grundrechtseingriff und zum anderen einer neuartigen (ganzheitlichen) als Teil eines additiven Grundrechtseingriffs."[1353] Schon *P. Kirchhof* sprach – für den Bereich des Steuerrechts – von der Notwendigkeit einer „zweistufigen Verfassungsprüfung", bei der zunächst die gesonderte Belastung als angemessen dargetan werden müsse; sodann sei die Gesamtbelastung des gesamten Vermögens zu rechtfertigen.[1354] Diesem Ansatz hat sich kürzlich *Jesse* angeschlossen. Auch er möchte gedanklich zunächst von der Prüfung eines einzelnen Grundrechtseingriffs ausgehen. Denn nur durch die vorgeschaltete Einzelbetrachtung könne verhindert werden, dass schwerwiegende, einzeln nicht zu rechtfertigende Eingriffe unsichtbar

---

1349 *Würsig*, Die Steuerung von Summenbelastungen im öffentlichen Immissionsschutzrecht, 2009, S. 60.

1350 Ebd., S. 58 f.

1351 *F. Hufen*, Staatsrecht II: Grundrechte, 7. Aufl. 2018, § 8 Rn. 16.

1352 *G. Kirchhof*, Grundrechte und Wirklichkeit, 2007, S. 30.

1353 *Lücke*, DVBl 2001, 1469, 1476. Dem folgend *Kromrey*, Belastungskumulation – Ein Beitrag zur Erweiterung des grundrechtlichen Eingriffsbegriffs, 2018, S. 147. In diese Richtung – abgesehen von den folgenden Nachweisen – auch *Reimer*, Qualitätssicherung, 2010, S. 275 f.; *Sellmann*, in: Hogenmüller u.a. (Hrsg.), Landwirtschaft im Spektrum der Umweltwissenschaften, 2002, S. 149, 155; wohl ebenso *Schaks*, Der Grundsatz der finanziellen Stabilität der gesetzlichen Krankenversicherung, 2007, S. 133.

1354 *P. Kirchhof*, VVDStRL 39 (1981), 213, 240.

werden.[1355] Insoweit seien aber bereits auf erster Stufe – hierin liegt eine Fortentwicklung – bestimmte Auswirkungen weiterer Maßnahmen zu berücksichtigen, was für jede Komponente der Verhältnismäßigkeitsprüfung des Einzeleingriffs relevant werden könne. Gemeint sind vor allem Wechselwirkungen zwischen verschiedenen Maßnahmen, die sich gegenseitig blockieren.[1356] Eine Einbeziehung der zusätzlichen Belastungen durch weitere Eingriffe dürfe auf dieser Stufe, um Unschärfen zu vermeiden[1357], noch nicht stattfinden. So könne es für die Verhältnismäßigkeit eines Eingriffs nur auf dessen Schwere ankommen.[1358]

Auf der zweiten Stufe sei eine Prüfung der Verhältnismäßigkeit der Gesamtbelastung vorzunehmen. *Lücke* verwies darauf, dass die mit jeder Einzelbeeinträchtigung eines additiven Grundrechtseingriffs unweigerlich verbundene Gesamtlast Relevanz für das Gebot der Verhältnismäßigkeit habe. Es fordere nämlich in seiner auf die Proportionalität zielenden Deutung, dass Eingriffszweck und Eingriffsintensität in einem angemessenen Verhältnis stehen müssten.[1359] Im Blick hatte er also – in gewisser Nähe zur einstufigen Prüfung, wie sie *Hufen* vorschlägt – lediglich die Angemessenheit, während *Jesse* den Blick auch auf die weiteren Bestandteile der

---

1355 *Jesse*, Instrumentenverbund als Rechtsproblem am Beispiel effizienter Energienutzung, 2014, S. 181 f. *Klement*, AöR 134 (2009), 35, 65 f. führt nämlich für die von ihm als vorzugswürdig erachtete Prüfung der einzelnen Eingriffe an, dass eine reine Gesamtbetrachtung in den Fällen versage, in denen der Staat einen geringen Effektivitätsvorteil des Gesamtpakets mit einem schwerwiegenden und deshalb einzeln nicht zu rechtfertigenden Grundrechtseingriff erkaufe. Solange nur insgesamt alles in einem angemessenen Verhältnis stehe, mache, so *Klement*, die Figur des „kumulativen Eingriffs" selbst schwerste Einzeleingriffe unsichtbar.

1356 Vgl. *Jesse*, Instrumentenverbund als Rechtsproblem am Beispiel effizienter Energienutzung, 2014, S. 172 f.

1357 Er verweist zum einen darauf, dass anderenfalls Gegenstände und Grenzen der Abwägungen verwischt würden, was erhebliche Rationalitätseinbußen zur Folge hätte. Zum anderen würden die Belastungswirkungen gewissermaßen doppelt – wechselseitig in jeweils zwei Verhältnismäßigkeitsprüfungen – berücksichtigt. Der eigenständige Nutzen jedes Eingriffs würde hingegen nur einmal mit abgewogen, nämlich in der je „eigenen" Verhältnismäßigkeitsprüfung. Es wäre, so *Jesse*, aber einseitig, in der Prüfung eines Eingriffs nur die Belastung durch die im Umfeld hinzutretenden Eingriffe zu berücksichtigen, nicht aber ihren zusätzlichen Nutzen. Diesen könne die Abwägung jedenfalls nicht ohne Weiteres aufnehmen, weil er nicht durch den ihren Gegenstand bildenden Eingriff hervorgerufen werde (dazu insgesamt: *Jesse*, Instrumentenverbund als Rechtsproblem am Beispiel effizienter Energienutzung, 2014, S. 180 u. 183).

1358 Ebd., S. 179. Anders *Klement*, AöR 134 (2009), 35, 74.

1359 *Lücke*, DVBl 2001, 1469, 1476.

Verhältnismäßigkeitsprüfung richtet. So könne und müsse bei der Erforderlichkeit, im Gegensatz zur Prüfung der Einzeleingriffe, wegen des abweichenden Bezugspunkts der Verhältnismäßigkeitsprüfung die Frage gestellt werden, ob anstelle des gesamten Instrumentenverbundes ein weniger belastungsintensives Einzelinstrument oder ein anderer Instrumentenverbund denkbar wäre.[1360]

(cc) Weitere Stimmen

Daneben finden sich weitere Stimmen. So hält *Hohmann* es wohl nicht für ergebnisrelevant, ob eine Prüfung der Einzeleingriffe unter Berücksichtigung der Kumulativwirkung oder eine Prüfung der Kumulation als solcher erfolgt.[1361] Andere lassen sich schlicht weder der einen noch der anderen Sichtweise zweifelsfrei zuordnen. *Michael* etwa geht zwar davon aus, dass eine Gesamtbetrachtung dogmatische Fragen auf allen Stufen der Verhältnismäßigkeit aufwerfe.[1362] So stelle sich bei der Geeignetheit die Frage, ob sich Instrumente gegenseitig blockieren.[1363] Die Berücksichtigung von Wechselwirkungen ist indessen sowohl Gegenstand der einstufigen Prüfung im Sinne von *Klement*, als auch einer zweistufigen Prüfung, wie sie *Jesse* vorschlägt. Unbeantwortet bleibt dabei, ob der „Mix" selbst Gegenstand der Prüfung ist. Es heißt lediglich, dass zwischen Einzelakten, die zu einem „Mix" verbunden sind, eine „Gesamtfreiheitsbilanz" zu ziehen sei.[1364]

(b) Rechtsprechung

Eines lässt sich zur Judikatur sagen – es findet eine „zweiteilige Prüfung"[1365] statt: Im Anschluss an die herkömmliche Verhältnismäßigkeitsprüfung der Einzelmaßnahme(n) würdigt sie das Zusammenwirken der

1360 *Jesse*, Instrumentenverbund als Rechtsproblem am Beispiel effizienter Energienutzung, 2014, S. 189.

1361 *Hohmann*, DÖV 2000, 406, 409 Fn. 20. Anders *Jesse*, Instrumentenverbund als Rechtsproblem am Beispiel effizienter Energienutzung, 2014, S. 169.

1362 *Michael*, in: Hoffmann-Riem/Schmidt-Aßmann/Voßkuhle (Hrsg.), Grundlagen des Verwaltungsrechts, Bd. II, 2. Aufl. 2012, § 41 Rn. 119.

1363 Ebd., § 41 Rn. 120.

1364 Ebd., § 41 Rn. 123.

1365 So *Schaks*, DÖV 2015, 817, 820.

einzelnen Maßnahmen nach Maßgabe einer Gesamtabwägung.[1366] Damit ist aber noch nichts über den Bezugspunkt der (Gesamt-)Verhältnismäßigkeitsprüfung gesagt. Sind es ausschließlich die einzelnen Eingriffe oder ist es auch ihr „Verbund" als solcher? Für beides gibt es – wie schon auf Eingriffsebene[1367] – Belege[1368]. Zunächst hat das Bundesverfassungsgericht, den kumulativen Einsatz moderner strafprozessualer Ermittlungsmethoden betreffend, die Prüfung des additiven Grundrechtseingriffs in die der Einzelmaßnahme – hier die GPS-Überwachung – integriert.[1369] In Richtung einer „bloß" einstufigen Prüfung deutet auch der Beschluss zur Verfassungsmäßigkeit des Beitragssatzsicherungsgesetzes. Hier untersuchte das Gericht die Gesamtlast innerhalb der Zumutbarkeit der Einzeleingriffe.[1370] Ein ähnliches Vorgehen zeigt sich bei dem Zusammentreffen von Freiheitsstrafen und freiheitsentziehenden Maßregeln der Besserung und Sicherung.[1371] Erst vor kurzem schließlich erhob das Gericht zum Maßstab, dass „die gesetzlichen Regelungen auch unter Berücksichtigung der weiteren einschränkenden Regelungen" die Betroffenen nicht übermäßig belasteten.[1372]

Andererseits hat das Bundesverfassungsgericht die Gesamtbelastung mit Einkommen- und Gewerbesteuer im Verbund an Art. 14 GG gemessen.[1373] Es hat also nicht zunächst den Eingriff durch die Einkommensteuer, der Gegenstand des Ausgangsverfahrens war, geprüft und insoweit die zusätzliche Belastung durch die Gewerbesteuer berücksichtigt, sondern sogleich die Gesamtbelastung als solche in den Blick genommen. In einem anderen Zusammenhang urteilte das Bundesverfassungsgericht, nachdem es die einzelnen Regelungen bereits auf ihre Verfassungsmäßigkeit untersucht hatte, in einem selbständigen Schritt, dass „die Rechtsänderungen durch

---

1366 Ähnliche Schlussfolgerungen ziehen *Lee*, Umweltrechtlicher Instrumentenmix und kumulative Grundrechtseinwirkungen, 2013, S. 117 u. 147 und *Schaks*, DÖV 2015, 817, 820. Vgl. auch *Bernsdorff*, SGb 2011, 121, 122, der von einer „zweite[n], ganzheitlichen (Grundrechts-)Prüfung" spricht.

1367 S. Dritter Teil II. 1. b) bb).

1368 So auch *Jesse*, Instrumentenverbund als Rechtsproblem am Beispiel effizienter Energienutzung, 2014, S. 168 f., insbes. Fn. 285. Anders aber (einstufige Prüfung): *Würsig*, Die Steuerung von Summenbelastungen im öffentlichen Immissionsschutzrecht, 2009, S. 47.

1369 Vgl. BVerfGE 112, 304, 319 ff., insbes. 321.

1370 BVerfGE 114, 196, 246 ff.

1371 Vgl. BVerfG, NJW 2012, 1784, 1785 f.

1372 BVerfG, NVwZ 2017, 1111, 1120. Ähnlich bereits BVerfG, BeckRS 1993, 08446 Rn. 9.

1373 BVerfGE 115, 97, 110.

das GKV-Wettbewerbsstärkungsgesetz [...] auch nicht in ihrer Gesamtheit einen mit der Berufsfreiheit [...] unvereinbaren ‚additiven' Grundrechtseingriff [begründen]".[1374] Ähnlich ging es in einem Beschluss vor, der das Ausbleiben der Rentenerhöhung bei gleichzeitiger Erhöhung der Krankenkassenbeiträge zum Gegenstand hat. In einem ersten Schritt wurden beide Maßnahmen – unabhängig voneinander – auf ihre Vereinbarkeit mit den Grundrechten, insbesondere ihrer Verhältnismäßigkeit untersucht.[1375] Erst im Anschluss daran erfolgte eine, so scheint es selbständige, „additive[] Betrachtung der die rentenversicherungsrechtliche Rechtsposition [...] betreffenden gesetzgeberischen Maßnahmen".[1376]

(3) Elemente der (Gesamt-)Verhältnismäßigkeitsprüfung

Nunmehr geht es um die Modifikationen in inhaltlicher Hinsicht. Damit richtet sich der Blick auf die als solche nicht infrage stehenden Teilelemente des Verhältnismäßigkeitsgrundsatzes, sprich legitimer Zweck, Geeignetheit, Erforderlichkeit und – worauf gesondert eingegangen wird – Angemessenheit.

(a) Zweck, Geeignetheit, Erforderlichkeit

(aa) Schrifttum

Zunächst wird erneut das Schrifttum dargestellt.

(α) Legitimer Zweck

Lee betont, dass zunächst der Zweck der „kumulierenden Maßnahmen" herauszuarbeiten sei, denn dieser biete den Bezugspunkt für den Grundsatz der Verhältnismäßigkeit. So könne eine Maßnahme nicht an sich, sondern nur zu einem bestimmten Zweck verhältnismäßig bzw. unverhältnis-

1374 BVerfG, NJW 2009, 2033, 2045.
1375 Vgl. BVerfG, NJW 2014, 3634, 3635 ff.
1376 Ebd., S. 3638.

mäßig sein.[1377] Als Zweck einer „Belastungskumulation", die Maßnahmen mit unterschiedlichen Zwecken bündele, könne im Rahmen der Gesamtverhältnismäßigkeit nur die Schnittmenge der einzelnen Zweckkomponenten herangezogen werden.[1378] Insoweit schlägt sich ihre tatbestandliche Forderung einer gewissen Zwecküberschneidung[1379] auch auf Rechtsfolgenseite nieder. In ähnlicher Weise argumentiert *Jesse* mit Blick auf die möglichst rationale Handhabbarkeit einer Zweck-Mittel-Relation.[1380] Der namentlich von *Klement* erhobenen Kritik an dem Kriterium des Zwecks hält er entgegen, dass es für die Verhältnismäßigkeit eines, auch faktischen Eingriffs, – nach wie vor – auf den staatlicherseits verfolgten Zweck entscheidend ankomme.[1381] Im Übrigen ergäben sich, so *Lee*, hinsichtlich der Legitimität des (gemeinsamen) Zwecks keine Unterschiede zur Prüfung eines Einzeleingriffs.[1382]

(β) Geeignetheit

Sowohl *Klement* als auch *Jesse* weisen – ungeachtet der Unterschiede im Aufbau – darauf hin, dass auch eine auf einen Einzeleingriff beschränkte Prüfung nicht vollkommen losgelöst von den tatsächlichen Gegebenheiten im „Eingriffsumfeld" erfolgen könne.[1383] Das betrifft zunächst die Komponente der Geeignetheit. Denn diese sei nur unter Berücksichtigung der Interaktionen zwischen den Eingriffen zu bestimmen. Die anderen Eingriffe könnten die Wirkung des zu beurteilenden Eingriffs verändern; sie könnten sich beispielsweise gegenseitig aufheben. Dann sei jeder Eingriff ungeeignet, dessen Wirkung gänzlich entfalle.[1384] Als Beispiel führt *Jesse* Instrumente mit gänzlich unterschiedlichen Ansatzpunkten an, von denen wi-

---

1377 *Lee*, Umweltrechtlicher Instrumentenmix und kumulative Grundrechtseinwirkungen, 2013, S. 147.

1378 Ebd., S. 148. Anders *Kromrey*, Belastungskumulation – Ein Beitrag zur Erweiterung des grundrechtlichen Eingriffsbegriffs, 2018, S. 151.

1379 S. Zweiter Teil III. 2. a) bb) (1).

1380 *Jesse*, Instrumentenverbund als Rechtsproblem am Beispiel effizienter Energienutzung, 2014, S. 182.

1381 Ebd., S. 184.

1382 *Lee*, Umweltrechtlicher Instrumentenmix und kumulative Grundrechtseinwirkungen, 2013, S. 148. Vgl. auch *Kaltenstein*, SGb 2016, 365, 370.

1383 Vgl. *Jesse*, Instrumentenverbund als Rechtsproblem am Beispiel effizienter Energienutzung, 2014, S. 172 ff.; *Klement*, AöR 134 (2009), 35, 66 ff.

1384 *Klement*, AöR 134 (2009), 35, 66. Dem folgend *Kromrey*, Belastungskumulation – Ein Beitrag zur Erweiterung des grundrechtlichen Eingriffsbegriffs, 2018,

dersprüchliche Signale ausgehen könnten, etwa wenn einerseits ordnungsrechtlich die Einhaltung des Standes der Technik gefordert würde, andererseits aber im Rahmen eines Zertifikatehandels dessen Unterschreitung zugelassen würde, soweit sie durch Berechtigungen abgedeckt seien.[1385] Eine zusätzliche Effektivierung der Instrumente durch Abstimmung gebiete das Geeignetheitskriterium nicht, da es kein bestimmtes Maß an Wirksamkeit vorschreibe.[1386] Steigerungen der Effektivität durch mehrere Maßnahmen würden vielmehr erst im Rahmen der Erforderlichkeit und der Angemessenheit relevant. Was die Prüfung der Gesamtbelastung anbelangt, weist *Jesse* schließlich darauf hin, dass, soweit in den vorgeschalteten getrennten Verhältnismäßigkeitsprüfungen die Eignung jeweils bejaht worden sei, es hieran nicht mehr fehlen könne.[1387] Andere Maßstäbe gälten folglich nicht.

(γ) Erforderlichkeit

Auch bei der Erforderlichkeit – verstanden als Gebot der Wahl des relativ mildesten Mittels – richtet sich der Blick auf das „Eingriffsumfeld". *Jesse* zufolge müssen hierbei insbesondere belastungsmindernde Synergieeffekte mit bestehenden Instrumenten, zum Beispiel in Gestalt geringerer Kosten, berücksichtigt werden.[1388] Die hiermit verbundenen Bindungen des Gesetzgebers, der zu einer weitgehenden Abstimmung der Instrumente verpflichtet würde, würden durch seine Einschätzungsprärogative relativiert.[1389] Daneben könnten auch durch andere Instrumente gewährte Vergünstigungen die Belastung eines Grundrechtsträgers vermindern. Aller-

S. 149; *Lee*, Umweltrechtlicher Instrumentenmix und kumulative Grundrechtseinwirkungen, 2013, S. 148. Ähnlich *Kreuter-Kirchhof*, NVwZ 2019, 1791, 1793. Anders *Kaltenstein*, SGb 2016, 365, 370, der auch den Fall der teilweisen Aufhebung der jeweiligen Wirkungen anspricht. *Hoffmann-Riem*, DVBl 1994, 1381, 1386; *Jesse*, Instrumentenverbund als Rechtsproblem am Beispiel effizienter Energienutzung, 2014, S. 173 f. und *Michael*, in: Hoffmann-Riem/Schmidt-Aßmann/Voßkuhle (Hrsg.), Grundlagen des Verwaltungsrechts, Bd. II, 2. Aufl. 2012, § 41 Rn. 120 verweisen insoweit auf Einschätzungsspielräume der öffentlichen Gewalt.

1385 *Jesse*, Instrumentenverbund als Rechtsproblem am Beispiel effizienter Energienutzung, 2014, S. 174.

1386 Ebd., S. 173.

1387 Ebd., S. 189.

1388 Vgl. ebd., S. 174 f., der dies anhand eines Beispiels veranschaulicht.

1389 Ebd., S. 176.

dings gebiete der Erforderlichkeitsgrundsatz deswegen nicht die Minderung der Belastung durch entsprechende Vergünstigungen. Denn bei der Beurteilung der Erforderlichkeit seien solche Alternativen nicht als mildere Mittel zu berücksichtigen, die zu einer stärkeren Belastung der Allgemeinheit führten und somit nur die Kostenlast verschöben.[1390] Ungeachtet dessen stelle sich die Frage, wie sich die gleichzeitige Vergünstigung auf die Verfassungsmäßigkeit der Belastung auswirkt, wenn diese für sich gesehen nicht das mildeste Mittel ist.[1391] *Michael* und *Jesse* sprechen sich dafür aus, die Begünstigung zu berücksichtigen, die Frage nach der Erforderlichkeit also „abzuschwächen".[1392]

Des Weiteren hat *Klement* darauf hingewiesen, dass es einem Eingriff dann an der Erforderlichkeit fehle, wenn ein zweites Instrument besteht, das ohne diesen Eingriff dieselben Folgen bewirken würde.[1393] So möge sich etwa im Einzelfall nachweisen lassen, dass das Ordnungsrecht schon für sich genommen ein gesetzgeberisches Anliegen vollständig durchzusetzen vermag; ein flankierendes ökonomisches Instrument und seine für den Grundrechtsträger nachteiligen Folgen wären dann nicht erforderlich. Regelmäßig aber werde eine solche Kombination die Gesamtwirksamkeit erhöhen, etwa wenn dadurch zusätzliche ökonomische Anreize zur Normbefolgung gesetzt würden, sodass die Erforderlichkeit beider Instrumente gegeben sei.[1394] Schließlich müssten die Eingriffe kumulativ daraufhin überprüft werden, ob eine gleich wirksame, weniger belastungsintensive Einzelmaßnahme oder ein anderer Instrumentenverbund denkbar wäre.[1395]

1390 Ebd., S. 177.

1391 Vgl. *Hoffmann-Riem*, DVBl 1994, 1381, 1386.

1392 *Jesse*, Instrumentenverbund als Rechtsproblem am Beispiel effizienter Energienutzung, 2014, S. 177; *Michael*, in: Hoffmann-Riem/Schmidt-Aßmann/Voßkuhle (Hrsg.), Grundlagen des Verwaltungsrechts, Bd. II, 2. Aufl. 2012, § 41 Rn. 120.

1393 Vgl. *Klement*, AöR 134 (2009), 35, 66 ff.

1394 Ebd., S. 67. Dem folgend *Lee*, Umweltrechtlicher Instrumentenmix und kumulative Grundrechtseinwirkungen, 2013, S. 149.

1395 *Jesse*, Instrumentenverbund als Rechtsproblem am Beispiel effizienter Energienutzung, 2014, S. 189; *Kaltenstein*, SGb 2016, 365, 370. Vgl. auch *Kreuter-Kirchhof*, NVwZ 2019, 1791, 1793; *Lee*, Umweltrechtlicher Instrumentenmix und kumulative Grundrechtseinwirkungen, 2013, S. 149 f.; *Puschke*, Die kumulative Anordnung von Informationsbeschaffungsmaßnahmen im Rahmen der Strafverfolgung, 2006, S. 147. *Smeddinck*, Integrierte Gesetzesproduktion, 2006, S. 124 weist darauf hin, dass sich aufgrund synergetischer Effekte auch die Wirkung ergeben könne, dass der Instrumentenmix mit weniger belastenden Eingriffsdosierungen auskommt, als der Einsatz eines einzelnen Instruments zur Lösung der jeweiligen Problemlage.

Als Beispiel für eine dem Grundsatz der Erforderlichkeit widerstreitende „Kumulation", deren nachteilige Wirkungen mit einem „Eingriffsarrangement" anderer Art zu vermeiden wären, nennt *Klement* parallele Genehmigungsverfahren, wie sie das Umweltrecht nach wie vor vorsehe. An deren Stelle könne eine integrierte Genehmigung als weniger eingriffsintensives Mittel geboten sein, soweit mit ihr die Verfahrenszwecke gleich effektiv erreicht würden, ohne dass Dritten oder der Allgemeinheit dadurch Nachteile entstünden.[1396]

(bb) Rechtsprechung

Bislang hat sich die Rechtsprechung nicht näher mit der Legitimität des Zwecks, der Geeignetheit und der Erforderlichkeit gerade des „Verbundes" befasst. Geht man von einer bloß einstufigen (Gesamt-)Verhältnismäßigkeitsprüfung aus, leuchtet das ein. So untersuchte das Bundessozialgericht lediglich die angegriffene (Einzel-)Maßnahme, den sog. Krankenhaus-Sanierungsbeitrag, auf seine Geeignetheit im Hinblick auf das Ziel, die Funktionsfähigkeit der gesetzlichen Krankenversicherung zu sichern.[1397] Erst im Rahmen der Angemessenheit nimmt es eine „Gesamtschau von belastenden und entlastenden Maßnahmen" vor.[1398] Entsprechend ging der Staatsgerichtshof Baden-Württemberg im Kontext des Glücksspielrechts vor.[1399] Selbst bei einem zweistufigen Vorgehen, das hin und wieder anzutreffen ist[1400], stellt sich keine Änderung ein. Auch hier beschränkten sich die Gerichte darauf, die Zumutbarkeit der Gesamtbelastung zu beleuchten.[1401] Damit liegen sie „aufbautechnisch" eher bei der von *Lücke* vorgeschlagenen Variante denn bei der *Jesses*.

1396 Vgl. *Klement*, AöR 134 (2009), 35, 68 f.

1397 BSG, BeckRS 2010, 72553 Rn. 18 ff.

1398 Ebd., Rn. 23.

1399 StGH Baden-Württemberg, Urt. v. 17.06.2014 – 1 VB 15/13 –, juris Rn. 359 ff. Das Bundesverfassungsgericht hat diese Perspektive jüngst für einen kurzen Moment verlassen. So heißt es: „Ein Verbot von Mehrfachspielhallen in Form des Verbundverbots kann dem entgegenwirken, indem es zu einer geringeren Konzentration von Spielgeräten im selben Gebäudekomplex und im Zusammenwirken mit den Abstandsgeboten zu einer generellen Reduzierung des Geldspielgeräteangebots führt." (BVerfG, NVwZ 2017, 1111, 1119).

1400 S. Dritter Teil II. 1. c) aa) (2) (b).

1401 Vgl. etwa BVerfG, NJW 2014, 3634, 3638 f.; BVerfG, NJW 2009, 2033, 2045.

(b) Angemessenheit

Es folgt das Teilelement der Angemessenheit.

(aa) Allgemeines

Ein Großteil des Schrifttums verortet die Problematik vornehmlich in eben diesem Bereich.[1402] Ausführungen zu den anderen Komponenten der Verhältnismäßigkeit wie sie gerade geschildert wurden, bilden die Ausnahme. Das dürfte damit zusammenhängen, dass die – nunmehr gesteigerte – Eingriffsintensität vor allem für die Angemessenheit bedeutsam sei[1403].

Die Rechtsprechung hat wie gesagt anerkannt, „dass einzelne Eingriffe in ihrer Gesamtwirkung zu einer Beeinträchtigung führen [können], die das Maß der rechtsstaatlich hinnehmbaren Eingriffsintensität überschreitet." Entscheidend dafür sei, so heißt es weiter, eine „Abwägung aller Umstände [...], in die auch gegenläufige Verfassungsbelange einzubeziehen sind."[1404] Hiermit ist die bei der Angemessenheit geforderte Abwägung zwischen dem Freiheits- und dem Eingriffsinteresse gemeint. Kurzum: Auch die Rechtsprechung knüpft wesentlich an das Teilelement der Angemessenheit an.[1405]

1402 *Hillgruber*, in: Isensee/P. Kirchhof (Hrsg.), Handbuch des Staatsrechts der Bundesrepublik Deutschland, Bd. IX, 3. Aufl. 2011, § 200 Rn. 100; *F. Hufen*, Staatsrecht II: Grundrechte, 7. Aufl. 2018, § 8 Rn. 16; *G. Kirchhof*, Grundrechte und Wirklichkeit, 2007, S. 28 f.; *Sellmann*, in: Hogenmüller u.a. (Hrsg.), Landwirtschaft im Spektrum der Umweltwissenschaften, 2002, S. 149, 154 f.; *Voßkuhle/Kaiser*, JuS 2009, 313, 314; wohl auch *Jarass*, Neue Dimensionen der Tabakproduktregulierung und Grundrechte sowie Grundfreiheiten, 2012, S. 49 u. 75 f.; *Würsig*, Die Steuerung von Summenbelastungen im öffentlichen Immissionsschutzrecht, 2009, S. 60 f.

1403 Vgl. nur *Lücke*, DVBl 2001, 1469, 1476 f.

1404 BVerfG, NJW 2012, 1784, 1785 f.

1405 Vgl. etwa BVerfG, NVwZ 2017, 1111, 1120; BVerfG, NJW 2015, 2100, 2101 f.; BVerfG, NJW 2012, 1784, 1785 ff.; BVerfG, NJW 2009, 2033, 2045; BVerfGE 115, 97, 115 ff.; BVerfGE 114, 196, 247; BVerfGE 112, 304, 321; BVerfG, NJW 1999, 935, 936 f.; BVerfG, NJW 1994, 1339 f.; BVerfG, BeckRS 1993, 08446 Rn. 9; ferner BGH, NJW 2009, 3448, 3459; BGH, NJW 2001, 1658, 1660; BSG, BeckRS 2010, 72553 Rn. 23.

(bb) Freiheitsinteresse

Ein Pol bei der Abwägung ist das Freiheitsinteresse, also der Verlust an grundrechtlicher Freiheit. Dazu ist bereits alles Wesentliche gesagt worden.[1406] Folgendes ist aber nochmals zu betonen: Rechtsprechung und Literatur gehen übereinstimmend davon aus, dass additive Grundrechtseingriffe über eine höhere Eingriffsintensität als ihre einzelnen „Teile" verfügen können. Gestritten wird vor allem darüber, wie sich die damit verbundene Aufwertung des Freiheitsinteresses vollzieht. So könnten sich die Maßnahmen wechselseitig neutralisieren, relativieren oder auch aufschaukeln.[1407] Zu berücksichtigen sei auch der Einfluss des Betroffenen, der sich schrittweise auf die Gesamtbelastung einstellen könne.[1408] In der Judikatur sind kaum belastbare Aussagen ersichtlich – grundsätzlich dürfte aber von einer einfachen Addition der Einzeleingriffe auszugehen sein. Von Bedeutung ist zudem der Kompensationsgedanke. Denn soweit Belastungen durch Begünstigungen ausgeglichen würden, entschärften sich die verfassungsrechtlichen Maßstäbe – die Schwere des Eingriffs nehme ab.[1409] Ein wenig zurückhaltender positioniert sich die Rechtsprechung; vor allem aber fehlt es hier an klar umrissenen Voraussetzungen der (Grundrechts-)Kompensation.

(cc) Eingriffsinteresse

Das Eingriffsinteresse bildet das Gegengewicht zum Freiheitsinteresse. Es beschreibt den bezweckten Effekt und die Wahrscheinlichkeit, mit der dieser auch tatsächlich erreicht wird.[1410]

(α) Schrifttum

Klement zufolge hängt die Wirkung des Eingriffs nicht allein vom Inhalt des Handelns als solchem, sondern ebenso von dem „Eingriffsumfeld" ab,

1406 S. Dritter Teil I. 1. u. 2.
1407 *Reimer*, Qualitätssicherung, 2010, S. 276.
1408 So *Kromrey*, Belastungskumulation – Ein Beitrag zur Erweiterung des grundrechtlichen Eingriffsbegriffs, 2018, S. 155.
1409 Vgl. nur *Jesse*, Instrumentenverbund als Rechtsproblem am Beispiel effizienter Energienutzung, 2014, S. 176.
1410 *Klement*, AöR 134 (2009), 35, 70.

in das hinein es gesetzt wird. Dazu gehörten insbesondere die Umstände, die durch weitere Grundrechtseingriffe beeinflusst werden.[1411] Insoweit sei – unter Umständen – eine gegenüber den Einzelmaßnahmen höhere Effektivität in Rechnung zu stellen.[1412] Nur *Lücke* bestreitet dies in vollem Umfang. Seines Erachtens gewinnt nur die Eingriffsintensität ein stärkeres Gewicht; der Eingriffszweck hingegen bleibe gleich, weil der additive Grundrechtseingriff gemäß seinen Voraussetzungen im Wesentlichen dieselben Eingriffszwecke verfolge. Dadurch werde das Freiheitsinteresse gegenüber dem Eingriffsinteresse aufgewertet.[1413] *Hillgruber* schwächt das zumindest etwas ab. Seines Erachtens hat die mit dem überprüften Eingriffsakt zusammenhängende Gesamtlast Relevanz für die Proportionalität zwischen der sich dadurch erhöhenden Eingriffsintensität einerseits und der Bedeutung der damit verfolgten Eingriffszwecke andererseits. Nichtsdestotrotz geht er von einer Verschiebung der Gewichte im Rahmen der Abwägung zugunsten des bereits vorbelasteten Freiheitsinteresses aus.[1414] Ähnlich verhält es sich bei *Sellmann*. Er stellt zwar die Gesamtbelastung (der bestehenden und neu hinzutretenden Beschränkungen) dem Nutzen gegenüber, der mit der neu hinzukommenden Maßnahme verbunden ist, nimmt dabei aber – anders als auf Ebene der Eingriffsintensität – nicht den durch die schon bestehenden Maßnahmen bewirkten Nutzen in den Blick.[1415]

Im Übrigen aber ließen sich die Wirkungen zweier Maßnahmen im Falle ihres Zusammentreffens nicht ohne Weiteres addieren. *Lee* rät daher davon ab, Begriffe wie „additiv" zu verwenden.[1416] *Klement* zeigt, dass eine Kumulation zwar gewisse positive verbundspezifische Wirkungen haben könne, Beeinträchtigungen der einzelinstrumentellen Vorteile der Kompo-

---

1411 Ebd., S. 71.

1412 *Jesse*, Instrumentenverbund als Rechtsproblem am Beispiel effizienter Energienutzung, 2014, S. 190; *Klement*, AöR 134 (2009), 35, 65. Ähnlich *Heu*, Kulminierende Grundrechtseingriffe, 2018, S. 233.

1413 *Lücke*, DVBl 2001, 1469, 1477.

1414 *Hillgruber*, in: Isensee/P. Kirchhof (Hrsg.), Handbuch des Staatsrechts der Bundesrepublik Deutschland, Bd. IX, 3. Aufl. 2011, § 200 Rn. 100.

1415 Vgl. *Sellmann*, in: Hogenmüller u.a. (Hrsg.), Landwirtschaft im Spektrum der Umweltwissenschaften, 2002, S. 149, 155. Kritisch *Jesse*, Instrumentenverbund als Rechtsproblem am Beispiel effizienter Energienutzung, 2014, S. 180 Fn. 334.

1416 *Lee*, Umweltrechtlicher Instrumentenmix und kumulative Grundrechtseinwirkungen, 2013, S. 151.

nenten aber nahezu zwangsläufig seien.[1417] Als Beispiel führt er Selbstverpflichtungen auf die Einhaltung von Emissionsgrenzen für Treibhausgase an: Wenn bestimmte Branchen – effektiv wirksame – Selbstverpflichtungen abgegeben hätten, die über das ordnungsrechtlich Gebotene hinausgingen, sei das Eingriffsinteresse für die zusätzliche Einführung eines Emissionszertifikatehandelssystems entsprechend geringer.[1418]

(β) Rechtsprechung

In der Judikatur fehlt es bislang, soweit ersichtlich, an einer Klarstellung; die Ausführungen beschränken sich meist auf die Seite der Eingriffsintensität[1419]. Ansonsten findet sich nur folgende eher allgemeine Formulierung: „Ob eine Kumulation von Grundrechtseingriffen das Maß der rechtsstaatlich hinnehmbaren Eingriffsintensität noch wahrt, hängt von einer *Abwägung aller Umstände* ab, in die *auch gegenläufige Verfassungsbelange einzubeziehen* sind."[1420] Dem fügt die Aussage, dass eine „Gesamtabwägung zwischen der Schwere der Eingriffe und dem Gewicht und der Dringlichkeit der sie rechtfertigenden Gründe" vorzunehmen sei[1421], nur wenig hinzu. Einzig der Europäische Gerichtshof für Menschenrechte befand – die Häufung von Ermittlungsmaßnahmen betreffend –, dass für eine Rechtfertigung zwingendere Gründe vorliegen müssten. Insoweit verwies er auf die Schwere des Vorwurfs und darauf, dass die Ermittlung der Straftaten und insbesondere die Verhütung weiterer ähnlicher Taten durch Anwendung weniger einschneidender Überwachungsmethoden nicht erfolgreich gewesen seien.[1422] Der Gerichtshof geht also offenbar davon aus, dass der Einsatz mehrerer Ermittlungsmethoden wirksamer sein kann, als der bloß einzelner, was auch eine Steigerung des Eingriffsinteresses bedeutete. Dennoch dürfte dies angesichts der nur geringen Zahl derartiger Entscheidungen kaum verallgemeinerbar sein.

1417 *Klement*, AöR 134 (2009), 35, 72 mit Verweis auf *Gawel*, Umweltpolitik durch gemischten Instrumenteneinsatz, 1991, S. 177. Dem folgend *Kromrey*, Belastungskumulation – Ein Beitrag zur Erweiterung des grundrechtlichen Eingriffsbegriffs, 2018, S. 151 f.

1418 *Klement*, AöR 134 (2009), 35, 72.

1419 Vgl. etwa BVerfG, NJW 2009, 2033, 2045; BVerfGE 114, 196, 247 f.; BVerfGE 112, 304, 321.

1420 BVerfG, NJW 2012, 1784, 1786 (Hervorhebung nur hier).

1421 BVerfG, NVwZ 2017, 1111, 1120.

1422 EGMR, NJW 2011, 1333, 1338.

(dd) Abwägung

Nunmehr geht es um den Modus der Abwägung, folglich um das Verhältnis von Freiheits- und Eingriffsinteresse.

(α) Schrifttum

Im Anschluss an die Feststellung aller sich gegenüber stehenden Gemeinwohl- und Privatinteressen und ihrer Gewichte, müssten diese in eine Gesamtabwägung eingestellt werden, um zu ermitteln, welches sich durchsetze.[1423] *Lee* bemüht eine Je-desto-Formel, wonach die verfolgten Zwecke umso gewichtiger sein müssten, je mehr in das fragliche Rechtsgut eingegriffen werde.[1424] Je intensiver also seitens des Freiheitsinteresses der „Mix" in ein Rechtsgut, gegebenenfalls von besonderer Wertigkeit, eingreife, desto höher seien die Anforderungen, die seitens des Eingriffsinteresses an die Gefährdungsintensität und deren Wahrscheinlichkeit zu stellen seien. Als Beispiel zieht sie das Strafprozessrecht heran: Je erheblicher Tatvorwurf und Rechtsfolgenerwartung und je komplexer die Begehungsweise, umso tiefgreifender und flexibler dürften auch die staatlichen Aufklärungsbemühungen ausfallen.[1425]

Einige betonen, dass sich angesichts der Relativität des Verhältnismäßigkeitsgrundsatzes daraus keine absolute Obergrenze zulässiger grundrechtlicher Gesamtbelastung ergäbe.[1426] Nichtsdestotrotz gibt es Versuche, Kriterien zu bestimmen, bei deren Vorliegen die Gesamtbelastung – von vornherein – nicht mehr zulässig sei. *Klement* etwa geht davon aus, dass die Gewichtung des Freiheitsinteresses nicht nur davon abhängen könne, wie viel Freiheit der Eingriff nehme, sondern auch davon, wie viel Freiheit nach dem Eingriff verbleibe.[1427] Dabei lasse sich der Mindestschutz durchaus als Bestandteil des „Gebots relativer Angemessenheit" verstehen – als Ausfluss einer in Extremfällen gesicherten und nicht weiter begründungsbedürfti-

---

1423 Vgl. *Lee*, Umweltrechtlicher Instrumentenmix und kumulative Grundrechtseinwirkungen, 2013, S. 154 f. Ähnlich *Kaltenstein*, SGb 2016, 365, 370.

1424 *Lee*, Umweltrechtlicher Instrumentenmix und kumulative Grundrechtseinwirkungen, 2013, S. 155.

1425 Ebd., S. 156.

1426 *Hillgruber*, in: Isensee/P. Kirchhof (Hrsg.), Handbuch des Staatsrechts der Bundesrepublik Deutschland, Bd. IX, 3. Aufl. 2011, § 200 Rn. 100; *Lücke*, DVBl 2001, 1469, 1477.

1427 *Klement*, AöR 134 (2009), 35, 74.

gen „Präferenzregel" bei der Abwägung von Eingriffs- und Freiheitsinteresse. Ein besonderes Eingriffsinteresse könne allerdings ausnahmsweise auch das prima facie gewährleistete Mindestmaß an Freiheit beseitigen. Hierin liege auch der Unterschied zwischen den „Präferenzregeln" und einer „abwägungsfesten Mindestposition" (als absolute Grenze).[1428] Ansätze, hier Grenzen zu ziehen, gibt es in unterschiedlichen Zusammenhängen.[1429] Dazu zählt zunächst der Halbteilungsgrundsatz[1430]. Hierhin gehören auch die entsprechenden Gegenstücke: die Gewährleistung eines menschenwürdigen Existenzminimums[1431] mit der Konsequenz eines auch steuerlich zu verschonenden Existenzminimums[1432] sowie das ökologische Existenzminimum[1433]. Zu nennen sind ferner das Verbot von Abgaben mit erdrosselnder Wirkung[1434] und – was die Privatsphäre anbelangt – das Verbot der Rundumüberwachung[1435] bzw. die Unantastbarkeit des Kernbereichs privater Lebensgestaltung[1436].

1428 Ebd., S. 75.

1429 Eine ähnliche Zusammenstellung wie die folgende findet sich bei *Jesse*, Instrumentenverbund als Rechtsproblem am Beispiel effizienter Energienutzung, 2014, S. 191 und *Klement*, AöR 134 (2009), 35, 76.

1430 S. etwa *P. Kirchhof*, VVDStRL 39 (1981), 213, 226 ff.; *Seer*, FR 1999, 1280 ff. Dazu näher Dritter Teil II. 1. c) cc) (1).

1431 Vgl. nur *Hörmann*, Rechtsprobleme des Grundrechts auf Gewährleistung eines menschenwürdigen Existenzminimums, 2013. Jüngst BVerfG, Urteil v. 5.11.2019 – 1 BvL 7/16 –, juris Rn. 117 ff. (Sanktionen im Sozialrecht) zur Einschränkbarkeit dieser Gewährleistung und zur Bindung an den Verhältnismäßigkeitsgrundsatz.

1432 S. etwa *Herdegen*, in: Maunz/Dürig (Begr.), Grundgesetz-Kommentar, Lfg. 55 Mai 2009, Art. 1 Abs. 1 Rn. 121.

1433 *Kloepfer*, in: Dolde (Hrsg.), Umweltrecht im Wandel, 2001, S. 745, 750.

1434 Vgl. etwa *Jachmann*, StuW 1996, 97, 100 ff.; *Michael*, in: Hoffmann-Riem/Schmidt-Aßmann/Voßkuhle (Hrsg.), Grundlagen des Verwaltungsrechts, Bd. II, 2. Aufl. 2012, § 41 Rn. 124.

1435 *Desoi*, Intelligente Videoüberwachung, 2018, S. 71 ff.; *Hornung*, in: Albers/Weinzierl (Hrsg.), Menschenrechtliche Standards in der Sicherheitspolitik, 2010, S. 65, 72 ff.; *Michael*, in: Hoffmann-Riem/Schmidt-Aßmann/Voßkuhle (Hrsg.), Grundlagen des Verwaltungsrechts, Bd. II, 2. Aufl. 2012, § 41 Rn. 124. S. Dritter Teil II. 1. c) cc) (3).

1436 S. etwa *Hornung*, in: Albers/Weinzierl (Hrsg.), Menschenrechtliche Standards in der Sicherheitspolitik, 2010, S. 65, 70 ff.; *Puschke*, Die kumulative Anordnung von Informationsbeschaffungsmaßnahmen im Rahmen der Strafverfolgung, 2006, S. 80 ff.

(β) Rechtsprechung

Die Judikatur fordert eine „Gesamtabwägung zwischen der Schwere der Eingriffe und dem Gewicht und der Dringlichkeit der sie rechtfertigenden Gründe". Die Belastungen dürften also insgesamt „nicht außer Verhältnis zum Nutzen der Neuregelungen" stehen.[1437] Daraus werden teils auch absolute Grenzen der (Gesamt-)Belastung abgeleitet. So befürchtete das Bundesverfassungsgericht die „Auszehrung des eigentlichen Hauptgeschäfts" der privaten Versicherungsunternehmen.[1438] Das Bundessozialgericht folgte dem, was die Vergütung der Krankenhäuser anbelangt.[1439] Eben jenes Gericht war es auch, dass untersuchte, ob die Rente wegen der „Verschlechterungen" im Beitragsrecht der Rentner „ihre prinzipielle Struktur und ihre Funktion als freiheits- und existenzsichernde Leistung verliert".[1440] Hierhin gehört zudem – und auch darauf ist sogleich zurückzukommen – das Verbot der Rundumüberwachung, das die Rechtsprechung jüngst *„als Ausprägung des Verhältnismäßigkeitsgrundsatzes* zur Wahrung eines in der Menschenwürde wurzelnden unverfügbaren Kerns der Person" bezeichnet hat[1441].

(4) Zwischenergebnis

Darin, dass der Grundsatz der (Gesamt-)Verhältnismäßigkeit additive Grundrechtseingriffe verarbeiten kann, sind sich Rechtsprechung und Schrifttum weitgehend einig. Gestritten wird aber darüber, inwieweit es dafür seiner Modifikation bedarf. Betroffen sind sowohl der Aufbau als auch sämtliche Teilkomponenten der Verhältnismäßigkeit. Wenig ertragreich ist dabei wie gesehen die Judikatur. Demgegenüber bemüht sich das Schrifttum um eine genauere Konturierung, die gerade bei der – im Mittelpunkt stehenden – Prüfung der Angemessenheit dringend geboten erscheint.

1437 BVerfG, NVwZ 2017, 1111, 1120.
1438 BVerfG, NJW 2009, 2033, 2045.
1439 BSG, BeckRS 2010, 72553 Rn. 26.
1440 BSG, BeckRS 2007, 47797 Rn. 29.
1441 BVerfG, NJW 2016, 1781, 1798 (Hervorhebung nur hier). Anders noch BVerfGE 100, 313, 376 (Art. 19 Abs. 2 GG als Anknüpfungspunkt).

bb) Wesensgehaltsgarantie

Auf die Verhältnismäßigkeit folgt die Schranken-Schranke der Wesensgehaltsgarantie i.S.d. Art. 19 Abs. 2 GG.

(1) Schrifttum

Im Schrifttum ist zwischen denjenigen zu unterscheiden, die additive Grundrechtseingriffe ausschließlich bei Art. 19 Abs. 2 GG verorten, und denen, die darin – wenn überhaupt – nur einen Teil der Lösung sehen.

(a) Art. 19 Abs. 2 GG als „Sitz" des Verbots der Belastungskumulation

Schaks zufolge bildet allein Art. 19 Abs. 2 GG den normativen Ausgangspunkt des „Verbots der Belastungskumulation". Die Wesensgehaltsgarantie schütze den Grundrechtsträger nicht nur vor besonders intensiven, sondern auch vor besonders zahlreichen Eingriffen, die in ihrer Kumulation eine vergleichbare Belastungsintensität aufwiesen.[1442] Um diese Verortung zu untermauern, legt *Schaks* dar, dass weitgehende Übereinstimmungen zwischen der Wesensgehaltsgarantie und dem „Verbot der Belastungskumulation" bestünden. Zunächst hätten sie dieselbe Funktion, nämlich den Schutz vor dem Leerlaufen der Grundrechte, ob durch gravierende Einzeleingriffe oder aber durch weniger intensive, aber dafür zahlreiche Eingriffe. Außerdem bestünde hinsichtlich der Adressaten Kongruenz; darauf, ob die Akte einem oder verschiedenen Trägern öffentlicher Gewalt zugeordnet werden könnten, komme es jeweils nicht an.[1443] Auch erfassten beide Figuren sämtliche Grundrechte und grundrechtsgleichen Rechte.[1444] Allerdings hält er es für vorzugswürdig, das „Verbot der Belastungskumulation" – ebenso wie die Wesensgehaltsgarantie – auf ein einzelnes Grundrecht bezogen zu prüfen.[1445] Daneben teilten die Figuren ein jedenfalls auch subjektiv-rechtliches Verständnis[1446]. Zwar sei sowohl im Hinblick auf Art. 19

1442 *Schaks*, DÖV 2015, 817 f. u. 825.

1443 Ebd., S. 821.

1444 Bei Art. 19 Abs. 2 GG besteht insoweit Streit, s. Dritter Teil III. 1. c) bb) (1) (a).

1445 *Schaks*, DÖV 2015, 817, 822.

1446 Andere verstehen die Wesensgehaltsgarantie lediglich objektiv-rechtlich. S. Dritter Teil III. 1. c) bb) (1) (b).

Abs. 2 GG als auch im Hinblick auf das „Verbot der Belastungskumulation" umstritten, ob ihr Inhalt absolut, also ohne einer Abwägung zugänglich zu sein, oder relativ gelte – zutreffend sei, so *Schaks*, jeweils ersteres.[1447] Insoweit komme es auf die Zielrichtung der Maßnahme(n) nicht an. Eine Antastung des Wesensgehalts bzw. ein Verstoß gegen das „Verbot der Belastungskumulation" setzte jeweils eine schwerwiegende Substanzbeeinträchtigung des Grundrechts voraus. Wann dies im Einzelnen der Fall sei, entziehe sich allerdings einer pauschalen Lösung.[1448] Letztlich bestehe auch hinsichtlich der Rechtsfolge ein Gleichklang zwischen Art. 19 Abs. 2 GG und dem „Verbot der Belastungskumulation", nämlich der Verfassungswidrigkeit der jeweiligen Maßnahme(n).[1449] *Schaks* schließt mit einem dreistufigen materiell-rechtlichen Schutzkonzept der Grundrechte. Der innerste, auch dem verfassungsändernden Gesetzgeber entzogene, Kern des Grundrechts sei der Menschenwürdekern. Die zweite Stufe stelle die Wesensgehaltsgarantie dar, die in subjektiv-rechtlicher Sicht das Verbot der übermäßigen Gesamtbelastung des Bürgers erfasse. Schließlich folge die bekannte Überprüfung von einzelnen Grundrechtsbeeinträchtigungen anhand des Verhältnismäßigkeitsprinzips.[1450]

Auch *Ruschemeier* versteht die Garantie des Wesensgehalts als (einzige) Grenze des additiven Grundrechtseingriffs, wohl in dem Bestreben, ihr „zu einem relevanten Anwendungsbereich [zu] ‚verhelfen'."[1451] Der Schutz des Art. 19 Abs. 2 GG als grundrechtssichernde Norm sei nämlich nicht auf Art oder Ausmaß gewissen staatlichen Verhaltens beschränkt.[1452] So fänden sich in seinem Wortlaut keinerlei Anhaltspunkte dafür, dass der Schutz des Wesensgehalts lediglich auf Einzeleingriffe ausgerichtet sei.[1453] Und weiter: „Der additive Grundrechtseingriff scheint [...] das zu bedrohen, was Art. 19 Abs. 2 GG schützen soll."[1454] Zur Begründung verweist sie – anders als *Schaks* – nicht bloß auf die Funktion der Wesensgehaltsgarantie, ein Leerlaufen der Grundrechte zu verhindern, sondern darauf, dass

1447 *Schaks*, DÖV 2015, 817, 823 f.

1448 Ebd., S. 824.

1449 Ebd., S. 825. Zur Entscheidung des Bundesverfassungsgerichts s. Vierter Teil II.

1450 *Schaks*, DÖV 2015, 817, 827. So für das Verhältnis von Wesensgehaltsgarantie und Übermaßverbot auch *Ipsen*, Staatsrecht II: Grundrechte, 22. Aufl. 2019, Rn. 218.

1451 *Ruschemeier*, Der additive Grundrechtseingriff, 2019, S. 195.

1452 Ebd., S. 261.

1453 Ebd., S. 195.

1454 Ebd., S. 196.

hiermit ein Perspektivwechsel weg vom Verlust an grundrechtlicher Freiheit hin zum verbleibenden Freiheitsgehalt stattfinde.[1455] Schließlich stütze der historische Hintergrund des Art. 19 Abs. 2 GG die Einordnung als verfassungsrechtliche Grenze des additiven Grundrechtseingriffs. Daher heißt es zusammenfassend: „Der umfassende Schutz des Art. 19 Abs. 2 GG soll eine Vorkehrung dagegen bieten, dass Grundrechte durch eine Vielzahl gesetzgeberischer Entscheidungen – die im Einzelfall verhältnismäßig sind – an Geltung einbüßen."[1456]

Einen ähnlichen Ansatz vertritt *Huber*. So finde das Problem der „Kumulierung von Grundrechtseingriffen" im Bereich der Grundrechtsdogmatik seinen wichtigsten Anknüpfungspunkt in Art. 19 Abs. 2 GG.[1457] Die Bedeutung der Wesensgehaltsgarantie schätzt er allerdings als eher gering ein.[1458] Zudem spricht er andere absolute Grenzen an, darunter der sog. Halbteilungsgrundsatz und die Kernbereichstheorie bei Art. 28 Abs. 2 GG.[1459] Für den von ihm untersuchten Zusammenhang erwiesen sich diese aber als untauglich, um den „kumulativen Zugriff" des Staates zu begrenzen. Folgerichtig stellt er die Frage nach verfassungsrechtlichen Maßstäben für kumulative Eingriffe im Vorfeld von Wesensgehalts- und Kernbereichsgarantien. *Huber* greift hier den Gedanken der Systemgerechtigkeit auf, nicht aber den Grundsatz der Verhältnismäßigkeit.[1460]

Zu nennen ist in diesem Kontext noch *Winkler*. Sie begrüßt den Perspektivwechsel, bei dem nicht der grundrechtliche Schutzverlust, sondern der verbleibende Schutzgehalt der Prüfung unterworfen werde. „Aus der eingriffsorientierten Perspektive resultieren eine besondere Betonung der konkreten Handlungswirkung und zugleich eine Vernachlässigung des verbleibenden Freiheitsraums."[1461] Dieser liege in seinem Umfang irgendwo zwischen unzähligen Freiheitspunkten und einem „Gesamtfreiheitsraum", der sämtliche Lebensäußerungen umfasse. Die Frage, ob dem Bürger angesichts der „Totalität staatlichen Handelns" in dieser Hinsicht noch genügend Freiheit bleibe, könne nur innerhalb des demokratischen Diskurses entschieden werden.[1462] Den grundrechtsdogmatischen Anknüp-

1455 Ebd., S. 197.
1456 Ebd., S. 198.
1457 *Huber*, VSSR 2000, 369, 386.
1458 Ebd., S. 387.
1459 Vgl. ebd., S. 387 ff.
1460 Ebd., S. 391 ff.
1461 *Winkler*, JA 2015, 881, 883.
1462 Ebd., S. 885.

fungspunkt bilde insoweit Art. 19 Abs. 2 GG[1463], mit dem sich zugleich die serielle Beeinträchtigung eines Grundrechts aufnehmen und bewerten ließe.[1464] Jenseits der aufgrund ihrer Schutzintensität abwägungsresistenten Kernbereiche, also der absolut geschützten Güter, biete, so *Winkler*, „die Herausforderung durch Belastungskumulationen neuen Raum für die Betonung eines flexiblen (nämlich mit Blick auf den Einzelfall zu bestimmenden) Wesensgehaltes, der einerseits die in Anspruch genommenen Schutzebenen, andererseits die Zeitebene [...] nach dem ‚Was bleibt übrig?' untersucht und am Maßstab der betroffenen Gemeinwohlbelange misst."[1465]

(b) Die Wesensgehaltsgarantie als (absolute) Grenze additiver Grundrechtseingriffe

Zahlreiche Untersuchungen additiver Grundrechtseingriffe enthalten einen Verweis auf Art. 19 Abs. 2 GG. Häufig geschieht dies aber eher beiläufig. *Reimer* etwa erwähnt die Norm lediglich als Beispiel dafür, dass das Grundgesetz zunächst auf den Schutz vor intensiven Einzeleingriffen ausgerichtet sei.[1466] Im Übrigen aber seien zur Bestimmung der zulässigen Eingriffsschwelle die üblichen, vom Grundsatz der Verhältnismäßigkeit geprägten Regeln maßgeblich.[1467] Andere verstehen die Wesensgehaltsgarantie zumindest als einen normativen Ansatzpunkt der Problematik. *Lee* verweist insoweit auf deren Funktion, ein „Leerlaufen" der Grundrechte zu verhindern. Daher könne sie als Schutzvorkehrung dagegen verstanden werden, dass Grundrechte ihre Geltung durch eine Vielzahl gesetzgeberischer Einwirkungen faktisch einbüßten.[1468] „Kumulative Grundrechtseinwirkungen" versteht sie indessen zuvörderst als Fall des Übermaßver-

1463 Ebd., S. 883 u. 886.
1464 Ebd., S. 884. Zur sog. horizontalen Eingriffsaddition s. bereits Zweiter Teil III. 2. b) bb) (1).
1465 Ebd., S. 886.
1466 *Reimer*, Qualitätssicherung, 2010, S. 274.
1467 Ebd., S. 276.
1468 *Lee*, Umweltrechtlicher Instrumentenmix und kumulative Grundrechtseinwirkungen, 2013, S. 106. Auf die Entwicklungsoffenheit der Wesensgehaltsgarantie verweist *Leisner-Egensperger*, in: Merten/Papier (Hrsg.), Grundsatzfragen der Grundrechtsdogmatik, 2007, S. 57, 72.

bots[1469] und entwickelt dazu einen eigenen Ansatz[1470]. *Bronkars* zufolge lässt Art. 19 Abs. 2 GG eine „kumulative Betrachtungsweise“ von Eingriffen in grundrechtlich geschützte Freiheiten erkennen, er bestätige Existenz und Verfassungsrang eines Verbots der übermäßigen Gesamtbelastung des Bürgers.[1471] Der Wortlaut sei insofern zwar offen, aus systematischer, teleologischer und historischer Perspektive sei dies aber zwingend. Hierin liege die besondere Bedeutung des Art. 19 Abs. 2 GG als zusätzliche Grundrechtssicherung, die über den durch das Verhältnismäßigkeitsgebot gewährleisteten Schutz hinausgehe.[1472]

Auch *Würsig* verweist darauf, dass die Wesensgehaltsgarantie die Grundrechte vor einer substantiellen Aushöhlung durch staatliche Eingriffe bewahren solle und somit auf den tatsächlichen Erhalt einer individuellen Freiheitssubstanz ziele.[1473] Er erwägt daher mit Blick hierauf eine ausschließlich am Erhalt der Grundrechtssubstanz orientierte Pflicht zur uneingeschränkten Berücksichtigung aller Vorbelastungen, wenn und soweit sich die Gesamtheit aller Freiheitsbeeinträchtigungen auf den Kernbereich eines Grundrechts auswirkten und dadurch den absoluten Bestand individueller Freiheit gefährdeten.[1474] Die Bestimmung des Wesensgehalts hält er indessen für kaum handhabbar. Er bezweifelt überdies, dass damit für seinen Untersuchungsgegenstand – die verfassungsrechtliche Steuerung summativer Immissionseffekte – überhaupt ein Gewinn verbunden wäre. Schließlich seien immissionsbedingte Beeinträchtigungen in der Regel nicht auf die generelle Belastungssituation im Allgemeinen, sondern vornehmlich auf das Zusammenwirken wirkungsidentischer Immissionen zurückzuführen, was ohnehin bereits im Rahmen der Verhältnismäßigkeitsprüfung Berücksichtigung finde.[1475] Ungeachtet dessen hält er – so scheint es – daran fest, dass sich beide Dimensionen ergänzen: Das Verhältnismäßigkeitsgebot als relative Grenze, die Wesensgehaltsgarantie als absolute Grenze additiver Grundrechtseingriffe.

1469 Vgl. *Lee*, Umweltrechtlicher Instrumentenmix und kumulative Grundrechtseinwirkungen, 2013, S. 93 ff.

1470 Ebd., S. 146 ff.

1471 *Bronkars*, Kumulative Eigentumseingriffe, 2007, S. 68.

1472 Ebd., S. 73 f.

1473 Vgl. *Würsig*, Die Steuerung von Summenbelastungen im öffentlichen Immissionsschutzrecht, 2009, S. 60 f.

1474 Ebd., S. 66.

1475 Ebd., S. 66 f.

Dieses Verständnis teilt wohl auch *Klement*, der zwischen relativer und absoluter Angemessenheit der Maßnahme(n) unterscheidet.[1476] Er erwägt zwar das Verhältnismäßigkeitsprinzip auch zur Begründung eines Mindestschutzes heranzuziehen, verweist dabei aber auf das „Gebot relativer Angemessenheit". So ließe sich der Mindestschutz als Ausfluss einer in Extremfällen gesicherten und nicht weiter begründungsbedürftigen „Präferenzregel" bei der Abwägung von Eingriffs- und Freiheitsinteresse verstehen. Im Unterschied zu einer abwägungsfesten Mindestposition garantiere eine solche Präferenzregel das Mindestmaß nur für den Normalfall und nicht unter allen Umständen.[1477] Daneben entfaltet *Klement* den Gedanken eines absoluten Freiheitsschutzes als Ausfluss des Art. 19 Abs. 2 GG.[1478] Insofern positioniert er sich deutlich im Sinne der absoluten Theorie des Wesensgehalts, mag sie seines Erachtens auch nicht völlig ohne Abwägungen auskommen.[1479] Zugegeben bestünden Schwierigkeiten bei der Bestimmung des Mindestgehalts, namentlich im Umweltrecht. Dennoch und gerade deshalb solle sich die Rechtswissenschaft der Aufgabe stellen.[1480]

Deutlich mehr Skepsis tritt bei *Jesse* zu Tage. Grundsätzlich hält er absolute Grenzen zwar für denkbar. Allerdings bleibe, selbst wenn man – mit *Klement* – aufgrund einer Öffnung der Rechtswissenschaft für ökonomische Modelle die Belastungen im Einzelnen mess- und vergleichbar mache, das Problem, dass sich dem Grundgesetz keine quantitativen Grenzen für eine noch zulässige Belastung entnehmen ließen.[1481] Etwas positives vermag *Jesse* der Wesensgehaltsgarantie aber abzugewinnen, nämlich dass sie anders als der Grundsatz der Verhältnismäßigkeit den Blick nicht nur auf Freiheitseinbußen – durch einen Eingriff oder eine Belastungsgesamtheit – richte, sondern auch auf die Verschiebung der Perspektive hin zur verbleibenden Freiheit des Grundrechtsträgers.[1482] Insoweit erwägt er sogar ein neues (exklusives) Anwendungsfeld für die Wesensgehaltsgarantie: Wenn durch mehrere belastende Maßnahmen unterschiedliche Zwecke verfolgt würden, sei der Verhältnismäßigkeitsgrundsatz nicht mehr geeignet, die sich aus den Maßnahmen ergebenden grundrechtlichen Belastungen zu

1476 Vgl. *Klement*, AöR 134 (2009), 35, 70 ff.

1477 Ebd., S. 75. S. bereits Dritter Teil II. 1. c) aa) (3) (b) (dd) (α).

1478 *Klement*, AöR 134 (2009), 35, 75 ff.

1479 Ebd., S. 76 f. Dazu s. Dritter Teil III. 1. c) bb) (1) (c).

1480 Vgl. *Klement*, AöR 134 (2009), 35, 77 f.

1481 *Jesse*, Instrumentenverbund als Rechtsproblem am Beispiel effizienter Energienutzung, 2014, S. 191.

1482 Ebd., S. 192.

verarbeiten. Insoweit bilde die Wesensgehaltsgarantie (neben der Schutzpflichtendimension) den dogmatischen Ankerpunkt. Die Wesensgehaltsgarantie trete also nicht – wie im Übrigen vielfach angenommen wird – neben das Übermaßverbot, sondern an dessen Stelle. An den Schwierigkeiten, die Wesensgehaltsgarantie zu operationalisieren, ändere dies freilich nichts.[1483]

(c) Kritische Stimmen?

Einige verzichten völlig auf einen Bezug zur Wesensgehaltsgarantie, ohne darauf aber explizit hinzuweisen.[1484] Über die Gründe lässt sich daher nur spekulieren. Denkbar erscheint eine Beschränkung des Anwendungsbereichs von Art. 19 Abs. 2 GG auf (schwerwiegende) Einzeleingriffe. Insoweit erwiese sich dieser Ansatz als untauglich zur Erfassung additiver Grundrechtseingriffe. Womöglich wird der Erkenntnisgewinn eines solches Verweises auch lediglich für gering gehalten. Mit Blick auf die vernachlässigbare praktische Bedeutung der Wesensgehaltsgarantie[1485] erscheint es in der Tat nachvollziehbar, sich der in der Praxis wichtigsten Schranken-Schranke, der Verhältnismäßigkeit, zuzuwenden.

Beispielhaft sei *Lücke* herausgegriffen, der den Ansatz, an Art. 19 Abs. 2 GG anzuknüpfen, zumindest implizit ablehnt. So siedelt er das sog. Verbot der übermäßigen Gesamtbelastung des Bürgers ebenso wie das traditionelle Übermaßverbot ausdrücklich im Rechtsstaatsprinzip an. Zur Bestätigung der Existenz und des Verfassungsrangs dieses Verbots verweist er auf Art. 106 Abs. 3 Satz 4 Nr. 2 GG und Art. 103 Abs. 3 GG, – anders als *Lee*[1486]

1483 Ebd.

1484 S. etwa *Bernsdorff*, SGb 2011, 121 ff.; *Hillgruber*, in: Isensee/P. Kirchhof (Hrsg.), Handbuch des Staatsrechts der Bundesrepublik Deutschland, Bd. IX, 3. Aufl. 2011, § 200 Rn. 97 ff., insbes. 99; *F. Hufen*, VVDStRL 57 (1998), 131 ff. (Diskussionsbeitrag); *G. Kirchhof*, NJW 2006, 732 ff.; *Kloepfer*, VerwArch 74 (1983), 201, 213 f.; *Michael*, in: Hoffmann-Riem/Schmidt-Aßmann/Voßkuhle (Hrsg.), Grundlagen des Verwaltungsrechts, Bd. II, 2. Aufl. 2012, § 41 Rn. 119 ff.; *Peine*, in: Merten/Papier (Hrsg.), Handbuch der Grundrechte in Deutschland und Europa, Bd. III, 2009, § 57 Rn. 53 f.

1485 Vgl. nur *Huber*, in: von Mangoldt/F. Klein/Starck (Begr./Hrsg.), Kommentar zum Grundgesetz, Bd. I, 7. Aufl. 2018, Art. 19 Abs. 2 Rn. 107 ff.; *Jarass*, in: Jarass/Pieroth, Grundgesetz: Kommentar, 15. Aufl. 2018, Art. 19 Rn. 9.

1486 *Lee*, Umweltrechtlicher Instrumentenmix und kumulative Grundrechtseinwirkungen, 2013, S. 106.

oder *Bronkars*[1487] – aber nicht auf Art. 19 Abs. 2 GG.[1488] Zudem werde dadurch, so heißt es weiter, keine absolute Grenze gesetzt. Die Grenze zwischen der noch angemessenen und der bereits unangemessenen Gesamtbelastung werde vielmehr durch zwei miteinander in Relation zu setzende Größen – Eingriffszweck und Eingriffsintensität – bestimmt.[1489]

(2) Rechtsprechung

Für die Judikatur spielt Art. 19 Abs. 2 GG im Kontext additiver Grundrechtseingriffe kaum eine Rolle.[1490] Sie erkennt „lediglich" vereinzelt Belastungsobergrenzen an, bei deren Überschreitung solche Eingriffe von vornherein verfassungsrechtlich unzulässig seien. Das erinnert an die Wesensgehaltsgarantie, auch von der Terminologie her („*Kernbestand* des Erfolges eigener Betätigung im wirtschaftlichen Bereich"[1491]). Dennoch stützt sich die Rechtsprechung allem Anschein nach eher auf den Grundsatz der Verhältnismäßigkeit, sodass auf die entsprechenden Ausführungen verwiesen werden kann.[1492] Im Übrigen gilt das Folgende.

cc) Weitere (absolute) Belastungsgrenzen

Bereits oben ist auf verschiedene Versuche hingewiesen worden, eine absolute Obergrenze zulässiger grundrechtlicher Gesamtbelastung zu bestimmen.[1493] Diese finden sich in unterschiedlichen Zusammenhängen; ihre Begründung reicht vom Verhältnismäßigkeitsgrundsatz über die Wesensgehaltsgarantie bis hin zu Art. 1 Abs. 1 GG, wobei selten Einigkeit herrscht. Daher erfolgt hier eine gemeinsame Darstellung. Den Anfang macht der sog. Halbteilungsgrundsatz. Darauf folgen das Verbot der „Rundumüberwachung" sowie weitere ausgewählte Ansätze.

1487 *Bronkars*, Kumulative Eigentumseingriffe, 2007, S. 68.

1488 *Lücke*, DVBl 2001, 1469, 1477. Ähnlich *Hillgruber*, in: Isensee/P. Kirchhof (Hrsg.), Handbuch des Staatsrechts der Bundesrepublik Deutschland, Bd. IX, 3. Aufl. 2011, § 200 Rn. 99.

1489 *Lücke*, DVBl 2001, 1469, 1477.

1490 Anders *Ruschemeier*, Der additive Grundrechtseingriff, 2019, S. 72.

1491 BVerfGE 93, 121, 137 (Hervorhebung nur hier). Vgl. auch *Huber*, VSSR 2000, 369, 388 f.

1492 S. bereits Dritter Teil II. 1. c) aa) (3) (b) (dd) (β).

1493 S. Dritter Teil II. 1. c) aa) (3) (b) (dd).

(1) Der Halbteilungsgrundsatz im Steuerrecht

Zunächst ist die Entwicklungsgeschichte des Halbteilungsgrundsatzes nachzuzeichnen, bevor auf die Kritik daran eingegangen wird.

(a) Allgemeines

P. Kirchhof legte bereits 1980 die dogmatische Grundlage für den sog. Halbteilungsgrundsatz.[1494] Er führte aus, dass sich die Obergrenze für eine Besteuerung des Einkommens am deutlichsten für die Einnahmen aus Eigentumsgebrauch (Art. 14 Abs. 2 S. 2 GG), insbesondere aus Landwirtschaft, Gewerbebetrieb und Kapitalvermögen, darstellen lasse. „Das ‚Zugleich' von Allgemein- und Privatnützigkeit bringt staatliches und privates Ertragsbegehren nebeneinander zur Geltung."[1495] An diese Interpretation knüpfte der Zweite Senat des Bundesverfassungsgerichts im Jahre 1995 an. Er führte aus: „Die Gesamtbelastung durch eine Besteuerung [...] ist vom Gesetzgeber so aufeinander abzustimmen, dass [...] eine *übermäßige Last* vermieden wird. Dabei ist zu beachten, dass auch der Steuergesetzgeber nicht beliebig auf Privatvermögen zugreifen darf, der Berechtigte vielmehr von Verfassungs wegen einen Anspruch darauf hat, dass ihm die Privatnützigkeit des Erworbenen und die Verfügungsbefugnis über geschaffene vermögenswerte Rechtspositionen jedenfalls *im Kern erhalten bleiben*."[1496] Insoweit dürfe die Vermögensteuer nur so bemessen werden, „dass sie in ihrem Zusammenwirken mit den sonstigen Steuerbelastungen die Substanz des Vermögens, den Vermögensstamm, unberührt lässt und aus den üblicherweise zu erwartenden, möglichen Erträgen [...] bezahlt werden kann."[1497] Im Übrigen dürfe sie auch zu den übrigen Steuern auf den Ertrag nur hinzutreten, „soweit die steuerliche Gesamtbelastung des Sollertrages bei typisierender Betrachtung von Einnahmen, abziehbaren Aufwendungen und sonstigen Entlastungen *in der Nähe einer hälftigen Teilung* zwischen privater und öffentlicher Hand verbleibt".[1498]

1494 Vgl. *P. Kirchhof*, VVDStRL 39 (1981), 213, 238 ff. Deutlicher: *ders.*, Gutachten F für den 57. Deutschen Juristentag, 1988, F 19 f.; *ders.*, Jura 1983, 505, 510. Für eine derartige Grenze vor Ergehen der Einheitswerte-Entscheidung (BVerfGE 93, 121) auch *Friauf*, DStJG 12 (1989), 3, 8 f.; *Schemmel*, StuW 1995, 39, 55 f.

1495 *P. Kirchhof*, VVDStRL 39 (1981), 213, 271 f.

1496 BVerfGE 93, 121, 135 (Hervorhebung nur hier).

1497 Ebd., S. 137.

1498 Ebd., S. 138 (Hervorhebung nur hier).

(b) Kritik

Schon kurz darauf regte sich Widerspruch in der Finanzgerichtsbarkeit.[1499] Den vorläufigen Höhepunkt markiert ein Urteil des Bundesfinanzhofs aus dem Jahre 1999. Zunächst verneinte das Gericht – die Verfassungsmäßigkeit der Belastung durch Einkommen- und Gewerbesteuer betreffend – eine Bindung an die Grundsätze des Bundesverfassungsgerichtsbeschlusses gem. § 31 BVerfGG.[1500] Darüber hinaus lehnte es eine verfassungsrechtliche Obergrenze der Besteuerung in Gestalt des Halbteilungsgrundsatzes ab: Aus der Sozialpflichtigkeit des Eigentums könne eine Begrenzung der zulässigen Steuerbelastung im Sinne einer konkreten und quantifizierbaren Vorgabe nicht abgeleitet werden. „Jedenfalls lässt Art. 14 Abs. 2 S. 2 GG kein Gebot der annähernd hälftigen Teilung eines verfügbaren Betrags (wie etwa des Sollertrags) erkennen. Der Formulierung ‚zugleich' vermag der Senat dem allgemeinen Sprachgebrauch als auch dem Wortsinn nach lediglich ein finales, nicht hingegen ein arithmetisches Element im Sinne einer Zuordnung zu rechnerisch etwa gleichen Teilen (50 %) zu entnehmen."[1501] Die Kläger erhoben daraufhin Verfassungsbeschwerde gegen das Urteil des Bundesfinanzhofs, die im Jahre 2006 zurückgewiesen wurde. Hiermit scheint der Zweite Senat des Bundesverfassungsgerichts vom Halbteilungsgrundsatz wieder abgerückt zu sein, nachdem bereits der Erste Senat den Schutz durch Art. 14 Abs. 1 GG wieder auf den Fall einer den Betroffenen übermäßig belastenden, erdrosselnden Steuer reduziert hatte[1502]. Laut Bundesverfassungsgericht lässt sich aus dem „in Art. 14 Abs. 2

1499 Vgl. nur FG Düsseldorf, EFG 1998, 378; FG Rheinland-Pfalz, EFG 1997, 903, 904.

1500 BFH NJW 1999, 3798.

1501 Ebd., S. 3799.

1502 Vgl. BVerfGE 95, 267, 300. Das Verbot von Abgaben mit erdrosselnder Wirkung erkennt die Rechtsprechung in ständiger Rechtsprechung an (s. etwa BVerfG, NVwZ 2014, 1084, 1085; BVerfGE 98, 106, 118; BVerfGE 38, 61, 81; BVerfGE 29, 327, 331; BVerfGE 16, 147, 161). Danach biete die Besteuerungskompetenz keine ausreichende Rechtsgrundlage, wenn die – grundsätzlich zulässige – steuerliche Lenkung nach Gewicht und Auswirkung einer verbindlichen Verhaltensregel nahekommt, die Finanzierungsfunktion der Steuer also durch eine Verwaltungsfunktion mit Verbotscharakter verdrängt wird, indem der steuerpflichtige Vorgang unmöglich gemacht wird (BVerwG, NVwZ 2015, 992, 994). Auch knüpft das Bundesverfassungsgericht den Schutz vor der staatlichen Auferlegung von Geldleistungspflichten durch Art. 14 Abs. 1 GG daran, ob diese den Betroffenen übermäßig belasten und seine Vermögensverhältnisse so grundlegend beeinträchtigen, dass sie eine erdrosselnde Wirkung haben

S. 1 und Abs. 2 S. 2 GG zum Ausdruck kommenden Maßstab, der lediglich den Rahmen der Abwägung kennzeichnet, [...] keine allgemein verbindliche, absolute Belastungsobergrenze in der Nähe einer hälftigen Teilung (‚Halbteilungsgrundsatz') ableiten. Der Wortlaut des Art. 14 Abs. 2 S. 2 GG (‚zugleich') reicht zur Begründung einer mit Sinn und Zweck des Art. 14 Abs. 2 S. 2 GG sowie seiner Entstehungsgeschichte zu vereinbarenden Herleitung einer Höchstbelastungsgrenze in der Nähe einer hälftigen Teilung nicht aus."[1503] Stattdessen zieht das Gericht zur Begründung eines Verbots übermäßiger, auch gesetzesübergreifender Besteuerung den Verhältnismäßigkeitsgrundsatz – konkret das Gebot der Angemessenheit – heran, dem allerdings keine zahlenmäßig zu konkretisierende allgemeine Obergrenze der Besteuerung entnommen werden könne.[1504] Im Übrigen könne dahinstehen, „ob die sich aus dem Verhältnismäßigkeitsgrundsatz ergebende Belastungsobergrenze bei einer Vermögensteuer, die zur Einkommen- und Gewerbesteuer hinzutritt, typischerweise ‚in der Nähe einer hälftigen Teilung' zu finden ist."[1505]

Auch im Schrifttum löste die Entscheidung des Bundesverfassungsgerichts aus dem Jahr 1995 eine weitreichende Debatte[1506] über die Existenz und die Reichweite[1507] des Halbteilungsgrundsatzes aus. Während Einige die seitens der Rechtsprechung gezogenen Besteuerungsgrenzen als „Steuer- und Eigentumswende"[1508], gar als „revolutionär"[1509] feiern, weisen Andere sie als „Irrweg"[1510] zurück. Denn zunächst sei das Vermögen als sol-

(BVerfGE 78, 232, 243; BVerfGE 70, 219, 230; BVerfGE 38, 61, 102). Insoweit liege dann zugleich ein Verstoß gegen das rechtsstaatliche Übermaßverbot vor. Erstmals aktiviert wurde das Erdrosselungsverbot kürzlich durch das Bundesverwaltungsgericht (BVerwG, NVwZ 2015, 992). Dabei ging es um eine erhöhte Kampfhundesteuer. Indessen betrifft dieser Fall nur die (isolierte) Wirkung einer und nicht mehrerer Abgaben in ihrem Zusammenwirken. Ob die Rechtsprechung hiermit auch der steuerlichen Gesamtlast Grenzen ziehen wird, bleibt daher abzuwarten. In diese Richtung weist zumindest ein jüngerer Beschluss des Bundesfinanzhofs, der das Erdrosselungsverbot im Kontext des additiven Grundrechtseingriffs sieht (BFH, Urt. v. 25.4.2018 – II R 43/15 –, juris Rn. 34). Vgl. ferner BVerwG, NVwZ 2016, 529, 531 f. zum Glücksspielrecht.

1503 BVerfGE 115, 97, 114.

1504 Ebd., S. 114 f. u. 117.

1505 Ebd., S. 118.

1506 S. nur *Pausenberger*, Eigentum und Steuern in der Republik, 2008, S. 289 Fn. 1212 m.w.N.

1507 Dazu s. bereits Erster Teil IV. 1.

1508 *Leisner*, NJW 1995, 2591.

1509 *G. Rose*, DB 1995, 1879, 1880.

1510 *Bull*, NJW 1996, 281.

ches nicht eigentumsgeschützt, sondern nur konkrete Rechtspositionen.[1511] Seine Begründung anhand des Art. 14 Abs. 2 GG sei überdies „geradezu abenteuerlich“[1512]: Die Wendung „zugleich“ mit der Formulierung „zu gleichen Teilen“ gleichzusetzen, überdehne den Wortlaut der Norm.[1513] Verteilungsrechtlich sage Art. 14 Abs. 2 S. 2 GG nur aus, dass eine einseitige Bevormundung oder Benachteiligung mit den verfassungsrechtlichen Vorstellungen eines sozialgebundenen Privateigentums nicht im Einklang stehe.[1514] Sehe man den Halbteilungsgrundsatz allerdings als Konkretisierung des Verhältnismäßigkeitsprinzips, dränge sich, so *Helbig*, der Widerspruch geradezu auf: Letzterem sei eine vorgefertigte Verteilungsregelung fremd. Statt durch starre Bewertungs- und Verteilungsvorgaben, wie sie dem Halbteilungsgrundsatz zu Eigen seien, zeichne sich dieser durch Relativität aus.[1515] Im Übrigen schränke der Halbteilungsgrundsatz – gerade angesichts seiner Starrheit – die Handlungsmöglichkeiten des Gesetzgebers in bedenklicher Weise ein, was zulasten des sozialen Rechtsstaates ginge.[1516] Das gelte erst Recht, soweit er auf sämtliche hoheitlichen Zugriffe auf das Eigentum, also nicht nur die des Steuerrechts, angewandt werde.[1517]

(c) Gegenkritik

P. Kirchhof verteidigt hingegen den Halbteilungsgrundsatz mitsamt seiner Herleitung vehement. Der Begriff „zugleich“ bedeute in seiner ursprünglichen Bedeutung „in gleicher Weise“. „Die [bloße] Gleichzeitigkeit gäbe keinen oder allenfalls einen sehr blassen Sinn.“[1518] Die Entstehensgeschichte bestätige, dass die Finanzkraft des Steuerpflichtigen jedenfalls „nicht bloß“, nicht unter Angriff auf ihre Substanz, sondern „zugleich“,

1511 Vgl. *Bull*, NJW 1996, 281, 283; *Eschenbach*, DStZ 1997, 413 f. Anders – unter den Kritikern – etwa *Arndt/Schumacher*, NJW 1995, 2603, 2604.

1512 *Eschenbach*, DStZ 1997, 413, 414.

1513 Vgl. *Arndt/Schumacher*, NJW 1995, 2603, 2604; *Bull*, NJW 1996, 281, 283; *Weber-Grellit*, BB 1996, 1415, 1417 f. Dazu ausführlich: *List*, NJW 2000, 1840 ff.

1514 *Helbig*, Der steuerverfassungsrechtliche Halbteilungsgrundsatz, 2002, S. 73.

1515 Ebd.

1516 *Bull*, NJW 1996, 281. In diese Richtung schon *Böckenförde*, Sondervotum, BVerfGE 93, 149, 150 ff. Dazu: *Butzer*, Freiheitsrechtliche Grenzen der Steuer- und Sozialabgabenlast, 1999, S. 64 ff. m.w.N.

1517 Vgl. *Eschenbach*, DStZ 1997, 413, 415.

1518 *P. Kirchhof*, in: Isensee/P. Kirchhof (Hrsg.), Handbuch des Staatsrechts der Bundesrepublik Deutschland, Bd. V, 3. Aufl. 2007, § 118 Rn. 127.

aber nicht überwiegend der Allgemeinheit dienen solle.[1519] Zur Begründung verweist er auch auf die Tradition der Staatsphilosophie (im Sinne Friedrich des Großen[1520]) und auf die Wesensgehaltsgarantie des Art. 19 Abs. 2 GG. Dabei sei dem Umstand Rechnung zu tragen, dass nur ein Recht in Zahlen der Besteuerungsgewalt greifbare Schranken setze, das verfassungsrechtliche Übermaß für die jeweilige Einzelsteuer und für die Gesamtbelastung – *P. Kirchhof* bezieht sich hier ausdrücklich auf den Terminus des „kumulativen Grundrechtseingriffs" – nur verfassungsrechtlich wirksam werde, wenn die jeweilige Obergrenze in Zahlen ausgedrückt werde.[1521] Würde das grundrechtliche Maß staatlicher Finanzmacht in Allgemeinformeln geschwächt, könnte, so heißt es weiter, die staatliche Steuer- und Finanzmacht in die Maßstabslosigkeit, in die Maßlosigkeit, in die Willkür entweichen.[1522]

Auch *Leisner* hält die Auslegung des Art. 14 Abs. 2 GG („zugleich – grundsätzlich zu gleichen Teilen") für eine konstruktive. Er fragt: „Welche andere Interpretation kann diesem Schlüsselwort gerecht werden, über das mehr als vier Jahrzehnte einfach hinweggelesen wurde?"[1523] Endlich sei „diese Privatnützigkeit mehr als eine Begriffsmolluske"; sie bedeute mindestens halber Nutzen dem Eigentümer.[1524] Dass der Erste Senat des Bundesverfassungsgerichts dem Halbteilungsgrundsatz nie folgen wollte und der Zweite es später wie gesehen relativiert hat, bedeute allgemein einen Rückschlag für die Verfassungssicherung des Eigentums, insbesondere aber eine verlorene Chance, der Privatnützigkeit direktiven Inhalt und Sinn in der Eigentumsdogmatik zu geben.[1525] Andere Stimmen halten den Halbteilungsgrundsatz zwar in der Sache für richtig, bemühen sich aber um eine anderweitige Begründung. *Lang* etwa bezeichnet den Ansatz, an

---

1519 Ebd., Rn. 128.

1520 *P. Kirchhof*, in: F. Kirchhof (Hrsg.), Festschrift f. Merten, 2007, S. 149 mit Hinweis auf dessen Zweites Politisches Testament aus dem Jahre 1768 (s. *Dietrich*, Die politischen Testamente der Hohenzollern, 1986, S. 499) als historischen Ursprung des Halbteilungsgrundsatzes.

1521 Vgl. *P. Kirchhof*, in: Isensee/P. Kirchhof (Hrsg.), Handbuch des Staatsrechts der Bundesrepublik Deutschland, Bd. V, 3. Aufl. 2007, § 118 Rn. 129 u. 132.

1522 Ebd., Rn. 133.

1523 *Leisner*, NJW 1995, 2591, 2594. Zustimmend *Pausenberger*, Eigentum und Steuern in der Republik, 2008, S. 310.

1524 *Leisner*, NJW 1995, 2591, 2594. Zurückhaltender *ders.*, in: Isensee/P. Kirchhof (Hrsg.), Handbuch des Staatsrechts der Bundesrepublik Deutschland, Bd. VIII, 3. Aufl. 2010, § 173 Rn. 153.

1525 *Leisner*, in: Isensee/P. Kirchhof (Hrsg.), Handbuch des Staatsrechts der Bundesrepublik Deutschland, Bd. VIII, 3. Aufl. 2010, § 173 Rn. 45.

dem Wort „zugleich" eine Halbteilung aufhängen zu wollen, als „nicht sonderlich geglückt und tragfähig".[1526] Stattdessen verweist er auf das freiheitsrechtliche Übermaßverbot und das Subsidiaritätsprinzip.[1527] Maßgeblich auf das „Subsidiaritätsprinzip zugunsten eines Primats der individuellen Selbstverantwortung bzw. der Privatinitiative" stützt sich auch *Jachmann*.[1528] *Seer* zufolge versagt das Übermaßverbot in seiner Struktur als Zweck-Mittel-Bindung gegenüber dem Steuereingriff, da der Fiskalzweck wegen seiner Konturenlosigkeit als Maßstab weithin unbrauchbar sei.[1529] Daher müsse die gebotene Abwägung zwischen Freiheitsgrundrecht und Sozialstaatlichkeit durch weitere Maßstäbe ergänzt werden, wofür er ebenfalls das Subsidiaritätsprinzip vorschlägt, das durch Art. 14 Abs. 2 S. 2 GG konkretisiert werde.[1530] Schütze Art. 14 GG die privatinitiierte Leistung und den daraus erwachsenden erwerbswirtschaftlichen Erfolg, dann gebühre dieser Erfolg vorrangig dem Steuerpflichtigen und müsse nach dem Steuerzugriff als solcher weiterhin erkennbar bleiben. Werde mehr als 50 % des privatwirtschaftlichen Erfolges abgeschöpft, arbeite der Steuerpflichtige primär fremd- und nicht mehr eigennützig.[1531]

(2) Halbteilung im Umwelt- bzw. Sozialrecht

Im Schrifttum wird erwogen, den Halbteilungsgrundsatz auf andere Bereiche des Rechts zu übertragen. Betroffen ist zunächst das Sozialrecht. Zwar

---

1526 *Lang*, in: P. Kirchhof u.a. (Hrsg.), Festschrift f. Vogel zum 70. Geburtstag, 2000, S. 173, 180. Vgl. auch *Butzer*, StuW 1999, 227, 238 f.

1527 Vgl. *Lang*, in: P. Kirchhof u.a. (Hrsg.), Festschrift f. Vogel zum 70. Geburtstag, 2000, S. 173, 181 ff.

1528 *Jachmann*, StuW 1996, 97, 103 f.; *dies.*, Verfassungsrechtliche Grenzen der Besteuerung, 1996, S. 26 f.; *dies.*, in: P. Kirchhof/Nieskens (Hrsg.), Festschrift f. Reiß, 2008, S. 339, 356.

1529 *Seer*, DStJG 23 (2000), 87, 103 mit Verweis auf *Papier*, Die finanzrechtlichen Gesetzesvorbehalte und das grundgesetzliche Demokratieprinzip, 1973, S. 76 ff. Die ganz h.M. lehnt es ab, die konkret zu finanzierenden Staatsaufgaben für diese Abwägung heranzuziehen (s. nur *Waldhoff*, in: Isensee/P. Kirchhof (Hrsg.), Handbuch des Staatsrechts der Bundesrepublik Deutschland, Bd. V, 3. Aufl. 2007, § 116 Rn. 119; a.A. *von Arnim*, VVDStRL 39 (1981), 286 ff.; *Elicker*, DVBl 2006, 480 ff.).

1530 Vgl. *Seer*, DStJG 23 (2000), 87, 103 ff. Ähnlich *Pausenberger*, Eigentum und Steuern in der Republik, 2008, S. 306 ff.

1531 *Seer*, DStJG 23 (2000), 87, 106. Ähnlich *Butzer*, Freiheitsrechtliche Grenzen der Steuer- und Sozialabgabenlast, 1999, S. 82; *Jachmann*, StuW 1996, 97, 104.

habe das Bundesverfassungsgericht den Halbteilungsgrundsatz inzwischen aufgegeben, gleichwohl sei, so *Bernsdorff*, die Erwartung gerechtfertigt, dass es – wenn auch ohne eine konkrete (absolute) Obergrenze für die Belastung von Rentenbeziehern zu benennen – den noch zulässigen Toleranz- oder Grenzbereich für solche Belastungen absteckt.[1532] Im Übrigen aber werde die Ungewissheit „über den Grenzverlauf in Anwendung von Verfassungsrecht nicht beseitigt werden können, ist er doch stets das Ergebnis einer Abwägung, die zwei variable Größen zueinander in Beziehung setzt."[1533] Deutlich weiter geht *Leisner* für das Umweltrecht: So dürften nun etwa Umweltschutzbelastungen nicht immer dann noch gebilligt werden, wenn dem Eigentümer nur „etwas an Nutzen" bleibe; die Verfassung verlange seinen grundsätzlich hälftigen Nutzen.[1534] Wolle man dies unterschreiten, so werde man jedenfalls „überzeugender – und sorgfältiger! – als bisher, etwa aus der ‚Situationsgebundenheit', argumentieren müssen."[1535] Hiergegen wendet sich *Bull* in „konsequente[r] Sorge für die Erhaltung der natürlichen Bedingungen allen Lebens, die einen ganz wesentlichen Kern der Sozialpflichtigkeit des Eigentums ausmacht".[1536] Durch eine Übertragung, zum Beispiel auf die Bereiche des Denkmal- oder Naturschutzes, werde, so *Eschenbach*, zwar eine Reduzierung der als übermäßig empfundenen Begrenzungen erreicht. Diese seien allerdings unter Umständen zur Erreichung des verfolgten Gemeinwohlbelangs erforderlich.[1537]

(3) Verbot der Rundumüberwachung

Bereits im sog. Volkszählungsurteil betonte das Bundesverfassungsgericht: „Freie Entfaltung der Persönlichkeit setzt unter den modernen Bedingungen der Datenverarbeitung den Schutz des Einzelnen gegen unbegrenzte Erhebung, Speicherung, Verwendung und Weitergabe seiner persönlichen

---

1532 *Bernsdorff*, SGb 2011, 121, 124. Vgl. zudem *Winkler*, JA 2014, 881, 886.

1533 *Bernsdorff*, SGb 2011, 121, 124.

1534 Skeptisch hinsichtlich der Messbarkeit des Nutzens des Eigentümers an seinem Eigentum *Klement*, AöR 134 (2009), 35, 78.

1535 *Leisner*, NJW 1995, 2591, 2594. Für eine Übertragung auf das Umweltrecht auch *Herdegen*, in: Badura/Dreier (Hrsg.), Festschrift 50 Jahre Bundesverfassungsgericht, Bd. II, 2001, S. 273, 288.

1536 *Bull*, NJW 1996, 281, 284.

1537 *Eschenbach*, DStZ 1997, 413, 415.

Daten voraus."[1538] Unzulässig sei wegen der Würde des Menschen eine „gänzliche[] oder teilweise[] Registrierung und Katalogisierung der Persönlichkeit."[1539] Wenig später griff das Gericht die Auffassung eines Beschwerdeführers auf, wonach der Gesetzgeber bei der Fassung des Gesetzes zur Beschränkung des Brief-, Post- und Fernmeldegeheimnisses die von Art. 10 GG geschützte Vertraulichkeit der Telekommunikation „völlig aufgehoben und damit den Wesensgehalt des Grundrechts im Sinn von Art. 19 Abs. 2 GG angetastet habe."[1540] Zwar sei eine „globale und pauschale Überwachung" unzulässig; insoweit aber bleibe die Überwachung und Aufzeichnung des Fernmeldeverkehrs sowohl „rechtlich als auch tatsächlich begrenzt."[1541] Auch hat das Bundesverfassungsgericht die sog. Vorratsdatenspeicherung für sich genommen am „Prinzip des Art. 10 Abs. 1 GG", also an dessen Menschenwürdekern und Wesensgehalt gemessen. Überdies untersuchte es, ob es sich dabei um eine Maßnahme handelt, „die auf eine Totalerfassung der Kommunikation oder Aktivitäten der Bürger insgesamt angelegt wäre"[1542], um im Anschluss darauf hinzuweisen, dass die Vorratsdatenspeicherung auch nicht im Zusammenspiel mit anderen vorhandenen Dateien zur Rekonstruierbarkeit praktisch aller Aktivitäten der Bürger führen dürfe. Weiter heißt es: „Dass die Freiheitswahrnehmung der Bürger nicht total erfasst und registriert werden darf, gehört zur verfassungsrechtlichen Identität der Bundesrepublik Deutschland."[1543]

Der Terminus der „Rundumüberwachung" findet mit dem Urteil zum Großen Lauschangriff Eingang in die Judikatur. Gemeint sei, so das Gericht, eine Überwachung, die „sich über einen längeren Zeitraum erstreckt und derart umfassend ist, dass nahezu lückenlos alle Bewegungen und Lebensäußerungen des Betroffenen registriert werden und zur Grundlage für ein Persönlichkeitsprofil werden können."[1544] Erstmals stellte das Bundesverfassungsgericht den Bezug zu additiven Grundrechtseingriffen mit der GPS-Entscheidung her: So habe es zwar keiner gesonderten gesetzlichen Regelung für einen Einsatz mehrerer Ermittlungsmaßnahmen zur selben Zeit bedurft. „Vielmehr durfte der Gesetzgeber davon überzeugt sein, dass eine von Verfassungs wegen stets unzulässige Rundumüberwachung [...]

1538 BVerfGE 65, 1, 43.
1539 Ebd., S. 52. Vgl. bereits BVerfGE 27, 1, 6.
1540 BVerfGE 100, 313, 376.
1541 Ebd. Vgl. auch BVerfGE 67, 157, 174.
1542 BVerfGE 125, 260, 322.
1543 Ebd., S. 324.
1544 BVerfGE 109, 273, 323. Aus jüngerer Zeit: BVerfGE 130, 1, 24; BVerfG, MMR 2007, 570, 573.

durch allgemeine verfahrensrechtliche Sicherungen auch ohne spezifische gesetzliche Regelung grundsätzlich ausgeschlossen sein werde."[1545] Das Verbot der Rundumüberwachung gelte „als Ausprägung des Verhältnismäßigkeitsgrundsatzes zur Wahrung eines in der Menschenwürde wurzelnden unverfügbaren Kerns der Person[1546] unmittelbar von Verfassungs wegen und ist von den Sicherheitsbehörden im Rahmen ihrer Befugnisse von sich aus zu beachten."[1547] Dessen ungeachtet müssten „die durch das Verbot der Totalüberwachung [...] dem kumulativen Einsatz moderner strafprozessualer Ermittlungsmethoden gezogenen Grenzen" gewahrt werden. Bei der Abwägung im Rahmen der Verhältnismäßigkeitsprüfung sei daher zu berücksichtigen, ob und inwiefern die Überwachung räumlich und zeitlich begrenzt gewesen ist.[1548]

Erste, für die Bestimmung der Schwelle zu einer (unzulässigen) Totalüberwachung relevante, Kriterien hat der Bundesgerichtshof entwickelt.[1549] Die Angeklagten machten geltend, dass die Ermittlungsmaßnahmen, darunter die Telefonüberwachung der von ihnen genutzten Mobiltelefone, die Beschlagnahme aller an sie gerichteten Postsendungen sowie die Anbringung eines GPS-Senders an zwei von ihnen genutzten Fahrzeugen – kumulativ zu der einen Zeitraum von fünf Monaten dauernden Wohnraumüberwachung – „zu einer unzulässigen Rundumüberwachung geführt hätten, aus der sich wiederum die Unverwertbarkeit auch der Er-

1545 BVerfGE 112, 304, 319.

1546 *Tanneberger*, Die Sicherheitsverfassung, 2014, S. 259 weist darauf hin, dass dieses Verbot im Kernbereichsschutz fuße. Anders wohl *Hornung*, in: Albers/Weinzierl (Hrsg.), Menschenrechtliche Standards in der Sicherheitspolitik, 2010, S. 65, 72. Im Übrigen prüft das Bundesverfassungsgericht – anders als *Hornung*, in: Albers/Weinzierl (Hrsg.), Menschenrechtliche Standards in der Sicherheitspolitik, 2010, S. 65, 70 suggeriert – die Maßnahmen in ihrem Zusammenwirken nicht (explizit) daraufhin, ob hierdurch der Kernbereich privater Lebensgestaltung (vgl. dazu nur BVerfG, NJW 2008, 822, 833; BVerfGE 109, 279, 319; BVerfGE 80, 367, 375) betroffen ist. In der GPS-Entscheidung untersucht das Gericht nur die entsprechende Einzelmaßnahme auf ihre Kernbereichsrelevanz (BVerfGE 112, 304, 318). Auch trennt es systematisch zwischen dem Kernbereich privater Lebensgestaltung und den Grenzen hinsichtlich des Zusammenwirkens verschiedener Überwachungsmaßnahmen (vgl. BVerfG, NJW 2016, 1781, 1786 f.).

1547 BVerfG, NJW 2016, 1781, 1798.

1548 Vgl. BVerfGE 112, 304, 321.

1549 Dennoch kritisiert *Hornung*, in: Albers/Weinzierl (Hrsg.), Menschenrechtliche Standards in der Sicherheitspolitik, 2010, S. 65, 72 f., dass es an handhabbaren Kriterien fehle.

kenntnisse aus der Wohnraumüberwachung ergebe."[1550] Das Gericht hielt die Rüge für unbegründet. Die Wohnraumüberwachung sei zwar über einen längeren Zeitraum durchgeführt worden; die Dauer der aufgezeichneten Gespräche habe im Verhältnis zur Gesamtdauer der Maßnahme aber lediglich 8,4 % ausgemacht. Auch sei das Mithören bei der Wahrnehmung kernbereichsrelevanter Gesprächsinhalte beendet worden. Die übrigen Maßnahmen hätten indessen nicht die gesamte Zeit angedauert.[1551]

(4) Sonstige Ansätze

Relevanz gewinnt zunächst das Gebot eines steuerlich zu verschonenden Existenzminimums[1552], also des Einkommens, dass zur Schaffung der Mindestvoraussetzungen für ein menschenwürdiges Dasein i.S.d. Art. 1 GG benötigt wird. Daran gemessen hat das Bundesverfassungsgericht das Zusammenwirken des Kindergeldrechts und des (Einkommen-)Steuerrechts. Trägt der Gesetzgeber der kindesbedingten Minderung der steuerlichen Leistungsfähigkeit durch Sozialleistungen – hier in Form des Kindergelds – Rechnung, müssten diese so bemessen werden, dass eine dem genannten Gebot entsprechende Entlastung eintritt.[1553] Apropos Sozialrecht: Hier erkannte das Bundesverfassungsgericht, dass die Regelungen über die Rentenanpassung nicht zu einer substanziellen Entwertung der erreichten Ansprüche und Anwartschaften mit der Folge führen dürften, dass diese im Ergebnis leerlaufen.[1554] Bislang hat das Gericht aber offen gelassen, wo konkret diese Grenze verläuft.[1555] Das Bundessozialgericht ging jedenfalls davon aus, dass der Verlust des in der hälftigen Beitragstragung durch den Rentenversicherungsträger liegenden Vorteils im Kontext der Beitragserhöhungen der letzten Jahre keine „Überforderung der Rentner" darstelle.[1556] Daran ändere auch das Unterbleiben der Rentenanpassung im Jahr

1550 BGH, NJW 2009, 3448, 3457.

1551 Ebd., S. 3458.

1552 Vgl. aus der Rechtsprechung nur BVerfGE 124, 282, 294; BVerfGE 120, 125, 154 f.; BVerfGE 99, 246, 259 f.; BVerfGE 99, 216, 233.

1553 Vgl. BVerfGE 82, 60, 83 ff.

1554 Vgl. nur BVerfGE 64, 87, 97 f. Die Rechtsprechung agiert hier mit dem Grundsatz der Verhältnismäßigkeit, während die Literatur eine deutliche Nähe zu Art. 19 Abs. 2 GG attestiert (*Klement*, AöR 134 (2009), 35, 76; *Winkler*, JA 2014, 881, 886).

1555 S. etwa BVerfG, NJW 2014, 3634, 3637; BVerfG, NZS 2008, 254, 256.

1556 BSG, BeckRS 2007, 47797 Rn. 29.

2005 sowie die ab 2005 schrittweise beginnende Besteuerung von Renten nichts.[1557]

dd) „Kulminierender Grundrechtseingriff" als eigene Schranken-Schranke

Schließlich richtet sich der Blick auf *Heu*, der sich für die Anerkennung einer eigenen Schranken-Schranken ausspricht, die neben die Verhältnismäßigkeitsprüfung des Einzeleingriffs trete[1558]. Dem „kumulierenden Grundrechtseingriff" solle nämlich die Möglichkeit eröffnet werden, sich „in einer eigenständigen Kategorie, befreit vom Ballast der durch und durch auf punktuelle Eingriffe zugeschnittenen, herkömmlichen Grundrechtsdogmatik, weiter zu entwickeln."[1559] Auf diese Weise füge sich der „kumulierende Grundrechtseingriff", so *Heu*, doch wieder ohne allzu große Modifikationen in das etablierte Grobgerüst der Grundrechtsprüfung ein.[1560] Inhaltlich sei bei der Prüfung der Schranken-Schranke eine „wertende Gesamtbetrachtung" unter Berücksichtigung der mit den angegriffenen Belastungen einhergehenden Entlastungen anzustellen.[1561] Um diese zu operationalisieren, präsentiert er eine Reihe von Indizien. Dazu zählten die „objektivierbare Gesamteingriffsintensität" sowie bei Eingriffen in die Berufsfreiheit – in deutlicher Nähe zu Art. 19 Abs. 2 GG – die Frage, ob trotz der Gesamtlast noch eine angemessene wirtschaftliche Teilhabe am Markt möglich sei.[1562]

2. Objektiv-rechtliches Grundrechtsverständnis

Auch die objektiv-rechtliche Dimension der Grundrechte, die oben bereits skizziert wurde[1563], wird zur Verarbeitung additiver Grundrechtseingriffe herangezogen. Dabei ist erneut zwischen Rechtsprechung und Schrifttum zu unterscheiden.

1557 Vgl. BSG, BeckRS 2009, 67106 Rn. 46; BSG, BeckRS 2007, 47797 Rn. 29.
1558 *Heu*, Kulminierende Grundrechtseingriffe, 2018, S. 267.
1559 Ebd., S. 259.
1560 Ebd., S. 261.
1561 Ebd., S. 262.
1562 Ebd., S. 263.
1563 S. Zweiter Teil III. 3. b) aa).

a) Schrifttum

In erster Linie geht es um Fälle, die jenseits des Additiven, d.h. in ihren einzelnen „Bestandteilen“, an sich durch die abwehrrechtliche Dimension der Grundrechte erfasst werden. Manche lenken den Blick aber (auch) auf die umgekehrte Konstellation.

aa) Abwehrrechtlich geprägte Sachverhalte

Bereits *Kloepfer* versprach sich Abhilfe „gegenüber den individualrechtlich sehr schwer zu fassenden Eingriffsadditionen [vertikaler Art] vor allem auch von einem objektiv-rechtlichen Grundrechtsverständnis“.[1564] *Würsig* zufolge bleiben Inhalt und Umfang der daraus folgenden Maßstäbe ausdrücklich unbeantwortet. Insbesondere bleibe unklar, ob eine Steuerung kumulativer Belastungen nur über die Konstruktion gesetzgeberischer Schutzpflichten erreichbar sein soll.[1565] *Kloepfer* selbst schlug zu einem späteren Zeitpunkt vor, „entindividualisierende Varianten des Übermaßverbots“ zu entwickeln, worauf auch *Rengeling* Bezug nimmt[1566]. Hierbei müsse das „Verhältnis von Zielbündeln zu Freiheitsgesamtbilanzen“ thematisiert werden.[1567] Darauf, dass viele diesen Ansatz für kaum justiziabel halten[1568], wurde bereits hingewiesen. *Lücke* hingegen vermutet hinter dem Terminus der „vertikalen Eingriffsaddition“ einen gänzlich anderen, von dem des additiven Grundrechtseingriffs abweichenden Inhalt, da *Kloepfer* diesbezüglich weder Voraussetzungen aufstelle noch darin einen aus einzelnen Grundrechtsbeeinträchtigungen zusammengesetzten mehrteiligen Gesamteingriff erblicke.[1569] Jedenfalls erwiesen sich die primär objektiv-rechtlichen Schranken, die *Kloepfer* statuiert habe, in den Augen *Klements* als letztlich wenig wirkungsvoll. Ginge man mit ihm davon aus, dass vom Gesetz eingeräumte Ermessensspielräume so zu nutzen seien, dass Abgabenkumulationen vermieden werden, „die vom Gesetzgeber nicht ge-

---

1564 *Kloepfer*, VerwArch 74 (1983), 201, 214.

1565 *Würsig*, Die Steuerung von Summenbelastungen im öffentlichen Immissionsschutzrecht, 2009, S. 51.

1566 *Rengeling*, in: Eberle/Ibler/Lorenz (Hrsg.), Festschrift f. Brohm zum 70. Geburtstag, 2002, S. 509, 522.

1567 *Kloepfer*, JZ 1991, 737, 744; *ders.*, ZAU 1996, 200, 208.

1568 Vgl. nur *Rodi*, ZG 2000, 231, 237.

1569 *Lücke*, DVBl 2001, 1469, 1472 f.

wollt sein können"[1570], sei nur eine Kumulation zu bewältigen, „die sich aus der Sicht des Gesetzgebers als ‚atypischer' Fall im Anwendungsbereich eines für die Mehrzahl der Betroffenen unbedenklichen Eingriffsarrangements darstellt."[1571] Daneben setze der Vorschlag voraus, dass das Gesetz der Verwaltung Ermessen einräumt, was nicht immer der Fall sei.[1572]

Michael/Morlok halten die Schutzpflichtendogmatik für den richtigen Ansatz. Diese setze daran an, ob nach den Gesamtumständen ein Grundrechtsträger besonders schonend zu behandeln ist. Konsequenzen daraus seien durch verfahrensrechtliche Anforderungen und im Rahmen der Verhältnismäßigkeit zu ziehen. „Wie typischerweise bei Schutzpflichten, ist nicht ein bestimmtes Ergebnis vorgegeben: Es geht auch nicht darum, den einen Eingriff, der ‚das Fass zum Überlaufen bringt', zu verwerfen, sondern den Staat insgesamt zum Schutz der Freiheit zu verpflichten."[1573] Etwas zurückhaltender äußert sich *Michael* an anderer Stelle. Konkret macht er gewisse Parallelen zur Lehre der Schutzpflichten aus. So ließen sich, gestehe man dem Gesetzgeber und der Verwaltung insoweit Einschätzungsprärogativen zu, die Verdichtungen verfassungsrechtlicher Maßstäbe auf Extremfälle beschränken.[1574] Daneben wirft er die Frage auf, „ob das Untermaßverbot einerseits gebieten kann, bestimmte, den grundrechtlichen Schutzpflichten nicht genügende Hoheitsakte zu einem Mix zu ergänzen, und ob andererseits ein Mix ausgeschlossen ist, wenn bestimmte Ziele auf bestimmtem, insbesondere ordnungsrechtlichem Weg zu garantieren sein sollen."[1575]

Jesse stützt sich zwar in erster Linie – bei zweckähnlichen Maßnahmen – auf ein abwehrrechtliches Verständnis der Grundrechte. Allerdings sei der Verhältnismäßigkeitsgrundsatz nicht geeignet, die sich aus Maßnahmen mit divergierenden Zwecken ergebenden Belastungen zu verarbeiten. „Ab diesem Punkt sind dann allenfalls die Wesensgehaltsgarantie und die

1570 *Kloepfer*, VerwArch 74 (1983), 201, 223.
1571 *Klement*, AöR 134 (2009), 35, 40.
1572 Ebd.
1573 *Michael/Morlok*, Grundrechte, 7. Aufl. 2020, § 18 Rn. 519. Anders *Ruschemeier*, Der additive Grundrechtseingriff, 2019, S. 123, die es für widersprüchlich hält, bei Eingriffen desselben Hoheitsträgers eine „Schutzpflicht gegen sich selbst" auszulösen.
1574 *Michael*, in: Hoffmann-Riem/Schmidt-Aßmann/Voßkuhle (Hrsg.), Grundlagen des Verwaltungsrechts, Bd. II, 2. Aufl. 2012, § 41 Rn. 126.
1575 Ebd.

Schutzpflichten die entscheidenden dogmatischen Ankerpunkte."[1576] Diese Institute seien flexibler als die Verhältnismäßigkeitsprüfung und könnten den Blick nicht nur auf Freiheitseinbußen richten, sondern auch die Verschiebung der Perspektive hin zur noch verbleibenden Freiheit des Grundrechtsträgers aufgreifen. Näher liege es jedoch angesichts der Schwierigkeiten Art. 19 Abs. 2 GG zu operationalisieren, die Schutzpflichtendimension zu mobilisieren. „Die damit einhergehenden Gestaltungsspielräume des Gesetzgebers können dann durch Beobachtungspflichten umhegt werden."[1577] Eine ähnliche Richtung schlägt *Würsig* ein. Auch er knüpft maßgeblich an die abwehrrechtliche Sichtweise an. Eine „globale Summenbetrachtung" hält er auf dieser Grundlage aber für verfehlt.[1578] Der global verstandene Schutz einzelner Freiheitsgüter könne vom Betroffenen grundsätzlich nicht in seiner Absolutheit beansprucht werden. „Die Grundrechte des Einzelnen sind eingebettet in ein dynamisches System der wechselseitigen Beeinflussung und Begrenzung durch die Grundrechte Dritter bzw. die Interessen der Allgemeinheit, über deren Wahrung der Staat ebenfalls zu wachen und für deren schonenden Ausgleich er Sorge zu tragen hat."[1579] Die Entscheidung darüber, wie die Absenkung einer auf die gesamte Freiheit des Einzelnen projizierten Belastung bzw. der Erhalt eines hinreichenden Maßes an Freiheit sichergestellt werden soll, erfordere daher eine umfassende Abwägung aller berührten Belange unter Einbeziehung der dem Staat verbleibenden Reaktions- und Handlungsoptionen.[1580] Außerhalb des grundrechtlichen Kernbereichs gem. Art. 19 Abs. 2 GG ließen sich subjektive Ansprüche auf Wahrung und Erhalt eines Mindestmaßes an Freiheit in begrenztem Umfang lediglich im Rahmen grundrechtlicher Schutzpflichten konstruieren.[1581]

1576 *Jesse*, Instrumentenverbund als Rechtsproblem am Beispiel effizienter Energienutzung, 2014, S. 192.

1577 Ebd. Zu den Einzelheiten verhält er sich nicht, sondern überlässt diese der weiteren Forschung (ebd., S. 351).

1578 Vgl. *Würsig*, Die Steuerung von Summenbelastungen im öffentlichen Immissionsschutzrecht, 2009, S. 64 ff.

1579 Ebd., S. 65.

1580 Ebd., S. 65 f.

1581 Ebd., S. 66 mit Verweis auf *Kloepfer*, VerwArch 74 (1983), 201, 214.

bb) Objektiv-rechtlich geprägte Sachverhalte

Daneben greift *Würsig* die Erfassung privater Summationsbeiträge auf, die sich – bereits für sich genommen – nicht über die Abwehrdimension der Grundrechte, sondern lediglich über ihre objektiv-rechtliche Dimension, genauer die grundrechtlichen Schutzpflichten erfassen ließen.[1582] Auch angesichts der hohen Hürden, die das Bundesverfassungsgericht an die Feststellung einer Schutzpflichtverletzung des Gesetzgebers stelle, würden Verstöße gegen das Untermaßverbot insoweit nur schwer zu begründen sein. Nichtsdestotrotz entfalteten die Schutzpflichten mit Blick auf ihre Bedeutung bei der Auslegung des einfachen Rechts eine nicht unerhebliche Bedeutung für die Steuerung „kumulativer Belastungen".[1583] Dem schließt sich *Winkler* an. Bei ihr heißt es: „Die Reichweite der staatlichen Schutzpflicht wird in diesen Fällen in erster Linie durch das einfache Gesetzesrecht abgesteckt. Dieses reguliert in Planungen, Genehmigungen oder Unterlassungsansprüchen die Belastungskumulation unter Berücksichtigung der privaten Schutzgüter."[1584] Auch *G. Kirchhof* greift die Problematik kumulativer Belastungen durch Private auf. Deren umfassende Rechtserörterung fordere „in einem ersten Punkt die Schutzsituation, die Normwirklichkeit zu analysieren, die über den konkreten Einzelfall hinausgreift."[1585] Diese gebe auch die Grundlage für die Prüfung, ob der Gesetzgeber seinen Gestaltungsspielraum verlassen, das Untermaß unterschritten habe. *G. Kirchhof* bleibt dabei aber nicht stehen. Gemeinsam mit anderen benennt er sowohl kumulierende staatliche Leistungspflichten[1586] als auch Fälle der mittelbaren Drittwirkung der Grundrechte. Entscheidend bei deren Lösung sei Art. 19 Abs. 2 GG[1587] bzw. – erneut – die Perspektive der „Normwirklichkeit"[1588].

1582 *Würsig*, Die Steuerung von Summenbelastungen im öffentlichen Immissionsschutzrecht, 2009, S. 68.
1583 Ebd., S. 68 f.
1584 *Winkler*, JA 2014, 881.
1585 *G. Kirchhof*, Grundrechte und Wirklichkeit, 2007, S. 40.
1586 Ebd., S. 41 f.; *Winkler*, JA 2014, 881.
1587 So *Schaks*, DÖV 2015, 817, 826 f.
1588 *G. Kirchhof*, Grundrechte und Wirklichkeit, 2007, S. 44.

b) Rechtsprechung

In der Judikatur spielt diese Diskussion bislang allenfalls eine untergeordnete Rolle. Herangezogen wird, soweit ersichtlich, „lediglich" die Lehre der Schutzpflichten und auch nur für den Fall, dass es sich um einen objektiv-rechtlich zu fassenden Sachverhalt handelt. In diesem Sinne entschied das Bundesverwaltungsgericht, dass der Gesetzgeber gegen die grundrechtliche Schutzpflicht des Art. 2 Abs. 2 S. 1 GG verstieße, „ließe er es zu, dass […] eine die menschliche Gesundheit gefährdende Verkehrslärmbelastung entsteht, und sei es auch nur durch die Erhöhung einer bereits vorhandenen Vorbelastung."[1589] Der zum Schutz verpflichtete Staat dürfe sich dieser Verpflichtung auch nicht dadurch entziehen, dass er summierte Immissionen bereits konzeptionell unbeachtet lässt.[1590]

3. Verfahrensrechtliche Ansätze (im engeren) und weiteren Sinne

Schließlich gibt es verfahrensrechtliche Ansätze, die im Folgenden dargestellt werden. Damit ist auch der Aspekt der Grundrechtssicherung durch Verfahren angesprochen, der sowohl in der abwehrrechtlichen als auch in der objektiv-rechtlichen Grundrechtsdimension Wirksamkeit entfaltet[1591].

a) Allgemeines

Zunächst geht es um den Stellenwert, den das Verfahrensrecht im Kontext additiver Grundrechtseingriffe generell – also auch und gerade im Verhältnis zu den anderen Vorschlägen – hat.

1589 BVerwG, NVwZ 1996, 1003, 1005.
1590 Ebd.
1591 S. bereits Zweiter Teil III. 3. b) aa).

aa) Schrifttum

Während der überwiegende Teil des Schrifttums verfahrensrechtlichen Erwägungen, wenn überhaupt[1592], nur am Rande Beachtung schenkt, sprechen sich einige wenige für eine primär verfahrensrechtliche Lösung aus. So muss *Peine* zufolge der Gesetzgeber „insbesondere ausschließen, dass mehrere staatliche Stellen unabhängig voneinander mit einem unzulässigen Gesamtgewicht auf ein grundrechtliches Schutzgut einwirken."[1593] *Michael* spricht sich zwar grundsätzlich für eine modifizierte Verhältnismäßigkeitsprüfung aus. Die Konsequenzen aus der Gesamtbetrachtung von Grundrechtseingriffen aber könnten „vielleicht sogar primär in ihrer verfahrensrechtlichen Einbindung, insbesondere im Gebot der Abstimmung verschiedener am Mix beteiligter Hoheitsträger liegen."[1594] Kritik an dieser Sichtweise äußert *Winkler*. Ihres Erachtens hängt der Versuch, additiven Grundrechtseingriffen (ausschließlich) auf dem Verfahrenswege zu begegnen, (lediglich) damit zusammen, dass die Problematik es als schwierig, wenn nicht unmöglich erscheinen lasse, die grundrechtstypischen Auswirkungen mit den bekannten Mitteln der Grundrechtsdogmatik zu erfassen. Zumindest sei der entsprechende, auf die Exekutive bezogene Ansatz in der GPS-Entscheidung des Bundesverfassungsgerichts nur bedingt auf Fälle des gesetzgeberischen Tätigwerdens übertragbar.[1595] Diese Verfahrensvorkehrungen beträfen, so *Schaks*, nur die Frage, wie der Eintritt einer „Belastungskumulation" zu verhindern sei. „Das Folgeproblem, welche Rechtsfolge eine gleichwohl eingetretene Belastungskumulation hat, ist damit noch nicht gelöst."[1596] Insoweit wird vorgeschlagen, auf den Grundsatz der Verhältnismäßigkeit zurückzugreifen.[1597] *Schaks* zieht stattdessen

---

1592 Keine Erwähnung verfahrensrechtlicher Ansätze – wenn auch ohne ausdrückliche Ablehnung dieser – bei *Hillgruber*, in: Isensee/P. Kirchhof (Hrsg.), Handbuch des Staatsrechts der Bundesrepublik Deutschland, Bd. IX, 3. Aufl. 2011, § 200 Rn. 97 ff.; *F. Hufen*, Staatsrecht II: Grundrechte, 7. Aufl. 2018, § 8 Rn. 16; *Reimer*, Qualitätssicherung, 2010, S. 274 ff.; *Smeddinck*, Integrierte Gesetzesproduktion, 2006, S. 122 ff.; *Voßkuhle/Kaiser*, JuS 2009, 313, 314.

1593 *Peine*, in: Merten/Papier (Hrsg.), Handbuch der Grundrechte in Deutschland und Europa, Bd. III, 2009, § 57 Rn. 54.

1594 *Michael*, in: Hoffmann-Riem/Schmidt-Aßmann/Voßkuhle (Hrsg.), Grundlagen des Verwaltungsrechts, Bd. II, 2. Aufl. 2012, § 41 Rn. 126.

1595 *Winkler*, JA 2014, 881, 882 f. Zu diesem Urteil sogleich.

1596 *Schaks*, DÖV 2015, 817, 825.

1597 Vgl. etwa *Epping/Lenz/Leydecker*, Grundrechte, 8. Aufl. 2019, Rn. 401; *Jesse*, Instrumentenverbund als Rechtsproblem am Beispiel effizienter Energienutzung, 2014, S. 172 ff. u. 192 f.; *Klar*, Datenschutzrecht und die Visualisierung

die Wesensgehaltsgarantie des Art. 19 Abs. 2 GG heran.[1598] Andere leiten zwar aus der objektiv-rechtlichen Dimension der Grundrechte verfahrensrechtliche Anforderungen her – *Michael/Morlok* sprechen beispielsweise die Pflicht zur Anrechnung einer bereits verbüßten Sanktion an – verstehen sie aber ebenso wenig exklusiv. Konsequenzen ergäben sich auch im Rahmen der Verhältnismäßigkeit.[1599] Während *Jesse* bei zweckähnlichen Maßnahmen auf eben jene in ihrer abwehrrechtlichen Deutung Bezug nimmt, verweist er bei divergierenden Zwecken wie gesehen auf die Schutzpflichtendimension.[1600] Weiter heißt es aber: „Zur Vermeidung von Belastungskumulationen durch Verwaltungsmaßnahmen können verfahrensrechtliche Vorkehrungen getroffen […] und Ermessensspielräume genutzt werden."[1601]

bb) Rechtsprechung

Auch die Rechtsprechung greift – abgesehen vom Verhältnismäßigkeitsgrundsatz – zur Bewältigung additiver Grundrechtseingriffe auf verfahrensrechtliche Ansätze zurück. Einzelne finden sich, wie zu zeigen sein wird, bereits in der Judikatur der 1960er und 1970er Jahre. Explizit aber stellte das Bundesverfassungsgericht diese Verknüpfung erst mit der bereits erwähnten GPS-Entscheidung her. Es betonte: „Beim Einsatz moderner, insbesondere dem Betroffenen verborgener, Ermittlungsmethoden müssen die Strafverfolgungsbehörden mit Rücksicht auf das dem ‚additiven' Grundrechtseingriff innewohnende Gefährdungspotential […] besondere Anforderungen an das Verfahren beachten."[1602]

---

des öffentlichen Raums, 2012, S. 92 ff.; *G. Kirchhof*, Grundrechte und Wirklichkeit, 2007, S. 29; *Klement*, AöR 134 (2009), 35, 66 ff. u. 54; *Lee*, Umweltrechtlicher Instrumentenmix und kumulative Grundrechtseinwirkungen, 2013, S. 146 ff. u. 157 ff.

1598 S. bereits Dritter Teil II. 1. c) bb) (1) (a).

1599 *Michael/Morlok*, Grundrechte, 7. Aufl. 2020, § 18 Rn. 519. Vgl. auch *Kloepfer*, VerwArch 74 (1983), 201, 213 ff. u. 220 ff.

1600 *Jesse*, Instrumentenverbund als Rechtsproblem am Beispiel effizienter Energienutzung, 2014, S. 192.

1601 Ebd., S. 192 f.

1602 BVerfGE 112, 304 (Leitsatz 2) u. 319 f.

b) Einzelne verfahrensrechtliche Instrumente

Im Folgenden werden diese Ansätze im Einzelnen dargestellt, wobei die Rechtsprechung den Anfang macht.

aa) Koordinations- und Kooperationsgebot

Zunächst müssten, so das Bundesverfassungsgericht, die Sicherheitsbehörden „koordinierend darauf Bedacht nehmen, dass das Ausmaß der Überwachung insgesamt beschränkt bleibt."[1603] Es sei – zwecks Wahrung der Verhältnismäßigkeit – sicherzustellen, dass die eine Ermittlungsmaßnahme beantragende oder anordnende Staatsanwaltschaft als primär verantwortlicher Entscheidungsträger über alle Ermittlungseingriffe informiert ist, die den Grundrechtsträger jeweils treffen. „Dazu bedarf es [...] einer vollständigen Dokumentation aller ausgeführten oder ausführbaren Ermittlungseingriffe in den Akten."[1604] Des Weiteren müsse gewährleistet sein, dass nicht verschiedene Staatsanwaltschaften ohne Wissen voneinander im Rahmen von Doppelverfahren in Grundrechte eingreifen. Insofern und für den Fall, dass neben den Strafverfolgungsinstanzen auch Verfassungsschutzbehörden und Nachrichtendienste ermittelnde Maßnahmen anordnen und vollziehen, verwies das Gericht auf die Nutzung des länderübergreifenden staatsanwaltschaftlichen Verfahrensregisters (§§ 492 ff. StPO). Insbesondere § 492 Abs. 4 StPO, der es ermögliche, grundlegende Daten des Verfahrens auch den Verfassungsschutzbehörden, dem Amt für den Militärischen Abschirmdienst und dem Bundesnachrichtendienst zur Verfügung zu stellen, habe „eine Voraussetzung für die grundrechtssichernde Abstimmung der Ermittlungstätigkeit geschaffen."[1605] Andererseits entschied das Bundesverfassungsgericht, dass „Beschränkungen des Informationsflusses zwischen den Sicherheitsbehörden auch eine grundrechtsschützende Dimension haben."[1606] Hinreichend sei daher mit Blick auf die Koordination der Befugnisse des Bundeskriminalamtes mit anderen Behörden eine Abstimmung im Rahmen der allgemeinen Vorschriften sowie insbesondere gem. § 4a Abs. 2 BKAG (a.F.). Innerhalb des Bundeskriminalamtes selbst könne davon ausgegangen werden, dass die erforder-

1603 BVerfG, NJW 2016, 1781, 1788. Vgl. auch BGH, NJW 2009, 3448, 3459.
1604 BVerfGE 112, 304, 320.
1605 Ebd.
1606 BVerfG, NJW 2016, 1781, 1798 mit Verweis auf BVerfGE 133, 277, 323.

liche Koordination „angesichts der vergleichsweise übersichtlichen Größe und Strukturen des Bundeskriminalamts im Rahmen der Leitungsverantwortung hinreichend gewährleistet ist."[1607]

Der Ansatz des Bundesverfassungsgerichts hat Zustimmung[1608] wie auch Kritik[1609] erfahren. *G. Kirchhof* etwa führt aus: „Verfassungswidrige kumulative Belastungen werden in Zukunft nur vermieden, wenn unterschiedliche staatliche Maßnahmen dokumentiert werden, verschiedene Verwaltungsstellen, Gemeinden, Länder und der Bund sowie die Europäische Union Freiheitsbeeinträchtigungen koordinieren, klare Zuweisungen der Verantwortung insbesondere den Adressaten der Entlastungsforderung benennen, eine Koordinations- und Entlastungsforschung aufgebaut, Verfahrensvorkehrungen für einen präventiven Grundrechtsschutz etabliert werden [...]."[1610] Freilich bestünden „(naturgemäß) echte Grenzen des staatsanwaltschaftlichen Informationssystems". So seien etwa die Polizeibehörden nicht einbezogen und der Informationsaustausch finde nur von den Staatsanwaltschaften zu den Nachrichtendiensten und nicht umgekehrt statt.[1611] Dass aber ein darüber hinausgehender (umfassender) Informationsaustausch weitere Fragen verfassungsrechtlicher Art aufwerfe, wird gesehen.[1612] So bedeute der Wunsch nach zentralen Datenbanken, die die

---

1607 BVerfG, NJW 2016, 1781, 1798.

1608 S. *Jesse*, Instrumentenverbund als Rechtsproblem am Beispiel effizienter Energienutzung, 2014, S. 192 f.; *G. Kirchhof*, NJW 2006, 732, 735; *Lee*, Umweltrechtlicher Instrumentenmix und kumulative Grundrechtseinwirkungen, 2013, S. 159; *Michael*, in: Hoffmann-Riem/Schmidt-Aßmann/Voßkuhle (Hrsg.), Grundlagen des Verwaltungsrechts, Bd. II, 2. Aufl. 2012, § 41 Rn. 126; *Peine*, in: Merten/Papier (Hrsg.), Handbuch der Grundrechte in Deutschland und Europa, Bd. III, 2009, § 57 Rn. 54. Wohl auch *Wolff*, ZG 2016, 361, 379. Offen gelassen („Dieser interessante Ansatz wäre eine eigene Studie wert.") von *Klement*, AöR 134 (2009), 35, 54.

1609 Vgl. etwa *Hornung*, in: Albers/Weinzierl (Hrsg.), Menschenrechtliche Standards in der Sicherheitspolitik, 2010, S. 65, 74 ff. u. 81 f., demzufolge eine ungehinderte Übermittlung personenbezogener Daten mit zwei Prinzipien in Konflikt gerät: dem Grundsatz informationeller Gewaltenteilung und dem sogenannten Trennungsgebot.

1610 *G. Kirchhof*, Grundrechte und Wirklichkeit, 2007, S. 29 f.

1611 *Hornung*, in: Albers/Weinzierl (Hrsg.), Menschenrechtliche Standards in der Sicherheitspolitik, 2010, S. 65, 74 f.; *Tanneberger*, Die Sicherheitsverfassung, 2014, S. 260. Ausführlich zu den Datenübermittlungen zwischen Polizei, Strafverfolgungsbehörden und Nachrichtendiensten: *Zöller*, in: Roggan/Kutscha (Hrsg.), Handbuch zum Recht der Inneren Sicherheit, 2. Aufl. 2006, S. 448, insbes. 471 ff.

1612 Vgl. *Tanneberger*, Die Sicherheitsverfassung, 2014, S. 260.

Koordination von Maßnahmen ermöglichen und erleichtern, einerseits einen verstärkten Grundrechtsschutz, sei aber andererseits mit einem erhöhten Datenaufkommen verbunden.[1613]

bb) Beobachtungs- und Nachbesserungspflicht

Gerade in Fällen, in denen gegenwärtig kein Verfassungsverstoß ersichtlich ist, sich das in Zukunft aber ändern könnte, statuiert das Bundesverfassungsgericht Beobachtungs- und Nachbesserungspflichten.[1614] So geschah es auch in der GPS-Entscheidung. Ihr dritter Leitsatz lautet: „Wegen des schnellen und für den Grundrechtsschutz riskanten informationstechnischen Wandels muss der Gesetzgeber die technischen Entwicklungen aufmerksam beobachten und notfalls durch ergänzende Rechtssetzung korrigierend eingreifen. Dies betrifft auch die Frage, ob die bestehenden verfahrensrechtlichen Vorkehrungen angesichts zukünftiger Entwicklungen geeignet sind, den Grundrechtsschutz effektiv zu sichern und unkoordinierte Ermittlungsmaßnahmen verschiedener Behörden verlässlich zu verhindern."[1615] Das Gericht hielt ergänzende Regelungen der praktischen Ermittlungstätigkeit – etwa in den Richtlinien für das Strafverfahren und das Bußgeldverfahren – für erwägenswert, um unkoordinierte Ermittlungsmaßnahmen verschiedener Behörden verlässlich zu verhindern.[1616] Mit Blick auf die Rechtsänderungen durch das GKV-Wettbewerbsstärkungsgesetz erkannte das Bundesverfassungsgericht zwar keinen mit der Berufsfreiheit unvereinbaren additiven Grundrechtseingriff. Denn es sei nicht ersichtlich, dass die Regelungen in ihrem „kumulativen Zusammenwirken" das Geschäftsmodell der privaten Krankenversicherungsunterneh-

---

1613 *Klar*, Datenschutzrecht und die Visualisierung des öffentlichen Raums, 2012, S. 94. Kritisch auch *Kühling*, Die Verwaltung 44 (2011), 525, 538 f.

1614 S. etwa BVerfG, NJW 2019, 3204, 3209; BVerfG, Urteil v. 19.9.2018 – 2 BvF 1/15 – juris, Rn. 176; BVerfG, NJW 2016, 2473, 2489; BVerfG, NJW 2016, 1781, 1790; BVerfG, NJW 2010, 1347, 1348; BVerfGE 111, 10, 42; BVerfGE 90, 145, 194; BVerfGE 56, 54, 78 f.; BVerfGE 50, 290, 335 f. Vgl. auch *C. Mayer*, Die Nachbesserungspflicht des Gesetzgebers, 1996, insbes. S. 101 ff. Unklar ist vor allem, ob diese Pflicht eine von der Beurteilung der einschlägigen Sachnormen unabhängige verfassungsrechtliche Rechtspflicht des Gesetzgebers darstellt (in diese Richtung BVerfGE 88, 203, 309 ff.; dazu *I. Augsberg/S. Augsberg*, VerwArch 98 (2007), 290, 308 f.).

1615 BVerfGE 112, 304.

1616 Ebd., S. 320 f.

men aktuell ernsthaft bedrohen.[1617] Wohl aber treffe den Gesetzgeber eine Beobachtungspflicht zu deren Eingriffswirkungen. Ein deutlicher Anstieg der Versichertenzahlen im Basistarif, „könnte letztlich eine Auszehrung des eigentlichen Hauptgeschäfts der privaten Krankenversicherungen bewirken, so dass die gesetzlichen Regelungen einer erneuten Prüfung bedürften."[1618]

Auch im Schrifttum wird die Problematik der verfassungsrechtlichen Beobachtungspflichten aufgeworfen. *Lee* meint, an das zuvor vorgestellte Instrument anknüpfend, der Gesetzgeber habe über die innerbehördliche Kooperation zu wachen und – im Nachhinein – durch geeignete Maßnahmen einzuschreiten, wenn verfassungswidrige Belastungen nicht verlässlich vermieden werden.[1619] Was das umweltpolitische Instrumentarium anbelangt, könne dem Gesetzgeber fehlendes Wissen über die Wirkungen von Instrumenten, insbesondere in ihrem Zusammenwirken, regelmäßig nicht angelastet werden; er müsse sich allerdings dieses Defizits bewusst sein und „entsprechend für eine Lernfähigkeit und Reversibilität des Rechtssystems sorgen." Insoweit sei der Gesetzgeber zur Vornahme laufender Evaluationen des Instrumentariums, namentlich beim Hinzufügen neuer, bisher nicht eingesetzter Instrumente, verpflichtet.[1620] Diesem Gedanken folgt auch *Hornung*. Ob und inwieweit ein solches Eingreifen, im Speziellen bei Sicherheitsgesetzen, aber erforderlich sein werde, vermag er kaum abzuschätzen, zumal es an rechtstatsächlichen Untersuchungsergebnissen als Entscheidungsgrundlage fehle.[1621] *Jesse* erwägt zwar ebenfalls Evaluations- und Anpassungspflichten. Allerdings könne sich die Beobachtung nur darauf beziehen, „ob die materiellen [Verfassungs-]Vorgaben auch angesichts [veränderter tatsächlicher Verhältnisse] noch eingehalten sind, und nur, soweit die materiellen Anforderungen reichen, kann auch die Notwendigkeit bestehen, die Rechtslage anzupassen".[1622] Insoweit komme dem Gesetzgeber oftmals ein weiter Gestaltungsspielraum zu. „Die

---

1617 BVerfG, NJW 2009, 2033, 2045. Dazu näher: *Wiemer*, Der Basistarif in der privaten Krankenversicherung, 2018, S. 476 ff. m.w.N.

1618 BVerfG, NJW 2009, 2033, 2045. Hierzu und zu den Reaktionen im Schrifttum: *Butzer*, MedR 2010, 283, 287 f. m.w.N.

1619 *Lee*, Umweltrechtlicher Instrumentenmix und kumulative Grundrechtseinwirkungen, 2013, S. 159.

1620 *Rodi*, ZG 2000, 231, 238.

1621 Vgl. *Hornung*, in: Albers/Weinzierl (Hrsg.), Menschenrechtliche Standards in der Sicherheitspolitik, 2010, S. 65, 76 f.

1622 *Jesse*, Instrumentenverbund als Rechtsproblem am Beispiel effizienter Energienutzung, 2014, S. 246.

instrumentenverbundspezifischen Folgerungen [...] dürften sich dann grundsätzlich darauf beschränken, dass gegebenenfalls die Wirkung mehrerer Instrumente gleichzeitig in den Blick genommen werden muss."[1623]

cc) Weitere Ansätze

Daneben existiert eine Vielzahl weiterer – zum Teil bereichsspezifischer – Ansätze, die hier nur gestreift werden.

(1) Schrifttum

Auf die Darstellung des Schrifttums folgt die der Judikatur.

(a) Allgemeines

Bereits im Vorfeld von Grundrechtseingriffen müsse es, so *Klar*, verstärkt Aufgabe des Gesetzgebers sein, einen adäquaten legislativen Rahmen aufzustellen, „der sowohl in materiellrechtlicher, als auch verfahrensrechtlicher Hinsicht Konsistenz aufweist." Ein zentrales Problem dabei sei die zutreffende Wahrnehmung der Wirklichkeit in tatsächlicher Hinsicht. Insoweit müssten eine auf objektive Gegebenheiten gestützte Analyse der Wirklichkeit und eine (Technik-)Folgenabschätzung erfolgen, zu deren Ermittlung in einem Gesetzgebungsverfahren etwa auf Studien auch anderer Fachbereiche zurückzugreifen sei.[1624] Den Ansatz einer *Gesetzesfolgenabschätzung* greift *Lee* ebenfalls auf. Zwar könne der Verfassung keine Verpflichtung zur Durchführung einer solchen entnommen werden, wohl aber eine Obliegenheit.[1625] *Jesse* mahnt insoweit zur Zurückhaltung.[1626]

1623 Ebd., S. 247.

1624 *Klar*, Datenschutzrecht und die Visualisierung des öffentlichen Raums, 2012, S. 94 f. Für eine Gesetzesfolgenabschätzung im Hinblick auf die Vermeidung von Wechselwirkungen zwischen unterschiedlichen Instrumenten etwa *Hermes*, in: Führ/Wahl/von Wilmowsky (Hrsg.), Festschrift f. Rehbinder, 2007, S. 569, 590.

1625 *Lee*, Umweltrechtlicher Instrumentenmix und kumulative Grundrechtseinwirkungen, 2013, S. 157 f.

1626 *Jesse*, Instrumentenverbund als Rechtsproblem am Beispiel effizienter Energienutzung, 2014, S. 237.

Zunächst könnten die Vorschriften zum Gesetzgebungsverfahren als abschließend angesehen werden, vor allem aber seien die in der Literatur anklingenden Vergleiche der Gesetzgebung mit der planungsrechtlichen Abwägung[1627] nicht tragfähig.[1628] Selbst wenn man für die Anbindung prozeduraler Verpflichtungen an materielle Maßstäbe einträte, ließen sich die Anforderungen nur sachbereichsspezifisch konkretisieren und ermöglichten keine allgemeinen Aussagen für die Instrumentenwahl und -abstimmung.[1629]

Lee geht außerdem davon aus, dass der Gesetzgeber, um bereits das Entstehen einer grundrechtlich relevanten „Belastungskumulation" zu vermeiden, zu einer entsprechenden Ausgestaltung der Gesetze verpflichtet sei. Dies könne durch eine entsprechende Tatbestandsfassung, gegebenenfalls durch *Ausnahmeklauseln* geschehen.[1630] Denkbar sei es, „Maßstäbe für die Zumutbarkeit von kumulierenden Maßnahmen [...] zu entwickeln und diese in gesetzlich geregelte typisierende Fallgruppen umzusetzen."[1631] *Hoffmann-Riem* regt mit Blick auf eine eher experimentelle Ausgestaltung neuer staatlicher Steuerungsinstrumente – um den staatlichen Eingriff auch über die Zeit an den Verhältnismäßigkeitsgrundsatz zurück zu koppeln – *Revisions- und Flexibilisierungsvorbehalte*, etwa in Gestalt von Befristungen, an.[1632]

(b) Strafprozessrecht

Die Debatte im Bereich des Strafprozessrechts ist bereits abgebildet worden, wobei auch verfahrensrechtliche Ansätze zur Sprache kamen.[1633] Besonders ragt *Puschke* heraus, dem daher nochmals Raum gegeben wird: Seines Erachtens ändert sich bei der kumulativen Anordnung gleichartiger

1627 In diese Richtung z.B. *Schwerdtfeger*, in: Stödter/Thieme (Hrsg.), Festschrift f. Ipsen zum 70. Geburtstag, 1977, S. 173 ff., der eine Pflicht zur „optimalen Methodik der Gesetzgebung" annimmt.

1628 Dazu: *Jesse*, Instrumentenverbund als Rechtsproblem am Beispiel effizienter Energienutzung, 2014, S. 237 f.

1629 Ebd., S. 245.

1630 *Lee*, Umweltrechtlicher Instrumentenmix und kumulative Grundrechtseinwirkungen, 2013, S. 158 mit Verweis auf *Klement*, AöR 134 (2009), 35, 79.

1631 *Lee*, Umweltrechtlicher Instrumentenmix und kumulative Grundrechtseinwirkungen, 2013, S. 159.

1632 *Hoffmann-Riem*, in: Hoffmann-Riem/Schmidt-Aßmann/Schuppert (Hrsg.), Reform des allgemeinen Verwaltungsrechts – Grundfragen, 1993, S. 115, 174 f.

1633 S. Erster Teil II. 1. b).

und verschiedenartiger qualifizierter Ermittlungsmaßnahmen die Eingriffsqualität.[1634] Mit Blick auf das Bestimmtheitsgebot müssten die Normen der StPO dem Rechnung tragen. Sei das nicht der Fall, müsse eine *besondere Regelung* geschaffen werden, die Verfahrensvorgaben zum Abbruch bzw. Aussetzen einzelner Maßnahmen vorsehen müsse, um Eingriffe in die Menschenwürde zu verhindern.[1635] Daneben greift er etwaige *Beweisverbote* auf.[1636] Unzulässig sei etwa die Erhebung von Informationen durch Maßnahmen, die in ihrer Gesamtheit wahrscheinlich zu einem Eingriff in den absolut geschützten Kernbereich privater Lebensgestaltung oder einer Totalausforschung führen. Außerdem erwägt er die Erweiterung der in § 101 StPO postulierten Benachrichtigungspflicht gegenüber den Beteiligten einer dort genannten Maßnahme auf die Kumulation von Maßnahmen und spricht sich – „zur Wahrung einer langfristigen Rechtsstaatlichkeit der Ermittlungsmaßnahmen“ – für die Notwendigkeit einer *Berichterstattung* an eine unabhängige Stelle aus.[1637] Notwendig sei bei einer Qualitätsänderung zudem eine gesonderte übergreifende richterliche Zuständigkeit im Falle des Zusammentreffens mehrerer Überwachungsmaßnahmen.[1638] Der *Richtervorbehalt* werde gerade der Besonderheit der Kumulation derartiger Maßnahmen gerecht. „Da auch der Betroffene nur begrenzt in die Lage versetzt wird, das konkrete Maß der Beeinträchtigung zu erkennen und entsprechende […] Abwehrmaßnahmen hiergegen ergreifen zu können, kommt dem Richter als nicht in dem Maße in die Strategien der Staatsanwaltschaft und Polizei eingebundene Person insoweit die Funktion eines quasi von außen Überblickenden zu, der unabhängig von der konkreten einzelnen Maßnahme eine Gesamtbetrachtung und -abwägung vornehmen kann.“[1639]

1634 Vgl. *Puschke*, Die kumulative Anordnung von Informationsbeschaffungsmaßnahmen im Rahmen der Strafverfolgung, 2006, S. 112 ff.

1635 Ebd., S. 124 ff. mitsamt einer Übersicht zu den Rechtsgrundlagen der StPO für „Maßnahmenkumulationen“ (ebd., S. 131).

1636 Vgl. ebd., S. 134 ff. u. 148 ff. mit der Forderung, insoweit zusätzliche gesetzliche Regelungen zu schaffen, um der möglichen Andersartigkeit der Eingriffsqualität gerecht zu werden.

1637 Ebd., S. 158 f.

1638 Ebd., S. 137 ff., insbes. 144.

1639 Ebd., S. 140.

(c) Umweltrecht

Außerdem ist der Blick auf das Umweltrecht zu lenken.[1640] Hier ist vorgeschlagen worden, das (umweltrechtliche) *Kooperationsprinzip*[1641] – im Sinne eines allgemeinen Rechtsprinzips – als rechtsstaatliche und freiheitssichernde Grenze gegen kumulative Belastungen in Stellung zu bringen. Bei *Di Fabio* heißt es: „Die gern propagierte Verantwortungsteilung zwischen Staat und Bürger wird in dieser Sicht auch zu einer Gewährleistung von Wahlfreiheiten für die in Pflicht genommenen Bürger; dies dürfte diejenigen hellhörig machen, die gefangen im ‚Instrumentenmix' von hoheitlicher Überwachung, gelenkter Selbstregulierung, Absprachen und Lenkungsabgaben nach Handlungsfreiheit suchen."[1642] Hiergegen wendet *Calliess* ein, dass das Kooperationsprinzip einen ganz anderen Inhalt habe. „Will man es nicht konturenlos werden lassen, so kann es nicht für eine ganz andere Problematik, die der grundrechtlichen Abwehr kumulativer Eingriffe des Staates, eingesetzt werden."[1643]

(2) Rechtsprechung

Bereits im Jahre 1967 entschied das Bundesverfassungsgericht, dass es mit dem Grundsatz der Rechtsstaatlichkeit nicht vereinbar sei, dass wegen derselben Tat eine strafgerichtliche Verurteilung zu einer Freiheitsstrafe ohne Berücksichtigung einer bereits verhängten disziplinaren Arreststrafe erfolgt; insoweit müsse bei der Bemessung der Kriminalstrafe eine *Anrechnung* der disziplinaren Freiheitsstrafe erfolgen.[1644] Wenig später hat es – die körperschaft-, gewerbe- und vermögensteuerliche Gesamtbelastung betreffend – auf die Durchführung eines *Härtefallverfahrens* gem. § 131 AO a.F.[1645] verwiesen, bei der die Wirkkraft der Grundrechte, insbesonde-

1640 Ansätze für eine Summationssteuerung durch Verfahren im Umweltrecht zeigt *Würsig*, Die Steuerung von Summenbelastungen im öffentlichen Immissionsschutzrecht, 2009, S. 199 ff. auf.

1641 Dazu eingehend: *Shirvani*, Das Kooperationsprinzip im deutschen und europäischen Umweltrecht, 2005.

1642 *Di Fabio*, NVwZ 1999, 1153.

1643 *Calliess*, Rechtsstaat und Umweltstaat, 2001, S. 409.

1644 BVerfGE 21, 378, 388. Ähnlich BVerfG, NJW 2012, 1784, 1786 f.; BVerfGE 91, 1, 31 f.

1645 Auf die Möglichkeit eines Teilerlasses nach §§ 163, 227 AO hinweisend: *Schaks*, DÖV 2015, 817, 825; *Seer*, DStJG 23 (2000), 87, 126.

re des Art. 14 GG, zu berücksichtigen sei. Im Übrigen ließ das Bundesverfassungsgericht offen, ob für diese Fälle allgemein ein verfassungsrechtlicher Zwang zur Aufstellung von Härteklauseln bestehe.[1646] Jedenfalls bedürfe es für den Fall „kumulierter Ermittlungsmaßnahmen" keiner gesonderten *Ermächtigungsgrundlage*.[1647] Namentlich hinsichtlich des Verbots der „Rundumüberwachung" sei keine weitere gesetzliche Konkretisierung erforderlich. Es gelte „unmittelbar von Verfassungs wegen und ist von den Sicherheitsbehörden im Rahmen ihrer Befugnisse von sich aus zu beachten."[1648] Insoweit seien aber, so der Bundesgerichtshof, weitere verfahrensrechtliche Sicherungen, darunter die Eingriffsschwellen, die besonders schwerwiegende Überwachungsmaßnahmen vom Vorliegen schwerer Straftaten oder qualifizierten Verdachtsgraden abhängig machten, sowie die *Subsidiaritätsklauseln* zu berücksichtigen, die den Eingriff nur dann erlaubten, wenn anderweitig die Aufklärung erheblich erschwert werde.[1649] Eine solche Sicherung stelle zwar auch der *Richtervorbehalt* dar[1650]; eine gesonderte „übergreifende" richterliche Zuständigkeit für den Fall einer zeitgleichen Durchführung mehrerer Observierungsmaßnahmen allein auf Grund der Kumulation bestehe indessen weder aufgrund einfachen noch wegen Verfassungsrechts.[1651] Vielmehr sei von dem nach der StPO Anordnungsbefugten bei der Anordnung jeder einzelnen Maßnahme zu prüfen, ob ihre Durchführung unter Berücksichtigung bereits angeordneter Überwachungsmethoden insgesamt noch verhältnismäßig ist.[1652] Verneint hat das Bundesverfassungsgericht auch eine gesonderte richterliche Zuständigkeit für den Fall des Zusammentreffens der Disziplinarmaßnahmen Arrest und Entzug des Hofgangs im Rahmen einer, als solches dem Richtervorbehalt unterliegenden (Art. 104 Abs. 2 S. 1 GG), Freiheitsentziehung.[1653] Zu

1646 BVerfG, NJW 1976, 101.

1647 BVerfGE 112, 304, 319. So auch BGH, NJW 2009, 3448, 3458. Insoweit hält *Würsig*, Die Steuerung von Summenbelastungen im öffentlichen Immissionsschutzrecht, 2009, S. 59 Fn. 159 den Rekurs des Bundesverfassungsgerichts auf das „dem ‚additiven' Grundrechtseingriff innewohnende Gefährdungspotential" für begrifflich irreführend. S. zum allgemeinen Gesetzesvorbehalt Dritter Teil III. 1. b).

1648 BVerfG, NJW 2016, 1781, 1798.

1649 BGH, NJW 2009, 3448, 3458 f.

1650 Ebd., S. 3458. Vgl. auch BVerfG, NJW 2016, 1781, 1786.

1651 BGH, NJW 2001, 1658, 1660.

1652 Ebd.

1653 BVerfG, NJW 1994, 1339. Anders für eine nicht nur kurzfristige Fixierung sämtlicher Gliedmaßen im Rahmen eines bereits bestehenden Freiheitsentziehungsverhältnisses BVerfG, Urt. v. 24.7.2018 – 2 BvR 309/15 –, juris Rn. 69 ff.

nennen sind schließlich zwei weitere Ansätze verfahrensrechtlicher Art. So hat das Bundesverfassungsgericht die Einräumung einer *Klagebefugnis* gefordert, damit niedergelassenen Vertragsärzten im Lichte der Berufsfreiheit (Art. 12 GG) vor dem Hintergrund restriktiver Bedarfsplanung und limitierter Gesamtvergütungen[1654] – gerade auch in ihrer Summe[1655] – die Möglichkeit offenstehe, Krankenhausärzte begünstigende Ermächtigungsentscheidungen gerichtlich drittanzufechten.[1656] Ferner hat das Gericht besondere *Begründungsanforderungen* seitens der Exekutive postuliert. Bei einer kumulativen Anordnung von Einzelhaft und weiteren besonderen Sicherungsmaßnahmen müsse nämlich die Notwendigkeit jeder einzelnen Maßnahme und die Kumulation aller Anordnungen detailliert begründet werden.[1657] Dasselbe gelte – wie das Bundesverfassungsgericht kürzlich entschied – für den Gesetzgeber, wenn er zur Reduzierung der Staatsausgaben mehrere Maßnahmen, die die Besoldung von Beamtinnen und Beamten tangierten, in engem zeitlichem Zusammenhang treffe.[1658]

4. Zwischenergebnis

Bei den Lösungsansätzen ist wie gesehen zwischen drei Gruppen zu unterscheiden, je nachdem, ob sie an ein abwehrrechtliches Verständnis der Grundrechte, an ein objektiv-rechtliches oder an beides – gemeint ist das Verfahrensrecht – anknüpfen. Nimmt man zuerst das Schrifttum, gibt es zwar Überschneidungen zwischen diesen Gruppen, gleichwohl steht die erste im Vordergrund. Erwogen werden Modifikationen auf Schutzbereichs- bzw. auf Eingriffsebene; hierhin gehört vor allem die Idee, einen neuartigen „ganzheitlich" gearteten Eingriffstyp anzuerkennen[1659]. Das wird allerdings überwiegend abgelehnt. Stattdessen richtet sich der Blick auf die Rechtfertigungsprüfung. Die Wesensgehaltsgarantie spielt insoweit nur eine untergeordnete Rolle. Dasselbe gilt für (andere) absolute Belastungsobergrenzen wie den sog. Halbteilungsgrundsatz. Ganz im Fokus steht der Grundsatz der Verhältnismäßigkeit. Einigkeit besteht dahingehend, dass die Punktualität des Denkens jedenfalls ein Stück weit relati-

1654 Zu den Beschränkungen im Einzelnen: BVerfG, NJW 2005, 273, 274.
1655 Vgl. auch *Schaks*, Der Grundsatz der finanziellen Stabilität der gesetzlichen Krankenversicherung, 2007, S. 132.
1656 BVerfG, NJW 2005, 273.
1657 BVerfG, NJW 2015, 2100, 2102.
1658 BVerfG, NVwZ 2019, 152, 155.
1659 S. etwa *Lücke*, DVBl 2001, 1469, 1470.

viert werden muss. Über die Reichweite dessen wird aber gestritten. So halten manche grundsätzlich an einer getrennten Prüfung der einzelnen Eingriffe fest[1660], während andere den additiven Grundrechtseingriff für sich genommen auf seine Verhältnismäßigkeit hin untersuchen[1661].

Nun zur Rechtsprechung: Für die Auseinandersetzung mit der Problematik additiver Grundrechtseingriffe bevorzugt sie – ungeachtet der Eingriffsebene – die Ebene der verfassungsrechtlichen Rechtfertigung. Die klassische Verhältnismäßigkeitsprüfung wandelt sich so in eine „Gesamtverhältnismäßigkeitsprüfung“. Bislang haben es die Gerichte aber stets bei einer recht knappen Untersuchung der Angemessenheit auch des additiven Grundrechtseingriffs belassen.[1662] Gesichert scheint nur, dass derartige Eingriffe mit einer höheren Eingriffsintensität als ihre einzelnen Teile verbunden sind bzw. sein können. Abgesehen davon bleibt – wie schon auf Tatbestandsseite – vieles im Dunklen. Dies betrifft zunächst den Aufbau der Prüfung und damit die Frage, ob auch der „Eingriffsverbund“ selbst auf seine Geeignetheit und Erforderlichkeit hin zu untersuchen ist. Offen ist außerdem, ob das „Zusammenwirken“ mehrerer Maßnahmen Einfluss auf das Eingriffsinteresse hat. Die von der Judikatur stellenweise postulierten (absoluten) Grenzen zumutbarer Belastung wirken nur bereichsspezifisch und harren auch insoweit der Konkretisierung. Klärungsbedürftig ist insbesondere wann eine „Totalerfassung“[1663] der Persönlichkeit vorliegt. Ungeachtet dessen plädiert die Rechtsprechung dafür, Instrumente verfahrensrechtlicher Art einzusetzen, um einen Verfassungsverstoß möglichst von vornherein zu verhindern. Nicht umsonst betont das Bundesverfassungsgericht das Gebot gegenseitiger Abstimmung seitens der Exekutive. Daneben nimmt es den Gesetzgeber in die Pflicht, die Entwicklungen aufmerksam zu beobachten und notfalls durch ergänzende Rechtssetzung korrigierend einzugreifen.[1664]

1660 *Klement*, AöR 134 (2009), 35, 66.

1661 Vgl. nur *Jesse*, Instrumentenverbund als Rechtsproblem am Beispiel effizienter Energienutzung, 2014, S. 181 ff.

1662 Jüngst BVerfG, NVwZ 2017, 1111, 1120.

1663 So BVerfGE 125, 260, 322 u. 324.

1664 Vgl. nur BVerfG, NJW 2009, 2033, 2045.

III. Stellungnahme

Gesichert ist bislang, dass es einer Gesamtbetrachtung nach Maßgabe des Tatbestands bedarf, nicht aber ob und inwieweit sich die verfassungsrechtlichen Maßstäbe dadurch verdichten. Zwar erweist sich das Grundgesetz als durchaus offen; einzelne Normen, darunter Art. 106 Abs. 3 S. 4 Nr. 2 GG, erkennen additive Grundrechtseingriffe sogar implizit an[1665]. Lösungen lassen sich daraus aber, wie zu zeigen sein wird, allenfalls ausschnittsweise gewinnen. Es bedarf also nach wie vor eines weiter greifenden – möglichst umfassenden – Konzepts, um dem Gefährdungspotential additiver Grundrechtseingriffe zu begegnen. Dabei werden sowohl die abwehrrechtliche als auch die objektiv-rechtliche Dimension der Grundrechte zum Tragen kommen. Freilich drohen auch hier Rationalitätsverluste.[1666] Gewarnt wird etwa vor einer Überdehnung des Verhältnismäßigkeitsgrundsatzes.[1667] Auch verengten sich die Spielräume des Gesetzgebers zusehends.[1668] Beides hat der hier zu erarbeitende Ansatz zu gegebener Stelle zu berücksichtigen, soweit es die Effektivität des Grundrechtsschutzes zulässt.

1. Grundrechte als Abwehrrechte

Abwehrrechtlich bedarf es der Nachsteuerung auf verschiedenen Ebenen. Von besonderer Relevanz sind dabei die Schranken-Schranken der Verhältnismäßigkeit und der Wesensgehaltsgarantie mitsamt ihrer (bereichsspezifischen) Ausprägungen.

a) Schutzbereichsebene

Zweifellos gilt es, den Blick zu weiten, die Realität wahrzunehmen.[1669] Dafür aber ist eingangs kein Raum – weder im Rahmen der Schutzbereichs-

---

1665 S. bereits Zweiter Teil II. 3.

1666 S. zum Tatbestand bereits Zweiter Teil III. 2. b) aa).

1667 Vgl. nur *Jesse*, Instrumentenverbund als Rechtsproblem am Beispiel effizienter Energienutzung, 2014, S. 171; *Klement*, AöR 134 (2009), 35, 65; *Winkler*, JA 2014, 881, 883.

1668 *Michael*, in: Hoffmann-Riem/Schmidt-Aßmann/Voßkuhle (Hrsg.), Grundlagen des Verwaltungsrechts, Bd. II, 2. Aufl. 2012, § 41 Rn. 122.

1669 In Anlehnung an *G. Kirchhof*, NJW 2006, 732, 734 ff.

prüfung noch davor; hierauf bauen vielmehr diejenigen Prüfungsschritte, die bereits nach herkömmlichem Verständnis dazu dienen, die Belastungsintensität rechtlich zu bewerten. Gemeint sind der grundrechtliche Eingriffsbegriff und die verfassungsrechtliche Rechtfertigung. Letztlich spiegelt sich dies auch in der Argumentation der Vertreter dieses Ansatzes wider. Es sei nämlich auf der Grundlage der Analyse der „Normwirklichkeit“ auch zu erörtern, ob die „Kumulation“ das Maß des Zumutbaren – als Teilelement der Verhältnismäßigkeit – überschreitet.[1670]

Die Prüfung des Schutzbereichs bedarf daher grundsätzlich keiner inhaltlichen Modifikation. Zunächst sind, soviel sei vorweggenommen, die Einzelmaßnahmen – jeweils isoliert – darauf zu untersuchen, ob und wenn ja welchen Schutzbereich sie tangieren. Insofern erübrigt sich eine solche Prüfung für den additiven Grundrechtseingriff, verstanden als eigenständiger „Eingriffsverbund“. Generell stellt sich die Frage, welche Maßnahmen im Verbund zu würdigen sind, erst später – womöglich auf Eingriffsebene, jedenfalls aber auf der Ebene der verfassungsrechtlichen Rechtfertigung. Der dort zu prüfende Tatbestand hängt zwar auch von den jeweils betroffenen Schutzbereichen ab. Dies aber wirkt sich, wie gesagt, auf eben dieser Ebene der Grundrechtsprüfung noch nicht aus.

b) Grundrechtseingriff

Dass sich der Blick zuvörderst auf die Einzelakte statt auf ihre Gesamtlast richtet, liegt vor allem an der beschriebenen Punktualität des Eingriffsbegriffs. Vom Ergebnis her wird das mit Recht kritisiert.[1671] Dies allein rechtfertigt es aber noch nicht, diesen Gedanken aufzugeben. Es spricht im Gegenteil einiges dafür, daran festzuhalten. Denn gerade die Punktualität des Denkens gewährleistet, angesichts der damit verbundenen „Reduktion der Komplexität der Wirklichkeit“, die – dringend erforderliche – Rationalisierbarkeit der Grundrechtsanwendung. Dabei geht es sowohl um die Ebene des Grundrechtseingriffs als auch um die der Rechtfertigung, da deren gegenständlicher Bezugspunkt grundsätzlich übereinstimmt[1672]. Für die hier zu untersuchende Problematik, deren grundrechtliches Gefährdungspotenzial weiter reicht als bei „bloßen“ Einzeleingriffen, darf man dabei

---

1670 *G. Kirchhof*, Grundrechte und Wirklichkeit, 2007, S. 28.

1671 S. zur Kritik im Schrifttum Dritter Teil II. 1. b) aa) (1).

1672 Vgl. *Würsig*, Die Steuerung von Summenbelastungen im öffentlichen Immissionsschutzrecht, 2009, S. 57.

indes nicht stehenbleiben. Insoweit ist die „juristische Reduktion der Komplexität der Wirklichkeit“ in der Grundrechtsdogmatik in der Tat ein Stück weit zurückzudrehen.[1673] Die Folge ist zwar keine Aufgabe, wohl aber eine gewisse Relativierung der Punktualität des Eingriffsdenkens.

Damit ist nicht gesagt, dass das auch bereits im Zuge der Eingriffsprüfung zum Tragen kommt. Zugegeben, der hier verwendete Terminus des additiven Grundrechtseingriffs klingt zunächst danach. Inhaltlich ist dagegen, von einer Ausnahme abgesehen, kein Raum für die Anerkennung eines neuartigen „‘ganzheitlich‘ gearteten Eingriffstyps“[1674] – und sei es als „bloßer“ Unterfall des modernen Eingriffsbegriffs[1675]. Denn dies stünde, wie *Würsig* überzeugend ausgeführt hat, im Widerspruch zu der Zuordnungs- und Lenkungsfunktion des Eingriffskriteriums.[1676] Abwehren ließe sich ein so verstandener Eingriff nur in seiner Gesamtheit, was hier kaum weiter hilft.[1677] Den passenden Rahmen bietet vielmehr die Ebene der verfassungsrechtlichen Rechtfertigung, die – um mit *Ruschemeier* zu sprechen – eine ebenso rechtssichere dogmatische Verortung erlaubt[1678]. Dort besteht, wie noch zu zeigen sein wird, erstens die Möglichkeit, die Vereinbarkeit eines einzelnen Eingriffs mit den Grundrechten auch unter Berücksichtigung der sich im Verbund mit anderen, an sich selbständigen, Maßnahmen ergebenden Auswirkungen zu beurteilen. Zwar wird – zweitens – auch die Gesamtbelastung auf ihre Verfassungsmäßigkeit hin zu untersuchen sein.[1679] Allerdings geht es auch hier vom Gegenstand her nicht um einen irgendwie gearteten „Gesamteingriff“. Eine Zusammenschau erfolgt lediglich im Hinblick auf die (Belastungs-)Folgen der den additiven Grundrechtseingriff „konstituierenden“ Maßnahmen.

Grundsätzlich ist daher eine getrennte Prüfung der Einzelakte vorzunehmen – hier mit Blick darauf, ob sie in die Grundrechte des Betroffenen eingreifen. Ist das für wenigstens eine dieser Maßnahmen der Fall, stellt sich

---

1673 So auch *Klement*, AöR 134 (2009), 35, 39.

1674 So *Lücke*, DVBl 2001, 1469, 1470.

1675 Der Umstand allein, dass die Entwicklung des modernen Eingriffsverständnisses als Parallele zur Entwicklung des additiven Grundrechtseingriffs erscheint (s. Zweiter Teil II. 3.), rechtfertigt es noch nicht, Mehrfachbelastungen generell auf Eingriffsebene zu verorten (so aber *Ruschemeier*, Der additive Grundrechtseingriff, 2019, insbes. S. 96).

1676 S. Dritter Teil II. 1. b) aa) (2).

1677 Zum Prozessrecht s. Vierter Teil I. 2. u. II.

1678 So für die Eingriffsebene: *Ruschemeier*, Der additive Grundrechtseingriff, 2019, S. 260.

1679 S. Dritter Teil III. 1. c) aa) (3).

die Frage der verfassungsrechtlichen Rechtfertigung. Erst hier kommt es auf ihr Zusammenwirken an, wobei sämtliche, auch als solche unterhalb der Eingriffsschwelle liegenden, Akte einzubeziehen sind. Apropos Nichtüberschreitung der Eingriffsschwelle: Dabei greift die bereits erwähnte Ausnahme. Denn der Tatbestand des additiven Grundrechtseingriffs erfasst auch Fälle, in denen erst die „Bündelung“ einzelner für sich genommen nicht eingreifender Maßnahmen einen Grundrechtseingriff ergibt.[1680] Insoweit bedarf es bereits auf Eingriffsebene einer Zusammenfassung eben dieser zu einem „echten“ additiven Grundrechtseingriff, der sodann der Rechtfertigungsprüfung zu unterziehen ist.[1681] Einen denkbaren Anwendungsfall liefert die Berufsfreiheit (Art. 12 Abs. 1 GG): Knüpft man mit der herrschenden Meinung an das Kriterium der objektiv berufsregelnden Tendenz an[1682], wird man es auch ausreichen lassen müssen, wenn sämtliche Maßnahmen in ihrer Gesamtschau – als dann additiver Grundrechtseingriff – diese „Eingriffsschwelle“ überschreiten.[1683]

c) Verfassungsrechtliche Rechtfertigung

Die Belastungsintensität spielt bereits auf der Eingriffsebene eine Rolle – zu erinnern ist nur an die Idee eines grundrechtlichen Bagatellvorbehalts[1684]. Auswirkungen hat das, wie der soeben gezeigte Fall belegt, auch auf das Zusammenwirken mehrerer Einzelmaßnahmen. Jeweils nimmt der Grundrechtstatbestand die Schwere der Belastung auf; Grenzen setzt er ihr

---

1680 S. Zweiter Teil III. 2. b) bb) (2) (a).

1681 Allenfalls insoweit bedarf es einer spezifischen, auf den Fall der Kumulation zugeschnittenen Rechtsgrundlage. Voraussetzung dafür ist allerdings, dass der „echte“ additive Grundrechtseingriff objektiv vorhersehbar war (so allgemein zum grundrechtlichen Gesetzesvorbehalt: *Hillgruber*, in: Isensee/P. Kirchhof (Hrsg.), Handbuch des Staatsrechts der Bundesrepublik Deutschland, Bd. IX, 3. Aufl. 2011, § 200 Rn. 106) und dass es gänzlich an einer – an sich jeweils nicht erforderlichen – Regelung für eine der diesen „Gesamteingriff“ konstituierenden Maßnahmen fehlt, bei der der Gesetzgeber die Möglichkeit einer Kumulation mit bedacht hatte. Die weitergehenden Ausführungen von *Kromrey*, Belastungskumulation – Ein Beitrag zur Erweiterung des grundrechtlichen Eingriffsbegriffs, 2018, S. 136 ff. lassen sich wegen des abweichenden dogmatischen Ansatzes – sie versteht die „Belastungskumulation“ selbst als Grundrechtseingriff – nicht übertragen.

1682 Vgl. zuletzt BVerfG, Beschluss v. 19.11.2019 – 2 BvL 22/14 –, juris Rn. 121.

1683 Überzeugend *Ruschemeier*, Der additive Grundrechtseingriff, 2019, S. 112 f.

1684 S. bereits Zweiter Teil III. 1. a).

hingegen nicht. Dies geschieht erst auf der Ebene der verfassungsrechtlichen Rechtfertigung. So erlangt das Kriterium der Eingriffsschwere hier seine wesentliche Bedeutung[1685], einerseits als absolute Größe bei der Wesensgehaltsgarantie (Art. 19 Abs. 2 GG) und andererseits in Relation zum verfolgten öffentlichen Interesse im Rahmen der Verhältnismäßigkeitsprüfung.

Der geschilderten Grenzziehung wegen bedarf auch der additive Grundrechtseingriff der Rechtfertigung. Mehr noch: Da die vorherigen Ebenen der Grundrechtsprüfung kaum zur Lösung beitragen, rückt sie in das Zentrum der Betrachtung. Freilich bedarf (auch) die herkömmliche Rechtfertigungsprüfung der Modifikation, denn auch sie geht – als ein weiterer Beleg für die überwiegend „isolierende Betrachtungsweise der Jurisprudenz“[1686] – von der Punktualität des Eingriffsbegriffs aus. Vorgeschlagen wird konkret die Dogmatik der Schranken-Schranken um zwei weitere Punkte anzureichern: Dabei ist zunächst neben den Einzelakten auch ihr „Verbund“ – der additive Grundrechtseingriff – auf seine *(Gesamt-)Verhältnismäßigkeit*, also daraufhin zu untersuchen, ob insgesamt betrachtet das Eingriffsinteresse den Verlust an Freiheit aufwiegt. Daran schließt sich ein Perspektivwechsel an. Denn Art. 19 Abs. 2 GG dient dazu, eine Aushöhlung des verbleibenden Freiheitsraums zu verhindern. Da dies ebenso durch additive Grundrechtseingriffe droht, sind auch sie hieran zu messen. Unberührt bleibt schließlich die herkömmliche Prüfung der Einzelakte am Maßstab der *(Gesamt-)Wesensgehaltsgarantie*.

Anzumerken ist noch, dass eine eigene Schranken-Schranke, wie *Heu* sie vorschlägt[1687], nicht anzuerkennen ist. Wie im Folgenden gezeigt wird, ist eine – behutsam modifizierte – Grundrechtsdogmatik durchaus im Stande, additive Grundrechtseingriffe zu verarbeiten. Von einem „Korsett der klassischen Grundrechtsdogmatik“, in das der „kulminierende Grundrechtseingriff“ nicht gezwängt werden dürfe[1688], kann also keineswegs die Rede sein. Eine bloße Modifikation hat auch den Vorteil, dass sie auf Bekanntem aufbaut und nicht erst von Grund auf entwickelt und (!) handhabbar gemacht werden muss. Darum bemüht sich *Heu* zwar redlich, vermag es aber nicht, eine überzeugende Lösung zu präsentieren. Damit ist nicht in erster Linie der von ihm aufgestellte „Indizienkatalog“ gemeint, der im

---

1685 Vgl. nur *Weber-Dürler*, VVDStRL 57 (1998), 57, 87; *Würsig*, Die Steuerung von Summenbelastungen im öffentlichen Immissionsschutzrecht, 2009, S. 35 f.

1686 *Kloepfer*, VerwArch 74 (1983), 201, 210.

1687 S. Dritter Teil II. 1. c) dd).

1688 *Heu*, Kulminierende Grundrechtseingriffe, 2018, S. 259 u. 293.

Wesentlichen dazu dient, den Tatbestand additiver Grundrechtseingriffe zu erfassen. Schwerer wiegt, dass das Konstrukt einer „wertenden Gesamtbetrachtung“ auf Rechtsfolgenseite nicht näher konturiert wird. Eine Abwägung wie er sie fordert[1689] setzt stets voraus, dass sich mindestens zwei (Rechts-)Positionen gegenüberstehen – anderenfalls ist ein Rangvergleich nicht möglich.[1690] Ersichtlich ist lediglich, dass auf der einen Seite die Gesamtbelastungsintensität – verstanden als die Summe der angegriffenen Belastungen unter Berücksichtigung der damit einhergehenden Entlastungen – stehe. Nicht enthüllt wird hingegen, was auf der anderen Seite liegt, mit anderen Worten was den Gegenpol zur Eingriffsschwere bildet.[1691] Die jeweils verfolgten Zwecke dürften dafür angesichts seiner Kritik an dem (Tatbestands-)Merkmal der Zweckidentität auch kaum als Anknüpfungspunkte in Betracht kommen. Soweit *Heu* sich schließlich an Art. 19 Abs. 2 GG anlehnt, bedarf es zwar – generell – keiner Abwägung[1692]; ebenso wenig vonnöten ist dann aber eine eigenständige – gleichlautende – dogmatische Schranken-Schrankenkategorie in Gestalt des additiven Grundrechtseingriffs.

aa) (Gesamt-)Verhältnismäßigkeit als relative Grenze

Zurück zu dem hier vorgeschlagenen Lösungsansatz: Dabei geht es zunächst um den Verhältnismäßigkeitsgrundsatz und dessen Teilelemente.

(1) Allgemeines

Der Grundsatz der Verhältnismäßigkeit ist heute allgemein anerkannt. Genauer gesagt: Er regiert weite Teile des Verfassungsrechts. Im Bereich der Grundrechte, um den es hier geht, leuchtet dies ohne Weiteres ein. Denn dass der Gesetzgeber an die Grundrechte gebunden ist (Art. 1 Abs. 3 GG) und zugleich ausweislich der jeweiligen Gesetzesvorbehalte in sie eingreifen darf, passt nur so zusammen, dass er nicht auf beliebige, sondern nur auf bestimmte Weise eingreifen darf. Diese bestimmte Weise kann nur eine sein, die die Grundrechte nicht mehr als nötig belastet und so weit

---

1689 Der Begriff der Abwägung findet sich etwa ebd., S. 262 u. 264.
1690 S. Dritter Teil III. 1. c) aa) (2) (d).
1691 Vgl. *Heu*, Kulminierende Grundrechtseingriffe, 2018, S. 258 ff. u. 282 ff.
1692 S. Dritter Teil III. 1. c) bb) (1) (c).

wie möglich schont – eben die verhältnismäßige Weise.[1693] Nichts anderes gilt angesichts des Zusammenwirkens mehrerer Einzelmaßnahmen. Bedenkt man, dass Art. 1 Abs. 3 GG auch und gerade diese Fälle erfasst, dürfte eher das Gegenteil zutreffen. Hier wie dort gilt es, sicherzustellen, dass staatliches Handeln begrenzt ist, damit der Einzelne der staatlichen Gewalt nicht unbegrenzt und willkürlich ausgeliefert ist[1694]; angesprochen ist damit das klassische Anwendungsfeld des Verhältnismäßigkeitsgrundsatzes als Ausprägung des Rechtsstaatsprinzips[1695], zumindest aber der Grundrechte[1696].

Die nur vereinzelt vertretene Gegenansicht liefert keine tragfähige Begründung. Zwar schützt Art. 19 Abs. 2 GG die Grundrechte vor dem „Leerlaufen“. Dies gilt aber auch für den Verhältnismäßigkeitsgrundsatz.[1697] Insofern spricht Vieles für eine parallele statt einer singulären Geltung beider Ansätze, zumal dadurch auch die Freiheitsrechte insgesamt gestärkt werden. Die Idee der Gerechtigkeit, auf die das Bundesverfassungsgericht anfangs abgestellt hat, ist im Übrigen nicht mehr heranzuziehen, da diese hierin aufgeht. Was die Vorbehalte von *Ruschemeier* angeht[1698], so greifen auch diese nicht durch. Keinerlei Inkonsequenz ist darin zu erkennen, den additiven Grundrechtseingriff nur dann für isoliert überprüfbar zu halten, wenn erst er selbst – und nicht schon die (Einzel-)Maßnahmen jeweils für sich genommen – die Eingriffsschwelle überschreitet. Vielmehr ist das Gegenteil der Fall, zumal es dem Betroffenen für den (theoretischen) Fall, dass er seinen Angriff eigentlich nicht gegen den oder die Einzeleingriffe richten möchte, offen steht, sein Verhalten entsprechend anzupassen. Der Einzeleingriff bildet insoweit lediglich das Vehikel zur Überprüfung der Gesamtlast auf Rechtfertigungsebene. Hinsichtlich des Prüfungsstandortes beruht ihre Kritik bereits auf der – unzutreffenden – Prämisse, dass der additive Grundrechtseingriff (generell) als eigene Eingriffs-

1693 So *Schlink*, in: Badura/Dreier (Hrsg.), Festschrift 50 Jahre Bundesverfassungsgericht, Bd. II, 2001, S. 445, 448.

1694 Vgl. *Grzeszick*, in: Maunz/Dürig (Begr.), Grundgesetz-Kommentar, Lfg. 48 November 2006, Art. 20 VII Rn. 107.

1695 BVerfGE 90, 145, 173.

1696 Vgl. nur BVerfGE 19, 342, 348 f.

1697 Vgl. bereits BVerfGE 7, 377, 403 f. Das räumt selbst *Ruschemeier*, Der additive Grundrechtseingriff, 2019, S. 197 ein. S. auch *Kromrey*, Belastungskumulation – Ein Beitrag zur Erweiterung des grundrechtlichen Eingriffsbegriffs, 2018, S. 59.

1698 S. Dritter Teil II. 1. c) aa) (1) (a).

art zu qualifizieren sei[1699]. Hinzu kommt, dass Zurechnungsfragen bei mehreren Handlungsverantwortlichen nach dem oben Gesagten grundsätzlich keine Rolle spielen[1700], sodass dahinstehen kann, ob die Ebene der verfassungsrechtlichen Rechtfertigung Raum für derartige Erwägungen böte.

Richtigerweise bedarf es einer Fortentwicklung des Verhältnismäßigkeitsgrundsatzes. Denn auch er ist wie gesagt auf das einzelne Instrument gerichtet, nicht auf die Gesamtwirkung mehrerer Maßnahmen, was in gewissem Widerspruch zu Art. 1 Abs. 3 GG steht. Dennoch ist Zurückhaltung angezeigt. Dies hängt wiederum mit der Notwendigkeit der Rationalitätssicherung zusammen. Daher schießt der Vorschlag einer uneingeschränkten (globalen) Summenbetrachtung tatsächlich über das Ziel hinaus. Berechtigt sind ferner die Zweifel an der Justiziabilität einer – vom Individuum losgelösten – „Gesamtfreiheitsbilanz“[1701]. Letztlich geht es hier um eine Frage des Tatbestands, der wie gesehen weder zu eng noch zu weit gefasst werden darf.[1702] Innerhalb dieses Rahmens aber sind gewisse (Rest-)Unschärfen hinzunehmen. Das gilt besonders für die verfolgten Zwecke. Decken sie sich nicht, erschwert dies die Abwägung. Entgegen mancher Stimmen lässt sie sich aber – wie zu zeigen sein wird[1703] – nach wie vor beherrschen. Zwar führt eine Gesamtbetrachtung der Verhältnismäßigkeit zu einer (noch) weitergehenden Verdichtung verfassungsrechtlicher Maßstäbe. Ein Stück weit dürfte das aber angesichts der ebenso zunehmenden Verdichtung staatlichen Handelns hinzunehmen sein. Im Übrigen entschärfen sich diese Maßstäbe, soweit Belastungen durch Begünstigungen ausgeglichen werden. Auch stehen dem Gesetzgeber und der Verwaltung insoweit Einschätzungsprärogativen zu; hierauf ist bei der Geeignetheit und der Erforderlichkeit zurückzukommen.

Vorzugswürdig ist das „klassische“ Modell einer getrennten Prüfung der einzelnen Eingriffe. Denn es sind – bei aller Kritik an einer punktuellen Sichtweise – gerade die Einzeleingriffe, von denen aus wir denken. Dennoch richtet sich der Blick – um mit *Klement* zu sprechen – auch darauf,

---

1699 S. Dritter Teil II. 1. b) aa) (2) u. III. 1. b).

1700 S. Zweiter Teil III. 3. a) cc) (1).

1701 So *Rodi*, ZG 2000, 231, 237.

1702 *Ruschemeier*, Der additive Grundrechtseingriff, 2019, S. 106 verweist zu Recht darauf, dass weder der erweiterte Eingriffsbegriff noch die Einbeziehung von Belastungskumulationen in die Grundrechtsprüfung ohne jegliche Kriterien erfolge.

1703 S. insbes. Dritter Teil III. 1. c) aa) (3) (d) (cc).

„was ‚um den Eingriff herum' geschieht"[1704]; gemeint ist insbesondere der Tatbestand des additiven Grundrechtseingriffs, innerhalb dessen Einzelmaßnahmen in Wechselwirkung miteinander treten. Dabei ist auch die Verhältnismäßigkeit der Gesamtbelastung zu untersuchen. Hier geht es, abgesehen von dem soeben dargestellten Ausnahmefall, nicht um die Konstruktion eines „Gesamteingriffs", sondern um einen eher lockeren „Verbund" an sich selbständiger Eingriffe. Vom Aufbau her ist die Prüfung zweistufig zu gestalten, wobei sich die erste Stufe auf die Einzeleingriffe und die zweite auf die Gesamtlast bezieht. Der Grund für diese Kombination besteht in der Effektivität des Grundrechtsschutzes. Denn nur so werden sowohl die Gesamtbelastung als auch schwerste Einzeleingriffe innerhalb des „Verbundes" sichtbar. Dem einstufigen Aufbau gelingt dies, wie zu zeigen sein wird, nur begrenzt.[1705] Zudem ist dieser – wie *Jesse* zutreffend ausführt[1706] – der mit ihm verbundenen Unschärfen wegen abzulehnen. Dazu, die Einzeleingriffe als alleinigen Bezugspunkt zu wählen, passt es nämlich nicht, auch den additiven Grundrechtseingriff auf seine Erforderlichkeit hin zu untersuchen. In der Sache kann hierauf auch nicht verzichtet werden. Es handelt sich eben nicht „bloß" um eine Frage der Angemessenheit, mag darauf auch der Schwerpunkt liegen.[1707] *Jesse* ist schließlich noch in einem weiteren Punkt zuzustimmen: Ungeachtet der damit verbundenen Gesamtbelastung hängt bereits die Verhältnismäßigkeit der Einzeleingriffe von ihrem „Umfeld" ab.[1708] Diesem Umstand ist bereits auf der ersten Stufe, auf die im Folgenden näher eingegangen wird, Rechnung zu tragen.

(2) Verhältnismäßigkeit der Einzeleingriffe unter Berücksichtigung ihres „Umfeldes"

Zunächst wird untersucht, ob die Einzeleingriffe, die Teil des „Verbundes" sind, für sich genommen verhältnismäßig sind. Sie müssen also jeweils einem legitimen Zweck dienen und als Mittel zu diesem Zweck geeignet,

1704 *Klement*, AöR 134 (2009), 35, 66.
1705 S. auch zum Folgenden Dritter Teil III. 1. c) aa) (2) (d).
1706 *Jesse*, Instrumentenverbund als Rechtsproblem am Beispiel effizienter Energienutzung, 2014, S. 180 u. 183.
1707 Das übersieht *Heu*, Kulminierende Grundrechtseingriffe, 2018, S. 243 f., soweit er eine bloße Zumutbarkeitsprüfung der kompletten viergliedrigen Gesamtverhältnismäßigkeit vorzieht.
1708 S. Dritter Teil II. 1. c) aa) (2) (a) (bb).

erforderlich und angemessen sein. Insoweit ist aber – hierin liegt die eigentliche Modifikation der an sich „klassischen“ Verhältnismäßigkeitsprüfung – auch bereits das „Eingriffsumfeld“ zu berücksichtigen. In den Blick zu nehmen sind daher andere als eingriffsverstärkende Maßnahmen wie Synergien und Begünstigungen, die sich unter Umständen kompensierend[1709] auf die jeweiligen (Einzel-)Eingriffe auswirken könnten.[1710]

(a) Legitimer Zweck

Anfangs gilt es, die Zwecke der Einzelmaßnahmen für sich genommen herauszuarbeiten, denn diese bilden den Bezugspunkt der jeweiligen Verhältnismäßigkeitsprüfung. Insofern gelten die allgemeinen Grundsätze: Der Zweck ist durch Auslegung zu ermitteln[1711], wobei ein pauschaler Hinweis auf das „öffentliche Interesse“ nicht genügt[1712]. Was die Wahl des Zwecks betrifft, ist die Legislative – anders als die gem. Art. 20 Abs. 3 GG jeweils an „Gesetz und Recht“ gebundene Exekutive und Judikative – weitgehend frei[1713]; ausgenommen ist „lediglich“ die Verfolgung von vornherein verfassungswidriger Ziele[1714].

Da das „Eingriffsumfeld“ weder auf die verfolgten Zwecke noch auf deren Legitimität Einfluss hat, bleibt dieser Umstand hier (noch) außen vor. Gewiss wirft der Umgang mit Zweckbündeln Fragen auf.[1715] Dienen nämlich einzelne Eingriffe mehreren Zwecken, so ist für jeden von ihnen zu prüfen, ob er zur Rechtfertigung taugt.[1716] Geht es aber um den additiven Grundrechtseingriff (als solchen), ist auf die zweite Stufe der Verhältnismäßigkeitsprüfung zu verweisen.

1709 Zu den Voraussetzungen der Kompensation s. bereits Dritter Teil I. 2. c) aa).

1710 Vgl. auch *Jesse*, Instrumentenverbund als Rechtsproblem am Beispiel effizienter Energienutzung, 2014, S. 172 ff. Ohne nähere Präzisierung: *Klement*, AöR 134 (2009), 35, 66.

1711 *Sachs*, Verfassungsrecht II: Grundrechte, 3. Aufl. 2017, S. 192.

1712 *Epping/Lenz/Leydecker*, Grundrechte, 8. Aufl. 2019, Rn. 52.

1713 Vgl. *Schlink*, in: Badura/Dreier (Hrsg.), Festschrift 50 Jahre Bundesverfassungsgericht, Bd. II, 2001, S. 445, 450.

1714 Vgl. *Wienbracke*, ZJS 2013, 148, 149 m.w.N.

1715 So *Klement*, AöR 134 (2009), 35, 65.

1716 *Michael/Morlok*, Grundrechte, 7. Aufl. 2020, Rn. 617.

(b) Geeignetheit

Daran schließt sich das Teilelement der Geeignetheit an, wobei die einzelnen Eingriffe zunächst ebenfalls isoliert zu würdigen sind. Notwendig ist jeweils der Nachweis, dass mit ihrer Hilfe der gewünschte Erfolg zumindest gefördert werden kann.[1717] Nicht verlangt wird hingegen, dass das jeweils bestmögliche Mittel zum Einsatz kommt.[1718] Auch muss der erstrebte Erfolg nicht in jedem Einzelfall tatsächlich eintreten. Es reicht vielmehr aus, wenn das jeweilige Mittel – bei Einräumung eines prognostischen Einschätzungsspielraums[1719] – die abstrakte Möglichkeit aufweist, den Zweck bzw. die Zwecke zu erreichen, wofür schon eine Teileignung genügt.[1720]

Nunmehr ist das „Umfeld" in den Blick zu nehmen. Denn die Eignung jedes Einzeleingriffs lässt sich nicht völlig isoliert bestimmen. Zu bedenken sind die tatsächlichen Gegebenheiten, in die er „hineingesetzt" wird. Zu Recht heißt es daher, dass ein (einzelner) Grundrechtseingriff, der den verfolgten Zweck nicht einmal minimal fördern kann, weil seine Wirkung von einer anderen rechtlichen Regelung – vollends – blockiert wird, ungeeignet ist.[1721] Demgegenüber kommt es weder auf Steigerungen noch auf Einbußen der Effektivität im Kontext des jeweiligen Eingriffs an, denn ein bestimmtes positives Maß an Wirksamkeit schreibt dieses Kriterium weder für die Einzeleingriffe an sich noch für ihren „Verbund" vor. Bedenkt man zudem die bereits erwähnte Einschätzungsprärogative, wird die Geeignetheit somit nur ausnahmsweise zu verneinen sein.

Laufen Regelungen einander zuwider, mag das bedenklich erscheinen. Abseits des geschilderten Falles allerdings schafft zumindest das Geeignetheitskriterium keine Abhilfe. Nicht übertragen lässt sich insbesondere der Ansatz des Europäischen Gerichtshofs, der eine nationale Beschränkung der Grundfreiheiten (!) nur dann für geeignet hält, wenn sie tatsächlich dem Anliegen gerecht wird, das geltend gemachte Ziel in kohärenter und

---

1717 So schon BVerfGE 30, 292, 316; ferner BVerfGE 115, 276, 308. Vgl. auch *Hillgruber*, in: Isensee/P. Kirchhof (Hrsg.), Handbuch des Staatsrechts der Bundesrepublik Deutschland, Bd. IX, 3. Aufl. 2011, § 201 Rn. 62; *Jakobs*, Der Grundsatz der Verhältnismäßigkeit, 1985, S. 59 f.

1718 Vgl. *Manssen*, Staatsrecht II: Grundrechte, 16. Aufl. 2019, Rn. 201.

1719 Vgl. etwa BVerfGE 105, 17, 34; *Jakobs*, Der Grundsatz der Verhältnismäßigkeit, 1985, S. 62 f. Zur Beschränkung dieses Spielraums bei existenzsichernden Leistungen s. BVerfG, Urteil v. 5.11.2019 – 1 BvL 7/16 –, juris Rn. 134.

1720 *Wienbracke*, ZJS 2013, 148, 150.

1721 Vgl. *Jesse*, Instrumentenverbund als Rechtsproblem am Beispiel effizienter Energienutzung, 2014, S. 173. S. bereits Dritter Teil II. 1. c) aa) (3) (a) (aa) (β).

systematischer Weise zu erreichen[1722]. Vereinzelt stellt zwar auch das Bundesverfassungsgericht im Rahmen der Verhältnismäßigkeit auf Kriterien wie Systemgerechtigkeit und Folgerichtigkeit[1723] ab.[1724] Dies ist aber – jenseits unionsrechtlich vorgeprägter Rechtsgebiete wie dem Glücksspielrecht – keine Frage der Freiheitsgrundrechte, sondern des Gleichheitssatzes.[1725] Insofern bleibt dieser Gesichtspunkt hier außer Betracht. Dasselbe gilt für das – allgemeinere – Postulat der Widerspruchsfreiheit der Rechtsordnung als Ausprägung des Rechtsstaatsprinzips[1726].

(c) Erforderlichkeit

Bei der Erforderlichkeit macht sich der zweistufige Aufbau ebenfalls bemerkbar. Denn auch hier geht es zunächst um die einzelnen Eingriffe (und ihr „Umfeld"), nicht aber um den additiven Grundrechtseingriff als solchen. Demnach stellt sich für jeden dieser Eingriffe die Frage, ob nicht der Staat ein anderes, gleich wirksames, aber das Grundrecht nicht oder doch weniger fühlbar einschränkendes, d.h. milderes Mittel zur Zweckerreichung hätte wählen können.[1727] Dabei ist es an der „juristischen Phanta-

---

1722 Zum Glücksspielrecht s. z.B. EuGH, Rs. C-46/08 – Carmen Media Group, Slg. 2010, I-8149 Rn. 55. Ausführlich dazu: *Philipp*, Systemgerechtigkeit bei den Marktfreiheiten der Europäischen Union, 2016. Zur deutschen Rechtslage vgl. jüngst BVerfG, NVwZ 2017, 1111, 1118 f.

1723 Hierzu im Kontext additiver Grundrechtseingriffe bereits *Kloepfer*, VerwArch 74 (1983), 201, 218 f.; ferner *Calliess*, Rechtsstaat und Umweltstaat, 2001, S. 409; *Jesse*, Instrumentenverbund als Rechtsproblem am Beispiel effizienter Energienutzung, 2014, S. 124 ff.; *Kromrey*, Belastungskumulation – Ein Beitrag zur Erweiterung des grundrechtlichen Eingriffsbegriffs, 2018, S. 61 ff.; *Michael*, in: Hoffmann-Riem/Schmidt-Aßmann/Voßkuhle (Hrsg.), Grundlagen des Verwaltungsrechts, Bd. II, 2. Aufl. 2012, § 41 Rn. 128; *Smeddinck*, Integrierte Gesetzesproduktion, 2006, S. 126.

1724 Vgl. BVerfGE 121, 317, 359 ff.; BVerfGE 115, 275, 310 ff.

1725 Vgl. auch *Jesse*, Instrumentenverbund als Rechtsproblem am Beispiel effizienter Energienutzung, 2014, S. 148 f. Zum Kohärenzgebot im Unionsrecht s. Dritter Teil III. – Exkurs – c) aa) (1).

1726 Im Hinblick auf die bundesstaatliche Kompetenzordnung: BVerfGE 98, 83 ff. und BVerfGE 98, 106 ff. Zusammenfassend zur Kritik daran *Lee*, Umweltrechtlicher Instrumentenmix und kumulative Grundrechtseinwirkungen, 2013, S. 83 ff. m.w.N.

1727 Vgl. BVerfGE 49, 24, 58; BVerfGE 30, 292, 316; *Ipsen*, Staatsrecht II: Grundrechte, 22. Aufl. 2019, Rn. 191. Zum Teil wird gefordert, dass eine Alternative mit eindeutig größerer Wirksamkeit bei gleicher Intensität verfassungsrecht-

sie“, Handlungsalternativen aufzuzeigen, soweit sie sich im Rahmen des verfassungsrechtlich Zulässigen bewegen.[1728] Mildere Mittel sind jedenfalls nicht solche, die eine Belastung lediglich auf Dritte oder die Allgemeinheit verschieben.[1729] Im Übrigen ist an den Einschätzungsspielraum des Gesetzgebers zu erinnern, der sowohl die Geeignetheit des einen als auch die des anderen (milderen) Mittels betrifft.[1730] Von daher scheitert eine staatliche Maßnahme nur dann an der Erforderlichkeit, wenn die sachliche Gleichwertigkeit bei dem als Alternative vorgeschlagenen geringeren Eingriff (bzw. „Eingriffsverbund“) eindeutig feststeht.[1731]

Daneben ist das „Eingriffsumfeld“ zu berücksichtigen. Zum einen geht es erneut um die Eignung. Denn ein jeder Einzeleingriff ist dann nicht erforderlich, „wenn er neben anderen staatlichen Maßnahmen zwar eine eigene (Teil-)Wirksamkeit entfaltet, aber hinweggedacht werden kann, ohne dass die (positiv bewerteten) Folgen des staatlichen Handelns insgesamt andere wären.“[1732] Zum anderen hängt auch die Frage, welche Belastung eine staatliche Maßnahme bei dem Betroffenen zur Folge hat, von der konkreten rechtlichen und tatsächlichen Situation ab, in der sie „angesiedelt“ ist. Zu Recht verweist *Jesse* auf belastungsmindernde Synergieeffekte mit vorhandenen Instrumenten, die sowohl seitens der einzelnen Eingriffe als auch ihrer jeweiligen Alternative(n) relevant werden können und insofern für deren Erforderlichkeit streiten.[1733] Zu nennen sind zudem gewährte Begünstigungen, da dadurch bei Vorliegen der oben dargelegten Voraussetzungen[1734] erlittene Nachteile ausgeglichen, zumindest aber abgemildert werden können. Dennoch gebietet der Erforderlichkeitsgrundsatz

---

lich ebenso vorrangig sein müsse wie eine Alternative mit nur wenig geringerer Wirksamkeit, aber wesentlich milderen Folgen (*Schulze-Fielitz*, in: Dreier (Hrsg.), Grundgesetz-Kommentar, Bd. II, 3. Aufl. 2015, Art. 20 (Rechtsstaat) Rn. 183). Das ist indessen keine Frage der Erforderlichkeit, sondern der Angemessenheit (vgl. *Grzeszick*, in: Maunz/Dürig (Begr.), Grundgesetz-Kommentar, Lfg. 48 November 2006, Art. 20 VII Rn. 116; *Jakobs*, Der Grundsatz der Verhältnismäßigkeit, 1985, S. 67).

1728 Vgl. *Detterbeck*, Öffentliches Recht, 11. Aufl. 2018, Rn. 304.

1729 BVerfGE 109, 64, 86.

1730 Vgl. auch *Grzeszick*, in: Maunz/Dürig (Begr.), Grundgesetz-Kommentar, Lfg. 48 November 2006, Art. 20 VII Rn. 122.

1731 So auch *Wienbracke*, ZJS 2013, 148, 152 mit Verweis auf BVerfGE 81, 70, 91. Vgl. auch *Stern*, in: ders., Das Staatsrecht der Bundesrepublik Deutschland, Band III/2, 1994, § 84 S. 782.

1732 *Klement*, AöR 134 (2009), 35, 66.

1733 S. bereits Dritter Teil II. 1. c) aa) (3) (a) (aa) (γ).

1734 S. Dritter Teil I. 2.

nicht die Minderung der Belastung durch entsprechende Vergünstigungen. Damit wäre eine bloße Verschiebung der (Kosten-)Last hin zum Staat verbunden. Im Übrigen aber bildet die durch eine Vergünstigung kompensierte Belastung den Bezugspunkt der Betrachtung. Folglich trifft es zu, dass es nicht bereits dann an der Erforderlichkeit fehlt, wenn im Verhältnis zu der allein als solcher berücksichtigten Belastung ein milderes Mittel denkbar wäre.[1735]

(d) Angemessenheit

Schließlich ist zu prüfen, ob die einzelnen Eingriffe isoliert betrachtet in einer angemessenen Relation zur Zweckerreichung stehen. Die Schwere jedes Eingriffs darf also, negativ formuliert, nicht außer Verhältnis zu dem Gewicht der ihn rechtfertigenden Gründe stehen.[1736] Dieser (Rang-)Vergleich vollzieht sich nach ganz überwiegendem Verständnis im Modus der Abwägung[1737]. Dabei sind zunächst die sich jeweils gegenüberstehenden (Rechts-)Positionen sowie ihre Gewichtigkeit zu bestimmen. Daran schließt sich die eigentliche Abwägung an.[1738] Es gilt: Je schwerwiegender eine Grundrechtseinschränkung ist, desto gewichtiger muss auch das mit der Regelung zu erreichende Ziel sein.[1739] Dieses – um mit *Alexy* zu sprechen – „Abwägungsgesetz"[1740] lässt sich in Gestalt der Gewichtsformel[1741]

1735 S. Dritter Teil II. 1. c) aa) (3) (a) (aa) (γ).

1736 Vgl. BVerfGE 118, 168, 195.

1737 Die Abwägung ist zwar seit langem Bestandteil der juristischen Methodenlehre (vgl. *Larenz*, Methodenlehre der Rechtswissenschaft, 6. Aufl. 1991, S. 404 ff.) und in nahezu allen Rechtsbereichen vertreten (dazu im Überblick: *Hirschberg*, Der Grundsatz der Verhältnismäßigkeit, 1981, S. 25 ff.). Allerdings finden sich nach wie vor kritische Stimmen. So heißt es, Abwägungen eröffneten intuitiver Entscheidungsfindung jenseits messbarer Maßstäbe die Tür (*Peters*, ZÖR 51 (1996), 159, 167 f.). Überdies seien sie irrational und subjektiv (vgl. *Leisner*, Der Abwägungsstaat, 1997, S. 43 ff.; *Schlink*, EuGRZ 1984, 457, 462; *Volkmann*, JZ 2005, 261, 267) und führten daher zu Rechtsunsicherheit (so *Murswiek*, Der Staat 45 (2006), 473, 478).

1738 *Stern*, in: ders., Das Staatsrecht der Bundesrepublik Deutschland, Band III/2, 1994, § 84 S. 819. Ähnlich *Haller*, Die Verrechnung von Vor- und Nachteilen im Rahmen von Art. 3 Abs. 1 GG, 2007, S. 139 ff.

1739 *Sachs*, Verfassungsrecht II: Grundrechte, 3. Aufl. 2017, S. 194.

1740 So *Alexy*, Theorie der Grundrechte, 1994, S. 146.

1741 Die Grundform der Gewichtsformel lautet: $G_{i,\,j} = \frac{G_i \times I_i \times S_i}{G_j \times I_j \times S_j}$ (*Alexy*, in: Jickeli/Kreutz/Reuter (Hrsg.), Gedächtnisschrift f. Sonnenschein, 2003, S. 771, 790).

veranschaulichen, welche der Abwägung eine klar beschreibbare Struktur verleiht. Was den Rangvergleich der widerstreitenden (Verfassungs-)Rechtsgüter betrifft, ist gegenüber abstrakten Vorrangaussagen Zurückhaltung angezeigt, da diese grundsätzlich denselben Rang haben[1742]. Ist aber im Einzelfall eines der betroffenen Rechtsgüter nur in seinem Randbereich berührt[1743], wiegt also der Eingriff weniger schwer, oder sind dessen Nebenwirkungen geringer[1744], lassen sich durchaus konkrete Vor-

---

Mit i und j sind dabei die kollidierenden Prinzipien (zusammenfassend zur sog. Prinzipientheorie: *Meister*, Das System des Freiheitsschutzes im Grundgesetz, 2011, S. 257 ff. m.w.N.) gemeint – hier zum einen das Schutzgut, zu dessen Lasten eingegriffen wird (Eingriffsmittel i) und zum anderen das Schutzgut, zu dessen Gunsten der Eingriff erfolgt (Eingriffszweck j). G steht für das (abstrakte) Gewicht beider Schutzgüter, mit der Variable I wird die Intensität ihrer jeweiligen Beeinträchtigung ausgedrückt und S bildet die Wahrscheinlichkeit ab, mit der es dazu kommt. Ergibt sich für $G_{i,j}$ ein Wert größer als 1 (d.h. Dividend > Divisor) überwiegt i – der Eingriff ist unverhältnismäßig. Bei einem Ergebnis kleiner-gleich 1 (d.h. Dividend ≤ Divisor) kommt dagegen j der Vorrang zu; der Eingriff erweist sich also als verhältnismäßig (vgl. *Alexy*, in: Jickeli/Kreutz/Reuter (Hrsg.), Gedächtnisschrift f. Sonnenschein, 2003, S. 771, 786). Die Gewichtsformel sieht sich Kritik ausgesetzt (s. nur *Rusteberg*, Der grundrechtliche Gewährleistungsgehalt, 2009, S. 56 ff.; *Jestaedt*, in: Depenheuer u.a. (Hrsg.), Festschrift f. Isensee, 2007, S. 253, insbes. 265 ff.). Aufgeworfen wird etwa das Problem der Inkommensurabilität der widerstreitenden Schutzgüter (*Petersen*, Verhältnismäßigkeit als Rationalitätskontrolle, 2015, S. 63). Zugegeben, der Abwägungsvorgang lässt sich nicht allein mathematisch-logisch erfassen. Anderes wird aber auch nicht behauptet. Weiterhin bedarf es zur Ausfüllung der einzelnen Variablen der argumentativen Begründung. Die formelhafte Darstellung hingegen dient in erster Linie dazu, die Struktur der Abwägung offenzulegen (*Breckwoldt*, Grundrechtskombinationen, 2015, S. 213). Damit ist, wie auch Kritiker einräumen, ein Zugewinn an Rationalität des Denkens verbunden (*Jestaedt*, in: Depenheuer u.a. (Hrsg.), Festschrift f. Isensee, 2007, S. 253, 265 u. 267).

1742 Für eine Gleichwertigkeit aller Grundrechte z.B. *Schwabe*, Probleme der Grundrechtsdogmatik, 1977, S. 304 ff.; *Wendt*, AöR 104 (1979), 414, 420. *Stern*, in: ders., Das Staatsrecht der Bundesrepublik Deutschland, Band III/2, 1994, § 84 S. 828 f. lehnt es ab, persönlichen Freiheitsgrundrechten einen prinzipiellen Vorrang vor ökonomischen einzuräumen.

1743 Vgl. *Stern*, in: ders., Das Staatsrecht der Bundesrepublik Deutschland, Band III/2, 1994, § 84 S. 831.

1744 Ebd., § 84 S. 836. *Hillgruber*, in: Isensee/P. Kirchhof (Hrsg.), Handbuch des Staatsrechts der Bundesrepublik Deutschland, Bd. IX, 3. Aufl. 2011, § 201 Rn. 80 verweist allerdings darauf, dass die konkrete Belastungswirkung – mangels empirischer Messbarkeit – eine Frage der subjektiven Einschätzung des Betroffenen sei.

rangentscheidungen treffen. Absolute Belastungsobergrenzen hingegen kennt das Gebot der Angemessenheit nicht. Stattdessen ist Art. 19 Abs. 2 GG heranzuziehen, der es erlaubt, das verbliebene Maß an Freiheit zu beurteilen.[1745]

Kompensationsregelungen sind grundsätzlich ein probates Mittel, um Grundrechtseingriffe abzumildern. Mehr noch: In Einzelfällen kann sich gar ein entsprechendes Gebot auf der Ebene der Angemessenheit ergeben.[1746] Damit ist das „Eingriffsumfeld" angesprochen, das auch hier zu berücksichtigen ist. Das gilt wie schon bei der Erforderlichkeit aber nur für Synergien und Begünstigungen, soweit diese die Schwere des jeweiligen (Einzel-)Eingriffs reduzieren.[1747] Ist das der Fall, beeinflusst dies die Abwägung zu Gunsten des Eingriffsinteresses. Demgegenüber bleiben die zusätzlichen Belastungen durch die übrigen den additiven Grundrechtseingriff „konstituierenden" Eingriffe zunächst außer Betracht. Gleiches gilt spiegelbildlich auch für deren jeweiligen (zusätzlichen) Nutzen. Hierin liegt die eigentliche Besonderheit der zweistufigen Prüfung, die klar zwischen den Gegenständen der Abwägung(en) differenziert: den Einzeleingriffen einerseits und der Gesamtbelastung andererseits. Zwar bezieht auch sie parallel wirkende Begünstigungen bereits auf der ersten Stufe ein; das geschieht jedoch aus gutem Grund. Denn regelmäßig sind diese – im Unterschied zu sämtlichen einzelnen Eingriffen – nicht selbständig an der Verfassung zu messen.[1748] Abzulehnen ist die „bloß" einstufige Prüfung auch aus einem weiteren Grund: Sie führt zu unnötigen und unter Umständen fehleranfälligen Mehrfachprüfungen, soweit sie den „Eingriffsverbund" bei jedem Einzeleingriff aufs Neue einbezieht. Einzelne Eingriffe indes auszuklammern und nur als „Teil" des „Verbundes" zu begreifen, stellt dazu keine tragfähige Alternative dar.

(3) Verhältnismäßigkeit der Gesamtbelastung

Auf die Verhältnismäßigkeitsprüfung der Einzeleingriffe folgt die der Gesamtbelastung. Damit ändert sich auch der Blickwinkel: Statt der Begünsti-

---

1745 Dazu s. Dritter Teil III. 1. c) bb).

1746 Zur ausgleichspflichtigen Inhalts- und Schrankenbestimmung etwa BVerfGE 100, 226, 245 f.

1747 So auch *Jesse*, Instrumentenverbund als Rechtsproblem am Beispiel effizienter Energienutzung, 2014, S. 179.

1748 Vgl. ebd., S. 180.

gungen rücken die sonstigen belastenden Maßnahmen mitsamt ihres Nutzens in den Vordergrund. Dabei ist neben der Angemessenheit auf die übrigen Teilelemente der Verhältnismäßigkeit einzugehen. Denn auch hier bedarf es zunächst eines Bezugspunktes für die weitere Prüfung, die sich, wie zu zeigen sein wird, nicht in bloßen Wiederholungen erschöpft.

(a) Legitimer Zweck

Zu Beginn gilt es, die bereits oben ermittelten Zwecke sämtlicher (Einzel-)Eingriffe, die „Teil" des additiven Grundrechtseingriffs sind, zusammenzutragen. Einer (erneuten) Überprüfung ihrer Legitimität bedarf es insoweit nicht. Sodann ist zu ermitteln, ob sie sich decken. Auszugehen ist von einer eher engen Fassung, wobei – wie das Beispiel des Glücksspielrechts gezeigt hat – an sich einheitliche Zwecke nicht „künstlich" aufgespalten werden dürfen.[1749] Gelangt man zu dem Ergebnis, dass die Zwecke einander entsprechen, steht damit bereits der Bezugspunkt für den Verhältnismäßigkeitsgrundsatz, der relational strukturiert ist, fest. Für den umgekehrten Fall wird erwogen, „bloß" die Schnittmenge der einzelnen Zweckkomponenten heranzuziehen.[1750] Das ergibt aber nur bei einem entsprechenden – sich nicht mit dem hier Vertretenen deckenden – Verständnis des Tatbestands Sinn. Gewiss ist die Handhabbarkeit der Zweck-Mittel-Relation ein gewichtiges Anliegen. Dazu steht die Erfassung von Zweckbündeln – unter Einschluss von Nebenzwecken – allerdings, wie sogleich darzulegen ist, nicht generell in Widerspruch. Für den Moment ist daher festzuhalten: Bei Zweckverschiedenheit bietet das entsprechende Zweckbündel den Bezugspunkt der Verhältnismäßigkeitsprüfung der Gesamtbelastung, des additiven Grundrechtseingriffs.

(b) Geeignetheit

Was die Geeignetheit des „Eingriffsverbundes" betrifft, gilt das zur ersten Stufe Gesagte entsprechend. Dieses Kriterium verlangt also kein bestimmtes Maß an Wirksamkeit – auch nicht für den additiven Grundrechtseingriff. Insofern ist unerheblich, ob gerade der „Verbund" zu Steigerungen

---

1749 S. bereits Zweiter Teil III. 2. b) bb) (5) (d) (dd).

1750 So *Lee*, Umweltrechtlicher Instrumentenmix und kumulative Grundrechtseinwirkungen, 2013, S. 148.

oder umgekehrt zu Einbußen der Effektivität führt. (Einzel-)Maßnahmen können sich auch gegenseitig aufheben; diesem Umstand wurde aber bereits Rechnung getragen. Soweit die Einzelmaßnahmen danach imstande sind, einen irgendwie gearteten Zielbeitrag zu leisten, erweisen sie sich nicht nur für sich genommen, sondern auch in ihrem „Verbund" als geeignet zur Zweckerreichung. Daran ändert auch das Vorliegen eines Zweckbündels nichts. Dass sich die Instrumente gegenseitig blockieren, mag dann wahrscheinlicher sein.[1751] Insoweit fehlt es allerdings bereits an der Geeignetheit der einzelnen Eingriffe, nicht erst ihres „Verbundes".

(c) Erforderlichkeit

Demgegenüber kommt dem Grundsatz der Erforderlichkeit eine eigenständige Bedeutung zu. Denn bislang ist wegen des zweistufigen Aufbaus nicht untersucht worden, ob (auch) der additive Grundrechtseingriff selbst das relativ mildeste Mittel darstellt; eine Frage, die so nur selten gestellt wird. Als Alternative kommt – bei gleicher Wirksamkeit – in der Tat entweder eine weniger belastungsintensive (Einzel-)Maßnahme oder ein anderer „Eingriffsverbund" in Betracht.[1752]

Zuerst sind die (Gesamt-)Belastung des „Verbundes" einerseits sowie dessen (Gesamt-)Wirksamkeit andererseits zu ermitteln. Bezüglich Ersterem kann nach oben verwiesen werden. Danach verkörpert der additive Grundrechtseingriff grundsätzlich exakt das, wiederum unter Berücksichtigung des jeweiligen „Eingriffsumfeldes" zu bestimmende, Gewicht sämtlicher belastender Einzelmaßnahmen, aus denen er sich „zusammensetzt". Für die Wirksamkeit lässt sich eine dementsprechende Regel zwar nicht formulieren.[1753] Verbundspezifische Effekte treten indes, worauf sogleich zurückzukommen ist, auch hier auf. Zu widersprechen ist daher *Lücke*, demzufolge nur die Eingriffsintensität ein stärkeres Gewicht gewinnt. Dies gilt ungeachtet des Kriteriums der Zweckidentität. Verfolgen mehrere Maßnahmen denselben Zweck, erhöht das gegebenenfalls die Wahrscheinlichkeit, diesen auch tatsächlich zu erreichen. Anderenfalls spricht für eine Verstärkung bereits die über die Einzelmaßnahmen hinausgehende Zweckbündelung als solche. Ebenso denkbar ist freilich, dass die Zwecke

---

1751 Vgl. auch *Jesse*, Instrumentenverbund als Rechtsproblem am Beispiel effizienter Energienutzung, 2014, S. 174.

1752 So auch ebd., S. 189.

1753 S. bereits Dritter Teil II. 1. c) aa) (3) (b) (cc) (α).

einander zuwiderlaufen, mit der Folge, dass die Effektivität des „Verbundes“ sogar geringer ausfallen kann als die der entsprechenden Einzelakte für sich genommen.

Nunmehr sind die Handlungsalternativen und damit deren Freiheits- und Eingriffsinteresse in den Blick zu nehmen. Geht es um einen anderen „Eingriffsverbund“, gilt das soeben Ausgeführte entsprechend, wobei nur ein solcher in Betracht kommt, der dasselbe Ziel bzw. dieselben Ziele verfolgt. Auch zu alternativen Einzelmaßnahmen ist bereits Näheres gesagt worden.[1754] Dazu gehört vor allem, dass Maßnahmen, die die Belastung bloß verschieben, jedenfalls nicht milder sind. Im Übrigen lassen sich, was die Gegenüberstellung beider Positionen betrifft, allenfalls gewisse Leitlinien formulieren. So sind alternative Einzelmaßnahmen in aller Regel weniger eingriffsintensiv, nicht aber gleichermaßen effektiv. Ebenso wird sich bei zwei „Verbünden“ im Zweifel der zur Überprüfung stehende durchsetzen. Der Grund – wie schon oben: Die Einschätzungsprärogative des Gesetzgebers.

(d) Angemessenheit

Bei der Angemessenheit ist zu fragen, ob die durch die Gesamtbelastung entstehenden Vorteile die höhere Eingriffsintensität seitens des Grundrechtsträgers noch rechtfertigen.[1755] Dafür sind abermals das Freiheits- und das Eingriffsinteresse zu bestimmen und, um beides miteinander vergleichbar zu machen, zu gewichten. Im Anschluss daran wird der Modus der (Gesamt-)Abwägung näher konturiert.

(aa) (Gesamt-)Freiheitsinteresse

Zunächst gilt es, den Verlust an grundrechtlicher Freiheit zu „bemessen“. Dabei kommt es sowohl auf die Wertigkeit der beeinträchtigten Schutzgüter als auch auf die Belastungsintensität an; beides Faktoren, auf die sich gerade das Vorliegen eines additiven Grundrechtseingriffs auswirken kann. Die Grundregel lautet wie gesagt: Additive Grundrechtseingriffe führen zu einer Verstärkungswirkung im Sinne einer linearen Steigerung

---

1754 S. Dritter Teil III. 1. c) aa) (2) (c).
1755 So *Jesse*, Instrumentenverbund als Rechtsproblem am Beispiel effizienter Energienutzung, 2014, S. 189 f.

des Freiheitsinteresses. Gleichwohl treten auch über die Summe der Einzelwirkungen hinausgehende wie auch dahinter zurückbleibende Verbundeffekte auf.[1756] Hiervon zu trennen ist die Idee der Grundrechtskompensation, von der bereits der Belastungsgrad der einzelnen Eingriffe abhängt.

Hilfreich zur Bestimmung der Belastungsintensität ist eine Typisierung von Eingriffsszenarien, wie sie für einzelne Grundrechte entwickelt wurde. Zu denken ist an die Stufentheorie bei Art. 12 GG. Insofern ist unerheblich, ob eine Maßnahme schon für sich allein oder erst im Zusammenwirken mit anderen die Freiheit der Berufswahl beschränkt bzw. dem zumindest nahekommt. Das gilt entsprechend für die sog. Sphärentheorie[1757], die die Rechtsprechung bei der Prüfung der Verhältnismäßigkeit von Eingriffen in das allgemeine Persönlichkeitsrecht heranzieht. Zurückgegriffen werden kann ferner auf die in Art. 2 Abs. 2 S. 1, 104 GG angelegte Differenzierung zwischen Freiheitsentziehung und -beschränkung. Anders verhält es sich bei Art. 14 GG. Denn die Qualifizierung einer Regelung als Inhalts- und Schrankenbestimmung erfolgt unabhängig von der Intensität der den Eigentümer treffenden Belastung, was selbst dann gilt, wenn der Eingriff bzw. ein entsprechender „Verbund" in seinen Auswirkungen einer Enteignung nahe- oder gleichkommt.[1758] Eine Frage aber, die für die Beurteilung der Belastungsintensität relevant ist, stellt sich beispielhaft in diesem Kontext: Bildet das Schutzgut insgesamt – hier also bei einem entsprechenden Verständnis von Art. 14 GG das (Gesamt-)Vermögen – den Bezugspunkt, von dem aus es die entsprechenden Einbußen zu bewerten gilt, oder ist dieser Punkt enger, bezogen auf denselben Teil des Vermögens, zu fassen? Entscheidend dürfte der bereits auf Tatbestandsebene ermittelte – im Zweifel engere – gemeinsame Gegenstand[1759] der (Einzel-)Maßnahmen sein, der nicht nur die Reichweite der Gesamtbetrachtung mitbestimmt, sondern auch ihren Bezugspunkt markiert.

1756 S. Dritter Teil I. 1. c).

1757 Dazu insgesamt *Di Fabio*, in: Maunz/Dürig (Begr.), Grundgesetz-Kommentar, Lfg. 39 Juli 2001, Art. 2 Rn. 158 ff. m.w.N. auch zur Judikatur.

1758 BVerfGE 100, 226, 240 (zu einem einzelnen Eingriff). Ähnlich *Kreuter-Kirchhof*, NVwZ 2019, 1791, 1795.

1759 Zur Konnexität s. bereits Zweiter Teil III. 2. b) bb) (5).

(bb) (Gesamt-)Eingriffsinteresse

Der „Verbund“ mehrerer (Einzel-)Maßnahmen kann sich auch auf das Eingriffsinteresse auswirken. Dabei ist zwischen zwei Fällen zu unterscheiden: Verfolgen zunächst mehrere Maßnahmen innerhalb dessen ein und denselben Zweck, erhöht das regelmäßig die Wahrscheinlichkeit, diesen auch zu erreichen. Insoweit wird neben dem Freiheitsinteresse das Eingriffsinteresse aufgewertet, nicht aber in gleichem „Umfang“. So ist es durchaus plausibel, anzunehmen, dass die Wirkung eines Eingriffs – isoliert betrachtet – umso schwächer ausfällt, je mehr gleichgerichtete Vorgaben bereits greifen.[1760] Daher lassen sich diese Wirkungen im Unterschied zu den die Belastung betreffenden nicht ohne Weiteres addieren. Näher liegt es, von einem, unterhalb dieses Levels angesiedelten subadditiven Verstärkungseffekt zu sprechen. Freilich können sich, wie schon oben, hiervon abweichende Verbundeffekte einstellen. Vorstellbar sind zunächst Synergien[1761] zwischen optimal aufeinander abgestimmten Instrumenten. Ferner können gegenläufige Effekte auftreten. Zu denken ist an einzelne Maßnahmen mit unterschiedlichen Ansatzpunkten, von denen widersprüchliche Signale ausgehen.[1762]

Bei einem Zweckbündel gilt es zu differenzieren: Wenn und soweit sich die Zwecke nicht überschneiden, ist von einer linearen Verstärkungswirkung auszugehen. Zu addieren sind also die Gewichte sämtlicher zu schützender Rechtsgüter sowie diejenigen Beiträge, die die den additiven Grundrechtseingriff „konstituierenden“ Eingriffe jeweils erzielen, um eben diesen Schutz zu gewährleisten. Anderenfalls gilt das soeben zum Vorliegen zweckidentischer Instrumente Gesagte entsprechend. Nur für den Fall sich widersprechender Zielsetzungen greifen diese Regeln nicht. Insoweit hängt es allein von der jeweiligen Konstellation ab, ob und inwieweit sich dadurch ein positiver bzw. – was wahrscheinlicher ist – negativer Verbundeffekt einstellt.

1760 Näher dazu *Klement*, AöR 134 (2009), 35, 71 f.

1761 Erwogen auch bei *Hoffmann-Riem*, DVBl 1994, 1381, 1386.

1762 Vgl. im Kontext der Geeignetheit *Jesse*, Instrumentenverbund als Rechtsproblem am Beispiel effizienter Energienutzung, 2014, S. 174.

(cc) (Gesamt-)Abwägung

Auf die Bestimmung des Freiheitsinteresses einerseits und des Eingriffsinteresses andererseits folgt die (Gesamt-)Abwägung. Zu treffen ist eine irgendwie geartete Vorrangaussage auf der Grundlage eines Rangvergleichs beider Güter. Es gilt, wie schon oben: Je schwerer das Freiheitsinteresse wiegt, desto gewichtiger muss auch das Eingriffsinteresse sein.[1763] Nichts anderes gilt bei Vorliegen eines Zweckbündels. *Jesse* befürchtet zwar Rationalitätseinbußen: Verfolgen unterschiedliche Mittel unterschiedliche Zwecke, lasse sich, so seine Argumentation, eine Abwägung nicht mehr sachgerecht durchführen. Insofern sei „kaum im Einzelnen herauszuarbeiten, welches der Mittel in welchem Maße zu welchem der Zwecke beiträgt und wie groß umgekehrt die Belastungen sind, die auf die Verfolgung jedes der Zwecke entfallen."[1764] Dabei wird aber übersehen, dass es hier einer solchen Zuordnung gar nicht bedarf. Der Sache nach geht es allein um den „Eingriffsverbund", wobei sich Gesamtlast und Gesamtnutzen gegenüberstehen. Die Prüfung der (Gesamt-)Verhältnismäßigkeit handhabbar zu gestalten, ist zweifellos ein wichtiges Anliegen. Dem wird aber bereits auf

---

1763 Erwägenswert ist, die Gewichtsformel zu modifizieren, um auch die *Gesamt*abwägung erfassen zu können. *Alexy* selbst hat eine erweiterte Formel für den Fall einer Kumulation mehrerer Prinzipien seitens des Eingriffs- und/oder des Freiheitsinteresses vorgestellt. Sie lautet: $G_{i-m,\ j-n} = \frac{G_i \times I_i \times S_i + \ldots G_m \times I_m \times S_m}{G_j \times I_j \times S_j + \ldots G_n \times I_n \times S_n}$ (*Alexy*, in: Jickeli/Kreutz/Reuter (Hrsg.), Gedächtnisschrift f. Sonnenschein, 2003, S. 771, 791 Fn. 39; kritisch *E. Hofmann*, Abwägung im Recht, 2007, S. 284 f.). Mit Grundrechtskombinationen (s. bereits Zweiter Teil III. 1. b) bb)) hat sich auch *Breckwoldt* befasst. Sie schlägt als Alternative zur schlichten Addition die Einfügung eines sog. Heterogenitätssubtrahenden *H* – er beschreibt das Maß der Nicht-Überschneidung der Schutzgüter – in die (erweiterte) Gewichtsformel vor (vgl. *Breckwoldt*, Grundrechtskombinationen, 2015, S. 225 ff.). Offen bleibt, was für die hiervon zu unterscheidenden additiven Grundrechtseingriffe gilt. Insoweit dürfte von der Grundformel auszugehen sein. Zusätzliche Belastungen und Begünstigungen wirken sich auf die Eingriffsintensität (I_i) aus. In welcher Weise das geschieht, hängt von dem jeweils einschlägigen Verstärkungseffekt ab (s. dazu Dritter Teil I. 1. c)). Hinsichtlich des Eingriffszwecks, besonders der Variablen I_j und S_j, gilt dies entsprechend. Was letztlich die Einbeziehung mehrerer Zwecke anbelangt, liegt es nahe, die Gewichtsformel in Anlehnung an *Breckwoldt* zu modifizieren.

1764 *Jesse*, Instrumentenverbund als Rechtsproblem am Beispiel effizienter Energienutzung, 2014, S. 182. Vgl. auch *Ruschemeier*, Der additive Grundrechtseingriff, 2019, S. 190 ff. *Kromrey*, Belastungskumulation – Ein Beitrag zur Erweiterung des grundrechtlichen Eingriffsbegriffs, 2018, S. 151 f. geht auf diesen Einwand hingegen gar nicht ein.

ihrer ersten Stufe Rechnung getragen. Dort gilt es nämlich, eben jene Zuordnung – unter Ausblendung der übrigen (belastenden) Mittel – vorzunehmen.

Abwägung ist stets einzelfallbezogen. Allerdings gibt es hierfür gewisse Leitlinien, die sich auch auf additive Grundrechtseingriffe übertragen lassen. Durchsetzen wird sich dasjenige Interesse, das hierdurch im Unterschied zu dem jeweils anderen stärker, etwa in seinem Kernbereich statt „bloß" am Rande, tangiert ist. Dies festzustellen fällt aber schwer, soweit, wie regelmäßig, beide Interessen eine „Aufwertung" erfahren. Folglich entscheidet deren „Maß". Für das Freiheitsinteresse spricht vor allem die Betroffenheit eines Schutzguts von höchstem „Rang". Den gegenteiligen Effekt erzielen (Ausnahme-)Regelungen, die die Gesamtbelastung aufnehmen und sie – erforderlichenfalls – mildern.[1765] Dem Eingriffsinteresse hingegen kommt die Verfolgung mehrerer, einander nicht widersprechender Zwecke, denen die Verfassung bestenfalls einen besonderen Wert zuerkennt, zugute. Eines aber ist stets zu beachten: Angesichts unterschiedlicher Verstärkungseffekte spricht im Zweifelsfall Vieles für den Vorrang des (Gesamt-)Freiheitsinteresses. Im Übrigen, also jenseits additiver Grundrechtseingriffe, lässt sich dieser Idee allerdings nur wenig abgewinnen.[1766]

bb) (Gesamt-)Wesensgehaltsgarantie als absolute Grenze

Neben die (Gesamt-)Verhältnismäßigkeit tritt als zweites Teilelement die (Gesamt-)Wesensgehaltsgarantie. Damit ist ein Perspektivwechsel verbunden: weg von dem relational zu bestimmenden Verlust hin zu dem verbliebenen Maß an Freiheit, das eine gewisse, noch näher abzusteckende, Untergrenze keinesfalls unterschreiten darf. Dies ist vor allem als Antwort auf die strukturelle Überlegenheit des Staates zu verstehen, „der bei der Definition der Gemeinwohlbelange im Wesentlichen frei ist und deshalb mit der Produktion vieler legitimer Zwecke [...] grundrechtliche Positionen gleichsam scheibchenweise beseitigen kann".[1767] Außerdem eröffnet sich dadurch – auch jenseits additiver Grundrechtseingriffe – die Chance für

1765 *Jesse*, Instrumentenverbund als Rechtsproblem am Beispiel effizienter Energienutzung, 2014, S. 190.

1766 Dazu allgemein *Stern*, in: ders., Das Staatsrecht der Bundesrepublik Deutschland, Band III/2, 1994, § 84 S. 829 m.w.N.

1767 *Klement*, AöR 134 (2009), 35, 74 f. Vgl. auch *Schaks*, DÖV 2015, 817, 821.

die Wesensgehaltsgarantie, (wieder[1768]) wesentlich zu werden und damit der Bedeutung gerecht zu werden, die ihr bereits der Verfassungsgeber zuerkannt hat.[1769]

(1) Allgemeines: Zum Inhalt des Art. 19 Abs. 2 GG

Art. 19 Abs. 2 GG will sicherstellen, dass die Grundrechte trotz Einschränkungsmöglichkeiten nicht leerlaufen.[1770] Er darf „weder als überflüssig, irrational oder deklaratorisch hinweginterpretiert, noch darf [er] in [seinem] Bedeutungsgehalt relativiert werden."[1771] Dabei geht es, wie zu zeigen sein wird, unter anderem um das Verhältnis zwischen Art. 19 Abs. 2 GG und dem Grundsatz der Verhältnismäßigkeit.

(a) Anwendungsbereich der Wesensgehaltsgarantie

Art. 19 Abs. 2 GG ist wegen seines grundrechtssichernden Zwecks in jedem Fall anwendbar, wenn dem Wesen eines Grundrechts Gefahr drohen kann.[1772] Daher verbietet es sich im Unterschied zu Art. 19 Abs. 1 GG, zwischen Grundrechten mit ausdrücklich formuliertem Einschränkungsvorbehalt und sonstigen zu differenzieren.[1773] Erfasst werden auch die grund-

1768 Die Norm fristet ein verfassungsrechtliches „Schattendasein" (so *Hillgruber*, in: Isensee/P. Kirchhof (Hrsg.), Handbuch des Staatsrechts der Bundesrepublik Deutschland, Bd. IX, 3. Aufl. 2011, § 201 Rn. 99). Mit Nachweisen zur – Art. 19 Abs. 2 GG zunehmend aussparenden – Judikatur: *Nierhaus*, in: Dolzer/Vogel/Graßhof (Hrsg.), Bonner Kommentar zum Grundgesetz, 132. Aktualisierung Februar 2008, Art. 19 Abs. 2 Rn. 15 ff.

1769 Vgl. auch *Ruschemeier*, Der additive Grundrechtseingriff, 2019, S. 195 f.

1770 Vgl. *Remmert*, in: Maunz/Dürig (Begr.), Grundgesetz-Kommentar, Lfg. 52 Mai 2008, Art. 19 Abs. 2 Rn. 18.

1771 *Stern*, in: ders., Das Staatsrecht der Bundesrepublik Deutschland, Band III/2, 1994, § 85 S. 865.

1772 *Krebs*, in: von Münch/Kunig (Hrsg.), Grundgesetz-Kommentar, Bd. I, 6. Aufl. 2012, Art. 19 Rn. 19.

1773 *Krausnick*, JuS 2007, 1088, 1091; *Remmert*, in: Maunz/Dürig (Begr.), Grundgesetz-Kommentar, Lfg. 52 Mai 2008, Art. 19 Abs. 2 Rn. 22. Anders etwa *Chlosta*, Der Wesensgehalt der Eigentumsgewährleistung, 1975, S. 38; *Hesse*, Grundzüge des Verfassungsrechts, 20. Aufl. 1995, Rn. 329. Die Rechtsprechung hat den Anwendungsbereich der Wesensgehaltsgarantie schrittweise ausgedehnt (dazu: *Enders*, in: Epping/Hillgruber (Hrsg.), BeckOK-Grundgesetz, 41. Edition Stand: 15.5.2019, Art. 19 Rn. 22 m.w.N.).

rechtsgleichen Rechte.[1774] Denn ein Bedeutungsunterschied, der ihr Leerlaufen als hinnehmbar rechtfertigen könnte, besteht zwischen Grundrechten und grundrechtsgleichen Rechten nicht.[1775] Dahinstehen kann, ob der Wesensgehaltsschutz die Gleichheitsrechte umfasst.[1776] Gleiches gilt vorliegend für die Leistungs- und Schutzpflichtdimension der Grundrechte.[1777]

(b) Subjektive „versus" objektive Theorie

Zu klären ist, ob das Schutzobjekt der Wesensgehaltsgarantie die objektivrechtliche Grundrechtsbestimmung[1778], das konkret-individuelle subjektive Grundrecht[1779] oder beides ist[1780]. Letzteres trifft wegen der Mehrdimensionalität der Grundrechte[1781] zu.[1782] Das jeweilige Grundrecht muss also nicht bloß für die Rechtsgemeinschaft als solche, sondern auch und gerade für den aktuell betroffenen Grundrechtsträger noch von Bedeutung bleiben. Nach dem Grundgesetz sind die Grundrechte vorrangig subjektive Rechte des Individuums.[1783] Mit Recht heißt es daher: „Den Wesensge-

---

1774 *Sachs*, in: ders. (Hrsg.), Grundgesetz, 8. Aufl. 2018, Art. 19 Rn. 33. A.A. *Leisner-Egensperger*, in: Merten/Papier (Hrsg.), Grundsatzfragen der Grundrechtsdogmatik, 2007, S. 57, 59.

1775 So *Schaks*, JuS 2015, 407, 408.

1776 Dazu im Einzelnen: *Nierhaus*, in: Dolzer/Vogel/Graßhof (Hrsg.), Bonner Kommentar zum Grundgesetz, 132. Aktualisierung Februar 2008, Art. 19 Abs. 2 Rn. 115 ff.

1777 S. Dritter Teil III. 2.

1778 *Brenner*, Der Staat 32 (1993), 493, 505 f.; *Gallwas*, Faktische Beeinträchtigungen im Bereich der Grundrechte, 1970, S. 82 f.; *R. Herzog*, in: Fürst/R. Herzog/Umbach (Hrsg.), Festschrift f. Zeidler, Bd. II, 1987, S. 1415, 1424 f.

1779 *Dürig*, AöR 81 (1956), 117, 136 ff.; *Krüger*, DÖV 1955, 597.

1780 H.M., vgl. etwa *L. Schneider*, Der Schutz des Wesensgehalts von Grundrechten nach Art. 19 Abs. 2 GG, 1983, S. 148 ff.; *Stern*, in: ders., Das Staatsrecht der Bundesrepublik Deutschland, Band III/2, 1994, § 85 S. 869 f. m.w.N. Nach Grundrechtsnorm differenzierend *Enders*, in: Epping/Hillgruber (Hrsg.), BeckOK-Grundgesetz, 41. Edition Stand: 15.5.2019, Art. 19 Rn. 26 ff. In diese Richtung geht auch die Rechtsprechung des Bundesverfassungsgerichts, in der sowohl die objektive als auch die subjektive Betrachtung Anklang gefunden haben (im ersteren Sinne wohl BVerfGE 125, 260, 324; BVerfGE 22, 180, 219; im letzteren Sinne BVerfGE 115, 118, 165; BVerfGE 27, 344, 351 f.).

1781 S. bereits Zweiter Teil III. 3. b) aa).

1782 Vgl. *Krebs*, in: von Münch/Kunig (Hrsg.), Grundgesetz-Kommentar, Bd. I, 6. Aufl. 2012, Art. 19 Rn. 23.

1783 Vgl. *Herdegen*, in: Maunz/Dürig (Begr.), Grundgesetz-Kommentar, Lfg. 87 März 2019, Art. 1 Abs. 3 Rn. 14.

halt zu verselbständigen und auf die objektive Norm zu reduzieren, heißt den ursprünglichen und bleibenden Sinn der Grundrechte gerade dort zu verkehren, wo es um dieses ihr *Wesen* geht."[1784] Auch endete ein (rein) institutionelles Verständnis bei einer nur mehr deklaratorischen Bedeutung der Wesensgehaltsgarantie[1785], was es wie gesagt zu vermeiden gilt. Abgesehen davon wäre eine solche Deutung schwerlich nachvollziehbar: Kaum lösbar erscheint die Frage, ab wann Anzahl und Umfang der Beeinträchtigung subjektiver Grundrechtspositionen zu einer Beeinträchtigung des Wesensgehaltes der objektiven Grundrechtsbestimmung führt.[1786]

(c) Absolute oder relative Bestimmung

Eine Frage ist zentral für das Verständnis des Art. 19 Abs. 2 GG: Müssen gewisse Freiheitsbetätigungen den Grundrechtsträgern unbedingt offen stehen (absolute Theorie)[1787] oder ist der Wesensgehalt mit Blick auf andere Verfassungsgüter – im Wege der Güterabwägung – zu bestimmen (relative Theorie)[1788]? Die Rechtsprechung hilft hier kaum weiter; sie lässt sich in die eine wie auch die andere Richtung deuten[1789]. Für ein absolutes Verständnis spricht bereits der strikte Wortlaut des Art. 19 Abs. 2 GG („in keinem Falle").[1790] Eine andere Auslegung liefe darauf hinaus, die Wesensge-

---

1784 *Herbert*, EuGRZ 1985, 321, 324 (Hervorhebung im Original). Ähnlich *Hillgruber*, in: Isensee/P. Kirchhof (Hrsg.), Handbuch des Staatsrechts der Bundesrepublik Deutschland, Bd. IX, 3. Aufl. 2011, § 201 Rn. 103.

1785 Vgl. dazu *Häberle*, Die Wesensgehaltgarantie des Art. 19 Abs. 2 Grundgesetz, 3. Aufl. 1983, S. 235.

1786 So *Middendorf*, Jura 2003, 232, 233.

1787 *von Arnauld*, Die Freiheitsrechte und ihre Schranken, 1999, S. 209 ff.; *Leisner-Egensperger*, in: Merten/Papier (Hrsg.), Grundsatzfragen der Grundrechtsdogmatik, 2007, S. 57, 66 f.; *Stern*, in: ders., Das Staatsrecht der Bundesrepublik Deutschland, Band III/2, 1994, § 85 S. 865 ff.

1788 *Dreier*, in: ders. (Hrsg.), Grundgesetz-Kommentar, Bd. I, 3. Aufl. 2013, Art. 19 Abs. 2 Rn. 16; *von Hippel*, Grenzen und Wesensgehalt der Grundrechte, 1965, S. 47 ff. Beide Ansätze dagegen kombinierend *Häberle*, Die Wesensgehaltgarantie des Art. 19 Abs. 2 Grundgesetz, 3. Aufl. 1983, S. 326 ff.; *Middendorf*, Jura 2003, 232, 234 f.

1789 Eher für Absolutheit BVerfGE 80, 367, 373; BVerfGE 34, 238, 245; BVerfGE 16, 194, 201. Anders (in jüngerer Zeit) BVerfGE 115, 118, 165; BVerfGE 109, 133, 156. Dazu insgesamt: *Remmert*, in: Maunz/Dürig (Begr.), Grundgesetz-Kommentar, Lfg. 52 Mai 2008, Art. 19 Abs. 2 Rn. 38 f.

1790 So auch *Ruschemeier*, Der additive Grundrechtseingriff, 2019, S. 204; *Stern*, in: ders., Das Staatsrecht der Bundesrepublik Deutschland, Band III/2, 1994, § 85

haltsgarantie jedenfalls in weiten Teilen mit dem (relativen) Verhältnismäßigkeitsgrundsatz gleichzusetzen.[1791] Der damit einhergehende Bedeutungsverlust lässt sich aber weder mit der Intention des Verfassungsgebers noch mit der systematischen Stellung der Norm am Schluss des Grundrechtskatalogs vereinbaren. Die angezeigte absolute Betrachtungsweise lässt sich auch ohne Friktionen durchhalten. Das gilt selbst für die Grundrechte auf Leben und auf Freiheit der Person (Art. 2 Abs. 2 S. 1 u. S. 2 GG).[1792]

(d) Inhaltliche Bestimmung des Wesensgehalts

Art. 19 Abs. 2 GG zufolge darf ein Grundrecht nicht in „seinem" Wesensgehalt angetastet werden. Es geht also um einen jeweils grundrechtsspezifischen Wesensgehalt.[1793] Abstrakten Festlegungen sind damit von vornherein Grenzen gesetzt. Wohl aber sind typisierende Aussagen möglich, die im Einzelfall näher konkretisiert werden müssen.[1794] Es gilt der Grundsatz, dass das einschlägige Freiheitsrecht für den Betroffenen noch eine gewisse rechtliche Bedeutung haben muss.[1795] Nicht entzogen werden darf also ein substantielles Grundrechtsminimum, das (regelmäßig) über den Schutz

S. 865. Anders *Krebs*, in: von Münch/Kunig (Hrsg.), Grundgesetz-Kommentar, Bd. I, 6. Aufl. 2012, Art. 19 Rn. 23.

1791 Vgl. *Hesse*, Grundzüge des Verfassungsrechts, 20. Aufl. 1995, Rn. 332 ff. Für Teilidentität *Nierhaus*, in: Dolzer/Vogel/Graßhof (Hrsg.), Bonner Kommentar zum Grundgesetz, 132. Aktualisierung Februar 2008, Art. 19 Abs. 2 Rn. 82 f.

1792 Dass der Staat unter Umständen selbst tötet oder zu töten erlaubt, ist im Grundgesetz selbst angelegt. Art. 2 Abs. 2 S. 3 GG stellt insofern eine verfassungsimmanente Beschränkung des Art. 19 Abs. 2 GG dar (*Schaks*, JuS 2015, 407, 409; mit abweichender Begründung *Leisner-Egensperger*, in: Merten/Papier (Hrsg.), Grundsatzfragen der Grundrechtsdogmatik, 2007, S. 57, 61 f.). Anders verhält es sich für den lebenslangen Entzug der Freiheit. Entscheidend dürfte hier sein, dass der Betroffene noch eine rechtlich gesicherte Chance hat, die Freiheit wieder zu erlangen (*Hillgruber*, in: Isensee/P. Kirchhof (Hrsg.), Handbuch des Staatsrechts der Bundesrepublik Deutschland, Bd. IX, 3. Aufl. 2011, § 201 Rn. 104). Zu anderen „Problemfällen" s. *Leisner-Egensperger*, in: Merten/Papier (Hrsg.), Grundsatzfragen der Grundrechtsdogmatik, 2007, S. 57, 68.

1793 *Remmert*, in: Maunz/Dürig (Begr.), Grundgesetz-Kommentar, Lfg. 52 Mai 2008, Art. 19 Abs. 2 Rn. 40 m.w.N.

1794 *Stern*, in: ders., Das Staatsrecht der Bundesrepublik Deutschland, Band III/2, 1994, § 85 S. 874.

1795 *Leisner-Egensperger*, in: Merten/Papier (Hrsg.), Grundsatzfragen der Grundrechtsdogmatik, 2007, S. 57, 70.

des Art. 1 Abs. 1 GG hinausgreift[1796]. Dabei spielen – wie *Stern* überzeugend herausgearbeitet hat – eine Reihe von Faktoren eine Rolle. Dazu zählen die spezifische Funktion des jeweiligen Grundrechts im Gesamtsystem der Grundrechte[1797], das „Wirkungsgefüge", in das die einschränkende Norm gestellt ist[1798], sowie das Zeitmaß der Beschränkung. Insgesamt gehe es darum, „für jedes Grundrecht einen je eigenen sachspezifischen Bereich auszumachen, der für dieses so essentiell ist, dass es im Falle von dessen Antastung nicht mehr gerechtfertigt ist, von einem Grundrecht dieses Namens und Typus zu sprechen. Wesensgehaltsschutz bedeutet in diesem Sinne Identitätsschutz."[1799]

Dies kann nur beispielhaft verdeutlicht werden[1800]: Art. 10 GG verbietet eine globale und pauschale Überwachung des Fernmeldeverkehrs, da dadurch die Vertraulichkeit der Telekommunikation insgesamt aufgehoben würde.[1801] Als unantastbar erweist sich zudem die Intimsphäre, die dem Schutz des allgemeinen Persönlichkeitsrechts unterfällt (Art. 2 Abs. 1 GG i.V.m. Art. 1 Abs. 1 GG). Die Berufsfreiheit sichert in ihrem Kern die „persönliche und wirtschaftliche Existenz"[1802]. Von daher erscheint die (drohende) „Auszehrung des eigentlichen Hauptgeschäfts"[1803], ungeachtet der verfolgten Zwecke, zweifellos bedenklich. Bei Art. 14 GG geht es schließlich darum, dem Eigentümer etwas Wesentliches vom Nutzungsinteresse zu belassen[1804]; auch hierauf wird zurückzukommen sein[1805].

1796 Ausführlich zum Verhältnis von Wesensgehaltsgarantie und Menschenwürdegehalt: *Nierhaus*, in: Dolzer/Vogel/Graßhof (Hrsg.), Bonner Kommentar zum Grundgesetz, 132. Aktualisierung Februar 2008, Art. 19 Abs. 2 Rn. 51 ff.

1797 BVerfGE 22, 180, 219.

1798 BVerfGE 61, 82, 113.

1799 *Stern*, in: ders., Das Staatsrecht der Bundesrepublik Deutschland, Band III/2, 1994, § 85 S. 875 f.

1800 Eingehend dazu: *Schefer*, Die Kerngehalte von Grundrechten, 2001 (aus eidgenössischer Sicht); ferner *Enders*, in: Epping/Hillgruber (Hrsg.), BeckOK-Grundgesetz, 41. Edition Stand: 15.5.2019, Art. 19 Rn. 31.1 ff.

1801 Vgl. BVerfGE 100, 313, 376. Aus unionsrechtlicher Perspektive: *Bock/Engeler*, DVBl 2016, 593, 594 ff.

1802 *Schlink*, Abwägung im Verfassungsrecht, 1976, S. 193 f.

1803 BVerfG, NJW 2009, 2033, 2045 (im Kontext eines additiven Grundrechtseingriffs).

1804 *Leisner-Egensperger*, in: Merten/Papier (Hrsg.), Grundsatzfragen der Grundrechtsdogmatik, 2007, S. 57, 73.

1805 Zum sog. Halbteilungsgrundsatz s. Dritter Teil III. 1. c) cc) (2).

(2) Zweistufige Prüfung additiver Grundrechtseingriffe

Das „Verbot der Belastungskumulation“ hat seinen „Sitz“ zwar nicht in Art. 19 Abs. 2 GG. Auch bildet die Garantie des Wesensgehalts nicht die (einzige) Grenze des additiven Grundrechtseingriffs, wohl aber ist sie eine entscheidende. Die (Gesamt-)Wesensgehaltsgarantie erlaubt es, derartige Fälle grundrechtsdogmatisch zu erfassen und zu verarbeiten. Maßgeblich dafür spricht die ratio legis, also der mit Art. 19 Abs. 2 GG verfolgte Zweck, ein Leerlaufen der Grundrechte zu verhindern. Das zu vermeidende Leerlaufen kann nämlich, wie es im Schrifttum heißt, nicht nur durch gravierende Einzeleingriffe erfolgen, sondern auch und gerade durch weniger intensive, aber dafür zahlreiche Eingriffe.[1806] Entscheidend ist daher, ob der prinzipielle Freiheitsanspruch für den vom Eingriff Betroffenen – auch mit Blick auf weitere (belastende) Maßnahmen – noch hinreichend gewahrt ist.[1807] Grenzen sind freilich auch hier zu wahren. Dazu zählt vor allem der beschriebene Tatbestand additiver Grundrechtseingriffe. Eine „globale Summenbetrachtung“ verbietet sich also auch hier. Festzuhalten ist vor allem an dem Erfordernis der Konnexität[1808], wobei Zweckidentität nicht zwingend vorausgesetzt wird. Um Unschärfen zu vermeiden, erfolgt die Prüfung aufbautechnisch wiederum in zwei Schritten.[1809] Zuerst sind sämtliche Einzeleingriffe, die Teil des „Verbundes“ sind, an Art. 19 Abs. 2 GG zu messen. Erst darauf folgt die Gesamtschau der an sich – daran sei erinnert – selbständigen Eingriffe.

(a) Antastung des Wesensgehalts durch die Einzeleingriffe

Zunächst ist jeder der einzelnen Eingriffe daraufhin zu untersuchen, ob er für sich genommen die Identität des fraglichen Einzelgrundrechts berührt. Keinesfalls darf – bezogen auf den aktuell betroffenen Grundrechtsträger – ein gewisses Mindestmaß an Freiheit in dem soeben bestimmten Umfang unterschritten werden. Entscheidend ist die Eingriffsschwere, die von zahlreichen Faktoren abhängt. Dazu zählt auch das „Eingriffsumfeld“. Wenn

1806 S. bereits Dritter Teil II. 1. c) bb) (1).

1807 *Hillgruber*, in: Isensee/P. Kirchhof (Hrsg.), Handbuch des Staatsrechts der Bundesrepublik Deutschland, Bd. IX, 3. Aufl. 2011, § 201 Rn. 103.

1808 Anders *Würsig*, Die Steuerung von Summenbelastungen im öffentlichen Immissionsschutzrecht, 2009, S. 66.

1809 S. zur (Gesamt-)Verhältnismäßigkeitsprüfung Dritter Teil III. 1. c) aa) (1).

und soweit es der betreffende Tatbestand zulässt, sind also auch belastungsmindernde Synergien und Begünstigungen zu berücksichtigen; man denke etwa an eine Kompensation in Form von Geld bei Art. 14 Abs. 3 S. 2 GG[1810]. Anders verhält es sich für die sonstigen belastenden Maßnahmen. Es gilt, wie schon oben, Mehrfachprüfungen zu vermeiden, mit der Folge, dass die Gesamtbelastung erst den Gegenstand der zweiten Stufe bildet.

(b) Antastung durch den „Eingriffsverbund"

Auf eben dieser Stufe geht es darum, ob angesichts der Gesamtlast noch genügend Freiheit verbleibt – das fragliche (Einzel-)Grundrecht[1811] für den Betroffenen also noch eine gewisse rechtliche Bedeutung hat. So darf zum Beispiel die steuerliche (Gesamt-)Belastung nicht so weit gehen, dass der wirtschaftliche Erfolg grundlegend beeinträchtigt wird.[1812] Auch für den Fall, dass es zu einer Vielzahl von „Einschnitten" im Leistungsrecht der gesetzlichen Rentenversicherung kommt, gilt es, eines zu bewahren: die prinzipielle Struktur und Funktion der Rente als freiheits- und existenzsichernde Leistung. Dabei kommt es generell weder auf die verfolgten Zwecke noch darauf an, ob und gegebenenfalls inwieweit diese im „Verbund" eine Aufwertung erfahren. Was die Beurteilung des „Maßes" der (Gesamt-)Belastung angeht, gilt das bereits Gesagte entsprechend. Von Bedeutung sind also die Anzahl der Instrumente sowie die Dauer ihres Einsatzes im „Verbund".[1813] Grundsätzlich wird von einer linearen Verstärkungswirkung auszugehen sein. Allerdings dürfen auch über die Summe der Einzelwirkungen hinausgehende wie auch dahinter zurückbleibende Verbundeffekte nicht außer Acht gelassen werden.

1810 Vgl. auch *Leisner-Egensperger*, in: Merten/Papier (Hrsg.), Grundsatzfragen der Grundrechtsdogmatik, 2007, S. 57, 68, die Art. 19 Abs. 2 GG dadurch – trotz des an sich vollständigen Eigentumsentzugs – für nicht verletzt hält. Mit abweichender Begründung *Hillgruber*, in: Isensee/P. Kirchhof (Hrsg.), Handbuch des Staatsrechts der Bundesrepublik Deutschland, Bd. IX, 3. Aufl. 2011, § 201 Rn. 103 Fn. 173.

1811 Zum Tatbestandsmerkmal der Grundrechtsidentität s. bereits Zweiter Teil III. 2. b) (bb) (4).

1812 Vgl. BVerfGE 115, 97, 117; BVerfGE 93, 121, 137.

1813 Vgl. *Lee*, Umweltrechtlicher Instrumentenmix und kumulative Grundrechtseinwirkungen, 2013, S. 153 im Kontext der Angemessenheit.

cc) Bereichsspezifische Grenzen

Darüber hinaus setzt das Grundgesetz additiven Grundrechtseingriffen je nach Sach- und Rechtsgebiet weitere Grenzen, von denen nachfolgend eine Auswahl vorgestellt wird. Teils stellen diese „lediglich" spezielle Ausprägungen der Wesensgehaltsgarantie bzw. des Verhältnismäßigkeitsgrundsatzes dar, teils weichen sie in ihrer dogmatischen Verortung davon ab.

(1) „Ne bis in idem", Art. 103 Abs. 3 GG

Der Grundsatz „ne bis in idem"[1814] genießt durch die Regelung in Art. 103 Abs. 3 GG Verfassungsrang. Danach darf niemand wegen derselben Tat auf Grund der allgemeinen Strafgesetze mehrmals bestraft werden. Ausgeschlossen ist – legt man die ganz herrschende Auffassung zugrunde – allerdings nicht nur die mehrfache Bestrafung, sondern bereits die erneute Einleitung eines Strafverfahrens wegen derselben Tat.[1815] Voraussetzung dafür ist eine rechtskräftige strafgerichtliche Entscheidung verurteilender oder freisprechender Art.[1816] Hieran wird deutlich, dass Art. 103 Abs. 3 GG sowohl Ausdruck des Gedankens der Rechtssicherheit als auch, was die individuelle Freiheit angeht, der Verhältnismäßigkeit ist.[1817]

Art. 103 Abs. 3 GG geht davon aus, dass Eingriffe in die (Fortbewegungs-)Freiheit zusammen zu betrachten sind und ihre Gesamtwirkung zählt.[1818] Das ist ein deutliches Indiz für die verfassungstextliche Anerkennung additiver Grundrechtseingriffe. Mehr noch: Art. 103 Abs. 3 GG taugt auch als entsprechender Lösungsansatz. Denn er verhindert für seinen Anwendungsbereich eine übermäßige (d.h. unverhältnismäßige) Gesamtbe-

---

1814 Zur Herkunft dieser Formulierung s. nur *F.-C. Schroeder*, JuS 1997, 227, 228.

1815 *Schulze-Fielitz*, in: Dreier (Hrsg.), Grundgesetz-Kommentar, Bd. III, 3. Aufl. 2018, Art. 103 Abs. 3 Rn. 25 m.w.N.

1816 Näher dazu: *Remmert*, in: Maunz/Dürig (Begr.), Grundgesetz-Kommentar, Lfg. 85 November 2018, Art. 103 Abs. 3 Rn. 55 ff.

1817 Vgl. ebd., Rn. 258 ff., insbes. 261; *Rüping*, in: Dolzer/Vogel/Graßhof (Hrsg.), Bonner Kommentar zum Grundgesetz, 45. Aktualisierung Oktober 1982, Art. 103 Abs. 3 Rn. 11; *F.-C. Schroeder*, JuS 1997, 227 f.

1818 *Bronkars*, Kumulative Eigentumseingriffe, 2007, S. 77. S. bereits Zweiter Teil II. 1.

lastung des Bürgers.[1819] Gleiches gilt für Art. 50 GrCh, der den Grundsatz „ne bis in idem“ auf Ebene der Europäischen Union normiert. Art. 103 Abs. 3 GG wird jedoch nur teilweise Abhilfe schaffen. Das liegt daran, dass dem Anwendungsbereich der Norm Grenzen gesetzt sind. Er bezieht nämlich nicht sämtliche Doppelsanktionen ein, sondern nur solche strafrechtlicher Art. Hierzu zählen jedenfalls das Kern- und das Nebenstrafrecht.[1820] Anders liegt es nach den Vorstellungen des Grundgesetzgebers für „das Disziplinarstrafrecht, das Ordnungsstrafrecht und das Polizeistrafrecht“.[1821] Hieraus schließen Rechtsprechung und herrschende Lehre, dass Sanktionen aufgrund des Disziplinarrechts[1822], des Dienststrafrechts[1823], des Ordnungswidrigkeitenrechts[1824], gerichtliche Ordnungsmaßnahmen sowie verwaltungsbehördliche Maßnahmen[1825], die aus Anlass strafbaren Verhaltens verhängt werden, nicht von Art. 103 Abs. 3 GG erfasst seien.

Ob sich diese – ausgesprochen enge – Sichtweise aufrechterhalten lässt, ist fraglich, was aber nichts an der prinzipiellen Begrenzung des Schutzbereichs ändert. Anlass zu Zweifeln gibt die Judikatur des Europäischen Gerichtshofs, die den Grundsatz „ne bis in idem“ tendenziell weit versteht.[1826] Denn danach kommt es nicht nur auf die rechtliche Einordnung der Zuwiderhandlung (im innerstaatlichen Recht) sowie auf die Art der Zuwiderhandlung an, wobei zu prüfen ist, ob die fragliche Sanktion insbesondere eine repressive Zielsetzung verfolgt, sondern auch auf den Schwe-

---

1819 *Lücke*, DVBl 2001, 1469, 1477. Dem folgend *Lee*, Umweltrechtlicher Instrumentenmix und kumulative Grundrechtseinwirkungen, 2013, S. 105. Zurückhaltender *Ruschemeier*, Der additive Grundrechtseingriff, 2019, S. 180 f.

1820 *Radtke/Hagemeier*, in: Epping/Hillgruber (Hrsg.), BeckOK-Grundgesetz, 41. Edition Stand: 15.5.2019, Art. 103 Rn. 47; *Schulze-Fielitz*, in: Dreier (Hrsg.), Grundgesetz-Kommentar, Bd. III, 3. Aufl. 2018, Art. 103 Abs. 3 Rn. 21.

1821 *von Doemming/Füsslein/Matz*, JöR Bd. 1 (1951), 744. Bereits zu Art. 136 Abs. 2 des Herrenchiemseer Entwurfs wurde festgestellt, dass dieser das Nebeneinander von gerichtlichen und Disziplinarstrafen nicht ausschließe (ebd., S. 742).

1822 BVerfG, NJW 1970, 507.

1823 BVerfGE 66, 337, 357. Eingehend: *Wiese*, VerwArch 56 (1965), 203 ff. u. 354 ff.

1824 BVerfGE 21, 391, 401. In jüngerer Zeit wird erwogen, Art. 103 Abs. 3 GG auf das Ordnungswidrigkeitenrecht jedenfalls analog anzuwenden (*Schulze-Fielitz*, in: Dreier (Hrsg.), Grundgesetz-Kommentar, Bd. III, 3. Aufl. 2018, Art. 103 Abs. 3 Rn. 21 m.w.N.; anders *G. Dannecker*, JZ 2013, 616, 619).

1825 Zu beidem *Schmidt-Aßmann*, in: Maunz/Dürig (Begr.), Grundgesetz-Kommentar, Lfg. 30 Dezember 1992, Art. 103 Abs. 3 Rn. 290 f. m.w.N.

1826 Ähnlich mit Blick auf die – parallele – Rechtsprechung des Europäischen Gerichtshofs für Menschenrechte: *G. Nolte/H. P. Aust*, in: von Mangoldt/F. Klein/Starck (Begr./Hrsg.), Kommentar zum Grundgesetz, Bd. III, 7. Aufl. 2018, Art. 103 Abs. 3 Rn. 214 f.

regrad der dem Betroffenen drohenden Sanktion.[1827] Kurzum: Auch Ordnungswidrigkeiten und andere Verwaltungsmaßnahmen mit strafähnlichem Charakter sind von Art. 50 GrCh erfasst.[1828] Übertragt man diesen Gedanken auf das deutsche (Verfassungs-)Recht scheidet eine rein formale Abgrenzung zwischen Kriminalstrafen und anderen Sanktionen aus. Näher liegt es vielmehr auf das Maß ihrer Annäherung in den Sanktionswirkungen abzustellen.[1829] Hierfür sprechen – angesichts der Parallelen – nicht zuletzt die allgemeinen Freiheitsgrundrechte mitsamt des sog. „modernen" Eingriffsbegriffs[1830]. Was das Disziplinarrecht anbelangt, folgt daraus, dass Art. 103 Abs. 3 GG jedenfalls dann anwendbar ist, wenn die entsprechende Sanktion besonders schwer wiegt, was wohl vor allem bei Freiheitsentziehungen der Fall sein wird.[1831] Jenseits dessen – und generell außerhalb des Schutzbereichs des Art. 103 Abs. 3 GG – greift das Prinzip der Verhältnismäßigkeit, wobei nach der Notwendigkeit gerade einer Wiederholung der Sanktionen zu fragen ist[1832], und Art. 19 Abs. 2 GG. Insoweit sind – folgt man dem Schutzsystem von *Schmidt-Aßmann* – „Doppelsanktionen desto eher zulässig [...], je deutlicher die mit ihnen verfolgten Aufgaben und Ziele voneinander getrennt sind, und [haben] desto eher zu unterbleiben [...], je enger ihre Ziele beieinander liegen."[1833] Im Übrigen können sich Einschränkungen aus dem Gedanken der Verhältnismäßig-

---

1827 Jüngst EuGH, Rs. C-524/15 – Luca Menci, ECLI:EU:C:2018:197 Rn. 26 u. 31 m.w.N. Zur Entwicklung der Rechtsprechung des Europäischen Gerichtshofs: *Gstrein/Zeitzmann*, ZEuS 2013, 239, 242 ff.

1828 So *Blanke*, in: Calliess/Ruffert (Hrsg.), EUV/AEUV, 5. Aufl. 2016, Art. 50 GrCh Rn. 4. Zu Art. 50 GrCh insgesamt: *Anagnostopoulos*, in: F. Herzog/Neumann (Hrsg.), Festschrift f. Hassemer, 2010, S. 1121 ff.

1829 Ausführlich *Fliedner*, AöR 99 (1974), 242 ff., insbes. 252 ff.

1830 S. dazu bereits Zweiter Teil III. 1. a).

1831 Vgl. *G. Nolte/H. P. Aust*, in: von Mangoldt/F. Klein/Starck (Begr./Hrsg.), Kommentar zum Grundgesetz, Bd. III, 7. Aufl. 2018, Art. 103 Abs. 3 Rn. 214. Stattdessen mit dem Grundsatz der Rechtsstaatlichkeit argumentierend: BVerfGE 21, 378 ff. Im Ergebnis zutreffend BVerfG, NJW 1970, 507 ff. Zu beiden Entscheidungen s. bereits Erster Teil I. 1. a).

1832 *Schmidt-Aßmann*, in: Maunz/Dürig (Begr.), Grundgesetz-Kommentar, Lfg. 30 Dezember 1992, Art. 103 Abs. 3 Rn. 277. Ähnlich die Folgeauflage: *Remmert*, in: Maunz/Dürig (Begr.), Grundgesetz-Kommentar, Lfg. 85 November 2018, Art. 103 Abs. 3 Rn. 59 u. 46.

1833 *Schmidt-Aßmann*, in: Maunz/Dürig (Begr.), Grundgesetz-Kommentar, Lfg. 30 Dezember 1992, Art. 103 Abs. 3 Rn. 280.

keit als Anrechnungsregelungen darstellen.[1834] So kann etwa die (teilweise) Anrechnung von Disziplinar- auf Kriminalstrafen geboten sein.[1835]

Hinzuweisen ist noch auf Folgendes: Unter Umständen reicht der Tatbestand des Art. 103 Abs. 3 GG weiter als der des additiven Grundrechtseingriffs. Vor allem erfasst ersterer Mehrfachbestrafungen ohne Rücksicht auf das Kriterium der Gleichzeitigkeit, für das, zumindest wenn es um Art. 2 Abs. 2 S. 2 GG geht, zahlreiche Besonderheiten gelten[1836]. Die Konnexität orientiert sich zwar an dem in Art. 103 Abs. 3 GG zugrunde gelegten Tatbegriff[1837], Abweichungen sind allerdings auch insoweit denkbar[1838]. Unterschiede ergeben sich schließlich auf Rechtsfolgenseite. So ist Art. 103 Abs. 3 GG im Unterschied zu Art. 2 Abs. 2 S. 2 GG, der einem einfachen Gesetzesvorbehalt unterliegt, nach hier vertretener Auffassung nicht einschränkbar. Eine Relativierung seines Schutzgehaltes durch verfassungsimmanente Grenzen verbietet sich daher.[1839]

(2) (Modifizierter) Halbteilungsgrundsatz

Die Verfassung setzt Grundrechtseinschränkungen Grenzen; dies gilt auch für die Erhebung von Steuern, die Art. 14 GG tangiert. So verbietet die Schranken-Schranke des Art. 19 Abs. 2 GG jedenfalls, die Privatnützigkeit des Eigentums gänzlich zu beseitigen, was jedoch nur selten geschehen wird. Auch der Grundsatz der Verhältnismäßigkeit hilft kaum weiter. Denn Steuern werden jenseits „erdrosselnder“ Belastung mit dem Zweck,

---

1834 Ebd. Beispiele finden sich bereits oben, s. Zweiter Teil II. 3.

1835 *Schulze-Fielitz*, in: Dreier (Hrsg.), Grundgesetz-Kommentar, Bd. III, 3. Aufl. 2018, Art. 103 Abs. 3 Rn. 23.

1836 S. bereits Zweiter Teil III. 2. b) bb) (3).

1837 Die „Tat“ i.S.d. Art. 103 Abs. 3 GG wird überwiegend als der geschichtliche – und damit zeitlich und sachverhaltlich begrenzte – Vorgang, auf welchen Anklage und Eröffnungsbeschluss hinweisen und innerhalb dessen der Angeklagte als Täter oder Teilnehmer einen Straftatbestand verwirklicht haben soll, bestimmt (vgl. BVerfGE 45, 434, 435; BVerfGE 23, 191, 202).

1838 Zweifelhaft ist zum Beispiel, ob es für das Vorliegen einer „Tat“ ausreicht, dass „der [mit einigem zeitlichen Abstand wiederholten] Dienstverweigerung eine fortdauernde und ernsthafte, an den Kategorien von ‚Gut‘ und ‚Böse‘ orientierte Entscheidung des Gewissens zu Grunde liegt.“ (so aber BVerfG, NVwZ-RR 2002, 759). Vgl. zum Merkmal der Konnexität Zweiter Teil III. 2. b) bb) (5) (d) (bb).

1839 Dazu: *Remmert*, in: Maunz/Dürig (Begr.), Grundgesetz-Kommentar, Lfg. 85 November 2018, Art. 103 Abs. 3 Rn. 62 m.w.N. auch zur Gegenauffassung.

Einnahmen zur Deckung des staatlichen Finanzbedarfs zu erzielen, gemessen an diesem Zweck grundsätzlich immer verhältnismäßig sein.[1840] Unberührt bleibt zwar das von der Rechtsprechung postulierte Verbot, den wirtschaftlichen Erfolg grundlegend zu beeinträchtigen.[1841] Will man sich darauf aber nicht zurückziehen, braucht es Alternativen. Vertreten wird wie gesagt, die Zweck-Mittel-Relation statt am (vordergründigen) Fiskalzweck an der konkret zu finanzierenden Staatsaufgabe auszurichten. Andere errichten eine (absolute) Obergrenze steuerlicher (Gesamt-)Belastung, den sog. Halbteilungsgrundsatz. Beides sieht sich gewichtigen Einwänden ausgesetzt[1842], die sich aber abschwächen, sofern diese Ansätze kombiniert werden. Danach bleibt es, soweit nicht mehr als 50 % des privatwirtschaftlichen Erfolges vom Staat abgeschöpft werden, bei der eingeschränkten herkömmlichen Verhältnismäßigkeitsprüfung. Anderenfalls gilt es, konkrete Finanzierungszwecke von einigem Gewicht vorzubringen, die bei Unterschreitung der Grenze nicht verwirklicht werden könnten.[1843] Ein auf diese Weise modifizierter Halbteilungsgrundsatz[1844] gilt nicht absolut. Daher erscheint es gerechtfertigt, ihn im Verhältnismäßigkeitsgrundsatz anzusiedeln. Ergänzend ist – um die zahlenmäßige Vorgabe zu erklären – das Subsidiaritätsprinzip heranzuziehen, das wiederum durch Art. 14 Abs. 2 S. 2 GG konkretisiert wird.

(3) Schutz- und Begrenzungsfunktion der Finanzverfassung, insbesondere Art. 106 Abs. 3 S. 4 Nr. 2 GG

Über ihre Ordnungsfunktion hinaus übernimmt die grundgesetzliche Finanzverfassung (Art. 104a ff. GG) auch eine Begrenzungs- und Schutzfunktion zugunsten der Bürger.[1845] Hierhin gehört zunächst Art. 105 Abs. 2a S. 1 GG, wonach den Ländern die Gesetzgebungsbefugnis über die örtlichen Verbrauch- und Aufwandsteuern nur zusteht, solange und soweit sie

1840 So bereits *von Arnim*, VVDStRL 39 (1981), 286, 313.

1841 BVerfGE 115, 97, 117.

1842 Vgl. *Elicker*, DVBl 2006, 480, 483 ff. m.w.N. Zum Halbteilungsgrundsatz s. bereits Dritter Teil II. 1. c) cc) (1) (b).

1843 Vgl. auch *Seer*, DStJG 23 (2000), 87, 125.

1844 Was die Übertragung eines solchen auf andere Bereiche anbelangt, ist Zurückhaltung angezeigt. Immerhin wird es jenseits des Steuerrechts regelmäßig leichter sein, eine Zweck-Mittel-Relation zu formulieren, die greifbare Ansatzpunkte für eine Begrenzung der (Gesamt-)Belastung bietet.

1845 Jüngst BVerfG, NJW 2017, 1037, 1038 m.w.N.

nicht bundesgesetzlich geregelten Steuern *gleichartig* sind. Verhindert werden soll zum einen, dass die Länder eine Steuerquelle ausschöpfen, die dem Bund zugewiesen ist.[1846] Zum anderen sollen die Bürger – was vorliegend relevant werden kann – vor einer Mehrfachbelastung in demselben Belastungsgrund[1847] geschützt werden.[1848]

Darüber hinaus kommt das Steuerstaatsprinzip[1849] zum Tragen. Es schützt die Bürger indirekt, indem es andere Formen der Staatsfinanzierung, etwa durch nichtsteuerliche Abgaben[1850], für besonders rechtfertigungsbedürftig erklärt.[1851] Kürzlich hat das Bundesverfassungsgericht dem noch eine weitere Komponente hinzugefügt: Zwar stehe es dem Gesetzgeber innerhalb der durch Art. 105 und Art. 106 GG vorgegebenen Typusbegriffe offen, neue Steuern zu „erfinden". Ein darüber hinausgehendes allgemeines Steuererfindungsrecht aber kenne das Grundgesetz nicht. Zur Begründung verweist das Gericht auch auf die individualschützende Garantiefunktion der Finanzverfassung. Insofern heißt es: „Der Schutz der Bürger vor einer unübersehbaren Vielzahl von Steuern ist ein originärer und eigenständiger Zweck der Kompetenznormen der Finanzverfassung, mit dem die Annahme eines Steuererfindungsrechts nicht in Einklang zu bringen wäre. Es könnten beliebig ‚neue' Steuern und Steuerarten eingeführt werden. Die steuerliche Art des Zugriffs auf die Ressourcen des Bürgers wäre damit weitgehend unbeschränkt; insbesondere die in der Finanzverfassung ausdrücklich genannten Steuern und Steuerarten würden ihrer begrenzenden Funktion entkleidet."[1852]

Hiergegen wendeten sich die Richter *Müller* und *Huber* in ihrem Sondervotum. Ihres Erachtens handelt es sich bei Art. 105 und Art. 106 GG um staatsorganisationsrechtliche Regelungen ohne eigenen materiellen Gehalt. „Einen Schutz vor übermäßiger Steuerbelastung des Bürgers könnten diese Bestimmungen schon deshalb nur eingeschränkt bieten, weil sie

---

1846 *P. Kirchhof*, in: Maunz/Dürig (Begr.), Grundgesetz-Kommentar, Lfg. 75 September 2015, Art. 3 Abs. 1 Rn. 161.

1847 Gefordert wird, dass sich die Steuern in Gegenstand, Bemessungsgrundlage, Erhebungstechnik und wirtschaftlicher Auswirkung unterscheiden (BVerfGE 98, 106, 125).

1848 Vgl. nur *Jachmann*, in: von Mangoldt/F. Klein/Starck (Begr./Hrsg.), Kommentar zum Grundgesetz, Bd. III, 7. Aufl. 2018, Art. 105 Rn. 48.

1849 Grundlegend *Isensee*, in: Stödter/Thieme (Hrsg.), Festschrift f. Ipsen zum 70. Geburtstag, 1977, S. 409 ff.

1850 Dazu: BVerfGE 93, 319, 342 ff.

1851 *Seiler*, in: Maunz/Dürig (Begr.), Grundgesetz-Kommentar, Lfg. 74 Mai 2015, Art. 105 Rn. 33.

1852 BVerfG, NVwZ 2017, 1037, 1042.

zum einen keine Obergrenzen für die Sätze der aufgeführten Steuern enthalten, zum anderen durch die Verwendung weit gefasster Begriffe in Art. 106 GG (z.B. Verbrauchsteuern) aber auch keine effektive Begrenzungswirkung entfalten. Art. 106 GG begrenzt weder die Zahl der Steuern im Rahmen der dort aufgeführten Steuertypen, noch die Höhe der Steuersätze oder der dadurch verursachten Gesamtbelastung."[1853] Heranzuziehen seien vielmehr die materiellen Garantiegehalte der Grundrechte, namentlich Art. 3 Abs. 1, Art. 12, Art. 14 und Art. 2 Abs. 1 GG. „Diese verfassungsrechtlichen Vorgaben entfalten Steuerungs- und Kontrollfunktion, hegen den Steuergesetzgeber im Hinblick auf Steuererfindungen ein und gewährleisten dadurch den Schutz der Bürger vor übermäßiger Abgabenbelastung."[1854]

Letzteres ist durchaus richtig. Bedenkt man aber die damit verbundenen Schwierigkeiten, bedarf es weiterer Sicherungen. Immerhin zielt die Finanzverfassung, wie Art. 106 Abs. 3 S. 4 Nr. 2 GG erkennen lässt, auch darauf, eine Überbelastung der Steuerpflichtigen zu vermeiden. Zwar geht diese Norm inhaltlich nicht über die im Verhältnis des Staates zum Bürger geltenden Beschränkungen des Steuerzugriffs – es gilt wie gesagt das Verbot übermäßiger Steuerbelastung (Art. 14 GG) – hinaus.[1855] Allerdings zeigt sie, dass eben dieses Verbot als verfassungsgerechter Grundsatz zu gelten hat.[1856] Dies lässt sich wie schon bei Art. 103 Abs. 3 GG dahingehend verallgemeinern, dass auch der Verfassungsgeber die Möglichkeit der „Kumulation von Belastungen" bedacht hat.[1857] Insofern werden also, um mit *Lücke* zu sprechen, die Existenz und der Verfassungsrang des „Verbots einer übermäßigen Gesamtbelastung des Bürgers" bestätigt.[1858]

1853 *Huber/Müller*, Sondervotum, BVerfG, NVwZ 2017, 1049, 1054.

1854 Ebd.

1855 *Heintzchen*, in: von Münch/Kunig (Hrsg.), Grundgesetz-Kommentar, Bd. II, 6. Aufl. 2012, Art. 106 Rn. 37.

1856 BVerfGE 115, 97, 115 f.

1857 *Lee*, Umweltrechtlicher Instrumentenmix und kumulative Grundrechtseinwirkungen, 2013, S. 105. Ähnlich *Bronkars*, Kumulative Eigentumseingriffe, 2007, S. 75 f.

1858 *Lücke*, DVBl 2001, 1469, 1477. Zurückhaltender *Ruschemeier*, Der additive Grundrechtseingriff, 2019, S. 181.

(4) Verbot der „Rundumüberwachung“

Auch additive Grundrechtseingriffe, die die Privatsphäre tangieren, unterliegen – gleichsam selbstverständlich – dem Gebot der (Gesamt-)Verhältnismäßigkeit. Ob es verletzt wird, hängt vom Einzelfall ab. Es gilt, Eingriffszweck und -intensität zueinander ins Verhältnis zu setzen. Zu berücksichtigen sind, nimmt man den Fall der Häufung von Ermittlungsmaßnahmen, insbesondere das Gewicht und die Art der Straftat und der Verdachtsgrad einerseits, sowie der Stellenwert der durch die Überwachung betroffenen Rechtsgüter, der zeitliche Umfang und die Anzahl der eingesetzten Maßnahmen andererseits.[1859] Daneben statuiert die Verfassung absolute Grenzen zulässiger (Gesamt-)Belastung. Hierin gehört zunächst der Kernbereich privater Lebensgestaltung als Ausprägung der Menschenwürde. Er umfasst Sachverhalte, welche die Sphäre anderer oder der Gemeinschaft kaum berühren, etwa Gespräche mit Ehepartnern und engsten Angehörigen in privaten Wohnräumen über der Intimsphäre zuzuordnende Themen.[1860] Dass die Rechtsprechung bislang keinen Bezug zwischen Kernbereich und Kumulation hergestellt hat, hat seinen Grund. Denn geht es im Wesentlichen um Informationen, die in sich so sensibel sind, so gilt dies unabhängig davon, mittels wie vieler Maßnahmen sie erhoben werden. Näher liegt es daher zu prüfen, ob das Verbot der „Rundumüberwachung“ gewahrt wurde. Mit Art. 1 Abs. 1 GG – eines zusätzlichen Hinweises auf den Verhältnismäßigkeitsgrundsatz bedarf es nicht – unvereinbar ist es nämlich, wenn eine Überwachung sich über einen längeren Zeitraum erstreckt und derart umfassend ist, dass nahezu lückenlos alle Bewegungen und Lebensäußerungen des Betroffenen registriert werden und zur Grundlage für ein Persönlichkeitsprofil werden können.[1861] Diese Aussage wurde im Schrifttum näher ausgeformt. Danach seien insbesondere zu berücksichtigen: die Anzahl der Maßnahmen, die Anzahl und Art der beteiligten Stellen, die Dauer der einzelnen Maßnahmen, die Dauer der zeitlichen Überschneidung der Anwendung, die Anzahl und Bedeutung der überwachten Lebensbereiche (Wohnung), die Betroffenheit höchstpersönlicher Kommunikation, das Bestehen besonderer Vertrauensverhältnisse (Angehörige, Berufsgeheimnisträger), die Kombination mehrerer Erfas-

---

1859 Vgl. nur *Warntjen*, Heimliche Zwangsmaßnahmen und der Kernbereich privater Lebensgestaltung, 2007, S. 194.

1860 So *Hillgruber*, in: Epping/Hillgruber (Hrsg.), BeckOK-Grundgesetz, 41. Edition Stand: 15.5.2019, Art. 1 Rn. 27.

1861 S. bereits Dritter Teil II. 1. c) cc) (3).

sungsmodi (Bild, Ton, Video) sowie das Bestehen überwachungsfreier Räume.[1862] Dem ist, soweit es den Zweck dieser Untersuchung betrifft, nichts hinzuzufügen.

d) Zwischenergebnis

Additiven Grundrechtseingriffen zu begegnen, fordert die Grundrechte heraus. Es bedarf eines Konzepts, das aus mehreren Bausteinen besteht. Abwehrseitig beginnt es bei der Eingriffsprüfung, die modifiziert werden muss, um auch Fälle zu erfassen, in denen erst die „Bündelung" einzelner für sich genommen nicht eingreifender Maßnahmen einen Grundrechtseingriff ergibt. Zentral ist sodann die Ebene der verfassungsrechtlichen Rechtfertigung. Dabei ist neben den Einzelakten – und das ist neu – auch ihr „Verbund" auf seine Verhältnismäßigkeit hin zu untersuchen. Dasselbe gilt für die (Gesamt-)Wesensgehaltsgarantie, deren Prüfung sich anschließt. Damit ist ein Perspektivwechsel verbunden: Zu fragen ist nämlich, ob auch angesichts der Gesamtbelastung noch genügend Freiheit verbleibt – das fragliche Grundrecht für den Betroffenen also noch eine gewisse rechtliche Bedeutung hat. Hinzu treten je nach Sach- und Rechtsgebiet weitere Grenzen; von besonderer Relevanz ist trotz aller Kritik der sog. Halbteilungsgrundsatz.

2. Objektiv-rechtliche Dimension der Grundrechte

Zunächst ist Folgendes klarzustellen: Ist an sich die Abwehrdimension einschlägig, hilft ein objektiv-rechtliches Grundrechtsverständnis nicht weiter.[1863] Das gilt anerkanntermaßen für Einzelakte. Ein Grund dafür, wieso für ihren „Verbund" etwas anderes gelten sollte, ist nicht ersichtlich. Vor allem lässt sich dieser, wie gesehen, sehr wohl individualrechtlich fassen. Zwar steht dem Gesetzgeber ein Gestaltungsspielraum zu. Diesen entsprechend der Schutzpflichtendogmatik zu bestimmen, geht aber zu weit.[1864] Daher ist auch der Versuch abzulehnen, beide Dimensionen parallel zu

---

1862 *Hornung*, in: Albers/Weinzierl (Hrsg.), Menschenrechtliche Standards in der Sicherheitspolitik, 2010, S. 65, 74. S. auch Erster Teil II. 1. b).

1863 Vgl. *Ruschemeier*, Der additive Grundrechtseingriff, 2019, S. 124 f.

1864 Vgl. auch *Kromrey*, Belastungskumulation – Ein Beitrag zur Erweiterung des grundrechtlichen Eingriffsbegriffs, 2018, S. 98.

mobilisieren. Maßnahmen mit divergierenden Zwecken müssen sich – wie auch sonst – sowohl an dem Prinzip der (Gesamt-)Verhältnismäßigkeit als auch der (Gesamt-)Wesensgehaltsgarantie messen lassen.

Werden die Grundrechte demgegenüber in ihrer objektiv-rechtlichen Dimension berührt, kann, wie sich bereits oben andeutete[1865], auch nur daher Abhilfe kommen. Dies gilt für belastende Einzelbeiträge ebenso wie für ihr „Zusammenwirken“. Der Gesetzgeber ist also, um einen Fall beispielhaft herauszugreifen, an das Untermaßverbot gebunden, sofern der Schutz vor Beeinträchtigungen durch Private in Rede steht. Modifikationen bezüglich der Teilelemente dieser Prüfung sind natürlich auch hier vonnöten; selbst ein zweistufiger Aufbau entsprechend der (Gesamt-)Verhältnismäßigkeit erscheint denkbar. Was zählt ist, dass die Gesamtbelastung des Betroffenen berücksichtigt wird, einschließlich etwaiger Kompensationen.

Dementsprechend verhält es sich für die Wesensgehaltsgarantie, die nach hier vertretener Auffassung sämtliche Dimensionen der Grundrechte einschließt. Daher verletzt die Vernachlässigung staatlicher Schutzpflichten – auch und gerade für den Fall, dass dies wiederholt geschieht – bei Unterschreitung des grundrechtlich gebotenen (nicht relativierbaren) Mindestmaßes Art. 19 Abs. 2 GG.[1866] Einfluss auf die Bestimmung dieses Maßes nimmt auch der relativ großzügige Gestaltungsspielraum, der dem Gesetzgeber bei der Konkretisierung der Schutzpflichten eingeräumt wird. Insoweit dürften Wesensgehaltsargumente nur an den äußersten Grenzen dessen eine Rolle spielen.[1867]

3. Zum Verfahrensrecht (am Beispiel des Strafprozessrechts)

Auch das Verfahrensrecht trägt dazu bei, additive Grundrechtseingriffe zu bewältigen. Denn Eines unterscheidet es von den bisher dargestellten Ansätzen: Hier geht es weniger um „Nachsorge“, denn um „Vorsorge“. Es gilt nach Möglichkeit dem vorzubeugen, dass die Grenze verfassungsrechtlich zulässiger Gesamtbelastung überhaupt überschritten wird. Potential hat zunächst die Idee innerbehördlicher Koordination und Kooperation. Auf

1865 S. zum Tatbestand Zweiter Teil III. 3. b) dd).

1866 Vgl. nur *Krebs*, in: von Münch/Kunig (Hrsg.), Grundgesetz-Kommentar, Bd. I, 6. Aufl. 2012, Art. 19 Rn. 27.

1867 *Nierhaus*, in: Dolzer/Vogel/Graßhof (Hrsg.), Bonner Kommentar zum Grundgesetz, 132. Aktualisierung Februar 2008, Art. 19 Abs. 2 Rn. 112.

diese Weise werden die beteiligten Stellen in die Lage versetzt, das Ganze zu sehen statt in ihrer jeweiligen „Sphäre“ zu verharren. Allerdings sind damit auch Risiken verbunden. Entscheidend ist, dass die Ausgestaltung so grundrechtsschonend wie möglich erfolgt. Dabei kann, sofern dies auf gesetzlicher Grundlage geschieht, sowohl auf ein übergreifendes Register als auch auf Übermittlungen im Einzelfall zurückgegriffen werden. Was das Strafprozessrecht anbelangt, kommen in der Tat §§ 492 ff. StPO zum Zuge, die aber der Ergänzung durch den Gesetzgeber bedürfen. Konkret geht es um § 492 Abs. 4 StPO, der eine Datenübermittlung nur auf Ersuchen der Geheimdienste, nicht aber der Staatsanwaltschaften vorsieht.[1868]

Ferner rückt das Institut des (strafprozessualen) Richtervorbehalts in den Fokus, dem grundrechtssichernde Funktion zukommt[1869]. Das Handeln der Ermittlungsbehörden soll „messbar und kontrollierbar“[1870] bleiben, was durch eine vorbeugende Kontrolle einer unabhängigen und neutralen Instanz erreicht werden kann.[1871] Bedenkt man das dem additiven Grundrechtseingriff innewohnende Gefährdungspotential, erscheint dies umso dringender. Der Richter ist auch von Verfassungs wegen verpflichtet, eine Gesamtbetrachtung vorzunehmen, was voraussetzt, dass er über sämtliche Maßnahmen – auch soweit sie isoliert betrachtet keinem Richtervorbehalt unterliegen – informiert ist. Davon zu trennen ist die Frage, ob der kumulative Einsatz mehrerer Ermittlungsmaßnahmen, für die für sich genommen jeweils kein entsprechender Vorbehalt vorgesehen ist, ebenfalls einer (übergreifenden) richterlichen Anordnung bedarf.[1872] Dabei gilt es zu differenzieren: Allein der Umstand, dass ein additiver Grundrechtseingriff vorliegt, begründet nicht das Erfordernis einer richterlichen Anordnung. Anders verhält es sich, soweit die Eingriffsschwere insgesamt ein Ausmaß erreicht, das dem einer (Einzel-)Maßnahme entspricht bzw. dieses übertrifft, für die das Grundgesetz einen Richtervorbehalt statuiert[1873]. Entscheidend ist also auch hier weniger die Auswahl der Handlungsform seitens des Staates denn die Wirkung für den Betroffenen.

1868 S. bereits Dritter Teil II. 3. b) aa).

1869 Vgl. nur *Winzer*, Der Vollzug der Untersuchungshaft nach dem Niedersächsischen Justizvollzugsgesetz, 2010, S. 165 f. m.w.N.

1870 BVerfGE 103, 142, 151.

1871 So *Puschke*, Die kumulative Anordnung von Informationsbeschaffungsmaßnahmen im Rahmen der Strafverfolgung, 2006, S. 139 f.

1872 S. zum Schrifttum bereits Erster Teil II. 1. b).

1873 Vgl. Art. 13 Abs. 2-Abs. 4 GG und Art. 104 GG; ferner BVerfG, NJW 2008, 822, 832 für Art. 2 Abs. 1 GG i.V.m. Art. 1 Abs. 1 GG, deren Normtext keinen Richtervorbehalt kennt. Weitgehend auch BVerfG, BeckRS 2016, 44821 Rn. 174 für

Zwingender Handlungsbedarf für den Gesetzgeber besteht hierbei nicht; gefordert sind vielmehr die Gerichte im Einzelfall.

Zurückhaltung ist angezeigt, was prozedurale Anforderungen an die Rechtsetzung betrifft. Immerhin enthält das Grundgesetz Vorschriften zum Gesetzgebungsverfahren (Art. 76 ff. GG), die als abschließend angesehen werden können.[1874] Zweifeln begegnen daher sowohl weitreichende Ermittlungs- und Abwägungspflichten als auch gesetzgeberische Begründungspflichten. Daran ändert auch der vorliegende Kontext nichts. Der Gesetzgeber ist insbesondere nicht dazu verpflichtet, die Notwendigkeit des „Verbundes" zu begründen. Anders stellt sich die Situation für die Verwaltung dar. Eine (allgemeine) Begründungspflicht folgt insofern aus dem Rechtsstaats- und Demokratieprinzip sowie den Grundrechten.[1875] Unerheblich ist, ob es sich dabei um Einzelakte oder um einen „Eingriffsverbund" handelt.

Eines aber trifft den Gesetzgeber: die Pflicht, die weitere Entwicklung aufmerksam zu beobachten und erforderlichenfalls nachzubessern. Dabei geht es um Fälle, in denen den Grundrechten Gefahr droht – nicht zum jetzigen Zeitpunkt, unter Umständen aber in der Zukunft. Ein derartiges Potenzial entfalten auch additive Grundrechtseingriffe. Nicht selten ist unklar, wie sich das Tätigwerden der Legislative in einem immer dichter werdenden Netz von Regelungen auf die Betroffenen auswirkt. Dies näher zu untersuchen, obliegt dem Normgeber. Mit Recht forderte das Bundesverfassungsgericht daher die Evaluierung des „kumulativen Einsatzes strafprozessualer Ermittlungsmethoden". Zu untersuchen sind – ohne Anspruch auf Vollständigkeit – die Häufigkeit ihrer Anordnung, die dabei beteiligten Stellen und das Anordnungsverfahren.[1876]

---

längerfristige Observationen, das Erfassen nichtöffentlicher Gespräche und den Einsatz von Vertrauenspersonen. Kritisch hierzu *Wolff*, ZG 2016, 361, 367.

1874 *Mehde/Hanke*, ZG 2010, 381, 384. Vgl. auch BVerfG, Beschluss v. 23.5.2018 – 1 BvR 97/14 –, juris Rn. 81. Etwas anderes gilt – generell – hinsichtlich der „gesetzliche[n] Ausgestaltung in der Verfassung selbst angelegter (Leistungs-)Rechte, die ohne entsprechende Anforderungen an Ermittlung und Begründung der Regelungsgrundlagen leerzulaufen drohen." (BVerfG, Urteil v. 19.9.2018 – 2 BvF 1/15 – juris, Rn. 178 m.w.N.). Die gesetzgeberische Begründung hat sich also in der Tat etwa in Besoldungsfragen nicht nur zur wirtschaftlichen Bedeutung einer (Einzel-)Norm für sich genommen, sondern auch zum „Zusammenspiel mit weiteren Vorschriften" für die betroffenen Beamten zu verhalten (vgl. BVerfG, NVwZ 2019, 152, 155 u. 158).

1875 Vgl. *Kischel*, Die Begründung, 2003, S. 63 ff.

1876 So auch *Hornung*, in: Albers/Weinzierl (Hrsg.), Menschenrechtliche Standards in der Sicherheitspolitik, 2010, S. 65, 79 f.

– Exkurs: Additive Grundrechtseingriffe im Unionsrecht –

Abschließend richtet sich der Fokus auf das Unionsrecht, das bislang „lediglich" im Zusammenspiel mit dem bundesdeutschen Recht und das auch nur auf Tatbestandsebene eine Rolle spielte[1877]. Kritisch zu würdigen ist besonders die Rechtsprechung des Europäischen Gerichtshofs. Dabei geht es, wie schon oben, sowohl um das „Ob" als auch um das „Wie" der Gesamtbetrachtung.

a) Vorbemerkung

Nicht nur auf nationalstaatlicher Ebene, sondern auch auf der Ebene der Europäischen Union nimmt die Regulierungsdichte zu. Ein Beispiel, das im Schrifttum bereits aufgegriffen wurde[1878], liefert die Entwicklung der Tabakregulierung: Ihren Beginn markierte die Richtlinie 89/622/EWG, die die Verpflichtung der Hersteller, auf Packungen von Tabakerzeugnissen Warnungen vor den Gesundheitsgefahren des Rauchens zu verbreiten, vorsah. An deren Stelle trat im Jahr 2001 die Richtlinie 2001/37/EG – etwa mit einer Verschärfung und Vergrößerung der Warnhinweise, Vorgaben über Inhaltstoffe sowie, gänzlich neu, dem Verbot bestimmter Bezeichnungen für Tabakerzeugnisse. Es folgte mit der Richtlinie 2003/33/EG das Verbot, in der Presse und dem Rundfunk für Tabakprodukte zu werben. Im Jahre 2014 ist die Richtlinie 2001/37/EG schließlich durch die Richtlinie 2014/40/EU ersetzt worden, die – erneut weiterreichende – Vorschriften über die Herstellung, die Aufmachung und den Verkauf von Tabakerzeugnissen enthält. Nunmehr sind aus Text und Bild bestehende Warnhinweise sowie ein Verbot von Tabakerzeugnissen mit charakteristischem Aroma vorgesehen.

1877 S. Zweiter Teil III. 3. a). Vgl. zur horizontalen Eingriffsaddition in der Rechtsprechung des Europäischen Gerichtshofs nur *Brade*, DÖV 2019, 852, 855.

1878 S. Erster Teil V. 4.

b) Notwendigkeit einer Gesamtbetrachtung sowie erste tatbestandliche Konturen

In der Sache kann kein Zweifel daran bestehen, dass auch die Unionsgrundrechte[1879] – speziell die der Charta der Grundrechte der Europäischen Union – Belastungsmehrheiten abwehren (müssen), sofern diese ein gewisses Maß überschreiten. Anderenfalls könnten die Organe der Europäischen Union die Grundrechtsbindung durch eine Reihe kleiner Maßnahmen, also im Wege einer „Salami-Taktik", unterlaufen.[1880] Der Europäische Gerichtshof hat dieses Gefährdungspotential bislang allerdings nicht ausdrücklich anerkannt.[1881] Dazu passt es, dass er sich überwiegend darauf beschränkt, Maßnahmen isoliert zu würdigen; so geschehen etwa im Fall der Tabakproduktregulierung. Im Zuge eines Vorabentscheidungsersuchens, die Gültigkeit der Richtlinie 2001/37/EG betreffend, bewertete der Gerichtshof die Bestimmungen je für sich betrachtet.[1882] Auch in einer gegen die Richtlinie 2003/33/EG gerichteten Nichtigkeitsklage nahm der Europäische Gerichtshof eine lediglich separate Betrachtung von Art. 3 Abs. 1, Abs. 2, Art. 4 Abs. 1 und Abs. 2 der Richtlinie vor.[1883] Unerwähnt blieben in diesem Zusammenhang zudem die bereits mit der Richtlinie 2001/37/EG verbundenen Belastungen. Ähnlich ging der Gerichtshof bei der Würdigung der Richtlinie 2014/40/EU vor; eine Gesamtschau fand also auch hier nicht statt.[1884]

1879 Zu den europäischen Grundfreiheiten s. *Ruschemeier*, Der additive Grundrechtseingriff, 2019, S. 224 ff.

1880 *Jarass*, Neue Dimensionen der Tabakproduktregulierung und Grundrechte sowie Grundfreiheiten, 2012, S. 49. Dem folgend: *Pache*, in: Pache/Schwarz/Sosnitza (Hrsg.), Aktuelle Rechtsfragen der Tabakregulierung in Europa, 2012, S. 9, 109 f.; *W. Schroeder*, Rechtsgutachten zur geplanten Neuregelung der Kennzeichnung und Verpackung von Zigaretten durch die EU, Mai 2013, S. 26 (abrufbar unter: https://www.zigarettenverband.de/wp-content/uploads/2019/06/Gutachten_Schroeder_2012.pdf: Stand: 31.12.2019).

1881 So auch *Ruschemeier*, Der additive Grundrechtseingriff, 2019, S. 230.

1882 Vgl. EuGH, Rs. C-491/01 – British American Tobacco u.a., Slg. 2002, I-11453 Rn. 122 ff. u. 147 ff. Allenfalls die Ausführungen des Generalanwalts *Geelhoed*, Schlussanträge Rs. C-491/01 – British American Tobacco u.a., Slg. 2002, I-11461 Rn. 224 ff. u. 262 lassen – in Ansätzen – eine zusammenhängende Würdigung erkennen.

1883 Vgl. EuGH, Rs. C-380/03 – Deutschland/Parlament und Rat, Slg. 2006, I-11631 Rn. 144 ff.

1884 Vgl. EuGH, Rs. C-477/14 – Pillbox 38, ECLI:EU:C:2016:324 Rn. 46 ff.

Dabei gibt es durchaus Fälle, die zeigen, dass sich der Gerichtshof der Problematik bewusst ist. So befasste er sich im Jahre 1969 mit dem Vorgehen nationaler Behörden gegen ein Kartell während eines bei der Kommission anhängigen Verfahrens. Zwar folge die Zulässigkeit einer solchen Verfahrenshäufung aus dem besonderen System der Zuständigkeitsverteilung zwischen der Gemeinschaft und den Mitgliedstaaten auf kartellrechtlichem Gebiet. „Soweit allerdings die hiernach bestehende Möglichkeit, dass gleichzeitig zwei Verfahren betrieben werden, zu einer Doppelsanktion führen könnte, gebietet ein allgemeiner Billigkeitsgedanke [...] die frühere Sanktionsentscheidung bei der Bemessung der später zu verhängenden Sanktion zu berücksichtigen.“[1885] Der Gerichtshof würdigte insoweit zwei Maßnahmen in ihrem Zusammenwirken, die denselben Adressaten aufgrund des gleichen Sachverhalts zur selben Zeit treffen. Daran, dass sie auf verschiedene Träger öffentlicher Gewalt, einerseits des Mitgliedstaats und andererseits der Gemeinschaft, zurückgingen, fand er keinen Anstoß. Auch soweit Sanktionen auf der Grundlage des Unionsrechts „kumulieren“ – hier eine Geldbuße nach den Art. 26 und 27 der Verordnung Nr. 968/2006 und die Erhebung eines Überschussbetrags nach Art. 15 der Verordnung Nr. 318/2006 – fand eine Gesamtbetrachtung statt. Der Gerichtshof untersuchte, ob die Grundsätze „ne bis in idem“[1886] und der Verhältnismäßigkeit einer „kumulierenden Anwendung“ dieser Maßnahmen entgegenstehen.[1887] Ähnlich liegt der Fall des norwegischen Unternehmens Marine Harvest, das sich gerichtlich gegen die Verhängung von zwei Bußgeldern durch die Kommission wegen Verstößen gegen Art. 4 Abs. 1 und Art. 7 Abs. 1 der Fusionskontrollverordnung[1888] wehrt. Kürzlich hat

---

1885 EuGH, Rs. 14/68 – Walt Wilhelm u.a., Slg. 1969, 1 Rn. 11. Bestätigt durch EuG, Rs. T-149/89 – Kommission/Sotralentz, Slg. 1995, II-1127 Rn. 29. S. bereits Erster Teil I. 1. e).

1886 Zu Art. 50 GrCh s. bereits Dritter Teil III. 1. c) cc) (1).

1887 Vgl. EuGH, Rs. C-150/10 – Beneo-Orafti, Slg. 2011, I-6843 Rn. 62 ff. Wenig später wies der Generalanwalt *Cruz Villalón* darauf hin, dass „der Verhältnismäßigkeitsgrundsatz und jedenfalls der Grundsatz des Willkürverbots, wie er in der Rechtsstaatsklausel in ihrer Ausprägung durch die gemeinsamen Verfassungstraditionen zum Ausdruck kommt, an der Ausübung einer Strafgerichtsbarkeit [hindere], die den Umstand völlig außer Acht lässt, dass der Sachverhalt, über den sie zu entscheiden hat, bereits Gegenstand einer verwaltungsrechtlichen Sanktion war.“ (Generalanwalt *Cruz Villalón*, Schlussanträge Rs. C-617/10 – Hans Åkerberg Fransson, ECLI:EU:C:2012:340 Rn. 95).

1888 Verordnung (EG) Nr. 139/2004 des Rates vom 20. Januar 2004 über die Kontrolle von Unternehmenszusammenschlüssen („EG-Fusionskontrollverordnung") (ABl. Nr. L 24, S. 1).

Generalanwalt *Tanchev* seine Schlussanträge vorgelegt, worin er die Entscheidung der Kommission unter den Vorzeichen des „ne bis in idem"-Grundsatzes, des Anrechnungsprinzips und des konkurrenzrechtlichen Verhältnisses der infrage stehenden Regelungen beleuchtet.[1889] Auf Vorlage des Verwaltungsgerichts Gelsenkirchen[1890] hatte sich der Gerichtshof schließlich mit der in Art. 1 Abs. 2 der Verordnung (EG) Nr. 2252/2004[1891] vorgesehenen Verpflichtung zu zwei biometrischen Verfahren in Reisepässen – Gesichtsbild und Fingerabdruck – zu befassen. Im Anschluss an ihre isolierte Würdigung wendet er sich dem Umstand zu, dass die Erfassung der Fingerabdrücke zur Aufnahme des Gesichtsbilds hinzukomme. „Gleichwohl kann nicht ohne Weiteres davon ausgegangen werden, dass die Kumulierung zweier Vorgänge, die der Personenidentifizierung dienen, als solche zu einem schwerwiegenderen Eingriff in die durch die Art. 7 und 8 GrCh anerkannten Rechte führte, als wenn diese Vorgänge getrennt betrachtet würden."[1892]

c) Lösungsansätze

Der maßgebliche Aspekt in der Rechtsprechung des Gerichtshofs zur Bewältigung additiver Grundrechtseingriffe ist, das klang bereits an, der Grundsatz der Verhältnismäßigkeit, der an die Stelle des „Billigkeitsgedankens" trat. Das deckt sich mit der hier vertretenen Auffassung. Darauf, ob das Unionsrecht der Gesamtlast zudem eine absolute Obergrenze setzt, wird zurückzukommen sein.

1889 Generalanwalt *Tanchev*, Schlussanträge Rs. C-10/18 P – Marine Harvest ASA, ECLI:EU:C:2019:795 Rn. 90 ff.

1890 VG Gelsenkirchen, NVwZ 2012, 982.

1891 Verordnung (EG) Nr. 2252/2004 des Rates v. 13.12.2004 über Normen für Sicherheitsmerkmale und biometrische Daten in von den Mitgliedstaaten ausgestellten Pässen und Reisedokumenten (ABl. Nr. L 385, S. 1).

1892 EuGH, Rs. C-291/12 – Michael Schwarz, ECLI:EU:C:2013:670 Rn. 49 f.

aa) Verhältnismäßigkeit

Zu beleuchten ist zunächst das unionsrechtliche Verständnis des Prinzips der Verhältnismäßigkeit im Allgemeinen[1893] – auch hinsichtlich der Unterschiede zu dem im deutschen Recht. Im Anschluss werden die Modifikationen dargestellt, die der Grundsatz mitsamt seiner Teilelemente (zu) erfahren hat, um kumulative Belastungen zu erfassen.

(1) Zum Verständnis des Prinzips der Verhältnismäßigkeit

Der Grundsatz der Verhältnismäßigkeit gehört nach ständiger Rechtsprechung des Europäischen Gerichtshofs zu den allgemeinen Grundsätzen des Unionsrechts.[1894] Inzwischen findet er sich auch in Art. 5 Abs. 4 EUV und Art. 52 Abs. 1 S. 2 GrCh wieder. Das Verhältnismäßigkeitsprinzip kommt dabei in verschiedensten Bereichen zur Anwendung, etwa als Kompetenzausübungsschranke im Sinne des Art. 5 EUV[1895] sowie im Kontext von Beschränkungen der Grundfreiheiten[1896] und – darum geht es hier vordergründig – der Unionsgrundrechte[1897].[1898] Liegt ein Eingriff in den Schutzbereich eines solches Grundrechts vor, misst der Europäische Gerichtshof diesen, wie auch das Bundesverfassungsgericht, am Maßstab der Verhältnismäßigkeit.[1899] Er verlangt nach einer häufig genutzten Formulierung, dass die „ergriffenen Maßnahmen nicht die Grenzen dessen überschreiten, was zur Erreichung der verfolgten Ziele geeignet und erforderlich ist. Dabei ist, wenn mehrere geeignete Maßnahmen zur Auswahl stehen, die am wenigsten belastende zu wählen; ferner müssen die verursachten Nachteile in angemessenem Verhältnis zu den angestrebten Zielen

---

1893 Dazu ausführlich: *O. Koch*, Der Grundsatz der Verhältnismäßigkeit in der Rechtsprechung des Gerichtshofs der Europäischen Gemeinschaften, 2003; *Trstenjak/Beysen*, EuR 2012, 265 ff.

1894 Vgl. nur EuGH, verbundene Rs. C-296/93 und C-307/93 – Frankreich/ Kommission u.a., Slg. 1996, I-795 Rn. 30 m.w.N.

1895 S. etwa EuGH, Rs. C-365/08 – Agrana Zucker, Slg. 2010, I-4341 Rn. 29. Allgemein zu Art. 5 Abs. 4 EUV: *Calliess*, in: Calliess/Ruffert (Hrsg.), EUV/AEUV, 5. Aufl. 2016, Art. 5 EUV Rn. 46 ff.

1896 EuGH, Rs. C-333/14 – Scotch Whisky Association, ECLI:EU:C:2015:845 Rn. 33.

1897 Vgl. etwa EuGH, Rs. C-547/14 – Philip Morris u.a., ECLI:EU:C:2016:325 Rn. 149.

1898 *Trstenjak/Beysen*, EuR 2012, 265.

1899 *Pache*, NVwZ 1999, 1033, 1037.

stehen.“[1900] Zur Verwirklichung des geltend gemachten Zieles *geeignet* ist eine Maßnahme, wenn sie tatsächlich dem Anliegen gerecht wird, es in kohärenter und systematischer Weise zu erreichen[1901], wobei ein Beitrag zur Zielerreichung genügt[1902]. Ferner darf es – ähnlich wie im deutschen Recht – kein anderes Mittel geben, mit dem das verfolgte Ziel ebenso gut erreicht werden kann und das weniger in das Grundrecht eingreift (*Erforderlichkeit*).[1903] Besonderheiten ergeben sich aber hinsichtlich der *Angemessenheit*. Zunächst deutet manches darauf hin, dass der Gerichtshof die Verhältnismäßigkeitsprüfung gänzlich auf die Geeignetheit und Erforderlichkeit konzentriert.[1904] Nicht selten wird aber – in der Sache – die Angemessenheit untersucht, wenn auch unter dem Gesichtspunkt der Erforderlichkeit.[1905] Teils benennt der Gerichtshof die Angemessenheit sogar als (eigenständiges) Prüfungskriterium.[1906] Notwendig ist danach eine „ausgewogene Gewichtung des Interesses der Union“ auf der einen und der Grundrechte auf der anderen Seite.[1907] Einerseits kommt es also auf die Bedeutung der verfolgten Ziele sowie den Nutzen der fraglichen Einschränkung an, während andererseits die Intensität und das Gewicht des Grundrechtseingriffs eine Rolle spielt.[1908]

1900 EuGH, Rs. C-2/10 – Franchini u.a., Slg. 2011, I-6561 Rn. 73 m.w.N.

1901 EuGH, Rs. C-98/14 – Berlington u.a., ECLI:EU:C:2015:386 Rn. 64. Zum – von der Kohärenz als Rechtfertigungsgrund im Steuerrecht zu unterscheidendem – Kohärenzerfordernis des Europäischen Gerichtshofs: *Lippert*, EuR 2012, 90 ff.

1902 Vgl. EuGH, Rs. C-280/93 – Deutschland/Rat, Slg. 1994, I-4973 Rn. 86.

1903 EuGH, verbundene Rs. C-254/94, C-255/94 und C-269/94 – FAT u.a., Slg.1996, I-4235 Rn. 55.

1904 Im Kontext des Art. 5 EUV: EuGH, verbundene Rs. C-165/09, C-166/09 und C-167/09 – Stichting Natuur en Milieu u.a., Slg. 2011, I-4599 Rn. 89.

1905 EuGH, verbundene Rs. C-293/12 und C-594/12 – Digital Rights Ireland Ltd u.a., ECLI:EU:C:2014:238 Rn. 51 ff. Vgl. auch *Jarass*, Charta der Grundrechte der Europäischen Union: Kommentar, 3. Aufl. 2016, Art. 52 Rn. 36.

1906 EuGH, verbundene Rs. C-92/09 und C-93/09 – Volker und Markus Schecke u.a., Slg. 2010, I-11063 Rn. 72; EuGH, Rs. C-365/08 – Agrana Zucker, Slg. 2010, I-4341 Rn. 29 (im Zusammenhang mit Art. 5 EUV).

1907 EuGH, verbundene Rs. C-92/09 und C-93/09 – Volker und Markus Schecke u.a., Slg. 2010, I-11063 Rn. 80.

1908 *Jarass*, Charta der Grundrechte der Europäischen Union: Kommentar, 3. Aufl. 2016, Art. 52 Rn. 42.

(2) Modifikationen der Teilelemente

Bereits die Geeignetheit – verstanden als Erfordernis einer kohärenten und systematischen Zielverfolgung – lässt sich schwerlich beurteilen, ohne das „Wechselspiel“ der Instrumente zu berücksichtigen. Nicht umsonst führte der Gerichtshof aus, dass „die Rückzahlung der ungerechtfertigten Beihilfe nach Art. 26 Abs. 1 der Verordnung Nr. 968/2006, zu der eine Sanktion nach Art. 27 dieser Verordnung hinzutritt, nicht notwendig allein schon geeignet [ist], die Anhäufung der in Art. 15 Abs. 1 der Verordnung Nr. 318/2006 genannten Mengen zu vermeiden, die durch die in der Erzeugung unter Verstoß gegen die Quotenaufgabeverpflichtung liegende Nichtquotenerzeugung verursacht wird.“[1909] Weniger deutlich verhält es sich bei der Erforderlichkeit: Zugegeben, der Europäische Gerichtshof hat die „Kumulierung“ bestehend aus der Erfassung der Fingerabdrücke und der Aufnahme des Gesichtsbildes in eben diesem Zusammenhang angesprochen und sie daraufhin untersucht, ob sie als solche zu einem schwerwiegenderen Eingriff führt.[1910] Er äußerte sich allerdings nicht dazu, ob es andere grundrechtsschonendere Instrumente gibt, mit denen das verfolgte Ziel ebenso gut erreicht werden kann wie mit der „Kumulation“ selbst. Stattdessen stellte er „lediglich“ die (isolierte) Erfassung der Fingerabdrücke und die eines Bildes der Iris des Auges gegenüber.[1911] Dazu, welchen Einfluss die „Kumulierung“ auf die Angemessenheit hat, findet sich hier nichts. Das ist keine Ausnahme – eher im Gegenteil. Den Bereich der gemeinsamen Agrarpolitik betreffend, urteilte der Gerichtshof, dass – jeweils in der Mehrzahl stehend – die verursachten Nachteile gegenüber den angestrebten Zielen nicht unangemessen sein dürften.[1912] Offenbar sah er sich aber aufgrund des weiten Ermessens, über das der Unionsgesetzgeber in diesem Bereich verfüge, an einer über die Geeignetheit hinausreichenden Kontrolle gehindert.

(3) Kompensationsgedanke

Damit verbleibt der Kompensationsgedanke. Die Rechtsprechung zu den Unionsgrundrechten gibt dazu, soweit ersichtlich, nichts her. Anders ver-

---

1909 EuGH, Rs. C-150/10 – Beneo-Orafti, Slg. 2011, I-6843 Rn. 79.
1910 EuGH, Rs. C-291/12 – Michael Schwarz, ECLI:EU:C:2013:670 Rn. 49 f.
1911 Ebd., Rn. 51 f.
1912 EuGH, Rs. C-150/10 – Beneo-Orafti, Slg. 2011, I-6843 Rn. 75.

hält es sich bei den Grundfreiheiten des AEUV. Konkret geht der Europäische Gerichtshof davon aus, dass eine steuerliche Benachteiligung grenzüberschreitender Sachverhalte, die gegen eine Grundfreiheit verstößt, nicht durch allfällige anderweitige Steuervorteile – etwa mit dem Hinweis auf ein allgemein niedrigeres Steuerniveau im jeweils anderen Staat[1913] – gerechtfertigt werden[1914] bzw. als mit dem Unionsrecht vereinbar angesehen werden kann[1915]. Diese bloße sprachliche Differenzierung deutet darauf hin, dass der Gerichtshof dies zunächst als Frage der Rechtfertigung verstanden hat, während er in jüngerer Zeit bereits auf der Ebene der Beschränkung der jeweiligen Grundfreiheit ansetzt. Zur Begründung heißt es, dass die Grundfreiheiten jede Diskriminierung verböten, sei sie auch von nur geringem Umfang.[1916] Überdies würden „solche kompensatorischen Abgaben den Binnenmarkt in seinen Grundlagen beeinträchtigen".[1917]

Damit teilt der Europäische Gerichtshof der Kompensationsidee jedoch – was es zu begrüßen gilt – nicht gänzlich eine Absage. Anerkannt hat er sie im Rahmen des steuerrechtlichen Rechtfertigungsgrundes[1918] der Kohärenz.[1919] Bewirkt also eine einzelne (Steuer-)Rechtsnorm die Verletzung einer Grundfreiheit, lässt sie sich womöglich dennoch rechtfertigen, wenn

---

1913 EuGH, Rs. C-294/97 – Eurowings, Slg. 1999, I-7447 Rn. 43 f.

1914 Vgl. etwa EuGH, Rs. C-315/02 – Anneliese Lenz, Slg. 2004, I-7063 Rn. 43; EuGH, Rs. C-35/98 – B. G. M. Verkooijen, Slg. 2000, I-4071 Rn. 61; EuGH, Rs. C-107/94 – P. H. Asscher, Slg. 1996, I-3089 Rn. 53.

1915 EuGH, Rs. C-233/09 – Gerhard Dijkman u.a, Slg. 2010, I-6649 Rn. 41.

1916 EuGH, Rs. C-270/83 – Frankreich/Kommission, Slg. 1986, I-273 Rn. 21.

1917 EuGH, Rs. C-294/97 – Eurowings, Slg. 1999, I-7447 Rn. 45.

1918 EuGH, Rs. C-35/98 – B. G. M. Verkooijen, Slg. 2000, I-4071 Rn. 56 spricht explizit von einem Rechtfertigungsgrund. Daran hält der Gerichtshof anders als eben auch bislang fest (vgl. EuGH, Rs. C-284/09 – Deutschland/Kommission, Slg. 2011, I-9879 Rn. 85).

1919 S. etwa EuGH, Rs. C-641/17 – College Pension Plan of British Columbia, ECLI:EU:C:2019:960 Rn. 87; EuGH, Rs. C-480/16 – Fidelity Funds u.a., ECLI:EU:C:2018:480 Rn. 77 ff.; EuGH, Rs. C-123/15 – Max-Heinz Feilen, ECLI:EU:C:2016:496 Rn. 30 ff.; EuGH, Rs. C-375/12 – Margaretha Bouanich, ECLI:EU:C:2014:138 Rn. 69 ff.; EuGH, Rs. C-284/09 – Deutschland/Kommission, Slg. 2011, I-9879 Rn. 85 ff.; EuGH, Rs. C-510/08 – Vera Mattner, Slg. 2010, I-3553 Rn. 53 ff.; EuGH, Rs. C-182/08 – Glaxo Wellcome, Slg. 2009, I-8591 Rn. 77 ff.; EuGH, Rs. C-418/07 – Société Papillon, Slg. 2008, I-8947 Rn. 43 ff.; EuGH, Rs. C-443/06 – Erika Waltraud Ilse Hollmann, Slg. 2007, I-8491 Rn. 56 ff.; EuGH, Rs. C-471/04 – Keller Holding, Slg. 2006, I-2107 Rn. 40 ff.; EuGH, Rs. C-319/02 – Petri Manninen, Slg. 2004, I-7477 Rn. 42; EuGH, Rs. C-315/02 – Anneliese Lenz, Slg. 2004, I-7063 Rn. 38 f.; EuGH, Rs. C-35/98 – B. G. M. Verkooijen, Slg. 2000, I-4071 Rn. 56 ff.; EuGH, Rs. C-294/97 – Eurow-

ihre Unabwendbarkeit aus unionsrechtlichen Gründen zu einer Störung der Systematik der nationalen Steuerrechtsordnung führt.[1920] Auf diese Weise soll verhindert werden, dass der Steuerausländer Vorteile der anderen Rechtsordnung abschöpft, ohne den mit ihnen bei einem reinen Inlandssachverhalt verbundenen Nachteilen ausgesetzt zu sein.[1921] Allein dies genügt nach der Rechtsprechung aber nicht für eine Rechtfertigung der Benachteiligung. Der Europäische Gerichtshof setzt vielmehr voraus, dass „ein unmittelbarer Zusammenhang zwischen dem betreffenden steuerlichen Vorteil und dem Ausgleich dieses Vorteils durch eine bestimmte steuerliche Belastung nachgewiesen wird, wobei die Unmittelbarkeit dieses Zusammenhangs anhand des Ziels der fraglichen Regelung beurteilt werden muss."[1922] Unmittelbarkeit in diesem Sinne bestehe dann nicht, wenn es sich um zwei getrennte Besteuerungen von verschiedenen Steuerpflichtigen handelt.[1923] Auch komme eine Rechtfertigung nur in Betracht, wenn die zu rechtfertigende Norm „notwendig" ist, um das Funktionieren der zum Ausgleich herangezogenen Norm zu gewährleisten.[1924] Die jeweiligen Vorschriften dürften also nicht nur eine „zufallsbedingte"[1925] kompensatorische Wirkung haben, sondern sie müssten in einem funktionel-

---

ings, Slg. 1999, I-7447 Rn. 41 f.; EuGH, Rs. C-107/94 – P. H. Asscher, Slg. 1996, I-3089 Rn. 55 ff.; EuGH, Rs. C-484/93 – Peter Svensson und Lena Gustavsson, Slg. 1995, I-3955 Rn. 15 ff.; EuGH, Rs. C-80/94 – G. H. E. J. Wielockx, Slg. 1995, I-2493 Rn. 23 ff.; EuGH, Rs. C-279/93 – Roland Schumacker, Slg. 1995, I-225 Rn. 39 ff.; EuGH, Rs. C-204/90 – Hanns-Martin Bachmann, Slg. 1992, I-249 Rn. 21 ff. Im Detail hierzu *Cordewener*, Europäische Grundfreiheiten und nationales Steuerrecht, 2002, S. 967 ff.

1920 *Haller*, Die Verrechnung von Vor- und Nachteilen im Rahmen von Art. 3 Abs. 1 GG, 2007, S. 310; *Hey*, AöR 128 (2003), 226, 235.

1921 So *Haller*, Die Verrechnung von Vor- und Nachteilen im Rahmen von Art. 3 Abs. 1 GG, 2007, S. 310.

1922 EuGH, Rs. C-375/12 – Margaretha Bouanich, ECLI:EU:C:2014:138 Rn. 69 m.w.N.

1923 EuGH, Rs. C-559/13 – Josef Grünewald, ECLI:EU:C:2015:109 Rn. 49; EuGH, Rs. C-35/98 – B. G. M. Verkooijen, Slg. 2000, I-4071 Rn. 58. Abweichend für den Fall der Erbschaftsteuer EuGH, Rs. C-123/15 – Max-Heinz Feilen, ECLI:EU:C:2016:496 Rn. 36 f. Den unmittelbaren Zusammenhang zwischen der Ermäßigung der Erbschaftsteuer und der früheren Erhebung der Erbschaftsteuer begründet der Gerichtshof damit, dass dieser Steuervorteil und eben jene frühere Besteuerung dieselbe Steuer, dasselbe Vermögen und die nahen Verwandten derselben Familie beträfen.

1924 EuGH, Rs. C-107/94 – P. H. Asscher, Slg. 1996, I-3089 Rn. 56.

1925 EuGH, Rs. C-380/11 – Finanziaria di Diego della Valle & C. SapA, ECLI:EU:C:2012:552 Rn. 49.

len Zusammenhang dergestalt stehen, dass die eine Norm ohne die andere keinen Sinn ergibt.[1926]

bb) Wesensgehaltsgarantie

Absolute Grenzen additiver Belastung hat der Europäische Gerichtshof bislang nicht formuliert. Einen Anknüpfungspunkt liefert die Wesensgehaltsgarantie des Art. 52 Abs. 1 S. 1 GrCh, sofern diese als absolute Schranke verstanden wird. Die Judikatur dazu ist schwankend.[1927] Allerdings spricht vieles dafür, allen voran, dass die Garantie anderenfalls nicht weiter reichte als der – eigens in S. 2 verankerte – Verhältnismäßigkeitsgrundsatz.[1928] Damit ist es aber noch nicht getan. Denn herkömmlicherweise wird Art. 52 Abs. 1 S. 1 GrCh entsprechend seinem Wortlaut auf jede einzelne Einschränkung der Unionsgrundrechte angewendet. Dennoch ergibt es wenig Sinn ihren „Verbund" auszunehmen, da dieser den prinzipiellen Freiheitsanspruch des Betroffenen in gleichem oder gar gesteigertem Maße bedroht.[1929] Kritik begegnet daher die Rechtsprechung des Europäischen Gerichtshofs, der bisher nur Einzelmaßnahmen an der Wesensgehaltsgarantie gemessen hat, obgleich mitunter anderes nahegelegen hätte[1930].

d) Zwischenergebnis

Das Phänomen additiver Grundrechtseingriffe ist nicht auf das deutsche (Verfassungs-)Recht beschränkt. Für den Bereich des Unionsrechts gilt es, ihm gleichermaßen zu begegnen – einer Herausforderung, der sich der Europäische Gerichtshof mehr und mehr stellt. Was die dogmatische Durch-

---

1926 So *Hey*, AöR 128 (2003), 226, 235.

1927 Dafür jüngst EuGH, Rs. C-362/14 – Maximillian Schrems, ECLI:EU:C:2015:650 Rn. 94 f.; EuGH, verbundene Rs. C-293/12 und C-594/12 – Digital Rights Ireland Ltd u.a., ECLI:EU:C:2014:238 Rn. 38 ff.; EuGH, Rs. C-279/09 – DEB, Slg. 2010, I-13849 Rn. 60. Dagegen wohl EuGH, Rs. C-544/10 – Deutsches Weintor, ECLI:EU:C:2012:526 Rn. 54.

1928 *Storr*, Der Staat 36 (1997), 547, 564. Ähnlich *Bock/Engeler*, DVBl 2016, 593, 594. Anders *Nierhaus*, in: Dolzer/Vogel/Graßhof (Hrsg.), Bonner Kommentar zum Grundgesetz, 132. Aktualisierung Februar 2008, Art. 19 Abs. 2 Rn. 172.

1929 Vgl. auch *Ruschemeier*, Der additive Grundrechtseingriff, 2019, S. 228 f.

1930 Vgl. etwa EuGH, Rs. C-547/14 – Philip Morris u.a., ECLI:EU:C:2016:325 Rn. 151; EuGH, Rs. C-477/14 – Pillbox 38, ECLI:EU:C:2016:324 Rn. 161 je zum Wesensgehalt der unternehmerischen Freiheit.

dringung betrifft, besteht aber, nimmt man zum Vergleich den entsprechenden Diskurs im nationalen Recht, noch Nachholbedarf. Betroffen sind sowohl die Tatbestands- als auch die Rechtsfolgenseite. Es fehlt vor allem an einheitlichen Voraussetzungen, die es erlauben, eine Gesamtbetrachtung vorzunehmen. Orientierung bieten die im Rahmen dieser Untersuchung zum deutschen Recht erarbeiteten Anforderungen. In der Sache weicht der Gerichtshof hiervon auch kaum ab. Ausnahmen bilden seine Ausführungen zur Wesensgehaltsgarantie sowie zum Kompensationsgedanken, wobei sich letztere aber nicht unbesehen auf den Grundrechtsbereich übertragen lassen. Hinsichtlich der Prüfung der Verhältnismäßigkeit fehlt es teilweise an einheitlichen Maßstäben. Vor allem räumt der Europäische Gerichtshof dem europäischen Gesetzgeber, anders als den Mitgliedstaaten, wenn sie die Grundfreiheiten einschränken, bei der Prüfung der Verhältnismäßigkeit im Zweifel ein weites Ermessen ein.[1931] Beides erschwert eine sachgerechte (grundrechtliche) Verarbeitung additiver Belastungen.

1931 Vgl. dazu etwa die Kritik bei *Herdegen*, in: Bröhmer (Hrsg.), Festschrift f. Ress zum 70. Geburtstag, 2005, S. 1175 ff.

Vierter Teil: Prozessuale Betrachtung am Beispiel der Verfassungsbeschwerde

Wie gesehen bieten die Grundrechte auch Schutz gegen additive Grundrechtseingriffe. Wie aber verhält es sich mit der prozessualen Realisierung dieser materiell-rechtlichen Schutzfunktion?[1932] Das ist zunächst eine Frage des Art. 19 Abs. 4 GG; jenseits dessen ergibt sich der Rechtsschutzanspruch unmittelbar aus den Grundrechten.[1933] Es gilt, „einen möglichst lückenlosen gerichtlichen Schutz gegen Verletzungen der Individualrechtssphäre" zu gewähren.[1934] Prinzipiell ist also davon auszugehen, dass verfahrensrechtlicher und materiell-rechtlicher Grundrechtsschutz ihrem Gegenstand nach auf Kongruenz angelegt sind.[1935] Modifikationen betreffen die eine wie die andere Ebene. So wird sich auch das geltende Rechtsschutzsystem, das sich vornehmlich gegen Einzelakte richtet, zumindest ein Stück weit öffnen müssen, um seine Wirkung gegenüber kumulierenden Maßnahmen entfalten zu können.[1936] Ganz ähnlich sieht dies wohl das Bundesverfassungsgericht, welches Gesamtbetrachtungen bereits in unterschiedlichen prozessualen Konstellationen vorgenommen hat[1937]. Dabei nahm es an, dass eine sich aus dem Zusammenwirken mehrerer Normen ergebende – für verfassungswidrig erachtete – Rechtslage anhand jeder der Normen zur Prüfung gestellt werden könne.[1938]

1932 Vgl. auch *Bronkars*, Kumulative Eigentumseingriffe, 2007, S. 109.

1933 Zum Verhältnis beider Garantien: *Schmidt-Aßmann*, in: Maunz/Dürig (Begr.), Grundgesetz-Kommentar, Lfg. 72 Juli 2014, Art. 19 Abs. 4 Rn. 23.

1934 So für Art. 19 Abs. 4 S. 1 GG: BVerfGE 101, 106, 122.

1935 *Gallwas*, Faktische Beeinträchtigungen im Bereich der Grundrechte, 1970, S. 140 f.

1936 Vgl. auch *Bronkars*, Kumulative Eigentumseingriffe, 2007, S. 111; *Kromrey*, Belastungskumulation – Ein Beitrag zur Erweiterung des grundrechtlichen Eingriffsbegriffs, 2018, S. 75 ff.; *Michael*, in: Hoffmann-Riem/Schmidt-Aßmann/Voßkuhle (Hrsg.), Grundlagen des Verwaltungsrechts, Bd. II, 2. Aufl. 2012, § 41 Rn. 141.

1937 Vgl. etwa BVerfG, NJW 2009, 2033, 2045; BVerfGE 115, 97, 110.

1938 BVerfGE 82, 60, 84. Zu dieser Entscheidung s. bereits Erster Teil IV. 2. a). Vgl. auch *G. Kirchhof*, NJW 2006, 732, 733; *Lee*, Umweltrechtlicher Instrumentenmix und kumulative Grundrechtseinwirkungen, 2013, S. 111.

I. Zulässigkeitsvoraussetzungen

Inwieweit Anpassungsbedarf besteht, wird im Folgenden am Beispiel des Verfassungsbeschwerdeverfahrens (Art. 93 Abs. 1 Nr. 4a GG)[1939] näher erläutert. Zwar sind bereits die Fachgerichte mit additiven Grundrechtseingriffen befasst.[1940] Da es aber um die Feststellung der Verfassungswidrigkeit geht und nicht selten auch formelle Gesetze in die Gesamtbetrachtung eingehen, ist zuvörderst das Bundesverfassungsgericht zur Entscheidung berufen.[1941]

1. Beschwerdefähigkeit

Beschwerdefähig[1942] ist nach Art. 93 Abs. 1 Nr. 4a GG, § 90 Abs. 1 BVerfGG „jedermann", also jede natürliche Person sowie juristische Personen. (Noch) nicht ausschlaggebend ist das konkret – gegebenenfalls in Verbindung mit Art. 19 Abs. 3 GG – tangierte Grundrecht.[1943] Nichts anderes gilt bei Vorliegen eines additiven Grundrechtseingriffs. Dabei geht es wie gesagt um einen „Verbund" von Maßnahmen, die ein und denselben Adressaten treffen.[1944] Gehört dieser, wie regelmäßig, zu dem soeben genannten Personenkreis, steht damit bereits die Beschwerdefähigkeit fest.[1945]

1939 Zur konkreten und abstrakten Normenkontrolle – freilich unter der Prämisse des additiven Grundrechtseingriffs „als neue Rechtsfigur" – s. *Ruschemeier*, Der additive Grundrechtseingriff, 2019, S. 253 ff. Einer Analogie zu Art. 100 GG bedarf es nach hier vertretener Auffassung jedenfalls nicht. Denn Vorlagegegenstand sind ein bzw. mehrere (Einzel-)Gesetze des „Eingriffsverbundes" und nicht der Verbund als solches.

1940 Vgl. auch *Bernsdorff*, SGb 2011, 121, 125.

1941 *Schaks*, DÖV 2015, 817, 825.

1942 Zur Terminologie: *Bethge*, in: Maunz/Schmidt-Bleibtreu/F. Klein/Bethge (Begr./Hrsg.), Bundesverfassungsgerichtsgesetz, Lfg. 53 Februar 2018, § 90 Rn. 127.

1943 So auch *Kingreen/Poscher*, Grundrechte – Staatsrecht II, 35. Aufl. 2019, Rn. 1291. Anders etwa *Geis/Thirmeyer*, JuS 2012, 316, 317.

1944 S. Zweiter Teil III. 2. b) bb) (1).

1945 Vgl. auch *Kromrey*, Belastungskumulation – Ein Beitrag zur Erweiterung des grundrechtlichen Eingriffsbegriffs, 2018, S. 109 Fn. 15.

2. Beschwerdegegenstand

Nunmehr ist auf den Beschwerdegegenstand[1946] einzugehen.

a) Allgemeines

Der Beschwerdeführer muss eine Grundrechtsverletzung durch die „öffentliche Gewalt" behaupten (Art. 93 Abs. 1 Nr. 4a GG, § 90 Abs. 1 BVerfGG). Dazu zählt wegen Art. 1 Abs. 3 GG jeder Akt der deutschen[1947] Staatsgewalt.[1948] Taugliche Beschwerdegegenstände sind demnach alle Maßnahmen der Legislative, der Exekutive und der Judikative[1949], vorausgesetzt sie entfalten dem Bürger gegenüber unmittelbare Außenwirkung[1950]. Es können auch mehrere Akte öffentlicher Gewalt angegriffen werden und damit Beschwerdegegenstand sein. Insofern ist aber zu differenzieren: Gründet sich die fachgerichtlich bestätigte Verwaltungsentscheidung auf ein grundrechtswidriges Gesetz, kann es zu einem Angriff gegen – an sich selbständige – Akte aller drei Gewalten kommen.[1951] Dennoch soll es sich um nur eine Verfassungsbeschwerde handeln.[1952] Anders liegt es jedenfalls, wenn es sich um keine Entscheidungskette handelt. Richten sich die Beschwerden beispielsweise gegen verschiedene Legislativakte, besteht einzig die – großzügig zu handhabende – Möglichkeit der Verfahrensverbindung[1953]. Dadurch wird zum einen der Prozessökonomie Rechnung getragen; immerhin kommt eine Verbindung gerade dann in Betracht, wenn die gleichen verfassungsrechtlichen Fragen aufgeworfen wer-

1946 Der Begriff „Angriffsgegenstand" (so *Hillgruber/Goos*, Verfassungsprozessrecht, 4. Aufl. 2015, Rn. 141) wird synonym verwendet.

1947 S. auch Zweiter Teil III. 3. a) cc) (2) (a).

1948 *Voßkuhle*, in: von Mangoldt/F. Klein/Starck (Begr./Hrsg.), Kommentar zum Grundgesetz, Bd. III, 7. Aufl. 2018, Art. 93 Abs. 1 Nr. 4a Rn. 175.

1949 *Maurer*, Staatsrecht I, 6. Aufl. 2010, § 20 Rn. 126.

1950 BVerfG, NJW 2005, 2059.

1951 *Bethge*, in: Maunz/Schmidt-Bleibtreu/F. Klein/Bethge (Begr./Hrsg.), Bundesverfassungsgerichtsgesetz, Lfg. 53 Februar 2018, § 90 Rn. 183. Weiterführend zur sog. mittelbaren Rechtssatzverfassungsbeschwerde *Kempny*, Der Staat 53 (2014), 577 ff.

1952 *Voßkuhle*, in: von Mangoldt/F. Klein/Starck (Begr./Hrsg.), Kommentar zum Grundgesetz, Bd. III, 7. Aufl. 2018, Art. 93 Abs. 1 Nr. 4a Rn. 177. A.A. aber *Stelkens*, DVBl 2004, 403, 404 ff.

1953 S. etwa *Benda/E. Klein/O. Klein*, Verfassungsprozessrecht, 3. Aufl. 2012, Rn. 280.

den[1954]. Zum anderen bleibt die (prozessuale) Selbständigkeit der (Einzel-)Akte unberührt, was ganz im Sinne von Art. 19 Abs. 4 GG und § 90 Abs. 1 BVerfGG ist.

b) „Eingriffsverbund“ als Gegenstand?

Insoweit stellt sich die Frage, ob der additive Grundrechtseingriff, der sich aus mehreren Einzelakten „zusammensetzt“, als solcher angegriffen werden kann. Dies ist entgegen abweichender Stimmen zu verneinen.[1955] Verfahrensrecht und materielles Recht laufen wie gesagt nach Möglichkeit parallel. Maßgeblich ist daher auch hier die Punktualität des (Eingriffs-)Denkens, das es zu lockern, nicht aber aufzugeben gilt.[1956] Im Kern geht es erneut um zwei widerstreitende Interessen: die Effektivität des Grundrechtsschutzes einerseits, die Rationalisierbarkeit der Rechtsanwendung andererseits. Ein „Eingriffsverbund“ als Gegenstand stellte die weitere Prüfung vor kaum lösbare Schwierigkeiten. So existiert zum Beispiel kein hierauf „zugeschnittener“ Rechtsweg i.S.d. § 90 Abs. 2 BVerfGG. Selbst für den Fall, dass erst die „Bündelung“ einzelner als nicht eingreifend befundener Maßnahmen einen Grundrechtseingriff ergibt, bleibt es dabei. Denn als Beschwerdegegenstände kommen auch Maßnahmen in Betracht, die – für sich genommen – die Eingriffsschwelle nicht überschreiten. Gefahr für die Grundrechte besteht bei all dem nicht. Zwar richtet sich der Angriff zunächst gegen einen bzw. mehrere Einzelakte, allerdings ist dabei, wie sogleich gezeigt wird, auch die Gesamtlast in den Blick zu nehmen.

1954 Bereits BVerfGE 11, 266, 270.

1955 So auch *Hillgruber*, in: Isensee/P. Kirchhof (Hrsg.), Handbuch des Staatsrechts der Bundesrepublik Deutschland, Bd. IX, 3. Aufl. 2011, § 200 Rn. 100; *F. Kirchhof*, NZS 2015, 1, 7; *G. Kirchhof*, NJW 2006, 732, 733; *ders.*, Grundrechte und Wirklichkeit, 2007, S. 30 f. Anders *Kromrey*, Belastungskumulation – Ein Beitrag zur Erweiterung des grundrechtlichen Eingriffsbegriffs, 2018, S. 76 f.; *Ruschemeier*, Der additive Grundrechtseingriff, 2019, S. 235 ff. unter Hinweis auf den Wortlaut und den Sinn und Zweck des Art. 93 Abs. 1 Nr. 4a GG; wohl auch *Lücke*, DVBl 2001, 1469, 1473 Fn. 27 u. 1476; *Winkler*, JA 2014, 881, 887, die allerdings parallel auch ein Vorgehen gegen einen Einzelakt für denkbar halten. Vgl. auch *Michael*, in: Hoffmann-Riem/Schmidt-Aßmann/Voßkuhle (Hrsg.), Grundlagen des Verwaltungsrechts, Bd. II, 2. Aufl. 2012, § 41 Rn. 145 f. für das Verwaltungsprozessrecht.

1956 S. bereits Dritter Teil III. 1. b).

c) Isolierte Rüge(n) unter Berücksichtigung der Gesamtlast

Es steht dem Beschwerdeführer frei, nur eine einzelne – etwa diejenige, die „das Fass zum Überlaufen bringt“[1957] –, mehrere oder sämtliche[1958] Maßnahmen anzugreifen, die „Teil“ des additiven Grundrechtseingriffs sind. Je nachdem wie seine Entscheidung ausfällt, bedarf es einer oder mehrerer Zulässigkeitsprüfungen, die bei verbundenen Verfahren[1959] gemeinsam vorzunehmen sind. Davon unberührt bleibt die Möglichkeit, eine Gesamtschau vorzunehmen.[1960] Generell ist dem Verfassungsbeschwerdeverfahren eine „Prüfungserstreckung“ auf andere Maßnahmen, wie § 78 S. 2 BVerfGG analog[1961] zeigt, nicht völlig fremd.[1962] Vorliegend gilt es, das Gebot wirksamen Grundrechtsschutzes vor Mehrfachbelastungen in das Verfahrensrecht zu übersetzen. Einzubeziehen sind daher selbst diejenigen Maßnahmen, die für sich genommen – zu denken ist an den Ablauf der entsprechenden Rechtsbehelfsfrist[1963] – nicht (mehr) angegriffen werden könnten. Auch das Bundesverfassungsgericht orientiert sich hieran. So hat es die Gesamtbelastung durch Einkommen- und Gewerbesteuer auf ihre Verfassungsmäßigkeit hin untersucht, obgleich der Beschwerdeführer nur den Einkommensteuerbescheid, nicht aber den Gewerbesteuerbescheid angegriffen hatte.[1964] Gleichwohl ist es unabdingbar, zur Gesamtbelastung vorzutragen, so zum Beispiel, wie der soeben erwähnte Beschluss deutlich macht, mit Blick auf die Subsidiarität der Verfassungsbeschwerde[1965]. Auch gelten entsprechende Anforderungen an ihre Substantiierung, worauf unten zurückzukommen sein wird.

1957 *Winkler*, JA 2014, 881, 886.

1958 So liegt es wohl bei BVerfG, NJW 2009, 2033 ff., insbes. 2045 sowie BVerfGE 114, 196 ff., insbes. 247 f.

1959 Eine Verfahrensverbindung liegt bei Maßnahmen, die – wie hier – in einem Sachzusammenhang stehen, besonders nahe. S. zur Konnexität als Tatbestandsmerkmal Zweiter Teil III. 2. b) bb) (5).

1960 *Hillgruber*, in: Isensee/P. Kirchhof (Hrsg.), Handbuch des Staatsrechts der Bundesrepublik Deutschland, Bd. IX, 3. Aufl. 2011, § 200 Rn. 100; *Jesse*, Instrumentenverbund als Rechtsproblem am Beispiel effizienter Energienutzung, 2014, S. 185; *Winkler*, JA 2014, 881, 887.

1961 Diese Norm wird auch auf die Verfassungsbeschwerde angewendet (vgl. nur BVerfGE 129, 49, 75 f.).

1962 So *Bernsdorff*, SGb 2011, 121, 125.

1963 S. Vierter Teil I. 5.

1964 Vgl. BVerfGE 115, 97 ff.

1965 S. Vierter Teil I. 4. b).

3. Beschwerdebefugnis

Nach Art. 93 Abs. 1 Nr. 4a GG, § 90 Abs. 1 BVerfGG muss der Beschwerdeführer behaupten, durch einen Akt der öffentlichen Gewalt in einem seiner Grundrechte oder einem seiner in Art. 20 Abs. 4, Art. 33, 38, 101, 103 und 104 des Grundgesetzes enthaltenen Rechte verletzt zu sein. Das schließt ein, dass der Akt geeignet sein muss, ihn selbst, unmittelbar und gegenwärtig in seiner grundrechtlich geschützten Rechtsposition zu beeinträchtigen.[1966]

a) Möglichkeit einer Grundrechtsverletzung

Der Beschwerdeführer hat zunächst die Möglichkeit der Verletzung eines für ihn rügefähigen Rechts (ausreichend substantiiert) aufzuzeigen. Prüfungsmaßstab sind namentlich die Grundrechte des Grundgesetzes.[1967] Besonderheiten ergeben sich bei Rechtsstreitigkeiten zwischen Privaten – gestritten wird dort über das „Ob" und das „Wie" der Anwendbarkeit der Grundrechte[1968] – sowie bei juristischen Personen (vgl. Art. 19 Abs. 3 GG)[1969]. Vorliegend bilden wiederum die einzelnen Akte öffentlicher Gewalt die Bezugspunkte. Lässt sich die Verletzung eines Grundrechts insoweit nicht von vornherein ausschließen, gilt dies, ohne, dass es darauf ankäme, auch für den „Verbund" als solchen, der tatbestandlich Grundrechtsidentität voraussetzt. Anders verhält es sich für den Fall, dass erst in eben jenem „Verbund" die Eingriffsschwelle überschritten wird. Insofern ist die Gesamtbelastung in den Blick zu nehmen, denn nur so wird es dem Betroffenen gelingen, darzulegen, dass er überhaupt beschwert ist[1970].

Selbst das genügt aber unter Umständen nicht. So hat das Bundesverfassungsgericht auf einen Angriff gegen einen Einkommensteuerbescheid

---

1966 BVerfGE 53, 40, 48.

1967 Hierzu näher: *C. Grünewald*, in: Walter/B. Grünewald (Hrsg.), BeckOK-BVerfGG, 7. Edition Stand: 1.6.2019, § 90 Abs. 1 Rn. 83 ff. Neuerdings versteht das Bundesverfassungsgericht darunter auch die Grundrechte der EU-Grundrechtecharta, vorausgesetzt, diese sind anwendbar (vgl. Art. 51 Abs. 1 GrCh) (BVerfG, Beschluss v. 6.11.2019 – 1 BvR 276/17 –, juris Rn. 67). S. auch Zweiter Teil III. 3. a) cc) (2) (a).

1968 Vgl. bereits BVerfGE 7, 198, 203 ff.

1969 Näher etwa *Ebert*, ZJS 2015, 485, 487 ff.

1970 Vgl. auch *Schlaich/Korioth*, Das Bundesverfassungsgericht, 11. Aufl. 2018, Rn. 226.

(unter Berücksichtigung der Gewerbesteuer) hin verlangt, dass die entsprechende Gesamtbelastung 50 % möglicherweise überschreitet.[1971] Generell wird es, nimmt man die Rechtsprechung, wonach Steuerlasten Art. 14 GG nicht berühren, soweit sie nicht erdrosselnd wirken[1972], nicht genügen, bloß zur Belastung durch eine Einzelsteuer vorzutragen. Strenge Anforderungen ergeben sich ferner bei Verfassungsbeschwerden gegen ein Unterlassen der öffentlichen Gewalt.[1973] Diese zu erfüllen wird aber umso leichter fallen, je stärker die (Gesamt-)Belastungsintensität ausgeprägt ist. Und schließlich kann eben dies ein Grund sein, bei Urteilsverfassungsbeschwerden[1974] eine eingehende(re) verfassungsgerichtliche Prüfung vorzunehmen[1975].[1976]

b) Betroffenheit des Beschwerdeführers

Das Erfordernis der Selbstbetroffenheit verlangt, dass gerade der Beschwerdeführer in eigenen Grundrechten oder grundrechtsgleichen Rechten betroffen ist.[1977] Damit ist zunächst der Adressat der angegriffenen Maßnahme gemeint.[1978] Soweit die Maßnahme aber an einen Dritten gerichtet ist, bedarf es einer hinreichend engen Beziehung zwischen der Grundrechtsposition des Beschwerdeführers und der Maßnahme.[1979] Der Beschwerdeführer muss ferner gegenwärtig betroffen sein. Die Beschwer muss schon und noch vorhanden sein; sie darf also weder erst zukünftig eintreten noch

1971 BVerfGE 115, 97, 106.

1972 Vgl. nur BVerfGE 95, 267, 300. Zur Kritik s. bereits Zweiter Teil III. 2. b) bb) (4).

1973 Allgemein zum Unterlassen des (formellen) Gesetzgebers: *Bethge*, in: Maunz/Schmidt-Bleibtreu/F. Klein/Bethge (Begr./Hrsg.), Bundesverfassungsgerichtsgesetz, Lfg. 53 Februar 2018, § 90 Rn. 218 ff., insbes. 224.

1974 Hierzu allgemein *Kleine-Cosack*, Verfassungsbeschwerden und Menschenrechtsbeschwerde, 3. Aufl. 2013, Rn. 770 ff.

1975 Grundlegend *Scherzberg*, Grundrechtsschutz und „Eingriffsintensität", 1989.

1976 Hierbei handelt es sich streng genommen um eine Frage der Begründetheit der Verfassungsbeschwerde (*Schlaich/Korioth*, Das Bundesverfassungsgericht, 11. Aufl. 2018, Rn. 223).

1977 BVerfGE 108, 370, 384.

1978 BVerfGE 102, 197, 206 f.

1979 BVerfGE 108, 370, 384.

überholt sein.[1980] Unmittelbare Betroffenheit liegt schließlich vor, wenn die angegriffene Maßnahme, ohne eines weiteren Vollzugsakts zu bedürfen, die Rechtsstellung des Beschwerdeführers verändert.[1981] Dies ist vor allem bei Verfassungsbeschwerden (unmittelbar) gegen Rechtsnormen von Relevanz. Ausnahmen greifen, sofern ein Abwarten von Vollzugsmaßnahmen unzumutbar erscheint.[1982]

Manches davon findet sich im Tatbestand des additiven Grundrechtseingriffs wieder. Vorausgesetzt wird nämlich, dass ein und derselbe Adressat in einem seiner Grundrechte betroffen ist. Teil des Tatbestands ist auch ein Zeitmoment – die Gleichzeitigkeit. Parallelen bestehen hier vor allem hinsichtlich der Erfassung von Maßnahmen, die in der Vergangenheit bzw. Zukunft liegen[1983]. Nichtsdestotrotz kommt es zunächst, je nach Beschwerdegegenstand, auf den bzw. die einzelnen Akte an.[1984] Das gilt selbst dann, wenn diese für sich genommen die Eingriffsschwelle nicht überschreiten.[1985] Nur für den Fall, dass danach die Betroffenheit des Beschwerdeführers nicht feststeht, ist auf den „Verbund" einzugehen. Zur Veranschaulichung soll folgendes Beispiel dienen: Angenommen sämtliche Einzelmaßnahmen, die „Teil" dessen sind, hätten sich erledigt und keine der anerkannten Fallgruppen, die es erlauben, auch derartige Maßnahmen zu überprüfen[1986], griffe, so führte dies zur Unzulässigkeit der Beschwerde. Anderes ergibt sich aber womöglich bei Berücksichtigung der Gesamtlast; zu denken ist dabei vor allem an das Vorliegen besonders tiefgreifender Grundrechtseingriffe[1987]. Die Fachgerichtsbarkeit geht mitunter noch darüber hinaus. Danach kann sich ein Fortsetzungsfeststellungsinteresse auch unabhängig von einer gewichteten Grundrechtsverletzung dann

---

1980 Hiervon wird in bestimmten Fällen abgewichen, s. *Bethge*, in: Maunz/Schmidt-Bleibtreu/F. Klein/Bethge (Begr./Hrsg.), Bundesverfassungsgerichtsgesetz, Lfg. 53 Februar 2018, § 90 Rn. 367 ff.

1981 BVerfGE 102, 197, 207; BVerfGE 97, 157, 164.

1982 Dazu übersichtlich *Schlaich/Korioth*, Das Bundesverfassungsgericht, 11. Aufl. 2018, Rn. 239 m.w.N.

1983 S. bereits Zweiter Teil III. 2. b) bb) (3).

1984 Anders wohl BerlVerfGH, Beschluss v. 20.6.2014 – 96/13 –, juris Rn. 38 zur Selbstbetroffenheit.

1985 Zur Bedeutung des Eingriffsbegriffs für das Erfordernis der Selbstbetroffenheit *Bethge*, in: Maunz/Schmidt-Bleibtreu/F. Klein/Bethge (Begr./Hrsg.), Bundesverfassungsgerichtsgesetz, Lfg. 53 Februar 2018, § 90 Rn. 356a ff.

1986 Umfassend dazu *Basty*, Die sachliche Erledigung der Verfassungsbeschwerde, 2010. Anschaulich im verwaltungsprozessualen Kontext: *Decker*, in: Posser/Wolff (Hrsg.), BeckOK-VwGO, 51. Edition Stand: 1.10.2019, § 113 Rn. 87 ff.

1987 Zu dieser Fallgruppe: *Gersdorf*, Verwaltungsprozessrecht, 6. Aufl. 2019, Rn. 95.

ergeben, wenn das beanstandete (polizeiliche) Vorgehen Teil eines komplexen Maßnahmenkatalogs ist.[1988]

4. Vorherige Rechtswegerschöpfung und Subsidiarität der Verfassungsbeschwerde

§ 90 Abs. 2 BVerfGG regelt das Gebot der Rechtswegerschöpfung. Selbständig daneben[1989] steht der Rechtsprechung zufolge der Grundsatz der Subsidiarität der Verfassungsbeschwerde. Beide haben den Zweck, das Bundesverfassungsgericht zu entlasten, die Zuständigkeit der Fachgerichte zu erhalten und der Verfassungsgerichtsbarkeit die Fallanschauung der Fachgerichte zu vermitteln.[1990]

a) Rechtswegerschöpfung

Der Beschwerdeführer hat alle in dem jeweils einschlägigen Verfahren vorgesehenen (förmlichen) Rechtsmittel auszuschöpfen, um die von ihm behauptete Grundrechtsverletzung zu beseitigen.[1991] Ein versäumter Rechtsbehelf kann so bereits zur Verwerfung der Verfassungsbeschwerde führen. Eine Ausnahme bildet die Vorabentscheidung des Bundesverfassungsgerichts (§ 90 Abs. 2 S. 2 BVerfGG), die – naturgemäß – eng zu verstehen ist. Da es gegen den additiven Grundrechtseingriff an sich keinen Rechtsweg gibt, stellt sich nur die Frage, ob der Rechtsweg gegen sämtliche seiner „Teile" erschöpft sein muss. Dies ist von dem seltenen Fall abgesehen, dass sich der Angriff tatsächlich auf jeden einzelnen davon bezieht, zu verneinen. Dennoch bedarf es einer Gesamtbetrachtung auch jenseits der für sich genommen zulässig angegriffenen Maßnahmen. Das hat inzwischen auch das Bundesverfassungsgericht anerkannt.[1992]

1988 VGH Baden-Württemberg, Urt. v. 14.4.2005 – 1 S 2362/04 –, juris Leitsatz 1 u. Rn. 25 ff.

1989 Ausführlich zum Verhältnis beider Grundsätze *Peters/Markus*, JuS 2013, 887, 889 mit Nachweisen zur Judikatur.

1990 *Maurer*, Staatsrecht I, 6. Aufl. 2010, § 20 Rn. 132.

1991 Im Einzelnen: *Bethge*, in: Maunz/Schmidt-Bleibtreu/F. Klein/Bethge (Begr./Hrsg.), Bundesverfassungsgerichtsgesetz, Lfg. 53 Februar 2018, § 90 Rn. 383 ff.

1992 BVerfGE 115, 97, 107. Anders noch BVerfG, BeckRS 1993, 08446 Rn. 9. Vgl. auch BFH, BStBl II 1973, 163, 165.

b) Subsidiarität

Darüber hinaus muss der Beschwerdeführer alle zur Verfügung stehenden prozessualen Möglichkeiten ergreifen, um eine Korrektur der geltend gemachten Verfassungsverletzung zu erwirken oder eine Grundrechtsverletzung zu verhindern.[1993] Dies erfordert nicht, dass der Beschwerdeführer von Beginn des fachgerichtlichen Verfahrens an verfassungsrechtliche Erwägungen und Bedenken vorträgt.[1994] Etwas anderes kann in Fällen gelten, in denen bei verständiger Einschätzung der Rechtslage und der jeweiligen verfahrensrechtlichen Situation ein Begehren – von vornherein – nur Aussicht auf Erfolg haben kann, wenn verfassungsrechtliche Erwägungen in das fachgerichtliche Verfahren eingeführt werden.[1995]

Mit Recht knüpft das Bundesverfassungsgericht wiederum an die Einzelakte an. Es entschied für den Fall der „Kumulation von Ermittlungsmethoden", dass der Subsidiaritätsgrundsatz (im weiteren Sinne) dadurch gewahrt ist, dass der Beschwerdeführer gegen die (Verwertungs-)Akte jeweils Widerspruch[1996] erhoben hat.[1997] Ebenso wenig stellte es ein Hindernis dar, dass neben dem Einkommensteuerbescheid nicht auch der Gewerbesteuerbescheid angegriffen worden war.[1998] Zwar muss der Betroffene nicht nur denjenigen Rechtsbehelf ergreifen, der unmittelbar gegen den angegriffenen Akt öffentlicher Gewalt statthaft ist, sondern auch alle sonstigen Rechtsbehelfe, mit denen die geltend gemachte Rechtsverletzung mittelbar beseitigt werden kann.[1999] Für den „Verbund" als solchen wird eine derartige Möglichkeit regelmäßig nicht zur Verfügung stehen. Allerdings sind insoweit die eben angesprochenen Rügepflichten von Bedeutung. Der Beschwerdeführer muss also bereits im Ausgangsverfahren zu

---

1993 BVerfG, NVwZ-RR 2016, 1 m.w.N. Zur – umstrittenen – Rechtsgrundlage dieses Grundsatzes: *Niesler*, in: Walter/B. Grünewald (Hrsg.), BeckOK-BVerfGG, 7. Edition Stand: 1.6.2019, § 90 Abs. 2 Rn. 45 ff.

1994 *Bender*, AöR 112 (1987), 169 ff.; *Posser*, Die Subsidiarität der Verfassungsbeschwerde, 1993, S. 199; BVerfGE 112, 50, 60 ff. Anders wohl noch BVerfGE 68, 334, 335 f. S. auch *O'Sullivan*, DVBl 2005, 880 ff. mit weiteren Beispielen aus der Rechtsprechung.

1995 BVerfGE 129, 78, 93; BVerfGE 112, 50, 62.

1996 Allgemein zur sog. Widerspruchslösung *Meixner*, Das Widerspruchserfordernis des BGH bei Beweisverwertungsverboten, 2015.

1997 BVerfGE 112, 304, 314.

1998 BVerfGE 115, 97, 107.

1999 So *Niesler*, in: Walter/B. Grünewald (Hrsg.), BeckOK-BVerfGG, 7. Edition Stand: 1.6.2019, § 90 Abs. 2 Rn. 56.

den Verfassungsfragen des additiven Grundrechtseingriffs Stellung beziehen.[2000]

5. Beschwerdefrist

Gem. § 93 Abs. 1 S. 1 BVerfGG ist die Verfassungsbeschwerde binnen eines Monats nach Bekanntgabe der angegriffenen – regelmäßig letztinstanzlichen – Entscheidung zu erheben und zu begründen.[2001] Zwar kann die Begründung nachträglich ergänzt werden, unzulässig ist es aber, nach Fristablauf einen neuen Sachverhalt zum Gegenstand der Verfassungsbeschwerde zu machen oder den Verfahrensgegenstand substantiell zu erweitern.[2002] Richtet sich die Verfassungsbeschwerde unmittelbar gegen ein Gesetz, gilt statt der Monats- die Jahresfrist des § 93 Abs. 3 BVerfGG. Im Falle einer Gesetzesänderung werden davon nur die geänderten Vorschriften erfasst.[2003] Für die nach Form, Inhalt und materiellem Gewicht unverändert gebliebenen Bestimmungen beginnt die Frist hingegen nicht neu zu laufen.[2004] Anders verhält es sich, wenn die Änderung die Verfassungswidrigkeit der angegriffenen Norm begründet oder verstärkt; etwa für den Fall, dass der Gesetzgeber, auch mit Blick auf das (geänderte) Umfeld der Norm[2005], das materielle Gewicht einer Regelung verändert.[2006] Letztlich ist auf einen weiteren Sonderfall hinzuweisen: den nachträglichen Eintritt der Beschwer. Hier kommt ein Hinausschieben des Fristbeginns in Betracht, um Rechtsschutzlücken zu vermeiden.[2007]

2000 BVerfG, BeckRS 2012, 59999; BVerfGE 115, 97, 107; in diese Richtung auch BerlVerfGH, Beschluss v. 20.6.2014 – 96/13 –, juris Rn. 38. Vgl. zum Strafprozessrecht BGH, NJW 2009, 3448, 3458.

2001 Ausführlich dazu: *B. Grünewald*, in: Walter/B. Grünewald (Hrsg.), BeckOK-BVerfGG, 7. Edition Stand: 1.6.2019, § 93 Rn. 7 ff.

2002 BVerfGE 127, 87, 110. Wird das Vorliegen eines (verfassungswidrigen) additiven Grundrechtseingriffs erstmals nach dem Ablauf der Beschwerdefrist gerügt, stellt dies regelmäßig einen solchen Fall dar (so mit Recht BerlVerfGH, Beschluss v. 20.6.2014 – 96/13 –, juris Rn. 38).

2003 *Schlaich/Korioth*, Das Bundesverfassungsgericht, 11. Aufl. 2018, Rn. 243.

2004 BVerfGE 129, 208, 234.

2005 Vgl. BVerfGE 100, 313, 356.

2006 BVerfG, NVwZ-RR 2017, 433, 434 m.w.N.

2007 Offen gelassen von BVerfG, NJW 1997, 650. Deutlich hingegen *Hömig*, in: Maunz/Schmidt-Bleibtreu/F. Klein/Bethge (Begr./Hrsg.), Bundesverfassungsgerichtsgesetz, Lfg. 41 Juli 2013, § 93 Rn. 80.

Nach dem oben Gesagten beziehen sich die Fristen auf die (selbständigen) Teilakte und nicht auf ihren „Verbund“; eine übereinstimmende, zum Beispiel mit dem Erlass des letzten dieser Akte beginnende Beschwerdefrist gibt es nicht[2008]. Vielmehr laufen die Fristen, sofern die einzelnen Akte zu unterschiedlichen Zeitpunkten erfolgt sind, auch zu unterschiedlichen Zeitpunkten ab. Ältere Maßnahmen können dann unter Umständen wegen Verfristung nicht mehr angefochten werden.[2009] Zwar hält ihre belastende Wirkung nach wie vor an. Der Verstärkungseffekt hat aber zumeist einen anderen Grund, nämlich die später hinzutretenden Akte, die es nunmehr anzugreifen gilt. Dabei sind – ungeachtet des Beschwerdegegenstands und des Fristablaufs – sämtliche „Teile“ des additiven Grundrechtseingriffs und die daraus resultierende Gesamtlast zu berücksichtigen.[2010] Kurzum: Lücken im Rechtsschutz drohen auch hier nicht.

6. Ordnungsgemäßer Antrag, Substantiierungslast des Beschwerdeführers

Das Bundesverfassungsgericht entscheidet nur auf Antrag über Verfassungsbeschwerden (vgl. § 23 BVerfGG). Dabei gelten gewisse Anforderungen an die Begründung, die weiter reichen als § 92 BVerfGG vorgibt.[2011] Der Beschwerdeführer ist danach gehalten, den Sachverhalt umfassend und schlüssig darzustellen und ihn anschließend, was die Voraussetzungen der Zulässigkeit und Begründetheit angeht, (verfassungs)rechtlich zu würdigen.[2012] Es dürfe, so die Judikatur, nicht dem Bundesverfassungsgericht überlassen bleiben, den Sachverhalt von Amts wegen nach allen Richtun-

---

2008 *Lücke*, DVBl 2001, 1469, 1471. Anders *Ruschemeier*, Der additive Grundrechtseingriff, 2019, S. 241 f., die den additiven Grundrechtseingriff – aus ihrer Warte folgerichtig – als sonstigen Hoheitsakt i.S.d. § 93 Abs. 3 BVerfGG einordnet, gegen den ein Rechtsweg nicht gegeben sei.

2009 So auch *Hillgruber*, in: Isensee/P. Kirchhof (Hrsg.), Handbuch des Staatsrechts der Bundesrepublik Deutschland, Bd. IX, 3. Aufl. 2011, § 200 Rn. 100. Ähnlich *Kaltenstein*, SGb 2016, 365, 372.

2010 *Hillgruber*, in: Isensee/P. Kirchhof (Hrsg.), Handbuch des Staatsrechts der Bundesrepublik Deutschland, Bd. IX, 3. Aufl. 2011, § 200 Rn. 100; *Lücke*, DVBl 2001, 1469, 1471. Offen gelassen von *F. Kirchhof*, NZS 2015, 1, 7.

2011 Zur Kritik an überzogenen Voraussetzungen vgl. *Lange*, Darlegungs- und Substantiierungspflichten im Verfassungsbeschwerdeverfahren, 2012, insbes. S. 183 ff.

2012 Dazu im Einzelnen: *Scheffczyk*, in: Walter/B. Grünewald (Hrsg.), BeckOK-BVerfGG, 7. Edition Stand: 1.6.2019, § 92 Rn. 26 ff.

gen gewissermaßen „ins Blaue hinein" zu untersuchen.[2013] Der Beschwerdeführer muss die Richtung vielmehr selbst spezifizieren, indem er angibt, inwiefern er den angegriffenen Hoheitsakt für grundrechtswidrig hält.[2014]

Den Bezugspunkt bilden abermals die einzelnen Akte. Dabei korrespondiert die eben geschilderte Substantiierungslast mit dem Angriff des Beschwerdeführers[2015]. In der Regel werden also nicht sämtliche „Teile" des additiven Grundrechtseingriffs – für sich genommen – erfasst.[2016] Gleichwohl trifft den Grundrechtsträger die Darlegungslast bezüglich der Gesamtlast als solcher. Die Rechtsprechung agiert hier recht streng.[2017] Angesichts der tatbestandlichen Weite des additiven Grundrechtseingriffs, erscheint das aber gerechtfertigt. Da der Bürger zudem weiß, von welchen Maßnahmen er tangiert wird und wie sich diese auswirken, kann er im Verfahren entsprechend vortragen[2018], ohne überfordert zu werden. Die konkreten Anforderungen bestimmen sich nach Maßgabe der (modifizierten) Zulässigkeits- und Begründetheitsprüfung. Es muss vor allem deutlich werden, inwieweit durch die Gesamtlast das bezeichnete (Einzel-)Grundrecht verletzt sein soll. Unter Umständen ist auch bereits beim Vorliegen eines Eingriffs anzusetzen – man denke an den Fall, dass erst die „Bündelung" einzelner für sich genommen nicht eingreifender Maßnahmen einen Grundrechtseingriff ergibt.

II. Entscheidung des Bundesverfassungsgerichts

Zu erörtern sind noch die (verfassungs)prozessualen Konsequenzen additiver Grundrechtseingriffe, die das Grundgesetz verletzen. Gerade für den Fall, dass sich die Einzelakte für sich genommen, nicht aber insgesamt betrachtet als verfassungsgemäß erweisen, ist fraglich, welche Akte eventuell

---

2013 BVerfGE 115, 166, 180.

2014 *Lübbe-Wolff*, EuGRZ 2004, 669, 678.

2015 S. bereits Vierter Teil I. 2.

2016 Anders wohl BVerfGE 114, 196, 247. Vgl. auch BVerfG, BeckRS 2014, 54145 Rn. 54 ff. (auszugsweise abgedruckt in: NJW 2014, 3634 ff.), wobei es dennoch eine (weitreichende) Gesamtbetrachtung anstellt (ebd., Rn. 94 ff.).

2017 BVerfG, NVwZ 2017, 1111, 1120; BVerfGE 130, 1, 24; BVerfGE 115, 97, 106; BVerfGE 114, 196, 247 f. Aus der fachgerichtlichen Rechtsprechung: BVerwG, NJW 2017, 2570, 2572; BVerwG, NVwZ 2017, 791, 801 f.; OVG Saarland, Urt. v. 5.7.2017 – 1 A 51/15 –, juris Rn. 244 ff.; VG Aachen, Urt. v. 24.8.2016 – 6 K 79/16 –, juris Rn. 121 ff.; BSG, BeckRS 2010, 72553 Rn. 26; OVG Bremen, Beschluss v. 29.8.1989 – 1 N 2/88 –, juris Rn. 95.

2018 *Schaks*, DÖV 2015, 817, 826.

weichen müssen. In Betracht kommen „alle oder etliche Maßnahmen, aber auch nur der erste, der letzte, der schwerste oder der erste unzumutbare Eingriff".[2019] Offen ist zudem, welche Entscheidungsaussprüche dabei zum Tragen kommen. Vor allem bei Legislativakten besteht Streit; erwogen werden die („klassische") Nichtigerklärung, die „bloße" Unvereinbarkeitserklärung sowie die sog. Appellentscheidung.

1. Schrifttum

Die wohl herrschende Meinung in der Literatur spricht sich für eine auf den additiven Grundrechtseingriff bezogene Tenorierung aus, wobei das Bundesverfassungsgericht nur dessen (bloße) Unvereinbarkeit mit dem Grundgesetz feststellen und – gegebenenfalls – den Gesetzgeber dazu verpflichten soll, bis zu einem bestimmten Zeitpunkt Abhilfe zu schaffen.[2020] Zur Begründung wird auf die legislative Gestaltungsfreiheit verwiesen. Denn regelmäßig bestünden mehrere Wege zur Auflösung einer verfassungswidrigen Gesamtbelastung. Allein dem Gesetzgeber obliege es, zu entscheiden, welche Maßnahme unterlassen, welche Beeinträchtigung ermäßigt bzw. welche Leistung erhöht wird, um diesen Zweck zu erreichen.[2021] Diese Prämisse teilen auch *Jesse* und *Hillgruber*; beide beschränken die Feststellung allerdings auf den jeweiligen Beschwerdegegenstand.[2022]

2019 So *F. Kirchhof*, NZS 2015, 1, 7.

2020 *Heu*, Kulminierende Grundrechtseingriffe, 2018, S. 273; *G. Kirchhof*, NJW 2006, 732, 733 u. 735; *Kromrey*, Belastungskumulation – Ein Beitrag zur Erweiterung des grundrechtlichen Eingriffsbegriffs, 2018, S. 189 f. u. 194 f.; *Lee*, Umweltrechtlicher Instrumentenmix und kumulative Grundrechtseinwirkungen, 2013, S. 162 ff.; *Michael*, in: Hoffmann-Riem/Schmidt-Aßmann/Voßkuhle (Hrsg.), Grundlagen des Verwaltungsrechts, Bd. II, 2. Aufl. 2012, § 41 Rn. 126; *Schaks*, DÖV 2015, 817, 826. Für Steuergesetze: *P. Kirchhof*, in: F. Kirchhof (Hrsg.), Festschrift f. Merten, 2007, S. 149, 162; *ders.*, in: Isensee/P. Kirchhof (Hrsg.), Handbuch des Staatsrechts der Bundesrepublik Deutschland, Bd. V, 3. Aufl. 2007, § 118 Rn. 132; *Seer*, DStJG 23 (2000), 87, 125. Unklar *Bernsdorff*, SGb 2011, 121, 125.

2021 *Kaltenstein*, SGb 2016, 365, 371 f.

2022 *Hillgruber*, in: Isensee/P. Kirchhof (Hrsg.), Handbuch des Staatsrechts der Bundesrepublik Deutschland, Bd. IX, 3. Aufl. 2011, § 200 Rn. 101; *Jesse*, Instrumentenverbund als Rechtsproblem am Beispiel effizienter Energienutzung, 2014, S. 194.

Andere bevorzugen demgegenüber die Nichtigerklärung, allen voran *Klement*[2023]. Er verteidigt zwar den Gestaltungsspielraum des Gesetzgebers, geht aber davon aus, dass dieser noch besser gewahrt werde, wenn das Bundesverfassungsgericht nur Normen (für unvereinbar mit dem Grundgesetz oder) für nichtig erklärt, die auch Angriffsgegenstand des verfassungsgerichtlichen Verfahrens waren. Ferner gelte es, Unklarheiten in der Urteilsformel selbst zu vermeiden. Insofern heißt es: „Wenn die kumulierenden Normen von verschiedenen Normgebern stammen, hätte eine bloße verfassungsgerichtliche Verpflichtung zur Auflösung der Belastungskumulation keinen eindeutigen Adressaten."[2024] Dessen ungeachtet hält er – zwischen dem Verdikt der Verfassungswidrigkeit und den sich daraus ergebenden prozessualen Konsequenzen, also der Urteilsformel, trennend – sämtliche „Teile" des additiven Grundrechtseingriffs, der gegen das Grundgesetz verstößt, für sich genommen für verfassungswidrig.[2025] Es fehle, so die Argumentation, an rechtlichen Maßstäben für die erforderliche Auswahl unter mehreren noch verfassungsgemäßen Arrangements, die sich aus dem „Verbund" herauslösen ließen.

Ähnlich argumentiert *Ruschemeier*. Im Unterschied zu einem gleichheitswidrigen Begünstigungsausschluss „würde eine Aufhebung aller Maßnahmen die Rechtsstellung des Beschwerdeführers sehr wohl verbessern, denn er wäre von diesen Grundrechtseingriffen nicht mehr betroffen."[2026] Auch sei der gesetzgeberische Handlungsspielraum vorliegend ungleich kleiner: „Im Falle eines verfassungswidrigen additiven Grundrechtseingriffs muss der Gesetzgeber die Belastungskumulation auflösen."[2027] Im Übrigen könne der Hinweis auf die Gestaltungsfreiheit des Gesetzgebers allein nicht überzeugen, da der vorgenommene Freiheitseingriff keinen relativen, sondern einen absoluten Verfassungsverstoß bewirke. Daher müsse der Grundsatz der Nichtigkeit in diesen Fällen greifen.[2028]

2023 *Klement*, AöR 134 (2009), 35, 80.

2024 Ebd.

2025 Ebd., S. 79 mit Verweis auf *F. Hufen*, NJW 1994, 2913, 2916. Dem folgend *Jesse*, Instrumentenverbund als Rechtsproblem am Beispiel effizienter Energienutzung, 2014, S. 193 f. *Schaks*, DÖV 2015, 817, 825 knüpft insoweit an die „Belastungskumulation" als solche an. Anders *Leisner*, in: Isensee/P. Kirchhof (Hrsg.), Handbuch des Staatsrechts der Bundesrepublik Deutschland, Bd. VIII, 3. Aufl. 2010, § 173 Rn. 170.

2026 *Ruschemeier*, Der additive Grundrechtseingriff, 2019, S. 247.

2027 Ebd.

2028 Ebd., S. 248.

Zudem werden beide Ansätze – Nichtig- bzw. Unvereinbarkeitserklärung – in unterschiedlicher Art und Weise kombiniert. Zum Teil wird darauf abgestellt, ob der Beschwerdeführer eine einzelne Maßnahme („isolierte Rüge") oder aber „das ganze zusammenhängende Maßnahmenbündel" („Gesamtrüge") rügt. Im zweiten Fall komme im Unterschied zum ersten nur die Feststellung der bloßen Unvereinbarkeit, nicht dagegen die Aufhebung bzw. Nichtigerklärung als Rechtsfolgenausspruch in Betracht.[2029] *Kaltenstein* differenziert hingegen nach der „Art" des additiven Grundrechtseingriffs[2030]. Demnach bleibe es für den Regelfall des „einfachen" additiven Grundrechtseingriffs bei der „bloßen" Unvereinbarkeitserklärung.[2031] Anders verhalte es sich für den „fortgesetzten" additiven Grundrechtseingriff. Insoweit könne, wenn die letzte Maßnahme das „Fass zum Überlaufen" gebracht hat, nur diese beanstandet und für nichtig erklärt werden. Bei den übrigen (fortwirkenden) Eingriffsakten aber verbleibe es angesichts des Ablaufs der Fristen, die es erlaubt hätten, sie anzugreifen.[2032] *Tanneberger* schließt die bloße Feststellung der Unvereinbarkeit (für Legislativakte) nicht aus, scheint aber, gerade für Akte der Exekutive, die Nichtigerklärung zu favorisieren.[2033] Die Gesamtnichtigkeit aller Maßnahmen, wie sie *Klement* – angeblich – vorschlage, sieht sie dabei nur als letztes Mittel an. Denkbar sei vor allem ein zeitliches Abschichten nach Maßgabe des Prioritätsprinzips.[2034]

Zu erwähnen ist noch ein dritter Ansatz. Die Rede ist von der Appellentscheidung, die den Gesetzgeber mittels eines Hinweises im Tenor zur Entlastung des Betroffenen auffordert. *G. Kirchhof* erwägt dies für den

---

2029 *Winkler*, JA 2014, 881, 887; wohl auch *Reimer*, Qualitätssicherung, 2010, S. 276.

2030 S. zum Schrifttum bereits Zweiter Teil III. 2. a) ee) (1).

2031 *Kaltenstein*, SGb 2016, 365, 371.

2032 Ebd., S. 372. Vgl. auch *Ruland*, SGb 2012, 241, 242.

2033 *Tanneberger*, Die Sicherheitsverfassung, 2014, S. 261 f.

2034 Ebd., S. 262. Dagegen *Jesse*, Instrumentenverbund als Rechtsproblem am Beispiel effizienter Energienutzung, 2014, S. 193 f. wegen des Gedankens des Vorrangs des späteren Gesetzes; ferner *Lee*, Umweltrechtlicher Instrumentenmix und kumulative Grundrechtseinwirkungen, 2013, S. 161 f., die *Klement* aber, wie bereits bei *Tanneberger* geschehen, missdeutet. Zum „Wettstreit" zwischen dem Prioritätsprinzip und der lex-posterior-Regel näher *Heu*, Kulminierende Grundrechtseingriffe, 2018, S. 213 f. und *Kromrey*, Belastungskumulation – Ein Beitrag zur Erweiterung des grundrechtlichen Eingriffsbegriffs, 2018, S. 196 ff. *Ruschemeier*, Der additive Grundrechtseingriff, 2019, S. 248 f. hält es weder für überzeugend an den zuletzt ergangenen Grundrechtseingriff anzuknüpfen noch die zeitlich zuerst erlassene Norm aufzuheben und wendet sich damit gegen jede zeitliche Einordnung.

Fall, dass sich die Verfassungsbeschwerde nicht ausdrücklich gegen den additiven Grundrechtseingriff (als solchen), sondern nur gegen eine Maßnahme (unter Berücksichtigung der Gesamtlast) wendet.[2035] *Lee* hingegen unterscheidet in zeitlicher Hinsicht: Soweit sich ein additiver Grundrechtseingriff bereits gegenwärtig als verfassungswidrig erweise, werde das Bundesverfassungsgericht dessen Unvereinbarkeit mit dem Grundgesetz feststellen. Sei diese Schwelle noch nicht überschritten, eine Überschreitung aber absehbar, komme daneben ein Appell an den bzw. die jeweiligen Normgeber in Betracht.[2036]

2. Judikatur

Die Rechtsprechung des Bundesverfassungsgerichts ist zu dieser Frage überwiegend unergiebig. Denn zumeist bewegte sich die Gesamtbelastung nach ihrem Dafürhalten im Rahmen des verfassungsrechtlich zulässigen, sodass es auf die Art der Tenorierung nicht ankam.[2037] Im Übrigen ist eine einheitliche Linie kaum erkennbar. Einzig bei dem Bezugspunkt der Tenorierung deutet sich eine Beschränkung auf die angegriffenen Akte an.[2038] Daneben hat das Bundesverfassungsgericht den Anwendungsbereich der Appellentscheidungen um diejenigen additiven Grundrechtseingriffe erweitert, bei denen in der Zukunft Verfassungsverstöße drohen.[2039] Was die beiden anderen Entscheidungsvarianten angeht, bleibt Vieles im Unklaren. So hat das Bundesverfassungsgericht die Nichtigkeit einschlägiger

---

2035 *G. Kirchhof*, in: Dujmovits u.a. (Hrsg.), Recht und Medizin – 46. Assistententagung Öffentliches Recht, 2006, S. 95, 117; *ders.*, Grundrechte und Wirklichkeit, 2007, S. 31. Unklar *ders.*, NJW 2006, 732, 733. Anders wohl *Kromrey*, Belastungskumulation – Ein Beitrag zur Erweiterung des grundrechtlichen Eingriffsbegriffs, 2018, S. 195 f.

2036 *Lee*, Umweltrechtlicher Instrumentenmix und kumulative Grundrechtseinwirkungen, 2013, S. 164.

2037 S. etwa BVerfG, NJW 2016, 1781, 1798; BVerfG, DStR 2015, 2757, 2763; BVerfG, NJW 2014, 3634, 3638 f.; BVerfGE 115, 97, 115 ff.; BVerfGE 114, 196, 242 ff.; BVerfGE 93, 121, 148 f. Aus älterer Zeit: BVerfG, NJW 1976, 101; BVerfG, NJW 1970, 507, 509.

2038 BVerfGE 82, 60, 61 u. BVerfG, NJW 1990, 2876 (jeweils Unvereinbarkeitserklärung) sowie BVerfGE 21, 378, 379 (Nichtigerklärung). Vgl. auch *Jesse*, Instrumentenverbund als Rechtsproblem am Beispiel effizienter Energienutzung, 2014, S. 194.

2039 BVerfG, NJW 2009, 2003, 2045; BVerfGE 112, 304, 320 f. Vgl. auch bereits BVerfGE 93, 121, 137 f.

Normen erklärt[2040] bzw. entsprechende Judikativakte aufgehoben[2041]. „Bloße“ Unvereinbarkeitserklärungen bilden bei Legislativakten zwar die Mehrheit.[2042] Daraus dürfen allerdings keine vorschnellen Schlüsse gezogen werden, weil die Gründe dafür variieren. Zugegeben, es hieß, dass eine Nichtigerklärung grundsätzlich ausscheide, wenn „sich ein Verfassungsverstoß aus dem Zusammenwirken mehrerer Vorschriften ergibt und eine Korrektur auf verschiedene Weise vorgenommen werden kann.“[2043] Abgesehen davon, dass der Beschluss weit vor Anerkennung der Rechtsfigur des additiven Grundrechtseingriffs ergangen ist, ging es hier aber vor allem um eine Verletzung des Gleichheitssatzes, bei der die Rechtsprechung diese Tenorierung ohnehin favorisiert[2044]. Anders liegt der Beschluss vom 10. November 1998. Allerdings ergab sich der Verfassungsverstoß hier nicht erst aus dem Zusammenwirken mehrerer Vorschriften.[2045] Gänzlich ohne einen Bezug zwischen additivem Grundrechtseingriff und Tenorierung kommt schließlich die Entscheidung vom 27. März 2012 aus. Stattdessen stützte sich das Gericht darauf, dass die Nichtigerklärung zu einem Zustand führte, welcher der verfassungsmäßigen Ordnung noch ferner stünde.[2046]

3. Stellungnahme

Vorab ist auf Folgendes hinzuweisen: Was die „Teile“ des additiven Grundrechtseingriffs betrifft, die (bereits) für sich genommen gegen die Verfassung verstoßen, gelten die allgemeinen Regeln der Tenorierung für Verfassungsbeschwerden, sprich § 95 BVerfGG. Danach ist, abseits der Feststellung der Verfassungswidrigkeit gem. Abs. 1, ein angegriffener (Ein-

---

2040 BVerfGE 91, 1, 30 ff.

2041 BVerfGE 21, 378, 388 ff.; BVerfG, NJW 1970, 2287 f.

2042 Vgl. etwa BVerfG, NJW 2012, 1784, 1787 f.; BVerfGE 105, 73, 133; BVerfG, NJW 1999, 935, 937; BVerfGE 82, 60, 83 f. u. 97; ferner BVerfGE 52, 1, 40 ff.

2043 BVerfG, NJW 1990, 2876.

2044 Vgl. nur BVerfG, NJW 2015, 303, 326 m.w.N. Die Rechtsprechung erfasst inzwischen aber auch die Freiheitsrechte (s. nur *Hömig*, in: Maunz/Schmidt-Bleibtreu/F. Klein/Bethge (Begr./Hrsg.), Bundesverfassungsgerichtsgesetz, Lfg. 50 Januar 2017, § 95 Rn. 46; kritisch *Schlaich/Korioth*, Das Bundesverfassungsgericht, 11. Aufl. 2018, Rn. 404).

2045 BVerfG, NJW 1999, 935, 937.

2046 BVerfG, NJW 2012, 1784, 1788. Zu dieser Fallgruppe der Unvereinbarkeitserklärung *von Ungern-Sternberg*, in: Walter/B. Grünewald (Hrsg.), BeckOK-BVerfGG, 7. Edition Stand: 1.6.2019, § 95 Rn. 40.

zel-)Akt der Exekutive bzw. Judikative grundsätzlich aufzuheben (Abs. 2); ein verfassungswidriger Legislativakt ist grundsätzlich für nichtig zu erklären (Abs. 3). Die Rechtsprechung hat hierzu eine Reihe (begründungsbedürftiger) Ausnahmen anerkannt.[2047] Hierhin gehört auch die „bloße“ Unvereinbarkeitserklärung von Gesetzen, die darauf abzielt, den gesetzgeberischen Gestaltungsspielraum zu schützen, für den Fall, dass ein verfassungswidriger Zustand durch unterschiedliche Regelungen beseitigt werden kann[2048].

Eben dieser Gedanke, der nicht auf Art. 3 GG beschränkt ist[2049], greift auch, soweit sich der Verfassungsverstoß erst aus dem Zusammenwirken verschiedener Legislativakte ergibt. Dabei mag der Handlungsspielraum geringer als bei einem Gleichheitsverstoß ausfallen; dennoch obliegt die Art und Weise der Auflösung der Gesamtbelastung, also die Entscheidung an welche (und wie viele) Normen er anknüpft, allein dem Gesetzgeber. Insofern ist, unabhängig davon, ob ein Verstoß gegen den Grundsatz der (Gesamt-)Verhältnismäßigkeit oder die Wesensgehaltsgarantie[2050] vorliegt, die „bloße“ Unvereinbarkeitserklärung in der Tat der Nichtigerklärung vorzuziehen. Etwas anderes folgt auch nicht aus dem Gebot, den Rechtsschutz effektiv zu gestalten.[2051] Zwar wäre der Gesetzgeber auch nach einer Nichtigerklärung nicht gehindert, die entsprechende Norm in einem (vom ihm selbst) veränderten „Eingriffsumfeld“ neu zu erlassen.[2052] Allerdings gilt es, einen mehrfachen Wechsel der Rechtslage nach Möglichkeit zu vermeiden.[2053] Etwaige Unklarheiten in der Urteilsformel – um mit *Kle-*

2047 Hierzu zusammenfassend *Lechner/Zuck*, Bundesverfassungsgerichtsgesetz, 7. Aufl. 2015, § 95 Rn. 9.

2048 Zu den Fallgruppen im Einzelnen: *Hömig*, in: Maunz/Schmidt-Bleibtreu/F. Klein/Bethge (Begr./Hrsg.), Bundesverfassungsgerichtsgesetz, Lfg. 50 Januar 2017, § 95 Rn. 44 ff.

2049 *Ruschemeier*, Der additive Grundrechtseingriff, 2019, S. 247 selbst gibt zu erkennen, dass die Unvereinbarkeitserklärung inzwischen nicht mehr auf Begünstigungssituationen beschränkt ist; auch insoweit würde also die Aufhebung der begünstigenden Norm die Rechtsstellung des Betroffenen nicht verbessern.

2050 Die ganz h.M. geht bei Verstößen gegen Art. 19 Abs. 2 GG von der Nichtigkeit des entsprechenden Gesetzes aus (vgl. nur *Stern*, in: ders., Das Staatsrecht der Bundesrepublik Deutschland, Band III/2, 1994, § 85 S. 877 m.w.N.).

2051 So aber *Winkler*, JA 2014, 881, 887.

2052 So die Kritik von *Klement*, AöR 134 (2009), 35, 80; vgl. auch *Ipsen*, JZ 1983, 41, 42 ff.

2053 Vgl. bereits *Lübbe-Wolff*, Die Grundrechte als Eingriffsabwehrrechte, 1988, S. 250. Anders *Ruschemeier*, Der additive Grundrechtseingriff, 2019, S. 249 f.,

ment zu sprechen[2054] – sind dabei hinzunehmen. Grundsätzlich werden sämtliche der beteiligten Akteure adressiert, wobei im Zweifel der zuletzt tätig gewordene dazu verpflichtet ist, zu handeln[2055].

Anders verhält es sich bei Akten der Exekutive bzw. Judikative. Insoweit greift – unverändert – § 95 Abs. 2 BVerfGG. Damit ist freilich, ebenso wie bei denen der Legislative, noch nichts über den Bezugspunkt der Tenorierung ausgesagt. Nach hier vertretener Auffassung scheidet der additive Grundrechtseingriff als solcher aus. Anzuknüpfen ist wie schon oben[2056] an die einzelnen Akte, denen die jeweiligen Urheber ohne Weiteres zugeordnet werden können; einen irgendwie gearteten „Gesamtangriff" gibt es nicht, es sei denn, keine der Einzelmaßnahmen ist für sich genommen im Wege der Verfassungsbeschwerde angreifbar. Dabei geht es nicht um sämtliche Akte, sondern nur um diejenigen, die auch Gegenstand der Verfassungsbeschwerde(n) sind. Dies entspricht, abgesehen von § 95 BVerfGG, der konditionalen Struktur der grundrechtlichen Abwehrdimension, die Eingriffsbegriff und Entscheidungsausspruch – den Unterlassungsbefehl – aneinander koppelt[2057]. Zwischen „einfachen" und „fortgesetzten" additiven Grundrechtseingriffen zu unterscheiden, erübrigt sich. Nach Ablauf der Beschwerdefrist(en) scheidet ein Angriff auf die betreffende(n) (Einzel-)Maßnahme(n) so oder so aus. Allerdings teilen die einzelnen Akte, sofern mehrere von ihnen angegriffen werden, nicht zwangsläufig dasselbe Schicksal. Zu entwickeln sind Maßstäbe, die eine Auswahl ermöglichen. Zum Tragen kommt vor allem das Prioritätsprinzip – ein Gedanke, der sich, mag er im Grundgesetz auch nicht zwingend vorgegeben sein, gelegentlich auch in der Rechtsprechung des Bundesverfassungsgerichts wiederfindet[2058]. Danach umfasst der Entscheidungsausspruch all diejenigen Akte, durch die die Gesamtbelastung unzulässig hoch geworden ist. Dies gilt auch, sofern sie gleichzeitig ins Werk gesetzt wurden. Hinzunehmen

---

die meint, dass sich dadurch auch eine erhebliche Chance der tatsächlichen Berücksichtigung von Vorbelastungen im legislativen Prozess biete.

2054 *Klement*, AöR 134 (2009), 35, 80.

2055 S. bereits Zweiter Teil III. 3. a) cc) (1). Näher – aber ohne Heranziehung des Grundsatzes der Bundestreue – *Ruschemeier*, Der additive Grundrechtseingriff, 2019, S. 251 f.

2056 S. Vierter Teil I. 2.

2057 Dazu: *Würsig*, Die Steuerung von Summenbelastungen im öffentlichen Immissionsschutzrecht, 2009, S. 57 f. Vgl. auch *Jesse*, Instrumentenverbund als Rechtsproblem am Beispiel effizienter Energienutzung, 2014, S. 194, der mit Recht darauf hinweist, dass eine Gesamtbetrachtung dadurch nicht per se ausgeschlossen wird.

2058 Vgl. nur BVerfGE 98, 106, 119.

ist, dass sich der Staat auf diese Weise an das gerade noch zulässige verfassungsgemäße Belastungsniveau „herantasten" kann.[2059] Mit der zeitlich jeweils zuletzt ergangenen Belastung aktualisiert sich die Bindung an die Grundrechte (Art. 1 Abs. 3 GG); das spätere Gesetz hat also, um ein weiteres Gegenargument aufzugreifen, nicht ohne Weiteres Vorrang.

Abgesehen von den bisher besprochenen Entscheidungsformeln spielt die Appellentscheidung[2060] eine gewisse Rolle. Das gilt zunächst – wie auch sonst – für den Fall, dass sich die angegriffene Maßnahme (unter Berücksichtigung ihres „Umfeldes") zwar noch als verfassungsgemäß erweist, die Entwicklung hin zur Verfassungswidrigkeit aber bereits absehbar ist[2061]. Ein Aufruf, den Betroffenen zu entlasten, kommt zudem in Betracht, wenn es an der Rüge einer verfassungswidrigen Gesamtlast fehlt, das Bundesverfassungsgericht eine solche aber gleichwohl erkennt. Vergleichbar hiermit ist die Konstellation, in welcher der Angriff nicht sämtliche an sich gegen die Verfassung verstoßenden (Einzel-)Akte erfasst.

2059 Anders *Ruschemeier*, Der additive Grundrechtseingriff, 2019, S. 248.

2060 Dazu allgemein *Rupp-v. Brünneck*, in: Ritterspach/Geiger (Hrsg.), Festschrift f. Müller, 1970, S. 355 ff. Zur Kritik: *Schulte*, DVBl 1988, 1200, 1204 f.

2061 Vgl. *Hömig*, in: Maunz/Schmidt-Bleibtreu/F. Klein/Bethge (Begr./Hrsg.), Bundesverfassungsgerichtsgesetz, Lfg. 50 Januar 2017, § 95 Rn. 74.

Fünfter Teil: Zusammenfassung in Thesen

I.

1. Rechtsprechung und Schrifttum haben über die Jahre eine Vielzahl Fälle additiver Grundrechtseingriffe ausgemacht. Ihren Anfang markierte ein Beschluss des Bundesverfassungsgerichts aus dem Jahr 1967, der sich mit dem Nebeneinander von disziplinarischer Arreststrafe und Kriminalstrafe befasst[2062]. Danach vergingen über 15 Jahre bis sich *Kloepfer*, auch jenseits des Abwasserrechts, um ein erstes dogmatisches Konzept bemühte[2063].
2. Was „Doppelbestrafungen" betrifft, hat die Judikatur anfangs auf die im Rechtsstaatsgedanken enthaltene Idee der Gerechtigkeit verwiesen, die eine Anrechnung der früheren Sanktion auf eine spätere gebieten könne. Nunmehr ist an deren Stelle der Grundsatz der Verhältnismäßigkeit getreten; in der Sache ändert sich dadurch aber nur wenig. So erkannte das Bundesverfassungsgericht jüngst einen Verfassungsverstoß darin, dass die Anrechnung einer im Maßregelvollzug verbrachten Zeit auf sog. verfahrensfremde Freiheitsstrafen auch in Härtefällen ausgeschlossen ist.[2064]
3. Die Debatte innerhalb des Schrifttums spielt sich vor allem im Umweltrecht ab. Abgesehen vom Abwasserrecht beschäftigen sich zahlreiche Autoren mit Fragen des Energieeffizienz-[2065] bzw. Immissionsschutzrechtes. Besonders heraus stechen verfassungs- und einfachrechtliche Aspekte einer Gesamtlärmbetrachtung; Gedanken, die auch die Rechtsprechung bereits aufgegriffen hat[2066].
4. Besonders anschaulich werden additive Effekte, wenn es um die (Gesamt-)Belastung durch öffentliche Abgaben geht. Schnell wurde der Ruf nach einer zahlenmäßigen Begrenzung dessen laut; der sog. Halbteilungsgrundsatz nach dem Vorbild *P. Kirchhofs* ward geboren[2067]. Die

2062 S. Erster Teil I. 1. a).
2063 Erster Teil III. 1.
2064 Erster Teil I. 1. c).
2065 Erster Teil III. 3.
2066 Erster Teil III. 2. b).
2067 Erster Teil IV. 1.

Judikatur ist dem zunächst gefolgt, übt sich inzwischen aber in deutlicher Zurückhaltung und verweist stattdessen auf den Grundsatz der Verhältnismäßigkeit[2068].

5. Das dem „'additiven' Grundrechtseingriff innewohnende Gefährdungspotential" hat das Bundesverfassungsgericht 2005 erstmals ausdrücklich anerkannt[2069]. In der Sache ging es um eine Häufung von Ermittlungsmaßnahmen, die den Betroffenen dem Risiko einer „Rundumüberwachung" aussetzt. Die Literatur hat diesen Terminus aufgegriffen und ihn näher ausgeformt. Daneben widmet sie sich weiteren Fällen aus dem Recht zum Schutz der Privatsphäre.[2070]
6. Gegenwärtig spielen additive Grundrechtseingriffe besonders in drei Bereichen eine Rolle: Erstens im Sozialrecht. Betroffen sind sowohl die Leistungserbringer des deutschen Gesundheitssystems[2071] als auch das Rentenwesen. Die Frage, die Rechtsprechung und Schrifttum aufgeworfen haben[2072], lautet, ob die Rente ihre Funktion als substantielle Alterssicherung angesichts zahlreicher Einschnitte noch wahrt. Den zweiten Komplex bildet das Glücksspielwesen, das umfangreichen bau-, gewerbe- und glücksspielrechtlichen Beschränkungen unterliegt.[2073] Was schließlich die Tabakregulierung als dritten Bereich angeht, nimmt die Anzahl einschlägiger Judikatur stetig zu. Ähnliches geschieht in der Literatur, wobei auch die Bezüge zum Unionsrecht zur Sprache kommen[2074].

II.

7. Summenbetrachtungen durchziehen das gesamte Recht; die Grundrechte bilden dabei keine Ausnahme. Was zählt ist die Effektivität des Grundrechtsschutzes. Denn es droht nicht weniger als die Aushöhlung der Freiheit des Einzelnen, Stück für Stück, durch mehrere, je für sich verfassungskonforme Maßnahmen.[2075]

2068 Erster Teil IV. 2. c) aa) u. bb).
2069 Erster Teil II. 1. a) aa).
2070 Erster Teil II. 2. d).
2071 Erster Teil VI. 2.
2072 Erster Teil VI. 3.
2073 Erster Teil V. 3.
2074 Erster Teil V. 4.
2075 Zweiter Teil II. 3.

8. Dass eine Gesamtbetrachtung verfassungsrechtlich geboten sein kann, ist – ungeachtet der Differenzen in der Ausgestaltung – weitgehend anerkannt.[2076] Defizite treten nur vereinzelt auf.[2077] Als ein Beleg dafür dient die Rechtsprechung des Europäischen Gerichtshofs[2078].
9. An einer einheitlichen Begriffsbildung fehlt es bislang. Mehr noch: Mitunter ist auch im Kontext der Konkurrenzlehre von additiven Grundrechtseingriffen die Rede[2079], obwohl es sich dabei um wesensverschiedene Phänomene handelt[2080].
   a) Nicht wenige schlagen vor, stattdessen von einem kumulativen Grundrechtseingriff bzw. – noch allgemeiner – einer Belastungskumulation zu sprechen.[2081] Je nach Fachbereich existieren weitere Alternativen, darunter der vor allem im Umweltrecht präsente Begriff der Summation.
   b) Abgesehen davon, dass sich der Terminus des additiven Grundrechtseingriffs in der Rechtspraxis weitestgehend durchgesetzt hat, überzeugt *Lückes* Begriffsschöpfung auch in der Sache. Allerdings ist folgendes anzumerken: Die Bezeichnung als Addition ist nicht in einem streng mathematischen Sinne zu verstehen. Ferner bedarf es eines Oberbegriffs – vorgeschlagen wird der der Belastungsaddition[2082] – der sich von den Grundrechten (mitsamt ihrer Abwehrdimension) löst.
10. Streit besteht auch bezüglich des Tatbestands, also der Voraussetzungen, die es erlauben, mehrere Maßnahmen zu einem additiven Grundrechtseingriff „zusammenzufassen". Im Schrifttum werden diese teils eng gefasst; zu denken ist etwa an das Kriterium der Zweckidentität[2083]. Andere schlagen hingegen eine weite, gegebenenfalls sogar schutzbereichsübergreifende[2084] Sichtweise vor.
11. Das Bundesverfassungsgericht entschied, es sei grundsätzlich möglich, „dass verschiedene einzelne, für sich betrachtet geringfügige Eingriffe in grundrechtlich geschützte Bereiche in ihrer Gesamtwirkung zu einer schwerwiegenden Beeinträchtigung führen, die das Maß der

2076 Zweiter Teil II. 1 u. 2.
2077 Zweiter Teil II. 2.
2078 S. Dritter Teil III. – Exkurs –.
2079 Zweiter Teil I. 2.
2080 Zweiter Teil III. 1. b) bb).
2081 Zweiter Teil I. 3. a) u. b).
2082 Zweiter Teil I. 3. c).
2083 Zweiter Teil III. 2. a) bb).
2084 Zweiter Teil III. 2. a) cc) (1).

rechtsstaatlich hinnehmbaren Eingriffsintensität überschreitet."[2085] Im Übrigen aber bleibt vieles im Dunkeln – ein Defizit, das auch die Fachgerichtsbarkeit erkennt. Implizite Aussagen lassen sich zwar durchaus gewinnen. Eine einheitliche Linie offenbart dies jedoch nicht. Das Merkmal der Gleichzeitigkeit ist dafür nur ein Beispiel.[2086]

12. Vorgeschlagen wird:
    a) Bei der Formulierung des Tatbestands ist zweierlei zu berücksichtigen: die Wahrung hinreichender Handhabbarkeit der Grundrechtsprüfung einerseits und die Effektivität des Grundrechtsschutzes andererseits. Von daher gilt: Der Tatbestand ist so weit wie möglich und zugleich so eng wie nötig zu fassen.[2087]
    b) Zunächst müssen die Maßnahmen mit der ganz überwiegenden Meinung jeweils ein und denselben Adressaten betreffen. Davon unberührt bleibt das Phänomen horizontaler Eingriffsaddition, bei dem eine einzelne Maßnahme in Grundrechte mehrerer Personen eingreift.[2088]
    c) Zu fordern ist zudem, dass die Maßnahmen den Betroffenen tatsächlich belasten; ohne Belang ist dagegen, ob sie einzeln betrachtet oder erst in ihrem „Verbund" die Eingriffsschwelle überschreiten. Ebenso wenig zählt – auf Tatbestandsebene – die Art und Weise des „Zusammenwirkens" der Maßnahmen.[2089]
    d) Grundsätzlich besteht das Erfordernis zeitlicher Parallelität. Eine Ausnahme kommt vor allem in Betracht, wenn die entsprechenden Maßnahmen den Betroffenen anhaltend diskriminieren oder besonders tiefgreifend in seine Rechte eingegriffen haben.[2090]
    e) Demgegenüber ist zwingend, dass die Maßnahmen dasselbe Grundrecht berühren.[2091] Anderenfalls drohte eine Ausuferung des Tatbestands. Ferner stünde eine solche Sichtweise im Widerspruch zu dem ausdifferenzierten Schutzsystem der Grundrechte.
    f) Hinzu tritt schließlich das Erfordernis der Konnexität, wonach die (Einzel-)Maßnahmen auch innerlich verknüpft sein müssen. Das ist jedenfalls dann anzunehmen, wenn sich ihre Zwecke in Teilen

2085 S. Zweiter Teil III. 2. a) gg).
2086 Zweiter Teil III. 2. a) ee) (2).
2087 Zweiter Teil III. 2. b) aa).
2088 S. Zweiter Teil III. 2. b) bb) (1).
2089 Zweiter Teil III. 2. b) bb) (2) (b).
2090 Zweiter Teil III. 2. b) bb) (3) (b) (bb).
2091 Zweiter Teil III. 2. b) bb) (4).

überschneiden.[2092] Im Übrigen kommt es auf das Bestehen eines Sach- bzw. Wirkungszusammenhangs an, wobei von Fallgruppe zu Fallgruppe Unterschiede bestehen[2093]. So hängt es zum Beispiel vom Bezug zu ein und derselben „Tat“ ab, ob eine verfassungsrechtlich relevante Doppelbestrafung vorliegt.

13. Additive Grundrechtseingriffe treten auch in Mehrebenensystemen auf. Im Bund-Länder Verhältnis hat sich derjenige Akteur zurückzuhalten, der zuletzt regulierend tätig geworden ist.[2094] Auch im Verhältnis zur Europäischen Union kann eine Gesamtschau angezeigt sein. Insoweit variiert allerdings der Maßstab, an dem sich eine solche messen lassen muss: Handelt die Union bzw. die Bundesrepublik Deutschland auf deren „Veranlassung“ hin, findet die Charta der Grundrechte der Europäischen Union Anwendung, sofern nicht ausnahmsweise das Instrument der Identitätskontrolle greift. Im Übrigen zählen die Grundrechte des Grundgesetzes.[2095]
14. Letztlich sind Belastungsadditionen durch Private denkbar. Ihrer Erfassung dient statt der subjektiv-rechtlichen die objektiv-rechtliche Dimension der Grundrechte, namentlich die Lehre der Schutzpflichten. Vom Tatbestand her ergeben sich dadurch aber keine Unterschiede.[2096]

III.

15. Was die Art und Weise des „Zusammenwirkens“ verschiedener Maßnahmen angeht, die auf Rechtsfolgenebene zum Tragen kommt, weichen die Positionen im Schrifttum voneinander ab. Die Rechtsprechung verhält sich hierzu zumeist gar nicht näher.[2097]
    a) Nach hier vertretener Auffassung sind drei Arten von Effekten zu unterscheiden: Additiv-, Synergie- und Antagonieeffekt. Ersterer stellt den Regelfall dar. Danach entspricht das „Ganze“ der Summe der „Teile“. Näherer Begründung bedarf es hingegen, um von

2092 Zweiter Teil III. 2. b) bb) (5) (b).
2093 Zweiter Teil III. 2. b) bb) (5) (d).
2094 Zweiter Teil III. 3. a) cc) (1).
2095 Zweiter Teil III. 3. a) cc) (2) (b).
2096 Zweiter Teil III. 3. b) dd).
2097 Dritter Teil I. 1. b).

einer gegenseitigen Wirkungsverstärkung bzw. -abschwächung auszugehen.[2098]

b) Die Idee der Grundrechtskompensation trägt auch bei den Freiheitsrechten. Was ihre Voraussetzungen angeht, bestehen gewisse Parallelen zum Tatbestand additiver Grundrechtseingriffe. In der Folge reduziert die Kompensation die Belastungsintensität, wobei das Maß dessen vom Einzelfall abhängt.[2099]

16. Unklar ist zudem, wie als solche erkannten additiven Grundrechtseingriffen zu begegnen ist. Nimmt man die herkömmliche Struktur der (abwehrrechtlichen) Grundrechtsprüfung, kommen sämtliche Ebenen, sprich die Schutzbereichs-, die Eingriffs-, und die Ebene der verfassungsrechtlichen Rechtfertigung, als Anknüpfungspunkte in Betracht.[2100]
17. Im Schrifttum finden sich diverse Ansätze. Wohl Einigkeit herrscht dahingehend, dass das streng auf den Einzelfall ausgerichtete Eingriffsverständnis gelockert werden muss. Dennoch wird überwiegend kein neuartiger Eingriffstypus[2101], sondern eine (wie auch immer beschaffene) Fortentwicklung der Verhältnismäßigkeitsprüfung vorgeschlagen[2102]. Eher abseits stehen diejenigen, die stattdessen Art. 19 Abs. 2 GG heranziehen[2103].
18. Auch die Judikatur stützt sich weniger auf den Eingriffsbegriff als solchen[2104] denn auf die Prüfung der (Gesamt-)Angemessenheit. Hierbei berücksichtigt sie neben Mehrfachbelastungen auch Begünstigungen. Daneben treten schließlich Ansätze verfahrensrechtlicher Art[2105].
19. Vorgeschlagen wird:
    a) Es bedarf der Nachsteuerung an verschiedenen Punkten, vor allem seitens der verfassungsrechtlichen Rechtfertigung. Einzig die Heranziehung der objektiv-rechtlichen Grundrechtsdimension ist zur Erfassung an sich abwehrrechtlich gelagerter Konstellationen von vornherein ungeeignet.[2106]

2098 Dritter Teil I. 1. c).
2099 Dritter Teil I. 2. c) bb).
2100 Dritter Teil II. 1.
2101 S. Dritter Teil II. 1. b) aa).
2102 Dritter Teil II. 1. c) aa) (1) (a).
2103 Dritter Teil II. 1. c) bb) (1).
2104 Dritter Teil II. 1. b) bb).
2105 Dritter Teil II. 3.
2106 Dritter Teil III. 2.

b) Zwar ist eine schutzbereichsübergreifende Sichtweise abzulehnen. Dabei handelt es sich streng genommen aber um eine Frage des Tatbestands; zu ihrer Behandlung taugt also weder die Ebene des Schutzbereichs noch eine ihr vorangestellte Prüfung der „Normwirklichkeit“[2107].

c) Was die Eingriffsebene betrifft, ist der überwiegenden Auffassung mit einer Ausnahme zuzustimmen. Für den Fall nämlich, dass erst die „Bündelung“ einzelner für sich genommen nicht eingreifender Maßnahmen einen Grundrechtseingriff ergibt, bedarf es der Anerkennung eines neuartigen „Gesamteingriffs“.[2108]

d) Im Mittelpunkt steht zu Recht die (modifizierte) Prüfung der verfassungsrechtlichen Rechtfertigung: Dabei sind zunächst sowohl die Einzelakte mitsamt ihres „Umfeldes“ als auch ihr „Verbund“ – getrennt – auf ihre *(Gesamt-)Verhältnismäßigkeit* hin zu untersuchen.[2109] Bei der Bestimmung des Zwecks ergeben sich, sofern kein Bündel vorliegt[2110], keine Besonderheiten. So verhält es sich auch hinsichtlich der Geeignetheit, es sei denn die Maßnahmen heben sich gegenseitig völlig auf. Im Rahmen der Erforderlichkeit ist zu beachten, dass auch andere Instrumentenkombinationen als mildere Mittel in Betracht kommen.[2111] Bei der Prüfung der Angemessenheit geht es schließlich darum, ob die in der Summe entstehenden Vorteile die höhere Eingriffsintensität seitens des Grundrechtsträgers noch rechtfertigen.[2112]

e) Daran schließt sich ein Perspektivwechsel an. Denn fraglich ist, ob die Maßnahmen für sich genommen sowie ihr Verbund vor der *(Gesamt-)Wesensgehaltsgarantie* Bestand haben.[2113] Dafür müsste angesichts der sich ergebenden Gesamtlast noch genügend Freiheit verbleiben, das fragliche (Einzel-)Grundrecht für den Betroffenen also – generell – noch eine gewisse rechtliche Bedeutung haben.

f) Darüber hinaus sind, je nach Fachbereich, weitere (absolute) Belastungsobergrenzen anzuerkennen.[2114] Zu nennen sind der Grund-

---

2107 Dritter Teil III. 1. a).
2108 Dritter Teil III. 1. b).
2109 Dritter Teil III. 1. c) aa) (1).
2110 S. Dritter Teil III. 1. c) aa) (2) (a) u. (3) (a).
2111 Dritter Teil III. 1. c) aa) (3) (c).
2112 Dritter Teil III. 1. c) aa) (3) (d).
2113 Dritter Teil III. 1. c) bb) (2).
2114 Dritter Teil III. 1. c) cc).

satz „ne bis in idem", das Verbot der „Rundumüberwachung" sowie, in leicht abgewandelter Form, der sog. Halbteilungsgrundsatz.

g) Nicht unerwähnt bleiben soll das Verfahrensrecht. Es liefert ein Instrumentarium, um dem Eintritt einer verfassungswidrigen Gesamtbelastung bereits im Voraus entgegenzutreten. Hierzu zählen, nimmt man den Bereich des Strafprozessrechts, der Richtervorbehalt sowie das (behördliche) Koordinations- und Kooperationsgebot.[2115]

IV.

20. Auch das durch Art. 19 Abs. 4 GG geprägte Rechtsschutzsystem, das sich bislang vornehmlich gegen Einzelakte richtet, muss sich öffnen, um seine Wirkung gegenüber additiven Grundrechtseingriffen entfalten zu können.[2116]
21. Dazu bedürfen die Zulässigkeitsvoraussetzungen der Verfassungsbeschwerde stellenweise der Modifikation:
    a) Beschwerdegegenstände sind die einzelnen Akte öffentlicher Gewalt, nicht der additive Grundrechtseingriff als solcher. Zu beachten ist aber, dass die Berücksichtigung der Gesamtlast dadurch nicht ausgeschlossen wird.[2117]
    b) Sofern nicht erst die „Bündelung" einzelner für sich genommen nicht eingreifender Maßnahmen einen Grundrechtseingriff ergibt, ist die Beschwerdebefugnis anhand der Einzelakte zu beurteilen.[2118]
    c) Auch das Erfordernis der Rechtswegerschöpfung gilt allein für die als solche angegriffenen Akte.[2119] Allerdings verlangt der Grundsatz der Subsidiarität der Verfassungsbeschwerde, gegebenenfalls bereits im Ausgangsverfahren zu den Verfassungsfragen des additiven Grundrechtseingriffs Stellung zu beziehen.[2120]
    d) Die Beschwerdefristen laufen, sofern die einzelnen Akte zu unterschiedlichen Zeitpunkten erfolgt sind, auch zu unterschiedlichen

2115 Dritter Teil III. 3.
2116 S. Vierter Teil.
2117 Vierter Teil I. 2. c).
2118 Vierter Teil I. 3.
2119 S. Vierter Teil I. 4. a).
2120 Vierter Teil I. 4. b).

Zeitpunkten ab. Ihre Betrachtung im „Verbund“ bleibt davon indes unberührt.[2121]

e) Die Substantiierungslast des Beschwerdeführers schließlich bezieht sich sowohl auf die angegriffenen (Einzel-)Akte als auch auf die Gesamtlast.[2122]

22. Damit verbleibt die Frage der Tenorierung, falls ein additiver Grundrechtseingriff gegen die Verfassung verstößt. Die Rechtsprechung hierzu gibt ganz im Gegensatz zum Schrifttum nur wenig her. Ebenda wird überwiegend ein auf den additiven Grundrechtseingriff bezogener Entscheidungsausspruch vorgeschlagen, wobei das Bundesverfassungsgericht nur dessen (bloße) Unvereinbarkeit mit dem Grundgesetz feststellen und (gegebenenfalls) den Gesetzgeber dazu verpflichten soll, bis zu einem bestimmten Zeitpunkt Abhilfe zu schaffen.[2123] Andere bevorzugen demgegenüber die („klassische“) Nichtigerklärung, wohlgemerkt bezogen auf die jeweils angegriffenen einzelnen Akte.

23. Bei Gesetzen ist mit Rücksicht auf den legislativen Gestaltungsspielraum die „bloße“ Unvereinbarkeits- der Nichtigerklärung vorzuziehen. Anders sieht es bei Akten der Exekutive bzw. Judikative aus. Insoweit greift, wie auch sonst, § 95 Abs. 2 BVerfGG. Bezugspunkte bilden jeweils die einzelnen Akte öffentlicher Gewalt. Ferner sind die sog. Appellentscheidungen von Relevanz. Zu nennen ist der Fall, dass sich die angegriffene Maßnahme (unter Berücksichtigung ihres „Umfeldes“) zwar noch als verfassungsgemäß erweist, die Entwicklung hin zur Verfassungswidrigkeit aber bereits absehbar ist.[2124]

2121 Vierter Teil I. 5.

2122 Vierter Teil I. 6.

2123 Vierter Teil II. 1.

2124 Vierter Teil II. 3.

Literaturverzeichnis

Alexy, Robert, Die Gewichtsformel, in: Jickeli, Joachim/Kreutz, Peter/Reuter, Dieter (Hrsg.), Gedächtnisschrift für Jürgen Sonnenschein: 22. Januar 1938 bis 6. Dezember 2000, Berlin 2003, S. 771-792.

– Theorie der Grundrechte, 2. Auflage, Frankfurt am Main 1994.

– Grundrechte als subjektive Rechte und als objektive Normen, Der Staat 29 (1990), S. 49-68.

Anagnostopoulos, Ilias G., Ne bis in idem in der Europäischen Union, in: Herzog, Felix/Neumann, Ulfrid (Hrsg.), Festschrift für Winfried Hassemer, Heidelberg 2010, S. 1121-1140.

von Arnauld, Andreas, Die Freiheitsrechte und ihre Schranken, Baden-Baden 1999.

Arndt, Hans-Wolfgang/Schumacher, Andreas, Die verfassungsrechtlich zulässige Höhe der Steuerlast – Fingerzeig des BVerfG an den Gesetzgeber?, Neue Juristische Wochenschrift 1995, S. 2603-2605.

von Arnim, Hans Herbert, Besteuerung und Eigentum, Veröffentlichungen der Vereinigung der Deutschen Staatsrechtslehrer 39 (1981), S. 286-360.

Augsberg, Ino/Augsberg, Steffen, Prognostische Elemente in der Rechtsprechung des Bundesverfassungsgerichts, Verwaltungsarchiv 98 (2007), S. 290-316.

– Kombinationsgrundrechte: Die Verkoppelung von Grundrechtstatbeständen als Herausforderung für die Grundrechtsdogmatik, Archiv des öffentlichen Rechts 132 (2007), S. 539-581.

Bamberger, Heinz Georg/Roth, Herbert/Hau, Wolfgang/Poseck, Roman (Hrsg.), Beck'scher Online-Kommentar Bürgerliches Gesetzbuch, 52. Edition, Stand: 1.11.2019, München 2019.

Basty, Susanne, Die sachliche Erledigung der Verfassungsbeschwerde: zur Überprüfung erledigter Grundrechtseingriffe im Verfassungsbeschwerdeverfahren und durch die Fachgerichtsbarkeit, Hamburg 2010.

Bauer, Anne-Kathrin, Kindeswohlgefährdung durch religiös motivierte Erziehung, Hamburg 2012.

Bauer, Hartmut, Die Bundestreue: zugleich ein Beitrag zur Dogmatik des Bundesstaatsrechts und zur Rechtsverhältnislehre, Tübingen 1992.

Beaucamp, Guy, Die waffenrechtliche Unzuverlässigkeit nach § 5 Abs. 2 Nr. 3 WaffG, Die Öffentliche Verwaltung 2018, S. 709-714.

Becker, Christian, Das gemeinschaftliche Begehen und die so genannte additive Mittäterschaft, Baden-Baden 2009.

Beckmann, Roland Michael/Matusche-Beckmann, Annemarie (Hrsg.), Versicherungsrechts-Handbuch, 3. Auflage, München 2015.

Benda, Ernst/Klein, Eckart/Klein, Oliver, Verfassungsprozessrecht: ein Lehr- und Handbuch, 3. Auflage, Heidelberg 2012.

Bender, Michael, Rügepflicht für Verfassungsverstöße vor den Fachgerichten? Zu einer angenommenen Vorwirkung des Verfassungsprozeßrechts, Archiv des öffentlichen Rechts 112 (1987), S. 169-188.

Bernsdorff, Norbert, Einschnitte in das Rentenniveau – der "additive" Grundrechtsbegriff und das Bundesverfassungsgericht, Die Sozialgerichtsbarkeit 2011, S. 121-125.

Bernsmann, Klaus, Beweisgewinnung unter Verwendung des satellitengeschützten Navigationssystems GPS, Der Strafverteidiger 2001, S. 382-386.

Bethge, Herbert, Der Grundrechtseingriff, Veröffentlichungen der Vereinigung der Deutschen Staatsrechtslehrer 57 (1998), S. 7-56.

– Grundrechtsverwirklichung und Grundrechtssicherung durch Organisation und Verfahren. Zu einigen Aspekten der aktuellen Grundrechtsdiskussion, Neue Juristische Wochenschrift 1982, S. 1-7.

Birk, Dieter/Desens, Marc/Tappe, Henning, Steuerrecht, 22. Auflage, Heidelberg 2019.

Bleckmann, Albert, Die Struktur des allgemeinen Gleichheitssatzes, Köln 1995.

Bleckmann, Albert/Wiethoff, Claudia, Zur Grundrechtskonkurrenz, Die Öffentliche Verwaltung 1991, S. 722-730.

Bock, Kirsten/Engeler, Malte, Die verfassungsrechtliche Wesensgehaltsgarantie als absolute Schranke im Datenschutzrecht, Deutsches Verwaltungsblatt 2016, S. 593-599.

Böckenförde, Ernst-Wolfgang, Schutzbereich, Eingriff, Verfassungsimmanente Schranken. Zur Kritik gegenwärtiger Grundrechtsdogmatik, Der Staat 42 (2003), S. 165-192.

Brade, Alexander, Die horizontale Eingriffsaddition, Die Öffentliche Verwaltung 2019, S. 852-859.

– Amtshaftungsanspruch auf Ersatz des Verdienstausfalls wegen nicht rechtzeitig zur Verfügung gestellten Kinderbetreuungsplatzes – Anmerkung zu BGH, Urt. v. 20.10.2016 - Az.: III ZR 278/15, 302/15 und 303/15 -, Deutsches Verwaltungsblatt 2017, S. 621-625.

– Im Zweifel gegen die Freiheit?, Juristische Ausbildung 2016, S. 923-933.

Brade, Alexander/Tänzer, Björn, „Der Tod auf Rezept?“, Neue Zeitschrift für Verwaltungsrecht 2017, S. 1435-1439.

Braun, Frank/Albrecht, Florian, Der Freiheit eine Gasse? Anmerkungen zur „Überwachungsgesamtrechnung“ des Bundesverfassungsgerichts, Verwaltungsrundschau 2017, S. 151-155.

Breckwoldt, Maike, Grundrechtskombinationen, Tübingen 2015.

Brenncke, Martin, Die Zulässigkeit des europarechtlichen Verbots der Glühlampe nach Art. 95 EG, Europäische Zeitschrift für Wirtschaftsrecht 2009, S. 247-250.

Brenner, Michael, Möglichkeiten und Grenzen grundrechtsbezogener Verfassungsänderungen, dargestellt anhand der Neuregelung des Asylrechts, Der Staat 32 (1993), S. 493-526.

Breuer, Rüdiger, Zunehmende Vielgestaltigkeit der Instrumente im deutschen und europäischen Umweltrecht – Probleme der Stimmigkeit und des Zusammenwirkens, Neue Zeitschrift für Verwaltungsrecht 1997, S. 833-845.

Britz, Gabriele/Eifert, Martin/Reimer, Franz, Charakteristika des Energieeffizienzrechts, in: Britz, Gabriele/Eifert, Martin/Reimer, Franz (Hrsg.), Energieeffizienzrecht: Perspektiven und Probleme, Baden-Baden 2010, S. 63-108.

Bronkars, Caroline, Kumulative Eigentumseingriffe, Hamburg 2007.

Bull, Hans Peter, Vom Eigentums- zum Vermögensschutz – ein Irrweg. Zur Bewertung der Einheitswert-Beschlüsse des Bundesverfassungsgerichts, Neue Juristische Wochenschrift 1996, S. 281-284.

Burchardt, Dana, Die Ausübung der Identitätskontrolle durch das Bundesverfassungsgericht. Zugleich Besprechung des Beschlusses 2 BvR 2735/14 des BVerfG vom 15.12.2015 ("Solange III" / "Europäischer Haftbefehl III"), Zeitschrift für ausländisches öffentliches Recht und Völkerrecht 76 (2016), S. 527-551.

Butzer, Hermann, Bundesverfassungsgericht und duales Krankenversicherungssystem, Medizinrecht 2010, S. 283-290.

– Freiheitsrechtliche Grenzen der Steuer- und Sozialabgabenlast: der Halbteilungsgrundsatz des Bundesverfassungsgerichts im Spannungsfeld von Globalisierung, Freiheitsrechten und Sozialstaatlichkeit, Berlin 1999.

– Der Halbteilungsgrundsatz und seine Ableitung aus dem Grundgesetz, Steuer und Wirtschaft 1999, S. 227-242.

Butzer, Hermann/Soffner, Torsten, Arzneimittel-Zwangsrabatte zugunsten der PKV – Zur Verfassungsmäßigkeit von § 1 AMRabG, Neue Zeitschrift für Sozialrecht 2011, S. 841-848.

Calliess, Christian, Die grundrechtliche Schutzpflicht im mehrpoligen Verfassungsrechtsverhältnis, Juristenzeitung 2006, S. 321-330.

– Rechtsstaat und Umweltstaat: zugleich ein Beitrag zur Grundrechtsdogmatik im Rahmen mehrpoliger Verfassungsverhältnisse, Tübingen 2001.

Calliess, Christian/Ruffert, Matthias (Hrsg.), EUV/AEUV. Das Verfassungsrecht der Europäischen Union mit Europäischer Grundrechtecharta, Kommentar, 5. Auflage, München 2016.

Chlosta, Joachim, Der Wesensgehalt der Eigentumsgewährleistung unter besonderer Berücksichtigung der Mitbestimmungsproblematik, Berlin 1975.

Comes, Heinrich, Der Fluch der kleinen Schritte – Wie weit tragen die Legitimationsgrundlagen der StPO bei Observationsmaßnahmen? Zugleich eine Anmerkung zu OLG Düsseldorf StV 1998, S. 170, Der Strafverteidiger 1998, S. 569-573.

Cordewener, Axel, Europäische Grundfreiheiten und nationales Steuerrecht: "Konvergenz" des Gemeinschaftsrechts und "Kohärenz" der direkten Steuern in der Rechtsprechung des EuGH, Köln 2002.

Dannecker, Gerhard, Anmerkung zur Entscheidung des EuGH vom 26.02.2013 (Az: C-617/10; JZ 2013, 613) - "Zur Reichweite der EU-Grundrechtecharta", Juristenzeitung 2013, S. 616-620.

Dederer, Hans-Georg, Die Grenzen des Vorrangs des Unionsrechts – Zur Vereinheitlichung von Grundrechts-, Ultra-vires- und Identitätskontrolle, Juristenzeitung 2014, S. 313-322.

Derin, Benjamin/Golla, Sebastian, Der Staat als Manipulant und Saboteur der IT-Sicherheit? – Die Zulässigkeit von Begleitmaßnahmen zu „Online-Durchsuchung" und Quellen-TKÜ, Neue Juristische Wochenschrift 2019, S. 1111-1116.

Derksen, Roland, Unionsrechtskonforme Spielräume für anlasslose Speicherung von Verkehrsdaten?, Neue Zeitschrift für Verwaltungsrecht 2017, S. 1005-1009.

Desoi, Monika, Intelligente Videoüberwachung: Rechtliche Bewertung und rechtsgemäße Gestaltung, Wiesbaden 2018.

Detterbeck, Steffen, Öffentliches Recht. Ein Basislehrbuch zum Staatsrecht, Verwaltungsrecht und Europarecht mit Übungsfällen, 11. Auflage, München 2018.

Di Fabio, Udo, Das Kooperationsprinzip – ein allgemeiner Rechtsgrundsatz des Umweltrechts, Neue Zeitschrift für Verwaltungsrecht 1999, S. 1153-1158.

Di Fabio, Udo/Pitschas, Christian/Schroeder, Werner, Die Novellierung der europäischen Tabakproduktrichtlinie: Grundfragen der Vereinbarkeit mit EU- und WTO-Recht, Frankfurt am Main 2014.

Dietlein, Johannes, Die Lehre von den grundrechtlichen Schutzpflichten, Berlin 1992.

Dietrich, Richard, Die politischen Testamente der Hohenzollern, Köln 1986.

Diller, Martin/Dannecker, Marcus, Erstattungspflicht für Arbeitslosengeld bei Wettbewerbsverboten verfassungswidrig – Rückzahlungsanspruch auch in Altfällen?, Neue Juristische Wochenschrift 1999, S. 897-900.

von Doemming, Klaus-Berto/Füsslein, Rudolf Werner/Matz, Werner, Entstehungsgeschichte der Artikel des Grundgesetzes, im Auftrage der Abwicklungsstelle des Parlamentarischen Rates und des Bundesministers des Innern auf Grund der Verhandlungen des Parlamentarischen Rates, in: Jahrbuch des öffentlichen Rechts der Gegenwart, Band 1, Tübingen 1951.

Dolde, Klaus-Peter, Rechtliche Aspekte einer Gesamtlärmbetrachtung, Zeitschrift für Lärmbekämpfung 2001, S. 100-110.

Dolderer, Michael, Objektive Grundrechtsgehalte, Berlin 2000.

Dreier, Horst, Dimensionen der Grundrechte, Hannover 1993.

Dreier, Horst (Hrsg.), Grundgesetz Kommentar, Band I: Präambel, Artikel 1-19, 3. Auflage, Tübingen 2013.

– Grundgesetz-Kommentar, Band II: Artikel 20-82, 3. Auflage, Tübingen 2015.

– Grundgesetz-Kommentar, Band III: Artikel 83-146, 3. Auflage, Tübingen 2018.

Drüen, Klaus-Dieter, Die Indienstnahme Privater für den Vollzug von Steuergesetzen, Tübingen 2012.

Dudenredaktion (Hrsg.), Duden: Deutsches Universalwörterbuch, 8. Auflage, Berlin 2015.

Dürig, Günther, Der Grundrechtssatz von der Menschenwürde. Entwurf eines praktikablen Wertsystems der Grundrechte aus Art. 1 Abs. 1 in Verbindung mit Art. 19 Abs. 2 des Grundgesetzes, Archiv des öffentlichen Rechts 81 (1956), S. 117-157.

Ebert, Björn P., Grundwissen: Verfassungsbeschwerde, Zeitschrift für das juristische Studium 2015, S. 485-491.

Eckhoff, Rolf, Der Grundrechtseingriff, Köln 1992.

Ehlers, Dirk, Eigentumsschutz, Sozialbindung und Enteignung bei der Nutzung von Boden und Umwelt, Veröffentlichungen der Vereinigung der Deutschen Staatsrechtslehrer 51 (1992), S. 211-251.

Ekardt, Felix, Energieeffizienz im Instrumentenmix der Energie- und Klimapolitik: Eine juristisch-soziologische Betrachtung, in: Härtel, Ines/Pielow, Johann-Christian (Hrsg.), Effektiv zu mehr Energieeffizienz?, Stuttgart 2012, S. 73-88.

Elicker, Michael, Der Grundsatz der Verhältnismäßigkeit in der Besteuerung, Deutsches Verwaltungsblatt 2006, S. 480-486.

Engel, Christoph, Eigentumsschutz für Unternehmen, Archiv des öffentlichen Rechts 118 (1993), S. 169-236.

Engelken, Klaas, Das Konnexitätsprinzip im Landesverfassungsrecht: Aufgabenübertragung auf die Kommunen durch die Länder, Aufgabenregelung durch den Bund; zugleich Kommentierung des neugefassten Art. 71 Abs. 3 der Verfassung des Landes Baden-Württemberg, Baden-Baden 2012.

Epping, Volker/Hillgruber, Christian (Hrsg.), Beck'scher Online-Kommentar Grundgesetz, München, 41. Edition, Stand: 15.5.2018; 41. Edition, Stand: 15.2.2019 (nur Art. 14).

Epping, Volker/Lenz, Sebastian/Leydecker, Philipp, Grundrechte, 8. Auflage, Berlin/Heidelberg 2019.

Eschenbach, Jürgen, Steuerrecht und Eigentumsschutz: Grenzen verfassungsrechtlicher Kontrolle nach dem Beschluß des BVerfG vom 22. Juni 1995 zur Vermögensteuer, Deutsche Steuer-Zeitung 1997, S. 413-417.

Faßbender, Kurt, Rechtsschutzfragen im Hochwasserschutzrecht, Die Öffentliche Verwaltung 2016, S. 965-972.

Fliedner, Ortlieb, Die verfassungsrechtlichen Grenzen mehrfacher staatlicher Bestrafungen aufgrund desselben Verhaltens – Ein Beitrag zur Auslegung des Art. 103 Abs. 3 GG –, Archiv des öffentlichen Rechts 99 (1974), S. 242-284.

Friauf, Karl Heinrich, Verfassungsrechtliche Anforderungen an die Gesetzgebung über die Steuern vom Einkommen und vom Ertrag, Veröffentlichungen der Deutschen Steuerjuristischen Gesellschaft e.V. 12 (1989), S. 3-32.

– Substanzeingriff durch Steuer-Kumulation und Eigentumsgarantie. Bemerkungen zum Beschluß des BVerfG vom 1975-10-27, Steuer und Wirtschaft 1977, S. 59-65.

Gallwas, Hans-Ullrich, Faktische Beeinträchtigungen im Bereich der Grundrechte: Ein Beitrag zum Begriff der Nebenwirkungen, Berlin 1970.

Gawel, Erik, Umweltpolitik durch gemischten Instrumenteneinsatz: allokative Effekte instrumentell diversifizierter Lenkungsstrategien für Umweltgüter, Berlin 1991.

Geis, Max-Emanuel/Thirmeyer, Stephan, Grundfälle zur Verfassungsbeschwerde, Art. 93 I Nr. 4a GG, §§ 13 Nr. 8a, 90 ff. BVerfGG, Juristische Schulung 2012, S. 316-323.

Geißler, Oliver, Der Unternehmer im Dienste des Steuerstaats, Stuttgart 2001.

Geminn, Christian Ludwig, Rechtsverträglicher Einsatz von Sicherheitsmaßnahmen im öffentlichen Verkehr, Wiesbaden 2014.

Gentzsch, Markus/Brade, Alexander, Die Bankenunion vor dem Bundesverfassungsgericht. Neue Impulse für grundlegende Fragestellungen des Verfassungs- und Unionsrechts, Europarecht 2019, S. 602-637.

Gercke, Björn, Bewegungsprofile anhand von Mobilfunkdaten im Strafverfahren: zugleich ein Beitrag zur Kumulation heimlicher Observationsmittel im strafrechtlichen Ermittlungsverfahren, Berlin 2002.

Gersdorf, Hubertus, Verwaltungsprozessrecht, 6. Auflage, Heidelberg 2019.

Gläß, Anne-Christin, Rechtsfragen des kommunalen Anschluss- und Benutzungszwangs in Zeiten von Klimawandel und Energiewende, Baden-Baden 2016.

Goerlich, Helmut, Grundrechte als Verfahrensgarantien: Ein Beitrag zum Verständnis des Grundgesetzes für die Bundesrepublik Deutschland, Baden-Baden 1981.

Gola, Peter/Klug, Christoph/Reif, Yvette, Datenschutz- und presserechtliche Bewertung der "Vorratsdatenspeicherung", Neue Juristische Wochenschrift 2007, S. 2599-2602.

Grave, Katharina/Growitsch, Christian/Matthes, Daniel/Tischler, Benjamin, in: Härtel, Ines/Pielow, Johann-Christian (Hrsg.), Effektiv zu mehr Energieeffizienz?, Stuttgart 2012, S. 65-72.

Grimm, Dieter, Das Grundgesetz nach vierzig Jahren, Neue Juristische Wochenschrift 1989, S. 1305-1312.

– Verfahrensfehler als Grundrechtsverstöße, Neue Zeitschrift für Verwaltungsrecht 1985, S. 865-872.

Gstrein, Oskar Josef/Zeitzmann, Sebastian, Die "Åkerberg Fransson"-Entscheidung des EuGH – "Ne bis in idem" als Wegbereiter für einen effektiven Grundrechtsschutz in der EU?, Zeitschrift für europarechtliche Studien 2013, S. 239-260.

Guckelberger, Annette, Die verschiedenen, insbesondere baurechtlichen Instrumente zur Steuerung des Spielhallenangebots, Gewerbearchiv 2011, S. 177-181 und S. 231-237.

Gusy, Christoph, Verfassungsrechtliche Aspekte einer Positionsüberwachung durch ein satellitengestütztes Ortungssystem, Der Strafverteidiger 1998, S. 526-527.

Häberle, Peter, Die Wesensgehaltgarantie des Art. 19 Abs. 2 Grundgesetz: zugleich ein Beitrag zum institutionellen Verständnis der Grundrechte und zur Lehre vom Gesetzesvorbehalt, 3. Auflage, Heidelberg 1983.

– Grundrechte im Leistungsstaat, Veröffentlichungen der Vereinigung der Deutschen Staatsrechtslehrer 30 (1972), S. 43-141.

Haller, Heiko Alexander, Die Verrechnung von Vor- und Nachteilen im Rahmen von Art. 3 Abs. 1 GG: eine Untersuchung zur Kompensation von Grundrechtseingriffen, Berlin 2007.

Heitsch, Christian, Die Ausführung der Bundesgesetze durch die Länder, Tübingen 2001.

Helbig, Petra, Der steuerverfassungsrechtliche Halbteilungsgrundsatz: Maßstab für Steuerbelastung und Ausgleichsverpflichtung im Länderfinanzausgleich?; zugleich ein Valet der verfassungsrechtlichen Anbindung des Äquivalenzprinzips, Berlin 2002.

Held, Cornelius, Intelligente Videoüberwachung: verfassungsrechtliche Vorgaben für den polizeilichen Einsatz, Berlin 2014.

Henneke, Hans-Günter/Pünder, Hermann/Waldhoff, Christian (Hrsg.), Recht der Kommunalfinanzen: Abgaben, Haushalt, Finanzausgleich, München 2006.

Herbert, Georg, Der Wesensgehalt der Grundrechte, Europäische Grundrechte Zeitschrift 1985, S. 321-335.

Herdegen, Matthias, Grundrechtsschutz bei der deutschen Mitwirkung an EG-Rechtsakten, in: Bröhmer, Jürgen (Hrsg.), Internationale Gemeinschaft und Menschenrechte: Festschrift für Georg Ress zum 70. Geburtstag am 21. Januar 2005, Köln 2005, S. 1175-1182.

– Garantie von Eigentum und Erbrecht, in: Badura, Peter/Dreier, Horst (Hrsg.), Festschrift 50 Jahre Bundesverfassungsgericht, Band 2 – Klärung und Fortbildung des Verfassungsrechts, Tübingen 2001, S. 273-292.

Hermes, Georg, Instrumentenmix im Energieumweltrecht, in: Führ, Martin/Wahl, Rainer/von Wilmowsky, Peter (Hrsg.), Umweltrecht und Umweltwissenschaft: Festschrift für Eckard Rehbinder, Berlin 2007, S. 569-590.

– Das Grundrecht auf Schutz von Leben und Gesundheit: Schutzpflicht und Schutzanspruch aus Art. 2 Abs. 2 Satz 1 GG, Heidelberg 1987.

Herrmann, Nikolaus/Wagner, Thomas, Grenzen der Summation und Kumulation im Umweltrecht, Natur und Recht 2005, S. 20-27.

Herzog, Roman, Grundrechte aus der Hand des Gesetzgebers, in: Fürst, Walther/Herzog, Roman/Umbach, Dieter C. (Hrsg.), Festschrift für Wolfgang Zeidler, Band 2, Berlin 1987, S. 1415-1428.

Heß, Reinhold, Grundrechtskonkurrenzen: zugleich ein Beitrag zur Normstruktur der Freiheitsrechte, Berlin 2000.

Hesse, Konrad, Grundzüge des Verfassungsrechts der Bundesrepublik Deutschland, 20. Auflage, Heidelberg 1995.

Heu, Johannes Christoph, Kulminierende Grundrechtseingriffe: vom Umgang mit Belastungskumulationen am Beispiel des beendeten Bestandsmarktaufrufes, Berlin 2018.

Heuermann, Bernd/Brandis, Peter (Hrsg.), Blümich: EStG, KStG, GewStG, Loseblatt-Kommentar, Band 2: §§ 9-24c EStG, München, Stand: 145. Ergänzungslieferung, Dezember 2018.

– Blümich: EStG, KStG, GewStG, Loseblatt-Kommentar, Band 3: §§ 25-99 EStG, München, Stand: 147. Ergänzungslieferung, Mai 2019.

Hey, Johanna, Saldierung von Vor- und Nachteilen in der Rechtfertigung von Grundrechtseingriffen und Ungleichbehandlungen, Archiv des öffentlichen Rechts 128 (2003), S. 226-254.

– Zur Anwendung des Halbteilungsgrundsatzes. Anmerkungen zu Oliver Geißler, Der Unternehmer im Dienste des Steuerstaats – zugleich Plädoyer für einen Untertitel, Steuer und Wirtschaft 2002, S. 91-95.

Hillgruber, Christian/Goos, Christoph, Verfassungsprozessrecht, 4. Auflage, Heidelberg 2015.

von Hippel, Eike, Grenzen und Wesensgehalt der Grundrechte, Berlin 1965.

Hirschberg, Lothar, Der Grundsatz der Verhältnismäßigkeit, Göttingen 1981.

Hörmann, Jens-Hendrik, Rechtsprobleme des Grundrechts auf Gewährleistung eines menschenwürdigen Existenzminimums: zu den Auswirkungen des „Regelleistungsurteils“ auf die „Hartz IV“-Gesetzgebung und andere Sozialgesetze, Hamburg 2013.

Hoffmann-Riem, Wolfgang, Grundrechtsanwendung unter Rationalitätsanspruch. Eine Erwiderung auf Kahls Kritik an neueren Ansätzen in der Grundrechtsdogmatik, Der Staat 43 (2004), S. 203-233.

– Ermöglichung von Flexibilität und Innovationsoffenheit im Verwaltungsrecht – Einleitende Problemskizze, in: Hoffmann-Riem, Wolfgang/Schmidt-Aßmann, Eberhard (Hrsg.), Innovation und Flexibilität des Verwaltungshandelns, Baden-Baden 1994, S. 9-66.

– Reform des Allgemeinen Verwaltungsrechts – Vorüberlegungen, Deutsches Verwaltungsblatt 1994, S. 1381-1390.

– Verwaltungsrechtsreform – Ansätze am Beispiel des Umweltschutzes –, in: Hoffmann-Riem, Wolfgang/Schmidt-Aßmann, Eberhard/Schuppert, Gunnar F. (Hrsg.), Reform des allgemeinen Verwaltungsrechts – Grundfragen, Baden-Baden 1993, S. 115-175.

Hoffmann-Riem, Wolfgang/Schmidt-Aßmann, Eberhard/Voßkuhle, Andreas (Hrsg.), Grundlagen des Verwaltungsrechts, Band II: Informationsordnung, Verwaltungsverfahren, Handlungsformen, 2. Auflage, München 2012.

Hofmann, Ekkehard, Grundrechtskonkurrenz oder Schutzbereichsverstärkung? Die Rechtsprechung des Bundesverfassungsgerichts zum additiven Grundrechtseingriff, Archiv des öffentlichen Rechts 133 (2008), S. 523-555.

– Grundrechtskombinationen in der Fallbearbeitung – Konkurrenzen, Kollisionen, Verstärkungswirkungen, Juristische Ausbildung 2008, S. 667-672.

– Abwägung im Recht: Chancen und Grenzen numerischer Verfahren im öffentlichen Recht, Tübingen 2007.

Hohmann, Harald, Berufsfreiheit (Art. 12 GG) und Besteuerung, Die Öffentliche Verwaltung 2000, S. 406-416.

Holling, Jan, Internationaler Strafgerichtshof und Verbrechensprävention: eine Analyse der Auswirkungen globaler Strafrechtspflege auf die Bekämpfung von Makrokriminalität, Berlin 2016.

Holoubek, Michael, Der Grundrechtseingriff – Überlegungen zu einer grundrechtsdogmatischen Figur im Wandel, in: Merten, Detlef/Papier, Hans-Jürgen (Hrsg.), Grundsatzfragen der Grundrechtsdogmatik, Heidelberg 2007, S. 17-34.

Hornung, Gerrit, Die kumulative Wirkung von Überwachungsmaßnahmen: Eine Herausforderung an die Evaluierung von Sicherheitsgesetzen, in: Albers, Marion/Weinzierl, Ruth (Hrsg.), Menschenrechtliche Standards in der Sicherheitspolitik: Beiträge zur rechtsstaatsorientierten Evaluierung von Sicherheitsgesetzen, Baden-Baden 2010, S. 65-85.

Huber, Peter M., Selbstverwaltung und Systemgerechtigkeit – Zu den Grenzen einer "Professionalisierung" der Leitungsstrukturen Kassenärztlicher Vereinigungen –, Vierteljahresschrift für Sozialrecht 2000, S. 369-398.

Hufen, Christian, Der Ausgleich verfassungsrechtlich geschützter Interessen bei der Ausgestaltung des Sonn- und Feiertagsschutzes, Baden-Baden 2014.

Hufen, Friedhelm, Staatsrecht II: Grundrechte, 7. Auflage, München 2018.

– Diskussionsbeitrag, Veröffentlichungen der Vereinigung der Deutschen Staatsrechtslehrer 57 (1998), S. 131-133.

– Berufsfreiheit – Erinnerung an ein Grundrecht, Neue Juristische Wochenschrift 1994, S. 2913-2922.

– Die Grundrechte und der Vorbehalt des Gesetzes, in: Grimm, Dieter (Hrsg.), Wachsende Staatsaufgaben – sinkende Steuerungsfähigkeit des Rechts, Baden-Baden 1990, S. 273-289.

Ipsen, Jörn, Staatsrecht II: Grundrechte, 22. Auflage, München 2019.

– Nichtigerklärung oder "Verfassungswidrigerklärung" - Zum Dilemma der verfassungsgerichtlichen Normenkontrollpraxis, Juristenzeitung 1983, S. 41-45.

– Gesetzliche Bevorratungsverpflichtung Privater, Archiv des öffentlichen Rechts 90 (1965), S. 393-440.

Isensee, Josef, Steuerstaat als Staatsform, in: Stödter, Rolf/Thieme, Werner (Hrsg.), Hamburg, Deutschland, Europa: Beiträge zum deutschen und europäischen Verfassungs-, Verwaltungs- und Wirtschaftsrecht; Festschrift für Hans Peter Ipsen zum 70. Geburtstag, Tübingen 1977, S. 409-436.

Isensee, Josef/Kirchhof, Paul (Hrsg.), Handbuch des Staatsrechts der Bundesrepublik Deutschland, Band II: Verfassungsstaat, 3. Auflage, Heidelberg 2004.

– Handbuch des Staatsrechts der Bundesrepublik Deutschland, Band V: Rechtsquellen, Organisation, Finanzen, 3. Auflage, Heidelberg 2007.

– Handbuch des Staatsrechts der Bundesrepublik Deutschland, Band VII: Freiheitsrechte, 3. Auflage, Heidelberg 2009.

– Handbuch des Staatsrechts der Bundesrepublik Deutschland, Band VIII: Grundrechte: Wirtschaft, Verfahren, Gleichheit, 3. Auflage, Heidelberg 2010.

– Handbuch des Staatsrechts der Bundesrepublik Deutschland, Band IX: Allgemeine Grundrechtslehren, 3. Auflage, Heidelberg 2011.

– Handbuch des Staatsrechts der Bundesrepublik Deutschland, Band X: Deutschland in der Staatengemeinschaft, 3. Auflage, Heidelberg 2012.

Jachmann, Monika, Zur Kumulation von Ertragsteuern und (besonderen) Verbrauchsteuern, in: Kirchhof, Paul/Nieskens, Hans (Hrsg.), Festschrift für Wolfram Reiß zum 65. Geburtstag, Köln 2008, S. 339-358.

– Freiheitsgrundrechtliche Grenzen steuerlicher Belastungswirkungen, in: Dörr, Dieter/Fink, Udo/Hillgruber, Christian/Kempen, Bernhard/Murswiek, Dietrich (Hrsg.), Die Macht des Geistes, Festschrift für Hartmut Schiedermair, Heidelberg 2001, S. 391-404.

– Sozialstaatliche Steuergesetzgebung im Spannungsverhältnis zwischen Gleichheit und Freiheit – Belastungsgrenzen im Steuersystem, Steuer und Wirtschaft 1996, S. 97-106.

– Verfassungsrechtliche Grenzen der Besteuerung: sozialstaatliche Steuergesetzgebung im Spannungsverhältnis zwischen Gleichheit und Freiheit, Aachen 1996.

Jakobs, Michael Ch., Der Grundsatz der Verhältnismässigkeit: Mit einer exemplarischen Darstellung seiner Geltung im Atomrecht, Köln 1985.

Jarass, Hans D., Losverfahren und Grundrechte. Am Beispiel der Spielhallenerlaubnis, Neue Zeitschrift für Verwaltungsrecht 2017, S. 273-280.

– Charta der Grundrechte der Europäischen Union: unter Einbeziehung der vom EuGH entwickelten Grundrechte, der Grundrechtsregelungen der Verträge und der EMRK: Kommentar, 3. Auflage, München 2016.

– Neue Dimensionen der Tabakproduktregulierung und Grundrechte sowie Grundfreiheiten: Grundfragen des Schutzes von Markenverpackungen, der Produktpräsentation in Verkaufseinrichtungen und der Produktzusammensetzung, Berlin 2012.

– Die Grundrechte: Abwehrrechte und objektive Grundsatznormen. Objektive Grundrechtsgehalte, insbesondere Schutzpflichten und privatrechtsgestaltende Wirkung, in: Badura, Peter/Dreier, Horst (Hrsg.), Festschrift 50 Jahre Bundesverfassungsgericht, Band 2 – Klärung und Fortbildung des Verfassungsrechts, Tübingen 2001, S. 35-53.

Jarass, Hans D./Pieroth, Bodo, Grundgesetz für die Bundesrepublik Deutschland: Kommentar, 15. Auflage, München 2018.

Jesse, Sven, Instrumentenverbund als Rechtsproblem am Beispiel effizienter Energienutzung, Tübingen 2014.

– Die Entwicklung des Instrumentenverbundes im Energieeffizienzrecht, in: Britz, Gabriele/Eifert, Martin/Reimer, Franz (Hrsg.), Energieeffizienzrecht: Perspektiven und Probleme, Baden-Baden 2010, S. 15-61.

Jestaedt, Matthias, Legaledukation – Erzieherische Intentionen des Gesetzes im Kindesschutzrecht, in: Schumann, Eva (Hrsg.), Das erziehende Gesetz, Berlin 2014, S. 159-180.

– Die Abwägungslehre – ihre Stärken und ihre Schwächen, in: Depenheuer, Otto/Heintzen, Markus/Jestaedt, Matthias/Axer, Peter (Hrsg.), Staat im Wort: Festschrift für Josef Isensee, Heidelberg 2007, S. 253-275.

Joecks, Wolfgang/Miebach, Klaus (Hrsg.), Münchener Kommentar zum StGB, Band 2: §§ 38-79b StGB, 3. Auflage, München 2016.

Kahl, Wolfgang, Neuere Entwicklungslinien der Grundrechtsdogmatik. Von Modifikationen und Erosionen des grundrechtlichen Freiheitsparadigmas, Archiv des öffentlichen Rechts 131 (2006), S. 579-620.

– Grundrechtsschutz durch Verfahren in Deutschland und in der EU, Verwaltungsarchiv 95 (2004), S. 1-37.

– Die Schutzergänzungsfunktion von Art. 2 Abs. 1 Grundgesetz: zugleich ein Beitrag zur Lehre der Grundrechtskonkurrenzen, Tübingen 2000.

Kahl, Wolfgang/Waldhoff, Christian/Walter, Christian (Hrsg.), Bonner Kommentar zum Grundgesetz, Loseblatt, Heidelberg, Stand: 45. Aktualisierung, Oktober 1982 (Art. 103 Abs. 3); Stand: 132. Aktualisierung, Februar 2008 (Art. 19 Abs. 2).

Kaltenstein, Jens, Kernfragen des "additiven" Grundrechtseingriffs unter besonderer Berücksichtigung des Sozialrechts, Die Sozialgerichtsbarkeit 2016, S. 365-372.

– Wohin steuert die gesetzliche Alterssicherung? Anmerkungen zur verfassungsrechtlichen Rechtsprechung der letzten beiden Jahrzehnte zu Eingriffen in Rentenrechte der Gesetzlichen Rentenversicherung, Wege zur Sozialversicherung 2016, S. 303-312.

Karkaj, Sanaz Moradi, Die Gesamtlärmbewertung im Immissionsschutzrecht, Baden-Baden 2008.

Keller, Rolf, Das Zurückbehaltungsrecht nach § 273 BGB, Jurisitische Schulung 1982, S. 665-668.

Kempny, Simon, Mittelbare Rechtssatzverfassungsbeschwerde und unmittelbare Grundrechtsverletzung. Verfassungsprozessuale und grundrechtsdogmatische Überlegungen zur Rechtsprechung des Bundesverfassungsgerichts, Der Staat 53 (2014), S. 577-631.

Keuthen, Jens Christian, Die abschnittsbezogene Geschwindigkeitsüberwachung und ihre verfassungsrechtliche Bewertung, Wiesbaden 2016.

Kingreen, Thorsten/Poscher, Ralf, Grundrechte – Staatsrecht II, 35. Auflage, Heidelberg 2019.

Kirchhof, Ferdinand, Die Entwicklung des Sozialverfassungsrechts, Neue Zeitschrift für Sozialrecht 2015, S. 1-8.

– Abgaben und Grundrechte, in: Merten, Detlef/Papier, Hans-Jürgen (Hrsg.), Grundsatzfragen der Grundrechtsdogmatik, Heidelberg 2007, S. 35-56.

Kirchhof, Gregor, Die Allgemeinheit des Gesetzes: über einen notwendigen Garanten der Freiheit, der Gleichheit und der Demokratie, Tübingen 2009.

– Der qualifizierte Gesetzesvorbehalt im Steuerrecht. Schedulenbesteuerung, Nettoprinzip, Steuerkonkurrenzen, Beihefter zu Deutsches Steuerrecht 2009 Heft 49, S. 135-144.

– Grundrechte und Wirklichkeit: Freiheit und Gleichheit aus der Realität begreifen; ein Beitrag zur Grundrechtsdogmatik, Heidelberg 2007.

– Antworten des Rechts auf medizinischen Fortschritt – Vorschlag zur Modifikation der Grundrechtsdogmatik, in: Dujmovits, Elisabeth/Eberhard, Harald/Eisenberger, Iris/Ennöckl, Daniel/Lachmayer, Konrad/Stöger, Karl (Hrsg.), Recht und Medizin – 46. Assistententagung Öffentliches Recht, Baden-Baden 2006, S. 95-121.

– Kumulative Belastung durch unterschiedliche staatliche Maßnahmen, Neue Juristische Wochenschrift 2006, S. 732-736.

– Die Erfüllungspflichten des Arbeitgebers im Lohnsteuerverfahren: Freiheit von Arbeitszwang und Berufsfreiheit als Grenzen der Quellenbesteuerung, der Indienstnahme, der Privatisierung – zugleich ein Beitrag zur Grundrechtsdogmatik und zur Deregulierung, Berlin 2005.

Kirchhof, Paul, Das verfassungsrechtliche Maß steuerlicher Belastung, in: Kirchhof, Ferdinand/Papier, Hans-Jürgen/Schäffer, Heinz (Hrsg.), Rechtsstaat und Grundrechte: Festschrift für Detlef Merten, Heidelberg 2007, S. 149-165.

– Empfiehlt es sich, das Einkommensteuerrecht zur Beseitigung von Ungleichbehandlungen und zur Vereinfachung neu zu ordnen?, Gutachten F für den 57. Deutschen Juristentag; Verhandlungen des 57. Deutschen Juristentags, Band 1, München 1988, S. F1-F96.

– Die Finanzierung des Leistungsstaates. Die verfassungsrechtlichen Grenzen staatlicher Abgabenhoheit, Juristische Ausbildung 1983, S. 505-517.

– Besteuerung und Eigentum, Veröffentlichungen der Vereinigung der Deutschen Staatsrechtslehrer 39 (1981), S. 213-285.

Kischel, Uwe, Die Begründung: zur Erläuterung staatlicher Entscheidungen gegenüber dem Bürger, Tübingen 2003.

Klar, Manuel, Datenschutzrecht und die Visualisierung des öffentlichen Raums, Berlin 2012.

Klatt, Matthias/Meister, Moritz, Der Grundsatz der Verhältnismäßigkeit. Ein Strukturelement des globalen Konstitutionalismus, Juristische Schulung 2014, S. 193-199.

Klein, Eckart, Grundrechtliche Schutzpflicht des Staates, Neue Juristische Wochenschrift 1989, S. 1633-1640.

– Die Kompetenz- und Rechtskompensation. Überlegungen zu einer Argumentationsfigur, Deutsches Verwaltungsblatt 1981, S. 661-667.

Klein, Marvin, Friedensgrüße aus Luxemburg: Neue Entwicklungen im europäischen Grundrechteverbund, Die Öffentliche Verwaltung 2018, S. 605-612.

Kleine-Cosack, Michael, Verfassungsbeschwerden und Menschenrechtsbeschwerde, 3. Auflage, Heidelberg 2013.

Klement, Henrik Jan, Netzneutralität: der Europäische Verwaltungsverbund als Legislative, Europarecht 2017, S. 532-560.

– Die Kumulation von Grundrechtseingriffen im Umweltrecht, Archiv des öffentlichen Rechts 134 (2009), S. 35-82.

Kloepfer, Michael, Umweltrecht, 4. Auflage, München 2016.

– Verfassungsrecht: Band II – Grundrechte, München 2010.

– Aspekte des Umweltstaates Deutschland – eine umweltverfassungsrechtliche Zwischenbilanz, in: Dolde, Klaus-Peter (Hrsg.), Umweltrecht im Wandel: Bilanz und Perspektiven aus Anlass des 25-jährigen Bestehens der Gesellschaft für Umweltrecht (GfU), Berlin 2001, S. 745-765.

– Umweltschutz zwischen Ordnungsrecht und Anreizpolitik: Konzeption, Ausgestaltung, Vollzug – Zweiter Teil –, Zeitschrift für angewandte Umweltforschung 1996, S. 200-209.

– Zu den neuen umweltrechtlichen Handlungsformen des Staates, Juristenzeitung 1991, S. 737-744.

– Belastungskumulationen durch Normenüberlagerungen im Abwasserrecht – Zum Nebeneinander von Abwasserabgaben, Wasserverbandsbeiträgen und wasserrechtlichen Einleitungsbegrenzungen –, Verwaltungsarchiv 74 (1983), S. 201-224.

Kluth, Winfried, Ärztliche Berufsfreiheit unter Wirtschaftlichkeitsvorbehalt? Eine Analyse der Auswirkungen des Gesundheitsmodernisierungsgesetzes auf die ärztliche Berufsfreiheit und die wirtschaftliche Risikoverteilung im Gesundheitswesen, Medizinrecht 2005, S. 65-71.

– Bundesverfassungsgericht und wirtschaftslenkende Gesetzgebung, Zeitschrift für das gesamte Handels- und Wirtschaftsrecht 162 (1998), S. 657-684.

Koch, Oliver, Der Grundsatz der Verhältnismäßigkeit in der Rechtsprechung des Gerichtshofs der Europäischen Gemeinschaften, Berlin 2003.

Koch, Susanne, Belastungskumulation im Spielhallenrecht. Ein Überblick über die aktuellen rechtlichen Rahmenbedingungen des gewerblichen Geldspiels und die daraus resultierende verfassungswidrige Belastungskumulation, Zeitschrift für Wett- und Glücksspielrecht 2015, S. 325-330.

Körner, Anne/Leitherer, Stephan/Mutschler, Bernd (Hrsg.), Kasseler Kommentar zum Sozialversicherungsrecht, Loseblatt, Band 1, München, Stand: 103. Ergänzungslieferung, März 2019.

Kolbe, Frederike, Freiheitsschutz vor staatlicher Gesundheitssteuerung: grundrechtliche Grenzen paternalistischen Staatshandelns, Baden-Baden 2017.

Krausnick, Daniel, Grundfälle zu Art. 19 I und II GG, Juristische Schulung 2007, S. 1088-1093.

Kreuter-Kirchhof, Charlotte, Kumulative Grundrechtseingriffe in das Grundeigentum – Verfassungsrechtliche Schranken kumulativer Inhalts- und Schrankenbestimmungen, Neue Zeitschrift für Verwaltungsrecht 2019, S. 1791-1797.

Krieger, Stefanie Ann, Energieausweise für Gebäude, Neue Justiz 2009, S. 320-326.

Kromrey, Ilka, Belastungskumulation – Ein Beitrag zur Erweiterung des grundrechtlichen Eingriffsbegriffs, Tübingen 2018.

Kroschwald, Steffen, Sicherheitsmaßnahmen an Flughäfen im Lichte der Grundrechte, Kassel 2012.

Krüger, Herbert, Der Wesensgehalt der Grundrechte iS des Art. 19 GG, Die Öffentliche Verwaltung 1955, S. 597-602.

Kube, Hanno, Der subjektive Abwehrgehalt der Grundrechte – Zur grundrechtlichen Rüge der Verletzung von Rechten Dritter, Deutsches Verwaltungsblatt 2005, S. 721-727.

Kühling, Jürgen, Datenschutz gegenüber öffentlichen Stellen im digitalen Zeitalter, Die Verwaltung 44 (2011), S. 525-562.

Kühne, Hans-Heiner, Zur Frage, ob das Gewinnen von Beweisen mit Hilfe des Global Positioning Systems mit § 100c Abs. 1 Nr. 1 Buchst. b StPO zu vereinbaren ist, Juristenzeitung 2001, S. 1148.

Ladeur, Karl-Heinz, Die objektiv-rechtliche Dimension der wirtschaftlichen Grundrechte. Relativierung oder Abstützung der subjektiven Freiheitsrechte?, Die Öffentliche Verwaltung 2007, S. 1-10.

Landmann, Robert von/Rohmer, Gustav (Hrsg.), Umweltrecht, Loseblatt-Kommentar, Band I, München, Stand: 68. Ergänzungslieferung, Februar 2013.

Lang, Joachim, Vom Verbot der Erdrosselungssteuer zum Halbteilungsgrundsatz, in: Kirchhof, Paul/Lehner, Moris/Raupach, Arndt/Rodi, Michael (Hrsg.), Staaten und Steuern: Festschrift für Klaus Vogel zum 70. Geburtstag, Heidelberg 2000, S. 173-185.

– Wider Halbteilungsgrundsatz und BVerfG. Der BFH verbleibt an der Grenze konfiskatorischer Besteuerung, Neue Juristische Wochenschrift 2000, S. 457-460.

Lange, Pia, Darlegungs- und Substantiierungspflichten im Verfassungsbeschwerdeverfahren, Baden-Baden 2012.

Larenz, Karl, Methodenlehre der Rechtswissenschaft, 6. Auflage, Berlin 1991.

Lascho, Stefan, Die Erledigung des Verwaltungsaktes als materiellrechtliches und verwaltungsprozessuales Problem, Berlin 2001.

Lau, Marcus, Die anderen „Pläne und Projekte“ in der FFH-Verträglichkeitsprüfung, Natur und Recht 2016, S. 149-154.

Lechner, Hans/Zuck, Rüdiger, Bundesverfassungsgerichtsgesetz: Kommentar, 7. Auflage, München 2015.

Lee, Eun-Kyung, Umweltrechtlicher Instrumentenmix und kumulative Grundrechtseinwirkungen: Überlegungen am Beispiel des Energierechts, Tübingen 2013.

Lehmann, Paul, CO_2 Emissions Trading and Instrument Mix: An Economic Perspective, in: Rodi, Michael (Hrsg.), Emissions Trading in Europe: Initial Experiences and Lessons for the Future, Berlin 2008, S. 27-46.

Leisner, Walter, Der Abwägungsstaat: Verhältnismäßigkeit als Gerechtigkeit?, Berlin 1997.

– Steuer- und Eigentumswende – die Einheitswert-Beschlüsse des Bundesverfassungsgerichts, Neue Juristische Wochenschrift 1995, S. 2591-2596.

Leisner-Egensperger, Anna, Die Wesensgehaltsgarantie des Art. 19 Abs. 2 GG, in: Merten, Detlef/Papier, Hans-Jürgen (Hrsg.), Grundsatzfragen der Grundrechtsdogmatik, Heidelberg 2007, S. 57-79.

Lerche, Peter, Rechtsprobleme der wirtschaftslenkenden Verwaltung, Die Öffentliche Verwaltung 1961, S. 486-492.

– Übermaß und Verfassungsrecht: Zur Bindung des Gesetzgebers an die Grundsätze der Verhältnismässigkeit und der Erforderlichkeit, Köln 1961.

Liesenfeld, Andrea, Die Besteuerung von Renten und Pensionen. Anmerkungen zum Urteil des BVerfG vom 6.3.2002 aus verfassungsrechtlicher Sicht, Deutsches Steuerrecht 2002, S. 1833-1837.

Lindner, Josef Franz, Grundrechtseingriff oder grundrechtswidriger Effekt? Plädoyer für einen grundrechtsdogmatischen Paradigmenwechsel, Die Öffentliche Verwaltung 2004, S. 765-774.

Lippert, André, Das Kohärenzerfordernis des EuGH: Eine Darstellung am Beispiel der Rechtsprechung zum deutschen Glücksspielmonopol, Europarecht 2012, S. 90-99.

List, Heinrich, Der Halbteilungsgrundsatz – ein etymologisches Problem?, Neue Juristische Wochenschrift 2000, S. 1840-1841.

Ludwigs, Markus/Sikora, Patrick, Grundrechtsschutz im Spannungsfeld von Grundgesetz, EMRK und Grundrechtecharta, Juristische Schulung 2017, S. 385-393.

– Der Vorrang des Unionsrechts unter Kontrollvorbehalt des BVerfG, Europäisches Wirtschafts- & Steuerrecht 2016, S. 121-131.

Lübbe-Wolff, Gertrude, Substantiierung und Subsidiarität der Verfassungsbeschwerde. Die Zulässigkeitsrechtsprechung des Bundesverfassungsgerichts, Europäische Grundrechte Zeitschrift 2004, S. 669-682.

– Die Grundrechte als Eingriffsabwehrrechte: Struktur und Reichweite der Eingriffsdogmatik im Bereich staatlicher Leistungen, Baden-Baden 1988.

Lücke, Jörg, Der additive Grundrechtseingriff sowie das Verbot der übermäßigen Gesamtbelastung des Bürgers, Deutsches Verwaltungsblatt 2001, S. 1469-1478.

Lüdemann, Jörn, Edukatorisches Staatshandeln: Steuerungstheorie und Verfassungsrecht am Beispiel der staatlichen Förderung von Abfallmoral, Baden-Baden 2004.

Mangoldt, Hermann von/Klein, Friedrich/Starck, Christian (Begr./Hrsg.), Kommentar zum Grundgesetz, Band 1: Präambel, Artikel 1 bis 19, 7. Auflage, München 2018.

– Kommentar zum Grundgesetz, Band 2: Artikel 20 bis 82, 7. Auflage, München 2018.

– Kommentar zum Grundgesetz, Band 3: Artikel 83 bis 146, 7. Auflage, München 2018.

Manssen, Gerrit, Staatsrecht II: Grundrechte, 16. Auflage, München 2019.

Maunz, Theodor/Dürig, Günter (Begr.), Grundgesetz, Loseblatt-Kommentar, Band I: Art. 1-5, München, Stand: 39. Ergänzungslieferung, Juli 2001 (Art. 2); 55. Ergänzungslieferung, Mai 2009 (Art. 1 Abs. 1); 75. Ergänzungslieferung, September 2015 (Art. 3 Abs. 1) Stand: 87. Ergänzungslieferung, März 2019 (Art. 1 Abs. 3).

– Grundgesetz, Loseblatt-Kommentar, Band II: Art. 6-15, München, Stand: 47. Ergänzungslieferung, Juni 2006 (Art. 12); 86. Ergänzungslieferung, Januar 2019 (Art. 6).

– Grundgesetz, Loseblatt-Kommentar, Band III: Art. 16-22, München, Stand: 40. Ergänzungslieferung, Juni 2002 (Art. 20a); 46. Ergänzungslieferung, März 2006; 48. Ergänzungslieferung, November 2006; 52. Ergänzungslieferung, Mai 2008 (Art. 19 Abs. 2); 57. Ergänzungslieferung, Januar 2010 (jeweils Art. 20); 72. Ergänzungslieferung, Juli 2014 (Art. 19 Abs. 4); 83. Ergänzungslieferung, April 2018 (Art. 16a).

– Grundgesetz, Loseblatt-Kommentar, Band V: Art. 54-85, München, Stand: 72. Ergänzungslieferung, Juli 2014 (Art. 79).

– Grundgesetz, Loseblatt-Kommentar, Band VI: Art. 86-106b, München, Stand: 30. Ergänzungslieferung, Dezember 1992 (Art. 103 Abs. 3); 74. Ergänzungslieferung, Mai 2015 (Art. 105); 85. Ergänzungslieferung, November 2018 (Art. 103 Abs. 3)

Maunz, Theodor/Schmidt-Bleibtreu, Bruno/Klein, Franz/Bethge, Herbert (Begr./Hrsg.), Bundesverfassungsgerichtsgesetz, Loseblatt-Kommentar, Band II, München, Stand: 41. Ergänzungslieferung, Juli 2013 (§ 93); 50. Ergänzungslieferung, Januar 2017 (§ 95); 53. Ergänzungslieferung, Februar 2018 (§ 90).

Maurer, Hartmut, Staatsrecht I: Grundlagen, Verfassungsorgane, Staatsfunktionen, 6. Auflage, München 2010.

Mayer, Christian, Die Nachbesserungspflicht des Gesetzgebers, Baden-Baden 1996.

Mayer, Matthias, Untermaß, Übermaß und Wesensgehaltgarantie: die Bedeutung staatlicher Schutzpflichten für den Gestaltungsspielraum des Gesetzgebers im Grundrechtsbereich, Baden-Baden 2005.

Mehde, Veith/Hanke, Stefanie, Gesetzgeberische Begründungspflichten und -obliegenheiten, Zeitschrift für Gesetzgebung 2010, S. 381-398.

Meinke, Monika M., In Verbindung mit: die Verbindung von Grundrechten miteinander und mit anderen Bestimmungen des Grundgesetzes in der Rechtsprechung des Bundesverfassungsgerichts, Berlin 2006.

Meister, Moritz, Das System des Freiheitsschutzes im Grundgesetz, Berlin 2011.

Meixner, Robin, Das Widerspruchserfordernis des BGH bei Beweisverwertungsverboten: beschuldigtenfreundliche „Lösung“ oder überflüssige Problemquelle?, Hamburg 2015.

Merten, Detlef/Papier, Hans-Jürgen (Hrsg.), Handbuch der Grundrechte in Deutschland und Europa, Band I: Entwicklung und Grundlagen, Heidelberg 2004.

– Handbuch der Grundrechte in Deutschland und Europa, Band II: Grundrechte in Deutschland – Allgemeine Lehren I, Heidelberg 2006.

– Handbuch der Grundrechte in Deutschland und Europa, Band III: Grundrechte in Deutschland – Allgemeine Lehren II, Heidelberg 2009.

Michael, Lothar, Innovationsverantwortung als Ausgestaltungsdirektive beim Mix unterschiedlicher Instrumente, in: Eifert, Martin/Hoffmann-Riem, Wolfgang (Hrsg.), Innovation und Recht, Teil 3, Innovationsverantwortung, Berlin 2009, S. 357-367.

Michael, Lothar/Morlok, Martin, Grundrechte, 7. Auflage, Baden-Baden 2020.

Middendorf, Max, Zur Wesensgehaltsgarantie des Grundgesetzes, Juristische Ausbildung 2003, S. 232-236.

Möst, Markus, Probleme der verfassungsprozessualen Geltendmachung gesetzgeberischer Schutzpflichten: Die Verfassungsbeschwerde gegen legislatives Unterlassen, Die Öffentliche Verwaltung 1998, S. 1029-1039.

von Münch, Ingo/Kunig, Philip (Hrsg.), Grundgesetz-Kommentar, Band 1: Präambel, Art. 1 bis Art. 69, 6. Auflage, München 2012.

– Grundgesetz-Kommentar, Band 2: Art. 70 bis Art. 146, 6. Auflage, München 2012.

Murswiek, Dietrich, Grundrechtsdogmatik am Wendepunkt?, Der Staat 45 (2006), S. 473-500.

Musil, Andreas, Verfassungsrechtliche Leitplanken einer Vermögensbesteuerung, Deutsches Steuerrecht 2017, S. 1903-1907.

Oppermann, Dagmar, Alterssicherung und Erwerbsminderung aus richterlicher Sicht: Vom Nutzen der Wissenschaft und den anstehenden Herausforderungen, in: Masuch, Peter/Spellbrink, Wolfgang/Becker, Ulrich/Leibfried, Stephan (Hrsg.), Grundlagen und Herausforderungen des Sozialstaats – Denkschrift 60 Jahre Bundessozialgericht, Band 2 – Richterliche Wissensgewinnung und Wissenschaft, Berlin 2015, S. 83-118.

O'Sullivan, Daniel, Neue Entwicklungen bei der materiellen Subsidiarität der Verfassungsbeschwerde, Deutsches Verwaltungsblatt 2005, S. 880-886.

Pache, Eckhard, Gutachten zur Unionsrechtskonformität der geplanten Novellierung der Tabakproduktrichtlinie, in: Pache, Eckhard/Schwarz, Kyrill-Alexander/Sosnitza, Olaf (Hrsg.), Aktuelle Rechtsfragen der Tabakregulierung in Europa: zur Zulässigkeit einer Tabakregulierung aus europarechtlicher, grundrechtlicher und markenrechtlicher Perspektive, Baden-Baden 2012, S. 9-116.

– Der Grundsatz der Verhältnismäßigkeit in der Rechtsprechung der Gerichte der Europäischen Gemeinschaften, Neue Zeitschrift für Verwaltungsrecht 1999, S. 1033-1040.

Papier, Hans-Jürgen, Die finanzrechtlichen Gesetzesvorbehalte und das grundgesetzliche Demokratieprinzip: zugleich ein Beitrag zur Lehre von den Rechtsformen der Grundrechtseingriffe, Berlin 1973.

Pausenberger, Marcus A., Eigentum und Steuern in der Republik: ein Beitrag zum steuerverfassungsrechtlichen Halbteilungsgrundsatz, Berlin 2008.

Peters, Birgit/Markus, Till, Die Subsidiarität der Verfassungsbeschwerde, Juristische Schulung 2013, S. 887-891.

Peters, Michaela, Grundrechte als Regeln und als Prinzipien, Zeitschrift für öffentliches Recht 51 (1996), S. 159-182.

Petersen, Niels, Verhältnismäßigkeit als Rationalitätskontrolle: eine rechtsempirische Studie verfassungsrechtlicher Rechtsprechung zu den Freiheitsgrundrechten, Tübingen 2015.

Philipp, Maximilian, Systemgerechtigkeit bei den Marktfreiheiten der Europäischen Union: die gebotene Kohärenz nationaler Gesetzgebung, Berlin 2016.

Pischel, Gerhard, Konkurrenz und Kollision von Grundrechten, Juristische Arbeitsblätter 2006, S. 357-360.

Posser, Herbert, Die Subsidiarität der Verfassungsbeschwerde, Berlin 1993.

Posser, Herbert/Wolff, Heinrich Amadeus (Hrsg.), Beck'scher Online-Kommentar Verwaltungsgerichtsordnung, 51. Edition, Stand: 1.10.2019, München 2019.

Priebe, Reinhard, Reform der Vorratsdatenspeicherung – strenge Maßstäbe des EuGH, Europäische Zeitschrift für Wirtschaftsrecht 2014, S. 456-459.

Puschke, Jens, Die kumulative Anordnung von Informationsbeschaffungsmaßnahmen im Rahmen der Strafverfolgung: eine Untersuchung unter rechtlichen, rechtstatsächlichen und kriminologischen Aspekten, Berlin 2006.

Ramsauer, Ulrich, Die Bestimmung des Schutzbereichs von Grundrechten nach dem Normzweck, Verwaltungsarchiv 72 (1981), S. 89-106.

Reimer, Franz, Qualitätssicherung: Grundlagen eines Dienstleistungsverwaltungsrechts, Baden-Baden 2010.

Reinbacher, Tobias/Wendel, Mattias, Menschenwürde und Europäischer Haftbefehl – Zum ebenenübergreifenden Schutz grundrechtlicher Elementargarantien im europäischen Auslieferungsverfahren, Europäische Grundrechte Zeitschrift 2016, S. 333-343.

Rengeling, Hans-Werner, Kooperationsprinzip, Kooperationsinstrumente und Instrumentenverbund im Umweltrecht, in: Eberle, Carl-Eugen/Ibler, Martin/Lorenz, Dieter (Hrsg.), Der Wandel des Staates vor den Herausforderungen der Gegenwart: Festschrift für Winfried Brohm zum 70. Geburtstag, München 2002, S. 509-524.

Renner, Yvonne, Familienlasten- oder Familienleistungsausgleich?, Berlin 2000.

Richter, Ronald, Gesundheitsreform – Das GKV-Wettbewerbsstärkungsgesetz, Deutsches Steuerrecht 2007, S. 810-815.

Rixen, Stephan, Sozialrecht als öffentliches Wirtschaftsrecht: am Beispiel des Leistungserbringerrechts der gesetzlichen Krankenversicherung, Tübingen 2005.

Rodi, Michael, CO_2 Emissions Trading in Europe: A Law and Economics Perspective, in: Rodi, Michael (Hrsg.), Emissions Trading in Europe: Initial Experiences and Lessons for the Future, Berlin 2008, S. 49-68.

– Instrumentenvielfalt und Instrumentenverbund im Umweltrecht, Zeitschrift für Gesetzgebung 2000, S. 231-247.

Roggan, Fredrik, Grenzenlose Ortungen im Strafverfahren. Die Menschenwürderelevanz von verdeckten Ermittlungsmethoden zur Standortbestimung von Verdächtigen, in: Roggan, Fredrik (Hrsg.), Mit Recht für Menschenwürde und Verfassungsstaat: Festgabe für Dr. Burkhard Hirsch anlässlich der Verleihung des Fritz-Bauer-Preises der Humanistischen Union am 16.9.2006 in Freiburg, Berlin 2006, S. 153-166.

Roggan, Fredrik/Kutscha, Martin (Hrsg.), Handbuch zum Recht der Inneren Sicherheit, 2. Auflage, Berlin 2006.

Rose, Edgar, „Smart Cams“ im öffentlichen Raum – Regulierungsdefizite und Optionen künftiger Regulierung, Zeitschrift für Datenschutz, S. 64-69.

Rose, Gerd, Überlegungen zur Realisierung des Halbteilungsgrundsatzes, Steuer und Wirtschaft 1999, S. 12-19.

– Der Steuerplafondierungsbefehl des BVerfG und seine Durchsetzung, Der Betrieb 1997, S. 494-501.

– "In der Nähe einer hälftigen Teilung": Erste quantifizierende Überlegungen zur Vermögensteuer-Entscheidung des BVerfG vom 22.6.1995, Der Betrieb 1995, S. 1879-1880.

Roßnagel, Alexander, Die neue Vorratsdatenspeicherung. Der nächste Schritt im Ringen um Sicherheit und Grundrechtsschutz, Neue Juristische Wochenschrift 2016, S. 533-539.

– Die "Überwachungs-Gesamtrechnung" – Das BVerfG und die Vorratsdatenspeicherung, Neue Juristische Wochenschrift 2010, S. 1238-1242.

Roth, Wolfgang, Faktische Eingriffe in Freiheit und Eigentum, Berlin 1994.

Ruland, Franz, "Abwertung" Schulausbildung/Vertrauensschutz: Rentenversicherung, Die Sozialgerichtsbarkeit 2012, S. 241-244.

Rupp, Hans Heinrich, Das Grundrecht der Berufsfreiheit. Kritik an der Rechtsprechung des Bundesverfassungsgerichts, Neue Juristische Wochenschrift 1965, S. 993-996.

Rupp-v. Brünneck, Wiltraut, Darf das Bundesverfassungsgericht an den Gesetzgeber appellieren?, in: Ritterspach, Theo/Geiger, Willi (Hrsg.), Festschrift für Gebhard Müller: Zum 70. Geburtstag des Präsidenten des Bundesverfassungsgerichts, Tübingen 1970, S. 355-378.

Ruschemeier, Hannah, Der additive Grundrechtseingriff, Berlin 2019.

Rusteberg, Benjamin, Der grundrechtliche Gewährleistungsgehalt: eine veränderte Perspektive auf die Grundrechtsdogmatik durch eine präzise Schutzbereichsbestimmung, Tübingen 2009.

Sachs, Michael, Verfassungsrecht II: Grundrechte, 3. Auflage, Berlin/Heidelberg 2017.

– Grundrechte: Identitätskontrolle bei Anwendung von Unionsrecht, Juristische Schulung 2016, S. 373-375.

Sachs, Michael (Hrsg.), Grundgesetz: Kommentar, 8. Auflage, München 2018.

Sacksofsky, Ute, Halbteilungsgrundsatz ade – Scheiden tut nicht weh, Neue Zeitschrift für Verwaltungsrecht 2006, S. 661-662.

Satzger, Helmut, Grund- und menschenrechtliche Grenzen für die Vollstreckung eines Europäischen Haftbefehls? – "Verfassungsgerichtliche Identitätskontrolle" durch das BVerfG vs. Vollstreckungsaufschub bei "außergewöhnlichen Umständen" nach dem EuGH, Neue Zeitschrift für Strafrecht 2016, S. 514-522.

Sauer, Heiko, "Solange" geht in Altersteilzeit – Der unbedingte Vorrang der Menschenwürde vor dem Unionsrecht, Neue Juristische Wochenschrift 2016, S. 1134-1138.

Schaefer, Jan Philipp, Wie viel Freiheit für die Gegner der Freiheit? – Zum Wunsiedel-Beschluss des Bundesverfassungsgerichts –, Die Öffentliche Verwaltung 2010, S. 379-387.

Schaks, Nils, Das Verbot der Belastungskumulation als Bestandteil der Wesensgehaltsgarantie des Art. 19 Abs. 2 GG, Die Öffentliche Verwaltung 2015, S. 817-827.

– Die Wesensgehaltsgarantie, Art. 19 II GG, Juristische Schulung 2015, S. 407-410.

– Der Grundsatz der finanziellen Stabilität der gesetzlichen Krankenversicherung: eine verfassungs- und sozialrechtliche Untersuchung, Berlin 2007.

Schefer, Markus, Die Kerngehalte von Grundrechten: Geltung, Dogmatik, inhaltliche Ausgestaltung, Bern 2001.

Schemmel, Lothar, Zur Aufnahme des Leistungsfähigkeitsprinzips und anderer Grenzen für den Steuerstaat in das Grundgesetz, Steuer und Wirtschaft 1995, S. 39-57.

Schendel, Frank Andreas, Sanktionen im Umweltrecht – dargestellt am Beispiel des Wasserrechts –, Jahrbuch des Umwelt- und Technikrechts, Band 9, Berlin 1989.

Schlaich, Klaus/Korioth, Stefan, Das Bundesverfassungsgericht: Stellung, Verfahren, Entscheidungen; ein Studienbuch, 11. Auflage, München 2018.

Schlink, Bernhard, Der Grundsatz der Verhältnismäßigkeit, in: Badura, Peter/Dreier, Horst (Hrsg.), Festschrift 50 Jahre Bundesverfassungsgericht, Band 2 – Klärung und Fortbildung des Verfassungsrechts, Tübingen 2001, S. 445-465.

– Freiheit durch Eingriffsabwehr – Rekonstruktion der klassischen Grundrechtsfunktion, Europäische Grundrechte Zeitschrift 1984, S. 457-468.

– Abwägung im Verfassungsrecht, Berlin 1976.

Schmidt, Karsten (Hrsg.), Münchener Kommentar zum Handelsgesetzbuch, Band 1: §§ 1-104a HGB, 4. Auflage, München 2016.

Schmidt-Aßmann, Eberhard, Grundrechtswirkungen im Verwaltungsrecht, in: Bender, Bernd/Breuer, Rüdiger/Ossenbühl, Fritz/Sendler, Horst (Hrsg.), Rechtsstaat zwischen Sozialgestaltung und Rechtsschutz: Festschrift für Konrad Redeker zum 70. Geburtstag, München 1993, S. 225-243.

Schnapp, Friedrich E., Der Apothekenrabatt – eine Sonderabgabe sui generis?, Vierteljahresschrift für Sozialrecht 2003, S. 343-362.

Schneider, Hans-Peter, Die Zerschlagung eines (ehemals) freien Gewerbes – Kritische Bemerkungen zum Spielhallen-Beschluss des BVerfG, Neue Zeitschrift für Verwaltungsrecht 2017, S. 1073-1080.

Schneider, Harald, Die Güterabwägung des Bundesverfassungsgerichts bei Grundrechtskonflikten: empirische Studie zu Methode und Kritik eines Konfliktlösungsmodelles, Baden-Baden 1979.

Schneider, Ludwig, Der Schutz des Wesensgehalts von Grundrechten nach Art. 19 Abs. 2 GG, Berlin 1983.

Schoch, Friedrich/Schneider, Jens-Peter/Bier, Wolfgang (Hrsg.), Verwaltungsgerichtsordnung: Kommentar, Band I, München, Stand: 28. Ergänzungslieferung, März 2015 (§ 40); Grundwerk (§ 113).

Schönberger, Christoph, Anmerkung zu der Entscheidung des BVerfG vom 15.12.2015 (2 BvR 2735/14) – Zur Gewährleistung eines einzelfallbezogenen Grundrechtsschutzes im Rahmen der Identitätskontrolle, Juristenzeitung 2016, S. 422-424.

Schroeder, Friedrich-Christian, Die Rechtsnatur des Grundsatzes "ne bis in idem", Juristische Schulung 1997, S. 227-231.

Schulte, Martin, Instrumentenmix im Energieeffizienzrecht – Gegenwärtiger Stand und aktuelle Entwicklungen –, in: Ipsen, Jörn/Stüer, Bernhard (Hrsg.), Europa im Wandel: Festschrift für Hans-Werner Rengeling zum 70. Geburtstag am 25. Februar 2008, Köln/München 2008, S. 417-435.

– Appellentscheidungen des Bundesverfassungsgerichts, Deutsches Verwaltungsblatt 1988, S. 1200-1206.

Schumann, Eva, Edukatorisches Staatshandeln am Beispiel der Etablierung eines neuen Familienleitbildes, in: Schumann, Eva (Hrsg.), Das erziehende Gesetz, Berlin 2014, S. 1-58.

Schwabe, Jürgen, Probleme der Grundrechtsdogmatik, Darmstadt 1977.

Schwerdtfeger, Gunther, Optimale Methodik der Gesetzgebung als Verfassungspflicht, in: Stödter, Rolf/Thieme, Werner (Hrsg.), Hamburg, Deutschland, Europa: Beiträge zum deutschen und europäischen Verfassungs-, Verwaltungs- und Wirtschaftsrecht; Festschrift für Hans Peter Ipsen zum 70. Geburtstag, Tübingen 1977, S. 173-188.

Seer, Roman, Verfassungsrechtliche Grenzen der Gesamtbelastung von Unternehmen, Veröffentlichungen der Deutschen Steuerjuristischen Gesellschaft e.V. 23 (2000), S. 87-126.

– Der sog. Halbteilungsgrundsatz als verfassungsrechtliche Belastungsobergrenze der Besteuerung, Finanz-Rundschau 1999, S. 1280-1291.

Sellmann, Christian, Belastungskumulationen und Subventionen in der Verhältnismäßigkeitsprüfung – Zu Ausgleichsansprüchen von betroffenen Landwirten nach Art. 14 Abs. 2 S. 2 GG, in: Hogenmüller, Daniel/Smeddinck, Ulrich/Tils, Ralf (Hrsg.), Landwirtschaft im Spektrum der Umweltwissenschaften, Baden-Baden 2002, S. 149-161.

Shirvani, Foroud, Das Kooperationsprinzip im deutschen und europäischen Umweltrecht, Berlin 2005.

Smeddinck, Ulrich, Integrierte Gesetzesproduktion: der Beitrag der Rechtswissenschaft zur Gesetzgebung in interdisziplinärer Perspektive, Berlin 2006.

Sobotta, Christoph, Kumulative Gebietsbeeinträchtigungen in der Verträglichkeitsprüfung und unter dem Einfluss des Verschlechterungsverbots der Habitatrichtlinie, Zeitschrift für Europäisches Umwelt- und Planungsrecht 2015, S. 341-350.

Sodan, Helge/Ziekow, Jan, Grundkurs Öffentliches Recht: Staats- und Verwaltungsrecht, 8. Auflage, München 2018.

Spielmann, Christoph, Konkurrenz von Grundrechtsnormen, Baden-Baden 2008.

– Die Verstärkungswirkung der Grundrechte, Juristische Schulung 2004, S. 371-375.

Staben, Julian, Der Abschreckungseffekt auf die Grundrechtsausübung: Strukturen eines verfassungsrechtlichen Arguments, Tübingen 2016.

Starck, Christian, Die Grundrechte des Grundgesetzes. Zugleich ein Beitrag zu den Grenzen der Verfassungsauslegung, Juristische Schulung 1981, S. 237-246.

Starke, Christian Paul, Die Anwendbarkeit der Europäischen Grundrechtecharta auf rein nationale Gesetzgebungsakte, Deutsches Verwaltungsblatt 2017, S. 721-730.

Steinmetz, Jan, Zur Kumulierung strafprozessualer Ermittlungsmaßnahmen, Neue Zeitschrift für Strafrecht 2001, S. 344-349.

Stelkens, Ulrich, Gegenstand der Verfassungsbeschwerde bei mehreren Entscheidungen in derselben Sache, Deutsches Verwaltungsblatt 2004, S. 403-410.

Stern, Klaus, Das Staatsrecht der Bundesrepublik Deutschland, Band IV/1: Die einzelnen Grundrechte, München 2006.

– Das Staatsrecht der Bundesrepublik Deutschland, Band III/2: Allgemeine Lehren der Grundrechte, München 1994.

Steuck, Jens-Peter, Zu den verfassungsrechtlichen Anforderungen an Normengeflechte, Neue Zeitschrift für Verwaltungsrecht 2002, S. 51-53.

Storr, Stefan, Zur Bonität des Grundrechtsschutzes in der Europäischen Union, Der Staat 36 (1997), S. 547-573.

Szczekalla, Peter, Die sogenannten grundrechtlichen Schutzpflichten im deutschen und europäischen Recht: Inhalt und Reichweite einer "gemeineuropäischen Grundrechtsfunktion", Berlin 2002.

Tanneberger, Steffen, Die Sicherheitsverfassung: eine systematische Darstellung der Rechtsprechung des Bundesverfassungsgerichts; zugleich ein Beitrag zu einer induktiven Methodenlehre, Tübingen 2014.

Tipke, Klaus, Über die Grenzen der Vermögensteuer. Zugleich Besprechung des BVerfG-Beschlusses vom 22-06-1995, GmbH-Rundschau 1996, S. 8-16.

Trstenjak, Verica/Beysen, Erwin, Das Prinzip der Verhältnismäßigkeit in der Unionsrechtsordnung, Europarecht 2012, S. 265-284.

Vassilaki, Irini E., Zulässigkeit der Beweiserhebung und -verwertung bei GPS-Einsatz, Computer und Recht 2005, S. 572-574.

Volkmann, Uwe, Veränderungen der Grundrechtsdogmatik, Juristenzeitung 2005, S. 261-271.

Voßkuhle, Andreas, Das Kompensationsprinzip: Grundlagen einer prospektiven Ausgleichsordnung für die Folgen privater Freiheitsbetätigung – zur Flexibilisierung des Verwaltungsrechts am Beispiel des Umwelt- und Planungsrechts, Tübingen 1999.

Voßkuhle, Andreas/Kaiser, Anna-Bettina, Grundwissen – Öffentliches Recht: Der Grundrechtseingriff, Juristische Schulung 2009, S. 313-315.

Waldhoff, Christian, Sach- und / oder Personalregulierung im Recht der Spielautomaten? – Teil II, Gewerbearchiv 2018, S. 133-140.

Walter, Christian/Grünewald, Benedikt (Hrsg.), Beck'scher Online-Kommentar Bundesverfassungsgerichtsgesetz, 7. Edition, Stand: 1.6.2019, München 2019.

Warntjen, Maximilian, Heimliche Zwangsmaßnahmen und der Kernbereich privater Lebensgestaltung: eine Konzeption im Anschluss an das Urteil des Bundesverfassungsgerichts zur akustischen Wohnraumüberwachung, BVerfGE 109, 279, Baden-Baden 2007.

Weber-Dürler, Beatrice, Der Grundrechtseingriff, Veröffentlichungen der Vereinigung der Deutschen Staatsrechtslehrer 57 (1998), S. 57-95.

Weber-Grellit, Heinrich, Vermögensteuer, Plafondierung, Vereinfachung. Zu dem Vermögensteuer-Beschluß des BVerfG, Betriebs-Berater 1996, S. 1415-1419.

Welsing, Ruth, Das Recht auf informationelle Selbstbestimmung im Rahmen der Terrorabwehr: Darstellung anhand einer Untersuchung der präventiven Rasterfahndung, Hamburg 2009.

Wendt, Rudolf, Der Garantiegehalt der Grundrechte und das Übermaßverbot: Zur maßstabsetzenden Kraft der Grundrechte in der Übermaßprüfung, Archiv des öffentlichen Rechts 104 (1979), S. 414-474.

Wernsmann, Rainer, Die Steuer als Eigentumsbeeinträchtigung?, Neue Juristische Wochenschrift 2006, S. 1169-1174.

Werres, Stefan, Beamtenverfassungsrecht: systematische Darstellung des Berufsbeamtentums auf Grundlage der verfassungsrechtlichen Vorschriften, Heidelberg 2011.

Wiedemann, Richard/Snowadsky, Michael, Waffenrecht und Parteienprivileg vor dem Bundesverwaltungsgericht, Bayerische Verwaltungsblätter 2011, S. 102-106.

Wiemer, Golo, Der Basistarif in der privaten Krankenversicherung, Karlsruhe 2018.

Wienbracke, Mike, Der Verhältnismäßigkeitsgrundsatz, Zeitschrift für das Juristische Studium 2013, S. 148-155.

Wiese, Walter, Der Verfassungssatz ne bis in idem – Art. 103 Abs. 3 GG – und das Verhältnis von Kriminalrecht und Dienststrafrecht, Verwaltungsarchiv 56 (1965), S. 203-223 u. S. 354-373.

Winkler, Daniela, Grundrechte in der Fallprüfung: Schutzbereich – Eingriff – verfassungsrechtliche Rechtfertigung, 2. Auflage, Heidelberg 2018.

– Der "additive Grundrechtseingriff": Eine adäquate Beschreibung kumulierender Belastungen?, Juristische Arbeitsblätter 2014, S. 881-887.

Winzer, Stephanie, Der Vollzug der Untersuchungshaft nach dem niedersächsischen Justizvollzugsgesetz: eine Untersuchung aus verfassungsrechtlicher und verfahrensrechtlicher Sicht, Göttingen 2010.

Wolff, Heinrich Amadeus, Das Urteil des Bundesverfassungsgerichts zum BKA-Gesetz, Zeitschrift für Gesetzgebung 2016, S. 361-388.

Würsig, Thorsten, Die Steuerung von Summenbelastungen im öffentlichen Immissionsschutzrecht, Baden-Baden 2009.

Wustlich, Guido, Die Atmosphäre als globales Umweltgut: Rechtsfragen ihrer Bewirtschaftung im Wechselspiel von Völker-, Gemeinschafts- und nationalem Recht, Berlin 2003.

Zeh, Wolfgang, Wille und Wirkung der Gesetze: verwaltungswissenschaftliche Untersuchung am Beispiel des Städtebauförderungsgesetzes, Bundesimmissionsschutzgesetzes, Fluglärmgesetzes und Bundesausbildungsförderungsgesetzes, Heidelberg 1984.

Ziekow, Jan/Debus, Alfred G./Piesker, Axel, Die Planung und Durchführung von Gesetzesevaluationen: ein Leitfaden unter besonderer Berücksichtigung datenschutzrechtlicher Eingriffe, Baden-Baden 2013.

Sonstige Quellen

Gassner, Ulrich M., Verfassungsrechtliche Grenzen der Fortführung des Preismoratoriums für Arzneimittel, Kurzgutachten im Auftrag des Bundesverbands der Arzneimittel-Hersteller e.V., des Bundesverbands der Pharmazeutischen Industrie e.V. und von Pro Generika e.V., 2014 (abrufbar unter: https://www.bundestag.de/blob/195298/c0a35c7d026fbacc642fa84f106d20da/18_14_0009_5__bundesverband_der_arzneimittel-hersteller_e__v___bah_-data.pdf, Stand: 31.12.2019).

Kirchhof, Paul, Obergrenze für Steuern, Frankfurter Allgemeine Sonntagszeitung (FAZ) vom 16.8.2018 (Artikel abrufbar unter: https://edition.faz.net/faz-edition/politik/2018-08-16/4f5f65cbfef2ddbaf5cfbd83d0a422ef/?GEPC=s9, Stand: 31.12.2019).

Schroeder, Werner, Rechtsgutachten zur geplanten Neuregelung der Kennzeichnung und Verpackung von Zigaretten durch die EU im Auftrag des Deutschen Zigarettenverbandes, Mai 2013 (abrufbar unter: https://www.zigarettenverband.de/wp-content/uploads/2019/06/Gutachten_Schroeder_2012.pdf, Stand: 31.12.2019).